中证金融研究系列丛书

金融改革与监管
形势卷（2019）

Financial Reform and Regulation
Recent Developments(2019)

刘青松　赵立新　主编

中国财经出版传媒集团
中国财政经济出版社

图书在版编目（CIP）数据

金融改革与监管．形势卷．2019／刘青松，赵立新主编．——北京：中国财政经济出版社，2019.12

（中证金融研究系列丛书）

ISBN 978－7－5095－9064－5

Ⅰ.①金⋯ Ⅱ.①刘⋯②赵⋯ Ⅲ.①金融改革－研究 Ⅳ.①F832.1

中国版本图书馆 CIP 数据核字（2019）第 145920 号

责任编辑：吕小军　胡 懿　　　　　责任校对：胡永立

封面设计：王 颖

中国财政经济出版社 出版

URL：http://www.cfeph.cn

E-mail：cfeph@cfemg.cn

（版权所有　翻印必究）

社址：北京市海淀区阜成路甲 28 号　邮政编码：100142

营销中心电话：010-88191537

北京时捷印刷有限公司印装　各地新华书店经销

787×1092 毫米　16 开　34.25 印张　701 000 字

2019 年 12 月第 1 版　2019 年 12 月北京第 1 次印刷

定价：168.00 元（全二册）

ISBN 978－7－5095－9064－5

（图书出现印装问题，本社负责调换）

本社质量投诉电话：010-88190744

打击盗版举报热线：010-88191661　QQ：2242791300

编委会

主　　任：刘青松　赵立新
副 主 任：马险峰　李东平　田宝良　周拴茂　谈从炎
委　　员（按姓氏笔画排序）：
　　　　　刘兴华　刘世盛　许国新　冷云生　谷　雨
　　　　　张政燕　何晓楠　杨　阳　金　蕾　郑桂环
　　　　　胡春皓　胡玉玮　唐　婧　曹淮扬　潘宏胜
　　　　　潘永东　蔡喜洋
编　　辑：姚　远　高　玥　唐　糖　胡泠越　戴莞欣

序

近年来，在党中央、国务院的正确领导下，中国证券监督管理委员会（以下简称中国证监会）深入学习贯彻习近平新时代中国特色社会主义思想，坚持稳中求进工作总基调，大力发展直接融资、促进多层次资本市场健康发展，从坚持服务实体经济高质量发展、坚决守住不发生系统性金融风险的底线、加快推进资本市场改革开放、持续强化监管以保护投资者合法权益等方面扎实、有效地开展工作。中证金融研究院（以下简称研究院）根据中国证监会党委的工作部署，深入探讨中国特色社会主义市场经济条件下资本市场的本质、发展规律和功能定位，不断深化认识、提升水平，着力发挥理论研究和决策支持作用，通过对长期性、前瞻性、全局性以及政策性和操作性问题进行全面思考和深入探索，回应资本市场创新发展和监管需要，提出一系列切实可行的政策建议，服务资本市场平稳规范健康发展。

《金融改革与监管》是研究院 2016 年至 2018 年优秀研究报告的汇编，分为"形势卷"和"观点卷"两册，共计 70 余万字。其中"形势卷"分为国内外经济金融形势、证券市场运行情况、期货市场运行情况、热点问题及对策、资本市场法治建设 5 个专题；"观点卷"分为深化资本市场改革、加强资本市场监管、支持科技创新、构建绿色金融体系、防范化解金融风险、理论分析与实证研究 6 个专题。这些研究报告紧紧围绕国家大政方针，围绕中国证监会中心工作，积极回应社会关切，有的侧重金融市场形势分析，具有决策参考价值，有的注重实证研究和国际比较，具有理论探索意义，契合研究院作为中国证监会决策支持中心、战略智库和理论学术基地的定位。

党的十九大报告提出提高直接融资比重，促进多层次资本市场健康发展。在 2018 年 12 月中央经济工作会议上，习近平总书记明确指出，"资本市场在金融运行中具有牵一发而动全身的作用，要通过深化改革，打造一个规范、透明、开放、有活力、有韧性的资本市场"。这是党中央着眼于国际国内经济大局、深化供给侧结构性改革和实现我国经济高质量发展，对资本市场战略地位的高度肯定和对资本市场关键作用的高度重视，更是对资本市场监管机构提出的政治要求。党的十九届四中全会《决定》提出要"坚持和完善中国特色社会主义制度、推进国家治理体系和治理能力现代化"。资本市场在国家治理体系中地位和作用上升到了一个新高度，各方对资本市场改革发展充满期待。

新时代新使命呼唤新担当。研究院作为中国证监会的政策研究机构,"围绕中心、服务大局",明确功能定位、找准发展目标,以政策研究和决策支持功能为统领,加强战略智库和理论学术基地建设,努力打造国内顶级、具有一定国际影响力的中国资本市场一流智库。

2019 年 12 月

目 录

◆ **国内外经济金融形势**

关于我国非金融企业杠杆率问题的思考与建议 ……… 李　欢　石锦建　江雪颖　3
治理经济"脱实向虚"的美国经验和启示 …………… 马雪娇　星　焱　10
降杠杆与 M2 增速回归常态化 ……………………………… 刘立金　马雪娇　16
美国、欧洲、日本金融"去杠杆"的经验与启示 ……………………… 高苗苗　21
当前房地产市场主要风险及调控选择
　　——从 2014 年 9 月以来房地产周期特点说起 ……………………… 冯晓爽　26
证券机构开展金融扶贫的模式、困境与对策
　　——对申万宏源、方正等多家机构调研的启示 ………… 星　焱　李思明　36
OECD 国家养老基金投资新趋势及启示 ……………………………… 胡玉玮　41
关注 USDA 供需报告对我国农业安全的影响 ………………… 杨　阳　高苗苗　46
SEC 对于多弗法案以来监管改革的效果评估 ………………… 王海东　武佳薇　52
SEC "七五"规划草案与启示
　　——监管战略三大重要调整 …………………………… 武佳薇　高苗苗　63

◆ **证券市场运行情况**

谨防美股下跌冲击我国 A 股市场 ……………………………… 石锦建　杨耀武　69
2018 年美股波动回顾与展望
　　——海外股市面临经济晚周期的"多事之秋" ……………… 胡玉玮　李　博　73
关于 VIX 疑似被操纵并加剧市场波动的探讨 ………………… 李宗龙　高苗苗　81
"纳斯达克泡沫破灭"短期内不会重演
　　——基于美国科技股波动及基本面度的分析 ……………… 邵　宇　万丽梅　87
中美股市联动的趋势与特征 ………………………………… 张　韵　邱　薇　93
A 股纳入 MSCI 当天会发生什么
　　——从国际经验看一国股指纳入国际指数生效日前后的表现 ……… 王若阳　102

企业业绩持续改善　转型升级步伐加快
　　——上市公司 2017 年年报及 2018 年一季报分析…… 上市公司财报分析小组　112
金融科技对证券业及资本市场的影响……………………………………… 邵　宇　117

◆ 期货市场运行情况

中美大豆贸易摩擦对我国的影响与对策 ………… 杨　阳　武佳薇　李宗龙　125
期货市场支持农业供给侧结构性改革
　　——新湖瑞丰"保险+期货"试点案例研究 ………… 孙玉奎　杨　阳　130
利用"保险+期货"深化农产品价格机制改革 ………………………… 马雪娇　138
支持期货公司做优做强提高服务实体经济水平
　　——永安期货创新风险管理服务平台调研 ………… 武佳薇　李宗龙　144
鸡蛋期货服务实体经济的现状和问题 …………… 杨　阳　高苗苗　孙玉奎　151
我国场内衍生品市场发展现状的国际比较 ……………………… 孙玉奎　谢　亚　156
期货定价方式对产业结构的影响 ………………… 杨　阳　高苗苗　孙玉奎　164
新交所 A50 股指期货对我国股票市场的影响分析 ……… 高苗苗　杨耀武　169

◆ 热点问题及对策

特朗普减税计划的长期影响及政策应对 ……………………………… 冯晓爽　179
新版 TPP 对我国的影响及应对建议 ……………… 胡玉玮　邱　薇　卢边静子　187
我国经常账户"由顺转逆"的市场影响 ………………………… 邱　薇　王若阳　195
中美贸易摩擦对 A 股市场的作用机理与影响分析 ……………… 杨　楷　邱　薇　202
全球 ETF 发展浪潮对我国的启示 ……………………………… 余兆纬　李　博　206
客观看待民营上市公司向国有资本转让股权现象 ………………… 孙　即　常　嵘　213
打破刚性兑付的路上　城投债走了有多远 ……………………… 马雪娇　刘立金　222
信用评级开放对交易所债券市场的影响 ………………………… 姜　瑜　杨　楷　232
自如租房贷款分期信托受益权 ABS：一项案例研究 …… 李思明　姜　瑜　蔡喜洋　236
近期房租快速上涨的原因及影响 …………………………… 冯晓爽　郑桂环　242
用 Sukuk 债券服务"一带一路"建设 ………………………………… 胡玉玮　249
夯实个人投资者理性投资的基础 ……………………… 潘　黎　邵　宇　葛致壮　254

◆ 资本市场法治建设

加快构建我国反收购法律制度体系 ……………………………………… 何晓楠　261
美国《超级基金法》对发展绿色金融的启示 ……………………………… 卢边静子　267
美国金融立法对我国金融业综合经营的启示 ……………………………… 卢边静子　272

国内外经济金融形势

关于我国非金融企业杠杆率问题的思考与建议*

李 欢　石锦建　江雪颖

摘　要　非金融企业的高杠杆问题是当前我国主要金融风险之一。我们认为，用"负债/GDP"可能并不能很好地衡量企业杠杆率，因为负债是存量，GDP 是流量。企业偿债主要有两种形式：一是靠出售资产来清偿债务；二是靠营业盈余来还本付息。我国非金融企业高杠杆的问题主要不是表现在资产负债率的升高，而是表现在偿债能力的下降，即企业盈利能力的下降和融资成本的上升。

一、我国实体经济杠杆率总体情况

我国实体经济的高杠杆率主要体现为非金融企业的高杠杆率。实体经济的杠杆问题是当前各界普遍关心的问题。绝大多数研究将"债务/GDP"作为衡量实体经济杠杆率[①]的重要指标。根据国际清算银行公布的数据，2016 年末，中国非金融部门债务与 GDP 的比值为 257.0%，其中非金融企业债务与 GDP 的比值为 166.3%，占非金融部门总债务的 65%。非金融企业债务一直是实体经济债务的主体部分，且相对 GDP 增长更快[②]。

截至 2016 年末，我国实体经济杠杆率（257.0%）明显大于巴西（143.0%）和印度（125.0%），与欧元区（265.8%）、美国（252.9%）、英国（280.4%）等发达经济体比较接近，低于日本（371.0%）。从增速看，2009 年以来我国实体经济杠杆率快速上

---

* 本文发表于 2017 年 12 月《中证政研简报》总第 438 期。《中证研究简报》为中证金融研究院内部刊物，关注国内外经济社会和金融市场的重大问题，并对国内资本市场的健康发展提出建设性意见和建议，政策性强，所提意见和建议及时、可操作性强。

① 实体经济杠杆率 = 非金融部门债务/GDP，其中非金融部门债务又可以划分为中央和地方政府债务、居民部门债务和非金融企业债务。

② 2011—2016 年，中国非金融企业债务年均增速为 16.1%，同期 GDP 名义增速为 8.75%，非金融企业债务增速是 GDP 名义增速的 1.84 倍。

升,而同期美国、欧元区、英国、印度、巴西等国债务都基本持平或缓慢增长。从结构看,2016 年我国总债务结构中,政府部门、居民部门和非金融企业杠杆率分别为 46.4%、44.4% 和 166.3%,其中非金融企业债务占实体经济债务比重为 65%。同期,美国、欧元区、英国实体经济债务主要来自政府部门和居民部门,非金融企业杠杆率明显低于中国。因此,我国实体经济的高杠杆率主要体现为非金融企业的高杠杆率。

二、我国非金融企业杠杆水平分析

关心企业杠杆实质是担心企业的偿债能力和财务风险,而以"债务/GDP"来衡量杠杆率,分子是存量,分母是流量,容易产生逻辑上的误导,因而这并不是一个很好的衡量指标。企业还债有两种形式:一是靠出售资产来清偿债务;二是靠营业盈余来还本付息。相应地,判断企业部门杠杆率是否合理也有两个标准:第一个是"存量比存量",用存量债务比存量资产,即资产负债率概念;第二个是"流量比流量",通常用"负债×利率/企业利润"表示,在会计上往往采用其倒数来反映偿债能力,定义为"利息保障倍数"或"利息偿付比"①。我们使用 Wind 的上市企业数据、国家统计局工业企业数据及 Compustat-Capital IQ 数据库进行研究,主要关注两个指标:"存量比存量"指标,包括资产负债率、长期资本负债率和流动比率②;"流量比流量"指标,即利息保障倍数。

(一)从资产负债水平看,上市企业总体杠杆率最近几年持续下行,但国企杠杆率持续高于民营企业

从资产负债水平分析非金融企业杠杆率。附图 3 反映了我国上市企业的资产负债率、长期资本负债率和流动比率情况。其中,长期资本负债率与资产负债率呈同向变动,流动比率与资产负债率呈反向变动。从长周期看,金融危机前,上市企业的资产负债率增长较快;金融危机后增速放缓;2013 年后持续下行,从 2013 年的 60.7% 降至 2016 年的 59.8%,下降了 1.5 个百分点,企业主动在降杠杆。从流动比率来看,目前上市企业整体的流动比率处于历史较高水平,2016 年达到 1.23,为 2002 年以来最高值,主要原因是负债率下降减轻了企业的财务压力,补充了流动性。

从所有制角度看,国有企业杠杆率 2008 年超过民营企业后仍持续上升,其中央企上升最快,杠杆水平长期高于地方国企和民营企业;民营企业杠杆率从 2006 年 59.9% 的最高点大幅下降至 2011 年低点 50.25%,其后有所回升。2013 年以来,央企、地方国企和民营企业杠杆率都有所下降,其中降幅最大的是民营企业,其次是央企和地方国企。

---

① 利息保障倍数=息税前利润(EBIT)/利息成本。
② 长期资本负债率=非流动负债/(所有者权益总计+非流动负债),流动比率=流动资产/流动负债。

从行业情况看，纺织业去杠杆进程较快，2013年以来杠杆率大幅下降；产能过剩行业杠杆率下降较慢。随着实体经济去杠杆政策推进，这些行业可能面临融资困难，但通过市场机制淘汰一批"僵尸企业"将有助于去产能的推进。

（二）从偿债能力看，我国上市企业的利息保障倍数偏低，且2010年之后一直处于下行趋势，反映出企业盈利能力下降和融资成本上升

从利息保障倍数分析（见附图6和附图7），可以得到两个基本结论：一是我国上市企业的利息保障倍数较低。2016年，我国上市企业利息保障倍数为2.10，略高于印度（2.07），低于美国（3.21）和日本（18.69）。我国利息保障倍数小于1的企业占比为19.38%，高于印度（9.52%）和日本（9.24%），远低于美国（52.79%）。二是我国上市企业的利息保障情况在恶化。2010年之后上市企业利息保障倍数处于下行趋势，从2010年的3.13下降至2016年的2.10，下降了33%。

由于我国上市企业的实际资产负债率稳中有降，利息保障倍数的下降主要原因是资产收益率下降或平均利率上升。企业负债成本可以用贷款基准利率来表示。央行数据显示，2010年以来贷款基准利率一直上行，直到2012年6月之后持续下降，2017年12月处于4.75%的水平。我们创设一个新指标，平均债务成本＝利息成本/（短期借款＋长期债务）。以该指标衡量（见附图8），发现中国上市企业的平均债务成本自2010年以来一直处于高位（从2010年的5.3%到2016年的5.8%），2016年与印度接近，显著高于美国、英国和日本。在其他因素不变的情况下，我们假设企业的平均债务成本能降低一个百分点（从5.8%到4.8%），则我国上市企业中利息保障倍数小于1的企业将减少到25%。我国企业不断下降的资产收益率值得高度警惕。2007年后中国上市企业的资产收益率一直高于美国和英国，但近年来处于下行趋势（见附图9）。2016年，中国企业资产收益率高于美国、英国和日本，低于印度，但英国和印度的这一指标已经开始回升。

综上所述，我国非金融企业高杠杆的问题主要不是表现在资产负债率的升高，而是偿债能力的下降，即企业盈利能力的下降和融资成本的上升。其中，结构性矛盾尤为突出，杠杆率高的企业集中于煤炭、钢铁、有色金属等产能过剩行业；国企集中在能源和基建等重资产、高杠杆行业，杠杆率远高于民营企业。地方政府通过融资平台借款形成了地方国企债务，也导致企业部门债务高估。

三、政策建议

（一）为不同特征行业和企业制定不同的杠杆风险管理标准，实行有重点的差异化调控

把去杠杆的重点放在产能过剩行业和部分失去自我"造血能力"的国有企业身上。

对煤炭、钢铁、有色金属等杠杆率较高的行业,选择支持其中的优质企业做大做强,对"僵尸企业"坚决清理整顿,以腾出并盘活长期被占用资金,降低行业杠杆率,提升资金利用效率。在这一过程中要注意把握政府和市场的边界问题,减少行政干预可能带来的市场扭曲,破除制约生产要素配置效率的体制机制障碍,让市场发挥决定作用。对杠杆率处于正常水平的行业企业,不应按照"一刀切"原则去杠杆,相反应给予更多金融资源支持,以优化金融资源的配置。

(二) 多渠道降低企业经营成本,通过提高盈利水平改善企业偿债能力

内源性融资,即利用经营所得的自由现金流是风险和成本最低的融资方式。通过盈利的改善不仅可以提高企业的偿债能力,还能进一步扩大生产和投资。从宏观政策的角度,减税、降费、降低融资成本等政策有助于帮助企业改善盈利能力,降低财务风险。

(三) 加快提高股权融资比重,让资本市场更好地服务实体经济

长期以来,我国的金融配给以银行体系占主导,间接融资一直是企业最重要的资金来源,这也导致企业尤其是更容易获得银行贷款的国有企业,在扩张的过程中杠杆率不断攀升。债务融资对企业而言财务压力较大,若企业盈利能力下降、现金流紧张、债务偿付出现问题,则银行的坏账风险和债券违约风险都将增加。相比而言,股权融资占比较小。通过完善多层次资本市场,提高股权融资的比重,能够改善企业资产负债结构,更好地支持实体企业做大做强。

附录

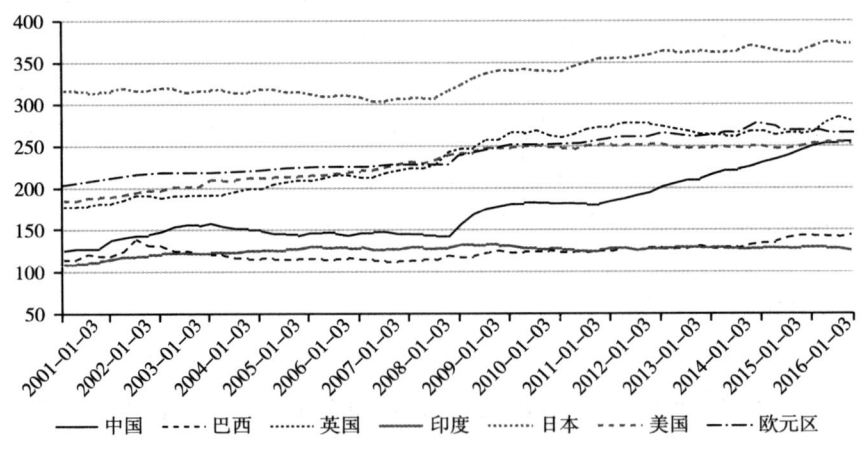

附图 1　世界主要经济体实体经济杠杆率比较

资料来源:国际清算银行。

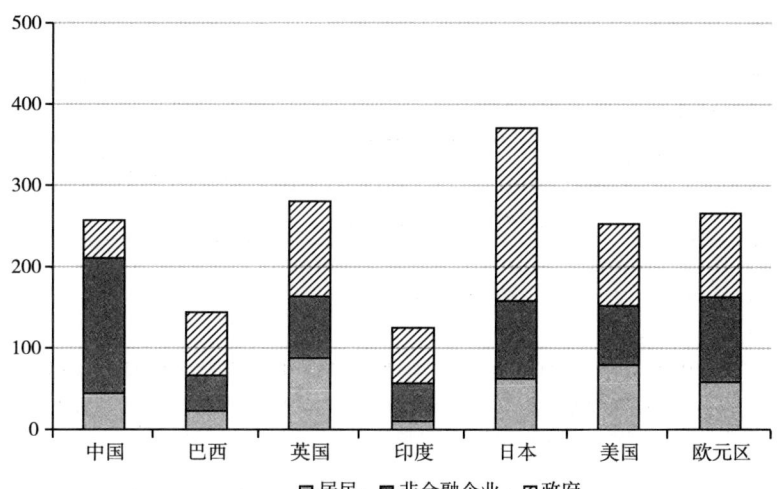

附图2 主要经济体实体经济杠杆结构比较

资料来源：国际清算银行。

附图3 中国上市企业资产负债率

资料来源：Wind。

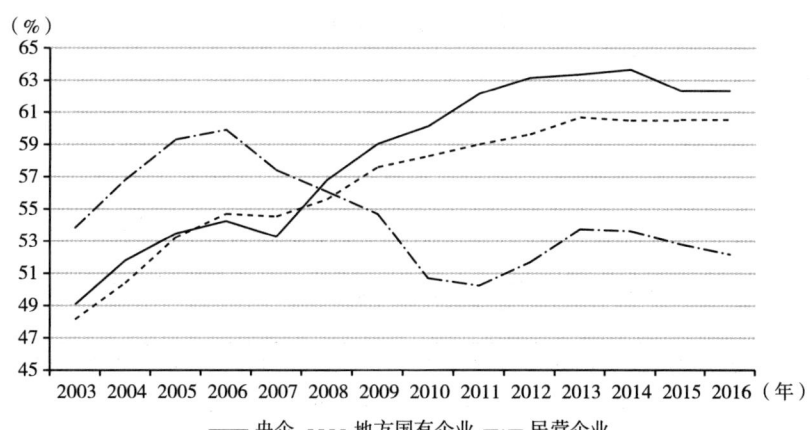

附图4 上市企业不同所有制企业资产负债率

资料来源：Wind。

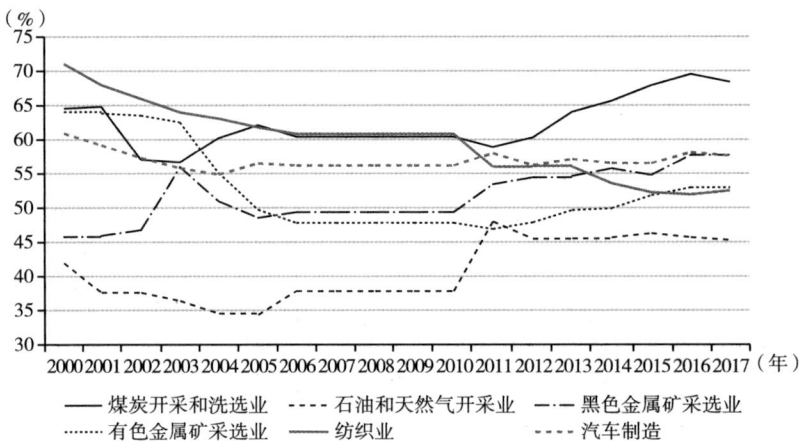

附图 5　产能过剩行业资产负债率

资料来源：国家统计局。

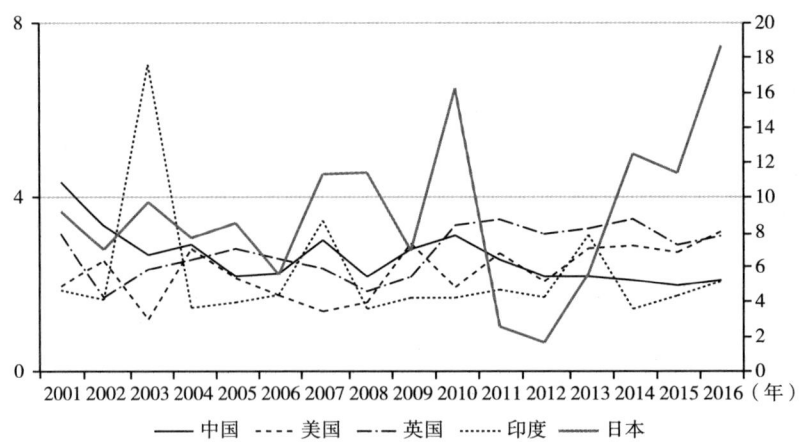

附图 6　各国上市企业利息保障倍数

资料来源：Compustat 数据库。

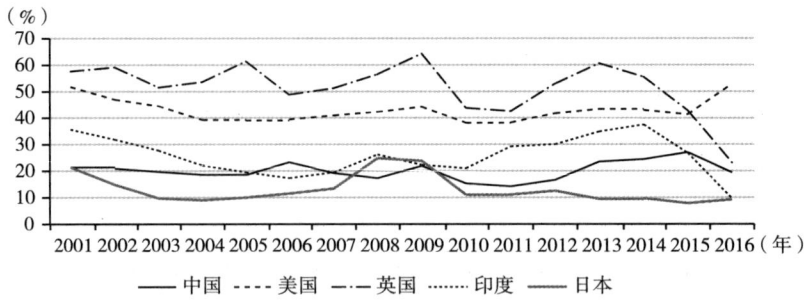

附图 7　各国利息保障倍数小于 1 的企业比例

资料来源：Compustat 数据库。

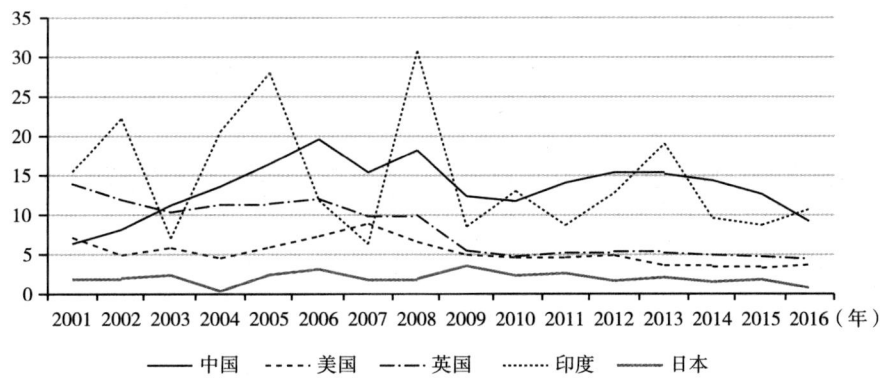

附图8 各国上市企业平均债务成本

资料来源：Compustat 数据库。

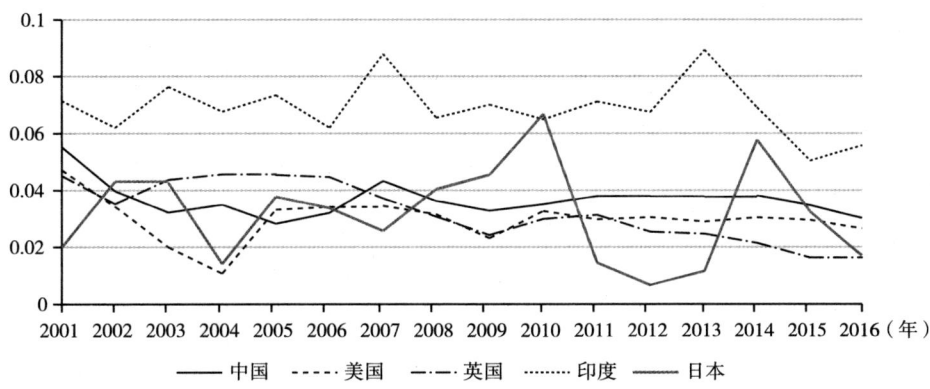

附图9 各国上市企业 EBIT/资产

资料来源：Compustat 数据库。

治理经济"脱实向虚"的美国经验和启示*

马雪娇　星　焱

摘　要　2008年美国爆发金融危机的一个重要原因就是实体经济空心化、资金"脱实向虚",导致经济过度金融化。为此,美国政府通过财政、货币、产业等政策组合,逐步引导资金回归实业,并成为发达经济体中率先走出衰退,持续复苏的国家。当前,我国实体企业融资难、融资贵,而银行同业和大资管等领域发展过快,部分资金层层嵌套,只在金融体系内部循环。这与当年美国"脱实向虚"的经济现象在一定程度上相似。为了进一步做好"十三五"期间防范金融风险、确保金融稳定的工作,我们可以剖析美国相关问题,并借鉴其治理经验。

一、金融危机前美国经济"脱实向虚"的主要表现

(一) 传统生产性行业的利润率下滑,经济金融化趋势加重

20世纪80年代后,全球主要经济体的生产性行业利润逐渐进入下行通道,大量资金进入金融市场,经济活动重心从商品生产转移到虚拟经济活动。1980—2007年,美国金融及房地产行业对GDP贡献率从16%上升到20%以上,同期的制造业则从20%下降到12%(见图1),高于泡沫经济时代的日本和目前的中国①,企业税后利润年均下降1.1个百分点。实体经济从事金融活动利润不断上升,以通用电气为例,2002年其下属通用电气金融服务公司年收入占通用电气总收入的41%,对通用电气利润贡献超过了

---

* 本文发表于2017年7月《中证金融研究》2017年第9期总第78期。《中证金融研究》,已更名为《中证金融与法律研究》,中证金融研究院内部刊物,关注涉及国内外资本市场的前瞻性、学术性、基础性和长期性问题。

① 1990—1999年,日本房地产、金融业投资对GDP的贡献率平均为17.4%左右;统计数据显示,2016年,我国房地产业和金融业对GDP的贡献率分别为7.8%、7.1%。

40%①，企业行为日趋短期化、金融化，投资主业意愿降低，传统制造业逐渐被金融和房地产业取代，实体经济日益萎缩，形成了以金融为核心的新经济增长模式。

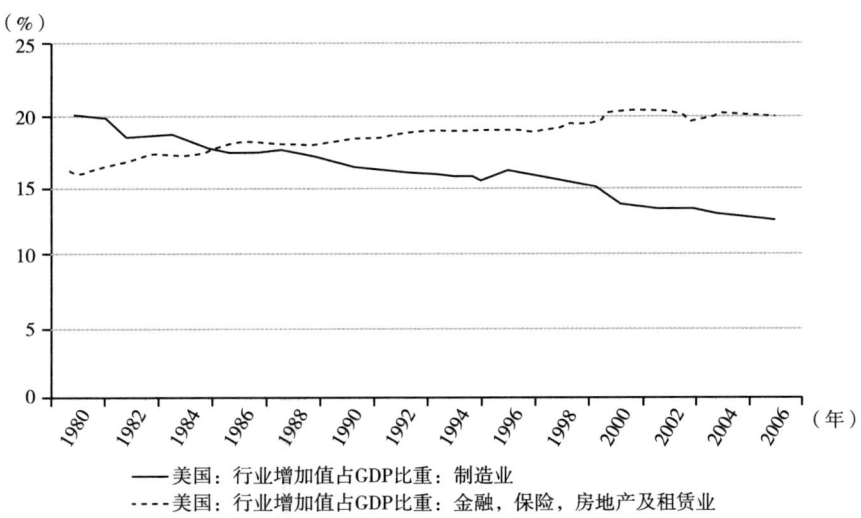

图1　1990—2007年美国制造业与金融房地产业增加值占GDP比重变化趋势
资料来源：Wind。

（二）流动性过剩推高资产价格泡沫

美国联邦基金利率从20世纪90年代中期开始一直处于较低水平，尤其是2000年后，3年内连续13次降息②。但是，在此期间美国CPI和PPI波动较平稳，商品和生产资料的价格并没有出现明显涨跌，显示流动性未进入实体部门。相对而言，截至2006年，美国股票、债券、大宗商品期货以及金融衍生品等市值已达到400万亿美元，约为GDP的30倍，市盈率已高达36倍，远高于同期的中国、日本及欧元区国家③；房价年均涨幅超过10%，标准普尔/凯斯—席勒（S&P/CS）20座大城市房价指数由2002年1月的112.39上升到2006年7月206.52的历史高点，金融资产快速膨胀，资产价格不断攀升。在经济繁荣→资产价格高升→信贷快速增长的正反馈过程中，市场交易偏离均衡状态，直至引发危机。

（三）监管持续宽松，金融产品过度膨胀

自1980年开始，美国金融自由化进程加快，各类衍生品雨后春笋般涌现，尤其是投资银行在回购市场中拆借资金用于资产证券化，并循环往复，类似货币创造信用，推升虚拟经济规模。2003—2006年，美国信用衍生类金融市场规模迅速扩张15倍，达到50万亿美元，

---

① 邢文增. 经济金融化必将加剧资本主义经济社会动荡［J］. 红旗文稿，2015（10）.
② 3年内13次降息是为应对"互联网泡沫"和"9·11"事件对经济增长的负面影响。
③ 夯实基石创造中国证券市场发展新范式. http://finance.sina.com.cn/stock/t/20090206/07405823589.shtml.

甚至大批低风险偏好的养老基金等开始投资衍生品；次级抵押贷款占全部房贷的比例从以往不足 5% 快速跃升到 2006 年的 30% 左右。同时，监管放松与宽流动性叠加降低了美国发债成本。1998—2008 年，美国金融部门负债增长 128%，家庭部门增长 97%，经济杠杆程度加大。

（四）信息技术迅速发展，金融衍生品套利空间加大

20 世纪 90 年代后，CDS、CDO 等衍生工具以现代计量学、金融数学和超级计算机技术为支撑，推动金融交易日趋复杂。同时，借助高性能计算机和高速网络，交易员也可以通过程序化交易进行金融套利，挂单后迅速撤离，反复赚取佣金，不"执行交易"而仅仅"制造交易"。这些行为也助推了股指期货等衍生品的套利空间。在此背景下，市场中"为交易而交易"的行为逐渐增多，大量资金进入资本市场谋求短期获利，加剧了资金空转。2005 年起，日均交易量中程序化交易占比在 20% 以上；投资者持有单只股票平均时间由 2000 年前的 4 年，缩短为 2008 年的 2 个月。

二、美国政府推动经济"脱虚向实"的主要举措及效果

为了应对金融危机及其引发的实体经济衰退，2009 年后，美国新一届政府推行扩张性的财政政策和全面从严的金融监管政策，有效修复了金融业资产负债表，抑制了衍生品无序延伸，振兴了本土制造业，避免资产泡沫破灭后的严重紧缩。

（一）短期内推动非政府部门去杠杆，修复金融业资产负债表

债务转移及置换成为推动非政府部门降杠杆的主要方式。2009—2013 年，美联储先后 3 次实施大规模资产购买计划（LSAP），应对次贷危机引发的大规模信贷紧缩，修复货币传导机制，逐步将高额杠杆转向政府部门；同时，美国财政部实行 1 万亿美元的"公私联合投资项目"，通过公私联合投资基金购买美国银行业"有毒"资产，修复银行业资产负债表；联邦存款保险公司（FDIC）在美国国会授权下对陷入困境的金融企业进行重组，通过出售或转移问题金融机构的资产或债务，防止债务情况恶化。主要金融机构杠杆率从高峰期的 23.6 倍降到了 2018 年的 10 倍左右；家庭杠杆率从金融危机前的 60% 左右缓慢升至 2018 年的 78.7%。在此背景下，美国政府部门债务快速扩张，截至 2018 年，杠杆率较 2007 年大幅提升 39.4 个百分点，达到 100% 左右。

（二）推进监管改革，遏制金融乱象，促进资金回归实体

一是扩大金融监管部门权力，对具有系统重要性的金融机构进行甄别并实施差异化监管。例如：有权要求金融机构提交报告，用于对金融体系风险的评估；有权要求美联储在杠杆率、资本金以及流动性等方面对可能存在系统性风险的金融机构加强监管；在

特殊时期，可批准美联储对大型金融机构强制重组或进行资产剥离，改变金融机构"大而不倒"的局面。

二是监管首要目标由追求金融效率转向消费者保护。设立消费者金融保护局（CFPB），将以往分散于各监管机构的消费者保护职责统一，对向消费者发行信用卡、按揭贷款等服务或产品的金融机构进行监管，包括资产超过100亿美元的银行、信贷机构以及大型非银金融机构等。

三是加强金融衍生品监管，防范资金脱实空转。根据规定，场外交易衍生品将纳入证券交易委员会和商品期货交易委员会监管范畴；同时，在"沃尔克法则"要求存款性商业银行剥离衍生品业务、限制自营交易的基础上，允许银行拥有投资金额不超过自身一级资本3%的私募或对冲基金。

（三）鼓励出口，实施财政刺激计划，为经济由虚向实奠定基础

一是提振国家贸易竞争力。为拓展国际市场，2010年奥巴马政府宣布"国家出口倡议"，提出到2014年底实现出口贸易金额翻倍，实现经济增长和增加就业。在保障措施方面，美国商务部国际贸易管理局（ITA）提出国际买家计划，截至2013年底，已招募3.8万个外国买家访问美国贸易展会，达成出口金额23亿美元；出台《对外贸易区委员会通用条例》，实行倒转关税减免，降低出口企业税负①。截至2013年末，美国贸易逆差占GDP的比重已降至2.8%，低于危机前5.38%的水平；同时，出口促进就业效果显著，2013年美国出口带动1 130万个就业岗位，处于近20年来高点。

二是颁布财政刺激实体企业发展计划。2009年，奥巴马政府通过《美国复苏与再投资法案》（ARRA），涵盖范围包括减税、地方政府解困、健康医疗、教育科研、交通、市政等领域，计划投入7 870亿美元，并延续了《2008年紧急经济稳定法案》中的税收政策②。具体措施包括：调整优先股转让损益的税收政策；延长和调整企业研究开发费用的优惠抵免；在项目投资中的制造业产品采购，需源自本国等。从实施效果来看，截至2009年第四季度，该刺激计划提振经济增长1.4%—3.8%；增加就业80万人到230万人。

（四）长期措施以振兴制造业为核心，着力发展实体经济

一是奥巴马政府时期以"再工业化"为基点，通过民间资金推动制造业投资回升。该战略以《制造业促进法案》为标志，将先进制造业、生物技术、清洁能源等作为国家优先突破的领域。在政府债务快速积累的背景下，民间投资成为带动实体经济回暖的主力。私

---

① 倒转关税减免：在原料或零部件进口关税税率高于产成品关税税率情况下，在FTZ生产加工为成品后进入美国关境时，企业有权选择按照较低的税率缴纳关税。

② 《2008年经济稳定紧急法案》（Emergency Economic Stabilization Act of 2008）是经美国国会参议院和众议院通过的法案，并于2008年10月由布什总统签署。法案涉及7 000多亿美元的金融紧急救援方案。

人固定资产投资增速由 2009 年的 -18.03% 上升到 2012 年 11.6% 的高点。截至 2014 年，在知识产权与软件投资方面私人投资已是政府投资的 3 倍。计划实施以来，美国制造业占全球比重稳步上升至 2014 年的 16.6%，较 2011 年的低点上升了 1.4 个百分点，"止跌趋稳"迹象明显；同时，在"再工业化"战略启动的 2009—2015 年期间，美国制造业企业利润占全部企业利润比呈上升态势（见图 2）。

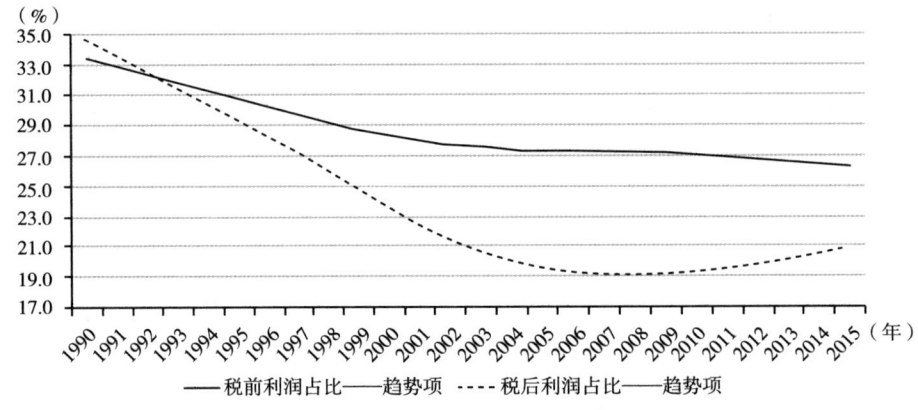

图 2　美国制造业企业税前利润、税后利润占比趋势项

资料来源：兴业研究。

二是特朗普新政"组合拳"振兴本国实业。"再工业化"思想得到了特朗普政府的沿用，提出扩大财政支出，增加铁路、公路、机场、桥梁等基础设施建设投资。同时，特朗普政府计划在未来几年内大幅降低企业税率，包括将公司所得税从 35% 降至 15%、对海外利润一次性征收 10% 资金税等，进一步落实和完善减税降费政策，降低企业交易成本，促进实体生产复苏。据测算，截至 2017 年，包括科技、医药等美国上市企业在内的留存海外利润高达 3.1 万亿美元，约占 GDP 的 15.9%。《2017 年减税及就业法案》实施后，美国企业留存海外资金逐渐减少，2018 年第一季度，回流美国的股息红利达 3 400 亿美元，创下纪录高位。

三、几点启示

中央经济工作会议将"金融风险防控"作为 2017 年经济工作的重要任务之一。现阶段我国资金"脱实向虚"背后不仅仅是总量问题，更多是部分金融投资回报率明显高于制造业等实体投资的结构性问题。为了引导资金"脱虚向实"，有效防范风险，我们可"取其精华，去其糟粕"，选择性借鉴美国经验。

（一）从美国经验来看，抑制虚拟资产过度膨胀，稳妥有序降低金融部门杠杆率是实现"脱虚向实"的重要基础

我国金融降杠杆各项举措抑制了同业、资管等业务的无序扩张，但是从 2013 年

"钱荒"来看，虽然短期内控制了杠杆的过快上涨，一旦监管放松，问题将会卷土重来。因此，急需建立金融去杠杆的长效机制，实现金融市场有序出清。一是有序转移杠杆，稳妥降低金融机构杠杆率。目前，我国整体债务水平并不高，与发达国家相比政府部门仍有加杠杆空间。因此，可借鉴美国经验，将部分金融杠杆向政府转移，但也要警惕危机后美国政府债务过快增长的负面影响，严控地方政府"名股实债"等变相举债行为。二是构建完善的信用担保体系和清算制度，打破刚性兑付，设立有序清算基金，为濒临倒闭的非银机构仅提供流动性而非救助，依法推动高风险金融机构市场化退出。三是充分考量金融去杠杆对经济增速带来的滞后影响，做好风险应对及处置工作。警惕当流动性收缩与去杠杆相互加强时引发的流动性螺旋和资产价格断崖式下跌，防止各类金融风险交叉感染。

（二）加强金融监管，抑制资金"自我循环、以钱炒钱"是实现"脱虚向实"的关键环节

2008年金融危机后，美国通过了一系列监管措施，试图推动无序发展的金融业回归正轨。从我国实际情况来看，加强监管有助于防控金融风险，遏制资产泡沫膨胀。一是建立审慎监管与货币政策的协同机制。理顺货币政策对微观主体经济行为的传导机制，抑制过剩流动性引致的过度投机与资产价格泡沫。二是统一规则、统一标准，加强监管协调。统一各类理财产品、资管产品的监管标准，防止同业业务野蛮生长，建立健全统一的信息共享平台，实现各类监管机构信息的及时充分交换。三是规范地方政府"乱办金融"现象，引导社会资金"脱虚向实"。明确地方政府监管权责，严控地方交易场所和互联网金融平台的审批标准和流程。加强对违法违规交易场所或平台的整顿工作，稳妥推进各类交易场所或平台的整合、转型或关闭，逐步引导社会资金回流实体企业。

（三）加快产业结构调整步伐，提升实体企业投资回报率是实现"脱虚向实"的根本路径

美国经济能够较快复苏，很大程度上有赖于实体企业的好转。对我国而言，改善实体企业的经营环境，加大扶持力度是当务之急。一是加大财政对企业技术研发的支持力度，降低企业创新成本。面对产业结构失衡，美国采取了减税等方式刺激企业技术创新。建议适当调整对产品研发费用的税前抵扣比例，提高企业在税前列支的科技创新投资风险准备金的比例，并降低科研成果转化成本，持续激发微观主体活力。二是以产业转型升级为重点，发挥私募基金、产业投资基金等的引导作用。美国在能源、科技等领域的投资远超其他国家，这符合美国金融危机后重振制造业的战略。我国正处于新旧动能转换时期，应推动钢铁、水泥等传统行业在生产、研发和销售等层面的创新；鼓励投资由传统制造业、房地产等领域转向战略新兴产业和教育、医疗等消费服务领域。

降杠杆与 M2 增速回归常态化*

刘立金　马雪娇

摘　要　2017 年以来，货币政策稳健中性与金融监管强化叠加，金融体系内部降杠杆，广义货币（M2）增速有统计数据以来首次跌至 10% 以下。就影响而言，社会融资规模增速保持平稳，短期内实体经济影响有限；系统性金融风险降低，债券市场受影响明显，银行体系流动性需求上升。长期看，M2 增速与实际 GDP 增速、物价、金融深化、土地货币化等有关，这些因素趋弱决定 M2 增速相对低位成为常态。

一、货币政策转向稳健中性，M2 增速降至 10% 以下

（一）金融体系内部降杠杆，是近期 M2 增速下降主因

2016 年下半年以来，货币供应趋向中性偏紧，金融监管逐步加强，抑制了同业、资管、影子银行活动，金融套利链条被压缩，金融体系内部货币派生速度下降。同时，利率中枢抬升，债券市场融资量下降是近期 M2 增速下降的主要原因。具体来看，随着宏观审慎评估（MPA）监管政策推行，与同业、资管、影子银行活动高度关联的"股权及其他投资"（主要记载商业银行与非银行金融机构的资金往来，包括银行自营及表内理财投向委外、公募基金、非标准化债权和部分权益资产等）大幅放缓。至 2017 年 9 月末，股权及其他投资余额 22.09 万亿元，同比增速下降至 6.4%，2016 年同期则为 84.1%。市场利率中枢抬升，债券发行、配置受到冲击，债券净投资余额 23.80 万亿元，同比增速 13.48%，较 2016 年同期降低 10 个百分点。债券发行减少降低了"单位活期存款"新增，拖累 M2 增速。从持有主体看，2017 年 1—9 月，金融体系[①]持有 M2 平均

---

* 本文发表于 2017 年 12 月《中证金融研究》2017 年第 19 期总第 87 期。
　① 金融体系是指其他金融性公司，主要包括信托、基金、证券公司、保险公司等。金融部门持有的 M2 主要指非银行同业存款。

增速下降至 3.35%，2016 年同期为 13.79%；金融体系持有 M2 占总量比例比为 9.78%，环比下滑 0.57 个百分点，金融体系内部降杠杆效果明显。

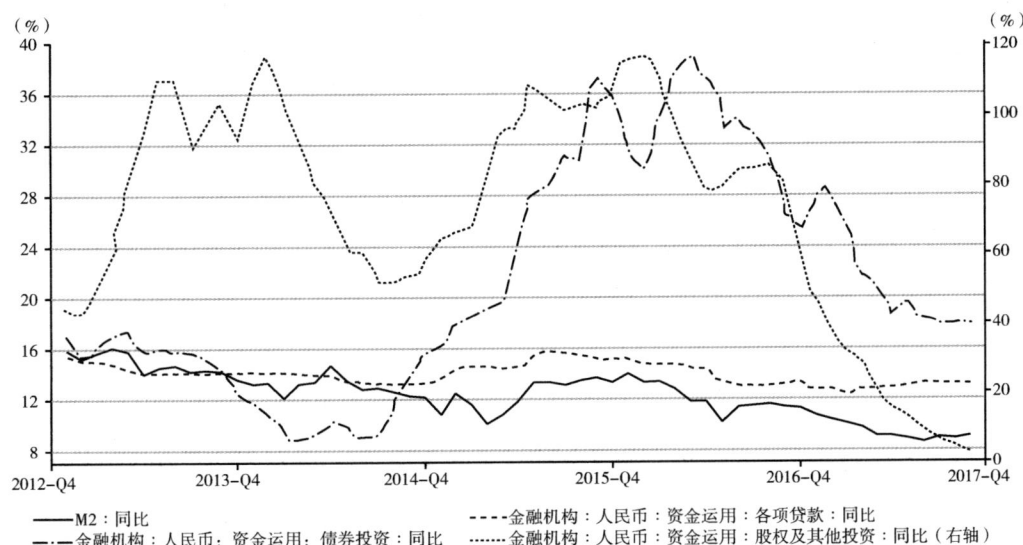

图 1　M2 及其来源同比增速

资料来源：Wind，中证金融研究院整理。

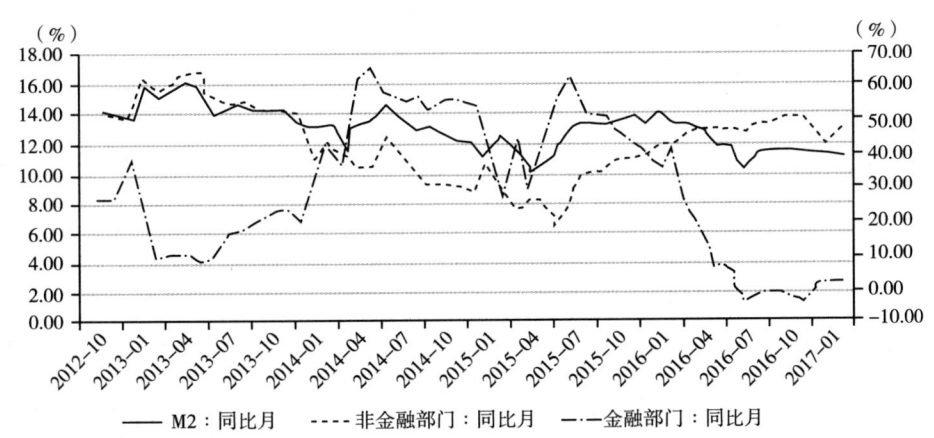

图 2　非金融部门与金融体系持有 M2 同比增速变化

资料来源：Wind，中证金融研究院整理。

（二）传统货币派生渠道趋弱，支撑 M2 高增长动力下降

从资金运用端看，非金融企业融资需求下降，对 M2 高增长的贡献下降。非金融企业及机关团体贷款 2016 年 10 月就已跌破 10%，2017 年 9 月固定资产投资增速继续回落至 7.5%，随着投资增速放缓，非金融企业融资需求或将继续回落。居民部门融资需求自高位回落，房地产调控效果显现。2017 年 1—9 月商品房销售面积同比增长

10.29%，增速回落 16.58 个百分点；居民中长期消费贷款同比增速下行趋势有所显现。2017 年 9 月同比增速 26.86%，较高点回落 9 个百分点。从资金来源端看，非金融部门持有 M2 占比达到 90% 以上，但由于理财、基金、资管等对储蓄的分流作用，商业银行贷款派生能力下降。2017 年 4 月以来，存款类金融机构人民币存款余额同比增速回落至 10% 以下。外汇占款未见明显回升。虽然近期贸易情况持续好转，人民币兑美元汇率小幅回升，但企业和居民结汇意愿回升不明显，2017 年 1—9 月中央银行外汇占款略下降。

二、M2 增速下降带来的影响

（一）社会融资规模增速保持平稳，短期内影响有限

虽然 M2 增速降至 10% 以下，但社会融资规模增速仍保持在 13% 左右，短期内实体经济受影响程度不明显。一是债券融资转向表内信贷。债券发行利率上行导致债券发行萎缩，但贷款利率升幅相对较小，企业融资转向表内信贷。2017 年 1—9 月新增企业债券融资 1 583 亿元，在社会融资规模中占 1%，较 2016 年同期的 19.35% 大幅下滑。二是非标准化债权①融资转向信托贷款。在券商资管、基金子公司等业务规模收缩的挤出效应下，房地产企业等融资转向信托贷款。2017 年 1—9 月，新增信托贷款 1.79 万亿元，占社会融资规模的 11.4%，大大高于 2016 年同期的 3.56%。金融体系内部降杠杆对非标准化债权影响较大，但由于统计缺失②，对实体经济融资的影响尚难评估。

（二）系统性金融风险降低，但债券市场受冲击较大

金融体系内部降杠杆，系统性金融风险有所下降，但利率中枢抬升，债券市场发展面临挑战。金融体系内部降杠杆过程中，商业银行需要收回部分委外资金降杠杆，而委外资金主要投资于债券，因此债券市场受到冲击较大。2017 年初以来，5 年期"AA 级"公司债到期收益率上涨 70 个基点，中债总净价指数下跌 3.2%，部分债券产品陷入浮亏。由于金融机构与零售客户、金融机构与金融机构之间刚性兑付的普遍存在，部分产品采取资金池运作模式，风险仍存在和掩盖于金融体系内。

此外，融资结构的变化导致银行体系流动性需求上升。非标准化债权和债券投资大多通过非银行金融机构进行，不损耗准备金。现在债券和非标准化债权融资部分被信贷

---

① 社会融资规模统计中的非标准化债权仅包括委托贷款、信托贷款、未贴现银行承兑汇票，不包括信用证、保函、应收账款、各类受（收）益权、带回购条款的股权性融资等。

② 有市场机构统计，2014—2016 年，各金融机构投资非标准化债权的资金量分别为 43.29 万亿元、53.00 万亿元、73.16 万亿元，按产品平均嵌套一层，投向实体经济的资金规模存量分别为 21.64 万亿元、26.50 万亿元、36.58 万亿元，而社会融资规模统计的非标准化债权存量分别为 21.60 万亿元、22.18 万亿元、23.41 万亿元。

替代，银行需要增加缴纳准备金，影响银行体系流动性。

三、未来 M2 增速保持相对低位或成为常态

（一）经济转向高质量发展阶段，实体融资需求趋弱

M2 增速与实际 GDP 增速、物价、金融深化、土地等货币化等有关，这些因素趋弱决定 M2 增速相对低位成为常态。

从经济总量看，我国经济由高速增长阶段转向高质量发展阶段，未来几年我国实际 GDP 增速保持在 6%—7% 之间，物价水平大幅度上行的概率较小。分产业结构看，服务业发展加快，第三产业增加值占 GDP 比重从 15 年前的约 40% 上升为当前的 55%，而服务业信贷需求量相对较小。分经济部门看，非金融企业部门尤其是传统制造业去杠杆进程将进一步深化。国际收支趋向平衡，未来外汇占款持续大幅上升的可能性不大。居民部门融资需求主要投向房地产，随着房地产定位的调整和政策长效机制逐步建立，居民货币需求增长会相应降低。对地方政府债务的清理规范，政府部门杠杆将基本稳定。上述因素均不支持未来 M2 增速持续保持高位。

（二）金融监管强化持续，金融深化回归服务实体经济

近年来，金融体系内部货币派生能力增强的原因有两点：一是金融套利驱动的各类"金融创新"活跃，同业、理财、委外等业务规模快速膨胀，资金在金融体系内部自我循环。二是资金"脱实向虚"。实体部门资产回报率越来越低，资金由实体部门涌入金融市场，资产价格大幅上涨，创造了大量不稳定的货币信用。今后，随着金融监管力度加强，金融去杠杆进程深化，金融进一步回归服务实体经济，金融体系内部货币派生动能将趋弱。

（三）M2 增速波动性加大，与经济相关性亦在下降

影响货币供给的因素日趋复杂，M2 的可测性、可控性以及与经济的相关性不断下降。金融脱媒趋势使得货币统计口径发生变化，观察 1998—2016 年的工业增加值、CPI 等宏观数据与 M2 的相关性发现，M2 与宏观数据的联系日益弱化。同时，股市、债市等金融市场规模日益庞大，M2 与金融部门关联性越来越强。由于金融市场具有强波动性，M2 的可测性、可控性不下降。

四、政策建议

（一）合理设定 M2 增长目标，满足经济金融发展需要

一是 M2 增长目标不能过度下调。M2 增速目标除满足实体经济增长需要外，还应考

虑满足金融发展需要。提高直接融资比重，促进多层次资本市场发展，需要金融中介组织开展投融资活动，需要适量 M2 媒介金融交易，非银行金融体系持有 M2 要有一定的稳步增长，目标增速过低可能会抑制资本市场功能发挥。二是改进 M2 统计方法。我国利率市场化改革已取得突破性进展，但预算软约束等问题未根本解决，价格型调控框架尚未真正建立，在一定时期内数量目标仍有存在的必要。M2 已难以反映流动性全貌，应改进 M2 的统计方法，使其与经济增长、金融发展相适应。三是继续推进货币政策调控框架向价格型转型。长远看，M2 可测性、可控性及其与经济的相关性下降趋势难以逆转。应继续深化利率市场化改革，着力培养短期政策利率，维护短期利率稳定，以增加市场认可度，提高利率调控有效性。

（二）促进债券类资管业务健康发展，提高直接融资比重

一是厘清债券类资管业务的本质属性，统一规制标准。强化实质性和穿透式监管，减少监管套利；做好债券承销、交易等方面的风险防控，严禁通过违规代持过券倒券、低买高卖等方式进行利益输送。二是继续清理多层嵌套，抑制通道业务。缩短资金链条，降低融资成本，防范风险跨市场传导，提高金融机构安全性和稳健性。三是有序打破刚性兑付，回归"受人之托，代人理财"本源。四是逐步清理资金池类产品，促进产品向净值型转型。五是合理控制杠杆水平，强化资本约束，防止期限错配过度，防范流动性风险。

（三）保持货币政策稳健中性，完善宏观审慎评估体系

一是货币政策保持稳健中性。合理掌握政策的力度节奏，把握好去杠杆与维护流动性基本稳定之间的平衡，稳定市场预期。适时进行结构性降准，适应融资结构变化补充银行体系流动性消耗。优化市场利率与交易结构，使"大型银行—中小型银行—非银行金融机构"的资金链条运行顺畅、风险可控。二是完善宏观审慎评估体系（MPA）。将考核结果与银行资质挂钩，针对风险较高的地方法人金融机构进行差异化监管，改变奖惩机制相对单一的状况。

美国、欧洲、日本金融"去杠杆"的经验与启示*

高苗苗

摘　要　美国、欧洲、日本均是在遭遇重大危机后，金融部门开始被动去杠杆。美国是市场主导型金融结构，金融体系在危机中的反应最为灵敏，金融部门去杠杆最果断坚决，政府部门采取行动也较为及时，复苏最为迅速。日本是银行主导型金融结构，金融部门去杠杆启动较晚、调整时间较长，对实体经济影响较大，迟迟未能恢复。欧盟政府采取了一系列举措避免无序去杠杆，银行主要通过补充股本实现去杠杆，避免了对实体经济过度损害。其经验教训值得我们参考和借鉴。

金融"去杠杆"通常包括3个层面：一是从宏观上解决整体信用扩张过程中金融机构资产配置期限过长，短久期负债和长久期资产同时扩张所造成的流动性风险抬升、系统性风险累积的问题；二是从中观上解决金融机构之间交叉业务过多、交易链条过长，部分金融机构风控能力弱导致的金融风险问题；三是从微观上解决金融交易中资产价格波动导致保证金或抵押品不足，引发的流动性风险和信用风险问题。因此，金融"去杠杆"通常采取降低金融部门的货币扩张速度、降低理财和非银机构规模扩张速度、减少金融机构之间业务交叉、提高金融交易限定性要求等措施。

从美国、欧洲、日本的经验看，三国均是在遭遇重大危机后，金融部门才开始被动去杠杆。美国是市场主导型金融结构，金融体系在危机中的反应最为灵敏，金融部门去杠杆最坚决果断，政府部门采取行动也较为及时，复苏最为迅速。日本是银行主导型金融机构，因金融部门去杠杆启动较晚、调整时间较长，对实体经济影响较大，迟迟未能恢复。欧盟政府采取了一系列举措避免无序去杠杆，银行主要通过补充股本实现去杠杆，避免了对实体经济过度损害。我国在金融部门去杠杆过程中，也应避免资产价格无

---

* 本文发表于2018年6月《中证金融研究》2018年第3期总第97期。

序、断崖式下跌造成流动性危机，调整期过长造成政策失效，对实体经济信贷过度收缩造成经济下滑等问题。

一、避免资产价格无序、断崖式下跌造成流动性危机

金融机构在去杠杆过程中，重点会清理资产负债表中的不良资产或高风险资产。但由于大类资产之间联动性较强，清理资产的过程可能引发多种资产价格接连下跌，甚至出现断崖式、螺旋式下跌，短期内难以实现合理价格均衡。这种无序抛售不仅会加剧市场恐慌，还会造成价格信号失灵，对实体经济投融资造成较大负面影响。资产价格（特别是股票价格）变动包含了 GDP 预期增长的信息，会影响企业投资决策（Barro，1990）①。监管机构在决定是否需要出手救助时，先要判断资产价格是基于基本面的暂时回调，还是无序的断崖式下跌。如出现后种情况，需要出手救助。

日本央行在 1990 年资产价格大幅下跌时没有立刻进行流动性救助，反而因为担心资产价格泡沫（房地产和股票）卷土重来进行了一次加息。日经 225 指数从 1990 年 1 月第 1 个交易日开始下跌，至 1990 年 8 月末累计下跌 33.24%。1990 年 8 月 30 日，日本央行仍进行了一次加息（贴现率从 5.25% 上调至 6.00%）。此后，在很长一段时间内，日本进入了资产价格下跌、金融部门去杠杆、实体经济运行困难的循环。由于资产价格持续下跌，银行大幅增加对不良资产（尤其是房地产投资）的核销力度，导致银行杠杆率攀升。但是，因彼时经济较为困难，市场各方都要求银行去杠杆，又引发了新一轮的变卖资产和资产价格下跌。1990 年至 1991 年，以及 1996 年至 2003 年，日本银行业都大量出售股票。

在 2008 年金融危机中，美联储的流动性救助相对及时。2007 年，随着美国房地产市场价格由盛转衰，以次贷资产池为基础标的的 MBS、CDO 等产品资金链开始断裂。对冲基金②和投资银行因杠杆较高并购买较多低评级的 MBS 和 CDO，最先受到冲击。2007 年 7 月，美国第五大投行贝尔斯登旗下两只对冲基金破产，引发股市重挫。股票价格从 2007 年 10 月初开始大幅下跌，至 2009 年 2 月末，道琼斯工业指数下跌 49.86%。资产价格下跌导致投行被迫启动去杠杆进程，通过抛售资产偿还负债。去杠杆很快蔓延至商业银行和保险公司，虽然它们购买的 MBS 和 CDO 评级较高，但低评级 MBS 和 CDO 的风险重估也导致高评级产品的价值重估。面对这种境况，美联储立即启动流动性救助措施，财政部也提供了担保支持。一是采用多种货币政策工具应对流动性危机，从 2007 年 9 月至 2008 年 12 月，美联储连续降息 10 次，联邦基金目标利率从 5.25% 下调至 0.25%，同时降低再贴现率，此外还采取了多种非常规货币政策措施，如短期拍卖工具（TAF）、短

---

① Barro, R J 1990, 'The Stock Market and Investment,' The Review of Financial Studies.
② 2007 年 6 月到 2008 年 7 月，对冲基金的平均杠杆率从 67% 降至 36%。

期证券借贷工具（TSLF）和一级交易商信用工具（PDCF）。二是对特定金融机构进行流动性救助，包括商业银行和货币基金、投资银行、房利美、房地美、保险公司等非银行金融机构，如美联储向 AIG 提供了大量贷款，财政部为货币基金债务提供担保。三是启动了量化宽松政策。从 2008 年 9 月至 2014 年 10 月，释放流动性 4.4 万亿美元。

2011 年欧债危机爆发后，欧盟国家金融部门也开始被动去杠杆，欧盟政府在 IMF 协助下采取了一系列举措避免无序去杠杆。欧债危机始自 2009 年希腊主权债务危机爆发，至 2011 年愈演愈烈，风险逐步从希腊、爱尔兰、葡萄牙等欧元区外围小国蔓延至西班牙、意大利、法国等欧元区核心大国。由于欧元区各国商业银行交叉持有大量国债，国债信用等级的下调给持债金融机构造成较大账面损失。2011 年最后一个季度，欧洲金融部门出现了强大的去杠杆压力，银行业出售了大量资产，主要是风险权重较高的资产，如低评级的证券化资产、不良债券等（BIS，2012）①。欧盟政府一方面借助欧洲金融稳定设施（EFSF）② 和欧洲稳定机制（ESM）③ 进行流动性救助；另一方面，欧洲央行采取了非常规货币政策，如 2011 年 12 月、2012 年 2 月实施两轮 3 年期的长期再融资操作（LTRO），规模分别为 4 892 亿、5 295 亿欧元，实质是向欧洲商业银行提供利率为 1% 的低息贷款，让其购买本国国债，以压低欧元区国债收益率。

二、避免调整期过长造成政策失效

日本 20 世纪 90 年代经济下滑后，金融体系并未整体出现严重恐慌，金融部门去杠杆启动时点较晚，货币政策的调整也是缓慢进行，调整期过长导致市场形成了确定性的悲观预期。相比之下，2008 年美国在房地产和信贷市场泡沫被刺破时，金融体系整体出现了剧烈震荡，金融部门立即启动去杠杆，货币政策调整较为迅速，各类资产价格从 2009 年起就逐步恢复。

具体而言，20 世纪 90 年代初期，日本虽然股价和房地产价格大幅下跌，但由于资产价格大幅下跌导致银行难以满足资本充足率的要求，加之税务机关对银行处置核销不良贷款的阻力较大，日本的银行并没有立即开始处置不良贷款，且仍然在给僵尸企业提供贷款④，直至 5 年后（1995 年）才开始大幅处置不良贷款。1998 年金融危机发生后，银行加大了去杠杆的力度，对实体经济贷款变为负增长，直到 2005 年以后才恢复增长，导致实体经济固定资产投资显著下滑。同时，对于银行业出现的严重资本侵蚀，政府没

---

① BIS（2012），Quarterly Review，March.
② European Financial Stability Facility，在希腊危机爆发后成立的临时性危机救助机制，最大放贷能力为 4 400 亿欧元。
③ European Stability Mechanism，作为永久型救助机制，2012 年 7 月开始生效。
④ Peek 和 Rosengren（2005）指出，日本的银行为严重受损的借款人提供贷款，以避免在自己的资产负债表上出现亏损。这明显降低了金融中介效率，导致经济增长下滑。

有立即采取行动，直至 1995 年，才开始使用公共资金对非银业务进行救助，直至 1998 年金融危机发生，才开始对银行进行注资。由于调整期过长，后续的一系列货币政策也未能改变经济的疲弱局面。

日本和美国金融市场结构有一定差异。相比市场主导型金融结构的美国，日本属于银行主导型金融结构的国家，压力传导相对较慢①。直到 1993 年第四季度，日本央行的官方报告中才认为金融因素与实体经济之间存在负面相互作用。

三、避免信贷过度收缩造成实体经济下滑

金融机构在去杠杆的过程中，为符合资本充足率的要求，通常会采用以下 3 种方式：一是发行新股；二是保留盈利并减少派息；三是缩减贷款规模或出售资产。实证研究表明②：在去杠杆时，通过前两种方式提升资本充足率，对宏观经济的影响较小③。发行新股虽然会稀释原有股东价值，但可以让金融机构的资本充足率迅速提升。保留盈利并减少派息也不会对金融机构的正常运营造成冲击，但这一过程较为耗时，对于面临严重财务困境的金融机构可能并不适用。

如果去杠杆的过程导致实体经济信贷可得性过度收缩，将对宏观经济产生巨大影响。实体经济信贷可得性收缩会导致资本开支和消费支出减小，同时导致资产价格承压，进而通过乘数效应和财富效应导致居民及企业部门收入下降，最终使得信贷可得性、资产价格、收入陷入负反馈循环。Swiston（2008）④发现：美国商业贷款标准收紧 20%，会导致当年 GDP 下降 0.75%，两年 GDP 下降 1.25%。Bayoumi 和 Melander（2008）发现⑤：银行资本/资产比率每下降 1%，就会通过降低信贷可得性导致美国 GDP 下降 1.5%，加上资产价格等金融反馈效应，最终导致 GDP 下降约 2%。

2011 年欧债危机全面爆发后，欧洲银行主要通过补充股本实施去杠杆，避免了对实体经济信贷过度收缩。2011 年 12 月至 2013 年 6 月，欧洲商业银行的杠杆率（资产/权益）平均从 28.6 降至 25.0，标准差从 8.2 下降到 6.5。大约 2/3 的去杠杆是通过补充普

---

① Japan's Deleveraging since the 1990s and the Bank of Japan's Monetary Policy: Some Comparisons with the U. S. Experience since 2007.
② W Devlin, H Mckay, 2008, The macroeconomic implications of financial deleveraging, Economic Round-up, 113 (A8).
③ 不可否认的是，在极度避险的情况下，或投资者对金融体系本身不满意的情况下，吸引新的外部资金对现有股东而言可能是困难的并且成本过高。
④ Swiston, A., 2008, "A U. S. Financial Conditions Index: Putting Credit Where Credit is Due," IMF Working Paper, WP/08/161.
⑤ T Bayoumi, O Melander, 2008, Credit Matters: Empirical Evidence on U.S. Macro-Financial Linkages, IMF Working Paper, 8/169: 1–27.

通股实现的，1/3 是通过缩减资产来实现，效果较好①。

四、小结

稳步推动"去杠杆"是我国防控金融风险攻坚战的重中之重。总的来说，自 2017 年我国启动金融"去杠杆"以来，已取得良好成效。2017 年，M2 同比增长 8.2%，增速比 2016 年末降低 3.1 个百分点。100 多家银行主动"缩表"，银行同业资产负债自 2010 年来首次收缩，表外业务总规模增速逐月回落。证券经营机构资管产品杠杆水平明显下降，通道资管业务由增转降。股市杠杆资金得到有效控制。但在部分时点上，也出现了因政策叠加，导致各类资产波动性明显增大、相关机构流动性紧张、市场恐慌情绪上升的情况。借鉴国际经验，我国在金融部门"去杠杆"过程中，应避免资产价格无序、断崖式下跌造成流动性危机，也应防止调整期过长造成政策失效，以及实体经济信贷收缩过度造成经济下滑等问题。

---

① Pierluigi Bologna, Marianna Caccavaio and Arianna Miglietta, EU bank deleveraging, September 2014.

当前房地产市场主要风险及调控选择*

——从2014年9月以来房地产周期特点说起

冯晓爽

摘　要　在政府屡次强调"房住不炒"和楼市调控不断加码情况下，调控效果有所显现，市场降温，但局部走势及市场预期还时有反复，各种风险隐患也较为突出，在中美贸易摩擦加大，国内外宏观经济金融环境日趋复杂严峻背景下，房地产市场实现稳投资和控风险平衡的难度增加；房地产领域快速加杠杆挤占大量金融资源，处置不当或对资本市场带来较大冲击；融资收紧情况下中小房企债务违约风险凸显。建议保持调控定力，稳定市场预期，避免市场过度反应放大不利信号，同时加强防范并积极化解房地产企业股权质押、杠杆资金及债务违约风险隐患，充分发挥资本市场作用，促进房地产市场市场化出清及平稳过渡。

自2016年9月30日起京、津等地启动楼市调控，在政府屡次强调"房住不炒"和楼市调控不放松情况下，调控效果有所显现，市场逐渐转冷，但局部走势及市场预期还时有反复，在当前形势下市场各种风险隐患也较为突出，这除了受房地产行业本身的发展阶段及所处的宏观经济环境变化影响之外，也与本轮房地产周期表现的特点密切相关。

一、本轮房地产周期的主要特点

此轮房地产周期始于2014年9月30日政策放松，至2015年"去库存"系列政策引发房价全面快速上涨，2016年9月开始大量城市开启限购等调控措施，总体看本轮地产周期表现出以下几方面特点：

---

* 本文发表于2018年10月《中证政研简报》总第526期。

(一) 调控最为严厉并有所创新,但存在个别调控手段扰乱市场预判的现象

众所周知,本轮调控除以往限购、限贷等在需求端调控外,也在长期租赁型住房、共有产权住房、住房投融资机制等供给层面进行了新的探索,并取得良好进展。但随着"限价"纳入调控工具箱①,多个城市出现一、二手房房价倒挂情况。一方面,低价房压缩了房企利润空间,为规避监管采取囤地捂盘、变相延长工期等手段与政府博弈;另一方面,在房价只涨未跌的刚兑预期下,"买到即赚到"的购房心理催生全民购房,刺激新的投机需求,对原有住房投资投机防控体系冲击较大。同时,多数地方政府难以摆脱对土地财政的依赖,"明调控、暗刺激"增加土地收入,也加大中央政府调控政策落实难度。

(二) 房价整体上行持续时间较长、涨幅较大,一、二、三线城市出现明显分化

2014年周期开启以来,房价一路高涨,共持续24个月,超过此前所有周期上行阶段的持续时间,深圳、北京、广州等一线城市同比最高涨幅达31.9%,超过此前21.2%的历史较高涨幅。随着因城施策调控政策推进,一、二、三线城市房价走势分化,一线城市调控后价格有所企稳,但在调控溢出效应作用下,部分二线城市和三、四线城市房价先后出现一波上涨,成为本轮房地产市场主要推动力(见附图1)。部分三、四线城市房价从2017年下半年开始大幅上涨,与当地收入水平严重脱节。例如,四川泸州、遂宁、南充等城市房价基本较2016年翻倍,贵州和陕西等部分三、四线城市房价涨幅接近60%—80%。一、二、三线城市房价"此起彼伏"也拉长本轮周期房价上行时间。

(三) 房地产投资受土地购置拉动作用较大,对资金、销售等先导指标敏感性降低

2017年土地市场持续火热,全国土地购置面积和成交价款分别同比增长15.8%和49.5%,增幅均高于往年水平,土地购置成为拉动房地产投资增长主要因素(见附图2和附图3)。2018年1—9月,房地产投资同比增长9.9%,其中土地购置费用拉动13.2个百分点,建安工程等其他拉动作用为负,剔除土地购置因素后,房地产投资增速为-4.1%。因此,房地产投资与销售、资金等先导指标出现背离。从历史数据看,地产投资对资金来

---

① 一手房预售申报价不得高于周边同类产品价格或二手房价格,分期开发的项目预售价不得高于上一期同类产品价格。

源变化一般有 6—9 个月滞后期，增速差为 4—6 个 bp①；与销售增速变动基本一致，但在本轮周期中，房地产投资对销售面积及开发资金来源敏感性下降，走势甚至出现背离（见附图 4）。

（四）房地产领域杠杆率快速上升，大、中、小房企杠杆率出现分化趋势

一方面，房贷占比较高的居民部门杠杆率快速攀升，居民杠杆率由 2008 年底的 17.9% 快速升至 2018 年第三季度的 52.2%。中国人民大学研究显示，截至 2017 年，中国家庭部门杠杆率高达 110.9%②，其中房贷占比在 60% 以上。另一方面，房企杠杆率居高不下，并呈现"大房企加杠杆，中小房企降杠杆"分化趋势（见附图 5）。2018 年上半年，A 股上市房企资产负债率达 79.6%，调整后的资产负债率③为 68.0%，较 2017 年上升 3.2 个百分点。其中，资产在 1 000 亿元以上大房企调整后，杠杆率为 71%，较 2017 年末上升 4.8 个百分点；但资产在 500 亿元以下中小房企调整后杠杆率为 57.2%，较 2017 年末下降 0.4 个百分点。

二、当前房地产市场面临的主要风险

（一）国内外宏观经济环境复杂严峻，房地产控风险与稳投资平衡难度加大

当前国内制造业及基建投资较为疲弱，高房价在一定程度上挤占了实体投资和消费需求，打破房价刚性预期，化解房地产市场泡沫风险成为当务之急。但同时，当前经济金融形势无法承担房地产泡沫迅速破灭风险。一是中美贸易摩擦形势日益严峻，国内稳增长及防风险任务紧迫，稳房地产对稳投资的重要作用凸显。2018 年 1—9 月，房地产投资对全社会固定资产投资贡献率为 32.1%。若房价出现断崖式下跌，引起房地产投资大幅回落，也将对稳投资和稳增长带来挑战。二是我国房地产体量巨大，初步估算当前我国房地产市场总市值将近 260 万亿元④，若处置不当，巨量资金从房地产领域迅速流出，在实体经济和资本市场回报率不高的情况下，或引发严重通货膨胀，进而对实体经济带来系统性风险冲击。

---

① 如 2016 年下半年 15% 左右的资金来源增速对应 2017 年上半年 9% 左右的投资增速，而 2017 年上半年 11% 左右的资金来源增速对应 2017 年下半年 7% 左右的投资增速。
② 居民杠杆率利用住户部门贷款余额/GDP；家庭部门杠杆率以家庭债务/家庭可支配收入测算。
③ 考虑到预收账款不用全部计入负债，调整后资产负债率 =（负债总额 − 预收账款）/（资产总额 − 0.6 × 预收账款）。
④ 2016 年城镇人口人均住房面积 36.6 平方米，2017 年末我国城镇常住人口 81 347 万人，根据 2018 年 1—9 月商品房销售额/商品房销售面积可得商品房单价为 8 728 元/平方米，可粗略计算我国房地产总市值 259.8 万亿元（36.6×81 347×8 728）。

（二）房地产领域快速加杠杆挤占大量金融资源，处置不当或对资本市场带来较大冲击

房地产泡沫破灭历来是引发金融危机的重要原因之一，并最终在资本市场表现。2008年金融危机爆发的直接原因就是房地产泡沫破灭引发的系列连锁反应。当前房地产或通过以下路径对A股市场带来影响：一是楼市调控及房价波动影响板块盈利及估值。当前房地产板块市值占A股总市值近5%，属五大权重板块之一，板块走势往往影响整个大盘走势。同时，房地产上下游产业链利润变化也将影响A股风险溢价。二是房地产企业通过股权质押融资比例较高，在市场快速下跌情况下，高比例股权质押将进一步放大市场风险。截至2018年10月末，A股130家房企平均质押比例为18.2%，其中大股东累计质押数占持股比例达62.3%，无限售股权质押比例14.7%，均高于A股平均水平。三是房地产通过银行等金融机构向股市传递风险。2018年第三季度，新增房地产贷款（开发贷和抵押贷）占全部境内贷款增量的39.6%；更多资金也通过资管、信托、理财等多层链条嵌套流入房地产领域。作为主要抵押品，房地产升值形成金融加速器效应①（见附图6），对银行资产负债表造成冲击，进而通过流动性变化传导至资本市场。

（三）居民过快加杠杆，三、四线城市回调增大情况下信贷风险不容忽视

此前房价上涨推动三、四线城市居民快速加杠杆，有机构估算，三、四线城市购房杠杆率由2016年的66%提高到2017年的74%。三、四线城市供需失衡矛盾逐渐凸显。从供给端看，此前碧桂园等房企大幅进驻，高周转并形成新一轮库存。截至2018年8月，我国商品房潜在库存面积升至38.9亿平方米，较年初上涨4.3%。上半年，多在三、四线城市布局的中小房企存货占总资产比重的50.2%，较2017年上升1.2个百分点。从需求端看，三、四线城市当地改善性需求、部分返乡需求经历一年多消化，增长空间有限。随着棚改货币化安置对需求拉动作用的减弱，市场回调压力加大，三、四线城市累积的大量按揭贷款将成为银行资产风险隐患。2017年全国公积金贷款逾期10.6万亿元，同比上升34.6%，侧面反应房贷压顶下购房者现金流脆弱。

（四）中小房企面临融资端和销售端双重压力，债务违约风险上升

融资环境紧缩叠加商品房销售下滑导致资金回笼困难，房企尤其中小型地产商现金流压力明显加大。2018年上半年，A股中小上市房企②筹资性现金流净额较第一季度大

---

① 房价上涨全面提升了居民、企业、政府和银行的信用能力，而信用扩张导致货币购买力提升，又进一步加速了房价上涨。

② 本文将总资产在500亿元人民币以上房企划分为大型房企，将总资产500亿元人民币以下房企划分为中小型房企。

幅下降95.1%，占总资产比重由第一季度的0.55%下降至0.03%。随之而来的资金兑付压力也在增大。由于地产公司债务多采取3—5年期限，2015年、2016年发债高峰后，2018—2021年集中进入回售期和兑付期。据估算，目前存续地产债中，2018年、2019年需要偿付的规模分别为1 613亿元和2 807亿元，进入回售期的分别为3 800亿元和3 900亿元。随着债市收益率上升以及投资者对房地产市场风险担忧升温，债券回购比例将大幅提升，近年来发行债券甚至加杠杆融资拿地的部分中小房企资金链断裂风险也在上升。2018年以来，已有中弘股份、京鹏地产等6家房企债券出现违约[1]。一旦中小房企出现大面积债务违约，可能带来整个行业金融挤兑并致使企业大面积抛售资产，进而引发楼市泡沫破裂风险及金融市场动荡。

三、几点政策考虑

（一）保持调控定力，稳定市场预期，在抑制资产泡沫的同时防范市场过度收缩引发更大风险

在当前中美贸易摩擦日益升温，外部不稳定不确定因素增多，国内消费需求与基建投资持续走弱背景下，稳定房地产市场发展预期尤为重要。一方面，继续保持调控连续性和稳定性，从供需入手细化分类调控措施，同时减少引起市场过度反应的行政干预；做好政策解读，避免市场过度反应放大不利信号，出现局部失控局面。另一方面，创造房地产市场合理发展空间，引导房地产开发投资理性回归，防止因政策不稳定出现投资大起大落，避免市场过度收缩引发金融市场震荡。

（二）加强防范并积极化解房地产企业股权质押、杠杆资金及债务违约风险隐患

一是加强监测房地产杠杆资金及融资类业务平仓情况，通过补充质押、合约延期、提前购回等多途径稳妥化解股票质押违约风险，避免集中平仓对市场造成不当冲击。二是加强对房地产企业存量债券违约风险全面排查，形成房地产风险债券及关注类债券名单；关注中小房企资金状况，对其债券发行审核分类监管，为符合条件的企业适度放宽再融资限制，防止缩表过快导致资金链断裂风险；加强房地产信用债违约事件监控，严防信用风险转化为流动性风险。

---

[1] 5月26日，云房集团持股51%的子公司京鹏地产，对重庆国际信托股份有限公司3亿元债务到期未偿付；恒盛地产2017年年报披露：若干借款的本金还款及利息付款分别为32.73亿元及14.97亿元已逾期（逾期贷款）。

（三）推动房地产市场化出清，合理控制大型房企杠杆率，防范过度扩张风险

从上市公司情况看，大、中、小房企财务风险、运营能力及资金状况等表现不同。对于营运能力资金状况较好的大型房企，鼓励其对区域性房地产企业兼并、重组，促进房地产行业整合和市场化出清。同时，坚决遏制企业融资资金用于拿地，避免大型房企利用外部资金抬升地价；认真落实资管新规，防止大型房企借助各类通道违规融资，确保杠杆率保持在合理水平。

（四）充分发挥资本市场作用盘活存量，增加有效住房供给，促进市场平稳过渡

合理引导资本，引导部分有实力、经营规范的开发商或住房租赁中介利用 ABS 等证券化工具将闲置厂房、商业用房、临时建筑等改造为租赁用房，并吸引更多自住房进入租赁市场；在业务合规、风险可控前提下，推动长租公寓证券化业务规范发展；参考国际成熟经验，推动相关部门对公募 REITs 相关业务规则形成共识，完善 REITs 有关配套支持政策，因地制宜尽快推出公募 REITs 管理办法；借鉴美国经验，设立资产管理公司，收购市场崩盘时的房地产，并以长期租赁方式回收成本。

附录

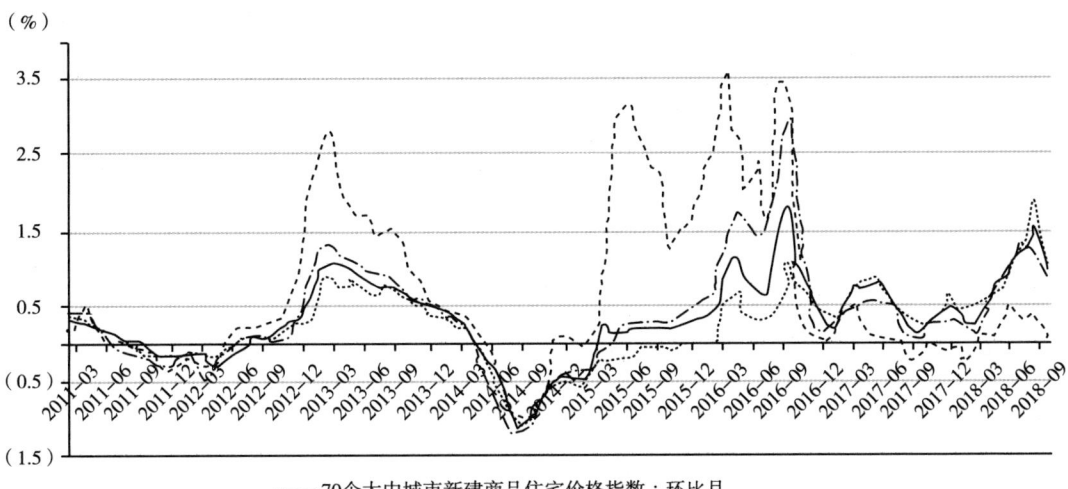

附图 1　一、二、三线城市房价环比变动情况

附表1 房地产周期与调控政策历史回顾

周期	上行/下行时间段	方向	时间	调整取向及政策	调控政策	调控效果
周期一 2006年8月—2008年12月	2003—2004年，房地产市场过热	放松	2003年	确立房地产为支柱产业		2003年2月商品房销售面积涨至68.9%，开发投资增长32.1%
	2005年3月之后出现回调	收紧	2005年3月26日	国八条：《关于切实稳定住房价格的通知》。开启政府调控房地产业先河，象征意义大于实质		2006年6月商品房销售面积达到16.5%阶段性定点，7月开始下降。2007年9月房价见顶回落
	上行：2006年9月—2007年9月（13个月）		2006年5月29日	国十五条：《关于调整住房供应结构稳定住房价格的意见》，进一步细化和落实，实质性影响更大		
			2007年9月27日	"9.27房贷新政"：《关于加强商业性房地产信贷管理的通知》		
	下行：2007年10月—2008年12月（14个月）	放松	2008年10月22日	《关于调整房地产交易环节税收政策的通知》，降低房地产交易环节税收，政府开始鼓励住房消费和房地产投资		2008年12月达到−17.9%阶段性低点，2009年1月开始回升。房价开始触底反弹
			2008年12月17日	"国十三条"：《关于促进房地产市场健康发展的若干意见》，体现政府态度，地方政府纷纷出台就是措施		
周期二 2009年1月—2012年3月	上行：2009年1月—2009年12月（12个月）	收紧	2009年12月24日	"国四条"：增加供给，抑制投机，加强监管，推进保障房建设。要求综合运用土地、金融、税收等手段遏制部分城市房价过快上涨		2009年11月达到53%高点后，2010年2月开始回落，4月房价见顶回调。2013年2月达到49.5%高点后，3月出现回落，同时房价见顶回落
	下行：2010年1月—2012年3月（27个月）		2010年1月7日	国十一条：《关于促进房地产市场平稳健康发展的通知》，合理抑制投资投机性购房需求		
			2010年4月17日	新国十条：《关于坚决遏制部分城市房价过快上涨的通知》		
			2011年1月26日	新国八条：把二套房首付比例提至60%		

续表

周期	上行/下行时间段	方向	时间	调控政策	调控效果
周期三 2012年4月—2013年3月	上行：2012年4月—2013年3月（12个月）	收紧	2013年2月20日	新国五条：对房价上涨过快的城市及时采取限购措施	
	下行：2013年3月—2014年9月（18个月）	放松	2014年9月30日	"9.30房贷新政"：《关于进一步做好住房金融服务工作的通知》	2014年9月达到-8.6%阶段性低点，10月开始触底反弹；2015年2月房价在-16.3%阶段性低点，3月开始回升
			2015年3月30日	"3.30房贷新政"：《关于个人住房贷款政策有关问题的通知》	
			2015年9月30日	将不限购城市首套房商贷最低首付比例下调至25%	
			2016年3月	"两会"期间，房地产调控因城施策去库存成为主旋律	
周期四 2014年9月以来	上行：2014年9月—2016年9月（24个月）	收紧	2016年9月30日	国庆节调控新政，北京、天津、南京、苏州、成都、合肥、深圳、无锡、郑州、济南、厦门、武汉、广州等19个城市重启限购限贷	2016年9月达到26.9%阶段性顶点，10月开始下降。2017年3月房价开始下降，此后走势反复
	下行：2016年9月以来		2017年3月17日	北京市发布《关于完善商品住房销售和差别化信贷政策的通知》，此后调控全面升级，全国房地产调控政策涵盖250次以上个城市与部门（县级以上），调控政策次数多达110次以上	
			2018年1—5月	全国房地产调控政策发布多达159次。5月份，全国超过40个城市发布50次调控政策，刷新历史纪录	

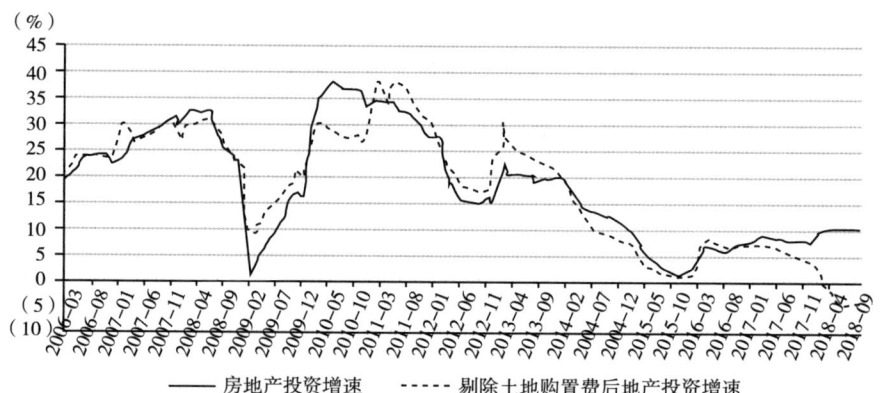

附图2　剔除土地购置后房地产投资增速

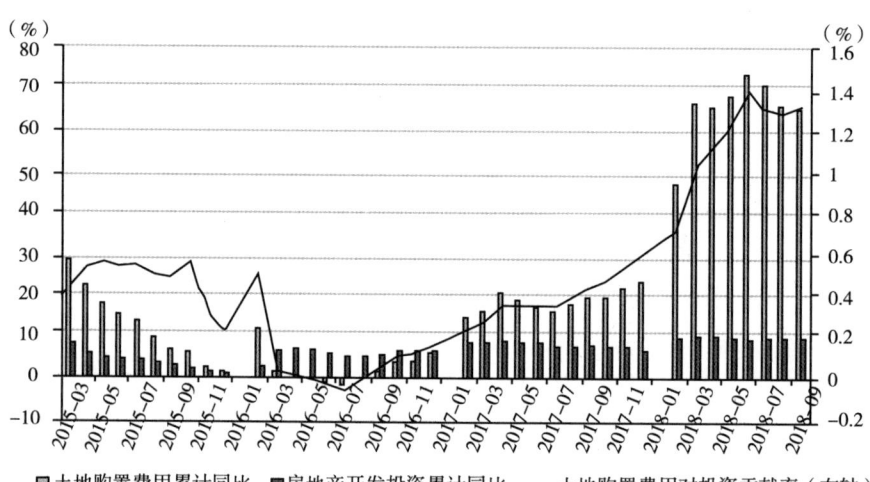

附图3　土地购置费用对投资贡献率

资料来源：Wind，中证金融研究院。

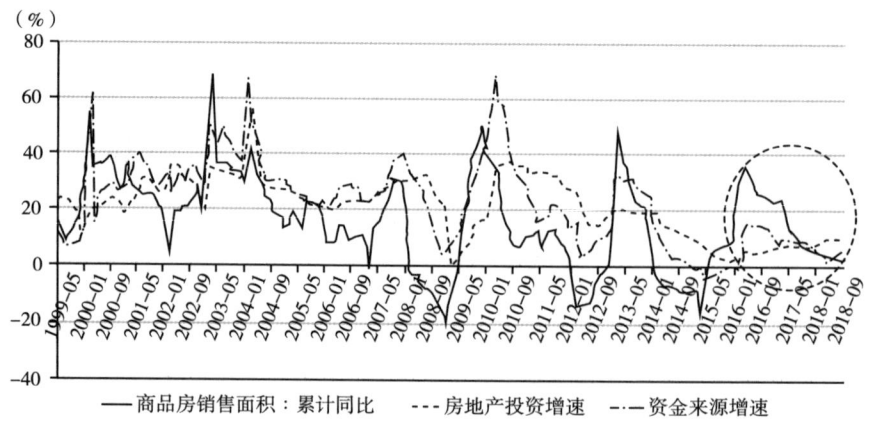

附图4　房地产投资与销售、资金来源走势背离

资料来源：Wind，中证金融研究院。

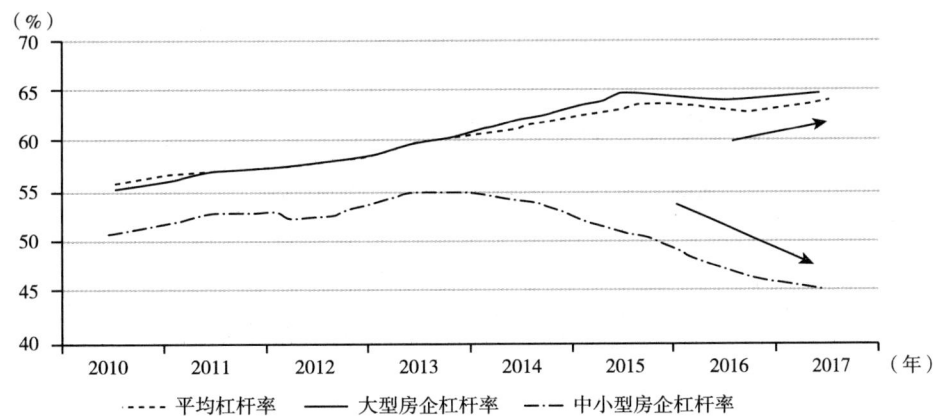

附图 5　房地产行业资产负债率情况

资料来源：Wind，中证金融研究院。

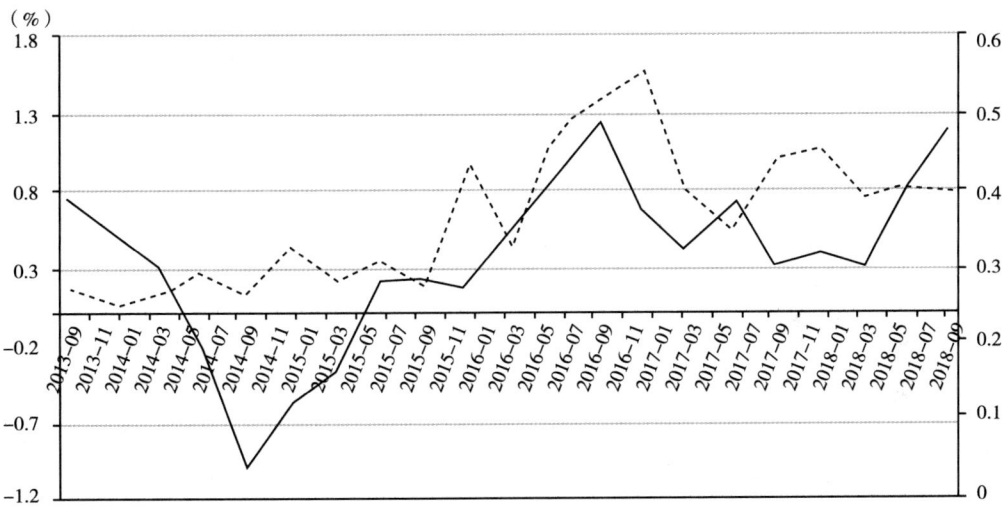

附图 6　新增房地产贷款占比与房价走势比较

资料来源：Wind，中证金融研究院。

证券机构开展金融扶贫的模式、困境与对策*

——对申万宏源、方正等多家机构调研的启示①

星 焱 李思明

摘 要 证券机构践行金融扶贫,是资本市场服务国家脱贫攻坚重大战略的核心内容。在对申万宏源集团、方正证券、民族证券、广州证券、华夏基金等机构的调研中发现:当前证券机构在金融扶贫过程中遇到了困境。例如:在贫困地区缺少分支机构和专业人员、为贫困地区企业和项目提供金融服务的周期长收益低、贫困地区发债的市场认购活跃度低等。对此,本文给出了相应的政策建议,旨在帮助证券机构走出困局,使其在国家脱贫攻坚战略中发挥更大作用。

脱贫攻坚、决胜 2020 年刻不容缓。自 2016 年 9 月《中国证监会关于发挥资本市场作用服务国家脱贫攻坚战略的意见》发布以来,证券机构就成为助力脱贫攻坚的一支重要力量。他们借助资本市场平台,向贫困地区提供股权、债权、衍生品、财务咨询等多元化金融服务,形成了典型的金融扶贫模式,取得了显著的金融扶贫成绩。但是,我们近期在多家券商、基金等机构调研后发现,证券机构在金融扶贫中遭遇诸多困境,包括主观上缺乏内在可持续的激励机制、客观上贫困地区项目质量低、市场上买方认购不活跃等。对此,我们提出了对券商到贫困地区开设网点给予差异化监管政策、在《证券公司分类监管规定》中建立金融扶贫(或脱贫攻坚)专项考评指标体系等政策建议,以期优化金融扶贫的市场环境、提高证券机构到贫困地区展业的内生动力,更好地服务国家战略。

---

* 本文发表于 2018 年 3 月《中证政研简报》总第 480 期。
① 2018 年 1 月,中证金融研究院金融市场研究部在申万宏源集团、方正证券、民族证券、广州证券、华夏基金、国投安信期货等机构进行了主题为"金融扶贫与普惠金融"的系列访谈和调研活动。

一、证券机构开展金融扶贫的主要模式

证券机构服务贫困地区脱贫攻坚的主要模式包括5个方面：产业扶贫、公益扶贫、金融扶贫、教育扶贫和消费扶贫。其中，金融扶贫主要是运用资本市场各类金融工具，为贫困地区的企业、项目和居民提供服务和帮助，提高其"造血"能力和自我发展水平（见图1）。

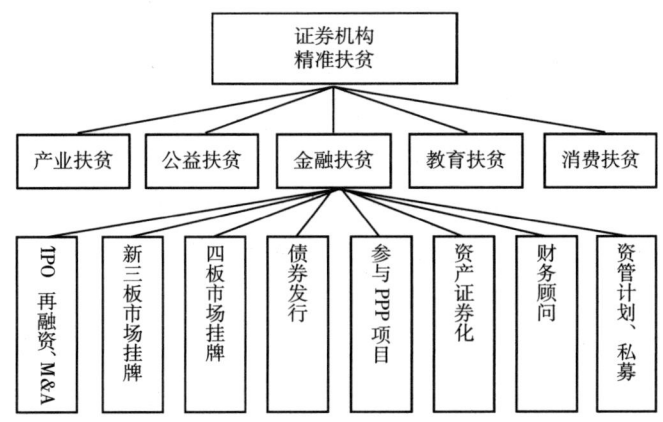

图1 证券机构开展金融扶贫的主要模式

进一步归纳，证券机构开展金融扶贫的模式主要包括以下5个方面：

一是为注册地在贫困地区的企业提供IPO、再融资、并购重组以及相关的财务顾问等服务。例如，重庆市云阳县的新三板挂牌企业帮豪种业（832563），在民族证券的帮助下于2017年4月进入了IPO上市辅导期。

二是对注册地在贫困地区的中小微企业进行培育，提升公司治理水平，将其推向新三板市场和区域性股权市场。例如，截至2017年底，方正证券帮助河南省范县的盛源科技（834408）等10余家贫困县企业实现挂牌或正在挂牌。

三是帮助贫困地区的项目和企业发行债券进行融资。其中，扶贫项目主要是异地扶贫搬迁、棚户区改造、基础设施建设和公益性建设项目等，发行类别以城投债和政策性金融债为主，以企业债、公司债和私募债为辅。

四是帮助有稳定未来现金流的贫困地区企业和项目（包括PPP项目），以资产证券化的方式进行融资。如2018年1月，广西融水县的尧弄和响水洞两个水电站开展收益权资产证券化，国泰君安、方正证券、长江证券、国金证券和招商证券等5家券商参与竞标。2017年2月，太平洋证券为新疆发行了"新水源PPP资产支持专项计划"（污水处理收费收益权ABS）。

五是为贫困地区的企业和项目发行定向资产管理计划或者提供私募股权融资服务，

如方正证券为新疆莎车县发行了建方14号定向资产管理计划。

二、证券机构在金融扶贫中遇到的困境

证券机构在为贫困地区提供金融服务时，在主观、客观和市场环境等方面均遇到一定困难。主观上，券商在城乡之间网点布局失衡、内在激励不足；客观上，贫困地区的项目质量低、企业治理结构不完善、地理位置偏远；市场环境上，扶贫债券认购不活跃、缺乏担保增信等。具体而言，主要包括以下几个方面：

一是券商在贫困地区缺乏物理网点和专业人员，导致项目储备明显不足。证券公司及其分支机构集中于一、二线城市，至多下沉至经济发达的县城，对"老少边穷"地区的覆盖率极低。在中国证监会鼓励券商参与金融扶贫之前，券商并无营业网点和专业人员驻扎在贫困地区，难以在短期内发掘和培育上市（挂牌）企业并提供IPO等股权类服务。部分券商曾帮助发达地区拟上市（挂牌）企业①迁址贫困地区以降低IPO时间成本，但在实践中，受制于地方税收、GDP考核等因素，企业迁址的行政阻力大，而且即使迁址成功，也仍需再等至少1年，因此企业迁址的积极性并不高。2016年9月至2017年12月，由绿色通道实现IPO的贫困地区企业为11家，仍存有较大的服务空间。

二是为贫困地区企业提供服务的周期长。相较于发达地区，贫困地区涉农企业居多，治理结构不完善，日常大多采用现金交易，财务真实性较难核对。加之中国证监会要求贫困县项目需要百分百现场核查，因此券商在为贫困地区企业提供服务时需要进行更多的前期规范性工作。例如，甘肃靖远县新康源生物的财务基础工作薄弱、核算精细化程度低，券商在为其提供新三板挂牌服务时，首先需要扭转企业股东的落后管理思路；与会计师事务所、律师事务所共同理顺财务、法律等问题并制定解决方案；形成计划表并定时协商，防止企业"拖""等""靠"等。在部分贫困地区企业的IPO项目中，企业资金相对紧张，在遇到较高资金付出时容易摇摆不定，以致耽误了问题解决时机和首发上市进程。

三是在贫困地区展业的收益低，券商的主观意愿不强。贫困地区企业和项目的底子薄弱，券商普遍要给予优惠的收费标准；这些企业和项目地处偏远，为其服务时要付出额外的时间和空间成本；贫困地区项目通过发审的概率低，2017年贫困地区企业IPO过会率只有54%，远低于80%左右的平均水平②；加之大量额外的前期规范性工作等因

---

① 《中国证监会关于发挥资本市场作用服务国家脱贫攻坚战略的意见》要求，服务IPO绿色通道的企业有两类：一是注册地和主要生产经营地均在贫困地区且开展生产经营满三年、缴纳所得税满三年的企业；二是注册地在贫困地区、最近一年在贫困地区缴纳所得税不低于2 000万元且承诺上市后三年内不变更注册地的企业。

② 经与发行部、办公厅扶贫办等部门交流，中国证监会目前没有相关统计数据，故此处引用媒体数据。参见https://baijiahao.baidu.com/s?id=1588550764966595102&wfr=spider&for=pc。

素，券商在贫困地区展业的成本高、收益低。目前，券商为了激励员工展业，普遍在内部实行差异化考核标准，比如一般业务收益率10%可以达标，贫困地区5%即可。券商为此展业的内在动力，主要源于《证券公司分类监管规定（2017修订）》中"社会责任履行情况"的专项评价加分项。该专项指标涵盖扶贫、绿色、双创、公益等多个维度，对券商开展金融扶贫的激励有限。

四是贫困地区债券（含ABS）的市场认购不活跃。部分投资者认为，贫困地区债券的风险偏高，不是其首选的投资品种。在一些大中型商业银行、保险公司和公募基金的潜意识中，贫困地区企业和项目的收益能力偏低，即使在信用评级、票面利率和发行期限相同的条件下，他们也会优先购买其他债券品种。部分中小型地方商业银行更加了解当地企业或项目的偿债能力，认购意愿反而可能较大。比如，某券商承销的重庆万州三峡投资有限公司3亿元企业债券（贫困地区企业债）获得发改委批复已有1年，公开认购近4个月，目前仅售出60%左右，且认购方主要为重庆银行、重庆农商行等当地商业银行。

五是当前贫困地区发债的外部环境正在恶化。其一，增信渠道受阻。城投债（贫困地区发债主要形式）的担保增信方式有专业融资担保公司、城投互保、抵质押担保等，在近2年则以担保公司增信为主。自2017年10月《融资担保公司监督管理条例》正式实施后，融资担保公司的最低注册资本由500万元提升至2 000万元，展业要求大幅提高；同时，融资担保公司能够为债券发行人提供的担保责任余额占比由30%降至10%[①]。因此，近半年来，券商承销的贫困地区债券，在担保增信上遇到一定的阻力。例如，近期某券商为河北省涉县和平泉县两个贫困地区企业设计发行债券时，均在寻求担保增信环节受阻。其二，当前债券市场风险抬升。受2015年前后债券发行量激增和2017年金融去杠杆影响，当前债券市场面临一定的违约风险和流动性风险。对此，投资者已经表现出谨慎观望态度。其三，财税政策不利于贫困地区发债。《关于进一步规范地方政府举债融资行为的通知》（财税〔2017〕50号）等一系列文件，对地方城投债发行提出更高要求。与发达地区相比，贫困地区城投平台的规范程度较低，发债难度进一步加大。

三、对策建议

脱贫攻坚、决胜2020年刻不容缓。唯有进一步优化金融扶贫的市场环境、提高证券机构到贫困地区开展业务的主观能动性，才能更好地发挥资本市场服务国家脱贫攻坚战

---

① 在2010年3月8日公布的《融资性担保公司管理暂行办法》中，融资担保公司对单个被担保人债券发行提供的担保责任余额不得超过净资产的30%。在自2017年8月颁布的《融资担保公司监督管理条例》中，这一比例不得超过10%。

略的重要作用。针对现存问题，我们给出如下建议：

第一，对于券商到贫困地区开设网点实行差异化监管政策。鼓励券商在贫困地区县城合理开设网点，并且加快审批速度。在风险可控前提下，充分考虑贫困地区企业和项目的特征，对这些网点实施差异化的净资本监管要求。鼓励新建券商网点在当地招工并提供相应培训，改善当地就业水平和人力资本水平。同时，中国证监会可与国税部门开展协商合作，对券商在贫困地区的网点实施适度税收减免，有效降低券商运营成本，增强在贫困地区展业的内生激励。

第二，优化专项评价指标，增强券商开展金融扶贫业务的主观能动性。建议对《证券公司分类监管规定（2017修订）》中的"社会责任履行情况"的专项评价加分项进行调整，形成"金融扶贫"或"脱贫攻坚"等专项指标考评体系，与绿色、双创、公益等概念或业务相区分。合理划分为贫困地区企业和项目提供IPO、新三板与区域性股权市场挂牌、债券发行、财务顾问、资管计划、理财产品发售等二级指标的分值与权重。增加对金融扶贫的考评奖励分值，间接补偿券商开展金融扶贫业务的低收益，增强券商到贫困地区展业的主观意愿，为证券机构服务脱贫攻坚奠定坚实基础。

第三，在风险可控前提下，鼓励商业银行、保险公司和公募基金提高购买贫困地区债券（含ABS）产品的优先级。建议中国证监会与人民银行、中国银监会、中国保监会等部委加强监管协调，共同研究出台相关激励政策，提升商业银行、保险公司和公募基金在银行间市场和交易所市场购买贫困地区债券的主观意愿。借此，降低券商等机构在贫困地区债券承销端的压力，稳步解开市场认购不活跃的困局。

第四，鼓励为贫困地区居民设计和出售优质的理财产品，提升居民的财产性收入水平。证券机构现有的金融扶贫方式，主要是为当地企业和项目提供多元化的渠道融资，但是对于当地居民的个人金融服务几乎没有，针对城市居民的理财产品则时常在营业部上演"秒杀"。建议鼓励券商针对贫困地区居民的收入结构和财富特征，设计优质的理财产品，并配以相应的金融知识教育和风险评估程序，切实提升当地居民的有效金融需求和财产性收入水平。部分偏远且没有网点的地区，可与农商行、农信社、村镇银行和邮政部门等建立起代销合作关系。

OECD 国家养老基金投资新趋势及启示*

胡玉玮

摘　要　全球金融危机之后，为应对长期低利率、低回报环境，经济合作与发展组织（OECD）国家采取多种方式，提高养老基金投资收益率，增强养老体系可持续性。当前，我国养老金制度也面临财务可持续性差、投资收益低等严峻挑战。可借鉴 OECD 国家的经验和做法，立足国情消化吸收：一是稳步放开养老基金投资监管限制；二是逐步放开海外投资，与国家战略相结合；三是坚持外部委托模式，实现市场化择优。

截至 2016 年底，OECD 国家私人养老基金①资产总规模达 38 万亿美元，其中美国、英国、日本、加拿大、澳大利亚、荷兰等 6 国均超过 1 万亿美元。同期，OECD 国家私人养老基金资产占 GDP 的比例为 50%（算数平均）和 126%（加权平均）。其中，有 7 个国家超过 100%，丹麦高达 209%（见附图 1）。与此鲜明对比的是，按照 OECD 定义的可比口径计算，我国私人养老基金规模约 1.8 万亿元（约 2 594 亿美元），占同期 GDP 的 2.5%，远低于 OECD 国家水平。

一、OECD 国家养老金投资的新变化

近几年，为提高投资收益率，增强养老体系偿付能力，OECD 国家养老金投资出现了一系列新变化。

一是采用数量限制的经济体居多。按照国际著名养老专家菲利普·戴维斯教授的观点，全球养老基金投资监管模式可分为审慎人型和数量限制型②。根据《2017 年度养老

---

*　本文发表于 2017 年 12 月《中证政研简报》总第 455 期。
①　根据 OECD 定义，私人养老金主要包括强制或自愿的积累制职业年金和个人养老金。
②　审慎人（Prudent personal rule）监管模式一般不对养老基金的投资范围作任何限制。与之相反，在数量限制（quantitative asset restriction）监管模式下，养老基金投资于特定资产类别，特别是高风险资产时会有一定比例限制。

基金投资监管调查报告》①，截至 2016 年底，35 个 OECD 国家中有 8 国采取审慎人监管模式，主要为经济发达、资本市场成熟国家，如美国、英国、澳大利亚等。其余 27 个 OECD 国家以及 40 个非 OECD 成员国采取数量限制型监管模式。这表明，多数国家并不放心让养老金投资成为完全的市场选择，而是对高风险资产采取了禁止或限制性措施。

二是全球化资产配置成主流。近些年，随着监管政策的逐步放开，包括新兴市场经济体在内的许多国家不同程度地增大了养老资产的海外配置。截至 2017 年 12 月，25 个 OECD 国家中，养老金投资海外的平均比例为 40%。其中，荷兰的比例高达 81.3%，波兰的比例最小，为 7.3%。放开海外投资的自信来自于资本市场的完善和监管能力的提升。一个典型的例子是智利。20 世纪 80 年代，智利监管机构禁止养老基金投资海外市场，但 2002 年放开至 30%，2007 年进一步放开至 45%。

三是"乡土"偏好影响海外投资。很多国家的养老金初期完全或主要投资于本国市场，存在明显的"乡土"偏好（Home bias）。但过度本土化的养老金投资导致既不能分享海外市场的高收益，也无法有效分散风险。此外，资产配置全球化需要逐步积累经验，步子迈得太大、太快存在失控风险。因此，在风险收益权衡的过程中，一些新兴市场国家养老金的境外投资并不是一步到位式的全球化配置，而是先从周边国家或本地区市场做起。例如，马来西亚雇员公积金投资于海外部分的 80% 配置在亚洲。

四是另类资产投资占比上升。有研究显示，另类资产有逆经济周期特性，具有更高的长期回报，并且与传统资产类别相关性低，这对养老金的资产配置是很有好处的。不少国家的养老金开始进行或扩大另类资产的投资。2010—2014 年期间，OECD 国家大型养老金的另类资产投资占比上升了 1 个百分点至 15.3%。截至 2017 年 6 月，澳大利亚未来基金（Future Fund）投资境内股票市场占比为 6%，新兴市场为 7%，另类资产配置则高达 41%（其中，私募 12%、地产 6%、基建 8%、其他 15%）。

五是低成本的内部管理再获青睐。在相当一段时间，委托投资（Outsourcing）是全球养老金较为普遍的一种投资管理方式。特别是涉及股权投资、另类投资等高风险资产时，养老基金倾向于选用外部投资管理人来进行投资管理。但过去几年中，越来越多的养老基金开始重视内部投资。2014—2016 期间，瑞典著名养老基金 AP2 将超过 60 亿美元的资产由外部委托转为内部管理，2016 年 AP2 内部投资管理比例达 83%，远高于 2004 年的 50%。根据 OECD 2015 年的一项针对全球 99 家大型养老基金的调查②，降低成本是全球养老金重新重视内部投资管理的主要原因。

---

① Annual Survey of Investment Regulation of Pension Funds 2017. OECD，Paris.
② Annual Survey of Large Pension Funds and Public Pension Reserve Funds（2015）. OECD，Paris.

二、OECD 国家养老基金投资面临的新挑战

一是投资收益一直在低位徘徊。OECD 国家私人养老金规模目前已恢复并超过 2008 年全球金融危机之前水平,但投资收益一直在低位徘徊。2016 年,OECD 成员国养老金的投资净收益率为 3%(算术平均)、2.4%(加权平均),最高值为波兰 8.3%,最低值为捷克 -1.2%。最近 10 年,27 个 OECD 国家私人养老金净收益率仅为 1.7%,远低于同期新兴市场平均 3.2% 的收益率水平。其中,美国 10 年期平均收益率为 -0.3%,与爱沙尼亚等 5 个国家同为收益率为负值的国家(见附表)。

二是日益增长的养老金偿付压力。根据 OECD 最新报告《2017 养老金概览》①,在 14 个 OECD 国家中,5 个国家的待遇固定型养老计划(DB)偿付率②低于 100%。其中,作为全球最大的养老金市场,美国 DB 计划 2016 年的偿付率只有 63%。

三、启示和建议

养老金投资管理是我国社保改革的重要内容。2015 年 8 月国务院发布《基本养老保险基金投资管理办法》,2017 年 11 月中国证监会就《养老目标证券投资基金指引(试行)》公开征求意见,关注重点均为如何管好老百姓的养老钱,提高投资收益率。总结 OECD 国家养老基金投资管理变化新趋势,结合我国实际,我们建议:

(一)稳步放开养老基金投资监管限制

当前,我国不同类别的养老基金有不同的投资管理办法,设定了相应的投资限制。总体上讲,我国采取数量限制型监管模式,与现阶段的市场发展、监管能力和体制现状是基本适应的,也与 OECD 多数国家和多数非 OECD 国家经验基本一致。但随着我国资本市场不断完善和监管能力的不断提升,需要根据养老金改革进展,逐步放松养老金投资限制。譬如,对于第三支柱养老金,属于自愿性、补充性的养老基金,参与者风险偏好相对更高,可考虑适当拓宽投资范围,逐步将公募、私募基金等纳入投资标的。

(二)逐步放开海外投资,并与国家战略相结合

自 2013 年"一带一路"倡议提出以来,沿线国家积极参与,但项目融资存在巨大

---

① 2017 Pensions at a Glance. OECD, Paris.
② 偿付率(Funding Ratio)指某一特定时点养老计划资产与负债的比例,是衡量 DB 型养老计划偿付能力的重要指标。偿付率大于 100% 意味着养老基金资产可以满足未来的支付要求,小于 100% 意味着养老基金资产不能满足未来的支付要求。

缺口。据亚开行预测，2015—2030年，亚洲地区基础设施投资需求每年高达1.7万美元。与此同时，截至2016年底，我国各类养老基金总规模已达8.2万亿元（约1.2万亿美元），未来筹措的资金量更大。可借鉴OECD国家经验，适当放开养老基金的境外投资渠道。可试点先行，从周边"一带一路"沿线国家挑选优质项目，对接我国境内养老基金，既控制风险，也可获得更高回报。

（三）坚持外部委托模式，实现市场化择优

为降低成本，OECD国家养老基金投资出现"内置化"倾向，但现阶段我国养老金投资的突出问题，是专业化、市场化发展严重不足。因此，我们不宜照搬发达国家经验，而是要继续大力推进外部委托为主的养老金投资管理模式。实践看，全国社保基金为市场化、专业化投资探出了一条可行的路径，要坚持下去。企业年金和职业年金管理，如何更有效利用专业投资机构的优势，还有大量的工作可做，应进一步完善各类养老金的投资监管体制。

附录

附表　OECD国家私人养老基金10年平均收益率（2006—2016年）　（单位：%）

国　家	名　义	实　际
斯洛文尼亚	7.0	5.2
荷兰	5.5	3.8
丹麦	5.4	3.8
以色列	5.5	3.6
加拿大	5.2	3.5
挪威	5.1	2.9
澳大利亚	5.3	2.9
比利时	4.6	2.6
瑞士	2.5	2.4
土耳其	10.6	2.3
韩国	4.2	1.8
墨西哥	5.8	1.8
智利	5.5	1.8
意大利	3.0	1.5
葡萄牙	2.4	1.2
卢森堡	2.7	0.9
奥地利	2.5	0.5
冰岛	5.5	0.3

续表

国　家	名　义	实　际
捷克	1.9	-0.2
美国	1.5	-0.3
斯洛伐克	1.3	-0.4
拉脱维亚	2.7	-0.6
爱沙尼亚	1.1	-1.8

资料来源：OECD Global Pension Statistics.

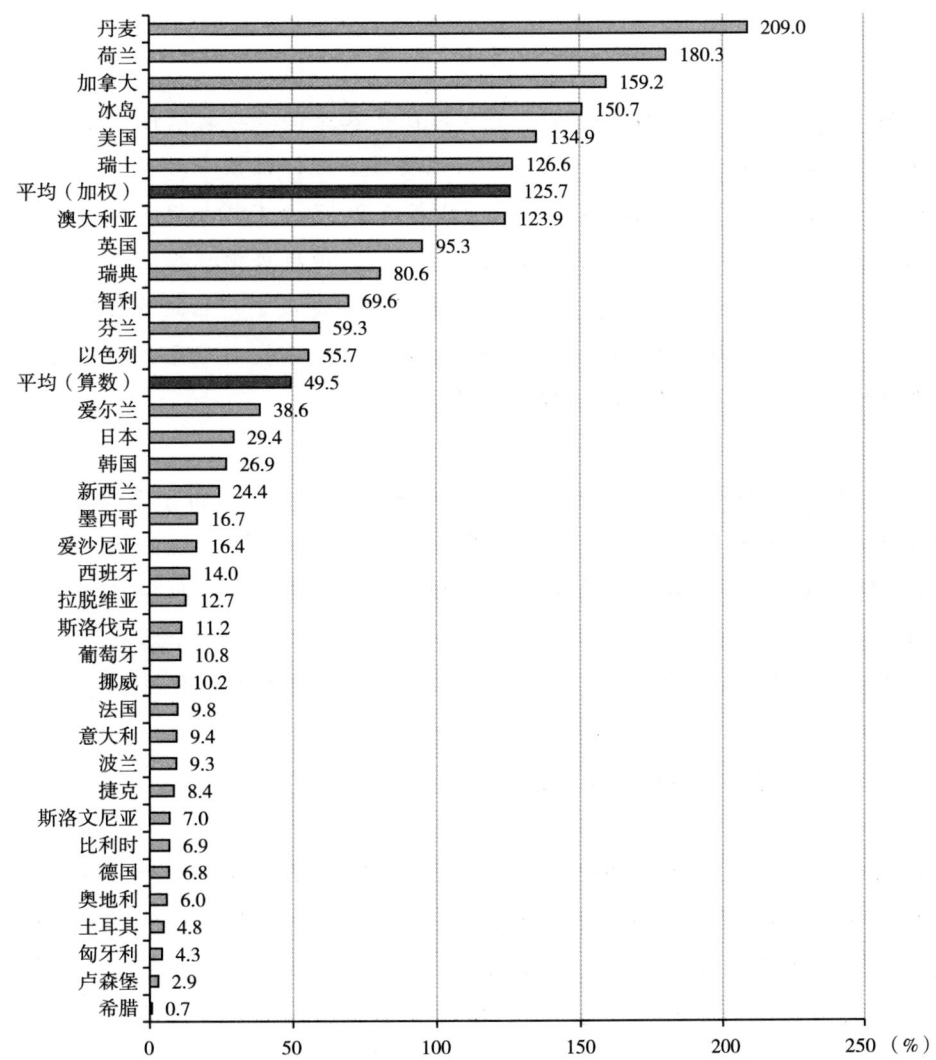

附图　OECD 国家私人养老资产占 GDP 比重（2016 年）

资料来源：OECD Global Pension Statistics.

关注 USDA 供需报告对我国农业安全的影响*

杨 阳 高苗苗

摘 要 美国农业部（USDA）按月发布的世界农业供给与需求评估报告是全球主要农产品定价的风向标。作为农产品主要进口国，该报告对我国国民经济和产业安全影响巨大。通过系统梳理 2000 年至 2017 年 USDA 供需报告调整的情况，发现 USDA 虽然没有明显的操纵数据迹象，但报告中数据上调的概率偏高，一定程度上反映了"利己"倾向性。数据调整造成了产业的重大波动，尤其应关注某些特定品种大幅调整出现频次较多且错误率较高现象，比如大豆和玉米大幅下调产量、棉花大幅上调产量等。

我国作为农产品主要进口国，国民经济和产业安全受农产品价格波动的影响巨大。2004 年出现"大豆危机"后，关于 USDA 供需报告"阴谋论"的说法频繁出现。每当 USDA 较大幅度调低库存使农产品价格出现上涨时，就会使众多产业客户产生强烈危机感，同时金融市场也会出现一定震荡。为此，需要建立我国自有的全球农产品公共信息系统，健全重大风险事件预警制度，防范对相关产业安全的冲击和不利影响。

一、USDA 供需报告的基本情况

USDA 世界农业供给与需求评估报告自 1973 年 9 月 17 日开始发布，按月编制。内容包括上一销售年度的数值、对本销售年度的估计和对下一销售年度的预测，具体对世界（包括美国）小麦、水稻、粗粮（玉米、大麦、高粱和燕麦）、油料（大豆、油菜籽、棕榈）、棉花以及对美国糖、肉、禽、蛋和牛奶的供给需求进行预测。其中，对世界农产品的预测分为总量预测和分国家预测。总量预测包括对产量、总供给、出口量、本地需求量和期末库存的预测；分国家预测包括对美国、其他主要进出口国以及部分重

---

* 本文发表于 2017 年 6 月《中证政研简报》总第 406 期。

点国家的期初/期末库存、产量、进口量、本地需求量、出口量的预测。

二、对 USDA 供需报告的统计分析

我们对 2000 年以来（涵盖中国加入 WTO 后的全部时间段）USDA 月度报告中大豆、豆油、豆粕、小麦、玉米、棉花的预测数据进行了统计分析①。

（一）统计情况总体描述

从 USDA 供需报告预测调整方向来看，上调的次数比较多，占总样本的 52.8%，高于 38.7% 的下调次数占比。这从一定程度上表明 USDA 报告的种植年度期初产量预测值存在偏低的倾向，随后报告再逐渐上调产量纠偏。与此同时，价格也随之出现从高向低纠偏的过程。美国作为农业大国和主要农业出口国，低产量和高价格有利于鼓励农民的种植意愿和促进出口贸易。因此，USDA 供需报告上调概率偏高反映了一定的"利己"倾向性。

从调整幅度来看，调整幅度超过 1% 定义为异常调整，调整幅度在 1% 以内为正常调整。大于 1% 的调整次数仅占总样本的 8%，介于 0.5% 和 1% 之间的调整次数占 16%，而 0.5% 以内的调整次数占比则达到 76%。整体上，USDA 对预测数据的调整还是比较谨慎的，92% 的调整幅度均小于 1%。

分品种来看，棉花和大豆产量异常调整的次数较多，分别占总样本的 15.5% 和 11.6%；豆油、玉米、豆粕、小麦异常调整的占比依次下降，分别是 6.4%、5.7%、4.4% 和 4.4%。因此，需要对 UADA 报告中棉花和大豆的异常调整保持关注。这两个品种涉及 2004 年大豆风波和 2010 年棉花大幅波动事件。

（二）USDA 供需报告预测数据的错误率

从调整幅度看 USDA 供需报告的错误率，异常调整时错误率最低，是 28.7%；正常调整时错误率是 37.4%。这表明 USDA 在大幅调整数据的时候是相对审慎的，正确率较高。从预测方向看 USDA 供需报告的错误率，下调产量的时候错误率达到 36.5%，上调产量的时候错误率是 33.6%。分品种来看，下调产量时大豆的错误率最高，为 41.4%；豆粕最低，为 34.4%。上调产量时棉花的错误率最高，达到 40.8%；玉米最低，为 28.2%。因此，在使用 USDA 供需报告时，要特别注意大豆下调产量和棉花上调产量两种情形。

---

① "预测产量的调整"指同一种植年份预测产量的环比；"调整幅度"是环比的绝对值；"调整方向"包括上调和下调；"正确的调整"是指与上月相比，当月的调整方向与最终实际产量的方向一致，反之则"调整错误"。

(三) 调整错误的细化分析

2000年以来，大豆、豆粕、豆油、棉花、小麦、玉米产量预测出现错误共有800余次。下面是对这些调整错误的样本进行的细分研究：

从调整幅度看，调整幅度小于0.5%的次数最多，占79.8%；其次是调整幅度在0.5%—1%区间的次数，占14.1%；调整幅度大于1%的次数最少，仅为6.1%。错误占比基本符合统计正态分布，USDA并没有明显的操纵数据的现象。

分品种来看，大豆和棉花的错误次数最多，占全部错误样本的18.6%；玉米的错误次数最少，为14.4%。

在错误异常上调产量的样本中，棉花占比最多，为6.71%，随后依次是大豆、玉米、豆粕、豆油和小麦，分别是2.7%、2.6%、2.3%、1.5%和0。小麦这一品种异常上调产量时没有出现过预测错误的情况。

在错误异常下调产量的样本中，玉米占比最多，为6.1%；大豆次之，占4.7%，随后依次是豆粕、豆油、小麦和棉花，分别是3.1%、3.0%、2.4%和1.3%。

综上所述，虽然USDA供需报告并没有明显操纵数据的痕迹，但是报告中特定品种的异常调整错误率较高这一现象值得关注，比如大豆和玉米异常下调产量、棉花异常上调产量等。我国作为农产品的主要进口国，谨慎对待这些品种的异常调整有助于保护相关产业的安全。

三、USDA供需报告影响我国相关产业安全的重大事件——以2004年"大豆风波"为例

2004年"大豆风波"始于USDA供需报告对大豆产量的大幅下调。自1996年起，我国成为大豆的净进口国，进口量持续增加，从1996年的111万吨涨至2016年的8 391万吨。在国际贸易定价中，大豆价格通常采用期货点价的模式，美国芝加哥期货交易所（CBOT）的大豆期货价格是权威参考价。

因天气因素，2003年8月USDA将全球大豆产量预测调至1.9581亿吨，为7年来最低，CBOT大豆价格从7月31日的532.5美分/蒲式耳涨至2004年3月22日的1 055.8美分/蒲式耳，涨幅高达98.27%；2004年4月起，USDA又连续3次上调全球大豆产量至1.9731亿吨，导致CBOT大豆价格一路下跌至2014年8月16日的575.5美分/蒲式耳，跌幅为45.49%。

2003年，应美方要求我国第一次组团赴美采购大豆、棉花等农产品，大豆压榨企业代表看到价格暴涨，在没有采取任何套期保值措施的情况下"抢购"了若干高价进口合同。

由于大豆价格是影响油脂压榨行业利润率的最重要因素，随着2004年价格的直线下跌，我国压榨行业出现了大面积亏损，每吨进口大豆平均亏损约600元，有近70%的企业停产甚至倒闭。此时掌控全球粮食运销的四大粮商（ADM、邦吉、嘉吉、路易达孚）借机大量低价收购停工企业或参股压榨企业，从此掌控了我国的大豆市场。

四、政策建议

（一）加快建立我国自有的全球农产品公共信息系统

目前，虽然我国相关政府部门和行业协会已能够定期披露部分农产品市场信息，但仍相对零散，尤其是对国际农产品各项数据收集不足，无法满足市场需求，不能作为企业进出口的有效决策依据。因此，相关政府部门和行业协会应加强协作，提高大宗商品数据的收集处理能力，扩大信息的辐射范围，尽快建设统一口径的官方信息系统，逐步让企业不再单一依赖USDA报告获取信息。

（二）增强我国农产品的国际定价权

定价权不足是我国农产品价格受国际影响且波动较大的主要原因之一。为增强我国农产品国际定价权，建议：一是深化国际合作，提升我国农产品的国际贸易地位。如利用与周边国家共同建设"一带一路"的机会，增强区域经济合作，积极推动和沿线国家的农产品贸易往来和货物流通，促进物流、资金流、信息流的互联互通。二是进一步发展农产品期现货市场，提高中国市场的定价效率。

（三）鼓励企业参与套期保值规避风险

一是加强培训教育，提高企业的风险防范意识和风险管理水平。二是适当放宽对于国有企业参与套期保值的要求和限制，提升国有企业参与期货市场的积极性。三是可以从银行贷款方面入手，将套期保值行为与获得贷款资格挂钩，鼓励企业主动参与期货市场进行风险管理。

（四）建立健全重大风险事件预警和应急处理制度

从数据上看，虽然难以得出USDA操纵数据的结论，但不可否认的是，USDA的调整造成了产业的重大波动。因此，仍需密切关注USDA供需调整动向，对于重大风险事件（如极端天气、突发疫情、地缘政治冲突等）需合理分类，提前做好应急预案，明确各级政府、行业协会的职责，防范对相关产业安全造成不利影响。

附录

附表1　USDA供需报告产量调整的频次统计

调整幅度	下调次数（次）				上调次数（次）		
	≤-1%	(-1%, -0.5%]	(-0.5%, 0)	0	(0, 0.5%)	[0.5%, 1%)	≥1%
大豆	26	22	85	55	114	44	16
豆油	10	30	100	29	139	48	6
豆粕	11	28	121	15	146	29	12
小麦	11	13	101	34	175	27	5
玉米	11	20	102	13	175	35	10
棉花	23	24	106	40	109	27	33
小计	92	137	615	186	858	210	82
	844			186	1 150		

资料来源：Wind数据库，中证金融研究院整理。

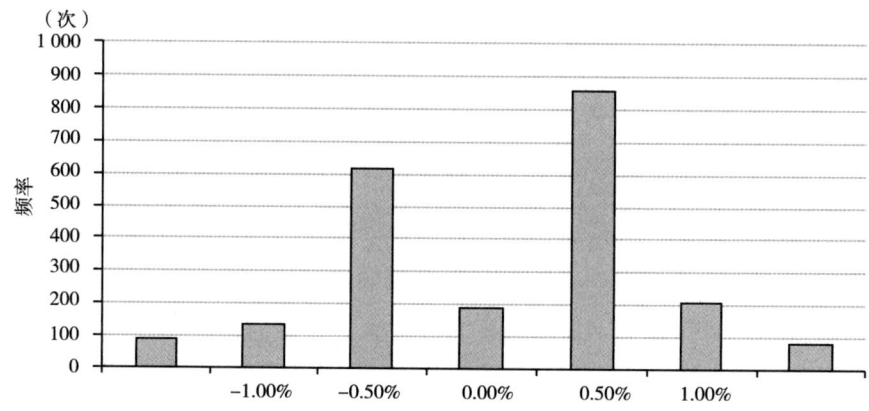

附图1　USDA供需报告产量调整频次的直方图

资料来源：Wind数据库，中证金融研究院整理。

附表2　USDA供需报告产量错误调整的频次统计

调整幅度	下调错误的次数（次）				上调错误的次数（次）		
	≤-1%	(-1%, -0.5%]	(-0.5%, 0)	0	(0, 0.5%)	[0.5%, 1%)	≥1%
大豆	7	9	39	33	44	13	4
豆油	4	8	41	15	50	14	2
豆粕	4	10	41	9	55	8	3
小麦	3	6	36	16	57	5	0
玉米	7	9	30	7	49	10	3
棉花	2	7	45	26	45	14	10
小计	27	49	232	106	300	64	22
	308			106	386		

资料来源：Wind数据库，中证金融研究院整理。

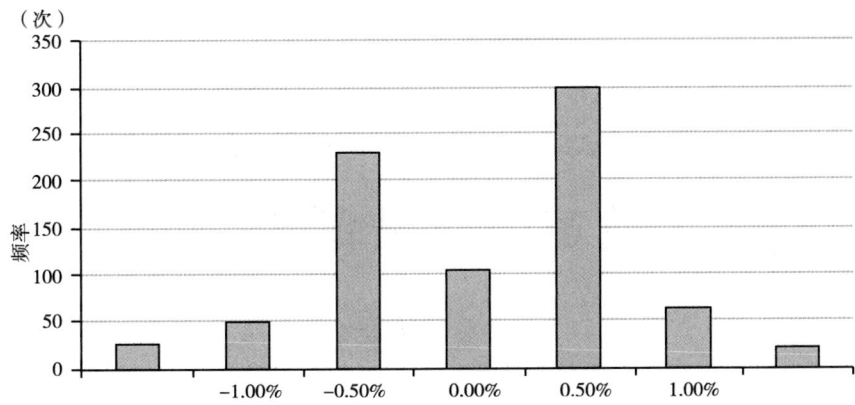

附图 2　USDA 供需报告错误调整的直方图

资料来源：Wind 数据库，中证金融研究院整理。

SEC 对于多弗法案以来监管改革的效果评估*

王海东　武佳薇

摘　要　美国证券交易委员会（SEC）经济与风险分析部（Department of Economic and Risk Analysis，DERA）发布的对多德弗兰克法案出台以来监管改革效果的评估报告，重点分析了两方面内容：一是消费者、投资者、企业获取资本的能力；二是资本市场流动性。报告认为，较严格的监管并没有对上述经济行为造成明显影响（或限制）。本文旨在对该报告和相关评论做出总结，为当前的监管工作提供参考。

2008年金融危机以后，美国金融市场发生了一系列监管变革，其中既包括《多德弗兰克法案》等由金融危机引发的改革，也包括《JOBS法案》[①] 和《巴塞尔协议Ⅲ》等既有法律、行业规则下实施的变革。近年来越来越多的声音认为，一些改革措施出于应对危机的考虑而过于严格，可能限制了资本形成和市场流动性。为此，美国国会于2015年12月要求SEC经济与风险分析部对监管改革的影响做出评估。

一、DERA 成立和报告出台的背景

DERA成立于2009年9月，其职责是将金融经济学和严格的数据分析纳入SEC的核心任务。该部门的分析工作涉及SEC所有职能，包括制定政策、制定规则、执行和审查。DERA依靠多种学术理论、量化和非量化方法及对市场机构和经营行为的了解，帮助SEC多角度审视复杂事项。此外，DERA还协助SEC确定、分析、应对市场变化和风险。

2015年12月，美国国会要求DERA分析《多德弗兰克法案》，特别是《沃克尔规

---

* 本文发表于2017年12月《中证政研简报》总第435期。
① Jumpstart Our Business Startups（JOBS）Act，于2012年4月颁布，旨在对新兴成长企业（EGC）简化IPO发行程序、降低发行成本和信息披露义务，以解决美国资本市场服务中小企业的能力下降的问题。

则》（Volcker Rule）以及《巴塞尔协议Ⅲ》等金融政策实施的效果①。2017 年 8 月 7 日，DERA 发布了长达 315 页的评估报告。报告基于公开数据库和非公开监管文件，通过对监管改革出台前后美国股权、债权和资产支持证券的发行情况以及美国国债、公司债、信用违约互换（CDS）和债券基金的交易情况的研究，分析了消费者、投资者、企业获取资本的能力和资本市场流动性。

二、DERA 报告主要结论

DERA 报告认为，金融危机后的从严监管并没有对美国资本形成和市场流动性带来显著的负面影响。但同时也强调，由于缺乏基准、多个规则重叠实施、宏观经济和市场风险偏好变化等因素，无法直接量化单个监管措施的影响。

（一）对消费者、投资者、企业获取资本的能力的分析

DERA 分析了监管改革前后股权、债权和资产支持证券（ABS）的初次发行情况。总体来说，一级市场发行量并未有明显降低，在 JOBS 法案实施后甚至有所提升，这与宏观经济条件好转、低利率环境也有重要关联。自 2010 年《多德弗兰克法案》签署至 2016 年底，资本形成总额约为 20.2 万亿美元，其中 8.8 万亿美元通过注册发行募集，11.38 万亿美元通过豁免注册的产品筹集。这一时期一级市场具有如下特点：

一是首次公开发行（IPO）募集资金规模随着时间的推移而上下起伏，分别在 1999 年、2007 年和 2014 年达到阶段性高点，在 2003 年、2008 年和 2016 年达到阶段性低点。

二是小型公司上市数目有所增加。募集资金达 3 000 万美元的上市公司在 2007—2011 年期间占上市公司总股本的 17%。而 JOBS 法案颁布后的 2012—2016 年期间为 22%。

三是非公开市场发行的债权和股权（豁免注册发行活动）大幅增加，从 2009 年的 1.16 万亿美元增至 2015 年的 1.87 万亿美元和 2016 年的 1.68 万亿美元。2012 年至 2016 年期间通过豁免注册债权和股权募集的金额是注册发行活动募集资金的 1.26 倍。

四是根据 JOBS 法案第三章股权众筹规则展开的募集行为表明，未实现收入的成长型公司已开始采用众筹方式募集资金。

---

① 《沃克尔规则》于 2013 年 12 月获准通过，主要内容一是禁止银行开展自营交易，禁止银行参与对冲基金、私募基金等高风险工具投资；二是限制银行制定鼓励高风险交易的薪酬制度。针对沃克尔规则的争论焦点在于如何在限制银行自营交易的同时避免损害做市、对冲等合规交易。

(二) 对市场流动性的分析

DERA 分析了二级市场美国国债、公司债流动性,以及投资这些证券的基金、投资公司活动,并没有发现监管改革导致流动性恶化的直接证据。监管改革对市场流动性的影响呈现结构化特征,市场各类监测指标显示出不同的趋势。DERA 认为,这些变化也可能与监管变革以外的其他因素相关,包括市场电子化、宏观经济状况变化以及《多德弗兰克法案》颁布以前就出现的金融危机导致的交易商风险偏好的变化等。这一阶段的二级市场具有如下特点:

一是在美国国债市场,监管改革后并未出现流动性恶化。首先,美国国债现金交易免于《沃克尔规则》对自营交易的禁令;其次,尽管《沃克尔规则》在其他市场实施后存在溢出效应,但针对众多流动性监测指标的实证研究表明,监管改革与美国国债市场流动性变化之间并无因果联系。

二是公司债市场的交易活动平稳,规模比监管改革前有所提高,交易成本普遍降低。平均来看,小规模交易(20 000 美元左右)的成本下降 31—55 个基点(bps),较大规模交易(5 000 000 美元左右)的成本为 5.7 个基点,相对危机前仍较低(5.8 个基点)。但发行规模较大(超过 5 亿美元)、发行时间较短(发行不到两年)、期限较长(原始期限超过 20 年)以及特定投资级的公司债交易成本比危机前略有提升。尽管小规模公司债交易成本降低,但市场交易却向结构简单、发行规模较大的公司债集中。

三是公司债市场的交易商佣金相比 2007 年高点有所降低。这与《沃克尔规则》以及其他旨在降低流动性的改革法案意愿相符。尽管佣金下降,但交易商活动依然活跃[1]。

四是电子化债券交易(ATS 系统)的出现,使得平均交易成本和交易商佣金降低。一方面,电子化交易促进交易商更有效管理库存,减少交易对手的搜索成本,客户可以直接从平台中找到交易对手。另一方面,平均来看,交易商间的交易可以获取正的价格溢价,小客户间的交易则相反。

五是信用违约互换(CDS)为投资者提供了获取公司债信用风险的渠道。但是,CDS 市场流动性指标呈现分化趋势,一些指标显示市场流动性平稳,另有指标显示流动性下降,如交易规模、市场报价和交易商间活动都有所减少。

六是投资者通过基金间接投资债券的比重增加,显示债券市场流动性有所下降[2]。

---

[1] 同时也可能源自交易商管理库存的能力增强、与公司债市场电子化有关的中介链条减少、危机导致的交易商风险偏好以及传统做市收益的变化和低利率环境等因素。

[2] 报告中的基金指投资债券的开放式、封闭式基金和 ETF。一般认为,市场流动性的变化会导致投资者直接或间接投资的占比变化。债券市场流动性下降,会增加直接投资成本,因此投资者会增加通过基金间接投资债券的比重。DERA 主要考察两方面的变化:基金投资于债券(包括国债和公司债)的份额占比,以及被基金持有的债券市值占总市值的比重。但这些变化也可能和市场投资趋势以及其他证券价值的变化(例如股市总市值的变化)有关。

基金持有公司债、外国债券的净值从 2009 年的 6 900 亿美元增长至 2016 年的 2.2 万亿美元，份额占比从 11.3% 升至 13.9%。公司债和外国债券的家庭户持有占比从 22% 下降至 8.6%，基金持有占比从 8.5% 上升至 18.3%。

三、启示

第一，美国经验表明，加强监管并未限制资本市场的服务功能，但对稳定市场起到重要作用。这对我国现阶段全面强化金融监管具有借鉴意义。

第二，DERA 报告认为，监管机构对市场趋势和监管措施的影响进行科学、详细地数据分析至关重要。建议借鉴 DERA 的指标体系和分析方法，在适当时机对我国金融监管措施的实施效果进行科学、系统地分析。

附录

DERA 报告重要指标[①]

一、消费者、投资者、企业获取资本能力（未见明显降低）

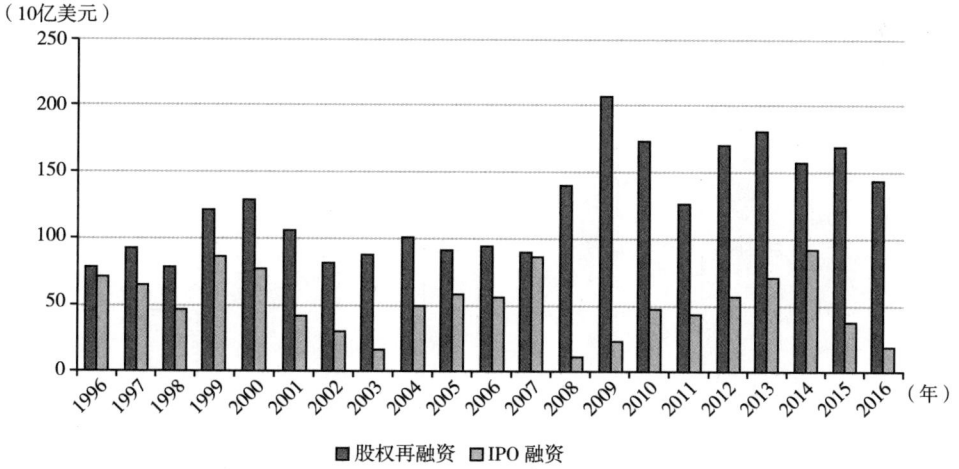

附图 1　1996—2016 年美国 IPO、SEO 发行募集资金（注册发行）

---

① 所有数据图表均来源于 DERA 报告。

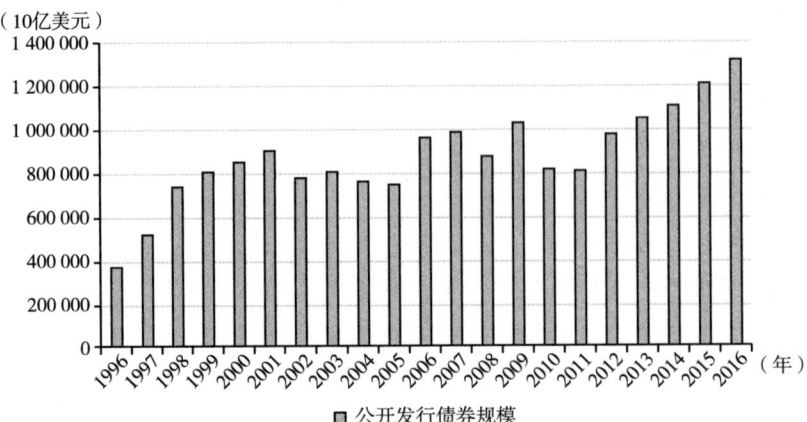

附图2　1996—2016年美国公开发行债券募集资金（注册发行）

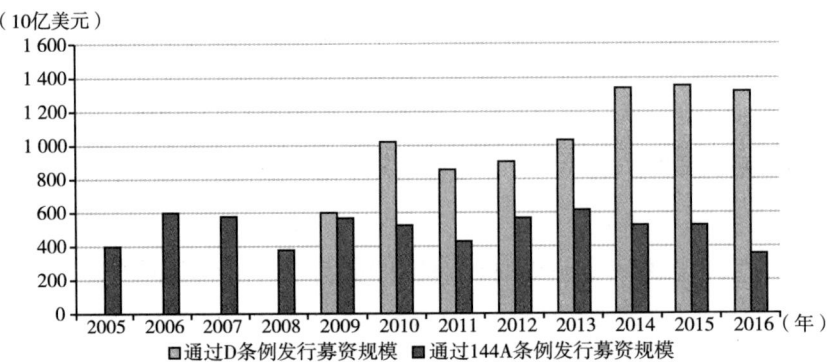

附图3　2005—2016年通过D条例、144A条例发行募集资金① （豁免注册）

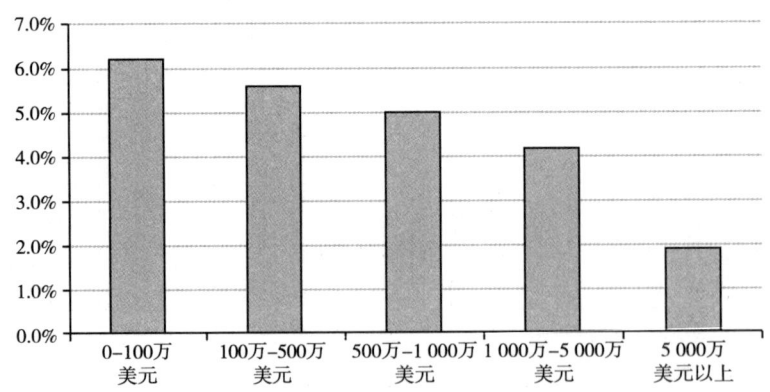

附图4　2009—2016年D条例下不同资金规模的发行费用

---

① 美国证券法D条例（Regulation D）规定了豁免注册的情形，豁免的公司不需要向SEC登记其证券发行，但是必须在首次发行后以电子方式向SEC提交"D表格"。144A条例（Rule 144A）于1990年实施，规范了豁免上市登记而发行某些证券的做法，目的在于吸引外国企业在美国发行证券，提高资本市场流动性。

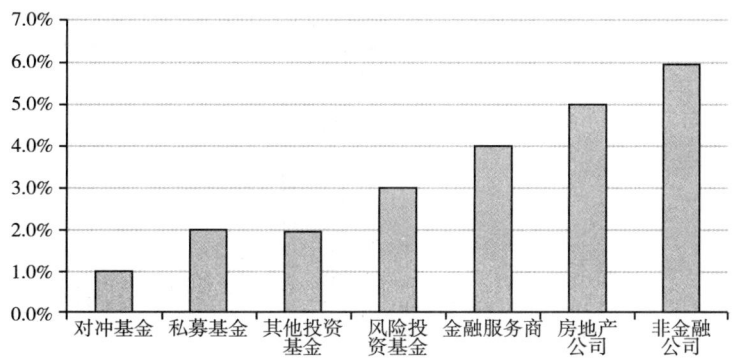

附图 5　2009—2016 年 D 条例下各类发行人的发行费用

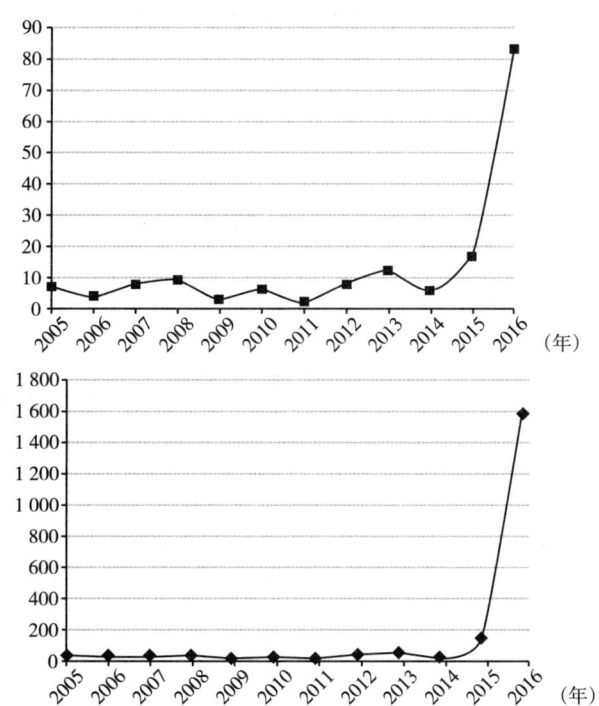

附图 6　A 条例下的发行数量和资金量（A 条例适用于资金规模小于 500 万美元的豁免注册发行）

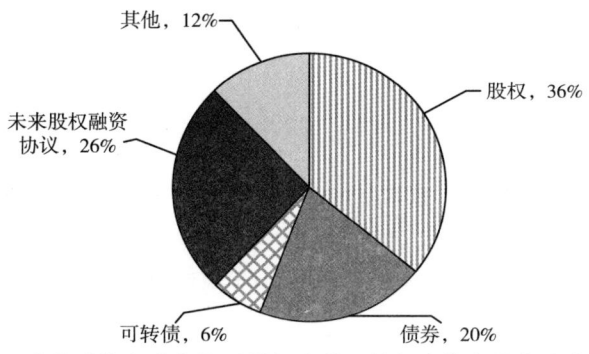

附图 7　众筹融资方式占比（股权众筹、债权众筹合计占比达 56%）

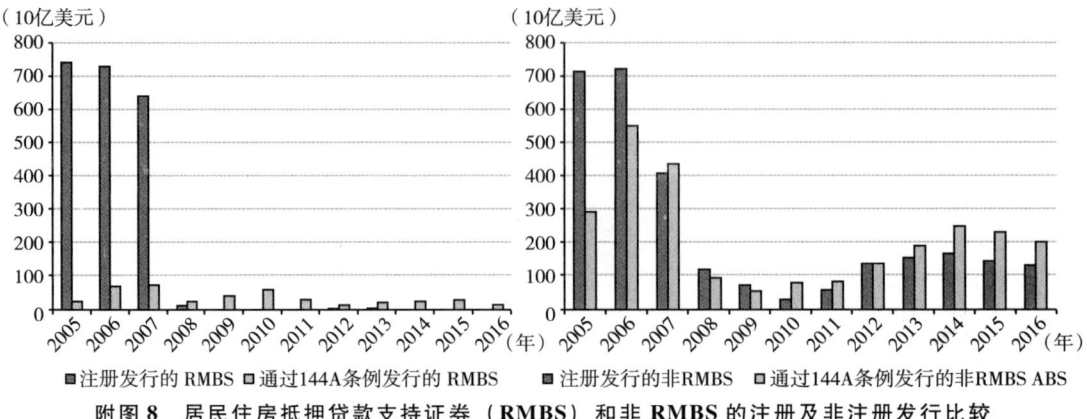

附图 8　居民住房抵押贷款支持证券（RMBS）和非 RMBS 的注册及非注册发行比较

二、市场流动性主要度量指标（未见恶化）

（一）美国国债市场

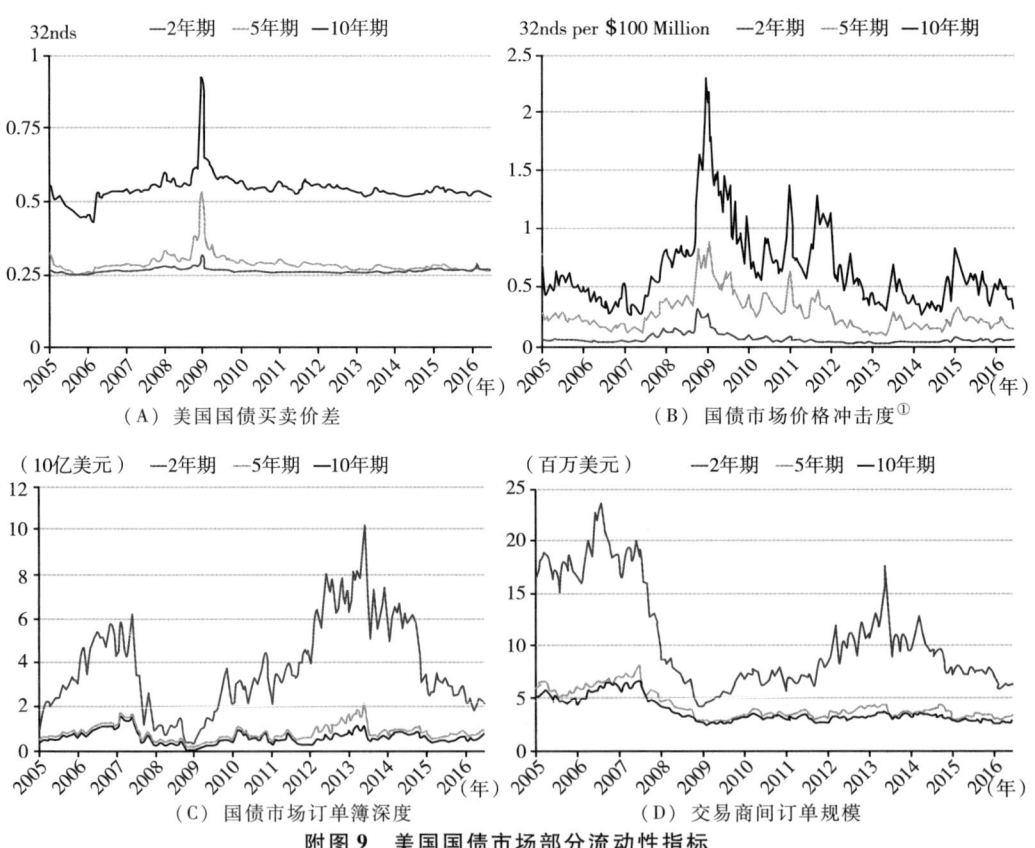

(A) 美国国债买卖价差　　(B) 国债市场价格冲击度①

(C) 国债市场订单簿深度　　(D) 交易商间订单规模

附图 9　美国国债市场部分流动性指标

---

① 利用 5 分钟价格变动相对 5 分钟净订单量的 4 周移动平均的回归系数来度量。该值越大，表明价格相对净订单的变动越大，市场深度越小。

（二）公司债市场

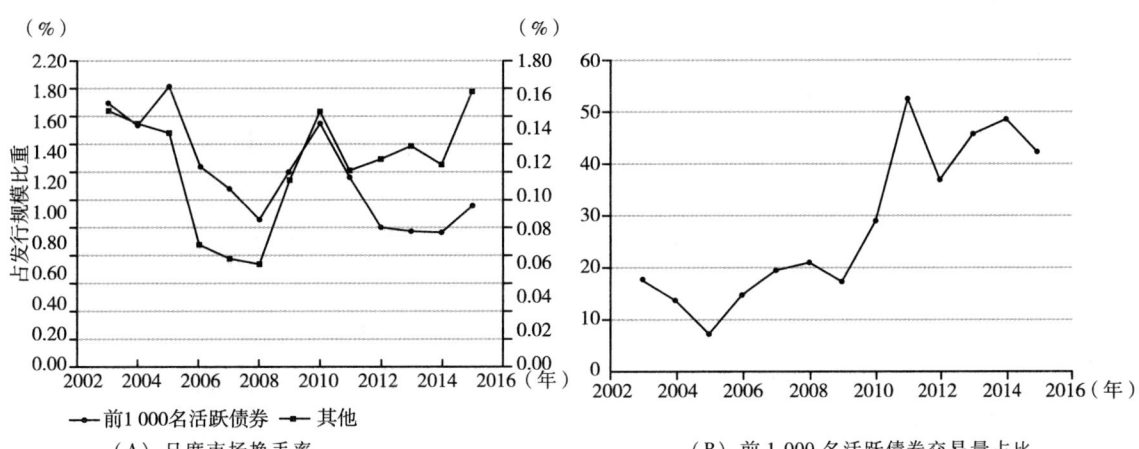

（A）日度市场换手率

（B）前1 000名活跃债券交易量占比

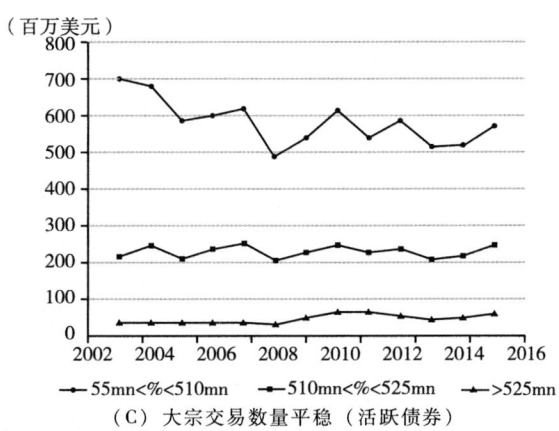

（C）大宗交易数量平稳（活跃债券）

附图10　公司债市场部分流动性指标

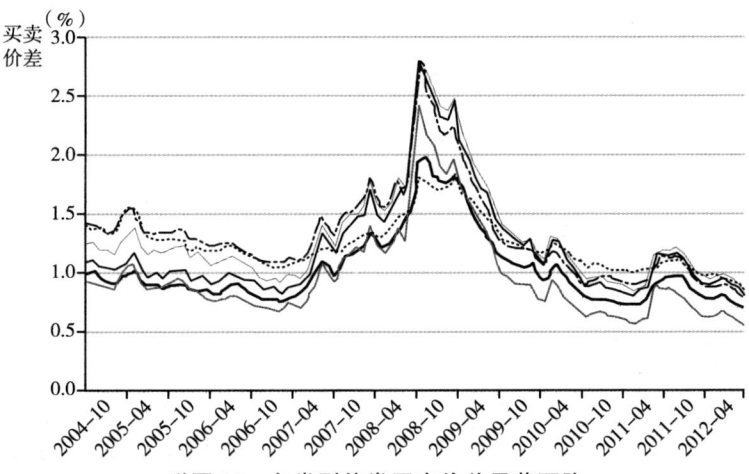

附图11　各类型债券买卖价差显著下降

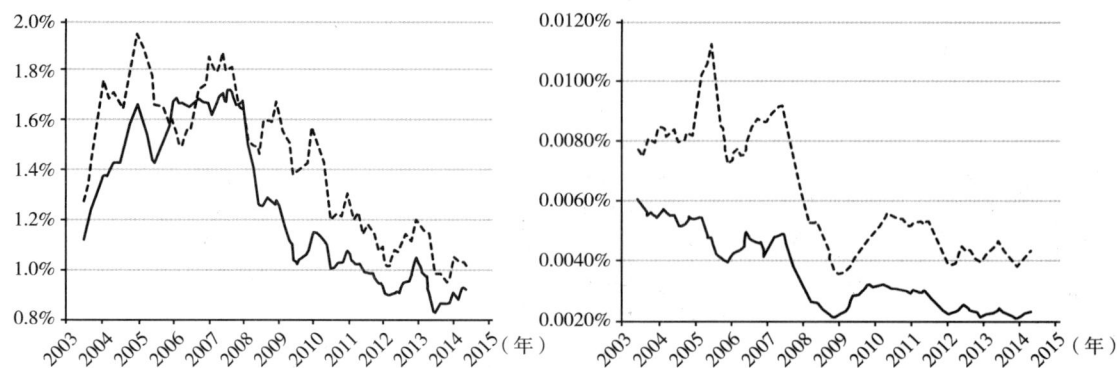

附图12　交易商间净买入规模下降（实线：投资级，虚线：投机级）

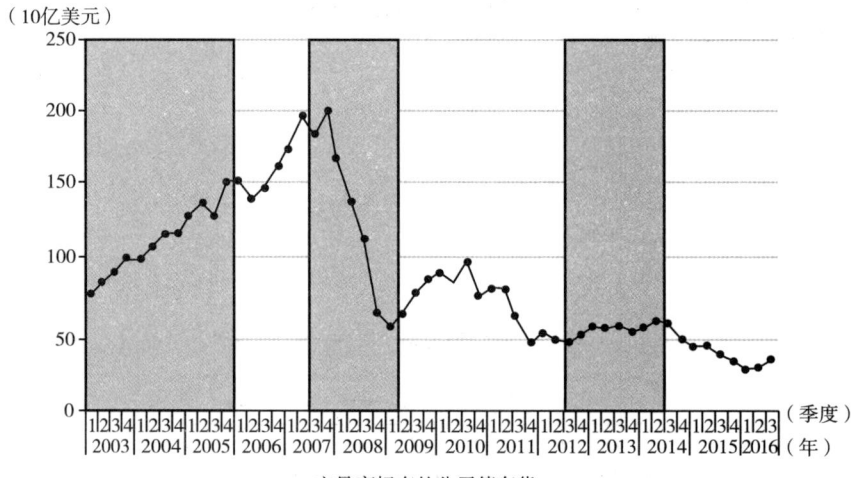

附图13　交易商持有的公司债存货下降（资产负债表的资产项内）

（三）CDS市场

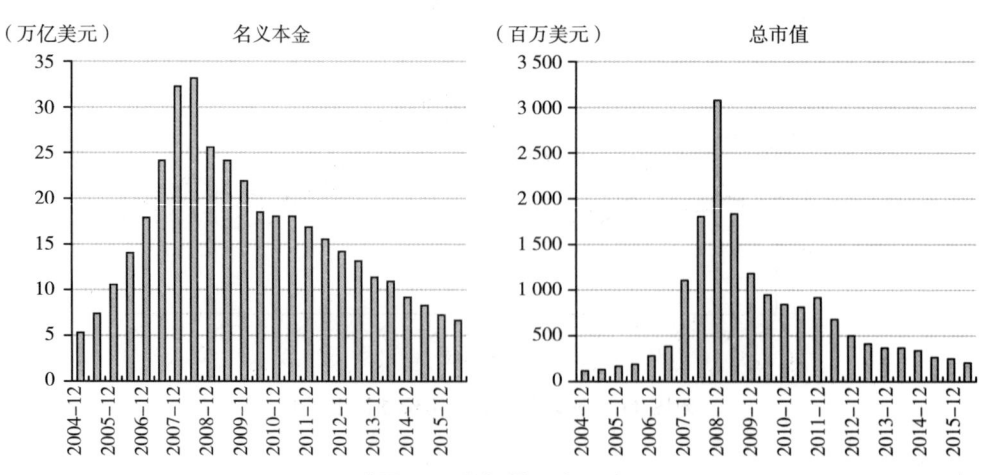

附图14　发行量逐步下降

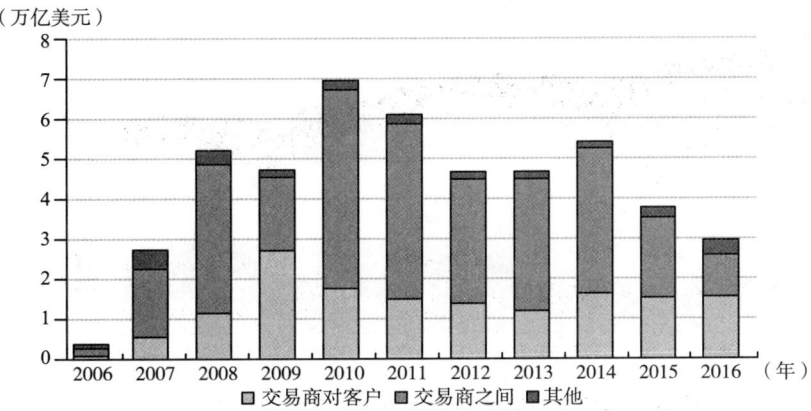

附图 15　交易量有所降低

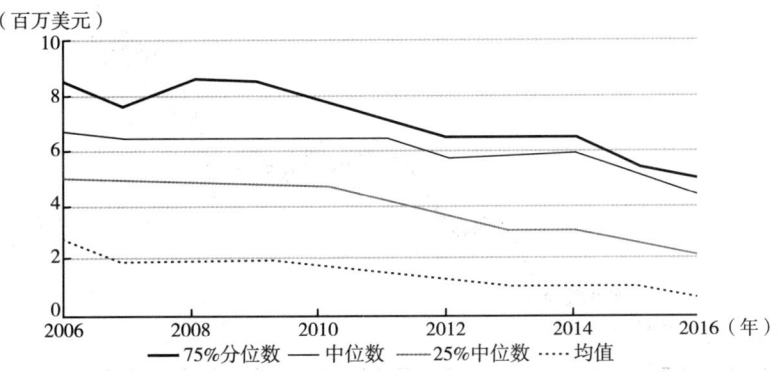

附图 16　发行费用不断降低

（四）基金

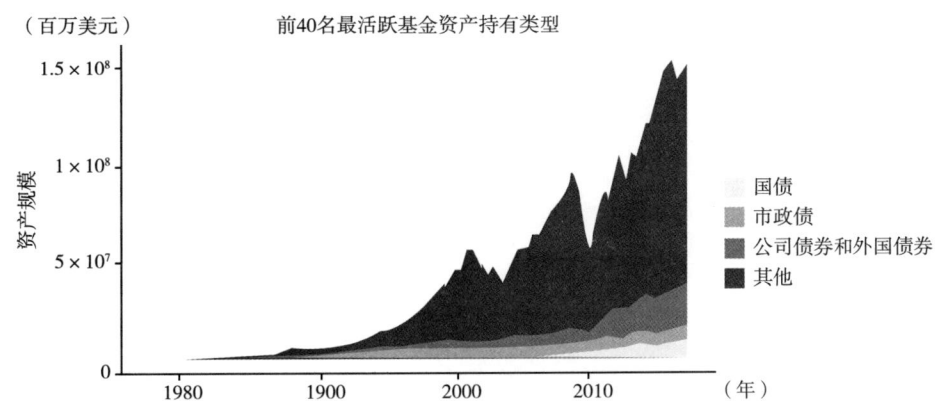

附图 17　1970 年以来美国基金持有债券量逐年增加（包括国债、市政债和公司债）

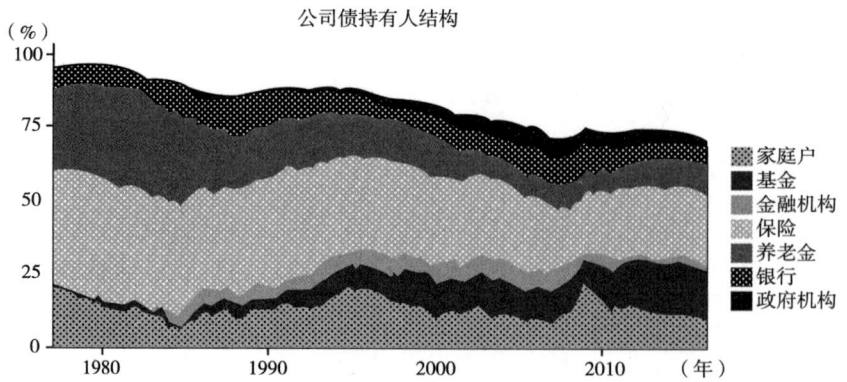

附图 18　家庭户持有债券占比下降、基金持有债券占比上升

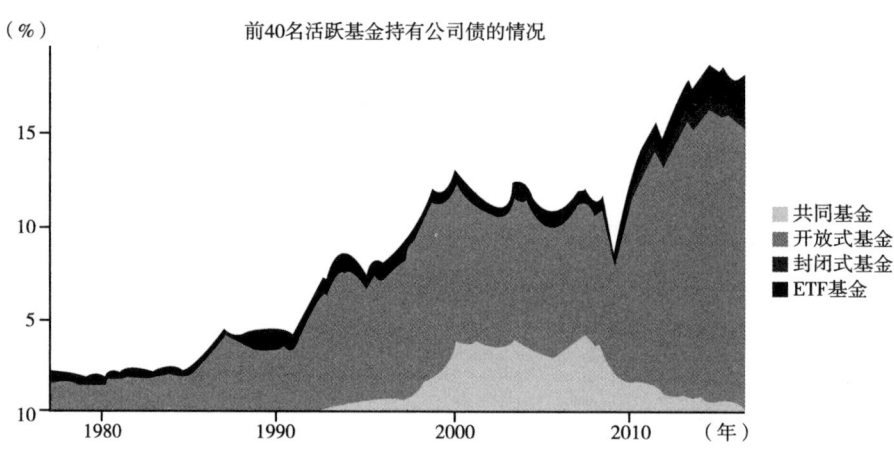

附图 19　不同基金持有公司债占比

SEC "七五"规划草案与启示*

——监管战略三大重要调整

武佳薇　高苗苗

摘　要　2018年6月,美国证券交易委员会(SEC)公布了《2018—2022财年战略规划草案》(以下简称《规划草案》),是自1997年启动中长期战略规划编制以来的第七个五年计划。在新任主席杰伊·克莱顿(Jay Clayton)带领下,未来监管重心将聚焦"三大目标":注重中小投资者长期利益、认识证券市场重大趋势和创新动向、加强人才建设和市场研究。本文对《规划草案》的战略目标、重点举措进行整理和分析,并得出相关启示。

根据美国1993年《政府绩效与结果法案》,美国证券交易委员会和美国商品期货委员会自1997年开始分别编制发布五年战略规划。战略规划应覆盖不少于自递交时算起的5个完整财政年度,且至少每3年要根据新形势修改一次[①]。

一、新规划的突出特点是以问题为导向

本次《规划草案》的突出特点是以问题为导向,摒弃了以往规划中较为笼统、一般性监管要求的表述[②],通过分析证券市场出现的新发展趋势,有针对性地提出三大具体战略目标,体现了SEC"以人为本、与时俱进"的新发展理念。

SEC认为近3年证券市场的最新趋势和重大挑战包括:

一是逐渐老龄化的个人投资者群体对"稳定收益"投资需求增加,但证券市场适合

---

* 本文发表于2018年8月《中证政研简报》总第512期。
① SEC共编撰过七次规划,时间跨度分别为1997—2002年、2000—2005年、2004—2009年、2007—2012年、2010—2015年、2014—2018年及2018—2022年。
② 以"六五"规划为例,其战略目标包括以下四项:(1)建立和维护有效监管环境;(2)培养和强化遵守证券相关法律意识;(3)协助投资者获取投资决策所需信息;(4)协调管理人力、信息及财务资本提高监管绩效。

的机会逐渐减少。一方面，投资咨询机构鱼龙混杂，难以提供合适可靠的投资建议；另一方面，利用公开市场融资的企业越来越少，上市公司在生命周期后期倾向非公开方式融资，较高的投资者适当性要求使普通民众望而却步。

二是科技金融创新对监管提出更高要求。在美国市场，算法分析和交易已成为投资者的第一选择。为追求效率，新技术层出不穷，数据量、复杂度及风险倍增，数据安全使用和高效传输的重要性与日俱增。此外，全球金融市场互联互通程度加深，迫切要求全球监管协作，如ICO监管就需要全球监管共同努力。

三是金融市场环境复杂多变，需要一流监管人才队伍和专业分析研究工作。目前，SEC共有4 500名雇员，分布在25个部门，每年负责监管总市值30万亿美元的4 300多家上市公司，交易额分别为82万亿和40万亿美元的权益类市场和固定收益市场，还管理21家交易所、10家评级机构、7家清算机构及各大自律组织，以及包括投资顾问、共同基金、ETF、经纪商、交易商等在内的超2.6万个注册市场参与者。鉴于市场体量庞大、监管目标多重、监管资源有限，需要SEC合理分配资源，不断调整业务重点，而这一切有赖于专业的研究工作和一流的人才队伍。

二、SEC调整战略，聚焦三大具体长期战略目标

根据近3年证券市场出现的新趋势和问题，SEC对战略进行了较大调整，提出三大具体、细化的长期战略目标和举措。

（一）关注中小投资者长期利益

针对中小投资者投资机会减少的问题，拟采取以下举措：

一是确保中小投资者入市渠道畅通，创造新投资机会，更好适配中小投资者需求；二是加强中小投资者宣传、教育；三是加强审查、有效识别不当行为；四是优化证券市场信息披露的内容、形式，提高信息可读性、有效性和时效性，提供投资便利；五是增加公开市场的投资供给，包括扩大在SEC注册和交易所上市的公司数量，提高公开市场融资活力等。

（二）充分认识证券市场发展的重大趋势和创新动向，确保监管资源有效分配和利用

针对证券市场新发展趋势带来的挑战，拟采取以下举措：

一是强化科技监管，扩大关注点，提升专业性，对证券市场新产品、新运作方式保持跟进，持续监控市场；二是政策实施后不断收集、分析市场反馈，及时处理过时、运行不当的政策；三是确保市场参与者积极有效管理金融系统网络安全和基础设施安全；

四是提升金融机构应急响应能力，定期培训、审查和测试。

（三）加大人力资本开发和研究能力，提高SEC执行力

一是吸纳和培训复合型人才，推动员工队伍多元化建设；二是加强数据分析、风险研判，确认监管优先级；三是利用大数据等手段检测证券市场不当行为，加强惩处；四是增强内控力，保障敏感数据的安全性，包括实施新的网络安全计划、设立首席风险管理官等；五是加强SEC内部和跨机构间协作，包括创新合作模式，审查其他机构的政策是否违反SEC规则等。

三、SEC"七五"《规划草案》的启示

（一）保护中小投资者长期利益应重视提升公开市场活力

资本市场承接国民长期、多元化的投资需求。应提升公开市场的投融资活力，保证中小投资者入市渠道畅通。

（二）严厉打击网络违法将成为未来执法重点

互联网已成为金融违法行为的重灾区。2017年，SEC执法部门成立了专注网络不当行为的网络小组（Cyber Unit），主要处理网络入侵、分布式记账和ICO违规、利用互联网进行信息操纵等违法活动，未来5年将成为SEC执法重点领域。

（三）通过持续的研究和评估工作来提升监管绩效

SEC每年都会针对各重点工作领域发布例行的评估报告，例如年度执法报告、评级机构表现报告、投资基金表现报告等，总结政策实施效果。持续的研究和定期的评估工作有助于优化监管资源分配，提升监管绩效。

证券市场运行情况

谨防美股下跌冲击我国 A 股市场*

石锦建　杨耀武

摘　要　守住不发生系统性金融风险底线是当前和今后相当长一段时期金融工作的重点。本文简要梳理了 20 世纪 90 年代以来两次全球股市大幅下跌的基本特征，并初步分析了美股大幅下行冲击我国 A 股市场的传导机制。美国股票市场的风险积聚，有可能引发美股下行并波及我国 A 股市场，对此我们应高度警惕并及早防范。

从 1987 年美国股市的闪电崩盘，到 1997—1998 年的亚洲金融危机，再到 2007—2008 年的全球金融危机，全球较大范围的金融危机已表现出在某一国家或地区爆发，然后迅速波及全球市场的特征。从各项指标看，近期美国股票市场的风险正在逐步累积，资产价格与实体经济基本面脱离已逐步显现。

一、美国股市的风险正不断积聚

（一）美国股市已连续上涨近 10 年，对美股走势是否面临拐点的担忧已经出现

2009 年 3 月至 2017 年底，美国三大股指均出现长时间较大幅度的持续上涨，道琼斯工业指数、标准普尔（标普）500 指数、纳斯达克综合指数累计上涨分别达到 273%、232% 和 440%。从估值水平看，具有代表性的标普 500 指数过去 12 个月平均市盈率为 25 倍，大大高于中长期 15 倍市盈率水平；席勒周期性调整市盈率已近 30 倍，而历史中值只有 16 倍，目前的倍数仅次于 1929 年金融危机和 2000 年互联网泡沫时的水平；被称为"巴菲特指数"的美国股市总市值与国内生产总值（GDP）的比例，2017 年创历史

---

* 本文发表于 2018 年 1 月《中证政研简报》总第 467 期。

新高;被称为"投资者恐慌指数"的波动率指数(VIX)①处于27年来的低位。当前,包括美国在内的全球主要经济体均出现了不同程度的回暖,但"没有永远上涨的资产",美国资产价格与实体经济基本面脱离已逐步显现,一旦有"导火索"便可能引发股市下跌。

(二)当前及今后一段时期,美国和全球市场存在流动性收紧风险,如果应对不力可能演变成股市下跌的"导火索"

1. 美国加快收紧货币政策,持续推进加息和缩表。自2015年启动加息以来,美联储已加息多次,随着美国货币政策逐步收紧,过去相当长一段时期内持续较低的利率中枢水平正逐步抬升,不排除短时期内快速提高的可能性。利率中枢水平的快速抬升叠加其他风险因素,有可能扭转美国股票市场投资情绪,引发美股大幅下跌。当前,主要经济体非常规货币政策退出的步调不一,也可能加剧全球汇率波动和资本流动风险,并带来国际主要股市的震荡。

2. 特朗普政策能否落地面临考验,将深刻影响未来美股走势。特朗普总统"美国优先"政策的支持率已不及2017年,最新民意调查显示,只有24%的美国人认为美国正朝着正确的方向前进。尽管特朗普力推的减税措施已获得通过,但美国国会预算局认为,减税和基建政策的推行会使得美国国债规模到2027年增至GDP的91%,这将给美国经济带来沉重负担。如民主党在2018年中期选举中获胜,特朗普政策落地和连任前景都将变得暗淡。

3. 受全球贸易复苏、失业率创新低、经济回暖等影响,2018年全球物价将大概率回升,全球通胀预期加大。此外,朝核问题等地缘政治风险一旦演变为冲突,也可能冲击全球股市。

二、美股大幅下行对全球股市的影响和传导路径

20世纪90年代以来,全球股市大幅调整主要有两次②:一是20世纪90年代末期逐步兴起的互联网泡沫在21世纪初破裂,欧美股市出现大跌;二是2007年美国次贷危机引发的全球主要经济体股市大跌。这两次股市大调整的策源地均为美国。第一次大调整始于美国企业主导的互联网泡沫破灭,互联网科技企业集中的纳斯达克指数领跌,其他股市随后跟跌;第二次大调整的"导火索"是2007年美国次贷危机爆发,美国三大股指快速下跌,进而波及全球主要资本市场。美股快速下跌之所以能迅速波及其他国家市场,很大原因在于作为全球经济、金融中心的美国具备强大的经济金融辐射

---

① VIX是芝加哥期权交易所(CBOE)推出的衡量投资者情绪的波动率指数,其实质是剩余期限在30天的标准普尔500指数(SPX)期权的隐含波动率的加权平均,反映了市场对未来30天内SPX波动率的预期。

② 2015年全球主要股票市场也出现了较大幅度的下行调整,但其调整的幅度和广度均不及前两次。

和风险情绪传播能力，其他国家目前则不太可能。比如1997年亚洲金融危机导致日本、中国香港、东南亚股市大调整，对美国和欧洲的股市影响就不大。随着A股国际化程度不断提高，中国股市由全球股市第一次大调整的"旁观者"逐步转变为第二次大调整的"受害者"。实证研究表明，中国A股与主要国际股市的相关系数和显著性总体呈上升趋势。

美股大幅下行主要通过以下渠道影响其他国家市场：一是实体经济渠道。美国股市下行，一方面会使股市投资者的金融资产大幅缩水，从而减少消费支出；另一方面也会抑制企业的投资需求。在欧美等金融市场发达经济体，平均来说居民金融资产每缩水1%，其消费支出短期内会缩减0.06%—0.1%。美国居民消费缩减和企业投资需求下降相应地减少对他国出口企业的需求，2008年金融危机后，中国出口增速大幅降低就是一个例证。二是资金面渠道。美股若在短时间内大幅下挫，会造成美国金融市场流动性短缺，影响其对世界资本市场提供流动性的能力，进而造成其他国家市场的流动性短缺。三是投资者情绪渠道。随着信息传播速度的加快，美股下行所造成的投资者恐慌情绪迅速蔓延到其他国家市场。以中小投资者为主要参与者的我国A股市场，跟风炒作和"羊群效应"严重，会进一步放大市场波动的幅度，造成境内外市场的联动。

如果上文提到的风险事件中的一个或多个在未来某个时点引爆，都可能造成美股较大幅度下行调整。这些风险或危机将迅速传导到国内，对A股市场形成冲击，并可能会延缓中国金融"去杠杆"的步伐和恶化中国推进金融开放的外部环境，进而对实体经济造成影响。

三、政策建议

（一）继续坚持"抑泡沫""去杠杆"等防风险措施，同时防止政策叠加效应

一方面，有效遏制资产价格泡沫、主动把金融杠杆降下来，仍然是我们应对外部冲击风险的基本手段，必须坚持和落实。另一方面，又要防止处置风险的"风险"，合理把握政策力度和节奏，给市场足够的适应调整时间，防止政策过度叠加，避免主动刺破泡沫。

（二）加强积极财政政策的储备，平衡好财政刺激和宏观杠杆率之间的关系

针对境外金融危机引发的外需减少，必要的财政刺激必不可少，应做好危机情况下积极财政政策的储备。但是，近期各大经济体进入同步复苏阶段，经济基本面走势良

好,发生全球系统性危机的可能性并不大。同时,由于中国经济整体负债水平已处高位,财政刺激政策的规模力度应保持适当,并注意平衡好和宏观杠杆率之间的关系。

(三) 加快推进增长方式转型,进一步提升中国经济韧性和抗风险能力

和2008年全球金融危机时期相比,当前中国经济结构更加优化,对外需的依赖度明显降低。下一步,要以党的十九大精神为指导,深化供给侧结构性改革,着力培育经济新动能,不断壮大内需和消费,增强中国经济和A股市场抵御外部冲击的能力。

2018年美股波动回顾与展望*

——海外股市面临经济晚周期的"多事之秋"

胡玉玮 李 博

摘 要 2018年1月底至2月初，美股连续大跌，并引发全球市场剧烈波动。总体来看，此次美股大跌是一次健康的市场调整，恐慌情绪没有持续蔓延，对实体经济影响有限。但是，此次美股波动标志着市场预期转变，美国经济被普遍认为已步入周期中后期。回顾海外股市在近6轮经济周期中后期的表现，展望未来，预计2018年美国及新兴市场国家的股市波动将显著加大。结合我国当下的金融与资本市场改革，建议密切关注国际金融市场波动，防范海外市场对我国的冲击；国内金融监管部门应加强合作，进一步提高抵御系统性金融风险的能力；研制金融紧张度先行指标，有效预警潜在风险。

2018年1月29日至2月8日，美国三大股指跌幅均超过或接近10%。其中，2月5日，道琼斯指数暴跌4.6%，创2011年以来最大单日跌幅。全球股市，包括我国A股，也出现不同程度且较为明显的下跌。

一、2018年初美股波动回顾及分析

（一）此次美股大跌是一次正常调整，有利于释放市场压力

经过长达近9年的持续上涨，美股出现一定程度上的"虚高"，与基本面脱节。2018年1月底，美股周期调整市盈率（CAPE）高达33.8，为历史均值两倍多。同期，标普500静态市盈率也处于历史数据80%分位以上。此外，自2012年，美股波动率持续下降，并于2016年11月8日（美国总统大选特朗普胜出）至2018年1月26日期间的305个交易日中，未有标普500指数日跌幅超过2%的情况。第二次世界大战以来的历史数据则显示，平均每47个交易日就会有一日标普500指数跌幅超过2%。

---

* 本文发表于2018年3月《中证政研简报》总第483期。

（二）直接诱因是市场对通胀预期的骤然升温

2018年2月2日，美国劳工部发布了美国非农就业报告，1月新增非农就业人口20万人，远高于预期。同时，时薪同比增长2.9%，创2009年全球金融危机以来最快增幅。此份报告引发投资者对美国通胀预期的升温及美联储升息节奏加快的担忧。此外，美国债券市场自2017年12月15日至2018年2月2日迅速调整，10年期收益率骤升49个BP，也加大了恐慌情绪和股市重新定价的压力。两者叠加，触发美股暴跌。

（三）此次美股波动幅度大也与近几年兴起的波动率策略及程序化交易有关

过去几年，美国股市波动率出现连续下滑趋势，VIX指数长期处于低位。2018年2月初，美股的突然大幅调整打破市场平静，波动率大幅上升，导致多支与波动率挂钩的CTA基金[1]调整其资产配置，进而触发大量股票被抛售。据市场估计[2]，目前使用锁定波动率策略[3]的产品总规模接近1万亿美元，其中CTA基金的规模约为3 000亿美元。与此同时，由于波动率策略往往通过程序化交易方式实现，在市场恐慌情景下容易形成恶性循环，进一步加剧市场波动。

（四）市场恐慌没有持续蔓延，对美国经济影响有限

此次美股大幅下跌持续1周后，美国三大股指连涨6天。截至2018年2月16日，股指已基本反弹至股市波动前水平，投资者情绪也较快恢复并回升，芝加哥期权交易所（CBOE）多空比例（Put/Call Ratio）自1月30日连续上行至2月9日高点1.31后，开始稳步下行。2月26日，多空比例已降至0.93。新兴市场投资基金研究公司（EPFR）数据也显示，2月美国股票型基金净流出幅度逐步减少并由负转正（见附图1）。密歇根消费者信心指数由2018年1月的95.7增长至2月的99.9，表明对美国GDP贡献率高达70%的个人消费并未受到股市波动财富效应的影响。

二、海外股市展望

（一）此次美股调整预示着美国经济已进入周期"下半场"

经过长达8年的经济复苏，美国货币政策逐步收紧，步入升息通道，但直至2017年

---

[1] CTA（Commodity Trading Advisor）基金是以交易期货、期权等衍生品为主的对冲基金。这类基金的运营需取得CFTC颁发的CTA牌照，因而通常被称为CTA基金。

[2] https://www.ft.com/content/839c4d5c-0afb-11e8-8eb7-42f857ea9f09。

[3] 这类策略通常将VIX指数作为风险指标，以固定波动率为目标进行风险管理，并进行程序化交易。

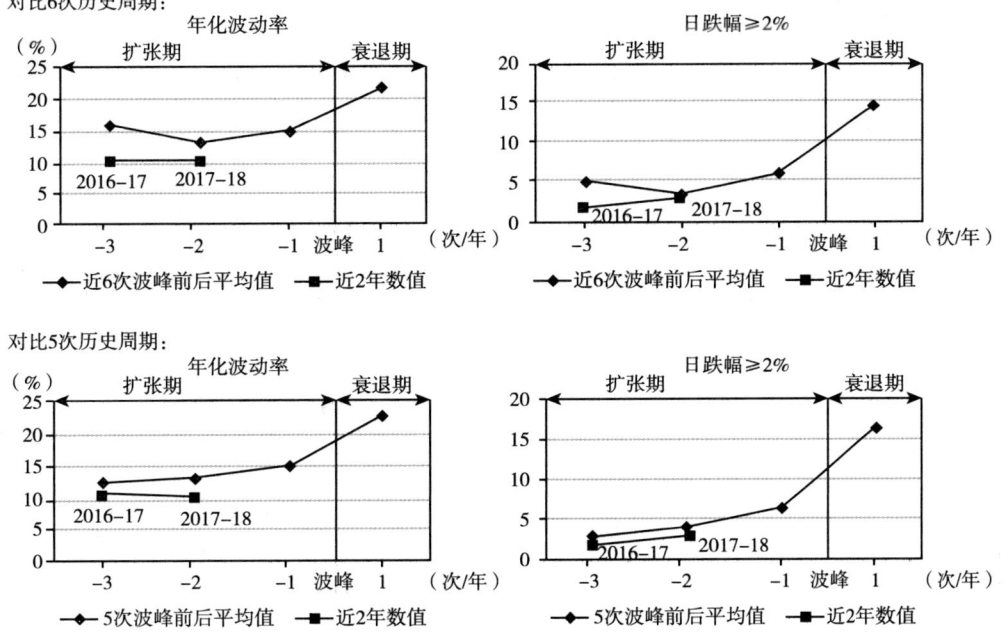

图 1　美股近两年波动情况与历史波动情况比较

资料来源：Wind，NBER，中证金融研究院整理。

注：原始数据采用标普 500 指数的日收盘价，数据截至 2018 年 2 月 28 日。时间上截取美国近 6 次经济周期中波峰前 3 年和波峰后 1 年的每年。上方两图采用近 6 次波峰前后所有截取历史数据；下方两图为排除 1987 年 "股灾" 对数据的扰动，剔除了 1990 年 7 月前后的数据。

12 月中旬，美国市场对通胀和加息的预期才逐渐升温①。此次美股调整标志着市场预期的转变，也反映了市场对未来一段时间通胀升温和货币紧缩并存状态的接受与消化。目前市场普遍预计 2018 年美联储加息 3—4 次，并对美国中长期经济增长开始担忧。

（二）国际组织及市场机构普遍预测，美国经济增速已达到或接近潜在增长率，步入本轮扩张周期的末期

2018 年 1 月，世界银行判断美国经济已在潜在产出水平上运行，2018 年增速将达到近年来的峰值 2.5%，之后逐年下降。国际货币基金组织（IMF）在 2018 年 1 月预期特朗普税改将提振美国经济增速至 2.7%，也是 2018 年见顶。同时，摩根大通认为美国经济目前正处于 "中周期的黄昏"，未来 3 年经济出现衰退的概率高于 70%。私募股权基金 KKR 预测，未来 2 年美国经济几乎一定会陷入衰退。

---

① 2017 年美国国债收益率曲线反映了市场预期的变化：2017 年 12 月之前，收益率曲线持续 "扁平化"，10 年期国债收益率受加息影响小，反映出市场对未来加息预期偏弱；但自 12 月中旬，10 年期国债收益率开始逐步攀升，反映出市场对加息预期的走强。

（三）历史数据表明，当经济步入扩张周期末期，美国股市波动会显著加大

基于美国国民经济研究局（NBER）对近6轮美国经济周期的界定①（见附图2），研究表明，美国经济周期中的股市波动呈现一定规律：在经济周期达到波峰的前两年内，美股的两项波动指标（美股波动率②、日跌幅超过2%的次数）的平均值都会明显上升；随着周期跨过波峰进入衰退，波动指标持续放大。历史上的多数周期都呈现同样的趋势（见附表1—附表6）。这反映了货币政策收紧过程中带来的风险及不确定性会放大市场波动。

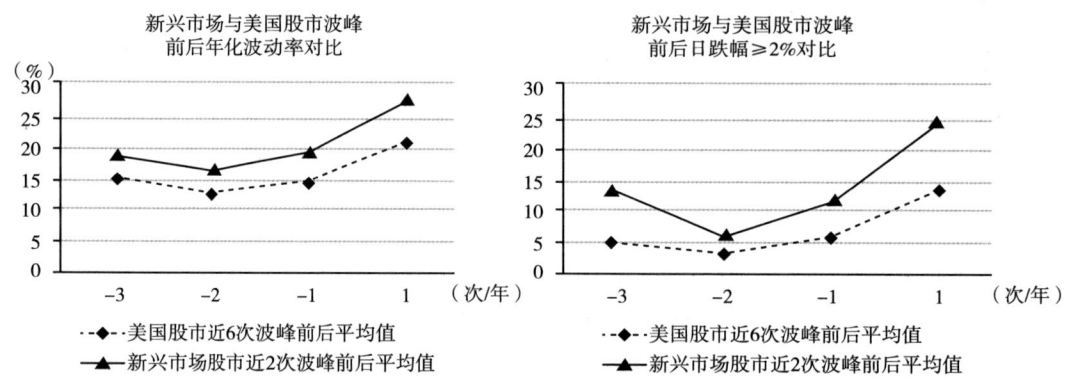

图2　新兴市场随美国股市波动且幅度更大

资料来源：Thomson Reuters，NBER，中证金融研究院整理。

注：原始数据采用标普500指数和MSCI新兴市场指数的日收盘价，数据截至2018年2月28日。时间上截取美国近两次及近6次经济周期中波峰前3年和波峰后1年的每年。

（四）2016至2018年美股的波动特征与历史数据拟合度较高，预计未来两年波动将持续加大

比较经济周期不同阶段的年化波动率，近两年的波动率与前6轮经济周期波峰前3年至波峰前两年的平均值变化趋势基本符合（见图1左上）；且近一年的日跌幅超过2%的次数和历史平均数据基本持平（见图1右上）。此外，在剔除受到1987年股灾影响的数据后③，近两年的美股波动情况与历史上周期波峰前3年至波峰前两年的波动情况更为贴合，特别是1年内日跌幅超过2%的次数，近两年的次数升幅为50%，与历史对应

---

① 美国近6轮经济周期波峰分别为1973年11月、1980年1月、1981年7月、1990年7月、2001年3月和2007年12月。

② 美股波动率指其历史波动率，即观察时间段内股指每日收益率的标准差，并统一"年化"进行比较，即年化波动率 = 每日收益率的标准差 × $\sqrt{交易日数}$。

③ 根据历史数据（见附表4），1987年7月至1988年6月间美股波动异常，大幅高于历史同期（波峰-3）的股指波动率。因此，为排除1987年"股灾"对数据的扰动，剔除了1990年7月前后的数据。

时期的54%非常接近（见图1右下）。基于此，我们分析目前波动率已处于此轮经济周期中晚期的水平。根据历史经验，预计2018年美国股市波动将增强，日跌幅超过2%的情况也会更多出现。

（五）新兴市场股市波动也将大幅升高

一般认为，美国经济周期引领全球经济周期，并对新兴市场经济体产生溢出效应。近两轮美国经济周期中的股市波动情况显示，新兴市场波动较美国更大（附表7—附表8）。从美国经济周期波峰前后新兴市场股市与美国股市的波动情况来看，波峰前3年间新兴市场股市的年化波动率与日跌幅超过2%的次数，均高于美国同期数据（见图2）。这反映了美国进入经济周期中后期给新兴市场股市带来了更大的波动。由此趋势判断，2018年开始，新兴市场股市将面临比美国股市更大的波动风险。

三、启示和建议

（一）密切关注国际金融市场波动，防范海外市场冲击

2018年，全球股市进入一个周期性的"多事之秋"。一方面，在中美经贸摩擦加剧的背景下，境内"严监管"的金融政策与境外市场波动两相叠加，易形成共振，增大国内市场波动。另一方面，随着我国对外开放步伐加大，境内资本市场正逐渐成为全球资本配置的重要目的地，跨境资金流动将更加频繁。应加强对境外市场波动及跨境资金流动的实时监控，提高风险甄别能力。

（二）加强监管合作，提高抵御系统性金融风险的能力

国内金融业态日益复杂化，风险跨机构、跨市场、跨行业传递日渐常态化，境外金融风险通过多渠道"交叉感染"的可能性加大。应在国务院金融稳定发展委员会统一领导下，加快宏观审慎监管框架建设，强化金融监管协调，全面提升金融体系稳健性。

（三）研制金融紧张度先行指标，有效预警潜在风险

应借鉴美国芝加哥联储的国家金融状况指标[①]，构建我国金融市场波动的先行指标。该指标应具备两个特性：一是全面性，既包括影响金融市场波动的国内宏观、微观等因素，也包含境外市场相关影响因子，能及时反映当前市场的紧张程度；二是前瞻性，能够准确预测市场动态及变化趋势，提前判断可能拐点，并甄别出潜在风险点，必要时进

---

① 国家金融状况指标（National Financial Conditions Index，NFCI）为美国货币市场、债券市场、股票市场、传统银行以及"影子银行"系统的金融状况提供每周更新，利用历史数据对未来潜在金融风险提供有效预警。

行事前干预,应对海外溢出效应,维护市场稳定,促进健康发展。

附录

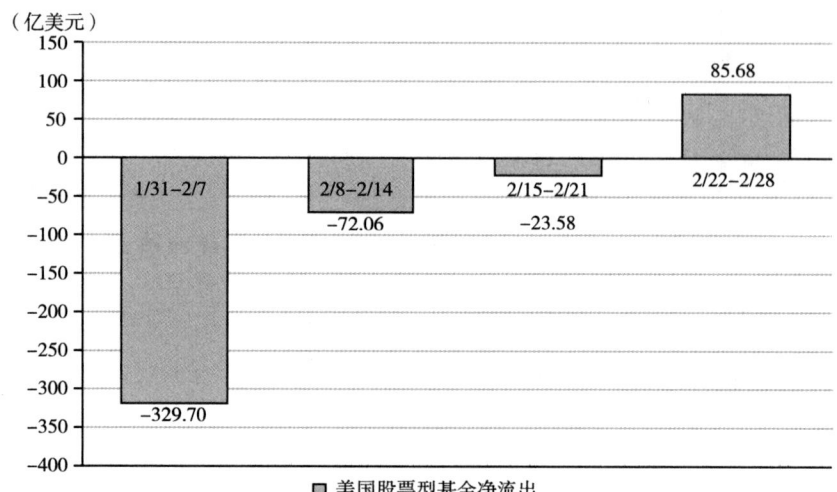

附图1 2018年2月美国股票型基金净流出幅度变化

资料来源:EPFR,中证金融研究院整理。

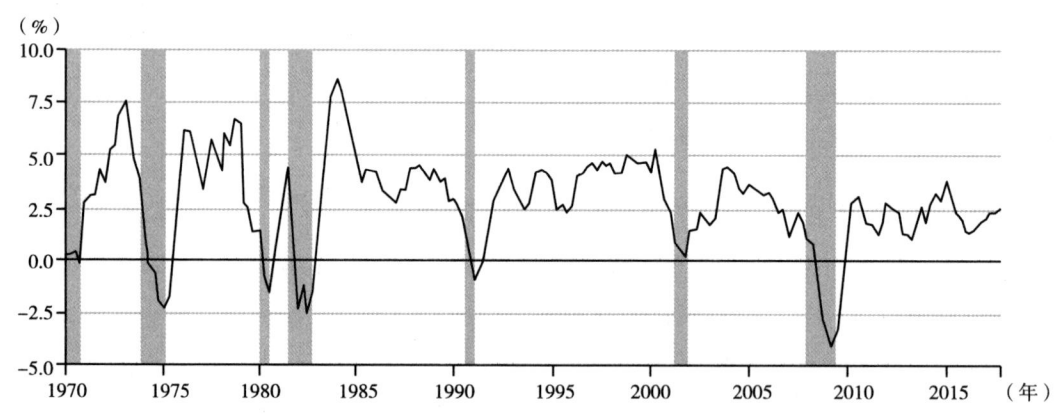

附图2 1970年以来美国实际GDP同比增速及NBER周期划分

资料来源:BEA,NBER,中证金融研究院整理。

注:图中白色部分为周期中的扩张期,灰色部分为周期中的衰退期。

附表1　　　　　　　1973年11月(波峰)前后美国股指波动情况

时间	标普500	
	年化波动率(%)	日跌幅≥2%(次)
1970年11月—1971年10月(波峰-3)	9.38	0
1971年11月—1972年10月(波峰-2)	9.12	0

续表

时间	标普500	
	年化波动率（%）	日跌幅≥2%（次）
1972年11月—1973年10月（波峰-1）	12.81	1
1973年11月—1974年10月（波峰+1）	22.39	19

资料来源：Wind，NBER，中证金融研究院整理。

附表2　　1980年1月（波峰）前后美国股指波动情况

时间	标普500	
	年化波动率（%）	日跌幅≥2%（次）
1977年1月—1977年12月（波峰-3）	9.12	0
1978年1月—1978年12月（波峰-2）	12.60	1
1979年1月—1979年12月（波峰-1）	10.87	1
1980年1月—1980年12月（波峰+1）	16.50	7

资料来源：Wind，NBER，中证金融研究院整理。

附表3　　1981年7月（波峰）前后美国股指波动情况

时间	标普500	
	年化波动率（%）	日跌幅≥2%（次）
1978年7月—1979年6月（波峰-3）	12.06	1
1979年7月—1980年6月（波峰-2）	14.54	5
1980年7月—1981年6月（波峰-1）	14.59	6
1981年7月—1982年6月（波峰+1）	14.30	5

资料来源：Wind，NBER，中证金融研究院整理。

附表4　　1990年7月（波峰）前后美国股指波动情况

时间	标普500	
	年化波动率（%）	日跌幅≥2%（次）
1987年7月—1988年6月（波峰-3）	33.36	18
1988年7月—1989年6月（波峰-2）	12.23	2
1989年7月—1990年6月（波峰-1）	13.78	3
1990年7月—1991年6月（波峰+1）	16.97	6

资料来源：Wind，NBER，中证金融研究院整理。

附表5　　2001年3月（波峰）前后美国股指波动情况

时间	标普500	
	年化波动率（%）	日跌幅≥2%（次）
1998年3月—1999年2月（波峰-3）	21.12	12
1999年3月—2000年2月（波峰-2）	18.48	14

续表

时间	标普500	
	年化波动率（%）	日跌幅≥2%（次）
2000年3月—2001年2月（波峰-1）	22.06	15
2001年3月—2002年2月（波峰+1）	20.74	14

资料来源：Wind，NBER，中证金融研究院整理。

附表6　2007年12月（波峰）前后美国股指波动情况

时间	标普500	
	年化波动率（%）	日跌幅≥2%（次）
2004年12月—2005年11月（波峰-3）	10.42	0
2005年12月—2006年12月（波峰-2）	10.06	0
2006年12月—2007年11月（波峰-1）	15.31	10
2007年12月—2008年11月（波峰+1）	38.81	37

资料来源：Wind，NBER，中证金融研究院整理。

附表7　2001年3月（波峰）前后MSCI新兴市场指数波动情况

时间	MSCI EM	
	年化波动率（%）	日跌幅≥2%（次）
1998年3月—1999年2月（波峰-3）	25.10	27
1999年3月—2000年2月（波峰-2）	15.43	2
2000年3月—2001年2月（波峰-1）	19.19	14
2001年3月—2002年2月（波峰+1）	16.66	10

资料来源：Thomson Reuters，NBER，中证金融研究院整理。

附表8　2007年12月（波峰）前后MSCI新兴市场指数波动情况

时间	MSCI EM	
	年化波动率（%）	日跌幅≥2%（次）
2004年12月—2005年11月（波峰-3）	12.08	3
2005年12月—2006年12月（波峰-2）	17.94	12
2006年12月—2007年11月（波峰-1）	20.02	12
2007年12月—2008年11月（波峰+1）	39.43	43

资料来源：Thomson Reuters，NBER，中证金融研究院整理。

关于美股 VIX 疑似被操纵并加剧市场波动的探讨*

李宗龙　高苗苗

摘　要　长期以来,波动率指数(VIX)被视为反映市场"恐慌情绪"的重要指标。然而,在 2018 年 2 月的美股"闪崩"事件中,市场舆论认为 VIX 加剧了市场异动,且存在被操纵的嫌疑。学术研究也发现 VIX 存在被操纵的明显特征。本文分析了 VIX 可能被操纵的内在机制,并对易于操纵的市场特征进行了总结。在此基础上建议:一是持续关注境外波动率指数的走势,发挥好波动率指数对股市乃至宏观经济的"望远镜"作用;二是继续跟踪 VIX 疑似操纵事件的后续进展,完善我国波动率指数的机制设计;三是加强国际交流与合作,提升监管水平。

VIX[①] 是反映投资者情绪的基准指标,在金融危机中为政府部门制定救市政策提供了重要参考,但我们研究发现,VIX 存在被操纵的嫌疑,VIX 及其相关产品的合约设计和交易机制符合易于操纵的基本特征。

一、VIX 推升美股上涨并加剧美股暴跌的事件回顾

2018 年 2 月,美股"闪崩"引发全球资本市场动荡。2018 年 1 月 26 日至 2 月 9 日,道琼斯工业指数、标普 500 指数、纳斯达克指数分别下跌 9.1%、8.82% 和 8.41%。受此影响,英国、法国、德国、俄罗斯、日本、韩国均发生同等幅度下跌,我国上证综指、深证成指下跌更是高达 12.04%、13.47%。

美股"闪崩",一方面是因为前期涨幅过高[②],2018 年初市场对美国通胀和加息预期

---

*　本文发表于 2018 年 4 月《中证政研简报》总第 487 期。
　①　VIX 是芝加哥期权交易所(CBOE)推出的衡量投资者情绪的波动率指数,其实质是剩余期限在 30 天的标准普尔 500 指数(SPX)期权的隐含波动率的加权平均,反映了市场对未来 30 天内 SPX 波动率的预期。
　②　自 2009 年 3 月 6 日美股进入上涨周期至 2018 年 3 月 21 日,道琼斯工业指数、标普 500 指数、纳斯达克指数分别上涨 274.79%、297.32% 和 465.20%。

增强,引发美股调整。另一方面,市场舆论认为 VIX 加剧了市场异动,且存在被操纵的嫌疑。

VIX 与标普 500 指数(SPX)具有负相关性,且这种负相关性是非对称的。当 SPX 下跌时,VIX 上涨幅度更大,因此 VIX 被称为"恐慌指数"。VIX 指数本身不可交易,为适应套期保值者和投机者的交易需求,CBOE 于 2004 年 3 月 26 日推出了 VIX 期货,并于 2006 年 2 月 24 日推出了 VIX 期权。个人投资者一般通过购买 XIV/SVXY(VXX/UVXY)等 ETN/ETF 达到做空(做多)VIX 的目的。

2015 年底至本轮美股调整前,标普指数波动率一直处于历史低位,做空 VIX 的产品(在 VIX 期货上维持空仓)因能提供稳定收益迅速在个人投资者中普及,其对手方(即做多 VIX 期货的一方)主要是机构投资者。为保持风险中性,做多 VIX 期货的机构投资者又不断做多标普 500 指数,这就对美股牛市起了推波助澜的作用。

自 2018 年 1 月 26 日美股出现调整,恐慌情绪大幅推升了 VIX 指数,导致做空 VIX 指数的个人投资者爆仓,机构投资者失去了对冲风险的对手方,不得不卖出标普 500ETF 来降低风险敞口,因而加剧了美股暴跌(见图 1)。

二、VIX 存在被操纵的可能性

2018 年 2 月 12 日,华盛顿律师 Jason Zuckerman 向美国证券交易委员会(SEC)递交一封举报信,表示其客户发现了可以操纵 VIX 的漏洞,即只需要在标普 500 指数期权上进行报价,只要极少的实际投入就可攫取巨额收益。部分学者运用高频数据进行实证检验,结果也表明 VIX 可能遭到严重操纵(Griffin & Shams,2018)。CBOE 辩论称,VIX 在结算过程中有结构性的保护措施,举报信所称的操纵方法并不成立,而且 VIX 的结算受美国金融业监管局(Finra)的监管①。

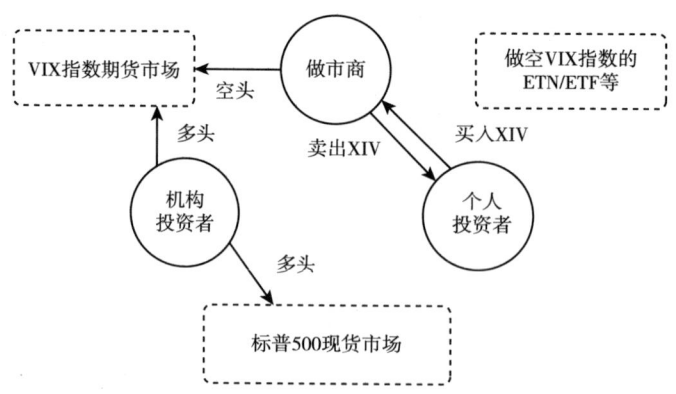

图 1　VIX 期货对股票现货市场的影响路径

资料来源:中证金融研究院整理。

---

① Finra 是第三方非政府组织(NGO),仅提供监管协助。

（一）VIX 可能被操纵的内在机制

VIX 期货和期权的结算价存在被操纵的可能性。其结算价是根据 SPX（Special Opening Quotation）期权的清算价来推算。SPX 期权的清算价格系统称为特殊开盘报价系统。早上 7：30 开始由参与者申报（或撤回）期权买卖价格，8：15—8：30 之间，与计算 VIX 指数有关的期权暂停提交或取消报价，其他期权交易正常进行，8：30 起 CBOE 以市场结算价格执行 SPX 期权订单，并移除所有未执行的订单。因此，做多 VIX 的投资者只需通过在廉价的深度虚值期权上进行报价，就可以影响隐含波动率及 VIX 值，进而影响基于 VIX 的衍生品行情，只需极少的实际投入就可攫取收益。

这种被操纵的可能性得到了学术文献的实证支持。Griffin 和 Shams（2018）分析了 2008 年 2 月至 2015 年 4 月的高频数据，多种实证结果表明，VIX 存在被操纵的重大嫌疑[①]。一是 SPX 期权在到期前第 30 天（这一日期属于 VIX 指数的计算范围）交易量大幅飙升，而其他未包含在 VIX 指数计算范围的交易日，期权交易量相对平稳（见附图 1）。二是 VIX 对深度虚值（OTM）期权的反应非常敏感，在结算日深度虚值期权的交易量明显比平值（ATM）和实值期权（ITM）大（见附图 2），但在其他交易日，虚值程度较小或接近平值的期权交易量最大。三是根据 VIX 的计算公式，VIX 对与其他执行价格相差大的期权更敏感，而这部分期权交易量最大（见附图 3）。因此，部分市场参与者可能根据 VIX 公式选择性交易 SPX 期权。

（二）VIX 的机制设计符合易于操纵的普遍特征

大量理论和实证研究对易于操纵的市场特征进行了详细考察，归纳如下：一是相比单个市场，当存在多个市场且各市场具有不同的价格弹性时，更易于操纵；二是与实物结算相比，现金结算的衍生品更易于操纵；三是操纵价格的时间段相对有限，可以使操纵成本更小。VIX 的机制设计符合易于操纵的普遍特征。

三、思考与建议

VIX 是市场普遍公认的反映投资者情绪的基准指标，也曾在 2008 年金融危机中为政府部门制定救市政策提供了重要参考。根据过去伦敦同业拆借利率（LIBOR）操纵案的深刻教训，如果 VIX 遭到操纵，既不利于投资者保护，也不利于资本市场稳定，甚至会因美股下跌的外溢效应而引发全球市场的连锁反应。

2016 年 11 月 28 日，我国正式发布上证 50ETF 波动率指数（中国波指，IVX）。

---

① Griffin, J. M., and Shams, A., "Manipulation in the VIX?", The Review of Financial Studies, 31 (4), 2018.

2018年2月22日起,中证指数有限公司因指数计算系统期权模块升级暂停发布。如何看待我国构建波动率指数及发展相关期货期权产品?我们认为,既要肯定VIX在风险预警中的重要作用,也要吸取境外经验,完善指数及相关产品合约设计,避免存在系统性漏洞影响市场稳定。

一是持续关注境外波动率指数的走势,发挥好波动率指数对股市乃至宏观经济的"望远镜"作用。美股市场已经连续上涨超过9年,虽然前期有所回调,但三大股指的估值仍处历史高位,市场恐慌情绪未完全释放。从历史情况看,下跌期间境内外市场的联动性更强。因此,可以利用波动率指数紧盯国内外市场和投资者情绪的变化,做好重大政治、金融和贸易风险在全球市场传导的政策储备和应急预案。

二是继续跟踪VIX疑似操纵事件的后续进展,完善我国波动率指数的机制设计。截至2018年4月,SEC对VIX疑似操纵事件仍在调查中,建议在持续跟踪该案件的基础上吸收各方观点,适时丰富期权产品,完善我国波动率指数的构建,谨防交易者通过操纵标的资产或指数期权左右市场情绪,引发恐慌和集体抛售,进而导致流动性危机和市场大幅波动。

三是加强国际交流与合作,提升监管水平。随着我国市场对外开放程度的提升,境外市场操纵行为对我国的风险溢出效应可能更加明显,跨境、跨产品、跨市场操纵行为可能也会增加。为此,建议加强国际监管执法合作与协调,进一步完善开放市场环境下的穿透式监管。

附录

附表1　　2018年美股暴跌及其对全球主要市场的溢出效应

序号	全球主要指数名称	2018年1月26日	2018年2月9日	区间涨跌幅
1	道琼斯工业指数	26 616.71	24 190.90	−9.11%
2	标普500	2 872.87	2 619.55	−8.82%
3	纳斯达克指数	7 505.77	6 874.49	−8.41%
4	澳洲标普200	6 050.02	5 837.97	−3.50%
5	圣保罗IBOVESPA指数	85 530.84	80 898.70	−5.42%
6	孟买SENSEX30	36 050.44	34 005.76	−5.67%
7	中国台湾加权指数	11 147.10	10 371.75	−6.96%
8	富时100	7 665.54	7 092.43	−7.48%
9	俄罗斯RTS	1 286.70	1 185.79	−7.84%
10	法国CAC40	5 529.15	5 079.21	−8.14%

续表

序号	全球主要指数名称	2018年1月26日	2018年2月9日	区间涨跌幅
11	韩国综合指数	2 574.76	2 363.77	-8.19%
12	德国DAX	13 340.17	12 107.48	-9.24%
13	日经225	23 631.88	21 382.62	-9.52%
14	恒生指数	33 154.12	29 507.42	-11.00%
15	上证综指	3 558.13	3 129.85	-12.04%
16	深证成指	11 557.82	10 001.23	-13.47%

注：日期选取标准为2018年以来道琼斯工业指数从最高点开始回调到最低点的日期。
资料来源：Wind，中证金融研究院整理。

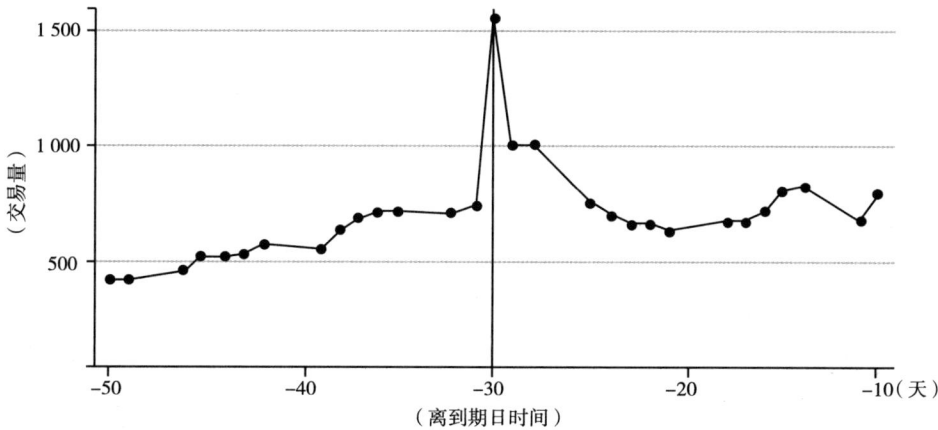

附图1 SPX期权交易量与到期日的关系

资料来源：Griffin, J. M., and Shams, A., "Manipulation in the VIX?", The Review of Financial Studies, 31(4), 2018.

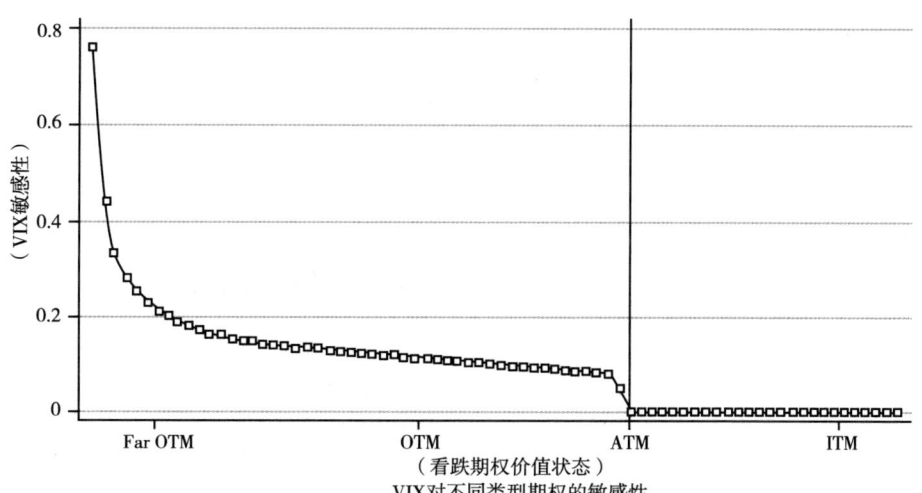

（看跌期权价值状态）
VIX对不同类型期权的敏感性

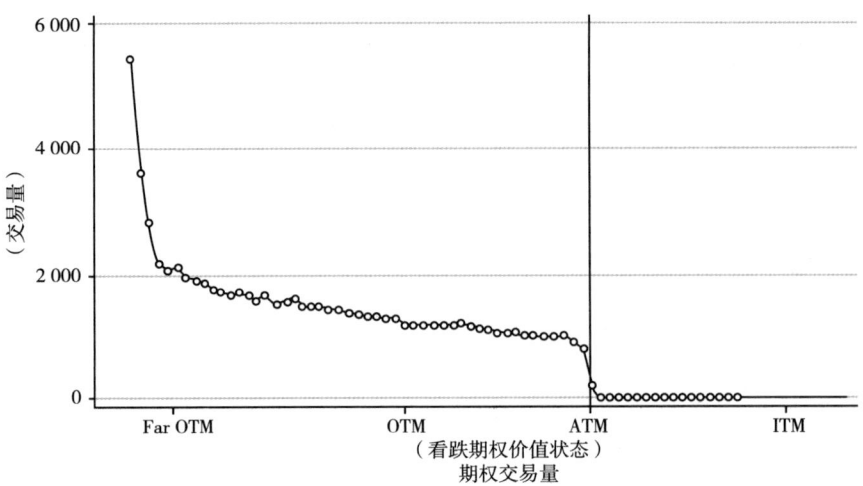

附图 2　VIX 对不同类型期权的敏感性及期权交易量

资料来源：Griffin, J. M., and Shams, A., "Manipulation in the VIX?", The Review of Financial Studies, 31（4），2018.

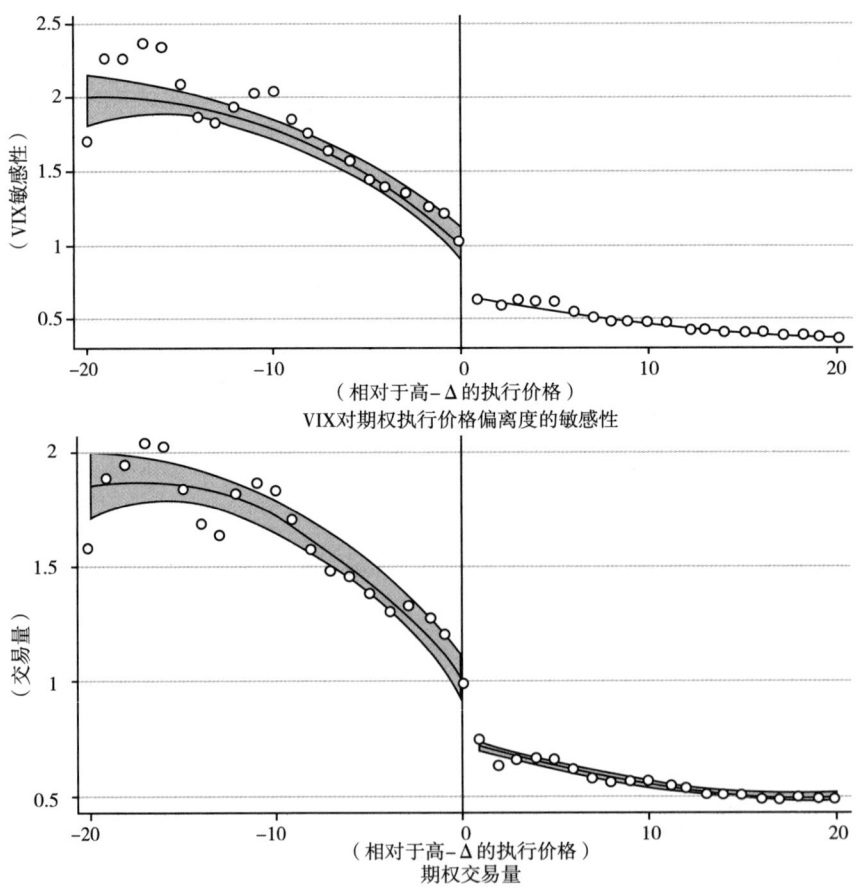

附图 3　VIX 对期权执行价格偏离度的敏感性及期权交易量

资料来源：Griffin, J. M., and Shams, A., "Manipulation in the VIX?", The Review of Financial Studies, 31（4），2018.

"纳斯达克泡沫破灭"短期内不会重演*

——基于美国科技股波动及基本面度的分析

邵 宇 万丽梅

摘 要 2018年初以来,受政策面因素和极端事件影响,美国科技股出现一定程度震荡,触发市场恐慌情绪。据相关科技股财报,美国科技股业绩整体较为稳健,盈利情况超预期,科技公司新技术创新步伐仍在加快。我们认为,应将科技股放到新一轮信息革命的大背景下,理性看待科技股波动,同步引导国内科技类上市公司加大研发投入,努力掌握核心技术,营造良好科技企业生态,夯实国内科技企业财务基础和基本面价值。

自2008年全球金融危机后,美股延续了近10年的牛市行情。在不断创出历史新高后,出现回调且波动加大,部分市场人士解读为是科技股泡沫破灭的开始,或将重蹈2001年纳斯达克泡沫破灭的覆辙。尤其2018年逢"8",更引致美股下跌引发金融危机的假说,值得认真研究。

一、政策因素和极端事件引发美股科技股暴跌

(一)特朗普政策偏向信号的影响

2016年美国大选前后,美国科技公司对特朗普竞选总统有明确反对倾向。特朗普上台后采取的系列针对性政策向传统制造业倾斜,未兑现对科技公司税收优惠的相关承诺。此外,特朗普还不时发表对科技公司的态度,如2018年3月26日强烈抨击亚马逊,导致外界担忧该公司可能会被采取强硬的监管和税务政策,引发亚马逊股价下跌,3月27日、28日跌幅分别达3.78%和4.38%,市值蒸发约600亿美元。

---

* 本文发表于2018年6月《中证政研简报》总第499期。

（二）科技股个股极端事件短期影响科技行业预期

2018年初以来，美国科技巨头遭遇的一系列极端事件成为科技股下跌的另一原因。"脸书"数据泄露引发欧美监管部门对其开展持续调查，"脸书"股价最大跌幅达13.7%。特斯拉在自动驾驶状态下突发一起致命车祸，公众担忧人工智能无人驾驶的安全性，评级公司下调特斯拉公司评级，该公司遭遇"股债双杀"。2018年3月27日、28日特斯拉股票分别下跌8.2%和7.7%，最高累计跌幅接近25%。另受中美贸易争端影响，市场担心苹果公司对华出口可能受到冲击，4月18日至27日苹果股价下跌9.2%。

二、科技股基本面良好，发展潜力巨大，市场整体良好

美股科技股暴跌，是估值回调还是危机的开始？这要从更长远的角度，从创新水平、盈利能力以及未来发展空间等多维度进行分析。

（一）科技公司的持续创新带来稳定的业绩成长

近年来，美国科技公司在搜索、电子商务、社交等传统互联网应用方面渐趋成熟，但科技创新并没停步。美国科技巨头们投入了大量人力、物力忙着"搞副业"，未来将继续变革工业模式和消费模式。

一是在以云计算、人工智能、大数据、区块链、物联网、5G通信等为代表的新一轮IT技术革命的推动下，科技公司业务和产品的商用趋势明显。谷歌拥有全球领先的人工智能技术，以无人驾驶应用为例，技术成熟度从低到高分为一级到五级，谷歌公司利用最新的人工智能深度学习方法，2012年起逐渐将无人驾驶技术从第三级提升到第四级。结合传感器技术和通信技术不断进步，业内专家估计未来3—5年内无人驾驶技术有望达到第五级，也就是无人驾驶车辆真正可以上路。随着大数据、物联网、5G等技术商用步伐的加快，美国科技股前期在这些领域的投资已逐渐产生收益，如亚马逊拥有全球领先的云计算业务，收入规模从2015年的78.8亿美元增长到2017年的174.58亿美元，营业收入占公司的9.8%，未来将会带来持续可观的利润。

二是美国科技公司不断研发可能引领下一代工业革命的尖端技术，包括机器人、虚拟现实（VR）、量子计算等领域。尤其值得关注的是量子计算，被誉为开启下一代工业革命的关键一步。近期，谷歌、IBM、英特尔等公司相继研发出量子计算机的原型机，技术水平目前在全球处于绝对领先的地位。这些技术一旦成熟并大规模推向市场，将进一步变革人类社会的生产和生活模式，大幅提高生产效率，对众多产业造成颠覆性、革命性的影响，造就上万亿市场规模的新兴产业，这也会进一步支持科技公司估值水平和稳定股价上行预期。

（二）科技股近年来的涨幅与科技公司基本面变化高度一致

一是科技板块对全球经济贡献占比持续提升。科技进步是本轮美国经济增长的原动力。科技股是美股市场第一大板块，当前美股市值排名前五位的公司均为科技公司。2017年，美国科技股板块净利润贡献占比显著领跑标普500。从标普500行业市值比例的角度看，科技板块的占比从2007年12月的15.9%上升至2017年12月的23.3%（见附图1），科技公司的市场影响力不断提升。

二是当前科技股估值与盈利水平具有较好匹配性。2001年纳斯达克科技股上涨，主要是依靠概念炒作，商业模式不清晰，企业微利或者没有盈利，因而当时科技股的基本面无法支撑高股价导致科技股泡沫破灭。但是，本轮科技股行情与2001年完全不同，美国科技股估值与标普500的市盈率均维持在17倍左右的正常水平（见附图2和附图3），美国五大科技股龙头[①]市盈率为31倍，仅为2000年科技股泡沫破裂前的84倍市盈率的1/3。2001年时科技股占标普500近30%的权重，但只贡献了13%的盈利。2017年科技股占标普约25%的权重，贡献了25%盈利（见附图4）。

三是受会计准则影响，科技股巨头的盈利能力有所低估。美国科技公司的研发费用巨大，根据美国会计准则（US GAAP），研发支出一般不予以资本化处理[②]，而是直接计入期间费用，使得实际利润低于真实利润。例如，谷歌2017年研发费用为166亿美元，占营业收入的15%。其中，投入主营业务搜索的部分仅为30亿美元，其余130多亿美元用于研发"黑科技"。如将这部分研发费用资本化，初步估计谷歌市盈率将从32倍下降到18倍。2018年一季报显示，美国科技公司业绩普遍好于预期。如亚马逊连续12个季度盈利，2018年第一季度每股盈余（EPS）约为市场预期的2.6倍，稀释后的EPS是2017年同期的2.2倍，当季营业收入同比增长43%。

（三）客户基础和规模将释放巨大的发展空间

一是年轻一代是科技公司的天然用户，比以往人群更依赖科技公司的各种服务。21世纪以来，人类生活很大程度上受科技进步影响或缔造，科技产品从20世纪的奢侈品变为必需品。尤其是"90后""00后"属于伴随互联网长大的一代，对互联网科技的认可和接受程度非常高。美国科技巨头们为互联网提供了从操作系统、通信、计算、社交等各类基础设施，为科技公司的持续发展奠定了坚实基础。

二是互联网用户仍在不断增长。随着互联网普及，全球互联网用户超过30亿人，

---

① 美国五大科技股龙头分别为：脸书（Facebook）、苹果（Apple）、亚马逊（Amzon）、微软（Microsoft）、谷歌（Google）的母公司Alphabet，即FAAMG。

② 参见 ASC 730-10-05-2。US GAAP下一般不予以资本化，而是根据 ASC 730-10-05-3 的规定予以在损益中单独列示。

但是仍然有超过一半以上的人口、九成以上的设备（包括家居设备、工业生产线设备等）没有接入互联网。Facebook、谷歌等正研发通过卫星、无人机、高空气球等方式方便发展中国家偏僻地区人口上网，以及推广物联网操作系统和通信协议，让全世界设备接入互联网。未来这些科技公司的发展空间仍然广阔。

三是科技公司通过不断开发出新的产品形态满足不同人群需求，业务拓展迅速。在互联网之前，传统企业不可能在某个业务领域垄断全球几十亿用户。今天科技公司由于其独特的技术优势，用很低的成本基本覆盖了全球用户，衍生出的产品直接影响广大民众的生活方式。如 Facebook 基于社交信息，推出了视频、广告等新业务。

（四）全球资本仍整体看好美国科技股

投资美国科技股资金仍呈增长态势。汤森路透旗下理柏数据显示，美国科技共同基金和上市交易基金（ETF），2018 年以来单周吸纳资金最高约 17 亿美元，高过 2000 年 3 月以来理柏统计的任何一周。随着美元、美债持续走强，美国基金投资者从股票基金中撤出资金，虽加大股市卖压，但仍不改变市场整体对科技股的趋势判断。Factset 的数据显示，华尔街市场分析师目前仍然看好科技股的前景，对标普 500 指数下属信息技术板块个股给出的买入评级的占比为 60%，持有评级的占比为 36%，卖出评级的占比仅为 4%。

三、美国科技股基本市判断及启示

其一，政策变化与极端事件对科技股估值影响有限。近期美股科技股面临着一些特殊的政策因素和突发外部因素，导致科技股短期波动加大。但是，科技公司的产品和技术研发受政策影响较小，在美科技股基本面不变坏、研发方向不出现重大失误前提下，这些政策冲击和极端事件等因素影响是短暂的。因而，近期美股科技股下跌更多是短期回调，不会成为触发美国乃至全球金融危机的因素。

其二，新一轮信息技术革命是科技股行情的基础。当前科技公司处于"移动互联红利"和"大数据和人工智能红利"的技术间隙期。应当看到，美国科技股公司的盈利能力日益增强，现金流稳健，基本面持续向好，"黑科技"研发积淀厚实，新技术进步仍在加快，量子计算、机器人、虚拟现实等技术取得重大突破，这都为社会生产力的革命性发展奠定了较好的技术基础，为科技股公司带来了可以预期的未来发展空间。

其三，科研投入是科技股企业具备长期成长性和较高估值的基础。与美国科技巨头相比，我国科技创新整体仍处于"跟跑"状态。目前多数 A 股科技公司掌握核心基础技术的情况并不乐观，部分公司业务发展依靠国外公司技术和国内市场规模的特征明显，估值存在偏高的倾向。例如，国内最具代表性的人工智能公司科大讯飞，其市盈率高达

240 倍，但该公司的核心技术仍然对国外有较大程度的依赖。如何使估值与技术、经营更好匹配，是当前值得科技企业认真对待的问题，也是监管者需要密切关注的问题。这需要在全球科技进步的框架和视野下，认真分析科技股公司所处的位置、具有的优势和劣势，也需要认真研究研发费用资本化政策，避免人为的利润调节，还需要增强信息披露的针对性，如在上市公司披露定期报告时，要求在管理层讨论与分析部分增加更有针对性的风险信息讨论的披露，而不是仅仅在该部分简单表达公司管理层的愿景。

附录

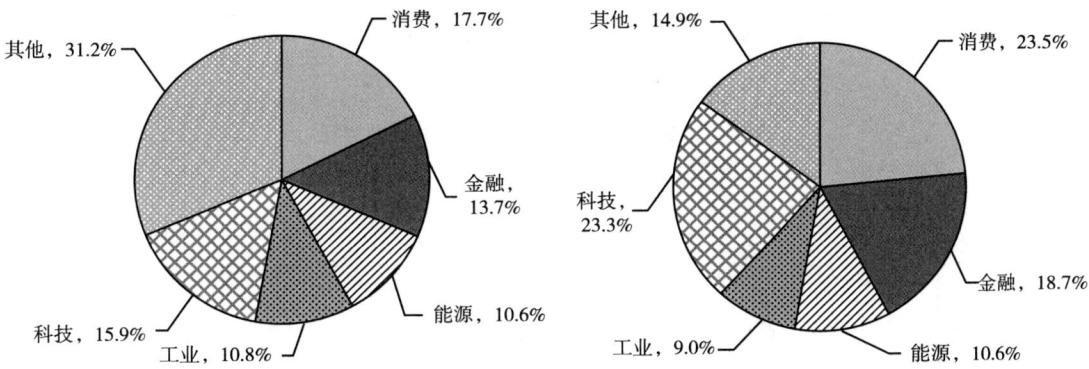

附图 1　美股各板块市值贡献占比（2007 年与 2017 年对比）

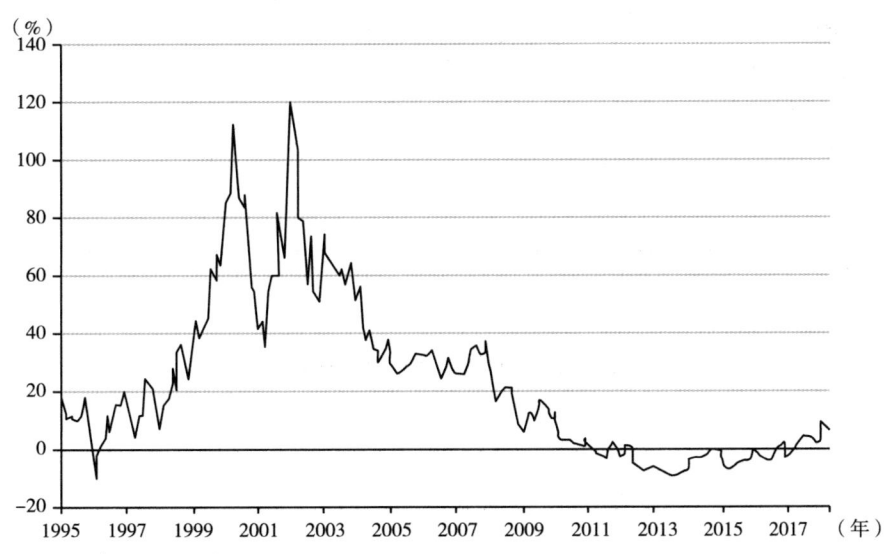

附图 2　美国科技股与标普 500 市盈率比值

资料来源：Datastream。

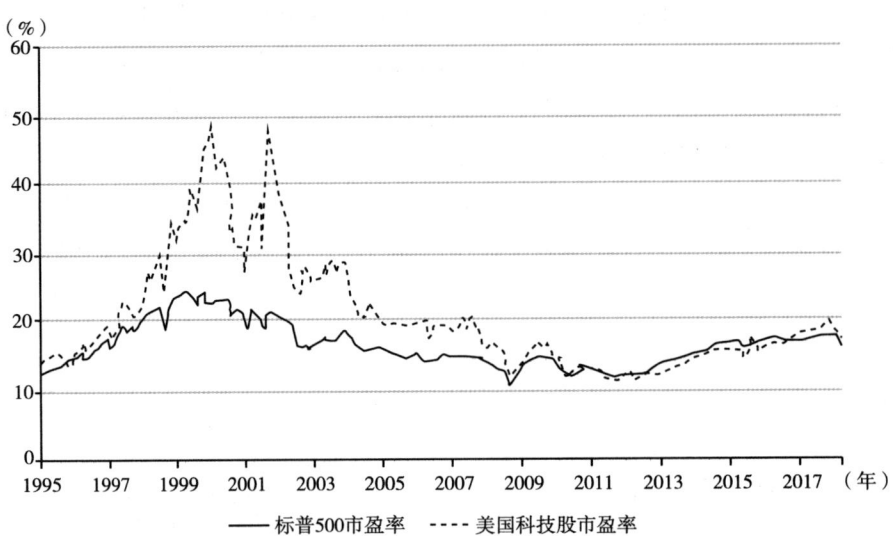

附图3 美国科技股与标普500市盈率对比

资料来源：Datastream。

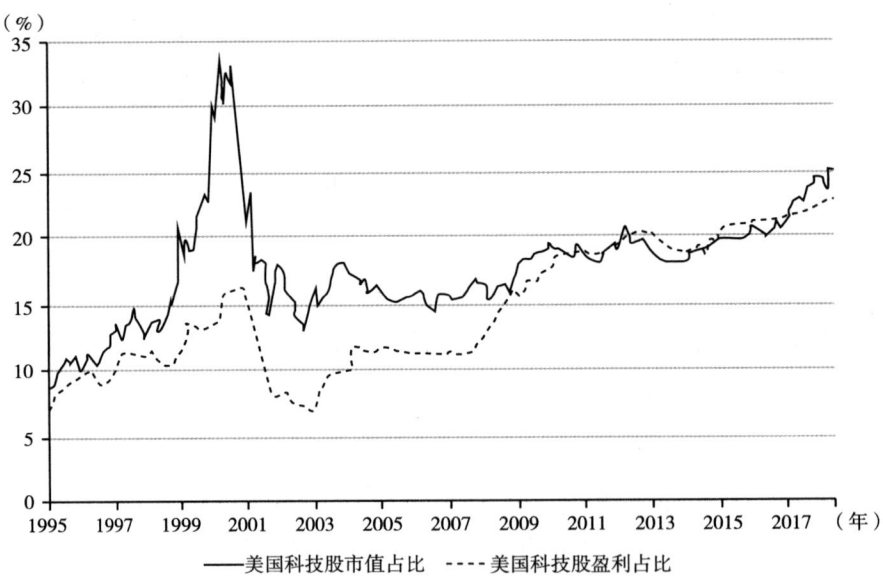

附图4 科技公司市值和盈利占比

资料来源：Datastream。

中美股市联动的趋势与特征*

张 韵 邱 薇

摘 要 近10年中美股市联动效应显著抬升,不仅涨跌幅的相关性增大,波动率也同涨同跌,具体呈现3个特征:一是跟跌强于跟涨,美股单日跌幅超过1%,A股次日走势受到显著影响。二是双向联动,美股影响A股,A股也会影响美股。三是能源、材料和金融板块与美股联动最强。中美经济的溢出影响上升,投资者情绪传染性加大是中美股市联动效应增强的主要原因。随着资本市场开放的深化,跨境资金的影响也在逐步显现。建议加强对投资者情绪和跨境资金的监测与影响评估,并稳步提高A股对实体经济的代表性和行业分散度,提升A股自身稳定性。

一、近10年中美股市联动效应显著抬升

2008年金融危机是中美股市联动关系的一道分水岭。2000年之前,上证综指与标普500的日度、周度和月度涨跌幅相关系数均趋近于零。2001—2007年,相关系数有所抬升,但统计上的显著性仍然较弱。2008年之后,A股与美股的联动关系出现实质性的变化,日度与周度走势的相关系数上升至0.2附近,月度涨跌幅的相关系数更是跳升至0.46[①](见图1)。

在美股下行时段,中美股市联动性已经接近港股与美股的联动。A股与美股联动效应起伏较大。在美股呈上行态势的季度,两个市场单日涨跌幅的相关系数通常处于0.1到0.2之间。在美股呈下行态势的季度,相关性会抬升至0.3左右,几次大的股市调整

---

* 本文发表于2018年7月《中证政研简报》总第511期。
① 因为日度收益额波动较大,所以日度收益的相关系数往往较小,而月度收益波动较小,更能体现股票走势的相关性。

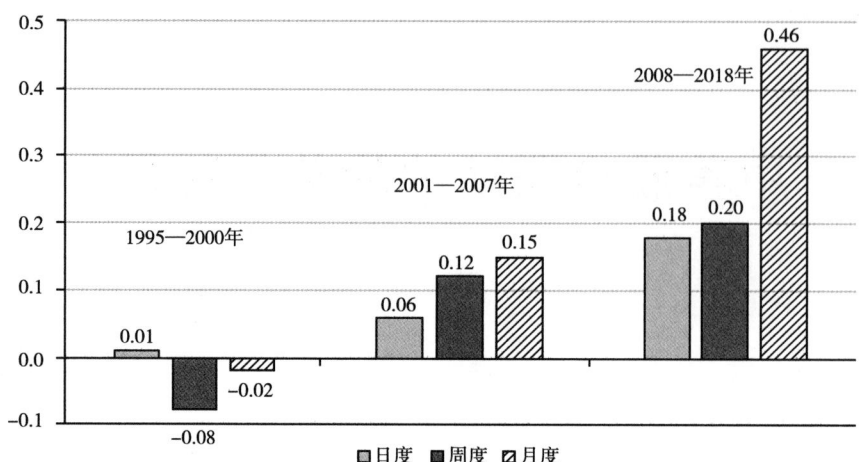

图1 日度、周度和月度走势的相关性均逐步抬升至显著区间①

注：图中3组相关系数为1995—2000年，2001—2007年，2008—2018年3个时间段里，上证综指与标普500涨跌幅的相关系数。每个时间段都分别计算了两个股指单日涨跌幅，单周累积涨跌幅和单月累积涨跌幅之间的相关系数。因为日度收益波动较大，所以日度收益的相关系数往往较小，而月度收益波动较小，更能体现股票走势的相关性。

资料来源：Wind，中证金融研究院整理。

时期甚至跃升至0.4以上。月度涨跌幅的相关系数在美股走低时甚至突破0.6（见附图1和附图2）。中美股市联动的阶段性高位已接近中国香港这种开放市场与美股的联动（见附表2）。

危机后A股与美股波动率也呈现同涨同跌态势②。2003年之前，A股的波动率与美股波动率呈现此消彼长的态势，中美股市季度波动率的相关系数为-0.47。这种态势从2003年左右开始逆转，两个股市波动率逐渐出现同步趋势。2008年以来，两个股市的波动率高度同步，几乎是同涨同跌，季度波动率的相关系数高达0.55（见附图3）。

二、中美股市联动关系的特征

（一）跟跌的效应显著强于跟涨的效应是中美股市联动的主要特征

中美股市的短期相关性集中体现为跟跌效应。将涨跌分开看，美股单日上涨的样本中，两个市场单日涨跌幅的相关系数接近于零，但是单日下跌的样本中，二者相关系数为0.20。月度涨跌幅间既存在跟跌也存在跟涨，但是跟跌效应显著更强。美股单月上涨和下跌的样本中，中美股市月度涨跌幅的相关系数分别为0.23和0.44（见附表3）。

---

① 除上证综指和标普500指数外，附表1中还计算了中美市场主要指数间的相关系数，得出的结论基本一致。
② 本文用代表性股指在一个季度里的日度涨跌幅的标准差来代表股市的波动性。

（二）美股单日下跌幅度超过 1% 时，A 股次日走势会受到显著影响

如果美股前一日呈现上涨，或者下跌幅度在 1% 以内，A 股后一日涨跌幅仍然符合均值为零的正态分布。但是，当美股单日下跌超过 1% 时，次日 A 股下行的概率显著增加（见附图 4）。这种传导效应主要集中在下跌次日，下跌之后第二日 A 股上涨和下跌的概率基本持平（见附图 5）。

（三）美股下跌幅度越大，A 股跟随产生大幅下跌的概率也越高

美股单日下跌 1% 到 2%，A 股次日下跌幅度超过 2% 的概率为 17%；美股单日跌幅在 2% 到 3% 之间时，A 股次日跌幅超过 2% 的概率上升至 20%；美股单日跌幅超过 3%，A 股次日下跌 2% 的概率高达 39%。当美股连续大幅调整时，A 股基本都会同步震荡。2010 年二季度，2011 年三季度和 2018 年一季度美股大幅下跌期间 A 股的累积跌幅都接近甚至超过美股[①]（见附表 4）。

（四）中美股市双向联动，美股影响 A 股，A 股同样影响美股

虽然美股对 A 股的传导效应较受关注，但实际上 A 股与美股是相互影响。由于存在开盘时差，在考察美股对 A 股的影响时，看的是前一日美股走势对 A 股今日走势的影响，在考察 A 股对美股影响时，看的是 A 股今日走势对当日晚上美股交易时段走势的影响。2008 年之后，A 股与美股之间开始双向联动。首先，美股前一日走势正向预测 A 股今日走势。其次，A 股当日走势也正向预测晚上美股交易时段的走势[②]（见附表 5）。

（五）A 股能源、材料和金融板块与美股的同步性相对更高

从细分行业板块来看，沪深 300 行业指数中，能源、材料和金融行业指数与标普 500 对应行业指数的相关系数相对较高（见附图 6），其次是工业、可选消费和信息板块。从不同板块对 A 股与美股联动的贡献率来看，金融、能源和工业板块对中美股市相关性的贡献率高达 70%，是带动 A 股与海外市场联动的主导板块[③]（见附图 7）。

三、中美股市联动关系上升的原因分析

国内外研究对国际股票市场间的联动有 3 种理论解释：一是经济基础假说，各国经

[①] 2015 年 8 月和 2015 年 12 月 A 股大幅调整时期，也对美股产生了影响，同时期美股跌幅均超过 10%。
[②] 格兰杰检验的结果显示：美股前一日涨跌幅是 A 股后一日涨跌幅的格兰杰原因，而 A 股当日涨跌幅也是美股同一交易日涨跌幅的格兰杰原因。
[③] 金融、能源和工业板块的贡献率较高一方面是因为这 3 个板块受海外因素影响较大，另一方面也跟这 3 个板块在沪深 300 成分中占比较高有关，3 个板块所占权重高达 66%。

济通过国际贸易相互联系，因而一国的经济情况和政策出台都会对他国产生溢出影响；二是金融市场的直接联系，如跨境资本流动和公司交叉上市等；三是投资者行为角度的解释，如市场传染假说、投资者偏好理论和羊群效应。

（一）中美经济间的溢出影响上升是股市联动效应上升的基本原因

危机后中美经济的溢出影响上升：一是中美国际贸易联系日益紧密。以货物贸易为例，对美国进出口总额占我国进出口的14%，对美国出口占我国总出口的19%。二是经济危机之后全球经济复苏过程中中美经济互为支撑。中美两国GDP和货物贸易额分别占全球GDP的15%和24%，以及全球货物贸易的15%和10%，在带动全球经济复苏中先后起到至关重要的作用。三是政策和政治因素溢出影响更加凸显。从历史经验来看，经济复苏阶段，货币政策转向，全球贸易保护主义抬头等趋势往往增加经济预期的不确定性。经济预期的扰动和调整又会迅速反映到股市上。

（二）跟跌效应大于跟涨效应，主要受脆弱的投资者情绪影响

国内外研究将投资者情绪层面的传导效应分为两类：一是正常情况下信息传播带来的联动；二是危机情况下投资者情绪和行为模式变化带来的传染。A股对美股跟跌效应远大于跟涨效应，说明情绪传染效应大于正常联动。危机之后，美国股市大部分时间都在持续上涨，但是市场对宏观经济不确定的隐忧实际上一直存在，所以投资者情绪也随着股市上涨越发脆弱。A股2015年股市调整后新一轮宏观调控和金融去杠杆也增加了市场的不确定性。所以，两个市场间的情绪更容易产生共振。

（三）随着资本市场开放深化，跨境资金的影响在逐步显现

截至2018年3月底，境外机构持有的人民币股票资产合计1.2万亿元，相当于A股总市值的2.14%。自沪港通、深港通开通以来，沪股通、深股通累积净流入资金0.49万亿元，仅占A股流通市值的1.1%。2018年5月，沪股通、深股通总成交额0.37万亿元，占A股总成交额的4.1%。虽然目前海外资金占比仍然较低，但海外资金流向受美股走势影响较为明显。2018年第一季度的美股调整时期，沪深股通资金均出现大幅流出的现象。2月5日，美股下跌4.10%，沪股通在随后两天净流出35.5亿和74.3亿元，深股通次日净流出23.6亿元。随着A股加入MSCI，互联互通额度提高，美股下跌时，海外资金对A股的影响将更加显著。

四、政策建议

一是增强A股对实体经济的代表性，提高A股本身的稳定性。当前A股成分行业集

中度仍然过高,并且金融、能源、工业这几个主要板块受海外因素影响均较大。A 股的波动率本身就一直高于主要发达国家成熟的金融市场,而风险分散是金融稳定的基础。当前实体经济层面,新经济、新动能的拉动作用持续增强,提高 A 股对实体的代表性,增加 A 股公司行业的分散度,有利于提高 A 股自身的稳定性,对冲海外因素对股市的扰动。

二是密切关注美股波动趋势及美股大幅调整时国内投资者情绪的变化。鉴于 A 股与美股联动性显著抬升,2018 年以来美股又呈现波动加剧的趋势,有必要更加密切地监测美国的实体经济情况及股市风险,建立针对美股市场的预警性指标。由于投资者情绪的传染性又会放大 A 股与美股的跟跌效应,还需加强对我国股市投资者情绪的变化的监测与管理。

三是加强对跨境资金流动的监测和影响评估。研究发现,跨境资本流入的大规模逆转是美国金融危机向全球金融市场传染的主因。2018 年 4 月初至 6 月 15 日,陆股通成交净买入 1 083 亿元,且呈现不断攀升趋势。随着资本市场开放进程加快,未来跨境资金的影响将更加显著①。加强对跨境资金交易行为的监测与分析有助于及时防范资金短期大幅流动带来的潜在风险。

附录

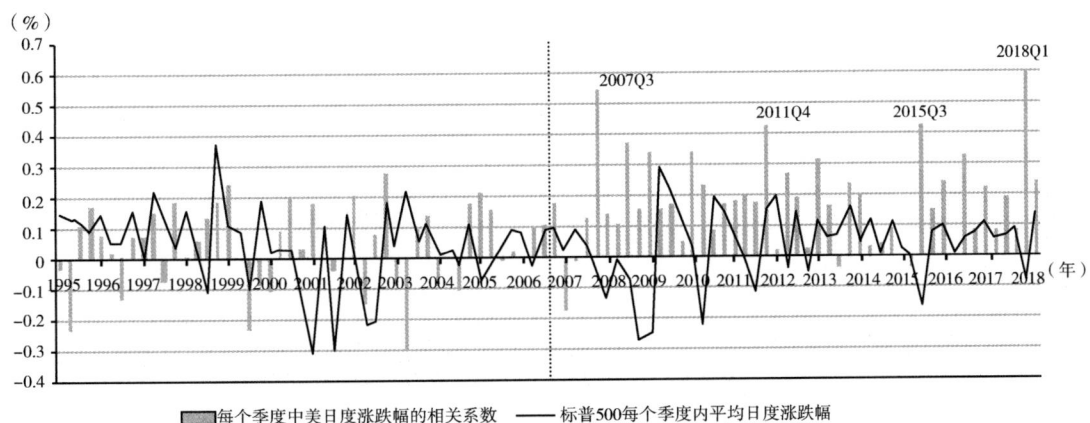

附图 1　每个季度上证综指与标普 500 日涨跌幅的相关系数

注:附图 1 中呈现了每个季度上证综指与标普 500 指数日度涨跌幅的相关系数,以及当季标普 500 指数的平均日度涨跌幅。

资料来源:Wind,中证金融研究院整理。

---

① 李稻葵、梅松:《美元 M2 紧缩诱发世界金融危机:金融危机的内外因论及其检验》,《世界经济》,2009 年第 4 期。

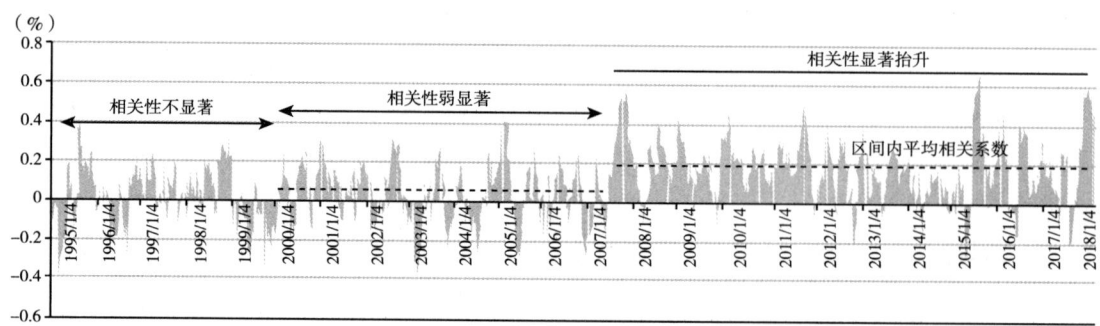

附图2（1） 日度收益率的相关性变化

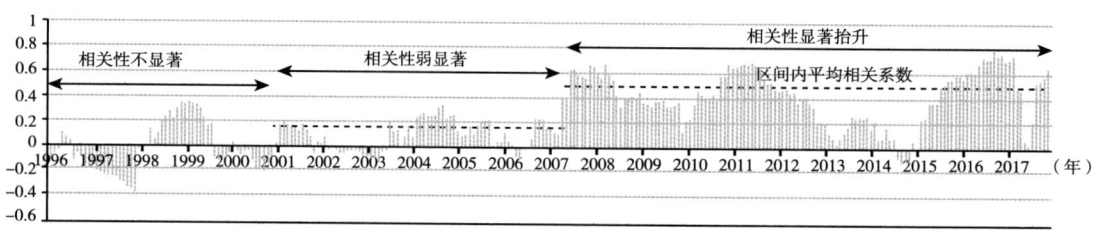

附图2（2） 月度收益率的相关性变化

注：附图2（1）和附图2（2）采用上证综指和标普500指数的涨跌幅数据，由于美股与A股开盘时间存在时差，美股涨跌幅均采用滞后一日的数据计算。通过滚动计算的方法获得指数相关系数的时间序列：图2-1中，每个交易日，以前100个交易日内两个指数的日度涨跌幅为样本，计算一次相关系数；图2-2，每个月均以前20个月内指数的月度涨跌幅为样本，计算一次相关系数。

资料来源：Wind，中证金融研究院整理。

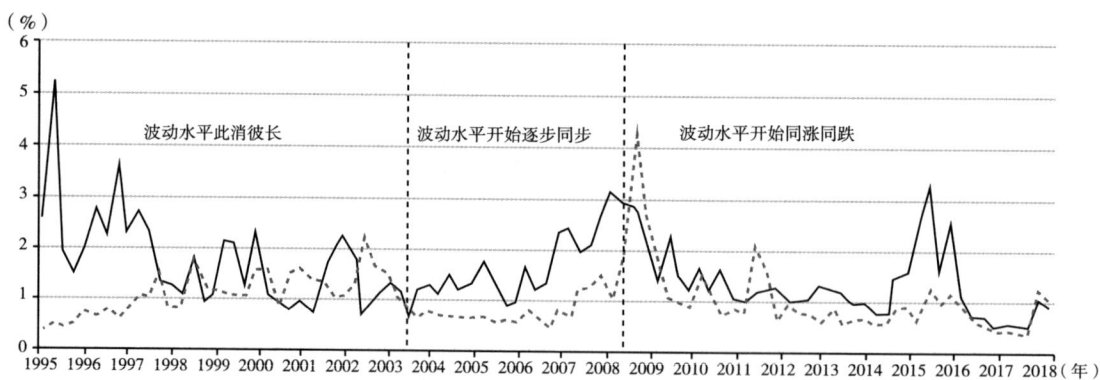

附图3 危机之后，A股与美股的波动性开始同涨同跌

注：附图3计算了上证综指和标普500指数每个季度的波动率。具体计算方法为，每个季度，分别计算上证综指和标普500当季所有交易日的单日涨跌幅的标准差。

资料来源：Wind，中证金融研究院整理。

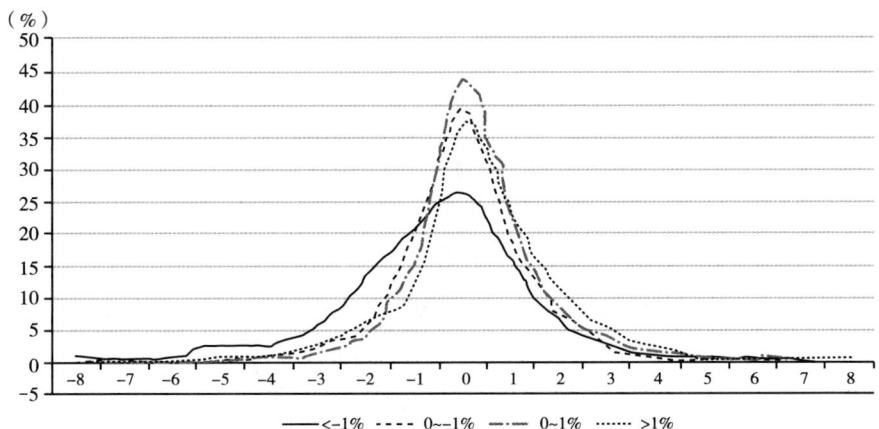

附图 4　美股单日下跌 1% 以上时 A 股后一日涨跌的概率分布

注：附图 4 分别刻画了美股单日下跌超过 1%、下跌 1% 以内、上涨 1% 和上涨超过 1% 的情况下，后一日 A 股涨跌幅的概率分布。可以看到，当美股下跌超过 1% 时，A 股后一日的收益率分布明显左偏。但是，当美股跌幅在 1% 以内时，A 股后一日收益率没有显著变化。

资料来源：Wind，中证金融研究院整理。

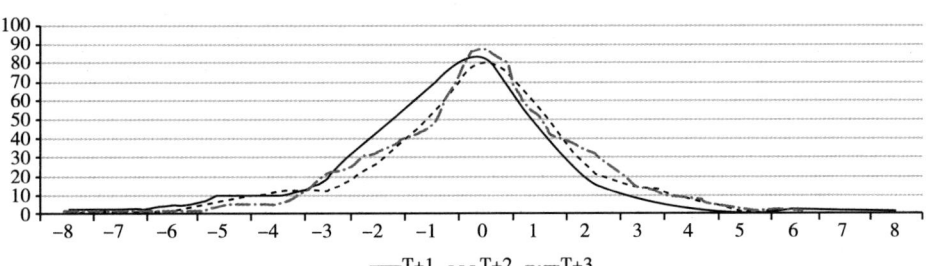

附图 5　美股单日下跌超过 1% 后第 1 日、第 2 日和第 2 日 A 股涨跌分布

注：附图 5 分别刻画了美股单日下跌超过 1% 之后，A 股第一日、第二日、第三日的涨跌幅的概率分布。可以看到，当美股下跌超过 1% 时，A 股后一日的收益率分布明显左偏，但是第二天又基本恢复正态分布。

资料来源：Wind，中证金融研究院整理。

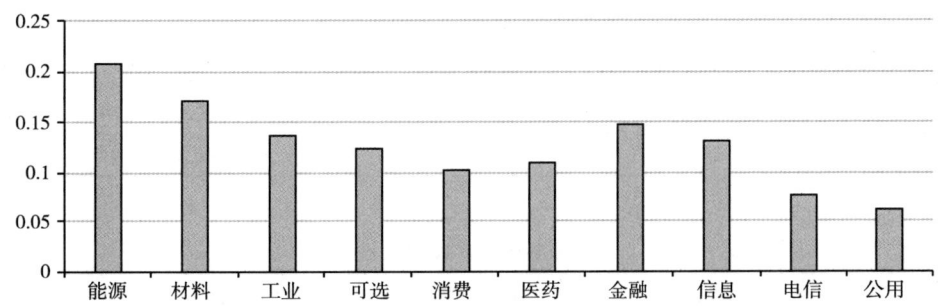

附图 6　A 股与美股不同板块日度走势相关系数

资料来源：Wind，中证金融研究院整理。

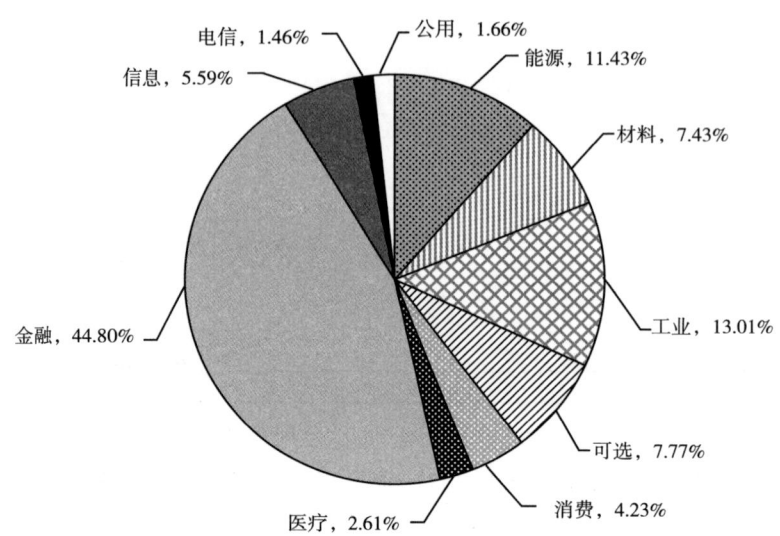

附图 7　不同版块对中美股市相关性的贡献率

资料来源：Wind，中证金融研究院整理。

附表 1　　危机之后 A 股涨跌幅与美股涨跌幅的相关性显著增强

日度涨跌幅相关系数			周度涨跌幅相关系数			月度涨跌幅相关系数		
1995 年至 2000 年								
	标普 500	道琼斯		标普 500	道琼斯		标普 500	道琼斯
沪深 300	NA	NA	沪深 300	NA	NA	沪深 300	NA	NA
上证综指	0.01	0.00	上证综指	-0.08	-0.09	上证综指	-0.02	-0.06
2001 年至 2007 年								
	标普 500	道琼斯		标普 500	道琼斯		标普 500	道琼斯
沪深 300	0.05	0.05	沪深 300	0.10	0.12	沪深 300	0.12	0.15
上证综指	0.06	0.06	上证综指	0.12	0.12	上证综指	0.15	0.15
2008 年至今								
	标普 500	道琼斯		标普 500	道琼斯		标普 500	道琼斯
沪深 300	0.16	0.15	沪深 300	0.19	0.19	沪深 300	0.44	0.45
上证综指	0.18	0.17	上证综指	0.20	0.20	上证综指	0.46	0.47

资料来源：Wind，中证金融研究院整理。

附表 2　　　　　　　　　不同市场与美股相关性

相关系数	香港恒生	日经指数	英国富时	MSCI 新兴市场
标普 500	0.42	0.55	0.60	0.50

资料来源：Wind，中证金融研究院整理。

附表3　　　　　　　　2008年之后，A股跟跌效应显著强于跟涨效应

日度收益相关性			周度收益相关性			月度收益相关性		
美股上涨情形								
	标普500	道琼斯		标普500	道琼斯		标普500	道琼斯
沪深300	0.06	0.05	沪深300	0.02	0.02	沪深300	0.21	0.26
上证综指	0.07	0.06	上证综指	0.01	0.01	上证综指	0.23	0.27
美股下跌情形								
	标普500	道琼斯		标普500	道琼斯		标普500	道琼斯
沪深300	0.18	0.16	沪深300	0.25	0.25	沪深300	0.42	0.42
上证综指	0.20	0.18	上证综指	0.26	0.26	上证综指	0.44	0.43

资料来源：Wind，中证金融研究院整理。

附表4　　　　　　　金融危机之后几次大幅调整时期A股与美股的涨跌幅

日　　期	道琼斯指数涨跌幅	上证综指涨跌幅
2010年4月27日—2010年7月2日	-13.55	-19.75
2011年7月23日—2011年10月3日	-15.98	-14.85
2015年8月19日—2015年8月25日	-10.53	-20.89
2015年12月31日—2016年1月20日	-10.43	-16.67
2018年12月9日—2018年2月8日	-10.36	-8.32

资料来源：Wind，中证金融研究院整理。

附表5　　　　　　美股日度涨跌幅与A股日度涨跌幅的格兰杰因果检验

原假设	Pr＞卡方	检验结果	结论
2008年之前			
美股涨跌幅不是A股涨跌幅的格兰杰原因	0.3853	无法拒绝原假设	美股涨跌幅对A股涨跌幅没有预测作用
A股涨跌幅不是美股涨跌幅的格兰杰原因	0.3692	无法拒绝原假设	A股涨跌幅对美股涨跌幅没有预测作用
2008年之后			
美股涨跌幅不是A股涨跌幅的格兰杰原因	＜0.0001	拒绝原假设	美股涨跌幅对A股涨跌幅具有预测作用
A股涨跌幅不是美股涨跌幅的格兰杰原因	＜0.0001	拒绝原假设	A股涨跌幅对美股涨跌幅具有预测作用

资料来源：Wind，中证金融研究院整理。

A 股纳入 MSCI 当天会发生什么*

——从国际经验看一国股指纳入国际指数生效日前后的表现

王若阳

摘　要　国际比较研究表明，一国股票被纳入国际指数生效当天，多以被动型基金的流入为主，主动型基金也会大量买入；生效日前两周，被纳入股票的累计涨幅平均超过4%，但生效日之后两周，则平均累积下调约2%，且生效日前后的资金流动还可能影响到汇率等一系列宏观经济指标。A 股纳入明晟（MSCI）指数于 2018 年 6 月 1 日生效，此前预判约有 185 亿元人民币被动型基金入场，或有更多主动型基金入场，由此引发的股市效应值得关注。

根据美国投资公司协会（ICI）的年报，截至 2016 年末，全球受监管的开放式基金①投资额已达 40.4 万亿美元。其中，约有 20% 为被动型基金，跟踪一些著名的股票及债券市场指数；主动型基金也多以这些市场指数作为基准来衡量自身业绩表现。国际货币基金组织的报告②中指出，这些指数构成的变动已成为除基本面因素之外影响国际资本流动的第二大原因。MSCI 将于 2018 年 6 月将部分 A 股按一定比例纳入其新兴市场指数，彭博亦于 2018 年 3 月宣布从 2019 年 4 月开始，将人民币计价的中国国债和政策性银行债券纳入彭博巴克莱全球综合指数③。本文拟通过对近年来国际上多次指数调整生效日前后市场情况的分析，对我国纳入生效日当天的市场情况形成预判，以期提前做好风险防范。

---

* 本文发表于 2018 年 4 月《中证政研简报》总第 491 期。

① 这里的开放型基金包括共同基金、ETF 以及其他一些机构型基金。

② Arslanalp, S, and T Tsuda（2015），"Emerging Market Portfolio Flows: The Role of Benchmark-Driven Investors", IMF Working Paper 15/263, December.

③ http://world.people.com.cn/n1/2018/0323/c1002-29886197.html.

一、近年来国际上多次指数调整生效日前后的市场情况

(一) 生效日前后资金大幅流动,生效当日资金被动型基金为主,主动型基金也会大量买入

2017 年 Raddatz、Schmukler 和 Williams 发表在《国际经济期刊》的论文①以 1996—2014 年间全球 32 次国际指数变动(见附表 2)为样本,研究发现:基金被动程度越高,越需要减少跟踪误差,因指数变动引起的资金流动越集中于生效日,对市场产生影响也越大。市场上的基金大致可按投资的被动程度分为 4 类,一是指数基金,仓位与指数成分一一对应,完全跟踪指数的变动;二是指数增强型基金,基本跟踪指数的变动,通过少数时刻与指数的偏离增强回报;三和四是一般主动和完全主动型基金,持有股票明显少于指数成分股,但投资者仍按其所持股票类别选择相应指数来考察其投资业绩。当基准指数调整时,指数变动几乎 100% 地传导至指数基金,其及时调仓对应新的指数构成,指数增强型基金占 96%,一般主动型基金占 87%,完全主动型基金占 60%。

以色列从 MSCI 新兴市场指数"升级"至 MSCI 全球指数是比较有代表性的案例。2010 年 5 月,MSCI 将以色列从其新兴市场指数划归至其全球指数时,如图 1 所示,跟踪全球指数的被动型基金(图 1 左图)在生效当日调整了以色列的权重,而主动型基金(图 1 右图)在生效日前后对以色列的持仓显著加大,存在明显的"择时"以期获得超额收益的情况,而主动型基金的大幅买入致使生效日当天流入市场的资金更多。

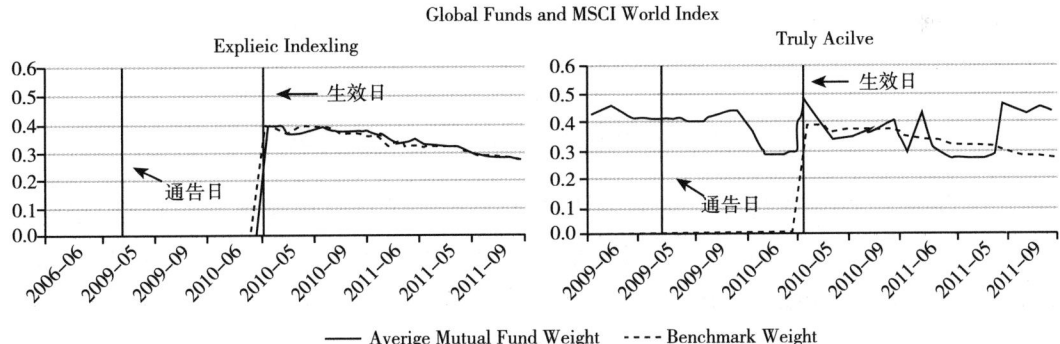

图 1 2010 年 5 月以色列纳入 MSCI 全球指数前后相关主动与被动型基金对该国股票的仓位调整

注:左右两图依次反映了跟踪 MSCI 全球指数的被动基金和主动基金提高以色列股票权重的情况。

---

① Raddatz, C., Schmukler, S., Williams, T., 2017. International Asset Allocations and Capital Flows: The Benchmark Effect. Journal of International Economics, 108, 413-430. 该研究考察了 1996 年 1 月至 2014 年 7 月的 2 837 只股票型和 838 只债券型总净值超过 1.5 万亿美元的公募基金,分析了指数调整对于这些公募基金在资产配置、资本流动以及对于整个市场在资产价格和汇率等方面的影响。

（二）生效日前后资产价格变动显著

指数调整通常有两个重要时间节点，通知日与生效日，两个日期之间通常有3—12个月的间隔。1996—2014年的32次国际指数调整通知日前后[1]，平均收益率达2.30%；生效日前后[2]，平均收益率达4.35%。造成生效日显著超额收益率的原因，一是一些投资者对指数调整通知这一信息反应不充分，如指数基金有跟踪误差的限制，只得在生效日当日调整权重；二是一些投资者如主动型基金，利用此规律提前建仓以期获得超额收益。

卡塔尔、阿联酋两国自2013年6月11日通知至2014年6月2日加入MSCI新兴市场指数，阿根廷自2009年2月26日通知至2009年6月4日更多本土公司纳入MSCI阿根廷指数，生效日前后的价格波动大于通知日前后的价格波动。由于资金大幅净流入，生效日前后的超额收益率大幅高于通知日前后的超额收益率（见附图1、附图2）。值得注意的是，由于前期的"过度反应"，生效日之后这三国股指均存不同程度下跌。平均来看[3]，生效之后的5个交易日内，被纳入国股指累计下跌1.26%，10个交易日内下跌1.71%。

（三）资金大幅流动还可能影响到汇率等宏观经济指标

研究发现，指数调整带来的资本流动在通知日和生效日前后都可引起汇率平均约半个百分点的变动，但这一变动在两周内就变得不显著。2014年3月，哥伦比亚的政府债券被纳入JP摩根的旗舰债券指数。结果，外国投资者大量购买该国政府债券，半年内该国政府债券的国外投资者持有率就从6%上升到了超过14%（见附图3）。资金大幅流入导致哥伦比亚比索大幅升值，对出口造成压力。

（四）某些情况下，未被调整的国家市场也可能受到影响

2014年6月，MSCI将卡塔尔和阿联酋从前沿市场指数调整至新兴市场指数。在"升级"生效前，这两个国家在MSCI前沿市场指数中占比40%左右。将这两个国家从该指数中去除后，密切跟踪MSCI前沿市场指数的基金必须大幅增加前沿市场指数中其他国家的份额，导致该次指数调整生效日前后，前沿市场指数中尼日利亚、科威特和巴基斯坦等国的股票市场有大量资本流入，股票市场价格也随之上涨。

---

[1] 该时间段指通知前两天至通知后15天内。
[2] 该时间段指生效日前12天至生效日收盘期间。
[3] 以前面提到的32次指数调整为样本。

二、我国自 MSCI 宣布纳入 A 股以来的相关情况及对生效日当天市场情况的预判

（一）主动型基金已逐渐进场，根据测算，生效日当日约有 185 亿元人民币被动型基金入场，主动型基金料会有更多资金流入

公开数据显示，自 2017 年 6 月 MSCI 宣布纳入 A 股以来，沪港通和深港通累计净流入 1 527 亿元，境外机构和个人持有境内人民币股票资产持续增加并连创新高，至 2017 年末已达 1.17 万亿元。截至 2018 年 3 月 29 日，境外资金增持了 222 只标的股中的 151 只，增持比例最大的 5 只股票（老板电器、中国国旅、上海机场、海康威视和美的集团）新增持股占流通 A 股比例均超过 4%。按照 MSCI 给出的"约有 8 000 亿元的被动型基金跟踪 MSCI 新型市场指数"的数据测算，2018 年 6 月 1 日和 9 月 3 日，将有 185 亿元左右人民币资金[①]被动进入 A 股市场。根据国际经验，届时可能也会有更多主动型投资基金跟投，导致更多资金入场。

（二）被纳入股票及上证 50、沪深 300 指数或在生效日前夕有一定涨幅，并于生效之后价格回调

我们对 2017 年 6 月宣布纳入与未被纳入的股票进行了匹配对照分析[②]，发现截至 2017 年末，被纳入股票涨幅显著高于未被纳入的股票，换手率和波动率则显著低于未被纳入的股票（具体结果见附表 1）。我们还考察了 MSCI 2017 年 6 月宣布纳入 A 股前后我国三大股指的涨幅，发现"上证 50"在宣布后的 20 日内涨幅高达 8.36%，沪深 300 涨幅高达 6.00%，均高于国际上指数调整通知日后 20 天内最高为 2.3% 的平均涨幅（见图 2），这与这两个指数中的大部分股票为 MSCI 标的股及国内投资者对 MSCI 宣布纳入 A 股后带来的乐观情绪有关。我们判断，A 股纳入的生效日情况应与此类似，即"上证 50"和"沪深 300"的前两周累计涨幅将高于国际上指数调整同期 4.3% 的平均涨幅[③]。需关注的是，根据国际经验，纳入之后由于市场对消息反应充分，股指亦会随之回落。

（三）汇率料不会受太大影响

我们将 2017 年 MSCI 宣布纳入 A 股时人民币汇率的表现与国际上类似事件货币升值

---

① 按照两次共 0.73% 的纳入比例，每次约有 8 000×0.73%/2 = 29.2 亿美元被动基金的资金流入，按照 4 月 16 日的汇率数据，即约有 29.2×6.2884 = 183.6 亿（元）人民币流入。

② 由于上证 50 的股票在 A 股中无论从市值还是行业地位都很难找到匹配股票，因此我们主要是对被纳入股票中除上证 50 之外的股票在 A 股中进行了匹配对照分析。

③ 国际上指数调整生效日前两周的平均累计涨幅为 4.348%，95% 的置信区间为（2.6%，6.1%）。

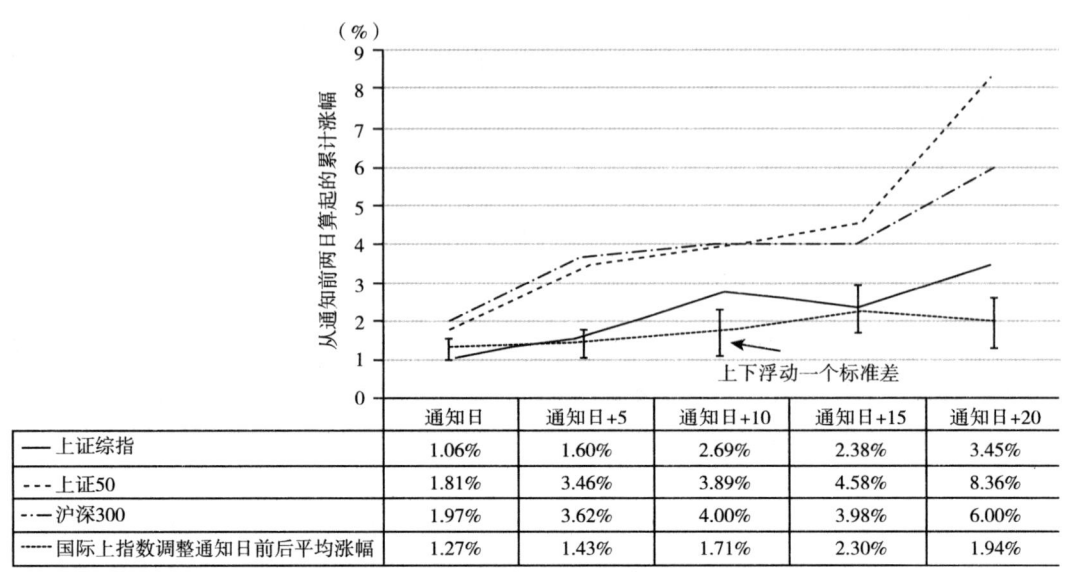

图 2 我国股指在 2017 年 MSCI 宣布纳入 A 股时的表现与国际平均水平的比较

资料来源：中证金融研究院根据 Wind 数据整理。

幅度的平均水平进行了比较（见附图 4），发现人民币升值幅度很有限，这可能与我国资本项目尚未能够自由兑换，人民币汇率更多是受贸易而非资金流动影响有关。由此推测，纳入对人民币汇率影响可能影响也较小，但如国外进场资金规模大幅超预期，人民币依然会存在一定的升值压力。

三、政策建议

一是正确看待 A 股纳入 MSCI 及引入国际投资者。根据国际经验，国际指数纳入某国股票、债券时有发生，大多进行得平稳有序，而且有研究表明，一些国家纳入指数所吸引的国际投资短期内支持了实体经济的发展[1]。因此，对于 A 股纳入 MSCI，一方面应注意风险防范，另一方面也应认识到引入国际投资者不是洪水猛兽，运用得当能够促进我国实体经济发展。

二是密切关注 A 股纳入 MSCI 生效日前后的资金流动及市场价格波动。对可能超过预期的资金流入做好预案，并对可能带来的人民币升值压力做好应对，以防资本流动影响我国实体经济。对此事的报道和评价应尽量客观务实，避免片面夸大，

---

[1] Williams, T., 2018. Capital Inflows, Sovereign Debt and Bank Lending: Micro-Evidence from an Emerging Market, Review of Financial Studies. 该研究发现，哥伦比亚国债被纳入新兴市场国家国债指数（GBI-EM）后，大量跟踪该指数的海外投资者需投资于该国国债，哥伦比亚商业银行将部分所持国债卖出后获得大量资金回笼，从而增加了信贷投放，来自产业与企业的证据表明这对实体经济有一定的正向作用。

谨防市场上一些别有用心的人对此进行炒作而使散户形成羊群效应。从国际经验看，纳入之后价格可能出现回调，对此也应做好预案，以防股市在短期内大起大落。

三是对未来可能发生的 A 股纳入比例提高或其他国家的指数调整影响 A 股占比做好准备。从国际经验来看，指数调整（如提高某国的纳入比例）不仅会对被调国的市场产生影响，还可能间接影响到指数中其他国家的金融市场。我国在应对此类问题上的经验相对薄弱，应加强对此类事件的案例学习以及指数基金行为方式的研究。同时，对国际投资者时常反馈的问题，如交收制度、互联互通交易日历以及综合交易账户机制等要深入研究，未雨绸缪，做好政策储备和应对准备。

附录

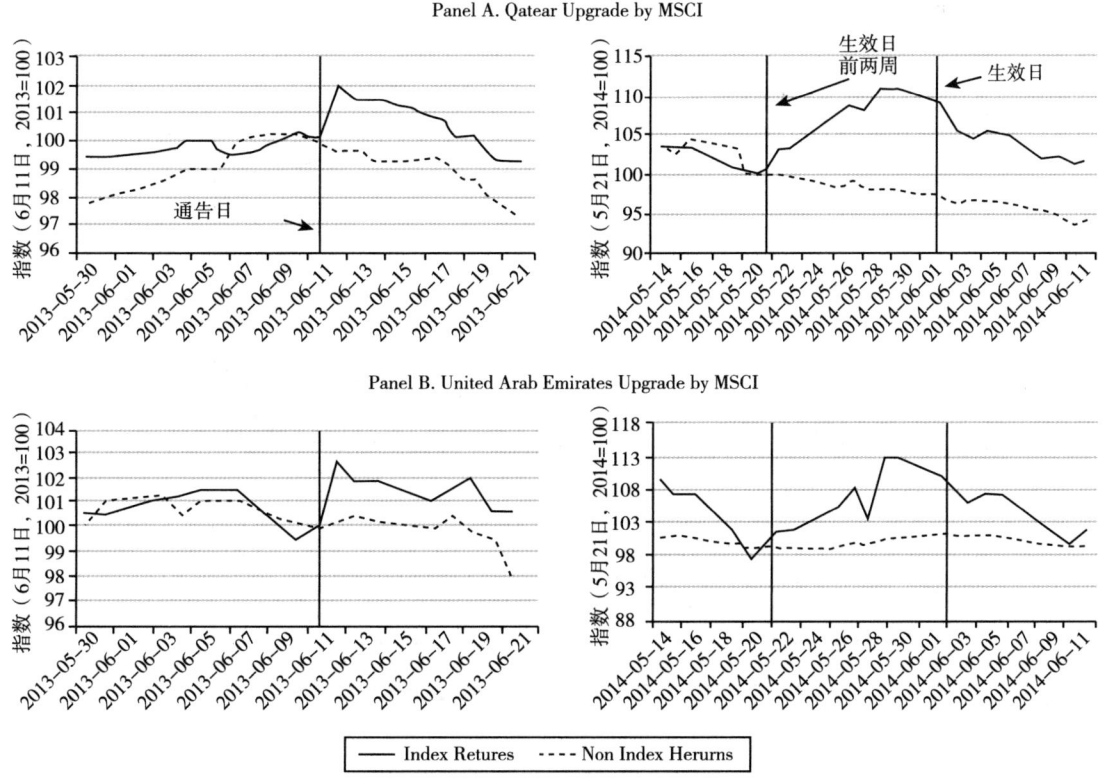

附图 1 卡塔尔与阿联酋被 MSCI 从前沿市场"升级"至新兴市场指数时被纳入股票与未被纳入股票在通知日及生效日前后的表现

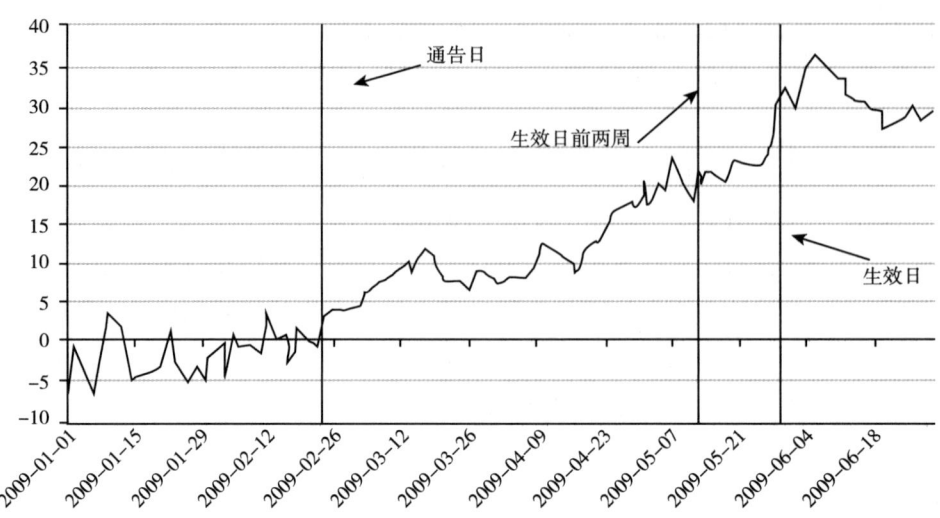

附图 2　纳入 MSCI 阿根廷指数的股票在通知（2009 年 2 月 26 日）及生效时（2009 年 6 月 4 日）的价格走势

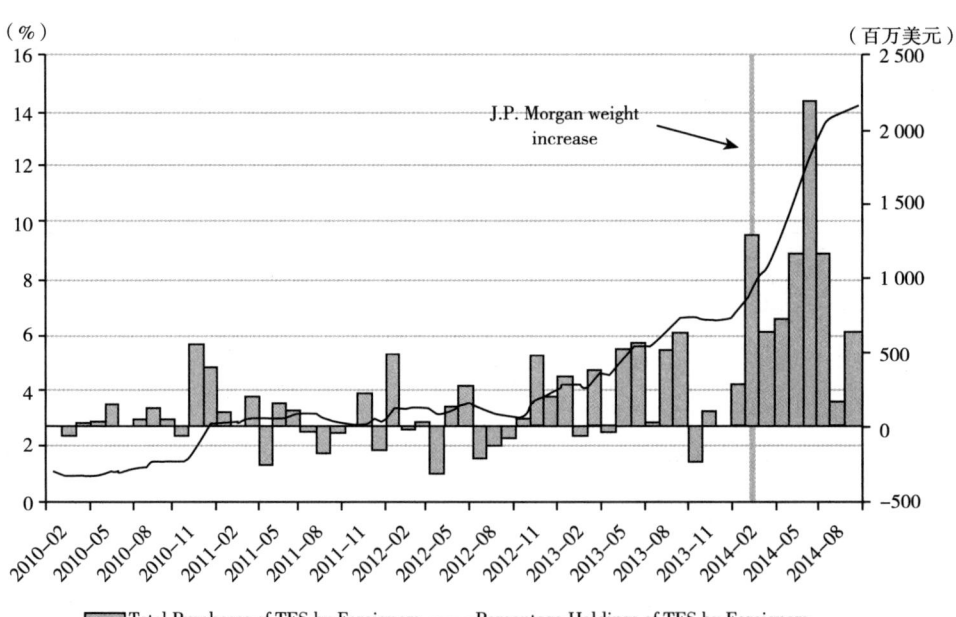

附图 3　哥伦比亚政府债券的国际投资者参与情况

资料来源：附图 1、2、3 均来自本文第二页注释①中的文献。

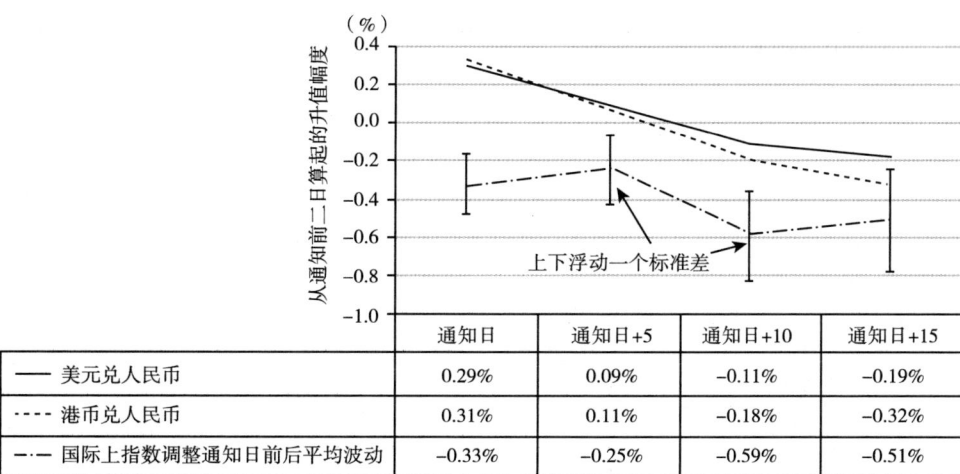

附图 4　人民币汇率在 2017 年 MSCI 宣布纳入 A 股时的表现与国际上类似事件的平均水平比较

注：这里的人民币汇率采取直接标价法，即 1 美元 = ××× 人民币，故该数值上升产生正的变动为人民币贬值，该数值下降产生负的变动则为人民币升值。

资料来源：国际上类似事件的平均升值幅度来自本文第二页注释①中的文献。其他由中证金融研究院根据 Wind 数据整理。

附表 1　将沪深 300 分解为 3 部分看其在 2017 年的表现

	沪深 300			
	上证 50	加入 MSCI 的 155 只股票	未加入 MSCI 的 95 只股票	比较前两列差异（t 统计量）
涨跌幅	26.86%	23.79%	8.43%	2.57
换手率	2.30	2.36	4.3	-4.17
波动率	22.68%	25.34%	35.01%	-3.72

资料来源：Wind，中证金融研究院整理。

附表 2　文中考察指数调整样本列表

国家	股票/债券	宣布日	生效日	调整类型	公司
阿根廷	股票	2009 年 4 月 19 日	2009 年 6 月 1 日	降级	MSCI
希腊	股票	2013 年 6 月 12 日	2013 年 12 月 1 日	降级	MSCI
以色列	股票	2009 年 6 月 16 日	2010 年 6 月 1 日	升级	MSCI
约旦	股票	2008 年 4 月 19 日	2008 年 12 月 1 日	降级	MSCI
摩洛哥	股票	2013 年 6 月 12 日	2013 年 12 月 1 日	降级	MSCI
卡塔尔	股票	2013 年 6 月 12 日	2014 年 6 月 1 日	升级	MSCI
阿联酋	股票	2013 年 6 月 12 日	2014 年 6 月 1 日	升级	MSCI
阿根廷	股票	2014 年 4 月 1 日	2014 年 6 月 1 日	增加权重	MSCI
巴林	股票	2014 年 4 月 1 日	2014 年 6 月 1 日	增加权重	MSCI
孟加拉	股票	2014 年 4 月 1 日	2014 年 6 月 1 日	增加权重	MSCI
爱沙尼亚	股票	2014 年 4 月 1 日	2014 年 6 月 1 日	增加权重	MSCI

续表

国家	股票/债券	宣布日	生效日	调整类型	公司
约旦	股票	2014年4月1日	2014年6月1日	增加权重	MSCI
哈萨克斯坦	股票	2014年4月1日	2014年6月1日	增加权重	MSCI
肯尼亚	股票	2014年4月1日	2014年6月1日	增加权重	MSCI
科威特	股票	2014年4月1日	2014年6月1日	增加权重	MSCI
毛里求斯	股票	2014年4月1日	2014年6月1日	增加权重	MSCI
摩洛哥	股票	2014年4月1日	2014年6月1日	增加权重	MSCI
尼日利亚	股票	2014年4月1日	2014年6月1日	增加权重	MSCI
阿曼	股票	2014年4月1日	2014年6月1日	增加权重	MSCI
巴基斯坦	股票	2014年4月1日	2014年6月1日	增加权重	MSCI
罗马尼亚	股票	2014年4月1日	2014年6月1日	增加权重	MSCI
斯洛文尼亚	股票	2014年4月1日	2014年6月1日	增加权重	MSCI
斯里兰卡	股票	2014年4月1日	2014年6月1日	增加权重	MSCI
越南	股票	2014年4月1日	2014年6月1日	增加权重	MSCI
卡塔尔	股票	2014年4月1日	2014年6月1日	降低权重	MSCI
阿联酋	股票	2014年4月1日	2014年6月1日	降低权重	MSCI
匈牙利	债券	2013年11月5日	2013年11月5日	降级	巴克莱
以色列	债券	2011年10月3日	2012年1月1日	升级	巴克莱
马来西亚	债券	2014年11月4日	2015年3月31日	升级	巴克莱
俄罗斯	债券	2013年11月5日	2014年3月31日	升级	巴克莱
中国台湾	债券	2011年10月3日	2012年1月1日	降级	巴克莱
土耳其	债券	2013年11月5日	2014年3月31日	升级	巴克莱
墨西哥	债券	2010年3月31日	2010年10月1日	升级	花旗
南非	债券	2012年6月10日	2012年10月1日	升级	花旗
哥伦比亚	债券	2014年3月19日	2014年10月1日	增加权重	JP摩根
尼日利亚	债券	2012年8月15日	2012年12月1日	升级	JP摩根
秘鲁	债券	2015年8月3日	2015年11月30日	降级	JP摩根
罗马尼亚	债券	2013年1月15日	2013年5月1日	升级	JP摩根
泰国	债券	2010年10月12日	2011年9月1日	降低权重	JP摩根
巴西	债券	—	2008年4月29日	升级	标普
保加利亚	债券	—	2004年6月24日	升级	标普
哥伦比亚	债券	—	1999年8月10日	降级	惠誉
哥伦比亚	债券	—	2011年3月16日	升级	标普
匈牙利	债券	2011年11月11日	2011年12月21日	降级	标普
印度尼西亚	债券	—	2011年12月15日	升级	惠誉
墨西哥	债券	—	2000年1月15日	升级	惠誉
秘鲁	债券	—	2008年4月2日	升级	惠誉

续表

国家	股票/债券	宣布日	生效日	调整类型	公司
菲律宾	债券	—	2013年3月26日	升级	惠誉
俄罗斯	债券	2003年7月28日	2003年10月8日	升级	穆迪
韩国	债券	1998年12月21日	1999年1月19日	升级	惠誉
泰国	债券	—	1999年6月24日	升级	惠誉
土耳其	债券	—	2012年11月5日	升级	惠誉
乌拉圭	债券	—	2012年4月3日	升级	标普

注：表中共计53个样本，其中MSCI在2014年4月1日宣布，2014年6月1日生效的将卡塔尔和阿联酋调出其前沿市场指数，该指数内影响国家较多，但算作一次指数调整，故共计32次指数调整。

资料来源：见本文第二页注释①中的文献，中证金融研究院整理。

企业业绩持续改善 转型升级步伐加快[*]

——上市公司 2017 年年报及 2018 年一季报分析

上市公司财报分析小组

摘　要　截至 2018 年 4 月 28 日，3 504 家 A 股上市公司披露了 2017 年年报和 2018 年一季报[①]。总体看，上市公司盈利情况良好，发展质量稳步提高；民间投资回暖，投资结构进一步改善；创新驱动战略成效显现，经济转型升级步伐加快。同时，财报还反映出实体企业面临的一些困难和问题：融资难、融资贵问题突出，企业现金流萎缩严重，国际市场环境不确定性增加，汇率及其他风险因素抬升。

一、上市公司盈利保持高位，利润分配结构趋于平衡

（一）盈利增速趋缓但增长质量较高，实体企业经营情况持续改善

2017 年，我国上市公司共实现营业收入 38.2 万亿元，同比增长 11.7%；归母净利润 3.3 万亿元，同比增长 19.1%[②]，盈利增速创 2011 年以来最高值。其中，3 433 家非金融上市公司 2017 年和 2018 年第一季度实现营业收入 32.8 万亿元和 7.9 万亿元，同比分别增长 21.0% 和 13.8%；实现归母净利润 1.7 万亿元和 0.5 万亿元，同比分别增长 34.0% 和 25.0%，显著高于上市公司整体盈利增速。

受高基数影响，近半年来上市公司业绩增速趋缓，但增长基础更为稳固，主要表现在：一是非金融企业核心利润同比增长 25.6%，代表盈利能力的净资产收益率（ROE）延续上行趋势，2018 年第一季度较 2017 年同期上升 0.25 个百分点。二是投资收益占比

---

[*] 本报告由中证金融研究院上市公司财报小组完成，课题负责人为马险峰副院长，课题小组成员包括：孙即、常嵘、李欢、戴苏林。

[①] 截至 2018 年 4 月 28 日，3 513 家 A 股上市公司中，共有 3 504 家披露了 2017 年和 2018 年第一季度的业绩情况，9 家未披露的上市公司发布公告称无法在法定期限内披露定期报告。

[②] 按上期可比口径，下同。

下降,非金融上市公司投资收益占利润总额从 2016 年的 18.8% 下降至 2017 年的 18.2%。三是企业运营效率提升,三大费用率(销售、管理、财务费用占营业收入比)较 2017 年同期下降 0.3 个百分点,杠杆率水平下降 0.1 个百分点。

(二)产业链利润分配趋于平衡,创业板内生动能明显增强

下游企业盈利受上中游挤压的现象明显好转。2017 年,上游资源品行业和中游原材料行业上市公司净利润同比分别增长 174.3% 和 126.6%,第一季度回落至 22.6% 和 51.4%;中游工业品净利润同比增长 45.1%,第一季度降至 28.7%。2017 年第三季度以来,上中游原材料价格涨幅收窄,带动下游上市公司归母净利润同比增长 18.2%,高于 2017 年 3.5% 的同比增速。

创业板盈利增速大幅回升[1],内生发展动能显著增强。2018 年第一季度,创业板归母净利润同比增长 36.6%,低于同期主板 42.2% 的增速,但远高于中小板 21.4% 的增速,打破了自 2017 年初形成的主板业绩好于中小板、中小板好于创业板的格局。剔除外延并购贡献的利润,创业板内生同比增速高达 30%,反映出创业板代表的新经济行业的良好发展态势。

二、民间投资出现回暖迹象,投资结构进一步优化

(一)民间投资出现回暖,企业预期有所改善

自 2017 年下半年,非金融民营上市公司投资开始明显回升,从 2017 年中的 27.8% 升至 2017 全年的 30.9%,2018 年第一季度进一步提高到 45.0%,创 2016 年以来阶段性新高。整体看,2017 年非金融上市公司购建固定资产、无形资产和其他长期资产支付现金 1.6 万亿元,同比增长 12.3%,为近 5 年来最高值,2018 年第一季度进一步提升至 17.6%。

(二)制造业投资增速加快,投资结构进一步优化

2017 年,制造业上市公司投资增速达 33.5%,较 2016 年同期上涨 9.6 个百分点;由于规范 PPP 项目和严控地方政府负债,基建投资增速从 2017 年的 11.6% 降至 2018 年第一季度的 -7.4%;房地产在前期去库存效果拉动下,第一季度投资同比增长 57.4%,在建工程同比增长 36.4%,较 2017 年分别增长 20.6 个和 7.3 个百分点。上市公司数据

---

[1] 2017 年,主板、中小板、创业板(剔除温氏股份和乐视网,下同)非金融上市公司实现归母净利润 1.4 万亿元、2 601.5 亿元、933 亿元,同比分别增长 42.2%、21.4%、0.9%。2018 年第一季度同比分别增长 41.9%、21.4%、36.6%。

显示，当前企业投资情况确有明显改善，并在结构上呈现制造业投资上行、基建投资增速回落、房地产投资保持稳定的良好局面。

三、创新驱动战略成效显现，经济转型升级步伐加快

（一）传统行业在去产能同时，加大技术改造的投入

供给侧结构性改革对质量和环保标准的提升，促进传统行业一方面去除落后过剩产能，另一方面加快技改升级。钢铁、煤炭等产能过剩行业上市公司在建工程已连续3年同比下降，2017年降幅分别达24.8%和10.7%。同期固定资产增速同比分别增长4.4%和5.5%，研发支出增长了23.0%和68.9%，显示在产能出清过程中对设备更新和技术研发的投入明显加强。2017年，非金融上市公司研发支出占营收比重为1.4%，较2016年同期增加0.4个百分点。其中，轻工制造、化工、建材等传统行业研发支出同比分别增长22.1%、23.2%和19.0%。

（二）新经济企业盈利良好，研发投入持续增长

以休闲服务、住宿餐饮、文体娱乐为代表的消费升级行业上市公司表现出较快发展势头，净利润同比增长19.9%，高于2017年全年3.6%的增速；以信息传输、软件和信息技术服务业、科学研究和技术服务业为代表的新经济板块净利润同比增长18.7%，实现了自2017年下半年以来的最快增长。同时，新经济行业重视知识、技术、人才、管理等的投入，研发支出呈持续上升趋势，为企业后续成长奠定坚实基础。2017年，新经济板块中的信息技术和医疗保健行业研发费用占营业收入比重分别为6.2%和2.4%，较2016年同期分别上升0.3个和0.2个百分点，推升管理费用占营收比重至9.2%和7.6%，显著高于其他行业。

四、融资难融资贵问题重现，企业现金流萎缩严重

（一）货币政策传导不畅，民营企业融资难问题突出

受金融机构风险偏好下降和资产管理新规等因素影响，中性货币政策落到企业端发生变异，企业融资成本快速抬升。AA级及以上企业债券发行利率从2016年的3.9%上升至2017年的5.1%，2018年第一季度继续上升37个BP至5.5%。2017年全年和2018年第一季度，推迟或发行失败的债券数量同比分别增加29.3V和17.9%。

金融资源配置不均衡，民营企业融资难问题突出。2017年，国有企业财务费用占营业收入比由2016年的1.6%下降至1.4%，民营企业则由1.2%上升至1.6%。同期国有

企业的债务加权平均利率同比下降 7 个 BP 至 3.2%，民营企业同比上升 9 个 BP 至 3.4%。近一段时期以来，民营企业信用债发行普遍遭遇"认购荒"，中低评级民营企业债券发行实际利率已突破 8%。

（二）经营性现金流萎缩，与企业盈利表现明显背离

上市公司盈利良好，但经营性现金流十分紧张。"宽货币、紧信用"及金融"肠梗阻"现象凸显，企业"三角债"初现端倪，应警惕金融过度收缩损害实体经济运行。2017 年，非金融上市公司净利润改善的同时，经营活动产生现金流净额占营业收入比重从 2016 年的 10.3% 下降至 7.5%，每股经营现金流量同比下降 16.7%，均为 2014 年以来最低值，主要原因：一是补库存挤占现金，2017 年非金融上市公司库存同比增长 17.5%，较 2016 年上涨 4.3 个百分点。同时，企业销售收到的现金同比增速 19.6%，低于经营活动支付现金（如商品采购、支付工资以及税费支出）的增速 22.8%，也影响到企业现金流。二是企业流动性紧张，相互间应收—应付账款大幅增长。2017 年非金融上市公司应收—应付同比分别增长 12.8% 和 10.8%，进一步加大了企业现金流的脆弱性。

分行业看，地产产业链（房地产、建筑和家电）、纺织服装、批发零售和环保行业的现金流恶化，流动性压力明显升高。2017 年，地产上游的建筑业和下游的家用电器行业净利润保持近 30% 的同比增速，而应收账款同比分别上升 8.1% 和 20.6%，存货同比分别上涨 10.3% 和 38.7%，经营性现金流占比同比分别下降 6.8 个和 4.3 个百分点至 1.5% 和 6.1%。这一定程度上反映地产业资金面趋紧，加大了相关行业向上向下收款的难度。纺织服装、批发零售行业的现金流恶化情况也非常明显，经营性现金流占比分别从 8.8% 和 2.5% 下降至 6.7% 和 -0.1%，应收账款周转率分别下降 0.5 个和 0.6 个百分点。地方政府融资受限也加剧了一些行业资金吃紧，如水利、环保和公共设施管理行业应收账款同比增长 36.4%，经营性现金流占比从 7.7% 下降至 6.9%。

五、外部不确定性因素增加，企业汇率波动风险增大

（一）中美贸易摩擦升温，相关行业公司或受较大影响

一是预计被加征 25% 附加关税的高新技术行业或受较大冲击，如航空航天、信息及通信技术（以中兴通讯为代表）、机械等领域。年报显示，通信设备制造业 2017 年研发支出同比仅上升 6.8%，2018 年第一季度的净利润同比增速为 11.2%，较 2017 年下降 13.6 个百分点，反映芯片等高端制造业与境外同行相比，研发劣势有待扭转，专利自给性有待提高。二是外贸依存度高的行业受影响大，特别是机械设备仪器（如家电、电

子）等行业。这些行业在 2017 年均保持了超 20% 的营收增速，贸易战一旦爆发，将直接冲击出口销售，企业盈利受到较大影响。

（二）外汇市场波动加剧，企业风险管理意识有待加强

受人民币汇率剧烈波动、对美元汇率升值超 6% 影响，2017 年 2 093 家 A 股上市公司汇兑损失总金额达 415.8 亿元，同比上升 33.1%，78 家企业汇兑损失过亿元。汇兑损失严重主要集中在以外币结算为主的进出口企业，其中制造业、信息技术、纺织服装等行业汇兑损失分别达 276.8 亿、67.4 亿和 5.7 亿元，仅格力电器一家就达 16 亿元，占其净利润的 7.1%。与此相反，持有大量以外币计价的资产和负债的航空企业汇兑收益可观，累计收益达 85.9 亿元，占净利润的 33.0%。

近期全球货币政策转向加速，美国、欧洲、英国等发达经济体先后实施缩表、加息和退出量化宽松的政策，对国际资本流动、全球资产价格和新兴市场汇率造成一定冲击。未来一段时期，A 股上市公司将面临更加复杂的外部环境，人民币汇率市场双向波动加剧。我国企业普遍对汇率风险重视不够，对全球经济走势判断不足，利用金融工具管理对冲汇率风险的意识和能力亟待加强。

金融科技对证券业及资本市场的影响*

邵 宇

摘 要 近年来，以大数据、云计算、人工智能和区块链技术为代表的金融科技发展迅猛，新型商业模式和应用场景不断出现，资本市场基础设施形态和行业生态面临新技术革命的诸多挑战。金融科技与证券业的结合，天然具有交叉性和边缘性的特征，由此而生的突发技术风险、被忽视的合规风险以及迅速传播的金融风险，正对监管构成前所未有的挑战。

一、科技进步推动资本市场创新升级

（一）我国金融科技发展的动力日益增长

我国金融科技蓬勃发展有着很好的外部条件。一是适合创新的制度环境。我国金融监管部门对金融创新采取包容发展的态度，出台了诸多政策支持金融科技的发展，如2015年十部委颁布了互联网金融健康发展的指导建议，人民银行等监管部门纷纷建立金融科技研究部门等，为金融科技发展奠定了制度基础。二是IT技术出现了革命性进步。例如，人工智能技术在经历20多年发展低谷后迎来了理论上的突破性进展，带动了我国一轮新的智能化应用浪潮，为金融科技的发展提供了坚实的技术支撑。三是投资理财等金融需求增长。我国家庭和个人财富不断积累对金融理财服务提出了新的要求，传统金融覆盖面为高净值人群，大量低净值人群的金融需求未得到有效满足，而金融科技高效率、低成本的特点，为财富管理领域带来新的巨大机会。

（二）技术进步推动下的资本市场创新升级

每一次科技革新都驱动着资本市场的产品和服务形态不断升级和创新。首先，20世

---

* 本文发表于2018年5月《中证金融研究》2018年第2期总第96期。

纪计算机和硬盘技术诞生，证券行业从繁重的人工作业中解放出来，大幅提高了效率。1990年12月19日上交所开业第一天就采用计算机进行交易，成为世界上第一个直接采用计算机自动撮合配对系统的新交易所，随后1992年2月28日深交所也上线计算机自动撮合系统。其次，进入互联网时代以后，传统的经纪业务进入互联网交易模式，1993年前后我国沪深交易所推出了电话委托交易系统和卫星传输系统，基本建成券商柜台交易系统；随着移动互联网的快速普及和应用，投资者利用手机网络可以随时随地进行证券交易。再其次，进入21世纪，随着证券行业业务从线下走向线上，出现了互联网证券服务及余额宝、互联网众筹等创新产品。最后，近年来涌现了以云计算、大数据、区块链和人工智能为代表的新一轮IT技术进步，进一步对传统证券业进行改造升级，诞生了金融云、大数据基金、智能投顾等新型产品和服务业态。

二、金融科技进步为资本市场带来发展新机遇

当前金融科技所包含的关键技术可以概括为"ABCD"，A代表人工智能（Artificial Inteligence），B代表区块链（Block Chain），C代表云计算（Cloud Computing），D代表大数据（Big Data），这些技术革新带来资本市场发展新机遇。

（一）云计算：改变证券行业基础设施形态

云计算技术是指将计算、网络、存储资源集中在一起，用户以按需、易扩展的方式获取资源。它改变了传统金融机构自建系统的运营方式、实现资源的灵活调度和降低运营成本，支撑业务体系快速增长。目前云计算架构从底层到上层分别提供硬件平台、操作系统平台和应用平台的服务。

云计算技术正在改变证券行业基础设施形态。一是中小券商能以很低的成本升级硬件系统，如借鉴云计算弹性扩容的优势，开发的行情系统能保证数据传输速度和稳定性，避免了巨额资金用于设备建设和维护。由此推知，大机构的技术优势将逐渐消失，未来机构之间将更加重视核心业务的比拼。二是开展覆盖海量用户的产品创新。余额宝的案例就很典型，天弘基金与支付宝合作，使用阿里云技术承担基金的直销和支付清算任务，带来了其货币市场基金业务的爆发式增长，参与用户超过3亿。

（二）大数据：提升证券行业的服务能力

大数据技术是指更大、更广、更深、更精准的获取全面的数据信息，通过数据采集、模型分析、结果评价等过程实现了传统数据处理无法望其项背的高效率。证券期货行业的数据变化快、量大，大数据技术改变了基于小量数据分析的传统形态，很好地支撑着证券机构探索新的产品、风险控制和服务模式。

大数据技术提升证券行业的服务能力。一是大数据精准营销。从客户的行为、社交等大数据中抽象出客户个性化的标签信息，有针对性地进行服务产品推荐和营销。二是舆情和运营分析。通过实时获取大量资讯数据并进行分析，大数据技术帮助客户抓住投资热点，还能及时发现负面舆情，实现产品和服务的风险预警及管理。三是大数据市场预测。大数据提供了及时丰富的市场运行状态情况，并预判市场走势及提供投资指导[1]。四是大数据的金融产品。依据大数据创新产品类型。如大成中证"360互联网+大数据基金"模式，根据搜索数据构造选股因子，不再依赖基金经理的主观判断选股。

（三）人工智能：丰富证券行业的产品形态和监管模式

人工智能技术通俗的说是对人类智能进行模仿的科学技术，自计算机诞生以来，研究者就一直探索人工智能技术的路径。2006年Hinton提出的深度学习技术[2]解决了复杂模型通用的机器学习方法，不需要人参与制定预先输入知识，再加上计算机性能的高速发展、海量数据累积等因素，人工智能再次进入新一轮发展浪潮，尤其是2012年图像识别ImageNet比赛和2016年AlphaGO围棋比赛充分展示了人工智能技术超乎想象的推演能力和巨大潜力。

人工智能技术丰富证券行业的产品业态和监管模式：一是智能投顾。人工智能技术分析结合资产组合理论和客户风险偏好，批量低成本为每位客户量身定制投资方案，降低传统财富管理高门槛限制。二是智能量化交易。人工智能替代业务操作中人工重复劳动和经验判断，以全自动方式提升质量和效率，及时发现投资机会，并全自动下单快速完成交易。三是智能基金运营。人工智能技术可被用来建立风险识别模型，实时扫描全市场情况，对基金运营风险进行跟踪，为管理人提供动态的基金组合调整建议。四是实现投资者实名制交易。将指纹、人脸、虹膜等基于人工智能的生物识别技术应用于交易验证的场景，能有效减少非实名交易的操纵股价、内幕交易等行为。五是监管科技。用人工智能技术可分析异常交易，识别出新的违法违规行为，提升发现违法违规交易的准确率。

（四）区块链：变革股票发行交易结算等根本制度

区块链技术[3]是由4个计算机技术有机整合在一起的总称，它们分别是为保证交易去中介化的互联协议技术、保证交易真实性的非对称加密算法、保证交易不可篡改的哈

---

[1] 如英国对冲基金Derwent Capital Markets在常规数据基础上，基于社交网络等多渠道取得市场和公司的情况，预测股价走势。

[2] Hinton G E, Salakhutdinov R R. Reducing the dimensionality of data with neural networks [J]. Science, 2006, 313 (5786): 504.

[3] 最早来源于2008年中本聪发表的《比特币：一种点对点的电子现金系统》白皮书。

希算法、保证交易可扩展性的图灵完备原理。这4个技术诞生于40多年前,但2009年比特币网络将其整合在一起,保证了比特币安全运营了8年多,其背后的去中心化等特征也深化了金融脱媒趋势,从而有可能重塑未来金融体系的基础性框架。

区块链技术将变革股票发行、交易、结算等根本制度。一是大大压缩股票交易结算的流程。区块链技术理论上可以实现券商、交易所、登记结算功能的合三为一,实现股票交易结算全自动。二是跟踪股权交易过程变得简单。每次信息变动都不可被篡改,降低互联网股权融资交易风险,使得股东名册的维护简便。三是可以解决制约场外市场发展的瓶颈问题。区块链技术中交易无需中介的参与、信息透明度高、智能合约能方便记录非标准化合约等特点,解决股权登记流程复杂、股权确权困难、交易风险高和产品标准化欠缺等问题。

三、资本市场面临金融科技发展的潜在风险

金融科技在带来创新的同时,也存在反面性。e租宝、ICO等风险事件清楚地表明了金融科技应用到资本市场及金融领域的潜在风险和主要挑战。这大体可归纳为4个方面:

(一)潜在技术风险突发的影响巨大

一是程序缺陷引发的风险。金融科技产品和服务主要依赖于技术和系统设计,但设计时隐含的缺陷不容易发现,有可能将科技特有的风险传播到金融领域,一旦爆发可能给市场带来不可估量的影响。例如,2012年8月美国骑士资本量化交易服务器升级错误导致发送了大量错误订单,100多只股票大幅异常波动。我国光大乌龙指事件也造成股市短期大幅波动。

二是基础设施集中的风险。金融科技日益发达的背景下,出现了新的高度关联的系统重要性基础设施实体。如金融云服务平台同时为多家金融机构提供基础设置服务,一旦出现异常将可能引起很大的金融风险。2017年2月28日亚马逊云计算中心发生崩溃,事故持续了3.5小时,导致使用该服务器的数千个网页完全无法访问,大量App功能失效,一些存储在云端的个人交易数据无法加载,美国证监会官网也受到影响。

(二)更易被迅速放大的金融风险

一是风险传递快。金额科技在传统金融风险基础上叠加了特定的网络化的放大风险,可能会加快金融风险的蔓延,从而在极短的时间内给市场带来极大的冲击。例如,2013年4月美联社Twitter账号被"黑",一则白宫遇袭的虚假新闻触发了大量智能量化交易卖出,道琼斯指数2分钟内重挫140余点。

二是交易行为趋同。金融数据维度低，无法有效分散风险，甚至会出现趋同交易。如智能投顾目前还无法做到完全个性化的风险控制方案，且在资产种类上缺乏多元性，用户资产配置容易雷同，无法收到风险对冲的效果，交易行为容易表现出高度的一致性，加大市场波动。

（三）容易被忽视的法律合规风险

一是金融创新颠覆了现有产品和业务形态，很难在现有法律框架下有效规制，面临着法律合规风险，在创新初期极容易出现违法运作情况。例如，ICO2018年初刚出现时没有明确的法律性质，对其融资活动也无定论；还有智能投顾等新业态，传统金融法律规范难以有效界定并进行监管。

二是金融科技创新活动打通了产品、国界的约束，但是不同国家不同行业监管规则的不同带来法律适用不同的不确定性，也增加了金融科技适应法律规则的成本。例如，以比特币为代表的虚拟货币在不同国家遭遇的金融监管态度不一，我国将比特币视为虚拟商品，而日本推出关于比特币合法化的一系列政策。

（四）去中心化增大监管难度

一是去中心化加大监管难度。金融科技天然具有脱媒的特性，能直接绕开现有的金融体系完成资源匹配，其业务和资金运行在现有的监管体系之外，对象和过程变得模糊，监管部门失去了监管的抓手。例如，HOMS配资系统绕开了券商的融资融券业务，完成资金配置，监管部门难以掌握场外配资具体规模情况。

二是风险监测难度加大。金融科技的发展突破了地域、行业等限制，且信息披露不完善，使得风险更难监测和防控，增加了监管的难度。国家互联网应急中心开展了相关数据监测，截至2017年9月底，共收录20大类业态的互联网金融平台共4万多家，但由于这些平台的真实交易情况和大量数据无法被监管者获得，可能会出现数据造假、数据伪报等一系列问题。

三是产品发展迅速，监管跟不上。金融科技产品发展迅猛，往往在短时间内从"小而无视"直接到"大而不倒"，过往的监管办法难以适应当前金融科技产品和服务。例如，余额宝从默默无名的小型货币基金迅速发展到世界第一规模。这种指数级增长的态势必然会给监管部门带来巨大的压力。

四、资本市场加强金融科技监管的思路

互联网新技术革命的浪潮是大势所趋，监管部门应适应新的技术革命浪潮，实现从"运动式"监管到监管科技的转换。

（一）为监管科技打造大数据基础

在资本市场大数据应用方面，当前已具备一定基础，中央监控系统平台拥有全市场交易结算的数据。但是，也要看到，目前基于资本市场大数据还存在数据量不够大、数据维度不高等不足。需要充分运用大数据技术，不断提升证券行业数据资源的获取和利用能力，为科技监管提供更好的大数据基础。

（二）丰富资本市场监管科技手段

科技监管领域自身进行了一定探索，但资本市场监管手段目前仍然要靠大量人工的经验判断。需要充分利用人工智能技术的特点，开发违法违规异常交易识别系统，建立金融风险自动预警系统，实现对股市运行更为准确的监测和分析，提高监管决策的针对性、科学性和时效性。

（三）完善金融科技监管法律法规

现有金融科技产品的监管办法比较落后，如智能投顾所涉及的《证券投资顾问业务暂行规定》已不能适应新技术背景下的投资顾问业务发展的需要。需要适应金融科技进步，修订完善特定业态领域的监管规制，制定金融科技信息安全行业标准、明确金融科技企业的法律定位和准入与退出机制。

（四）加强部门协调形成监管合力

一是建立跨部门的协调框架，充分发挥金融监管协调部际联席会议制度的作用。二是加强信息共享，包括加强部际交流协作，共同完善金融数据统计监测体系，加大信息共享力度。三是建立违法违规犯罪的快速处理机制，协助配合公安机关和司法机关做好取证和执行工作，四是加强与宣传部门合作，做好信息公示、典型违法案件的宣传教育等工作，增强社会影响力。

（五）培育持续进行金融科技研究的高水平团队

随着技术的不断进步，金融科技的内涵和外延也在不断发生着变化，市场产品和业态不断更新。可以考虑联合优势单位，构建金融科技研究中心，打造一支高水平、稳定的研究团队，持续跟踪新技术新业务带来的监管挑战，特别是加强科技监管的技术研发与应用的相关研究。

期货市场运行情况

中美大豆贸易摩擦对我国的影响与对策*

杨　阳　武佳薇　李宗龙

摘　要　大豆是美国对华出口产品中贸易额最高的品种。2018年4月4日，我国宣布将对原产于美国的大豆等价值500亿美元商品加征25%的关税，这可能导致美豆进口价格上涨22.23%，推动CPI上涨0.09%—0.30%，对养殖业发展有负面影响。如果不从美国进口大豆，国内耕地和南美进口均难以弥补美豆缺口，不利于我国粮食安全。因此，建议加大力度支持我国跨国粮商发展，提高"中国价格"的区域影响力；借力"一带一路"倡议加强沿线国家农业合作，降低大豆等农产品进口集中度；运用好大豆相关行业衍生品市场，防范可能出现的输入型通胀。

自2018年3月8日美国宣布对进口钢和铝加征25%的关税以来，中美贸易摩擦不断升级，对国际金融和大宗商品市场带来较大冲击。4月4日，我国宣布将视美国而定，对原产于美国的大豆等价值500亿美元商品加征25%关税。当日，CBOT大豆价格下跌2.19%，持仓量下降3.47%。4月9日周一开盘，国内期货市场大豆相关品种价格大涨，豆粕期货涨幅超过4.60%，持仓量增加8.78%。大豆是美国对华出口产品中贸易额最高的品种，中美大豆贸易摩擦对相关领域生产消费均有较大影响。

一、我国大豆贸易现状：消费量高、对外依存度高、进口集中度高

我国大豆消费量居全球第一。2017年，我国消费大豆1.11亿吨，占全球总消费量（3.42亿吨）的32.39%。但是，我国大豆产量仅为1 420.00万吨，进口量9 556.00万吨，进口依存度高达86.25%，其中从巴西、美国和阿根廷分别进口5 092.73万吨、3 285.54万吨和658.20万吨，合计占总进口量的94.56%，进口来源高度集中（见

---

* 本文发表于2018年4月《中证政研简报》总第489期。

图1)。此外,我国还分别从乌拉圭、加拿大、俄罗斯、乌克兰和埃塞俄比亚进口大豆257.29万吨、204.83万吨、49.62万吨、2.08万吨和1.49万吨,占比仅为5.39%。

全球大豆和豆粕均处于紧平衡状态,豆粕需求量大是我国面临的关键问题。由于豆油的可替代性,我国大量进口大豆主要是为满足国内畜牧业蛋白需求。近年来,虽然生猪存栏增速下降,但我国仍是世界上生猪产量和存栏量最大的国家,豆粕等蛋白饲料需求量较大。

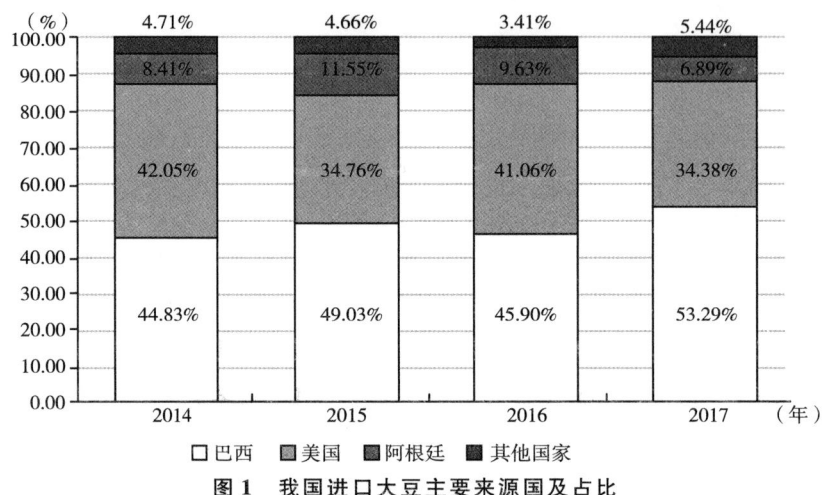

图1 我国进口大豆主要来源国及占比

资料来源:Wind,中证金融研究院整理。

二、大豆贸易摩擦对价格的影响

(一)美豆进口价格或上涨22.23%,美豆贸易成本增加约40亿美元,对养殖业发展有负面影响

按照现行关税3%、增值税11%测算,2018年4月4日美豆进口成本3 400元/吨。一旦加征25%关税(即28%关税),按照5月1日后即将实施的10%增值税计算,美豆进口成本为4 156元/吨,涨幅约为22.23%。按照2017年进口美豆3 285.54万吨计算,则进口成本增加248.39亿元人民币(约合39.53亿美元)。

进口大豆价格上涨不利于养殖业健康发展。我国是世界上生猪产量和存栏量最大的国家,豆粕类蛋白饲料需求较大。2018年猪肉价格创出近8年新低,4月初国家发展改革委发布全国平均猪粮比价进入蓝色预警区域,表明生猪供给出现过剩。大豆价格上涨将会推动饲料价格上涨,进一步挤压生猪养殖利润。

(二)大豆价格上涨可能推动CPI上涨0.09%—0.30%①

大豆价格对CPI传导主要有5条路径:一是对食品项食用油中的豆油产生直接影响;

---

① 从原材料到产成品中的传导环节会部分吸收大豆价格上涨的影响,可能使其实际影响程度降低。

二是对干豆类及豆制食品的直接影响;三是豆粕作为饲料成本对禽畜肉蛋奶价格产生间接影响;四是影响玉米、菜粕等其他粮食或饲料原料价格,进而对 CPI 食品项造成影响;五是对通胀预期造成影响。考虑到目前玉米国储库存较高,价格保持基本稳定,路径四可能影响较小;加上路径五无法度量,因此我们主要测算前三种路径的影响。

由于农产品加工利润通常较低,假设加工利润为零的情况下下游行业产品价格对大豆价格的反应弹性是成本中的大豆占比,经测算①,大豆价格对国内 CPI 影响弹性约为 1.35%,即国内大豆价格上涨 10%,将推动当期 CPI 上涨 0.135% 左右。

考虑不同情景下大豆价格(包括进口豆和国产豆)对 CPI 的影响(见表1),最理想状态下,假定非美豆价格不变,只有美豆价格受到关税影响,按照 2017 年美豆占国内大豆消费的比例,大豆价格上涨 6.59%,推动 CPI 上涨 0.09%。实际上,考虑到全球贸易链的影响,一旦美豆价格上涨,其他国家的大豆价格也会随之上涨。假定非美豆价格上涨幅度是美豆上涨幅度一半时,我国大豆价格上涨 14.41%,拉动 CPI 上涨 0.19%,若非美豆价格上涨幅度与美豆上涨幅度相同,则 CPI 上涨 0.30%。

表 1　　　　　　　　不同情景下大豆价格对 CPI 的影响

美豆价格		非美豆价格	我国大豆价格增幅	对 CPI 的影响
上涨 22.23%	情景 1	不变	6.59%	0.09%
	情景 2	上涨 11.11%	14.41%	0.19%
	情景 3	上涨 22.23%	22.23%	0.30%

资料来源:中证金融研究院整理。

三、大豆贸易摩擦对我国粮食安全的影响

美豆进口成本的上升将导致美豆进口数量下降,国产大豆或从其他国家和地区进口大豆均难以弥补美豆的缺口。

(一) 即使巴西和阿根廷两国大豆全部出口我国,仍有 1 046.47 万吨缺口

巴西、美国、阿根廷分别是我国大豆进口的前三大来源国。2017 年,巴西大豆总出口量 7 310.00 万吨,占其产量的 63.57%,其中 69.67% 出口至中国,占其产量的 44.28%,贸易金额 209.16 亿美元。美国大豆总出口量 5 620.00 万吨,占其产量的 47.02%,其中 58.46% 出口至中国,占其产量的 27.49%,贸易金额 139.45 亿美元。阿根廷出口量 680.00 万吨,占其产量的 14.47%,其中 96.79% 出口至中国,占其产量的

---

① 由于统计局未公布 CPI 分项权重,据估算,前三条路径在 CPI 中占比分别为 0.86%、0.5% 与 6.42%,合计占比 7.78%。

14.00%，贸易金额 26.84 亿美元。

以当前各国产量和出口量计算，假设我国需求保持不变，即使巴西、阿根廷两国现出口量全部供应中国，总需求缺口仍高达 1 046.47 万吨。况且，巴西、阿根廷大豆出口至我国的比例已经很高，进口增量潜力较小；阿根廷大豆虽然库存达 3 120.00 万吨，但主要满足其本国压榨需求，出口比例较低。此外，美国和南美大豆供应存在季节性交替，如果从美国进口大幅减少，则进口连续性和存储压力将明显上升。

（二）国内耕地资源难以弥补美豆缺口，不利于粮食安全

在保证现有大豆产量的基础上，我国东三省所有耕地全部播种大豆才能保证我国大豆需求。国产非转基因大豆单产低，品种繁杂、品质不均、含油量低、压榨成本高，大豆种植的机会成本较高。假定国产大豆质量与美豆相同，按照 2017 年大豆需求量和 2016 年国产豆类单产（每公顷产 1.85 吨）估算，如果自美国进口大豆量转化成国内种植面积，则需要增加 1 775.97 万公顷耕地来种植大豆，这与我国东北三省扣除现有豆类种植面积后剩余耕地面积（1 864.36 万公顷）大体接近，占 2017 年稻谷种植面积的 58.85%，占小麦种植面积的 74.04%[①]。即使巴西、阿根廷大豆全部出口我国，仍需增加 582.67 万公顷耕地来弥补大豆需求缺口。由此可见，很难通过国内种植结构调整来解决上述问题，并会间接影响到我粮食安全。

四、相关政策建议

一是加大力度支持我国跨国粮商发展，提高"中国价格"的区域影响力。2017 年巴西是我国进口大豆的首要来源国，但是巴西农产品贸易主要掌握在国际四大粮商手中，利润大多由四大粮商获取，巴西农民和我国进口大豆的压榨企业获利有限。本轮大豆贸易摩擦对美国的负面影响在一定程度上会被四大粮商的全球布局所抵消。应进一步壮大中资跨国粮商的发展，支持其利用好国内国外两个市场进行全球化产业链布局、建设"中国粮仓"。

二是借力一带一路倡议加强沿线国家农业合作，降低大豆等农产品进口集中度。"一带一路"国家农业潜力巨大，可以增加农业产量，包括黑海、南美等在内的土地加起来约有 30 亿公顷，是中国土地的两倍。鼓励中国农业走出去，短期可以从"一带一路"国家进口大豆、豆粕等产品，推动进口多元化；中长期可以和"一带一路"国家一起合作来扩大耕地面积、增加农作物产量。

三是运用好大豆相关行业衍生品市场，防范可能出现的输入型通胀。应持续关注南美大豆的种植情况和中美贸易摩擦进展，综合考量美国加息等金融因素对大豆价格的影

---

① 2017 年我国稻谷、小麦种植面积分别是 3 017.60 万公顷和 2 398.75 万公顷。

响，做好输入型通胀的调研预测工作，加快推进猪期货上市，活跃豆二（进口豆）期货市场，发展豆类油脂的期权市场，丰富农产品风险管理工具，帮助企业管理价格风险，为农户保收增收。

附录

大豆价格对 CPI 影响弹性测算

一是豆油途径影响弹性约 0.181%。首先，根据黄大豆 2 号期货价格和 50 个大中城市大豆油平均价的变化，测算出大豆价格对豆油的影响弹性约为 0.55[1]。其次，2016—2017 年中国居民食用植物油消费结构中豆油占 42%。综上所述，大豆价格通过食用油对 CPI 的影响弹性约为 0.181%（0.55×42%×0.86% = 0.181%）。

二是干豆及豆制品途径影响弹性约为 0.4%。首先，2012 年城镇居民消费支出结构干豆及豆制品占 0.5%；其次，豆制品食品生产原辅料为大豆、油、盐、糖、包装材料等，由于数据难以获得，我们假定该类食品价格中原材料成本最高占比 80%。大豆价格通过干豆及豆制品对 CPI 的影响弹性约 0.4%。

三是饲料途径影响弹性约 0.77%。传导机制为大豆—豆粕—饲料—养殖—禽畜肉、奶、蛋制品—CPI。由于其中猪肉占 CPI 比重最高，约为 2.5%，我们以猪肉养殖成本为代表分析。假设豆粕价格涨幅对大豆价格涨幅完全反应。首先，2017 年豆粕在国内猪鸡鸭消费结构中占 20%—30%，我们取 25%；其次，规模化生猪养殖业中饲料成本约占总成本 60%[2]；最后，根据农业成本收益统计表，生猪出售价中养殖总成本约占 80%。综上所述，大豆通过饲料对 CPI 影响弹性为 0.77%（80%×60%×25%×6.42% = 0.77%）。

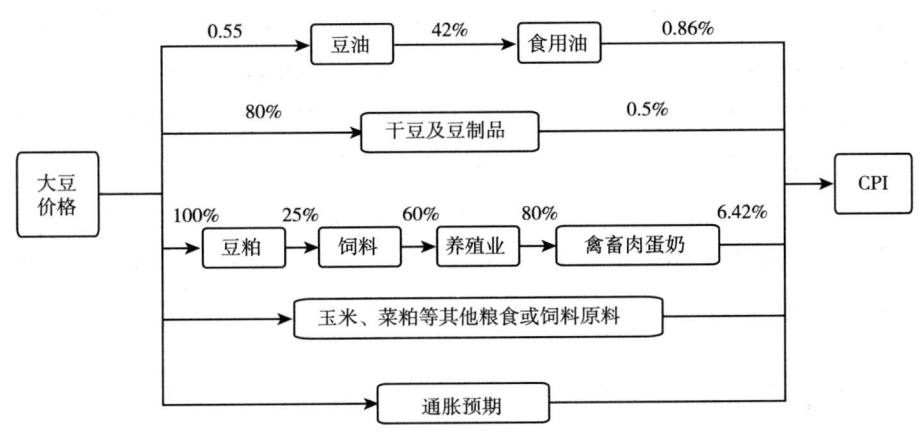

附图 大豆价格到 CPI 的影响传导

---

[1] 资料来源：Wind。
[2] 根据上市公司如温氏股份 2017 年年报，商品肉猪饲料成本占比 59.24%，商品肉鸡 69.43%。

期货市场支持农业供给侧结构性改革*

——新湖瑞丰"保险+期货"试点案例研究

孙玉奎　杨　阳

摘　要　"保险+期货"是近年来我国期货市场探索推出的支持"三农"发展和服务农业供给侧结构性改革的创新模式,其自推出以来发挥出显著的积极作用,但同时也暴露出一些问题。本文以新湖瑞丰2016年参与的两个试点项目为案例,分析两个项目的模式和特点,并总结目前存在的问题,进一步提出未来发展建议,以为探索一条可复制可推广的"保险+期货"模式提供参考。

"保险+期货"是近年来我国期货市场探索推出的支持"三农"发展和服务农业供给侧结构性改革的创新模式。自推出以来,其在为涉农主体有效管理价格风险、稳定农业生产和促进农民增收、创新国家农产品价格补贴方式等方面发挥了显著的积极作用。2016年、2017年连续两年的中央1号文件均提出"稳步扩大'保险+期货'试点"。去年以来,"保险+期货"试点规模不断增加,试点范围不断扩大,在支持三农发展和服务农业供给侧结构性改革方面发挥出积极作用,但同时也暴露出一些问题。通过调研上海新湖瑞丰金融服务有限公司(该公司是新湖期货有限公司风险管理子公司,以下简称"新湖瑞丰")2016年参与的两个"保险+期货"试点项目,分析两个项目的运作模式和特点,对目前存在的问题进行总结,并据此提出未来发展建议,为探索一条可复制可推广的"保险+期货"模式提供参考。

一、新湖瑞丰"保险+期货"试点项目介绍

"保险+期货"模式是多年来我国期货市场不断探索服务"三农"新方式的成果。2016

---

* 本文发表于2017年7月《中证金融研究》2017年第11期总第79期。

年,大连商品交易所和郑州商品交易所顺利开展了18个试点项目,涉及品种包括玉米、大豆、棉花、白糖等,涉及地区包括东北、安徽等农业大省和新疆、广西等边穷地区,在帮助涉农主体有效管理价格风险、稳定农业生产和促进农民增收方面发挥了显著的积极作用。

2016年新湖瑞丰参与完成了两个试点项目——"辽宁玉米项目"和"广西白糖项目"。这两个项目既包括粮食作物,也包括经济作物,既涉及产粮大省,也涉及边穷地区,因此具有一定的典型性,我们对其进行了深入研究。

(一)辽宁玉米项目

1. 基本原理:种植户直接参与,利用市场化手段保障种植的最低收益。辽宁省是我国重要的玉米生产区域,年均种植面积2 266.7万公顷,年均产量1 384.2万吨,占全国玉米年均产量的6.55%。2016年玉米收储政策取消使玉米种植收益减少,农民对种植玉米的积极性下降,如何更有效的保护玉米种植户的种植收益是一个重大的"三农"议题。新湖瑞丰和辽宁义县、康平县政府合作探索了"保险+期货"的"辽宁玉米模式",经过3年的探索,形成了目前有保险公司参与的"保险+期货"模式(见附表1)。

该模式是较为典型的"价格保险+场外期权+场内期货"模式。保险公司直接向种植户承保玉米的价格险,再通过购买场外期权的方式转移风险。期货子公司作为场外期权的对手方,利用期货市场对冲风险。种植户通过价格险可以保障自身的最低收益:以期货市场的结算价为基准,若低于价格险的标准,则种植户得到补偿;反之,则保险公司不赔付(见图1)。

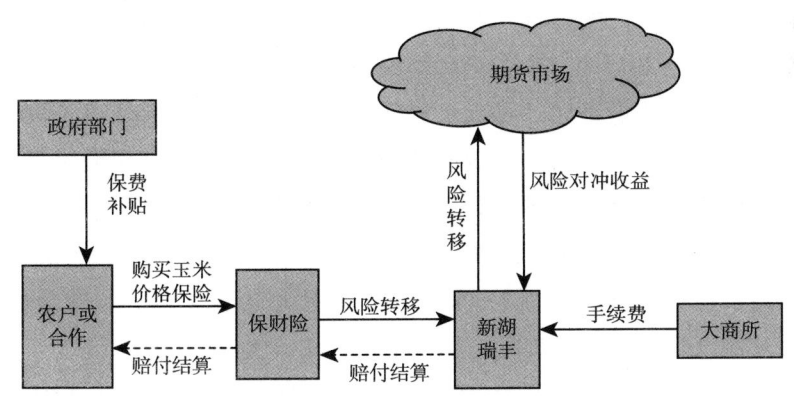

图1 2016年"辽宁玉米项目"运作流程

2. 项目到期后,玉米市价低于保险价格,种植户得到了补偿。该项目于2016年12月到期,理赔结算价1 563.07元/吨低于保险协议价1 650元/吨,因此人保财险赔付合作社和农户159.08万元。农户自付73.77元/吨保费(占全部保费的30%),通过与保险公司签订玉米价格保险,规避了价格下跌到1 650元/吨以下的风险,同时保留了玉米价格上涨可能带来的潜在收益。政府补贴保费172.13元/吨(占全部保费的70%),为农户提供了风险保护，补贴效率为 50.5%①。据财政部测算，我国价格补贴的效率仅为 14%②，因此该模式的补贴效率远高于直接补贴模式。

3. 模式特点。

（1）该项目有一定的持续性，有利于比较和完善。自 2013 年新湖瑞丰就在辽宁义县探索服务三农的路径和模式，先后引入"订单农业""二次点价""复制期权"等新型风险对冲工具，在对以前模式经验总结的基础上不断改进完善"保险+期货"模式。

（2）设计中采用更适宜在"保险+期货"中推广的亚式期权。一是亚式期权价格以合同期内某段时期标的资产的平均价格确定结算价格，相比欧式期权，其结算价不容易被操纵。二是亚式期权权利金更为便宜，更容易被保险公司接受，从而可间接减轻农户参与价格保险的成本。

（3）合理运用期货市场确定结算价格。设计中参考了玉米期货市场的价格作为理赔结算价和到期结算价。以期货市场价格为依据来确定结算价格，不仅能够准确反映真实市场供求及未来发展趋势，而且形成的价格也具有独立、公开、透明、连续、可预期等特点。

（二）广西白糖项目

1. 基本原理：涉农企业和种植户共同参与，给种植户提供市价补贴的同时保障涉农企业的健康运营。广西壮族自治区是我国第一产糖大区，甘蔗种植面积约 1 600 万亩，年均产糖量占全国 67% 以上。广西有蔗农 2 000 多万户，甘蔗价格与白糖价格息息相关，白糖价格低迷会导致糖厂收购甘蔗的价格大幅下降，使广大蔗农的利益受损。2016 年，新湖瑞丰与保险公司合作，探索出一条"保险+期货"的"广西白糖模式"。试点总量为 8 万吨，试点周期为 2015 年 12 月至 2016 年 9 月共 10 个月。

该模式参与主体有政府部门、蔗农、糖厂、保险公司、期货公司及期货交易所等。蔗农与糖厂签订糖料蔗收购合同、约定收购价格的同时向保险公司购买白糖价格保险：若糖价上涨高于保险协议价格，则保险公司补贴蔗农低价卖蔗的收益损失；若糖价下跌低于保险协议价格，则保险公司补贴糖厂高价买蔗的损失。大部分保费由政府补贴。保险公司向新湖瑞丰购买白糖期货场外期权，将风险转移给新湖瑞丰。新湖瑞丰利用期货市场复制期权对冲风险，再次将风险转移至期货市场（见图2）。

2. 项目到期时市价高于保险价格，蔗农获得了市价补偿。项目于 2016 年 9 月到期，到期结算价格 5 653.48 元/吨，高于行权价格 5 250 元/吨，根据期权条款，新湖瑞丰对保险公司不发生赔付。保险期间广西糖网白糖平均销售价格为 5 527 元/吨，高于保险协

---

① 算法为 [（1 650 − 1 563.07）/172.13] × 100%。
② 转引自：朱新方、孔令成，"我国粮食价格支持、直接补贴的福利经济学分析及政策改进"，《特区经济》2011 年第 6 期。

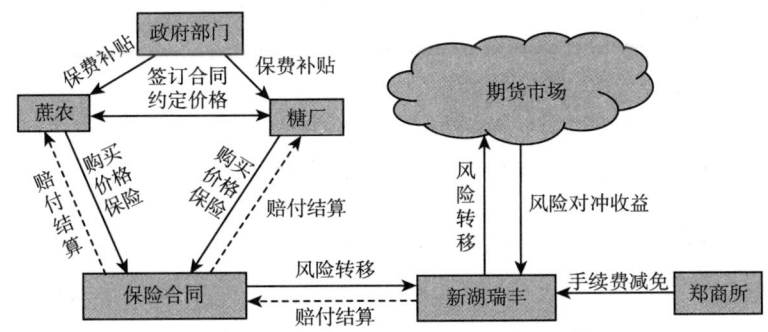

图 2 2016 年广西白糖项目运作流程

议价格 5 400 元/吨,因此保险公司向蔗农每吨糖料蔗赔付 6 元①,总计赔款 800 万元。政府部门补贴 3 882.08 万元,补贴效率 20.6%,也高于直接补贴模式的补贴效率 14%。

3. 模式特点。

(1) 项目引入涉农企业。该项目增加了糖厂这一主体,由保险公司和蔗农、糖厂签订双向保单。一是在保障蔗农基本种植收益的同时,也帮助糖厂提前锁定成本,为糖厂营造了稳定的经营环境,建立了白糖销售价格与糖料蔗收购价格的联动机制,实现了糖厂与蔗农的双赢局面。二是由于糖厂的加入分担了部分保费,使得农户参与该保险项目的保费支出降低,且农户直接与收购方糖厂接洽并提前签订收购协议,这使得农户更为放心和容易接受,从而使得该项目更容易推广。

(2) 试点规模较大,涉及农产品经济价值较高。该项目中涉及白糖 8 万吨,按项目到期结算价 5 653.48 元/吨计算,其经济价值 4.52 亿元,是近年来所有"保险+期货"试点中规模最大、经济价值最高、涉及面最广的一个试点项目。因此该项目的成功推行对于下一步继续开展"保险+期货"工作意义重大。

(3) 项目流程较为规范。一是该项目突破了以往不允许保险公司参与场外期权市场的规定。在项目开展期间得到了保监会同意太平洋保险公司参与场外期权市场试点的书面批复。二是太平洋保险内部对于参与该项目的流程进行了专门协调和梳理,建立了规范的风险控制制度,保障了项目的顺利完成(见附表 2)。

二、存在的问题

(一) 高额保费影响农户参保积极性

"保险+期货"模式的发展离不开农业补贴的大力支持。以上介绍的两个试点项目中,辽宁玉米项目农户自费比例 30%,广西白糖项目由于涉农企业的参与,农户自费比例

---

① 每吨白糖赔付 100 元,对应 30 元/亩糖料蔗,30 元/亩除以糖料蔗亩均产量 5 吨。

仅有 10%。但据了解，2016 年试点完成的"保险＋期货"项目中自费比例大都在 30% 左右，农户普遍认为参保成本过高，这影响了农户参保的积极性。此外，政府资金中并非没有进一步补贴农户保费的资金空间，财政部农业补贴资金并没有参与到"保险＋期货"项目中。

（二）场内期权市场缺失增加期货公司对冲成本和风险

由于没有相应的场内期权市场①，期货公司在向保险公司卖出农产品看跌期权后，只能在期货市场上复制期权进行风险对冲，成本较高，这也间接导致期权权利金较高，从而使得保险部分的保费较高。另外，期货公司为保持风险中性，需要频繁地进行买入卖出交易，如果对应期货品种波动剧烈，则为保持风险中性需要很高的对冲成本；而一旦对应期货品种流动性趋弱，意味着期货公司可能无法以预期价格成交，产生敞口风险。

（三）监管审批周期长使保险公司面临风险敞口

在广西白糖项目中，项目监管审批涉及金融衍生品导致审批周期拉长，保单签订与场外期权购买的时间不匹配，在保单签订到购买场外期权的 5 个月时间里，保险公司承担了巨大的价格风险。

（四）期货市场还不能充分满足实体经济需求

一是合约设计有待完善。一些品种的远期合约不够远，没有覆盖整个种植周期。如玉米种植户在玉米销售季的一年半以前就开始决策是否购买玉米种子和种植玉米，但目前我国玉米期货合约最远期为一年后到期合约，因此目前的玉米期货合约种类不能满足玉米种植户风险管理的需要。二是某些品种的市场深度亟待加强。目前"保险＋期货"模式尚处于试点阶段，期货公司对冲风险对市场的影响较小，今后如果扩大农产品价格保险规模，可能会对期货市场带来冲击。三是期货市场价格发现功能还需要进一步提高。如白糖价格更多参照广西糖网的价格而非白糖期货市场，这导致"保险＋期货"合约设计中无法很好地参照期货市场定价和确定保费。主粮品种小麦、稻谷受制于收储制度等原因导致期货市场基本无法发挥市场功能，很难通过"保险＋期货"模式来使更多农民受益。

三、启示与建议

2017 年，"保险＋期货"试点将继续稳步扩大，试点期货交易所将增加上海期货交易所，试点品种将增加橡胶，试点规模和试点范围都将进一步扩大。为更好地推广"保险＋期货"试点，通过总结新湖瑞丰的项目经验，本文提出以下启示和建议：

---

① 白糖场内期权市场直到 2017 年 4 月才正式推出，在此之前的"保险＋期货"项目并没参与场内期权市场。

第一，引入财政资金补贴部分保险费以保障"保险+期货"项目的可持续性。政府提供保费补贴是农产品价格保险得以复制推广的重要保障，而国家补贴大部分保费也是符合国外发达国家经验的常规做法，建议形成长效稳定的财政补贴政策，保费补贴比例争取达到 80% 以上以增加农户参保积极性，切实保障农民种植收益。

第二，加快农产品场内期权市场建设，降低风险对冲成本。农产品期权是国际市场上成熟并广泛应用的风险管理工具，目前，全球上市的农产品期权已达 60 多种，在国际主要期货交易所均有交易活跃的农产品期权品种。我国目前刚推出豆粕和白糖期权品种，未来建议尽快推出更多农产品期权品种，如玉米、棉花等，提高"保险+期货"风险对冲效率和质量，降低农户投保成本。

第三，进一步完善期货市场制度规则。一方面，建议增加更远期期货合约。CBOT 农产品期货合约覆盖期限普遍为 3 年以上（见附表 3），我国农产品期货合约覆盖期限较短。以玉米为例，建议新增更远月的玉米期货合约（如未来一年半的合约品种），以覆盖玉米整个种植周期，从而更好地服务"三农"。另一方面，建议交易所针对"保险+期货"项目做一些限仓上的调整，比如提高限仓额度，或者将"保险+期货"项目头寸认定为套保头寸等。

第四，尽快推动小麦、稻谷收储制度改革。推动小麦、稻谷产品价格机制市场化，提高小麦、稻谷期货市场活力，促进期货市场功能合理发挥，以为进一步推广小麦、稻谷品种的"保险+期货"夯实基础，让更多农民受益。

第五，简化"保险+期货"审批流程。"保险+期货"已经形成较成熟的模式，保险公司在参与过程中主要起到中介服务和风险转移的作用，其在此过程中参与衍生品市场不同于自营类参与，因此风险较低，建议保监会简化保险公司参与"保险+期货"中的场外市场的行政审批，从而解决保单签订与期权购买的时间衔接问题。

附录

附表 1　　2016 年"辽宁玉米项目"项目要素

基本要素	试点区域	辽宁省义县、康平县
	试点品种	玉米
	参与主体	试点区县政府及农业部、农户及合作社、人保财险、新湖瑞丰、大商所
	项目规模	1.83 万吨
	项目周期	2016 年 5 月至 2016 年 12 月
保险部分	保费	245.9 元/吨，其中农业部补贴 172.13 元/吨，农户自付 73.77 元/吨；保费共 450 万元
	保险协议价	1 650 元/吨
	理赔结算价	1 563.07 元/吨（C1701 在 2016 年 10 月 17 日—2016 年 12 月 16 日日收盘价的算术平均价）

续表

保险部分	赔付方式	当理赔结算价低于保险协议价时,以协议价与理赔结算价的差额全额赔付。最终保险公司赔付农户159.08万元[(1 650元/吨−1 563.07元/吨)×1.83万吨]
期权部分	权利金	208元/吨,共380.64万元
	行权价	1 650元/吨(与保险协议价相同)
	到期结算价	1 563.07元/吨(与理赔结算价相同)
	赔付方式	当到期结算价低于行权价时,以行权价与到期结算价的差额全额赔付。最终新湖瑞丰赔付保险公司159.08万元[(1 650元/吨−1 563.07元/吨)×1.83万吨]

注:C1701合约表示大商所玉米期货2017年1月到期合约

附表2 "广西白糖项目"项目要素

基本要素	试点区域	广西壮族自治区武鸣县、扶绥县、武宣县和自治区
	试点品种	白糖
	参与主体	广西壮族自治区政府、蔗农、糖厂、太平洋保险等4家保险公司、新湖瑞丰、郑商所
	项目规模	8万吨
	项目周期	2015年12月至2016年9月
保险部分	保费	606.6元/吨,其中农业部和政府补贴485.26元/吨,农户和糖企各付60.66元/吨;保费共4 852.6万元
	保险协议价	5 400元/吨
	理赔结算价	5 527元/吨(挂钩白糖本榨季平均销售价)
	赔付方式	价格上涨则阶梯式赔付①农户;价格下跌则阶梯式赔付糖厂。最终保险公司赔付农户808万元
期权部分	权利金	33元/吨,共264万元
	行权价	5 250元/吨
	到期结算价	5 653.48元/吨(参考期间白糖主力合约到期结算价)
	赔付方式	当到期结算价低于行权价时,阶梯式赔付②保险公司。最终未发生赔付

①价格下跌则分梯度赔付糖厂,价格从5 400元/吨起每下跌100元/吨以内赔付100元/吨,比如价格处于5 400—5 300元/吨则赔付糖厂100元/吨,处于5 300—5 200元/吨时赔付200元/吨,依此类推;价格上涨则分梯度赔付蔗农,榨季均价高于5 500元/吨,价格每上涨一个档位,赔付额增加100元/吨,最高赔付300元/吨;即使榨季均价低于5 500元/吨,蔗农亦可获得至少60元/吨的补贴,相当于返还蔗农承担的10%保费。

②以周期内相应白糖期货合约的日平均收盘价为基准结算价格,到期时结算价低于行权价100元/吨以内(包括100)赔付100元/吨,结算价低于行权价200元/吨以内赔付200元/吨,以此类推。

附表3 中美上市代表性农产品期货合约比较

代表品种	合约月份		覆盖最长交易期限		同时挂盘合约个数	
	大商所	CBOT	大商所	CBOT	大商所	CBOT
玉米	1月、3月、5月、7月、9月、11月	3月、5月、7月、9月、12月	1年	4年	6	15
大豆①	1月、3月、5月、7月、9月、11月	1月、3月、5月、7月、8月、9月、11月	1.5年	4年	9	20

续表

代表品种	合约月份		覆盖最长交易期限		同时挂盘合约个数	
	大商所	CBOT	大商所	CBOT	大商所	CBOT
豆粕	1月、3月、5月、7月、8月、9月、11月、12月	1月、3月、5月、7月、8月、9月、10月、12月	1年	4年	8	24
豆油	1月、3月、5月、7月、8月、9月、11月、12月	1月、3月、5月、7月、8月、9月、10月、12月	1年	4年	8	24

资料来源：各交易所网站。

注：大商所大豆期货选取品种为黄大豆一号。

利用"保险+期货"深化农产品价格机制改革*

马雪娇

摘 要 在农业供给侧结构性改革深入推进和全面建设小康社会的决胜阶段，更好地发挥市场作用，完善农产品价格调控机制，是新形势下调动农民生产积极性、保障国家粮食安全的重要制度安排。"保险+期货"因其在价格调控、稳定农业生产、促进农民增收方面具有相对优势，2016年、2017年连续两年被写入"中央1号"文件。目前，试点范围不断扩大，效果逐渐显现，但也暴露出一些问题。本文探讨了"保险+期货"在深化农产品价格机制改革中的作用，分析可能存在的问题，提出相关政策建议。

"保险+期货"是以市场手段服务"三农"和农产品价格风险管理的一大创新。一方面，通过参考期货价格制订农产品补贴标准，更好地保护了农民利益。另一方面，将"保险+期货"与财政补贴政策相结合，可提高补贴效率，节约财政资源。

一、"保险+期货"在农产品价格机制改革中的作用

将市场对价格的调节作用与补贴政策衔接是农产品价格改革的关键。现行价格补贴制度缺少参照标准，补贴的有效性亟待提高，"保险+期货"模式较好地解决了上述问题。

(一) 参照期货市场价格，制定相关品种价格补贴政策

目前，我国农产品价格补贴主要是由国家发改委会同相关部门，通过对历史数据的监测计算，采用"生产成本+基本收益"的方法确定具体标准。但补贴价格参考采价期内全省（区）到厂（库）价格的平均值，难以代表所有农户收益；同时厂（库）价格

---

* 本文发表于2017年12月《中证政研简报》总第443期。

能否反映真实市场情况也值得商榷。

"保险+期货"模式下,保险公司基于期货市场价格开发农产品价格险,农户或涉农企业通过购买保险产品确保收益,保险公司通过购买相应期权产品规避风险。该模式以期货市场价格为参照标准,能够充分发挥期货市场的价格发现功能,合理分配市场利益。2017年上半年期货品种功能评估结果显示,15个参评的农产品期货品种中,11个品种到期期现价差率小于1[1],已能比较准确地反映现货市场变化。以玉米产业为例,期、现货价格走势较为一致(见附图1),在保险合约中将玉米期货价格作为到期理赔结算价,通过连续、可预期的市场价格体系真实、准确地反映了现货市场的供求变化,为农户提供了较合理的价格保险。同时,在调整非优势玉米产区生产后,参考期货价格有助于确定年度轮换粮购销区间,有效地解决了农产品目标价格补贴缺少参照标准的问题。

(二)补贴精准到位,化解政府补贴的有效性难题

我国农业生产国际竞争力弱、抗风险能力不强,发展农业需要符合市场化发展方向的精准财政补贴方式。收储制度改革后,补贴金额与种植面积相关,存在补贴效率较低、面积核算不准确等问题。据测算,中国价格补贴的效率为14%,远低于发达国家25%的水平[2]。

"保险+期货"实行以基础价格为准的阶梯保价。农民根据自身情况选择投保价格,以合约方式明确目标价格和量化理赔金额,依据到期期货市场价格进行赔付,提高了资金使用效率。"保险+期货"模式下,补贴效率通常可以达到20%以上[3],同时能够有效减轻财政压力。以2016年玉米产业为例,生产者补贴需耗资365.72亿元,"保险+期货"与财政补贴共用则可节约财政资金86.12亿元[4]。作为一种价格保护政策,财政直补由保费补贴形式实现,是探索国家涉农补贴政策进行市场化转换的有效尝试(见附表1)。

(三)分散农产品价格风险,稳定市场运行

多年来政府对玉米、大豆实行临时收储政策,"托市收购"加"顺价销售"造成企业收购成本居高不下,产业链价格信号扭曲,价格处于窄幅波动区间,难以反映市场真

---

[1] 见《2017上半年期货品种评估报告》。"到期期现价差率"反应的是期货品种价格发现情况,小于1说明能够准确反应现货市场变化。
[2] 中国期货业协会(编):《中国期货业发展创新与风险管理研究》,中国财政经济出版社2017年版。
[3] 既有模式下,国家投入1元,农民受益0.14元;"保险+期货"模式下,国家投入1元,农民则能受益0.2元,与既有财政补贴模式相比提高42.86%。
[4] 根据Wind和大商所数据计算,2016年,黑龙江、吉林、辽宁和内蒙古四省、自治区玉米产量9 565.84万吨,生产者补贴170元/亩(382.32元/吨),共需财政资金365.72亿元;采用"保险+期货"模式,根据当年平均现货价和大商所平均玉米合约保价计算,参保农户获得90元/吨补偿,若达到与直补相同效果则还需财政资金279.60亿元[(382.32-90)×9 565.84],节约财政资金86.12亿元(365.72-279.60)。

实情况①。临时收储政策改革虽然增加了农户收入，却无法提高其风险承受能力。

期货价格更贴近市场，可将分散在不同时期的市场风险进行调和。尤其是在"保险+期货"的新模式下，能够发挥金融机构的优势和专业价值，实现期货业、保险业以及相关涉农产业之间的多方参与和共赢。2017年上半年参与期货品种功能评估的农产品中，有9个品种的套期保值效率均达到50%以上，是农产品价格风险转移和分散的有效渠道，是供给侧结构性改革在农业领域的重要举措，也是深化农业经济体制改革的重要一步。

二、存在的主要问题

2016年大连商品交易所和郑州商品交易所18个"保险+期货"案例中，产生赔付9例，共计1 323.28万元，基本实现了利用市场手段保障农民收入、转移风险的目的。但在目标价格制定模式、成本等方面仍有问题值得探讨。

（一）保险目标价格制定模式仍有待完善

美国的农产品价格补贴在参照期货价格的同时，会将种植成本考虑在内。但我国并非所有"保险+期货"项目均将上述因素纳入定价体系。如2016年"浙商期货大豆"到期时大豆质量欠佳，期货价格高位徘徊，农户未获得补偿，部分农户存在退保心理。期货价格波动与保险定价如何动、静匹配，以及如何判定保险事先约定的目标价格是否合理仍需探讨。

（二）政策扶持力度有限，交易所与期货公司负担较重

2016年棉花、大豆等试点保费除农户承担的10%—30%外，其余主要来自农业部、交易所及地方政府。截至2017年7月，各期货交易所对试点项目的支持总额达到1.23亿元，压力较大。

另外，由于缺乏场内期权产品，期货公司在复制期权的过程中存在追加保证金的问题。从玉米产业来看，选择期货复制期权进行对冲，成本调高了30%。加之试点项目多采用亚式期权，限定价格保险协议必须到期行权，当出现有利于农户的价格时，农户无法提前行权，增加了期货公司对冲成本和风险。

（三）合约覆盖面过窄，合约设计有待完善

收入保险已成为美国农业风险管理的主流模式，而我国农产品收入险处于初步探索阶段，涵盖范围有限，受益农户较少。同时，一些品种的合约期限较短，不能覆盖整个

---

① "保险+期货"与中国农产品价格市场化改革 http://www.jsbxw.org/view-1000-7074.aspx。

种植周期。如从决策是否购买种子到如何种植,再到玉米收获季,至少需要一年半的时间,而我国玉米期货合约最多只能覆盖一年。

(四) 期货价格的权威性和适用性有待提升

社会各界对期货市场总体认识水平较低,实体企业与农户参与度远低于发达国家,限制了试点规模扩大。同时,农产品期货市场1月、5月、9月活跃合约不连续问题仍未改善,部分产品期货价格和现货价格长期倒挂或收敛性较差,使现货企业在进行套期保值时难以做到无缝连接,有效性降低。

三、政策建议

(一) 农产品价格补贴中参考期货市场相应指标

未来应适度增加反映市场走势的预期指标,完善目标价格制定模式。一是做精做细相应期货品种,推动期货价格成为农产品市场的基准价格。完善期货市场建设,促进活跃合约向近月合约转移,增强市场流动性和适用性,推动小麦、稻谷等农产品收储制度和目标价格改革;二是将期货市场价格作为相关部门农业补贴的标准,提高补贴效率,降低补贴成本;同时,相对于目价格补贴的"黄箱政策",价格保险和期货更符合国际贸易规则,是践行"绿箱政策"的重要举措[①]。

(二) 完善场内期权建设,夯实"保险+期货"发展基础

为降低期货公司对冲成本,建议在白糖、豆粕期权上市的基础上,加快完善场内期权建设,提高交易效率,降低保费负担。鼓励期货公司选择适当期权进行风险对冲,保障农户及时获利。充分利用期货市场的价格发现功能,为价格保险的精算定价奠定基础。

(三) 适时扩大价格保险涉及范围,优化参保方式

扩大收入险试点范围,并参考"期货价格+升贴水"的基差定价模式,确保农户理赔收益。探索"保险+期权"试点模式,在已有案例基础上形成易于操作的模式范本,更好地服务农业供给侧结构性改革。同时,在保险期限设计上,将农业种植周期以及农产品期货市场主力合约的运行情况考虑在内[②]。

---

① 将对生产和贸易产生扭曲作用的政策称为"黄箱"政策措施;绿箱政策,是用来描述在乌拉圭回合农业协议下不需要做出减让承诺的国内支持政策的术语,是指政府通过服务计划,提供没有或仅有最微小的贸易扭曲作用的农业支持补贴。

② CBOT农产品期货合约覆盖期限普遍为3年以上。

（四）提高政策宣传解读力度和帮扶针对性

将"保险+期货"定位为国家粮食价格风险管理工具，增强农户对"保险+期货"的认识。为降低项目成本，提高农户、保险公司和期货公司参与的积极性，建议给予试点项目税收优惠政策，并将现有财政补贴转化为按一定比例补贴农产品价格保费，将收储成本的财政软预算转变为保费补贴的硬约束，增加政策透明度。

附录

附录1

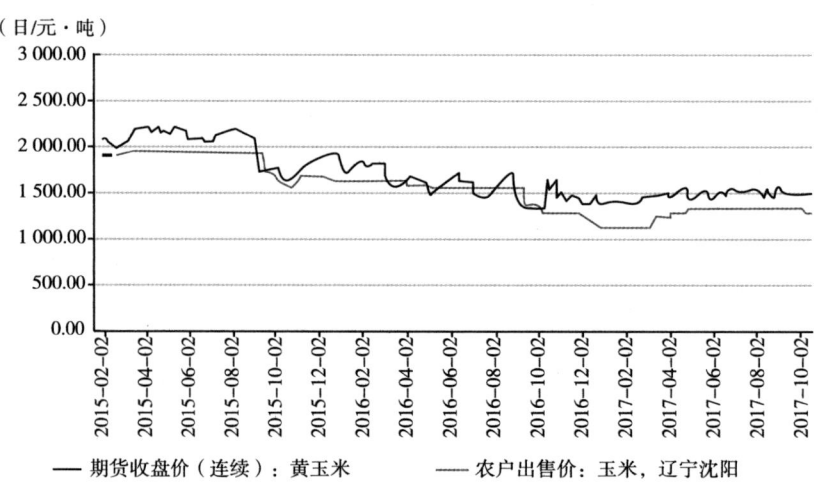

附图1　玉米现货、期货价格走势拟合图

资料来源：Wind，中证金融研究院整理。

附表1　我国农产品目标价格补贴与"保险+期货"补贴比较[①]

	目标价格补贴	目标价格保险
出资主体	政府	政府+农户
资金来源	财政全额出资	大部分资金来自财政，农户出资较少
实行方式	目标价格是依据生产成本和基本收益由政府部门确定，市场价格低于目标价格时，财政补贴差额	保险公司提供目标价格保险产品，以期货市场价格作为目标价格。政府（一般在70%以上）与农户共同出资作为保费
运行成本	规划难、效率低	依托保险和期货市场，运行效率较高
适用条件	大宗农产品，且国内外差价较大	重要农产品，国内外差价不大，价格由市场供求决定

资料来源：中证金融研究院整理。

---

① 李亚茹、孙蓉："农产品期货价格保险及其在价格机制改革中的作用"《保险研究》2017年第3期。

附录2

农产品价格形成机制发展历程：

第一阶段：确保收入，实行粮食最低收购价格政策

2004年，国务院颁布改革意见，指出应由市场供求形成粮食收购价格。但针对稻谷、小麦等口粮作物，当供求关系发生重大变化时，为确保农民利益，可由国务院决定对短缺的重点粮食品种在粮食主产区实行最低收购价格。鉴于意见颁布的当年农产品市场价格较稳定，并未出现严重价格波动，因此最低收购价格政策于2005年正式启动，并于2006年进一步完善粮食直补和最低收购价。经过多年实践，此模式对确保我国粮食安全、强化宏观调控、稳定农民收入起到重要作用。

第二阶段：由点及面，政策从临时收储到价补分离

2007年，为切实保护种粮农民利益和生产积极性，稳定市场价格，国家对主产区大豆、玉米、棉花和油菜籽实行临时收储政策，即在价格中包含国家对农户的补贴，形成"价补合一"的机制。尽管临时收储政策取得了一定成效，但是其顺利实施的前提条件是国际市场价格高于国内价格，而粮食购销政策运行多年，国内外农产品价格存在倒挂现象。2013年，棉花、大豆进口完税成本分别约为每吨15 580元和4 060元，比国内临时收储价格分别低4 420元和540元，下游企业受影响较大，市场活力减弱。

2014年，新疆维吾尔自治区棉花、"东北三省"和内蒙古自治区大豆目标改革试点启动：制定以农户收益为核心的目标价格；企业按照市场价格收购农产品；包含在价格内的"暗补"转为直接到农户的"明补"。"价补分离"模式较好地引导了棉花、大豆生产。以棉花为例，国内棉花价格在供需宽松、库存较多的情况下，从改革前的19 460元/吨降至2016年6月的12 596元/吨低点；国内外棉花价差由5 300元/吨的高点缩窄至300元/吨，价格完全由市场供求形成，为后续农产品价格改革奠定了基础。

第三阶段：提质增效，农产品目标价格制度不断完善

棉花和大豆目标价格改革试点运行3年以来，效果明显。2017年1—7月，棉花期货日成交量和持仓量分别较临时收储出阶段提高112%和36%；黄大豆1号产区交割量占比为33.85%，比去年同期高3个百分点，为后续水稻和小麦等口粮的市场价格形成机制改革提供宝贵经验。同时，开始实行农产品"目标价格保险"。相对临储制度，"保险+期货"能够充分利用市场工具，成本费用较低；相对财政补贴或是农业保险，"保险+期货"能有效对冲市场系统性风险，保障能力进一步提高。

支持期货公司做优做强提高服务实体经济水平*

——永安期货创新风险管理服务平台调研

武佳薇　李宗龙

摘　要　期货衍生品的市场功能清晰明确，但运用好这一工具需要高水平的专业服务和有效的体制保障。2018年3月27日，永安期货和鞍山钢铁合资成立的鞍钢永安商品贸易有限公司正式开业，开创了衍生品工具服务实体企业的新模式。中证金融研究院在对其进行的调研中发现，期货经营机构经过多年发展，在推动形成新的定价机制和市场模式、管理风险和市场培育等方面有先天优势，通过市场力量有效实现"人不进场，风险管理需求进场"，且服务实体模式可复制，能以最小成本实现各参与方的合作互利共赢，以及社会相关资源配置效率最大化和最优分工的目标。

我国期货交易规模已位居全球前列，但产业客户因专业能力、市场经验等原因参与期货市场十分有限，国有企业更受到较多体制性因素的制约。全球大宗商品价格波动加剧，使企业迫切需要衍生品工具管理价格风险。从全球经验看，交易服务商是企业和风险管理工具的重要桥梁。随着我国期货市场基础设施建设不断完善，以永安期货为代表的期货经营机构逐步扩大业务范围，金融服务与产业链深度契合，创新风险对冲服务模式，走出了一条金融服务实体经济的新路。

一、期货公司经营模式向创新化、多元化发展，服务实体经济能力不断提升

我国期货公司经营模式转变可以分为3个阶段：

---

* 本文发表于2018年5月《中证金融研究》2018年第2期总第96期。

（一）初期以传统经纪业务为主，机械式套保理念往往与实践脱节

2007 年以前，我国期货公司以期货经纪业务为主，服务模式单一、盈利渠道较窄，主要靠佣金实现利润增长。2010 年股指期货推出以后，保证金规模大幅增加，利息收入成为第二大盈利来源。由于经纪业务经营特色有限，业内 148 家期货公司同质化竞争严重。在此阶段，期货公司以向客户宣传套期保值理念为主，套保操作依据传统理论进行期现完全匹配头寸、较为机械，实践中往往容易蜕变为投机交易。

单纯的经纪业务模式势必不能满足经济的风险对冲需求。对标美国期货经营机构，即使以经纪中介为主要业务的期货佣金商 FCM 的业务也广泛涉及经纪、自营、结算、代客理财、基金管理投资顾问以及融资等，盈利渠道多元。如 Interactive Broker 经纪业务收入占比仅为 20%—30%，依赖度远低于国内期货公司。

2007—2012 年，国内期货经营机构学习和汲取成熟市场中介结构的服务模式和盈利手段，引入基差套利、利润保值、强弱对冲等新理念，但由于方法过于复杂，多数实体企业还难以掌握。在这一阶段，期货经营机构以对实体企业培训辅导为主，通过对实体企业提供风险管理信息咨询服务，向企业灌输新理念、提供解决策略，逐步转变实体企业思维观念，让企业正确看待和运用期货工具，提高企业风险管理水平。

（二）设立风险管理子公司，直切实体经济痛点，综合服务能力显著提升

2012 年 12 月 21 日，中国期货业协会发布了《期货公司设立子公司开展以风险管理服务为主的业务试点工作指引（修订）》。自此，期货经营机构在仓单服务、合作套保、基差交易、定价服务和做市等业务全面铺开。

一是期现结合，搭建期现货交易纽带，使实体企业和风险管理子公司实现双赢。期现货结合是企业优化资源配置、实现产业链整合的有效途径。风险管理子公司结合期货市场功能和现货企业贸易、产业链资源优势，运用套期保值、套利对冲交易助力企业在商品价格波动过程中持续实现稳定经营和盈利，保障现货端与期货端整体收益，助力规模扩张。对风险管理子公司来说，单一品种期现结合能力将随着规模扩张而强化，而且能够向更多品种实现溢出拓展。这一点上，永安期货背靠大宗贸易商背景，在服务更多实体企业期现结合方面拥有较多优势。二是基差点价交易灵活有效降成本，在产业贸易链条中不断纵深。以铁矿石为例，2014 年 7 月，永安资本与日照钢铁共同打造了国内首单铁矿石基差贸易 1 万吨。在这次尝试中，买卖双方实现了双赢。市场意识到，基差点价并非零和交易，促使国内钢铁生产、贸易企业原材料更好接受和更多采用基差点价交易模式。近 3 年来，永安期货服务黑色产业链贸易量不断增加，2017 年铁矿石贸易量达 300 万吨。三是仓单服务、合作套保等手段切实解决实体企业资金、技术和人才匮乏以及风控体系欠缺的难点。风险管理子公司运用现代化的仓储、物流、供应链融资，解决

企业采购、储存、销售过程中面临的价格风险问题；而实体企业现货端也可以发挥行业优势，为风险管理子公司提供现货流动性，实现现货购销。双方相互促进，实现互利。四是补充期货市场短板，为企业降低套利风险。期货市场是标准化合约和产品，且我国市场还存在活跃合约不连续、连续合约不活跃的问题。实践中，实体企业的个性化套期保值需求，需要在期货标准合约基础上，经历期现、品种、区域3个基差的切换，才能较好匹配其现货需求。以天然橡胶为例，交割品为国产天然橡胶（SCR WF），但实践中全乳胶、复合胶等品种需求更大，且不同胶种价差不小，实体企业很难用期货来完全对冲风险。而风险管理子公司则可以为客户提供符合要求的现货标的，基差风险在内部消化。

（三）场外工具爆发式增长，为实体企业提供创新、多元、高效的精细化服务

2017年，风险管理公司场外衍生品业务发展势头迅猛。从全年场外商品衍生品业务交易额来看，远期、互换和期权三项业务累计新增名义本金分别为6.82亿、309.78亿和2 778.63亿元，同比分别增长4 188%、111%和2 031%。场外期权业务深入产业链的上下游，高度提炼实体企业需求，量身定制精细化的风险管理方案，更好满足实体企业的个性化需求。在场外业务的摸索中，永安期货从内部试点做起，逐步建立与需求相对应的场外产品体系。

一是场外期权产品以更低成本、更灵活便利方式实现风险转移。以鸡蛋场外期权为例。2017年春节后，鸡蛋产业遭遇低潮，鸡蛋出产价降至2.1元左右，一度低于成本价格，且短期涨价无望。鸡蛋期货反映投资者长期预期，价格保持在3元/斤以上，升水较大，期货套保方式对基差操作要求较高。某鸡蛋批发销售贸易企业将于4月中旬出售一批鸡蛋，具体时间未定，面临严峻亏损风险。永安期货为其设计了美式平值看跌期权进行套期保值，在客户持有现货时买入看跌期权，抛出现货时将期权平仓或行权。最终，扣除权利金，企业在期权端获取收益9.81万元，弥补了现货端4.2万元亏损，最终获得基差回归的额外收益共5.61万元。二是利用期权组合构建商品"流动库存"。永安资本铁矿石期现基差销售量为业界之首，2017年300多万吨。期现业务经常有买入卖出贸易，要求有持续库存。衍生品部门为现货部门设计了"流动库存"期权，即现货部门同时卖出430元/吨的看涨期权和390元/吨的看跌期权。一旦铁矿石贸易价格上涨超过430元/吨，现货部门可以430元/吨卖出库存；一旦价格下跌至370元/吨，则买入补库存。"流动库存"创新地实现了稳定成本和盈利预期，同时现货部门收取期权权利金还可以对冲部分库存成本。三是期权实现了企业灵活套保的需求。理论上讲，套保交易应该通过动态Delta对冲实现头寸覆盖。但在大概率判断商品价格行情走势时，企业选择完全对冲并非最优策略，还会占据很多资金。例如供给侧改革、环保因素下，焦煤等黑色企业对卖出套保有一定顾虑。永安期货根据企业需求，设计了买入看跌期权，一旦商

品价格持续上涨，企业获得更大利润弹性；如果价格下跌，也可以以较低成本实现期货保值同样的效果。

二、战略清晰、风控到位、管理有方的期货经营机构有利于期货衍生品市场稳定健康发展

（一）期货经营机构的核心竞争力是对风险资产准确定价的能力

期货市场最重要的功能是通过公开、高效、竞争的运行机制，形成具有预期性的连续、公开、权威的市场价格。这一价格产生有赖于参与者大量、连续的交易，期货经营机构凭借大规模、频繁的期现结合业务，成为市场上最敏锐的价格发现者。

一是纠偏市场价格。期货经营机构往往最早发现市场上的期现基差套利空间，借助在市场上统购分销，在价格低时采购、价格高时抛售，使套利空间逐渐缩小至消失，期、现价格偏离度降低；二是助推定价方式在行业贸易中不断传导和纵深。期货经营机构发起的基差点价交易，引领了行业定价和贸易方式的更新，助推国内贸易模式新升级，产业客户参与度提升有助于确立我国大宗商品定价权；三是随着产业链品种完善和市场开放逐步推进，企业套利套保交易更多时候需要综合考虑跨期、跨市、跨品种甚至跨国交易，对专业性要求更高，在这点上期货经营机构具有天然优势。

（二）紧贴交易习惯，按照客户特征进行差异化市场培育

实体客户需求千差万别，特别是中小企业对融资、物流等配套服务要求较高，经过几年实践，期货经营机构根据产业客户特征不断拓展业务边界，摸索建立一套精细化、差异化服务模式。

针对行业内龙头企业，通过提供套保、投资、管理等一系列菜单式咨询业务，着力辅助企业建立自己的期货团队和风险管理策略体系，让企业直接利用期货工具服务经营，也为我国期货市场培育更多成熟机构投资者。

针对直接进场有困难的中小企业，提供融资、风控咨询、库存仓储、物流配送等一揽子配套服务，使其不直接参与市场，却享受期货工具的好处，使企业能够集中精力、专注主业。例如，允许企业采购远期货物时只支付一定比例的保证金，允许客户分批提货，解决客户资金短缺问题；又如，期货交割仓库分布在多个省份和地区，企业如果自行参与交割，无法预测交割货物在哪个仓库，交割品质量可能和需求不符。期货经营机构大规模参与交割，能按照不同企业需求提供指定交货地点和品级，大大规避了不确定风险，且节省运输成本。

(三) 平衡产业链条各方利益，降低社会信用风险，促进产业可持续发展

我国拥有完整的大宗商品产业体系，产业链条上参与方众多，期货经营机构可以协助平衡产业上下游各方利益。例如，玉米、豆粕既是农业企业产成品，也是饲料企业原材料，作为产业链品种的完整参与者，期货经营机构以信用为产业链条提供上下游服务，准确、及时协助上下游企业和中间贸易商对冲商品价格波动，极大降低了上下游合作企业中的信用风险，确保合作关系长期稳定和产业可持续发展。特别是产业链上下游可以通过撮合天然形成场外衍生品交易的对手方，降低全社会信用风险和系统性风险。

(四) 多途径助推产业转型升级，实现"良币驱逐劣币"

期货经营机构在多个品种上推广基差点价交易模式，使期货工具指导企业生产、贸易、消费等系列经济活动，实现利润保值、稳定经营服务，提高企业和行业盈利能力和竞争力。期货经营机构还有天然动机协助提升行业标准化程度，推动产品升级和技术进步。期货交割标的物标准一般较为严格，业内信誉度较高。以锌期货为例，上期所将0#锌确立为交割标准品，期货经营机构在市场积极推广交易所认可的注册交割品牌，此后0#锌市场份额迅速提高，目前已占上期所注册品牌企业总产量90%以上。

目前，永安期货有不少通过推动交割品牌、交割库注册，助力地方产业转型升级的案例。在吉林、辽宁地区，永安期货大力推荐鞍钢、凌钢等钢企的螺纹、板材成功注册交割品牌，积极争取铝交割库、螺纹厂库、农产品交割仓库落地，为地方企业参与套期保值、仓单质押、期转现提供了更便利条件，并借此形成了强大集群效应，带动企业和产业以及地区经济良性发展、转型升级。

(五) 服务实体企业的良好模式和策略可低成本复制，社会相关边际成本显著降低，有助于优化资源配置效率

期货经营机构不断探索业务发展规模化和常态化路径，已有的一些较成熟有效的服务模式和策略可以在其他企业和产业上低成本复制使用；对难以直接参与期货市场的实体企业来说，也可以减少培养成本，使其专注主业，实现比较优势。例如，在我国加入WTO后最早对外开放的农产品加工行业，永安期货协助压榨强企业用豆粕、豆油基差定价进行风险管理，如今已经在油脂油料行业广泛使用；基于相同原理，永安期货在黑色、化工、有色金属等多个品种上逐步推广点价交易模式。再例如，"保险+期货"在产品结构、定价方式、配套服务、财政支持不断取得突破进展，涉及品种已经推及白糖、棉花、玉米、大豆、橡胶等，2017年覆盖现货规模达到了47.2万吨。

三、当前期货公司提升服务实体经济能力建设面临的主要挑战

一是"小行业大市场",期货经营机构普遍资本实力较弱。大宗商品交易特性决定了期货公司资金需求较大,但期货公司普遍资本金规模小,与服务实体经济要求不匹配。实践中往往是几亿资本金的风险管理子公司对接几百亿规模的上市公司(如钢铁企业),机构与行业之间经济体量存在错配。此外,期货行业集中度低,整合并购空间大。

二是创新业务发展迅速,但相应法律法规制度不健全。目前,在场外期权等创新产品的合规边界、权益归属、司法实践、税务等行业重大问题上,仍缺乏明确的法律保障和监管规制,困扰期货经营机构依法合规发展。

三是市场基础设施建设不足。国际经验表明,场外交易场内清算是OTC衍生品业务良性有序发展的趋势。目前,各大交易所分别开发集中清算平台,一定程度上也造成资源过剩和冗余。

四是对期货公司风险控制水平要求高,个别公司交易敞口风险不容忽视。风险管理业务涉及非标仓单业务,对期货公司管理非标货物和贸易对手方信用风险的能力提出很高要求。场外期权业务逐渐推出后,产品报价公允性不一、个别机构服务单一产业客户集中度较高等问题也逐一涌现。

五是市场竞争剧烈,人才储备不足。期货公司面临的竞争不仅来自行业本身,也来自券商及银行衍生品部门等多金融主体的非标业务。随着期货市场双向开放,境内公司面临的外部竞争压力逐渐加大。期货行业人才需要同时具备衍生品和大宗商品产业相关知识,但现阶段复合型人才、成熟策略匮乏,制约了实体企业大量参与。

四、政策建议

一是做优做强期货经营机构。完善期货公司准入与退出机制,鼓励期货公司收购兼并,推动期货公司实施差异化、专业化、特色化发展。完善期货公司分类监管制度,加快推动符合条件的公司上市。拓展上下游产业链,参股实体企业成立合资公司,提升稳定经营能力。

二是完善相关法律法规及规章制度。进一步完善证券期货市场及税收基础法律制度,厘清创新产品的权益归属、安全边界,保护依法合规的创新行为。

三是完善市场基础设施,提高市场服务功能。完善产品、管理信息的报备和披露机制,完善OTC衍生品市场清算制度,引入中央对手方机制,完善证券期货市场场外衍生品交易主协议,提高信息透明度。

四是大力引入机构客户,从场内到场外分层次逐步推进。在充分发展优化场内市场

机构客户的经验基础上，完善国有企业、上市公司等贸易链企业进入期货市场的配套政策，优化场外机构投资者市场结构，为场内场外市场协调发展提供长期的微观基础。

五是积极稳妥推进期货等衍生品市场品种创新。与发达市场相比，我国期货上市品种仍过少，只有 57 个，服务实体经济的能力有限，截至 2017 年 12 月底，美国已有 11 500 余个期货上市品种。要继续发展符合实体经济需要、市场条件具备的大宗商品期货品种，进一步完善现有品种功能，更好地服务实体企业需求。

六是稳妥推进期货市场国际化。对外开放是提高期货市场核心竞争力和国际影响力的必由之路。目前，我国一些期货品种的交易量在全球排名靠前，但定价能力仍然较弱。我国商品期货市场发展目标之一就是建立国际化的大宗商品定价中心，以适应我国企业参与国际竞争和管理市场风险的需要。

七是要加强监管、防范风险。期货工具能管理风险，但过度投机炒作也会扭曲价格信号、引发市场风险。因此，要全面加强监管，严防投机资本操纵市场。

鸡蛋期货服务实体经济的现状和问题[*]

杨 阳　高苗苗　孙玉奎

摘　要　鸡蛋是我国重要的禽蛋产品,鸡蛋价格连续下跌,导致蛋鸡养殖户普遍亏损,鸡蛋期货市场如何更好地服务实体经济引起市场的普遍关注。通过对武汉、浠水、青岛、大连等地的走访调研,我们发现鸡蛋行业产业化程度较低,养殖户参与鸡蛋期货的比例不高,但期货市场对蛋鸡行业的影响力逐渐增大,服务蛋鸡实体企业的能力不断增强,宏观经济监测的功能也逐步显现。下一步还需要从完善合约制度、加强投资者教育、改进"保险＋期货"模式等方面,全面提升期货市场服务"三农"的能力。

鸡蛋价格一段时期持续下跌,从 2016 年 9 月 7.90 元/千克跌至 2017 年 5 月 4.42 元/千克,跌幅达 78.7%,创近 11 年以来新低,蛋鸡养殖户普遍亏损。我国鸡蛋行业产业化程度较低,价格信号及市场调节机制不健全。应不断完善鸡蛋期货合约制度,发挥期货市场服务实体经济功能,指导养殖户理性投资生产,提升产业集中度和规模化生产水平,促进鸡蛋产业稳定健康发展。

一、鸡蛋期货对产业健康稳定发展的促进作用

2013 年 11 月,大商所正式推出鸡蛋期货。鸡蛋期货上市以来,交易规模稳步提升,尤其是今年 3 月后,将交割制度由以前的一次性仓单交割改为每日交割并增加车板交割方式后,近月合约活跃度大幅提升,市场参与度和期现货价格联动性也有所提升。据调研,目前国内 50% 以上的大型鸡蛋贸易商关注期货市场,并参考期货价格进行贸易定价,约 40% 的主要大型蛋鸡养殖和蛋品加工企业参与期货交易或者成为交割库。期货市场在提高养殖户中长期决策的科学性、帮助产业客户管理价格波动风险、提高产业集中度等方面发挥了积极作用。

---

[*] 本文内部发表于 2017 年 8 月。

（一）鸡蛋期货的价格发现功能：上涨阶段发挥得更好

2013 年鸡蛋期货上市以来，经历了一个上涨阶段和一个下跌阶段。根据鸡蛋现货价格波动周期，上涨阶段为 2013 年 11 月 8 日至 2014 年 8 月 26 日，下跌阶段为 2014 年 8 月 27 日至 2017 年 5 月 28 日。分阶段检验鸡蛋期、现货价格引导关系以及价格发现贡献率，结果表明，上涨阶段鸡蛋期货价格显著领先于现货价格，下跌阶段两者间并无显著领先滞后关系（见表1、表2）。

表 1　　　　　上涨阶段和下跌阶段鸡蛋期、现货价格引导关系

时期	结论
上涨阶段	鸡蛋现货不是期货的格兰杰原因
	鸡蛋期货是现货的格兰杰原因
下跌阶段	鸡蛋现货不是期货的格兰杰原因
	鸡蛋期货不是现货的格兰杰原因

表 2　　　　上涨阶段和下跌阶段鸡蛋期、现货的价格信息贡献率分析[①]

时期	价格类别	价格信息贡献率（%）
上涨阶段	现货	29.85
	期货	70.15
下跌阶段	现货	54.65
	期货	45.35

其中，上涨阶段期货价格信息贡献率高达 70.15%，这可能与鸡蛋行业规模化程度低有关。中小养殖户和企业参与市场的理性程度较低，"买涨不买跌"现象明显，在价格上涨阶段中小养殖户和企业更愿意参与期货市场，使得期货价格对未来的市场预期更全面理性。

（二）企业和养殖户根据期货价格信号制定经营计划

在实际经营环节中，鸡蛋期货被越来越多的企业重视。一些养殖企业根据今年期货价格走势，建议养殖户把本该 3 月、4 月补苗的计划推迟到 5 月、6 月，降低了养殖户的损失。部分鸡蛋贸易企业自鸡蛋期货上市起就一直跟踪期货价格走势，对不同期限鸡蛋

---

① 根据 Hasbrouck（1995）提出的信息贡献率模型（Information Share Model）计算得到，表中价格信息贡献率表示新信息分别融入现货市场和期货市场的程度，以此测度两类市场的价格发现能力，两类市场信息贡献率之和为 100%。

期货价差以及鸡蛋期现货间的基差情况进行分析,研究鸡蛋价格未来走势情况,由此同养殖户协商决定蛋鸡的补栏或淘汰,以及鸡蛋的产销。

(三) 价格下跌时,企业利用期货市场套期保值减少亏损

鸡蛋期货的上市为鸡蛋企业提供了风险管理渠道。很多企业利用期货市场套期保值,控制经营风险,平滑经营利润。例如,湖北神丹健康食品有限公司(以下简称神丹公司)2016年期货市场实现利润约1 000万元,弥补了现货养殖约500万元的亏损。今年上半年鸡蛋现货大幅下跌,但期货市场套期保值的收益完全覆盖了现货市场的亏损。该公司还参与玉米、豆粕期货对冲饲料价格波动风险,较好控制了养殖成本。青岛陈氏兄弟养殖基地(以下简称青岛陈氏兄弟)根据鸡蛋期货走势预判鸡蛋价格将大幅下跌,因此从2016年下半年开始积极参与期货市场套期保值操作,采用"场内套保+场外期权+价格保险+实物交割"的综合套保模式,共计成功实施开展了5 000多吨鸡蛋价格对冲操作。截至今年5月底,短短几个月时间里实现近400万元的盈利。

(四) 鸡蛋期货市场帮助解决农民增收

目前"公司+农户"的养殖模式较为普遍。在鸡蛋价格持续低迷时,一些产业龙头公司指导周边养殖户及企业利用期货工具规避价格下跌的风险,甚至将自身参与套期保值所获收益补贴给养殖户,帮助中小养殖户稳收增收。一些公司利用玉米、豆粕和鸡蛋的期货价格锁定一个高于市场价的鸡蛋现货收购价格,在保护利益共同体的同时,首先确保了养殖户的养殖收入,如神丹公司在市价2.4元/斤时仍以2.7元/斤价格收购农户的鸡蛋,湖北家和美食品有限公司(以下简称家和美公司)维持收购价比市价每箱高6元左右。

"保险+期货"试点项目的开展也为养殖户稳收增收提供了保障。2016年家和美公司参与试点了"农户+保险+期货+银行"项目,到期时期货市场价格低于目标价格,养殖户获利216元/吨。青岛陈氏兄弟在2016年参与试点了"政府+保险+期货"项目,保险到期后都产生了相应赔付。

(五) 鸡蛋期货有利于规模化生产经营,提高产业集中度

中小养殖户教育程度较低,对期货市场理解不足,难以有效参与期货市场,而规模化养殖方式(包括"公司+农户"的模式)中,公司更有能力通过专业人员来获取相关专业知识和参与期货市场。调研中发现:公司参与期货市场的程度越高,越能带动与自己长期合作的农户规避价格风险带来的损失。随着价格下行和波动加大,善于利用期货市场的规模经营企业往往能够实现减亏和稳步发展,而不会利用期货市场、单打独斗的农户会逐步因亏损加大进而退出市场。这种情况有利于提高鸡蛋产业的集中度。

二、鸡蛋期货存在的问题

我国鸡蛋期货市场在服务实体经济方面已经发挥了一些积极作用,但与发达市场相比仍有一定差距。从美国经验来看,CME 鸡蛋期货上市后,美国鸡蛋现货产业集中度大幅提升,上下游企业供销关系更加稳定。为进一步提高服务实体经济能力、促进现货产业结构优化升级,我国鸡蛋期货市场需要进一步完善体制机制。目前,我国鸡蛋期货市场主要存在以下问题:

(一) 中小养殖户为主,非理性程度高,投资者教育难度大

客观上看,由于养殖门槛低,目前我国的蛋鸡产业仍以农户散养经营为主体,产业化程度低,养殖户决策非理性程度高。前十大规模化生产企业仅占 2%—3% 的市场份额,农户等中小养殖户的蛋鸡存栏量占全市场的 85% 以上。中小养殖户经营决策容易跟风、情绪化、顺周期特征明显。价格上涨时往往一哄而上,价格下跌时要么不能及时市场出清,要么过于悲观过度淘汰产能,从而加剧市场供求关系的失衡,使得鸡蛋价格的市场周期大大超出蛋鸡养殖周期。此外,由于中小养殖户受教育程度普遍不高,对于期货的理解和认知存在局限,让其直接参与期货市场的风险较大,也不太现实。

(二) 交割不便、持仓限额不能满足需要,合约有待完善

交割环节方面:一是交割质量标准过严。多家养殖企业反映,中小养殖户的鸡蛋难以达到交割标准,无法参与期货市场。二是交割场所设置有待优化。车板交割目前仅在湖北有一个场所。普通交割厂库也存在分布过少或分布不均衡的问题。

持仓限额方面:近月合约持仓限额过低,套保额度需要对每个合约分别审批,流程过于烦琐。神丹公司反映,由于交易所持仓限制,他们的套期保值规模占现货市场规模仅不足 10%,希望持仓限制能够放开,将套保规模提高到现货规模的 50%。

(三) "保险+期货"成本高,模式亟待创新和差异化推广

"保险+期货"成本较高,养殖户参与积极性低。目前,期货公司复制场外期权成本偏高,期权费难以下调,大部分"保险+期货"项目都没有盈利。家和美公司表示,"保险+期货"中的期权部分(期权费)价格占到一箱鸡蛋价值的 5%—6%,本身价格就偏高,再加上保险费,养殖户难以承受,参与意愿不强。

(四) 环保、扶贫政策加速蛋鸡行业扩张,协调性仍需提高

2017 年鸡蛋价格持续下跌造成养殖户亏损,主要原因是近年来蛋鸡养殖产能扩张过

快造成供过于求，环保、扶贫等政策也在一定程度上也加剧了本轮蛋鸡产能的扩张。前期由于蛋鸡养殖利润较高，蛋鸡养殖业有利可图。为达到环保要求，许多中小养殖户纷纷扩建规模化养鸡场。此外，由于蛋鸡行业门槛低，近两年很多地区的扶贫项目都选择了兴建养鸡场。据不完全统计，2017年计划筹建和已经投产的蛋鸡养殖规模达到6 800万只，占在产蛋鸡存栏量的5.7%，产能过剩局面仍会持续一段时间。

三、政策建议

（一）分层次加强投资者教育，初期先以规模化公司为主

一是对中小养殖户、规模化企业等分层次培训，积极发挥区域行业协会的作用，通过宣传业内有代表性的企业经验来扩大鸡蛋期货的影响力，加强宣传期货价格信号指导生产经营的积极作用。二是增强规模化公司参与期货市场的积极性，引导公司在"公司+农户"这一养殖模式下反哺农户。三是积极探索"农户+中介机构（保险公司或期货公司）+期货"模式，提高便利性。

（二）继续优化交易机制和交割流程

一是优化交割场所设置，适时适当增加车板交割库，使企业更方便参与交割，促进实体企业声誉的提高。二是继续优化交割标准，在保证食品质量安全的同时提高交割标准与现货贸易习惯的匹配度。三是适度放宽持仓限额，简化套期保值审批流程。

（三）发挥政府和龙头企业作用，推广"保险+期货"模式

一是积极推动政府提高对"保险+期货"项目的财政补贴力度，调动养殖户参与风险管理的积极性。二是根据不同对象选择差异化服务模式：对单个企业直接推广"龙头企业+期货"模式，先引导养殖企业、贸易商通过期货或场外期权方式参与风险管理，再由其带动或帮助中小养殖户进行风险管理；对分散的中小养殖户则推广"政府+保险+期货"模式。三是加快发展场内期权，降低"保险+期货"成本，增强期货公司的服务意愿。

（四）加强环保、扶贫政策的协调性

目前蛋鸡行业还处于供过于求的阶段，应注意避免扶贫蛋鸡养殖项目和环保政策对产能带来的负外部性，从全局性视角审慎考虑蛋鸡养殖新建项目的利弊，协调各地环保政策的落实，确保精准扶贫和绿色发展的效果。

我国场内衍生品市场发展现状的国际比较*

孙玉奎　谢　亚

摘　要　我国场内衍生品市场建设已取得一定的发展成就，但与发达市场相比仍有较大差距，这是导致我国大宗商品国际定价权缺失的重要原因。本文从上市品种、市场规模、投资者结构、交易所、开放程度等方面比较分析了我国场内衍生品市场与境外发达市场间的发展差距，并为进一步发展我国衍生品市场、提升我国大宗商品国际定价能力提出了相关建议。

当前大宗商品国际定价中心主要集中于境外市场，如 NYMEX 和 ICE 是全球原油贸易定价中心，CBOT 是玉米、大豆等农产品国际贸易定价中心，LME 是全球有色金属定价中心，COMEX 是全球最具影响力的贵金属交易市场。与境外成熟市场相比，我国衍生品市场发展起步晚、建设时间短、市场定价的国际影响力不足。

一、我国场内衍生品市场发展现状的国际比较

场内衍生品市场主要包含品种、规模、投资者、交易所等方面的要素。此外，开放程度也是影响市场国际竞争力的重要因素。本文从以上 5 个方面比较分析我国场内衍生品市场与境外发达市场间的发展差距。

（一）上市品种比较

我国衍生品品种谱系较健全，但仍具较大开发空间。目前我国不仅上市了境外较为成熟的贵金属、有色金属、主要农产品等品种，还上市了较具特色的黑色系、化工系品种，上市衍生品品种共计 55 个，品种谱系已较为健全。但与境外发达市场相比，我国衍生品品种仍不够丰富。根据美国期货业协会（以下简称 FIA）对全球 80 家衍生

---

* 本文发表于 2017 年 12 月《中证金融研究》2017 年第 23 期总第 91 期。

品交易所的统计,目前全球上市的场内衍生品合约共计达 2 822 种①。其中,美国市场合约种类最丰富,合约总数占全球的四成以上,许多同类商品同时上市大合约、mini 合约和微型合约。我国合约设计则较为单一,一般一种商品只上市一种期货合约,合约总数占全球比例不足 2%。我国衍生品种类不仅远远落后于美国、德国等发达经济体,甚至落后于南非、印度等发展中国家(见图 1),具有广阔的开发空间。

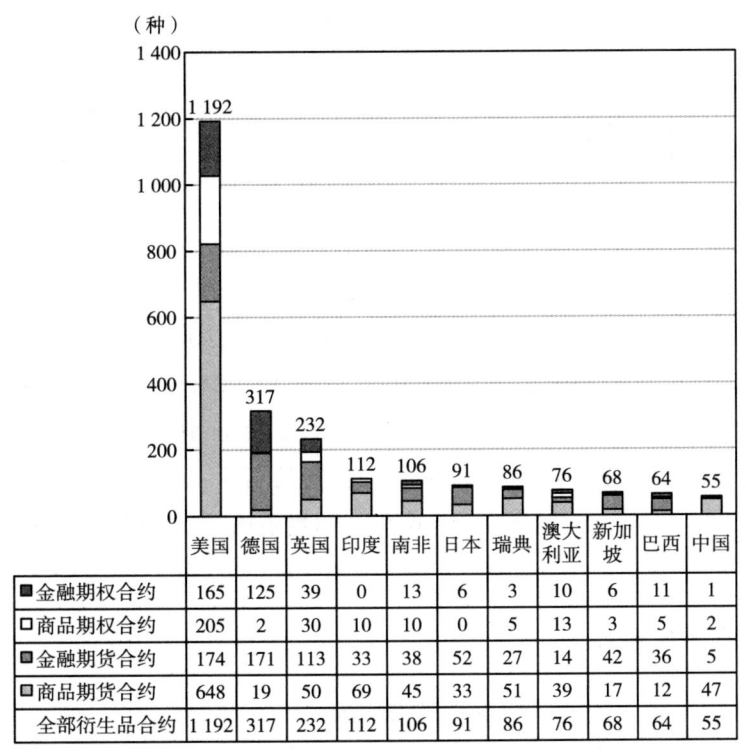

图 1　不同国家不同类型衍生品合约品种数

资料来源:FIA 及各交易所官网,中证金融研究院整理。

分类型来看,我国期权及金融期货类品种较少。商品期货品种方面,缺乏生猪、活禽等市场需求量较大的重要农产品品种,原油、天然气等能源类战略性品种有待推出,天气类、商品指数类、航运指数类创新型品种更是匮乏。现有上市品种中,很多品种交易清淡、不够活跃②。金融期货品种方面,目前仅上市了 5 个品种,且缺乏外汇类品种。期权品种方面,产品开发才刚刚起步,目前仅上市了 2 个商品期权和 1 个金融期权。境

---

① 在全球上市的场内衍生品中,商品期货、金融期货、商品期权、金融期权合约分别有 1 148、920、293、461 种,数据来自 FIA。
② 交易不够活跃的品种如粳稻、早籼稻、晚籼稻、普麦、强麦、黄大豆二号、胶合板、纤维板、燃料油、线材等。

外市场期权和金融期货类合约相比商品期货更为丰富，全球期权及金融期货类合约种数占全部合约种数比例达到59.3%。

（二）市场规模比较

我国商品期货成交量全球领先，但交易单位普遍较小。自2008年以来，我国已成为全球交易量最大的商品期货市场，2016年我国商品期货交易量占全球市场的61.58%。其中有近20种商品期货成交量居全球前列[①]。但是，我国期货合约交易单位普遍小于境外标杆性期货合约（见表1），通过换算部分商品的交易单位再与境外标杆性期货合约交易量比较可以发现，玉米、白糖、铜、锌、锡、镍、白银等商品交易量换算前高于境外，换算后则显著低于境外。另外，我国3家商品期货交易所成交金额合计低于美国CME集团一家商品期货成交金额（见表2），以成交金额计，美国是全球第一商品期货交易大国。

与发达市场比较，我国期权及金融期货交易规模偏小。2016年，美国期货及期权成交量为84.92亿手，是我国的两倍多。美国还是全球最大的期权及金融期货市场，金融期货、商品期权和金融期权交易量分别占全球的25.93%、81.80%和51.89%。与之相比，我国差距较大，期权及金融期货成交量分别仅占全球市场的0.2%和0.85%（见表3）。FIA分别对利率、外汇和股权类衍生品进行排名统计，在60个上榜合约中，美国有22个，欧盟国家有16个，印度有8个，而我国没有合约上榜（见表4）。

（三）投资者结构比较

我国以个人投资者为主，机构投资者占比偏低，与成熟市场存在显著差距。国际成熟期货市场机构投资者持仓占比普遍都在60%以上。与之相比，我国期货市场投资者仍以个人投资者为主，机构投资者尤其是产业客户参与程度偏低。2017年以来，我国期货市场机构投资者持仓占比仅为48%左右。这种不均衡的投资者结构使得市场投机氛围浓厚，一定程度上制约了我国期货市场价格发现功能的发挥，也制约了企业参与衍生品市场的积极性。

---

① 我国成交量居全球前列的商品期货分别是农产品类的豆粕、菜粕、棕榈油、玉米、白糖、橡胶、豆油、棉花，金属类的螺纹钢、铁矿石、镍、白银、锌、铜、铝，化工类的沥青、甲醇、PTA、PP等。

表1　境内外部分商品期货交易单位及交易规模比较

境内品种	合约单位	境内单位交易量（手）	境外品种	合约单位	境外对境内交易单位倍数（倍）	境外单位交易量（手）	境外标杆性交易所交易量（手）
DCE 玉米	10 吨/手	122 362 964	CBOT 玉米	5 000 蒲式耳（约 127 吨）/手	12.70	9 634 879	85 625 219
DCE 大豆	10 吨/手	32 570 158	CBOT 大豆	5 000 蒲式耳（约 136.1 吨）/手	13.60	2 394 865	61 730 753
DCE 豆粕	10 吨/手	388 949 970	CBOT 豆粕	100 短吨（约 90.7 吨）/手	9.07	42 883 128	25 953 938
DCE 豆油	10 吨/手	94 761 814	CBOT 豆油	60 000 磅（约 27.2 吨）/手	2.72	34 838 902	29 429 298
ZCE 棉花	5 吨/手	80 530 129	CBOT 棉花	50 000 磅（约 22.7 吨）/手	2.27	35 475 828	7 703 046
ZCE 白糖	10 吨/手	117 293 884	CBOT 白糖	112 000 磅（约 50.8 吨）/手	5.08	23 089 347	33 115 334
SHFE 铜	5 吨/手	72 394 915	LME 铜	25 吨/手	5.00	14 478 983	36 947 881
SHFE 铝	5 吨/手	44 391 785	LME 铝	25 吨/手	5.00	8 878 357	53 073 441
SHFE 铅	5 吨/手	4 561 200	LME 铅	25 吨/手	5.00	912 240	10 571 590
SHFE 锌	5 吨/手	73 065 922	LME 锌	25 吨/手	5.00	14 613 184	26 942 407
SHFE 锡	1 吨/手	3 168 348	LME 锡	5 吨/手	5.00	633 670	1 353 350
SHFE 镍	1 吨/手	100 249 941	LME 镍	6 吨/手	6.00	16 708 324	19 947 714
SHFE 黄金	1 千克/手	34 759 523	COMEX 黄金	100 盎司（约 3.1 千克）/手	3.11	11 176 695	57 564 840
SHFE 白银	15 千克/手	86 501 561	COMEX 白银	5 000 盎司（约 155.5 千克）/手	10.37	8 341 520	18 218 740

资料来源：自各交易所网站，中证金融研究院整理。

表 2　　我国交易所及 CME 集团商品期货成交量及成交金额

交易所	2016 年		2015 年	
	成交量（万手）	成交金额（亿美元）	成交量（万手）	成交金额（亿美元）
CME 集团	90 684.10	401 691.00	76 283.7	353 433.10
中国				
大连商品交易所	153 747.98	92 438.50	111 632	64 628.00
上海期货交易所	168 077.13	122 387.90	105 049	97 945.80
郑州商品交易所	90 124.08	85 591.50	107 022	47 742.80
中国合计	411 949.19	300 418.00	323 704	210 316.70

资料来源 WFE。

表 3　　2016 年中美及全球不同类型场内衍生品交易量

类型	美国（万手）	中国（万手）	全球（万手）	美国占比（％）	中国占比（％）
商品期货	118 646.14	411 948.87	668 995.56	17.73	61.58
金融期货	238 649.56	1 833.59	920 187.29	25.93	0.20
期货合计	357 295.70	413 782.46	1 589 182.85	22.48	26.04
商品期权	21 419.48	—	26 186.44	81.80	0.00
金融期权	470 436.55	7 906.94	906 601.34	51.89	0.87
期权合计	491 856.03	7 906.94	932 787.78	52.73	0.85
衍生品合计	849 151.73	421 689.4	2 521 970.63	33.67	16.72

资料来源：FIA2016 年年报。

表 4　2016 年金融类合约衍生品交易量排名前 20 位的交易所所在国家及地区交易规模情况

排名	经济体	合约数（个）	交易量合计（万手）
1	美国	22	399 851.01
2	印度	8	232 958.14
3	欧盟	16	219 064.02
4	俄罗斯	5	115 338.04
5	韩国	2	40 131.57
6	日本	1	23 394.04
7	中国台湾	1	16 734.23
8	阿根廷	1	11 224.24
9	澳大利亚	2	9 194.96
10	新加坡	1	7 010.77
11	南非	1	2 621.71

资料来源：FIA2016 年年报。

（四）交易所情况比较

我国交易所在交易规模、业务多元化等方面与国际一流交易所相比还有一定差距。据 FIA 统计，2016 年，上海期货交易所、大连商品交易所、郑州商品交易所和中国金融期货交易所全年交易量在国际排名中分列第 6、8、11 和 37 位，与 CME Group、ICE 等国际一流交易所相比尚有一定差距（见表 5）。同时，我国交易所业务多元化探索不够深入。2008 年国际金融危机后，国际衍生品市场上掉期、期权业务逐渐由场外向场内转移，而我国期货交易所在为场外市场提供中央对手方清算服务、对接场外市场实现期现联动等方面的动力不足。

表 5　　2016 年全球交易量前十大衍生品交易所（集团）

排名	交易所（集团）名称	交易量（万手）	国别
1	芝加哥商业交易所集团（CME Group）	394 220.23	美国
	芝加哥商业交易所（Chicago Mercantile Exchange）	193 991.81	
	芝加哥期货交易所（Chicago Board of Trade）	127 375.77	
	纽约商业交易所（New York Mercantile Exchange）	61 842.43	
	纽约商品交易所（Commodity Exchange）	11 010.22	
2	印度国家证券交易所（National Stock Exchange of India）	211 946.28	印度
3	洲际交易所集团（Intercontinental Exchange）	203 793.29	
	洲际交易所欧洲期货分所（ICE Futures Europe）	97 385.84	欧盟
	纽约证券交易所高增长板期权市场（NYSE Arca Options）	38 897.91	美国
	洲际交易所美国期货分所（ICE Futures U.S.）	37 016.62	美国
	纽约证券交易所泛美期权市场（NYSE Amex Options）	29 649.38	美国
	洲际交易所加拿大期货分所（ICE Futures Canada）	643.15	加拿大
	洲际交易所新加坡商品交易所（ICE Futures Singapore）	200.39	新加坡
4	莫斯科交易所（Moscow Exchange）	195 014.52	俄罗斯
5	欧洲期货交易所（Eurex）	172 776.67	欧盟
6	上海期货交易所（Shanghai Futures Exchange）	168 071.18	中国

续表

排名	交易所（集团）名称	交易量（万手）	国别
7	纳斯达克 OMX 集团（NASDAQ OMX）	157 570.03	美国
	纳斯达克 OMX 费城股票交易所（Nasdaq OMX PHLX）	58 209.36	美国
	美国国际证券交易所（International Securities Exchange）	45 720.61	美国
	纳斯达克期权交易所（Nasdaq Options Market）	28 382.26	美国
	纳斯达克 OMX 北欧交易所（Nasdaq OMX Nordic）	9 107.74	欧盟
	美国国际证券交易所 Gemini 分所（ISE Gemini）	8 918.95	美国
	纳斯达克期货交易所（Nasdaq OMX Futures）	3 195.03	美国
	纳斯达克 OMX 波士顿期权交易所（Nasdaq OMX Boston）	2 987.30	美国
	美国国际证券交易所 Mercury 分所（ISE Mercury）	643.27	美国
	纳斯达克 OMX 商品交易所（Nasdaq OMX Commodities）	353.09	美国
	纳斯达克 OMX 伦敦交易所（Nasdaq NLX）	52.43	欧盟
8	大连商品交易所（Dalian Commodity Exchange）	153 747.98	中国
9	巴西证券期货交易所（BM&FBovespa）	148 730.58	巴西
	圣保罗证券交易所（Bolsa de Valores São Paulo）	69 764.92	
	巴西商品期货交易所（Bolsa de Mercadorias & Futuros）	78 965.66	
10	芝加哥期权交易所集团（CBOE Holdings）	118 455.34	美国
	芝加哥期权交易所（Chicago Board Options Exchange）	103 334.98	
	C2 期权交易所（C2 Exchange）	9 102.58	
	CBOE 期货交易所（CBOE Futures Exchange）	6 017.78	

资料来源：FIA2016 年年报。

（五）开放程度比较

我国衍生品市场仍然相对封闭，与我国开放程度较高的实体经济不匹配。我国实体经济开放水平已达到国际领先水平，但衍生品市场开放水平较为落后。自 2009 年起，我国成为全球第一大出口国，2013 年以来连续保持全球进出口贸易总额第一位。近年来我国期货市场通过加强境外交易所合作、允许 QFII 参与金融期货市场、扩大保税交割试点等举措不断深化对外开放，但整体而言开放程度不够，难以满足实体经济开放的风险管理需要。与国外高度国际化的市场相比，我国衍生品市场存在较大差距：投资者方面，受政策限制，境外投资者无法直接参与交易；交割区域方面，交割地大多集中在境内，境外布局较少；市场经营方面，交易、结算、交割等市场业务仅限境内，通过境外设立分支机构开展国际业务的衍生品经营机构占比较低。

二、启示与建议

推进我国场内衍生品市场健康稳定发展，充分发挥衍生品市场的价格发现和风险管理功能，不仅有利于提高我国衍生品市场服务实体经济的水平，而且有助于增强我国衍生品市场全球影响力，提升我国大宗商品国际定价能力。

第一，以维护市场稳定运行为前提，以满足实体企业需求为导向，积极稳妥推进品种创新：完善以市场需求为导向的衍生品品种上市制度，在豆粕期权、白糖期权平稳运行前提下，研究推出玉米、棉花、天然橡胶等商品期权品种；加快建设原油期货市场，持续开展天然气、商品指数、航运指数等期货品种研究；补足金融衍生品市场发展短板，探索推进人民币外汇期货上市。

第二，优化市场结构，提高机构投资者比例：加强机构投资者队伍建设，推动制定银行、保险、企业年金、社保基金等机构参与衍生品交易的政策，为各类机构投资者入市交易提供更多便利；加快商品期货投资基金建设；在交易风险可控的前提下，逐步扩大国外投资基金参与衍生品品种与工具的范围；增强产业客户参与度，合理引导国有企业参与衍生品市场进行风险管理。

第三，努力提高我国衍生品交易所国际竞争力：积极开展国际交流与合作，借鉴国际一流衍生品交易所建设经验，完善我国衍生品交易所交易机制和结算制度；促进交易所深入探索多元化业务，探索对场外衍生品引入场内化的中央对手方集中清算机制，推进场内场外市场一体化；加强市场服务活动创新，完善市场服务组织架构，建立完善精细高效的市场服务体系。

第四，以服务国家对外开放为宗旨，加快推动期货市场国际化：遵循"先引进来后走出去"的思路，以铁矿石等特定品种的方式逐步引入境外投资者；以"一带一路"建设为契机，切实推动与境外交易所的实质性合作，支持期货交易所在沿线国家设立交割仓库和办事处，支持"一带一路"建设的同时扩大境内交易所在沿线区域的影响力，并以此为基础和起点，走向布局全球市场，在世界范围内为重要资源和金融交易定价。

期货定价方式对产业结构的影响*

杨 阳 高苗苗 孙玉奎

摘 要 期货定价方式的出现和广泛使用对企业竞争力和产业结构有着深刻影响。与现货定价相比，期货定价方式更加透明、高效、公允，有利于提高企业经营管理的科学性和产业集中度，促进产业链整合和产融结合。本文分析了期货定价方式对产业结构的影响，并建议积极发挥期货定价在价格形成机制中的作用，加快推荐我国大宗商品定价中心建设，引导更多实体企业积极参与期货市场。

期货定价方式的出现和广泛使用对企业竞争力和产业结构有着深刻影响。与现货定价相比，期货定价方式更加透明、高效、公允，有利于提高企业经营管理科学性和行业集中度，促进产业链整合和产融结合。从国际经验看，原油、铁矿石等品种的定价方式调整在产业变迁和转型升级中发挥了重要作用。从国内经验看，采用期货定价方式较多的油脂油料行业、有色行业在面临下行周期和严重价格冲击时，能够灵活调整经营策略并带动产业链上下游共渡难关，行业集中度和整体竞争力不断提升。

一、期货定价方式对微观企业的影响

（一）提升企业经营管理的科学性

期货定价具有权威性、连续性、透明性，以期货价格为基准的定价模式可嵌入企业经营的各个环节和全流程。从企业经营流程看，采用期货定价能够事前帮助企业制定和及时调整生产销售计划，事中帮助企业管理价格风险，事后帮助企业更合理进行绩效考核，有助于提升营销体系、财务预决算体系和考核激励体系的科学性。国际上，益海嘉里集团长期奉行"期货现货一盘棋"的管理模式，不对期货部门单独设定业绩指标，而是结合现货原料整体考

---

* 本文发表于2018年3月《中证政研简报》总第475期。

量。益海嘉里已发展成为集粮油加工及贸易、油脂化工、粮油科技研发等科工贸业务为一体的农业综合企业集团，旗下拥有"金龙鱼""香满园"等著名品牌。在国内，超过半数的铜企业和锌企业重视期货市场对于企业制定年度生产经营计划的指导作用，企业根据期货市场价格变化趋势及时调整企业经营策略。东北、华北、云南等地农民及农业产业组织已能够较熟练地运用期货价格安排农业生产、确定销售计划，灵活调整种植面积和种植结构，合理选择卖粮时机。

（二）增强企业抵御行业周期的能力

企业参与期货市场的初衷通常是管理价格风险，锁定利润。成熟运用期货工具的企业应对行业周期和外部价格冲击的能力明显较强，经营业绩的波动性明显较低。目前，国内日压榨能力1 000吨以上的油厂90%以上都参与了期货交易，企业套期保值比例达70%以上；豆油、豆粕、棕榈油等品种的龙头企业参与度已超过80%。2008年金融危机造成大豆价格跌幅高达38%，但由于参与期货市场管理风险的压榨企业占比较高，使得全行业的损失不及2004年的1/4，没有出现大面积企业破产潮。我国有色期货发展历史悠久，也较为成熟，大中型有色企业中有95%—100%的采矿冶炼企业、70%—80%的加工企业以及近100%的贸易企业参与期货市场进行风险管理。从较长周期来看（2000—2016年），相比石油加工、黑色金属等其他行业，有色行业盈利稳定性更加突出。2012—2015年，受钢铁行业持续下跌影响，不少大型国有钢铁企业经营惨淡，民营钢铁企业更是频现"倒闭潮"，而沙钢股份作为民营钢铁企业，熟练使用期货工具降低原料成本，并坚持以套期保值业务为主，在钢市"寒冬"中始终保持经营稳定。2015年，宝钢净利润9.61亿元，同比下降83.4%，马钢出现巨额亏损，而沙钢集团实现销售收入2 058亿元，利润18.97亿元。

二、期货定价方式对产业的影响

（一）促进产业链整合

期货定价方式对产业链整合的影响主要体现在以下几方面：一是为产业链上的企业实施并购整合提供定价基准。例如，在矿山收购中如何估值始终是交易双方争执的焦点。西部矿业在对西藏玉龙铜矿的收购中，以近5年的期货平均价格作为评估依据，大大降低了双方的分歧，提高了谈判效率和并购成功率。二是通过长协订单将上游生产者纳入自己的生产体系。ADM最初是亚麻籽压榨公司，利用期货定价采用订单农业的形式将种植户纳入自己的生产体系，通过新建投资和并购等方式投资加工、仓储、运输及终端销售环节，最终成长为囊括"生产—仓储—运输—加工—分配—销售"一体化经营的著名跨国公司。三是帮助全产业链企业降低风险管理成本。在正常经营环境下，全产业链企业具有较强成本优势和供应链控制能力，但当遭遇全行业下行周期和剧烈价格波动时，往往也会面临更沉重的亏损负担。通过合理运用期货市场工具，全产业链企业在上中下游各个环节更好地管理风险，可以有效增强企业跨周期的生存能力。如中粮集团是国内较早运用期货定价的国有企业，2006—2011年在农产品价格剧烈波动的情况下，中粮集团广泛运用期货定价采购方式并进行套期保值，整体经营业绩大幅提升，5年间利润总额增长169%，营业收入增长144%，总资产增长146%，为2010年后中粮"全产业链"战略的实施奠定了良好基础。

（二）提高产业集中度

期货定价方式对产业集中度的影响方式可分为主动影响和被动影响两种：一是主动影响方式，即企业根据自身在产业链所处的不同位置，运用期货定价方式主动扩大规模，提高产业集中度。如果企业位于产业链上游，可通过期货市场管住风险同时扩张规模，增强对下游市场的控制力。以美国农业为例，农业生产者处于产业链上游，他们运用期货定价保证收益，逐渐吞并一些小的管理不善的生产者，美国农产品生产逐渐由散户种植演变为规模化种植，大农场主、农业合作社等新型农业经营主体快速兴起，产业集中度不断提升。如果企业位于产业链中端或者下游，可通过投资上游企业或纵向一体化来稳定上游原料供给和下游销售，扩张企业规模和提高产业集中度。如沙钢集团最初只是一个生产窗框钢的小企业，位于产业链中游，通过积极发挥期货定价优势，沙钢收购参股巴西、澳大利亚等地矿山，在国内山东、山西等地建立焦炭和煤基地，通过向上游延伸稳定原材料供给。同时，通过收购江苏淮钢、河南永兴钢铁、江苏永钢、常州鑫瑞特钢、无锡锡兴钢铁等企业，不断扩张钢铁生产规模，提升企业盈利能力。二是被动影响方式，表现为因价格剧烈波动给产业带来冲击，许多企业被迫停产甚至破产，而有效运用期货定价方式的企业得以生存，从而被动提高了整个产业的集中度。例如，2004年大豆价格大幅下跌给中国压榨行业带来至少150亿的损失，1 000多家压榨企业破产，只有九三油脂等少数企业利用期货市场有效规避了价格风险。当时国内大豆压榨明星企业大连华农每月亏损3 000万元、全国7个工厂停产，ADM发挥其利用期货市场转移价格风险的优势，趁机收购了大连华农30%的股权。2004年之后，我国大豆压榨行业的产业集中度明显提高，其中民营企业市场份额由50%以上下降到不足10%，外资企业市场份额则由35%上升到50%。

（三）助力产融结合的良性循环

实体企业运用期货衍生品管理风险，需要高水平的金融专业服务，由此推动实体企业和金融业协作，实现优势互补。产融结合主要有两种模式：一种模式是实体企业和金融企业各自独立，进行业务合作。如近年来，我国期货市场探索推出"保险+期货"的创新模式，在一些有期货定价机制的农产品市场上，保险、期货等金融企业和农业企业、农户等实体产业主体合作，为农民增产增收和乡村振兴战略提供金融服务支持。再如，永安期货通过风险管理子公司——永安资本帮助甲醇企业客户提供金融服务，不仅包括传统的风险管理业务，还包括创新的供应链金融业务。采用期货定价模式进行采购的甲醇客户，通过永安资本远期采购原材料时只需支付 15% 的保证金，并且被允许分批提货，既节省了客户的资金成本，又能有效规避原材料价格波动风险。另一种模式是具备条件的实体企业控股或参股金融机构。如中粮集团控股或参股了期货、信托、寿险、银行、产业基金、保险经纪等多个金融机构，五矿集团控股了期货、信托、银行、基金、租赁等金融机构，参股湘财证券。ADM 采用"金融 + 农业"发展模式，旗下金融业务涉及信托、银行、期货、投资咨询等行业，既延长了产业价值链，又为其他业务的发展提供了金融支持。嘉吉是国际四大粮商规模最大的一家，也是四大粮商中最早参与金融业务的，早在 1912 年就成立了嘉吉证券。目前嘉吉旗下有多个金融机构，这些机构主要在大宗商品市场从事风险管理或者代理外部投资者进行衍生品交易，与嘉吉的实体业务相互促进。

三、政策建议

（一）积极发挥期货定价在价格形成机制中的作用

为更好地服务供给侧结构性改革和产业优化升级，建议加快完善期货价格形成机制，进一步推动期货行业与实体经济的深度融合，提升企业运用期货市场工具管理风险的能力，充分发挥期货定价在实体企业经营决策中的作用。

（二）加快推进我国大宗商品定价中心建设，扩大中国期货价格定价影响力

稳步推进期货市场对外开放进程，从战略层面逐步推进大宗商品定价中心建设工作。先以铁矿石、原油等具有重大战略意义的试点品种为起点，再加快推进我国优势上市品种（如螺纹钢、豆粕等）的国际化，完善相关政策，逐步引入境外企业参与国内期货市场，积极推动中国期货价格在国际贸易中的广泛使用。以"一带一路"建设为契机，推动我国成为区域性大宗商品定价中心，逐步谋求全球大宗商品定价权。

（三）进一步完善现有品种，更好发挥期货市场功能

我国现有期货品种中，铜、铝、豆粕、豆油功能发挥较好，对产业正面影响显著，而橡胶、纤维板、胶合板等品种功能发挥不佳。建议针对功能发挥欠佳的品种，不断完善合约设计，提高期货连续价格序列的有效性，使期货品种贴近现货贸易习惯，便利实体企业参与。

（四）引导更多实体企业积极参与和合理运用期货市场

目前我国上市公司参与期货市场的比例仅为 11% 左右，思想认识不到位、专业人才

不足是制约企业参与期货市场的主要原因。国有企业参与期货市场仍面临较多政策障碍。为此,应进一步破除体制机制障碍,引导实体企业积极参与和合理运用期货市场,引入期货定价方式逐步建立更科学的营销体系和更先进的经营模式。

新交所 A50 股指期货对我国股票市场的影响分析*

高苗苗　杨耀武

摘　要　A50 股指期货是境外首只也是唯一以 A 股为标的的股指期货，被广泛认为是对境内 A 股价格发现能力具有重要影响的金融工具。为争夺境内市场资源，A50 股指期货自 2006 年在新交所上市以来，对合约条款进行了数次重大修订，交易活跃度不断提升。自境内股指期货交易受限后，A50 股指期货相对规模大幅增加，且运用 1 分钟高频数据研究发现，其对 A 股市场的价格发现能力显著提升。因此，建议在优化规则制度、充分进行评估的基础上，择机逐步放松限制性措施，促进我国股指期货功能有效发挥。

新加坡交易所（以下简称新交所）推出的富时 A50 股指期货是境外首只也是唯一一只以 A 股为标的的股指期货。标的指数是富时罗素指数集团旗下的香港新华富时指数公司于 2001 年 7 月推出的富时中国 A50 指数（也称为新华富时 A50 指数），由 A 股市值排名较大的 50 家公司组成，其市值约占 A 股市价总值的 33%，其运行波动与沪深 300 指数的相关系数达 99%。

与境内沪深 300 股指期货类似，A50 股指期货被广泛认为是对我国 A 股定价权①具有重要影响的金融工具，主要被境外投资者用于对冲 A 股系统性风险。但近期不少媒体指出，境内股指期货交易受限后，部分原境内股指期货市场参与者通过期货公司"走出去"，更多参与 A50 股指期货交易，甚至担心重现当年日本一度丧失日经 225 指数定价权，而由新加坡主导的情况。

本文运用最新的 1 分钟高频数据，对比分析了境内股指期货交易受限前后 A50 股指期货的价格发现能力，分析发现，限制境内股指期货交易后，A50 股指期货相对市场规

---

* 本文发表于 2017 年 1 月《中证政研简报》总第 379 期。

① 本文的"定价权"指市场的价格发现能力，解决哪个市场是信息主要来源的问题。

模增加,且对于 A50 指数的价格发现能力显著提升,同时沪深 300 股指期货相对于沪深 300 指数的价格发现能力显著降低。

A50 股指期货带给我们的启示与建议有:长期来看,境外 A50 股指期货完全夺取 A 股市场定价权和流动性并非易事。但目前 A50 股指期货对境内 A 股的定价权已处于相对优势地位,如若放任不管,任由 A50 股指期货逐步崛起,会降低本土对 A 股市场的控制力,增加监管难度。下一步,建议积极推进股指期货市场基础制度完善工作,在优化规制、健全监管的基础上,择机逐步放松限制性措施,促进股指期货功能有效发挥。同时,还需大力发展专业投资机构,提升本土市场的定价能力。

一、A50 股指期货的基本情况

新交所在推出 A50 股指期货之前,就曾于 1986 年和 1997 年分别抢先日本大阪交易所(1988)和台湾期货交易所(1998),推出日经 225 股指期货和摩根台湾股指期货,给日本和中国台湾地区股市造成较大震动。虽然目前上述两个市场已基本夺回本土定价权,但新交所仍是上述两个产品重要的离岸市场。2015 年新交所日经 225 股指期货成交量约为本土成交量的 27%,摩根台湾股指期货成交量约为本土成交量的 23%(均按面值规模调整后计算)。

A50 股指期货于 2006 年 9 月 5 日在新交所上市,早于境内沪深 300 股指期货 3 年 7 个月(2010 年 4 月 16 日在中金所上市)。为提高合约流动性,提升交易活跃度,新交所对 A50 股指期货合约条款进行了 5 次重大修订。第一次修订是 2007 年 12 月,调整了合约乘数、最小变动价位、交易时间、持仓限额等。第二、三、五次修订分别是 2010 年 8 月、2013 年 3 月、2016 年 7 月,均为延长交易时间。第四次修订是 2015 年 1 月,降低最小变动价位。此外,合约保证金还频繁下调(见表 1)。

表 1　　　　　　　　近期 A50 期货保证金调整情况　　　　　　　　单位:美元

生效日期	初始保证金	维持保证金
2015 - 11 - 16	1 595	1 450
2015 - 12 - 21	1 265	1 150
2016 - 02 - 01	1 100	1 000
2016 - 06 - 01	935	850
2016 - 06 - 17	990	900
2016 - 07 - 08	770	700
2016 - 08 - 05	605	550

资料来源:新交所网站,中证金融研究院整理。

相比我国沪深 300 股指期货,A50 股指期货资金门槛较低、交易时间更长、涨跌幅限制更宽、结算价波动可能性更大，但相对最小变动价位更高（日内高频交易更难做）。A50 股指期货的合约规模约为沪深 300 股指期货的 1/14；交易杠杆略高于沪深 300 股指期货；每天交易时长达 16.25 小时，且比沪深 300 股指期货早开盘 30 分钟，几乎覆盖了欧美和中国香港特区市场交易时间；最后结算价选取最后交易日的现货指数收盘价，与沪深 300 股指期货选取标的指数最后 2 小时的算术平均价不同，抗操纵能力较弱；但其相对最小变动价位（最小变动价位/现货指数）约为沪深 300 股指期货的 4 倍（目前 A50 股指期货约为 2.6bp，沪深 300 股指期货约为 0.67bp）（见表 2）。

表 2　A50 股指期货与沪深 300 股指期货的合约条款对比

类型	A50 股指期货合约	沪深 300 股指期货合约
合约标的	富时中国 A50 指数	沪深 300 指数
合约乘数	每点 1 美元（以美元计价）	每点 300 元（以人民币计价）
最小变动价位	2.5 点（2.5 美元）	0.2 点
合约月份	两个连续近月、每个年度的 3 月、6 月、9 月、12 月	当月、下月及随后两个季月
交易时间	T 日：9：00—16：30； T+1：17：15—2：00（次日）	上午：9：30—11：30； 下午：13：00—15：00
每日价格最大波动限制	熔断制度（触发档位分别为上一交易日结算价的 ±10% 和 ±15%）； 无价格限制（最后交易日）	上一交易日结算价的 ±10%； ±20%（最后交易日）
交易保证金	初始保证金：605 美元（约 6.4%） 维持保证金：550 美元（约 5.8%）	合约价值的 8%
最后交易日	合约到期月份的倒数第二个营业日	合约到期月份的第三个周五
最后结算价	标的指数收盘价	标的指数最后 2 小时的算术平均价
持仓限额	15 000 手	5 000 手

资料来源：新交所网站，中金所网站。

二、A50 股指期货运行情况及与沪深 300 股指期货的对比

A50 股指期货在 2006—2009 年成交量、持仓量都很小。连续合约 4 年的总成交量分别为 8 443 手、4 383 手、14 813 手、1 手（这与合约条款设计不够合理相关，也受到指数授权方面法律纠纷的影响），仅约为 2015 年成交量的万分之一；日均持仓量分别为 208 手、408 手、1 388 手和 0.5 手，约为 2015 年日均持仓量的千分之一。

A50 股指期货自 2010 年修改合约条款后，且伴随着我国沪深 300 股指期货的上市，成交量、持仓量快速大幅增加，增速甚至快于我国沪深 300 股指期货。2011—2015 年，A50 期货连续合约成交量增长率分别为 407%、211%、142%、95%、155%，同期沪深 300 股指期货成交量增长率分别为 14%、102%、87%、12%、28%；日均持仓量年增长

率约为成交量年增长率的 1/2 左右，但仍快于我国沪深 300 股指期货（见图 1、图 2）。

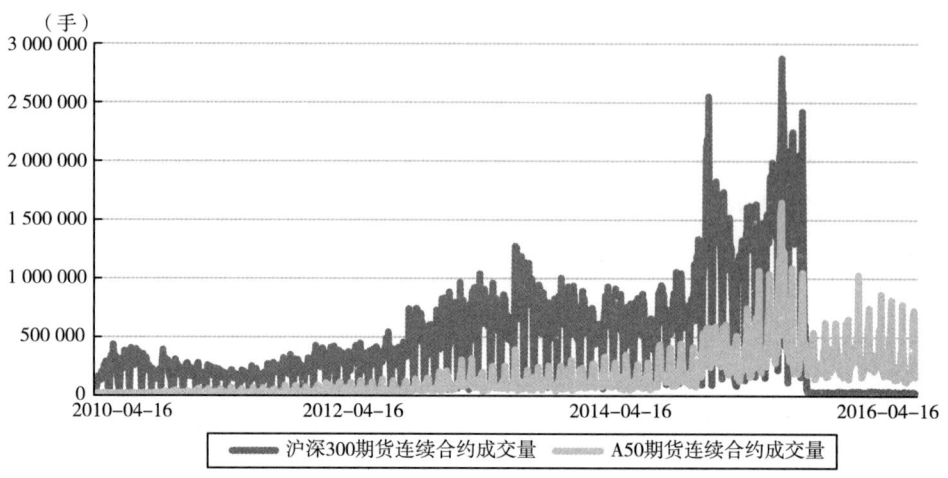

图 1　A50 期货和沪深 300 股指期货日成交量

资料来源：路透社，中证金融研究院整理。

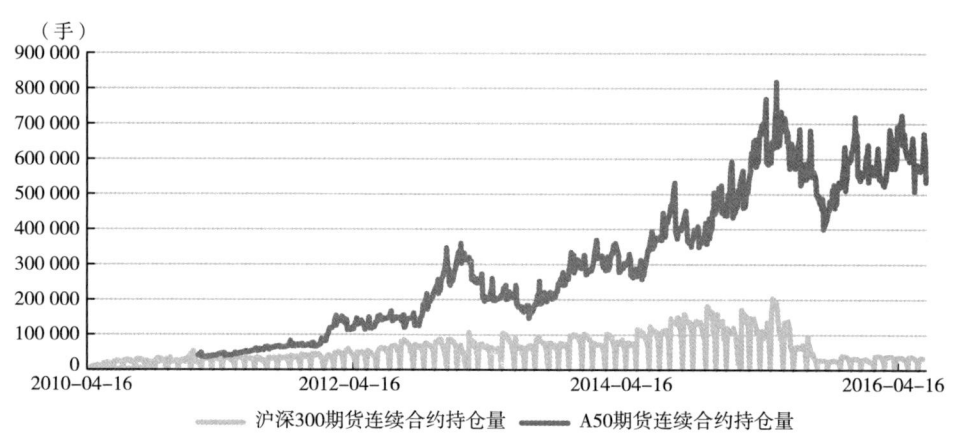

图 2　A50 期货和沪深 300 股指期货日持仓量

资料来源：路透社，中证金融研究院整理。

自 2015 年第三季度中金所限制股指期货投机、套利并大幅提高交易成本后，A50 股指期货成交量有所下降、持仓量保持相对稳定，并未超过 2015 年 7 月的峰值。2016 年 1—7 月，A50 股指期货连续合约日均成交量为 22 万手，同比下降 38%，这可能与 A 股市场交易不活跃相关；日均持仓量为 59 万手，同比下降 0.3%。沪深 300 股指期货连续合约日均成交量为 15 525 手，同比下降 99%，日均持仓量为 28 662 手，同比下降 73%。

从两个股指期货市场规模看，A50 股指期货在我国股指期货受限前非常微小，受限后大体相当。按面值规模调整后计算，2011—2015 年，A50 股指期货成交额/沪深 300

股指期货成交额维持在0.1%—2%,2016年上半年为96%。

从期现货市场规模看,A50股指期货成交额相对我国A股市场仍很小,考虑保证金交易后占用资金量更小,但相对规模呈现稳步增长。2011—2016年上半年,A50成交额/A股成交额分别为0.26%、0.95%、1.50%、1.73%、2.14%、2.67%。

此外,A50股指期货成交持仓比显著更低、基差(尤其是负基差)显著更大。A50股指期货成交持仓比多维持在0.4—1之间,沪深300股指期货成交持仓比多维持在5—10之间,2015年两者同时经历了突然放大后回落(见图3)。自沪深300股指期货上市至2015年9月,A50股指期货平均基差比为-0.1%,沪深300股指期货平均基差比为0.03%。

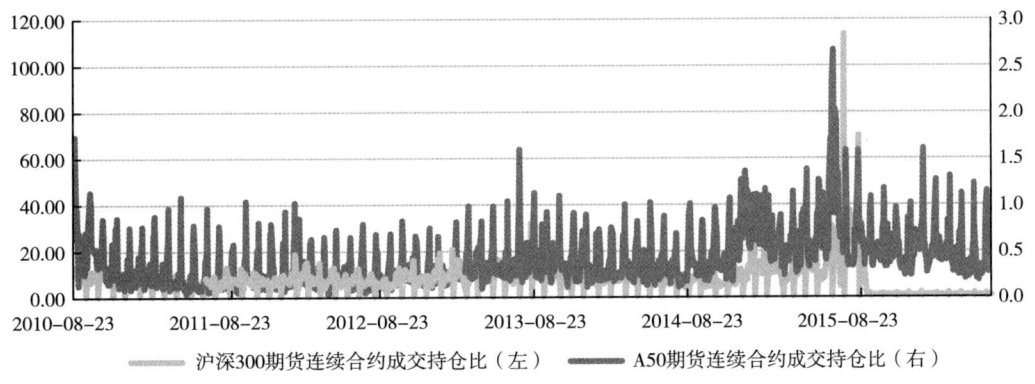

图3　A50期货和沪深300股指期货成交持仓比

资料来源:路透社,中证金融研究院整理。

A50股指期货成交持仓比低表明其被更多被用于套期保值,也可能部分因为其相对最小变动价位较高客观上增加了高频交易的成本。A50股指期货负基差更大可能表明其投资者更多看空A股市场,或由于A50指数现金分红比例高于沪深300指数。

三、A50期货对境内股票市场的影响:机制和实证结论

(一)影响机制

研究股指期货对股票市场的影响主要是度量其价格发现功能。价格发现是资产价格对新信息响应并形成新均衡价格的动态过程。早期人们认为期货价格是未来现货价格的无偏估计。但这种认识的前提——标的资产的系统性风险不为零,通常不存在。

后期学者们转而认为期货价格与同期现货价格之间存在稳定均衡关系,在两个市场都是完美有效时,新信息能够同时在两个市场中反映,因为对知情交易者而言,选择其中任何一个市场交易都是无差别的。因此,可通过检验期货价格与同期现货价格之间

的关系，反映期货市场价格与现货市场价格之间的领先滞后关系和信息传导机制，衡量两个市场的价格发现功能。目前常用的方法包括格兰杰因果检验、信息贡献度模型等。

大量研究表明，股指期货市场比股票现货市场更具有价格发现功能。成熟市场股指期货价格领先于现货价格也是常态（如美国、英国、法国、德国、澳大利亚、日本等）。主要原因如下：一是股指期货市场交易成本更低，采用保证金交易且只有手续费，而股票交易包括佣金、印花税、过户费等。二是股指期货市场支持多空双向交易，在价格发现方面（尤其是负面消息价格发现方面）具有优势。而股票市场通常对卖空进行限制，我国直到2010年才开通融券，且市场效率明显低于股指期货。三是股指期货市场包括当期和未来多个期限的价格，更具信息含量。四是股指期货市场更能反映市场系统性信息。当一国股票市场更多呈现系统性信息引发的同涨同跌的现象时（如我国），股指期货价格发现功能就越明显。五是股指期货市场参与者通常更专业、风险承受和控制能力更强，价格发现能力更强。

此外，由于A50期货开盘比我国A股早30分钟，且全天交易时长达16.25小时，因此有更长的交易时间窗口反映市场信息。

（二）实证结论

为考察境内股指期货交易受限对我国股市价格发现的影响，本文采用1分钟高频数据，借助信息贡献度模型对比分析受限前后A50股指期货、沪深300股指期货对A股价格发现能力的变化。

本文选择2015年9月7日作为分界点，原因是当天出台了最严格的限制措施（提高非套保和套保的保证金，限制3个品种的投机和套利为10手；大幅提高日内平仓交易费），此后沪深300股指期货成交量大幅下降，如图4所示。

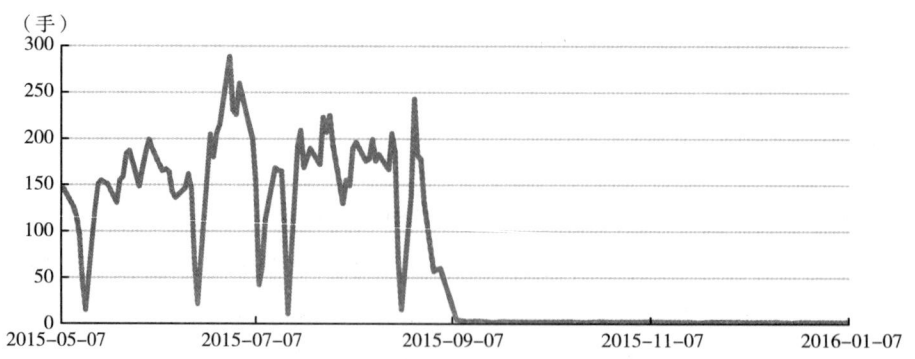

图4 沪深300股指期货连续合约成交量

资料来源：路透社，中证金融研究院整理。

注：成交量临近交割日大幅下滑因为移仓换月。

研究发现：

1. 在境内股指期货交易受限后，A50股指期货相对于A50指数的价格发现能力显著提升（见表3、表4）。

表3　　　　　　　　A50期现货价格发现贡献度变化情况

样本期间	A50指数	A50股指期货
受限前（2015年4月3日—2015年9月2日）	48.87%	51.13%
受限后（2015年9月7日—2016年2月1日）	27.50%	72.50%

表4　　　　　　　　A50期现货价格发现贡献度明细变化

样本期间		A50指数	A50股指期货
受限前后30个交易日	前	58.04%	41.96%
	后	21.08%	78.92%
受限前后60个交易日	前	74.58%	25.42%
	后	36.91%	63.09%
受限前后90个交易日	前	62.55%	37.45%
	后	23.20%	76.80%

2. 在境内股指期货交易受限后，沪深300股指期货相对于沪深300指数的价格发现能力显著下降（见表5、表6）。

表5　　　　　　　　沪深300期现货价格发现贡献度变化情况

样本期间	沪深300指数	沪深300股指期货
受限前（2014年6月12日—2015年9月2日）	13.47%	86.53%
受限后（2015年9月7日—2016年8月29日）	31.79%	68.21%

表6　　　　　　　　沪深300期现货价格发现贡献度明细变化

样本期间		沪深300指数	沪深300股指期货
受限前后120个交易日	前	23.78%	76.22%
	后	27.80%	72.20%
受限前后150个交易日	前	22.53%	77.47%
	后	28.04%	71.96%
受限前后180个交易日	前	19.19%	80.45%
	后	29.09%	70.91%

四、启示与建议

股指期货市场的限制交易措施，是为化解股市可能的系统性风险采取的一揽子措施之一，是特殊市场阶段的临时政策。虽然长期来看，由于投资者对本土市场的交易模式、监管、法律、文化环境等更为熟悉和依赖，加之境内存在外汇管制，且境内投资者参与 A50 股指期货的交易成本（约为万分之二到万分之三）仍高于参与境内股指期货交易成本（约为万分之 0.28），境外 A50 股指期货完全夺取 A 股市场定价权和流动性并非易事。但目前 A50 股指期货对境内股市的定价权已处于相对优势地位，如若放任不管，任由 A50 股指期货逐步崛起，会降低本土对 A 股市场的控制力，增加监管难度。

建议：一是积极推进股指期货市场基础制度完善工作，在优化规则制度、充分进行评估的基础上，择机逐步放松限制性措施，促进股指期货功能有效发挥。二是考虑到本土机构投资者在定价方面的话语权仍显不足，建议大力发展专业投资机构，培育具有"旗舰"作用的大型机构投资者，鼓励机构通过"走出去"积极参与国际竞争，提升本土市场的定价能力。

热点问题及对策

特朗普减税计划的长期影响及政策应对[*]

冯晓爽

摘 要 2017年4月，特朗普经济团队披露了"史上力度最大"税收改革计划的核心纲要。此后几个月，减税方案在各方博弈过程中逐步达成共识，在不确定中渐行渐近。我们认为，税改方案落地将刺激美国企业投资及资本回流，加重美国政府债务负担，引起长端利率上行。同时，特朗普税改也会对我国贸易、投资及跨境资本流动带来影响。应积极应对减税可能带来的中美逆差扩大而引发的贸易摩擦，着力改善企业营商环境，进一步深化相关制度改革，减少外部环境变化引起的资本恐慌。

2017年4月，特朗普经济团队披露了"史上力度最大"税收改革计划的核心纲要。8月，特朗普与国会达成部分共识；9月，美国政府进一步细化了此前的税改草案。税改方案落地在不确定中渐行渐近。对此，我们应未雨绸缪，做好政策应对。

一、特朗普税改方案的主要内容及评价

（一）税改计划主要内容及后续进展情况

2017年4月26日，特朗普经济团队政府发布了就任以来的首次税收改革计划的核心纲要，其核心内容包括个人所得税改革和企业减税两个方面。7月底，国会和白宫的六大共和党政要发布了有关税制改革的《联合声明》，声明放弃实行国内消费税和边境税收调整的主张。8月，对于如何抵消税改后的财政裂口，特朗普和国会取得了共识。9月27日，美国政府公布了税改框架，进一步细化了此前的税改草案。12月20日，美国参众议院分别投票通过了《减税和就业法案》。12月22日，法案提交特朗普总统正式签

---

[*] 本文发表于2017年10月《中证政研简报》总第431期。

署通过，美国第四轮税改已正式启动。

特朗普政府公布的税改方案主要内容最终如下：个人所得税方面。税率保留7个档级不变，各档级税率大多进行了下调，最高档税率从39.6%下降到37%；取消纳税人4 050美元/人的个人免税额的减免额度；标准抵扣额翻倍；首个75万美元以下的贷款额利息，享受房贷利息减免。公司所得税方面，将企业所得税税率从35%降至21%；海外利润一次性汇回，现金资产按15.5%的税率征税，非流动资产按8%的税率征税；改变税收的全球征收制度和递延原则。

（二）博弈过程将使税改政策打折

税改大纲需要形成正式法案提交国会审议通过才能生效。虽然国会两院都由共和党人控制，但特朗普与共和党建制派之间存在分歧，共和党内的"财政鹰派"也不希望财政赤字扩大，这些都会对立法通过形成阻碍。尽管特朗普加速税改的动力一直未减，税改立法的正式推进仍进行了多轮商议，落地时间也从计划的8月拖至年底。可见，美国税改是一个各方博弈的政治过程，部分减税措施可能会被放弃，税改方案全面实施或会打折扣。打折程度取决于各方谈判的妥协程度，结果则会显著影响美财政赤字及"财政悬崖"。

（三）税改面临财政预算约束，影响"税收中性"

一是"拉弗曲线"① 为减税理论依据的难点。在降低税率的同时要增加税收收入，实际上是"拉弗曲线"的逆向过程。要满足当前税率位于最优税率水平的右侧，并且明确降低后的税率在"拉弗曲线"上的具体位置，否则减税效果很难预测，还可能带来较大的财政收支压力。二是税改面临的财政预算约束。根据美国非营利公共预算研究组织（CRFB）测算，特朗普税改后未来10年所带来的财政成本将达到3万亿—7万亿美元，这需要4.5%以上的GDP增速才能抵消，但国会预算案办公室和美联储对未来GDP增速的预期仅为1.8%。7月份"六大政要"的《联合声明》决定搁置边境调节税，加之新医改未能通过，这意味着美国若在减税的同时实施大规模基建计划，财政压力或将难以承受②。

二、税改计划对美国及全球经济的可能影响及效果预判

（一）刺激企业投资，带来资本集聚效应

1. 对企业部门的影响。减税有助于增强企业盈利能力，提高企业ROE水平，增加

---

① 拉弗曲线是"供给学派"的美国经济学家拉弗描述税率与税收水平的"倒U型"曲线，显示了在税率由0增长到100%的过程中，税收总额由0回归到0，在0和100%之间存在一个"最优税率"，在"最优税率"下，政府税收达到极值。

② 按白宫此前计划，征收边境税将"在未来10年可以给美国带来1万亿美元以上的财政收入"；推行新医改将在未来10年节省3 000亿美元。

企业现金流,促进企业扩大投资。研究发现,2001—2004 年和 2008—2010 年美国两次减税行动,企业投资分别提升了 10.4% 和 16.9%[①]。

2. 对居民部门的影响。特朗普的税改政策总体上仍有利于高收入者。据税收政策中心研究,如果整套减税计划真正实施,处于社会最顶层 0.1% 的人口享受税后收入减免额度将超过 14%,远超其他收入群体。这部分群体处于产业链顶端,掌握着大部分技术、管理和投资等资源,减轻这部分税负必然会带来资本的集聚效应。

(二)加重债务负担,未来发生债务危机概率上升

从美国 20 世纪 80 年代里根政府减税的经验来看,大规模降低税负有可能带来经济短暂回升,但同时会加剧财政赤字(见图 1)。

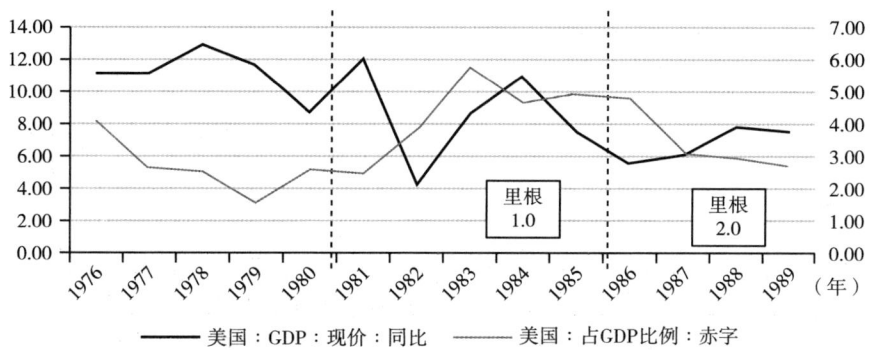

图 1　里根减税时期 GDP 增速与赤字呈正相关

资料来源:Wind,中证金融研究院整理。

如果特朗普减税计划顺利实施,财政收入将大幅减少。据联邦预算委员会估算,特朗普减税方案将在未来 10 年使美国政府财政收入降低 5.8 万亿美元。如若不能相应减少开支,政府需要增加负债来弥补亏空,届时美国政府债务负担将非常沉重。从债务成本角度看,全球利率水平将随着全球货币政策的边际调整和美国国债等债券融资成本上行而进一步提升,显示美国廉价融资的时代已过去。相比里根时期,美国联邦债务规模已经急剧膨胀,联邦债务占 GDP 比重从 1986 年不足 50% 升至 2016 年的 99.5%。据美国税收政策中心测算,减税将在未来 10 年将财政赤字扩大至逾 1 万亿美元,美国债务占比 GDP 峰值将由先前预估的 89% 大幅抬升至 111%(见图 2)。

(三)促进资本回流美国,加大新兴经济体资本流出压力

理论上看,降低税收会提高一国对 FDI 的吸引力。20 世纪 80 年代里根减税时期,全球对美 FDI 明显增加,流入美国 FDI 占全球 FDI 的比例从此前的 20% 提高至 36%;同

---

① Eric Zwick. 2017. "Kinky Tax Policy and Abnormal Investment Behavior", American Economic Review.

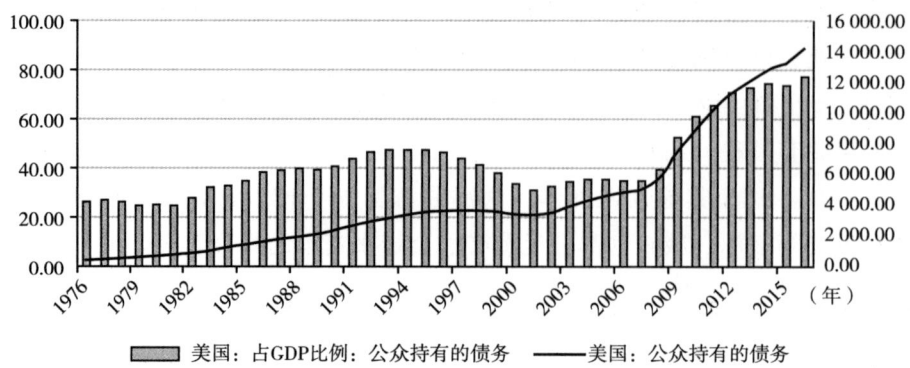

图 2　近年来美国债务水平及占比急速上升

资料来源：Wind，中证金融研究院整理。

时流入其他 G7 国家 FDI 占全球 FDI 比例则从此前的 39% 下降至 18%。

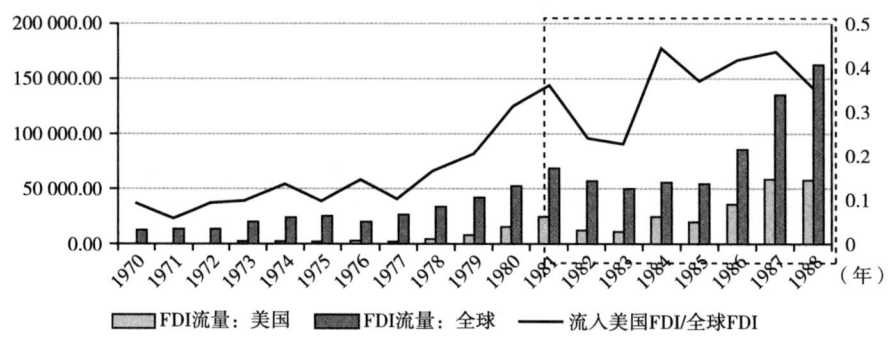

图 3　里根执政期间流入美国 FDI 明显增多

资料来源：Wind，中证金融研究院整理。

此次税改方案欲将企业所得税率从 35% 降低到 21%，会增强美国对境外资本的吸引力。但从当前美国经济环境和资产收益率来看，资金回流效果可能不及布什执政时期。一方面，针对海外资本回流给予的优惠税率若按流动资产 8% 计算，其力度尚不及 2004 年《国内投资法案》（HIA2004①）规定的 5.25%。另一方面，2005 年美国 10 年期国债收益率为 4.29%，与 5.25% 的海外资金回流优惠税率相差不大。因此，受 HIA2004 激励回流的资金比例约为 30%。目前美国整体资产收益率较低，10 年期美国国债的名义收益率为 2.5% 左右，与 8% 的优惠税率相差 5.5 个百分点，资金回流成本明显高于 2004 年。美国企业海外留存资金约为 2.6 万亿美元②，即便按 30% 的比例估算，回流资金也

---

① 2004 年布什政府出台了国内投资法案（Homeland Investment Act，HIA，2004）作为就业机会创造法案的一部分，是当时一次性税收优惠政策，持续时间为 2004 年 10 月 22 日至 2005 年 10 月 22 日。在此期间，对于汇回国内的海外收入，税率由原本的 35% 下降到 5.25%，即 85% 的收入可以免税。

② 美国税收和经济政策研究所（ITEP）的调查数据显示，截至 2017 年 3 月，"500 强"企业在海外账面现金储备超过 2.6 万亿美元，其中苹果、微软等科技公司海外现金储备均超过千亿美元规模。

在 8 000 亿美元左右，低于此前预期。

（四）引起长端利率上行，会给金融市场带来扰动

当前，美国 10 年期国债收益率在 2.5% 左右，长期低利率压缩了货币政策进一步宽松的空间。截至 2019 年 4 月，美国基准利率已上调 8 次，利率曲线已出现上移。减税带来赤字扩张，将进一步推升长端利率水平。税改如成功落地，也有可能带来企业经营状况好转和 GDP 增速回升，进而带动美元指数及美股的短暂上行。这些都不可避免地会对跨境资本流动及全球金融市场造成扰动。此外，特朗普税改方案允许"税赋转由合伙人缴纳"类型企业的最高税率从 39.6% 减为 29.6%，这种类型企业包括一些掌握巨额资产的对冲基金公司，这将对美国及全球的财富分配，以及资本市场走向产生重大影响。但长期看，减税对美国经济的刺激或难持续。随着经济增速的回落，美元指数以及美国股指也可能如里根减税时期，先上行然后出现回调（见图 4）。

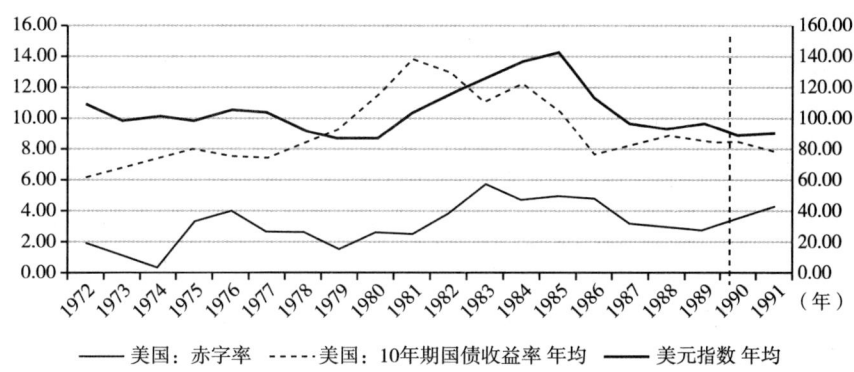

图 4　里根减税时期美国赤字率、长债收益率和美元指数走势基本正相关
资料来源：Wind，中证金融研究院整理。

三、税改计划对我国经济金融的可能影响

特朗普税改主要会对我国贸易、投资及跨境资本流动带来不同的影响。

（一）减税吸引企业回美将对我国制造业带来冲击

与其他国家相比，当前美国企业税率处于较高水平。特朗普税改方案如获通过，不仅对本国制造业企业形成强力牵引，对于那些正在进行全球投资布局、构建新生产体系的跨国企业也具有很大诱惑。与奥巴马时期的高端"制造业回归"战略不同，此次特朗普政府"产业回迁"计划重点在于中、低端制造业，这将对我国及新兴市场国家的代加工行业带来较大影响。但也存在一些对冲因素：一是近年来我国减税降

费动作较大，为抵消美国减税政策创造了良好条件；二是东亚制造业以产业链形式存在，各国之间大量贸易为中间品贸易，完整复制这种产业链不能仅靠税收改革来解决。

（二）对我国进出口贸易带来扰动

里根 1981 年税改政策实施后，美国出现了经常项目赤字和财政赤字的"双赤字"现象（见图 5）。背后原因在于，减税带来财政赤字增加，政府为弥补财政赤字增加债券发行，引起债券收益率上行，进而推动本币升值，其结果是本国产品出口竞争力下降，最终带来经常项目赤字扩张。

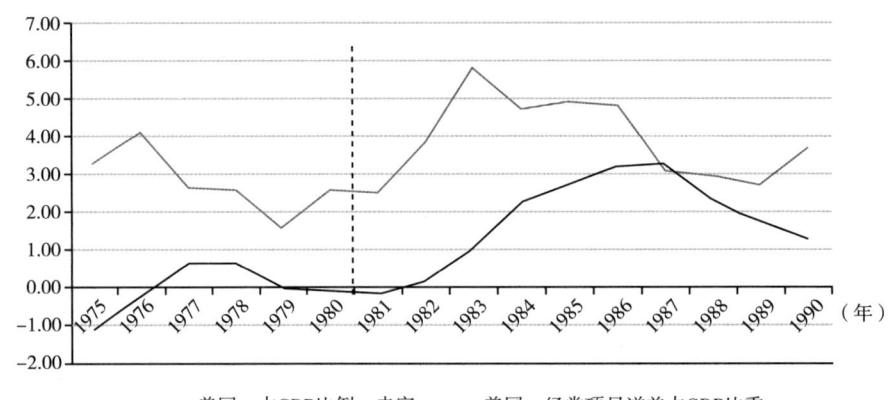

图 5　里根 1981 年减税时期财政与经常项目"双赤字"

资料来源：Wind，中证金融研究院整理。

因此，如特朗普税改方案落地，也可能会扩大美国经常项目逆差，进而加大中美贸易摩擦，届时贸易保护风波或再起，我国钢铁、电子设备、服装等行业会受到较大影响。此外，特朗普对个人所得税的减免，一定程度带来居民实际收入水平上升，从而增加美国居民的购买力，刺激国内消费需求，为来自我国的产品需求弹性较大的行业出口带来新机遇。与此同时，美国大规模基建计划会提振大宗商品的需求，推高钢铁、水泥等商品价格，把握机遇将有利于缓解国内一些产能过剩行业的压力。

（三）短期看我国将面临一定的资本流出压力

短期看，美国税改计划将吸引资金回流美国，加剧我国资本流出压力，人民币贬值和国内资产价格下行压力由此产生。一是减税使美国国债收益率进入上升通道，加大与其他国家利差，导致资金流向美国；二是美境外企业资金回流很可能带来美元阶段性升值。据香港东亚银行（BEA）测算，截至 2014 年底，美国境外企业在华总资产已达到 6 000 多亿美元，占我国存量 FDI 规模的 20%。如这些企业将其巨额海外利润转换为美元,或带来美元阶段性升值,我面临的资本流出压力不容小视。

(四) 长期看存在推升人民币升值的"转嫁"风险

从长期看,特朗普此次税改与里根1986年减税所处环境有相似之处,均处于经济复苏周期和货币政策收紧阶段。从里根税改经验看,虽然减税后美国消费、投资等得到提振,但减税并不能彻底改变美国经济的结构性问题,中长期看美国国债收益率、美元指数或再次承压。在压力无法内部消化的情况下,向外部转移矛盾成为最优选择。20世纪80年代美日贸易摩擦加剧,通过"广场协议"美国成功将矛盾转嫁给日本,日元大幅升值,国内资产泡沫风险加剧。当前,我国和日本所处环境颇为相似,需要防止"广场协议"案例重演和人民币被迫升值风险。

(五) 跨境资本流动影响扰动国内资本市场的流动性

美元资本回流将对我国股票市场带来一定冲击。特朗普对境外企业利润实施一次性税收减免政策一旦落地,将导致外资企业将投资资金和留存利润汇回美国,也会吸引他国企业到美国投资。2016年我国非金融企业对外直接投资为1700亿美元。若中国跨境资本不利形势与全球流动性的收缩相叠加,将对A股市场流动性产生较大冲击。另外,美债收益率上升将带动全球金融市场对债市的悲观预期。里根减税政策推出恰逢美联储的加息周期,赤字率的大幅攀升导致1983年美国5年期国债收益率一度飙升到9%以上。本次特朗普税改或将引发的美债收益率上行可能造成国内市场情绪波动,对我国债券市场带来不利影响。

四、政策建议

(一) 积极应对减税带来中美逆差扩大引发的贸易摩擦

如果特朗普政府减税等经济政策最终落地,美国的贸易失衡问题可能进一步恶化,贸易摩擦有可能加剧,因此我国需要更加多元的应对策略。短期看,应加强与美国的经济合作,如增加美国高科技产品、能源等进口,在基建等领域进行合作。中长期看,一要积极利用多边国际体系,利用法律和国际贸易条款维护自身的合法权益,如利用世界贸易组织来反击美国的保护主义,避免关税壁垒损害我国利益;二要加强和其他经济体的合作,联合抵制特朗普政府违反国际规则的行为,如通过推动区域全面经济伙伴关系,制定和完善区域自由贸易规则;三要建立贸易预警机制,加强对中美贸易数据的动态观测,了解美国知识产权的有关规定,形成对美国贸易保护的反干预机制。

(二) 减轻企业不合理的费用负担,着力改善企业营商环境

我国以"营改增"为标志的减税降费对美国减税溢出有抵消作用。但面对特朗普税改的冲击,我们需要合理预判,找出实体经济的"痛点",加快推进减税降费实施。大力规范与改善地方费征收为主的政府性收费,加快出台激励措施和降费政策,激发创业热情,从根本上留住中国企业和人才。继续深化供给侧结构性改革,持续推动简政放权、放管结合、优化服务,抓紧制定实施和逐步完善负面清单,切实降低制度性交易成本,健全实体企业尤其是中小企业投融资机制,营造良好的企业发展环境,为留住企业及人才提供更大的发展空间和可能。

(三) 减少因外部"风吹草动"引起的资本恐慌

美国减税历史证明,单纯税制改革对一个国家的经济金融影响程度有限,而减税带来的财政赤字扩张也会增大税改压力,以至出现税改政策反复甚至向外部转嫁风险的情况,这将对全球金融市场带来扰动。为减少美国减税溢出效应带来的不利影响,我们要加快形成以中间价机制改革为主、浮动区间调整和扩大为辅的人民币汇率形成机制,扩大市场主导的双向波动区间,增强市场自我调节能力。强化预期管理,丰富外汇市场参与主体;参考引入逆周期因子的经验,完善"一篮子货币"机制;积极利用外国直接投资和开放债券市场,促进资本流入,实现外汇市场和国际资本流动的平衡,降低由于美国税收政策反复带来的人民币预期及跨境资本的恐慌性流动。

(四) 进一步深化财税体制改革

特朗普政府旨在通过减税手段提振美国经济,或多或少会在全球产生一定示范效应,也将对我国贸易、汇率及资本市场产生一定影响。因此,应巩固现有营改增和鼓励创新创业税收优惠政策取得的阶段性成果,并在此基础上理顺税收逻辑,进一步推进税制改革,重点理清中央和地方事权和财政支出责任,加快推进个税改革进程。同时,应认识到直接税为主的美国税制结构的先进性,优化我国税收结构,提高直接税征收比例,发挥房产税、各种所得税等直接税对社会财富再分配及缩小贫富差距的调节功能,也让企业为扩大税基来源做好储备。

新版 TPP 对我国的影响及应对建议*

胡玉玮　邱　薇　卢边静子

摘　要　2018年3月8日，新版TPP《跨太平洋伙伴关系全面与进展协定》（简称CPTPP）在智利成功签署。虽然美国未参与，但CPTPP作为"21世纪高标准"的贸易投资协定，将极大促进区域内金融深度融合与资本自由流动，并会对全球贸易体系及世界经济产生重大影响。我国作为全球第二大经济体及最大货物贸易国，CPTPP对我战略、经济、金融等方面的影响不可低估。我国应密切跟踪事态发展，避免误判，积极防范化解潜在风险。本文建议如下：一是加快自贸区建设及双边多边自贸协定谈判，削弱CPTPP可能造成的不利影响；二是以CPTPP为契机，倒逼国内经济金融改革；三是适时考虑加入CPTPP，参与全球经贸治理体系建设；四是借鉴CPTPP经验，构建"一带一路"贸易投资协定。

2017年1月，特朗普宣布美国退出《跨太平伙伴关系协定》（简称TPP）后，TPP谈判一度陷于僵局。但在日本政府的极力推动下，后又取得突破性进展。2018年3月8日，《跨太平洋伙伴关系全面与进展协定》在智利首都圣地亚哥签署（见附录资料1）。作为"21世纪高标准的自由贸易＋自由投资协定"，CPTPP将对全球贸易投资体系产生深远影响，已有多个国家或地区明确表示愿意加入。特朗普也表示，美国不排除重新加入的可能性。

一、CPTPP与TPP的异同

CPTPP继承了TPP的"超国家主权性"，一体化程度更胜于世界贸易组织（WTO），既包括传统的关税和非关税壁垒削减，也涵盖投资、金融、环保等诸多领域，并通过高于现有标准的劳工、知识产权等壁垒，期待重新书写全球贸易规则。总体上看，CPTPP与TPP相比变化不大，基本保留了TPP的核心内容（见附表1），但冻结了原TPP中20

---

* 本文发表于2018年3月《中证政研简报》总第477期。

项主要由美国力推的争议条款。主要有以下两点区别：

（一）在知识产权保护力度方面有所降低，维护了成员国知识产权政策灵活性

与 TPP 相比，CPTPP 冻结的 20 项条款中，11 项与知识产权有关，主要涉及专利期限延长、药品专利、保护新技术的新规则和版权保护期限延长等。在之前 TPP 谈判中，美国出于自身利益和树立贸易新规则考虑，极力推动制定保护更强、期限更久的知识产权规则。随着美国退出，一些有争议的知识产权条款暂被搁置，不过 TPP 大部分知识产权条款依然保留，且标准高于 WTO 现行规则。

（二）投资者与国家争端解决机制（ISDS）[①]的可仲裁范围缩小，削弱了对国家主权的影响

相较于 TPP，CPTPP 冻结了投资合同适用 ISDS 的规定，与政府签订投资合同的投资者如果对该合同有争议，将无法使用 ISDS 条款，东道国遭巨额赔偿的仲裁危机或将大大减少。同时，金融服务方面取消"最低待遇标准"（即给予成员国投资者不低于外国人的标准）纳入 ISDS 范围，意味着金融服务相关 ISDS 将会减少。

二、CPTPP 对我国的战略影响

（一）削弱国际贸易投资规则制定话语权

美国的退出使 CPTPP 的国际影响力大打折扣，但作为一个全新的国际贸易投资协定，CPTPP 势必会影响全球多边贸易体系建设，并可能成为未来全球贸易规则的范本与标准。由于被排除在 CPTPP 谈判之外，我国失去一次参与并影响国际重大经贸规则制定的难得机遇。同时，即使未来我国有意加入 CPTPP，但由于不是创始国，将不得不接受苛刻及不利的加入条件。

（二）不利于推进"一带一路"建设

目前 CPTPP 11 国中 4 个为"一带一路"沿线国家。随着未来 CPTPP 成员国的扩容，预计更多"一带一路"沿线国将会陆续加入 CPTPP。该协议对非成员在投资、金融服务等领域均有排他性的制度设计，以及在劳工、环保等领域的高标准，这些都不利于我

[①] ISDS 是为了保障资本输出国（通常为发达国家）海外投资者的利益，把本来属于东道国国内法院诉讼范围的争议，如果投资者认为东道国的政策、法律、法规等损害其利益时，即可绕过东道国国内法院提起国际仲裁，且一裁终决。东道国政府仅可出于健康、安全和环境保护目的对此进行限制性的立法。

国企业在"一带一路"沿线国家开展相关业务合作。

三、CPTPP 对我国经济的影响

(一) 短期内对我国出口冲击有限,但长期影响深远

CPTPP 生效后,成员国之间 99.9% 的工业品和 97.1% 的农林水产品的关税将逐步降至 0。2017 年底,我国对 CPTPP 成员国出口额占总出口的 19%。但是,CPTPP 有 8 个缔约方与我国签订了自由贸易协定(见附表 2),对华进口关税已大幅削减。短期来看,CPTPP 达成后,因关税削减对于我国出口产生的贸易转移效应不会太大。彼得森研究报告显示,2030 年我国对 CPTPP 11 个成员国出口额预计下降 0.2%(90 亿美元)。长期来看,CPTPP 一些深度一体化的条款会促进生产要素区内流动,产业链和投资向区内转移。CPTPP 制定了较为严格的原产地原则,以纺织服装产业为例,其规定原料从纱线到成品的生产过程都必须在区内,这将导致我国相关产业向区域内转移。

(二) 对我国对外投资的影响较为负面

CPTPP 许多成员国预期将成为中资企业新一轮海外投资、基础设施互联互通的重要目的国。不论是在这些国家进行绿地投资、并购投资,还是国际工程承包和对外劳务输出等,均将涉及劳工、环保等问题,新的劳工高标准可能增加中国企业投资成本及管理负担。同时,为了享受 CPTPP 带来的贸易及投资自由的优惠及便利,国内部分企业或将转至成员国境内生产经营,从而造成资本外流,影响国内相关产业发展。

(三) 对我国国企对外投资影响更为突出

CPTPP 国企条款限制政府对(从事商业活动的)国有企业进行财政补贴、融资便利等倾斜措施,缔约国因此需修改其国内法律。同时,缔约国对在其境内从事商业活动的外国国有企业有诉讼管辖权。由于我国国企普遍享受补贴或信贷红利等,在缔约国投资的我国国有企业可能会因不正当竞争优势面临诉讼。此外,国有企业在准入前需要进行更加严格的信息披露及外资审查,这也加大了我国国企走出去的难度及成本。

四、CPTPP 对我国的金融影响

(一) 不利于我国金融机构现有的海外业务

随着我国进出口贸易规模的不断扩大,海外并购日益增多,国内金融机构的相关对外业务迅猛发展。银行业的贸易融资、证券业的投行、保险业的出口信用保险等业务等

都已经成为国内金融机构的重要业务单元及利润来源。但在 CPTPP 框架下，我国与其成员国之间的贸易投资等业务预计放缓，进而冲击国内金融机构的海外相关业务。

（二）不利于国内金融机构走出去

近些年，国内金融机构纷纷走出去，一方面更好服务走出去的国内客户，另一方面也积累海外运行管理经验，提升国际化水平。但是，根据 CPTPP 协议，成员国之间的市场准入标准将远优惠于成员国与非成员国之间的标准。此外，CPTPP 协议中，"国有企业"相关条款也适用于"金融服务"章节。鉴于我国大型金融机构多有国有背景，国内走出去的国有金融机构将会受到"国有企业"与"金融服务"章节中不利条款的双重制约。

（三）需关注对我国金融体系的潜在冲击

根据 CPTPP 相关条款，区域内投资享受充分的资金自由转账，东道国不得对资金流动设置任何限制。但是，跨境资金流动便利化是把双刃剑：一方面，有利于扩大区域内的跨境资本投资，促进经济发展；另一方面，对于一些不发达国家，不加限制的跨境资本流动可增大市场波动，在极端情况下，甚至会引起系统性金融风险，并波及周边和全球市场。由于我国金融市场开放力度越来越大，与全球金融市场的联动性愈发增强，CPTPP 成员国潜在的金融市场波动对我国的冲击不可忽视。

五、政策建议

（一）加快自贸区建设及双边多边自贸协定谈判，削弱 CPTPP 可能造成的不利影响

近些年，WTO 框架下全球多边贸易谈判停滞不前，但双边与区域性自贸区不断涌现。我国应充分利用作为 120 多国最大贸易伙伴国的优势，积极推进与东盟、欧盟等重要地区/国家的自贸协定。如果短期内多边谈判难度较大，可先易后难，从双边协定着手，特别是与 CPTPP 成员国尽快达成自贸协定，以缓解 CPTPP 对我国的潜在冲击。

（二）以 CPTPP 为契机，倒逼国内经济金融改革

客观上，CPTPP 可在一定程度上形成对国内改革的倒逼压力。我国应秉承"洋为中用"理念，积极找差距、补短板，既不否认目前国内存在的问题（如环保标准低），也不盲目全盘接受 CPTPP 的所有主张（如国企相关限制），客观理性看待 CPTPP，加快国内改革，切实提升经济增长质量及企业国际竞争力。同时，继续扩大金融对外开放，增强我国金融市场抗风险能力。特别是密切关注区域内相关国家在一体化后可能发生的潜

在市场波动风险,防范其对我境内市场的传导与冲击。

(三)适时考虑加入 CPTPP,参与全球经贸治理体系建设

作为全球第二大经济体与最大贸易国,我国被排除在 CPTPP 之外是不合理的,缺少中国的 CPTPP 也是不完整的。"中国要积极参与全球治理体系改革和建设,不断贡献中国智慧和力量。"我国应紧密关注 CPTPP 进展,并视情况考虑加入。根据我国加入 WTO 历程的经验教训,申请加入越早,谈判难度越小。

(四)借鉴 CPTPP 经验,构建"一带一路"贸易投资协定

"一带一路"倡议是党和国家的重大战略部署。在推进过程中,需要建立一整套符合国际标准,且公开、透明的经贸投资协定。作为全球最新版本的自贸协定,CPTPP 有较强的参考价值与借鉴意义。首先,它区别于现有的主要自贸协定,CPTPP 成员国更加多元化,覆盖不同发展阶段、政治制度及宗教文化,这也是"一带一路"沿线国家的突出特征。其次,CPTPP 内容广泛,不仅包含传统的贸易投资条款,也强调环保、劳工等因素,而后者正是不少沿线国家关注的重点,也是"一带一路"建设面临的现实挑战。

附录

附录 1

CPTPP 的主要内容与特征

2017 年 11 月 11 日,以日本为主导的 11 个国家[①]达成了 CPTPP 框架协议。CPTPP 有望成为全球第三大自由贸易区,规模上仅次于欧盟和北美自贸区,涵盖近 5 亿人口,GDP 占全球经济规模超过 13%,进出口占世界贸易总额 15%。CPTPP 签署后,6 个或以上成员国通过其国内立法程序后,即可正式生效。市场预计 2018 年底或 2019 年初生效。

CPTPP 具有全领域、高标准、新贸易规则等特征。

一是涵盖议题全面广泛。协议不仅包括了传统的关税和非关税壁垒削减,还涵盖了服务、投资、金融、电信、数字经济、国有企业、环保、劳工、知识产权等领域,试图推动贸易、服务、投资、要素、政策等深入一体化[②]。

---

① 澳大利亚、文莱、加拿大、智利、日本、马来西亚、墨西哥、新西兰、秘鲁、新加坡和越南。
② 金中夏、袁佳、张薇薇:"TPP 对中国的挑战及中国的选择",《外国经济与管理》,2014 年 6 月。

二是制定标准超过了现有的多边贸易规则。例如,将金融服务贸易单列一章,拓展了金融服务贸易的涵盖范围,明确了金融贸易条款的管辖范围和方式,前瞻性覆盖了新金融服务领域,远超过多边贸易体制下金融服务开放的标准。

三是试图树立全球贸易新规则。比如,国有企业条款是原来 WTO 或其他自由贸易协定中从未有过的规定,而且对缔约方各行业都有约束力,在全球贸易协定中具有标杆作用。尽管 CPTPP 的实施存在不确定性,在某种程度上其仍代表了未来全球自由贸易协定的发展方向。

附录 2

附表 1 TPP 与 CPTPP 对照表

	章节主题	TPP 冻结条款
1	初始条款和一般定义	
2	货物的国民待遇和市场准入	
3	原产地规则和原产地程序	
4	纺织品和服装	
5	海关管理和贸易便利化	第 5.7.1 (f) 条第二句冻结,删掉"审查快递货物的关税的义务"
6	贸易救济	
7	卫生和植物卫生措施	
8	技术性贸易壁垒	
9	投资	投资者与国家争端解决机制(ISDS)的可仲裁范围缩小,投资合同不再适用于 ISDS。冻结: 第 9.1 条"投资协议"和"投资授权"的定义; 第 9.19.1 条 - a (i) B 和 C;(b) (i) B 和 C,以及领袖; 第 9.19.2 条; 第 9.19.3 (b) 条中的"投资授权或投资协议"; 第 9.22.5 条; 第 9.25.2 条; 附件 9 - L
10	跨境服务贸易	
11	金融服务	取消金融服务相关的"最低待遇标准",意味着金融服务相关 ISDS 减少; 冻结第 11.2.2 (b) 条,"第 9.6 条(最低处理标准)"和附件 11 - E
12	商务人员临时入境	
13	电信	第 13.21.1 (d) 条中止,电信纠纷制度无需改变
14	电子商务	
15	政府采购	第 15.8.5 条中止,政府采购过程不再要求采购实体可以促进遵守国际劳工权利; 第 15.24.2 条短语"不迟于本协定生效之日后 3 年"中止,任何扩大政府采购章节范围的谈判,特别是与州政府和地方政府合同有关的谈判都将延期至协定生效日后的 5 年后
16	竞争政策	

续表

	章节主题	TPP冻结条款
17	国有企业和指定垄断	
18	知识产权	第18.63条中止，版权保护期不再被要求从50年延长至70年； 第18.50和18.51条中止，任何缔约方都不需要更改其生物制剂在内的新药的数据或设置市场保护； 第18.37条第2款和第18.37.4条的最后一句中止，不再锁定现有的国内政策，可授予专利的更多灵活性：为已知产品的新用途及源自植物的发明提供专利保护； 第18.46和18.48条中止，在专利审查过程中被拖延后没有专利期限延期义务； 第18.68条暂停，不再要求版权作品电子数字锁； 第18.69条暂停，保护权利管理信息的法律不再需要改变：提供更广泛的保护，RMI是识别版权作品的信息，其版权所有者以及（如果适用的话）使用作品的条款和条件； 第18.82条，附件18-E和附件18-F被暂停，互联网服务提供商对网络侵权的责任不再加大； 第18.79条中止，不必为加密节目的卫星和有线节目信号（如付费电视服务）提供更广泛的保护； 第18.8条脚注4的最后两句中止，与现有的关于知识产权国民待遇的国际规则保持一致
19	劳工	
20	环境	第20.17.5条"或适用其他法律"中止，暂停要求各缔约方采取行动，处理非CPTPP非缔约方国家违反野生动植物贩运法的行为
21	合作和能力建设	
22	竞争力和商务便利化	
23	发展	
24	中小企业	
25	监管一致性	
26	透明度和反腐败	
27	管理和机构条款	
28	争端解决	
29	例外和总则	
30	最终条款	
附件		附件26A第3条冻结，药物全面保护； 附件10-B第5和第6段中止，关于邮政垄断的规定将受到限制，唯一的邮政经营者可以继续经营； 承诺开始日期调整，相关承诺的开始时间为马来西亚和文莱达鲁萨兰国的CPTPP生效日期：附件2文莱达鲁萨兰国的附表-14-第3段：冻结"签署本协定后"一语。附录4马来西亚的时间表-3和4-不符合活动的范围：所有提及冻结"签署本协议之后"一语

资料来源：新西兰外交和贸易部网站，中证金融研究院整理。

附表 2　　　　　　　　　CPTPP 缔约方与我国贸易情况

CPTPP 缔约方	2017 年底占我国出口	2017 年底占我国进口	是否与我国签订自由贸易协定	对我国关税情况
日本	6.07%	8.99%	否	
越南	3.14%	2.73%	是	90% 以上产品零关税
新加坡	1.99%	1.86%	是	100% 产品零关税
马来西亚	1.84%	2.95%	是	90% 以上产品零关税
澳大利亚	1.83%	5.15%	是	100% 产品零关税
墨西哥	1.59%	0.64%	否	
加拿大	1.39%	1.11%	否	
智利	0.64%	1.14%	是	98% 产品零关税
秘鲁	0.31%	0.72%	是	90% 以上产品零关税
新西兰	0.23%	0.51%	是	100% 产品零关税
文莱	0.03%	0.02%	是	90% 以上产品零关税
合计	19.04%	25.81%	—	

资料来源：海关总署、商务部数据，中证金融研究院整理。

附表 3　　　　　　　　　CPTPP 与 TPP、RCEP 比较

自由贸易协定	成员国数量	成员国	GDP 占全球比重	贸易额占全球比重	人口（亿）
CPTPP	11	日本、澳大利亚、新西兰、加拿大、墨西哥、智利、秘鲁、马来西亚、文莱、新加坡和越南	13.4%	15.0%	4.99
TPP	12	11 个 CPTPP 成员国、美国	38.0%	26.4%	8.22
RCEP	16	中国、日本、韩国、澳大利亚、新西兰、印度和东盟十国（新加坡、越南、菲律宾、柬埔寨、马来西亚、泰国、老挝、缅甸、印度尼西亚、文莱）	31.3%	28.4%	35.49

资料来源：世界银行 2016 年数据，中证金融研究院整理。

我国经常账户"由顺转逆"的市场影响*

邱 薇 王若阳

摘 要 2018年第一季度，我国经常账户出现282亿美元逆差，为加入WTO以来首次。该季资本流入对冲了经常账户逆差，外汇储备和人民币汇率较为稳定。逆差出现的主要原因是货物贸易顺差大幅回落、服务贸易逆差快速增长；更深层次原因是随着我国居民收入提高和消费升级，储蓄与投资之间缺口收窄，致使经常账户顺差持续回落。预计近期经常账户小幅顺差甚至逆差仍将持续，但短期不会对我国外储及汇率造成太大压力。但如形成中长期趋势，将增大我国经济金融脆弱性，或造成人民币贬值压力，导致股市等金融市场资金流出。近期出现危机的新兴市场国家即为前车之鉴。宜尽早关注，做好预案，谨防出现系统性金融风险。

一、经常账户逆差初现，但尚未显示出明显风险

2018年第一季度我国经常账户现逆差282亿美元，为我国加入WTO以来首次。经常账户、资本和金融账户是我国国际收支的重要组成。经常账户衡量一国商品和服务净出口，包括货物和服务贸易、初次收入①、二次收入②等项目。资本和金融账户衡量国际金融资产交易，主要包括直接投资、证券投资、其他投资、储备资产等细目。经常账户逆差意味着出口收入无法覆盖进口支出，若无资本项下的资金流入来对冲，就会出现外汇流出和国际收支失衡，带来本国货币贬值的压力。2018年第一季度我国经常账户逆差中，贸易（货物和服务）逆差为主导因素，占总逆差的81%；初次收入逆差和二次收

---

* 本文发表于2018年6月《中证政研简报》总第507期。
① 初次收入包括雇员报酬和投资收益，其中投资收益占比较大，具体包括：直接投资收益、证券投资收益、其他投资收益及储备资产收益。
② 二次收入，即经常转移项目，是指政府和私人单方面的无偿转移支付。

入逆差分别占 9.9% 和 9.2%。

得益于资本流入对冲,第一季度我国外汇储备稳定、人民币升值。2018 年第一季度,受我国直接投资净流入 502 亿美元的影响,我国资本和金融账户总体净流入 282 亿美元,对冲了经常账户逆差,外汇储备稳定在 3.1 万亿美元。同期,人民币兑美元即期汇率升值 3.6%,CFETS 人民币汇率指数(对一篮子货币)升值 1.9%。

二、经常账户逆差反映我国经济结构的深刻变化

主要原因是货物贸易顺差大幅回落、服务贸易逆差快速增长。长期以来我国出口大于进口,经常项目巨额顺差,外储持续累积。随着我国经济快速发展和居民收入增加,2015 年以来我国出现了出口相对稳定、进口快速增长的新趋势。货物贸易顺差逐年下滑(见附图 1),服务贸易逆差快速扩大(见附图 2),而此次逆差出现是这个趋势不断增强的自然结果(见附图 3)。据外汇管理局数据,受内需提升和原油等国际大宗商品价格上升的影响,2018 年第一季度进口数量和价格增幅均快于出口,货物贸易顺差 534 亿美元,同比下降 35%。同期,服务贸易逆差 762 亿美元,同比增长 25.5%,其中受出境游和留学需求快速增加的影响,旅行项目的逆差较为突出,约占服务贸易逆差的 80%。

经常账户逆差也反映了我国储蓄投资缺口收窄的深层次问题。从国民经济核算看,经常项目反映一国国民储蓄与投资之差①。长期以来,我国储蓄一直大于投资,但近年来储蓄和投资缺口有所收窄(见附图 4)。从储蓄和投资占 GDP 比例来看,这一趋势更为明显。2010 年以来我国国民储蓄率(国民储蓄占 GDP 比重)出现下降,且降速略快于投资率(资本形成占 GDP 比重)。与此同时,经常账户顺差占 GDP 比重从 2007 年高点的 10% 回落至 2017 年的 1.3%,并有进一步回落趋势(见附图 5)。

根本原因是近年来我国扩大消费和经济再平衡在国际收支上的体现。2010 年以来,我国消费率(最终消费占 GDP 比重)持续上升,储蓄率不断下降。收入水平增长和消费扩大带动了进口需求上升。例如,主要进口商品中,医药品进口额在 2009 年至 2016 年间增长了 3 倍,大豆进口量连续 6 年创历史新高,尤其是对高质量商品及服务的需求旺盛,如豪华汽车、奢侈品及出境旅游和留学的需求。据媒体报道,2017 年我国成为奢侈品第一消费大国;2015 年我国出境游客达到 1.2 亿人次,近 10 年旅游贸易逆差扩大了 50 多倍。

三、短期内经常账户走弱将会持续

近期经常账户小幅顺差甚至逆差预计将持续。2018 年 1—4 月,我国货物和服务贸

---

① 一国的产出被用于国民消费或者投资以及净出口,即 $Y = C + I + EX\text{-}IM$。经常账户是出口与进口差额,国民储蓄相当于产出与国民消费的差额。由 $CA = EX\text{-}IM = Y\text{-}C\text{-}I = S\text{-}I$ 推导出,经常账户为国民储蓄与投资差额。

易逆差179亿美元①，其中货物贸易顺差816亿美元，同比下降34%；服务贸易逆差995亿美元，同比上升26%。5月，我国货物贸易顺差②同比下降37%至249亿美元。鉴于一般6—8月旅行贸易逆差至少要比当年平均水平高3%以上（见附图6），叠加6月世界杯旅游及7—8月旅游旺季、留学需求大等因素，服务贸易逆差料将继续扩大，经常账户逆差再现概率较大。随着中美贸易冲突反复并逐步升温、除美国以外发达经济体经济复苏放缓、部分新兴市场国家经济金融受到冲击，我国出口将面临较大不确定性③。此外，由于我国主动扩大开放和加大进口，进口需求持续增长态势将是大概率现象。未来一段时间，经常账户或将出现双向波动的新趋势。

经常账户可能出现的小额逆差短期内不会对我国汇率和外汇储备造成太大影响。我国经济基本面运行稳健，加之近期我国金融市场开放力度增大，A股纳入MSCI、国债和政策性银行债券将要纳入彭博巴克莱全球综合指数，人民币资产吸引力提升，国际资本配置人民币资产意愿增强，短期内境外资金呈继续流入态势。2018年1—5月，直接投资和证券投资分别净流入413亿美元和125亿美元④，在一定程度上可以对冲经常账户小额逆差，我国受到的影响有限。2017年同期上述两项分别净流出11亿美元和96亿美元。

四、长期看经常账户逆差会增加我国经济的脆弱性

经常账户逆差若成为我国"新常态"，国内经济金融体系料将承压。我国经常账户由"顺"转"逆"，经常账户顺差带来持续稳定的外汇收入将不复存在，我国国际收支平衡将越来越依赖资本和金融账户顺差，即国际资本流入。资本和金融账户具有较强的双向波动和不稳定特性。长期以来我国一直是FDI的主要净流入国，但随着"一带一路"倡议推进和我国企业"走出去"，FDI净流入或将减少；而证券投资项目下的资本流动对国际金融环境变化敏感，随着我国债券市场与股票市场的双向开放，近期沪深港通额度提高、QFII汇出限制放松，国际资本"大进大出"和逆转的风险加大，我国维持汇率稳定的成本将大幅增加，对外汇储备影响增大，经济金融体系脆弱性逐步加大。

持续逆差将造成人民币汇率贬值压力，给股市等金融市场带来较大资金流出压力。从国际历史经验来看，如果一国经常账户持续逆差，一旦短期资本流动的方向发生转变

---

① 数据为外汇管理局的国际收支口径。
② 数据为海关统计口径。
③ 分地区看，对美国出口占我国总出口的18.4%；对发达经济体（除美国外）出口占比26.3%；对新兴市场出口占比45%，其中近期出现风险的新兴市场（包括阿根廷、巴西、智利、印度、印尼、墨西哥、南非、土耳其8个国家）出口占比为8.7%。
④ 数据来源于国家外汇管理局披露的涉外收付款情况。

（由流入转为流出），国际收支平衡将会被打断，突然转变为国际收支双逆差，通常会导致本币兑美元显著贬值。我们观察到，4月17日以来人民币兑美元快速贬值3.4%，如果人民币持续大幅贬值，将大幅降低境外资金投资人民币资产的回报，容易引发资金外流，给境内股市等金融市场的流动性造成较大压力。此外，投资者如果形成单边贬值预期，资本外流和人民币贬值形成负向反馈，稳定或改变人民币汇率单边预期将更为困难。

近期频繁出现的新兴市场波动应作为前车之鉴。部分经常账户逆差的国家极易因外部流动性收紧出现资本流动逆转甚至危机，尤其是对境外资金有较强依赖的新兴市场国家。2013—2014年美联储开始缩表时，新兴经济体曾普遍面临资本外流、货币贬值，金融市场大幅震荡。当时，我国也面临经济增速放缓、人民币出现贬值趋势，引发资本大幅外流（见附图7）。2014—2016年，尽管经常账户顺差，我国非储备性质的金融账户仍累计流出9 020亿美元，外汇储备随之从3.8万亿元降至3万亿元。未来国际经济金融形势日益复杂，经常账户、资本和金融账户或都呈现双向波动，甚至出现"双逆差"，国际收支不平衡，容易引发投资者预期逆转和唱空中国重现。

五、宜提早应对，谨防出现系统性金融风险

一是关注投资者预期改变对国际资本流向的影响。近期，国内宏观经济面临下滑风险，信用违约等风险事件增多，社会融资大幅下降，投资增速、消费增速相对疲弱，有可能导致预期改变和资本流出。如再叠加经常账户逆差，将对我国外储和汇率都造成一定压力，风险不容小觑。应谨防上述多因素的共振，提前做好预案，应对国际资本流向转变。

二是改善投资环境，注重引入长期投资者。增加FDI等长期投资，对冲经常账户可能出现逆差带来的资本外流压力。提高经济运行质量和效率，鼓励创新创业和培育经济新动能，切实提高实体经济投资回报水平，吸引全球长期资金更多来我国兴业。

三是提升我国服务业竞争力，促进服务贸易出口。2015年，我国服务业占国民经济比重首次达到50.2%。但服务业整体国际竞争力不强，服务贸易逆差持续扩大。应加大服务业开放力度，支持服务业企业"走出去"；加快优化服务贸易结构，提升高附加值服务业的比重，促进新兴服务业的发展。

四是提高上市公司质量和治理水平，提升海外资本参与我国金融市场的意愿。进一步加强信息披露监管，提高市场透明度，提升资本市场配置资源的能力和效率，吸引海外长期机构投资者进一步配置我国资产。积极尝试其他市场开放机制，增加外部资本参与我国金融市场的渠道和空间。

附录

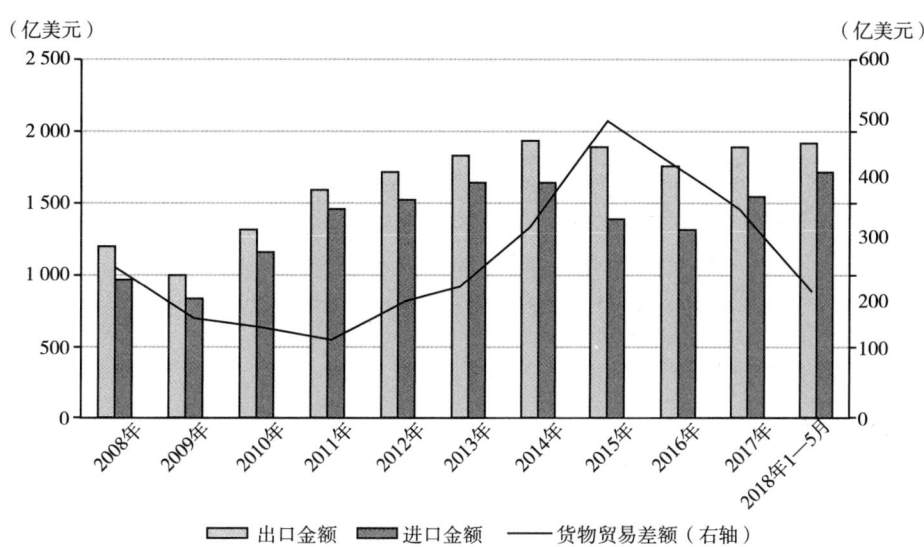

附图1　2015年以来我国货物贸易顺差收窄

资料来源：Wind，中证金融研究院整理。

说明：货物贸易采用海关统计数据；为便于比较，采用了月均值。

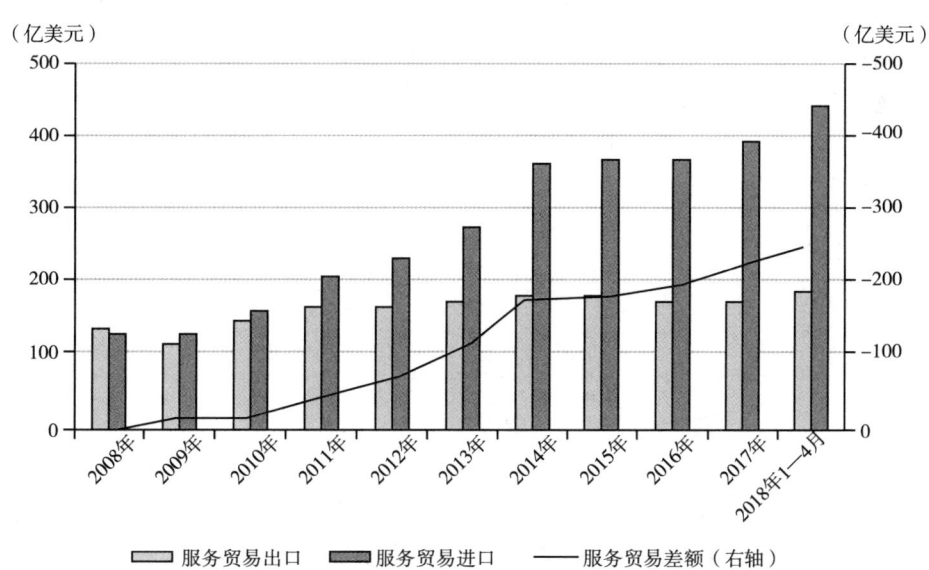

附图2　2015年以来服务贸易逆差快速扩大

资料来源：外汇管理局，中证金融研究院整理。

说明：服务贸易采用国际收支口径；为便于比较，采用了月均值。

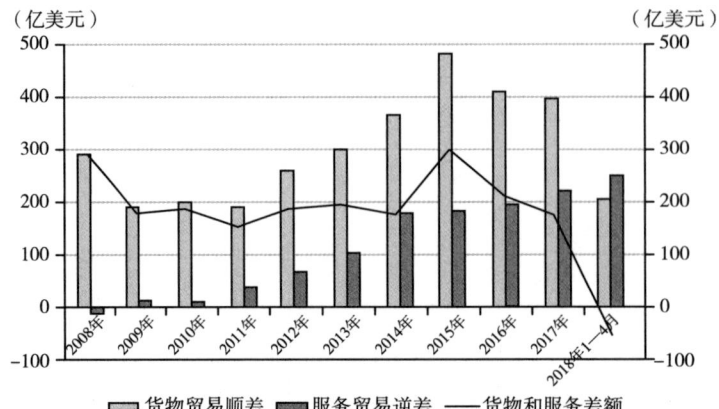

附图 3　2015 年以来货物和服务贸易差额持续回落

资料来源：外汇管理局，中证金融研究院整理。

说明：为便于比较，采用了月均值。

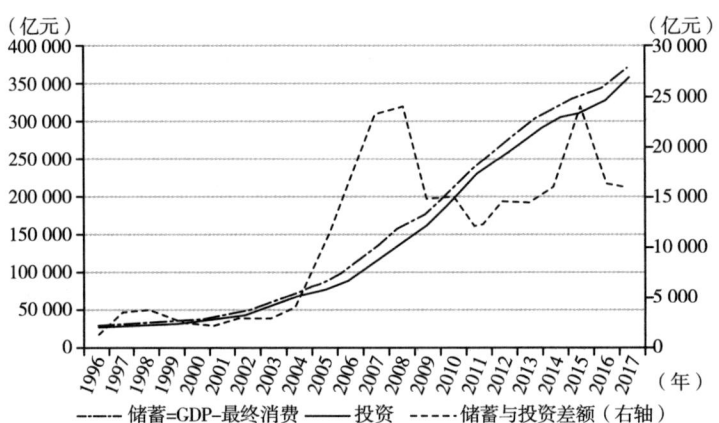

附图 4　我国储蓄与投资差额

资料来源：Wind，中证金融研究院整理。

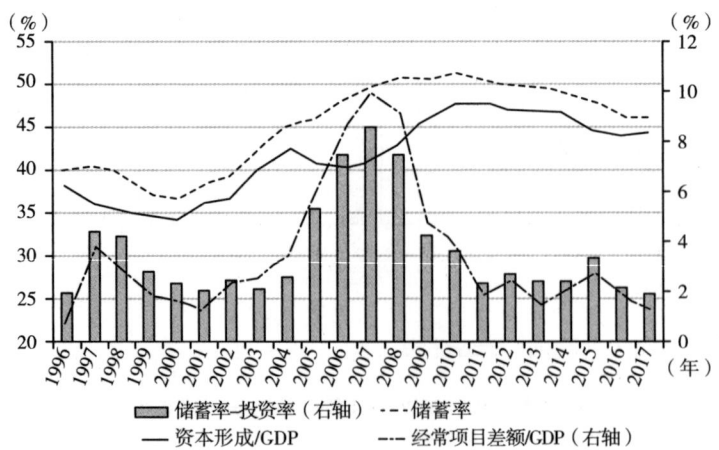

附图 5　2010 年以来储蓄率和投资率均下降

资料来源：Wind，中证金融研究院整理。

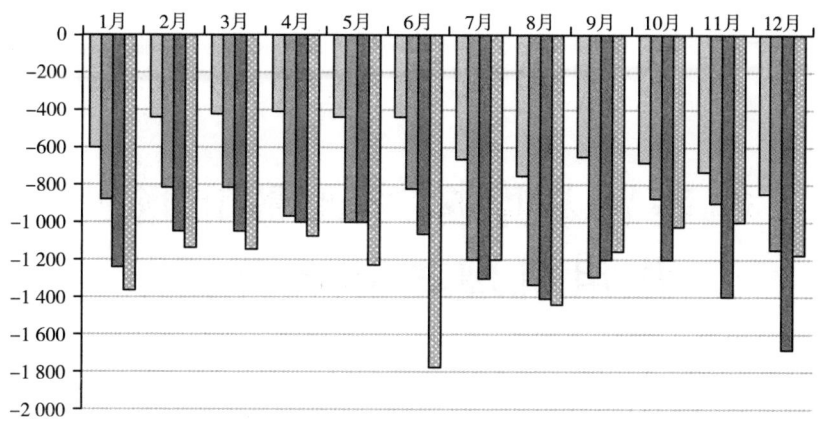

附图6 每年6—8月旅行贸易逆差较大

资料来源：Wind，中证金融研究院整理。

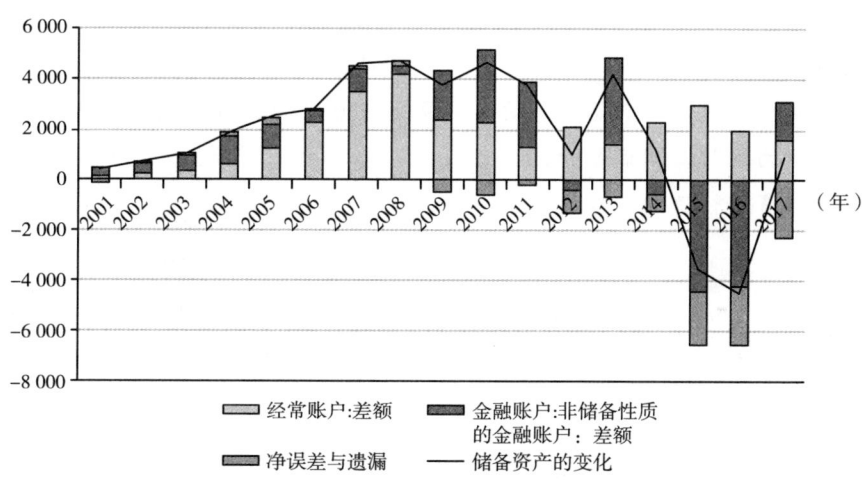

附图7 2015至2016年资金大幅外流，储备资产减少

资料来源：Wind，中证金融研究院整理。

说明：国际收支总差额等于经常账户差额、非储备性质金融账户差额和资本项目差额之和。我国资本项目差额几乎为0。

中美贸易摩擦对 A 股市场的
作用机理与影响分析[*]

杨 楷 邱 薇

摘　要　中美贸易摩擦引发市场普遍担忧。冷静分析 A 股上市公司的收入结构、贸易结构和经济增长动能等因素，可发现当前中美贸易摩擦的真实影响较为有限，不宜过度夸大其负面影响。应保持战略定力，继续凝聚国内经济增长新动能，大力支持结构调整和产业升级，同时密切关注和稳妥应对贸易争端态势，引导投资者情绪回归理性。

一、金融市场对中美贸易摩擦的反应

2018 年 3 月 23 日，美国宣布对中国商品征收惩罚性关税，同日中国政府采取反制措施。全球前两大经济体贸易摩擦，引起各方普遍担忧。市场避险情绪上升，全球金融市场大幅震荡，境内金融市场也迅速做出反应：一是 A 股深幅下跌。沪指和深指当日分别收跌 3.39% 和 4.02%，两市成交量 6 353.12 亿元，较前期有所放大。二是商品期货大幅下行。螺纹钢、橡胶跌停，铁矿石跌幅超 6%，焦炭和热压卷板跌逾 5%。三是利率看涨。5 年期和 10 年期国债期货主力合约分别上涨 0.29% 和 0.64%，银行间现券收益率和 10 年期国开债收益率均大幅下行。

以上指标，反映出国内市场对中美贸易摩擦的普遍担忧和避险情绪的高涨，与全球避险情绪基本一致。更深层次的影响有待结合价格形成机制等进一步考察。以下结合股市反应，重点探讨贸易摩擦对股票市场的影响。

---

[*] 本文发表于 2018 年 8 月《中证金融研究》2018 年第 6 期总第 100 期。

二、贸易摩擦影响 A 股市场的作用机理

（一）影响企业估值的作用机理：考虑需求弹性和替代性

美国对中国出口商品征收高额关税，会直接冲击出口需求。一般而言，对大国开放型经济，从静态比较的角度看，提高进口商品关税可以减少对国外产品需求，相应增加国内供给。美国对中国出口商品提高关税，直接导致中国出口美国商品变得更贵，从而削弱中国商品在美国的比较优势和竞争能力。

对具体影响的分析，需要考虑需求弹性情况。如果这些商品的需求价格弹性大于 1，价格上升将明显抑制需求，进而导致出口企业收入减少。中国对美出口的生产制造企业或贸易、航运公司等的盈利水平可能因此下降；反观美国，价格上升也使其经济整体的消费能力受到抑制。因而，受影响相关领域的企业会因盈利能力下滑而造成估值下降，相应板块股指下行。

进口替代品生产厂商销量反而可能上升，并出现盈利改善。如果考虑中国对从美进口商品加征关税的反制措施，则国内进口替代品的生产企业将因市场份额的增加而受益，这有利于提高该类公司及其产业链上下游公司的估值水平，对应板块的股指有望上行。

（二）影响投资者情绪的作用机理：避险情绪上升

不确定性加大投资者避险情绪。2018 年 3 月 23 日的国内和国际资本市场的波动表明，美国对中国出口商品加征关税的消息迅速引燃了市场的担忧情绪，体现为：

一是当前阶段尚属于贸易摩擦级别，但媒体舆论普遍冠之为"贸易战"，主要是担心摩擦增加导致"贸易战"成真，到时会阻碍全球经济（包括中国和美国的经济）的复苏进程。这种不确定性，会快速影响投资者情绪，加剧市场波动，带来负面影响。

二是市场波动加大原资产组合的或有损失。面对贸易摩擦本身的不确定性，投资者为避免潜在损失，将调整现有资产组合，减持直接被点名行业股票。这种抛压可能造成其他组合的联动反应，导致部分股票价格下行压力增大。但就投资而言，这一机制既有避险效果，也会有观望的机会。

（三）影响经济基本面的作用机理：加大稳增长压力和抑制经济升级

1. 对出口、投资和消费的系统性影响。从 GDP 的构成看，净出口是拉动中国经济增长的主要动力之一，贸易摩擦使得出口和进口都受到抑制，出口减少本身会拖累 GDP 增长；同时，出口企业需求受到抑制会减少出口行业自身及其上下游企业的投资，进一

步加大稳增长压力。如果考虑中国对进口商品的反制措施，也即进口减少，则进口商品价格的上升有损国内消费者剩余，国内消费因而下降，但进口替代品所处行业上下游企业的投资可能增加。总的来看，进出口减少的结果是消费确定性下降、投资和净出口均有升有降，具体变化则取决于出口和进口各自减少的幅度。

2. 贸易摩擦不利国内产业升级。此次美国对中国出口商品征税，名义上是促进中美间的公平贸易，缩小中国对美国长期存在的商品贸易顺差，实质上蕴含着美国对中国高价值和高附加值产业等领域进行压制的意图。美国贸易代表表示，对中国征收关税的产品主要包含"中国制造2025"计划发展的高技术产业，以阻止中国在这些领域获取领先地位。可能被限制的这些产业，正是中国经济新动能培育的主要方向，影响的是未来经济发展的动力。观察美国的做法，如果中国在国际贸易和国际投资方面均受到限制，将不利于国内相关企业扩大规模或进行技术升级，部分削弱创新能力，减弱相关产业对经济增长的贡献。

三、不宜夸大贸易摩擦对 A 股市场的负面影响

（一）上市公司对美贸易收入占比较低，盈利受影响总体上较为有限

基于美国 Factset 公司统计，2016 年 A 股和 H 股非金融行业上市公司的收入中，直接来自美国的收入占比分别为 5.0% 和 5.5%，占比较高的行业主要分布在科技领域的硬件和半导体等，可选消费中的耐用消费品及服装、个人用品等，医疗用品类的设备与耗材等方面[1]。

一方面，此次美国对中国加征关税的产品与 A 股对美收入较高行业重叠度较低。美国前期开展的 301 调查和已透露的信息表明，加征关税产品主要涉及新一代信息技术、生物医药、高铁设备、工业机器人、新材料、新能源汽车、航空产品、医疗器械和农机装备等。这与对美收入较高的 A 股上市公司所处的行业具有明显不同。另一方面，出口商品需求价格弹性不一，部分抵消了贸易摩擦的影响。当对美出口需求价格弹性大于或等于 1 时，出口收入将会减少；当小于 1 时，出口收入反而有所增加。在极端情况下，也即这些商品都极富弹性时，涉及的 600 亿美元全部受损，则 A 股上市公司损失其中 5.0%，合计 30 亿美元，约 189 亿元人民币[2]，约占 2017 年第三季度 A 股信息技术行业和工业行业上市公司总体营业收入的 0.08%[3]。实际上，由于需求价格弹性的不同，最终损失则更为有限。此外，进口替代品国内厂商可能因中国的反制获得一定市场份额，

---

[1] 中金公司：《中美贸易摩擦升温：可能的影响及应对》，2018 年 3 月 23 日。
[2] 按美元兑人民币 6.30 计算。
[3] 行业分类为 Wind 行业分类。

对相关上市公司利好,这也将进一步减弱出口需求负向冲击对股票市场的影响。

(二) 贸易结构及其调整可缓解贸易摩擦的负面影响

从贸易摩擦导致的进出口变化情况看。首先,征税的规模和范围有限。在规模方面,当前美国拟加征关税的数额和中国反制措施的关税数额,占中美贸易进出口额的比重较小,且所涉及产品的范围并非两国主要的进出口货物。因此,短时间内,进出口的减少不会对消费、投资和净出口产生大幅影响。其次,贸易产品和贸易伙伴国具有一定的替代性。就国内而言,由于征税而导致的一般贸易减少,可以充分利用"一带一路"战略需求新的贸易伙伴。对于加工贸易,其基础在于全球产业链分工,对中美乃至全球的经济都有巨大的外部性,从全球的资源禀赋和比较优势看,中国仍具有较强的竞争力,且对此限制将让美国也遭受重大损失。因此,在贸易战未全面升级的阶段,贸易摩擦未必有十分严重的后果。

(三) 中长期,技术进步与产业升级对国内经济增长较出口的拉动作用更加重要,国内经济政策亦有较大回旋余地

金融危机后的世界经济复苏总体呈现弱复苏格局,出口贡献仍然重要但贡献度总体下降。如果加快国内产业技术升级和自主知识产权产品研发,有可能在中美贸易顺差缩小的同时,带来更可持续的经济增长动力,拉动未来经济增长,这需要加大相关领域的投入和支持力度。但也应重视贸易摩擦对国际投资和技术合作的不利影响,以及加工贸易因关税提升而出现部分产业向他国转移的效应,进而削弱国内产业升级。

从历史经验看,"贸易战"的收益未必能覆盖成本,烈度并不必然放大。特别是中国经济的规模竞争力优势明显,改革深入推进,政策回旋余地较大,宏观政策工具储备比较丰富,这有利于抵消贸易摩擦的负面影响,确保宏观经济持续健康发展。面对可能扩大的贸易摩擦,需要贸易部门的"兵来将挡,水来土掩",更需要后端的未雨绸缪,通过改革增加战略纵深。

贸易摩擦会影响市场情绪,加大市场波动,带来估值调整;A股短期内可能因投资者担忧情绪而出现超跌,长期看也可能在条件具备时迎来新一轮的价值回归。有必要更加注重对市场以及行业和企业实际情况的分析,做好具体而有效的应对。

全球 ETF 发展浪潮对我国的启示*

余兆纬 李 博

摘 要 被动投资崛起是近10年全球金融市场发展的重要趋势。交易所买卖基金（Exchange Trade Fund，简称 ETF）因其成本低、策略多元化、价格发现能力强，受到机构和零售投资者的广泛青睐，吸引了原本投资共同基金、对冲基金等主动投资的大量资金涌入。反观国内，ETF 发展规模和品种相对我国公募基金规模明显不足。当前，我国 ETF 面临历史性的发展机遇：A 股纳入 MSCI 指数带来被动投资趋势，加上 FOF 产品发展，ETF 将在资产配置和金融对外开放中发挥更重要的作用。应借鉴国际经验，加快推动我国 ETF 市场健康发展。

2008 年以来，ETF[①] 快速发展。截至 2017 年底，全球 ETF 管理资产 4.6 万亿元，年均复合增长率接近 30%。ETF 在全球 68 家交易所交易，其中美国市场占全球市场份额的 74%，欧洲占 16%。

一、成市、制度、政策优势合力带动了全球 ETF 发展浪潮

（一）成本优势和"买方投顾"模式的流行，顺应了成本敏感型的投资趋势

过去 10 年，欧美市场 80% 以上的主动投资未达到预期收益目标[②]。投资者成本敏感度开始走高，主动投资资金涌入被动投资以降低成本。ETF 买卖交易佣金低至 0.002%，管理费和托管费合计 0.6%（仅为主动基金[③]的 1/3）。低成本的原因：一是实物申赎构

---

* 本文发表于 2018 年 5 月《中证政研简报》总第 495 期。
① ETF 亦称"交易所交易组合"，即可以在交易所交易的基金。ETF 从法律结构上说属于开放式基金，但主要是在二级市场上以竞价方式交易，通常不准许现金申购和赎回，而是以一篮子股票来创设和赎回基金单位。
② 从主动投资资金流向被动投资来看，真正的转折发生在 2011 年左右。
③ 据 ICI 统计，ETF 平均费率比同类型主动管理产品低 20—40BP。

架（见附图 1）下，ETF 直接面对授权商而非普通投资者，管理成本低；二是市场规模效应明显，美国 3 家 ETF 大型发行商[1]占据了 70% 的市场份额；三是 ETF 没有基金分红，只有在底层资产兑现时，才需要交纳资本利得税。此外，"买方投顾"基金销售模式[2]流行后，投资顾问更愿意推荐 ETF 这类低成本产品。

（二）策略多元化和灵活透明，使得零售投资者在小资金规模下也能实现多样化投资

ETF 侧重宏观/主题型投资，而非个股投资，已涵盖市场上大部分投资策略。发展阶段为跟踪范围向全球拓展（1993—2001 年），跟踪资产类别拓展（如债券、商品）和衍生品投资（即杠杆/反向[3]）（2002—2009 年），因子投资型[4] Smart Beta ETF、另类投资型[5] ETF、交易所买卖票据（ETN）[6] 产品创新（2010 年以来）。ETF 份额转让层面类似股票（见附图 1），每隔 15 秒公布日内参考价值、每日公布 ETF 份额价值，交易时段内可随时买卖、做空等，相比主动型投资产品保持了更好的灵活透明性。目前，投资顾问和私人银行[7]是美国 ETF 的主要持有群体。ETF 不仅能为机构投资者建立稀缺风险敞口[8]，也能让零售投资者享受到低成本多样化的风险性投资选择。

（三）独特的实物申赎架构下跟踪误差小，授权商和做市商发挥价格发现、风险隔离功能

ETF 申赎交易层面（见附图 1）类似基金，但实物申赎要求使得发行商不需要应对现金申赎，基金份额相对稳定，跟踪误差明显小于普通指数基金。部分授权商[9]除了负责收盘时代理申购赎回 ETF 单位[10]，还在交易时段和其他做市商为普通投资者双边报价，

---

[1] 贝莱德（Blackrock）、先锋（Vanguard）、道富（State Street）分别管理的 ishares、Vanguard 和 SPDR ETFs。
[2] 美国、英国、荷兰、澳洲、印度都在推行，投资顾问的费用由投资者提供而非基金管理人返佣。
[3] 杠杆/反向 ETF（Leverage/Inverse ETF）通过运用股指期货、互换合约等杠杆投资工具，实现追踪目标指数正向/负向一定倍数的基金收益。
[4] 把投资收益归因到价值、成长、红利、波动等因子，根据因子特征选择投资标的。
[5] 另类投资型 ETF（Alternative ETF）跟踪策略与对冲基金接近，包括多空、管理期货、对冲等。
[6] ETN、ETC 与 ETF 类似，规模约 0.15 万亿美元。ETF 采用了开放式投资公司的法律结构，以基金结构成立发行；ETN 及 ETC 追踪单一期货商品、外汇货币等，受条例限制只能以票据（Note）、债券（Bond）或凭证（Certificate）的架构建立。部分 ETN 或 ETC 以资产作抵押（如黄金），大部分无实体资产作抵押，投资者要完全承受发行商的信贷风险。ETN 和 ETC 以现金申赎，卖出时上缴资本利得税。
[7] 根据德银报告，投资顾问和私人银行持有规模占比分别为 33% 和 15%。二者均服务零售和机构投资者，但私人银行更侧重服务高净值人群。
[8] ETF 通过与某些难以接触的投资标的关联，比如新兴市场债券、稀缺非金属、流动性差的股权投资等。
[9] 授权参与商（Authorized Participants，简称授权商）一般是与 ETF 发行商签约的大型做市商，部分参与做市，但做市商不一定是授权商。授权商在申购赎回过程中，可在 ETF 折价时大量买入（溢价时大量卖出），在合适时候再卖出（买入）获利。
[10] 一般是 5 万份 ETF 份额。

撮合 ETF 份额转让交易。授权商和部分有能力的做市商若发现 ETF 市场报价大幅偏离基金净值,可通过买入 ETF 份额卖出对应基础资产(或反向操作)套利获利,同时使得 ETF 基金净值接近市场报价。ETF 机制的价格发现功能①,是区别于共同基金的重要区别。在面临流动性危机时,授权商还可为发行商提供缓冲。据统计,ETF 份额转让交易量是申赎交易量的 5—10 倍,投资者大量卖出 ETF 份额时,授权商本身持有丰富的资产品种和充足的对冲工具策略,可选择延时交易,不把全部抛售压力传导到发行商②,减少了对基础资产价格的冲击。

(四)SEC 和欧盟对大部分 ETF 给予豁免规定,为行业组早期发展提供了便利

考虑到 ETF 的灵活透明性,SEC 和欧盟提出系列豁免措施,方便 ETF 构建实物申赎架构。在美国,《1934 年证券交易法》修订后放宽 ETF 的经纪商信息披露要求。《1940 年投资公司法》修订后提出系列豁免,比如放宽对日内交易的限制、ETF 可按市场报价而非基金净值交易、可按单位而非份额交易、发行商无须把招股说明书披露到普通投资者。1990 年,《1940 年投资公司法》正式发布 17 809 条豁免公告,明确 ETF 架构免责。在欧洲,《金融工具市场指令Ⅱ》(MiFID Ⅱ)通过改善透明度、鼓励发行商融出所持有的底层资产等措施鼓励 ETF 行业发展。

二、资管环境、产品架构、透明度等制约了国内 ETF 发展

我国 ETF 现有资产规模 3 529 亿元③,仅为公募基金规模④的 3.2%,显著落后于国际市场一般水平。全球 ETF 为共同基金的 9.2%,美国为 16.8%。

(一)主动投资高收益环境下,ETF 需求并不旺盛

与欧美市场不同是,我国主动投资收益明显高于被动投资,成本低并不是投资者主要考虑因素,对指数型产品的需求不足。国内股票和货币型 ETF 成交额占比接近 90%,还有少量黄金、商品型 ETF。对货币型 ETF 的青睐,体现了国内投资者更多将被动投资作为短期流动性投资选择。

---

① ETF 也因此被作为非流动性产品估值的最佳工具。
② 当然,授权商也会衡量成本与收益,考虑到价差、折溢价、持有对冲成本等各方面因素,如果底层资产实在太差,授权商不一定选择持有。
③ 我国 ETF 发展从 2004 年设立上证 50ETF 开始,资产规模为 2017 年底数据。
④ 我国取公募基金规模 11 万亿元为基数。

（二）财务顾问发展不足，尚未带动散户投资者需求

美国 ETF 排名第三的发行商 Vanguard 面对的客户大部分为零售投资者，通过财务顾问为零售投资者服务的经验值得借鉴。财务顾问包括私人银行、券商财富管理部门、第三方投资顾问、家族办公室等，多元化的销售渠道提高了 ETF 的可得性。在我国以散户为主的投资者结构下，如果有财务顾问的推动，ETF 配置需求将有明显的发展空间。以沪市 ETF 为例，目前近 85% 的持有人为机构投资者，散户投资者对 ETF 的了解有限。

（三）授权商/做市商作用缺失，二级市场流动性较低

国内个人投资者可直接申购/赎回 ETF 股份，没有授权商发挥价格发现和风险隔离功能。目前上海交易所有做市商试点，2015 年，上交所评估报告显示，国内半数以上的 ETF 周度成交额不到 1 000 万元，仅有 40% 的服务商真正履行做市义务，存在买卖价差过大、单边报价或双边无报价现象。一是 ETF 规模较小、基础现货市场发展不足，单靠激励补贴无法给做市商带来充足盈利。以债券为例，交易所债券本身流动性不足，大部分债券持有到期。二是交易所对做市商要求严格，做市商数量有限未形成良好竞争。三是国内做市商对冲工具不足，承担较高风险。随着 ETF 投资范围（比如贵金属、大类商品等）和投资地域的扩展，授权商/做市商作用缺失的缺陷将进一步暴露。

（四）透明度有待提高、成本有待降低

国内 ETF 不主动披露跟踪误差和总费用，投资者无法与主动基金收益进行对比。美国基金采用标准化的总费用①披露方法，以便比较产品之间的费用。香港没有要求费用披露的具体种类，但要求费用全部披露。且国内 ETF 费率相对于主动型投资基金不具备显著优势。一是 ETF 没有授权商隔离，规模效应也不够，管理和运营成本较高；二是在避免价格战的考虑下，监管要求基金不得主动降低费率。

三、ETF 创新和复杂化后存在一定风险

（一）美股"闪崩"事件下，杠杆/反向 ETF 产品引发关注

2018 年 2 月 5 日美股"闪崩"，波动率指数（VIX）上涨 115.6%，一系列做空 VIX 的交易所交易产品 ETP（包括 ETF 和 ETN）濒临清盘。杠杆/反向 ETF（见附表1）通过买/卖 VIX 期货等金融衍生品获得杠杆，市场波动上升时刺激投资者加大购买量，可

---

① 总费用等于管理费、保管人行政费和其他基金承担的费用总和。

能放大市场波动风险，引起监管重视。此外，ETF份额可卖空和提供保证金交易，被对冲基金用于构建策略，进一步扩大了ETF的影响力，引发了投资者对风险的担忧。

（二）欧美已就加强杠杆/反向ETF监管做出努力

2008年金融危机后，欧美各国一直在思考加强杠杆/反向ETF监管。2009年8月，SEC联合FINRA发布警告，提及杠杆ETF产品下跌的案例，部分经纪商暂停向一般投资者销售杠杆/反向ETF。2010年3月，SEC重新审视共同基金、ETF等对金融衍生品的使用，暂停受理ETF投资金融衍生品的豁免申请。2011年11月，英国金融监管局（FSA）提出考虑适度限制杠杆/反向ETF。2012年8月，SEC发布了ETF投资者教育公告，将杠杆和反向ETF归于指数型产品，但强调其可能并不适合长期投资者使用（见附图2）。

四、启示和建议

（一）国内ETF发展面临前所未有的机遇期，将在资产配置和金融对外开放中发挥愈来愈重要的作用

首先，A股纳入MSCI指数，内地投资者对MSCI指数的熟悉度和信心将进一步增强，有望引起被动投资潮流。回顾美国历史，1996年，摩根士丹利发行ETF以多样化的MSCI指数为跟踪标的，有效推动了ETF的发展。其次，ETF的多样性和灵活性，契合FOF类构建不同风格策略和盘中调仓的需求，近期FOF发展迅速也将推动ETF配置浪潮。最后，由于海外投资者对ETF相对熟悉，港交所提议将"ETF通"作为互联互通的下一座桥梁。

（二）推动财务顾问的发展，加强ETF信息披露，提高ETF的可得性和透明度

ETF确实适合散户投资者进行风险性投资尝试，低成本获得贝塔收益。积极推动私人银行、券商财富管理部门、第三方投资顾问、家族办公室等财务顾问的发展，使得投资顾问和投资者利益一致，增加散户投资者获得专业投资意见的渠道；同时建议国内ETF主动披露跟踪误差和总费用，采用标准化的总费用披露方法，方便投资者进行比较。

（三）形成做市商竞争模式、鼓励衍生品发展，真正发挥交易机制效率

虽然我国申赎与交易机制效率更高，内地ETF结算周期是T+0/T+1[①]，而我国香

[①] 二级市场的交易方面，海外ETF同股票一样，可以实现日内回转，我国股票ETF为T+1。

港地区和美国是 T+2，但是国外丰富的衍生品和灵活的对冲机制给做市商带来的丰富的选择和盈利，弥补了申赎机制的效率不足。宜提高做市商的性价比：一方面，具备做市能力的机构都应该纳入做市商范围，比如大型私募机构和熟悉衍生品交易的金融机构，权利和义务对等，形成良好的竞争环境；另一方面，鼓励指数衍生品发展，提高做市商抗风险能力。

（四）产品创新和复杂化后，加强投资者教育和风险监测

产品创新和复杂化是 ETF 发展长期趋势，但是否应该让普通投资者接触复杂的投资工具，是全球 ETF 发展过程中的一大挑战。从杠杆/反向 ETF 加强监管的不断演变可以看出：一方面，必须加强 ETF 投资者教育。ETF 透明灵活、投资方便，但是并不意味着风险较低。投资者有必要了解杠杆/反向 ETF 的风险（最好是通过财务顾问普及教育），权衡自己的风险承受能力。另一方面，ETF 作为交易所交易产品，可纳入风险监测范围，密切关注杠杆使用情况和资金流向。

附录

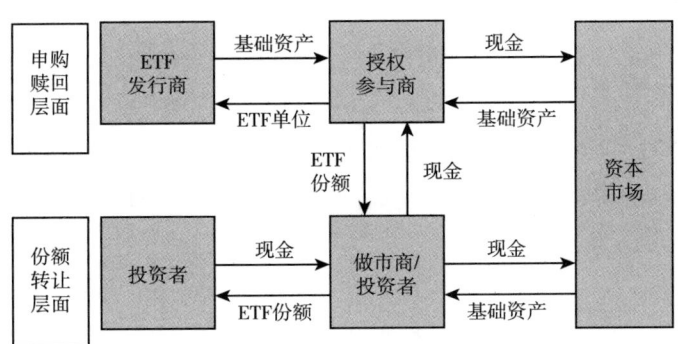

附图 1 ETF 实物申赎架构

ETF 形成双层架构，申购赎回层面类似基金，但申赎以实物形式；份额转让层面类似股票，在交易所交易。

申购赎回层面，ETF 发行商（ETF Sponsor）根据投资目标创设不同风格的 ETF，每天早上公布 ETF 单位对应的基础资产。每天收盘时，授权参与商（Authorized Participants，简称授权商）根据基金净值判断，是否需要购买基础资产申购 ETF（赎回时反向操作）。

份额转让层面，在交易时段，做市商（部分授权商也参与做市）双边报价，有经纪账户的投资者可现金购买 ETF 份额，并可以在投资者之间相互转让份额。

附表1　　　　　　　　ETF 与普通指数基金的主要区别

	ETF	普通指数基金
成本	小额购买时费率低	大额购买时费率低
流动性	可日内交易	不可日内交易
申赎	实物	现金
透明度	价格不断更新	收盘时估算净值
可得性	有经纪账户,在交易所从做市商购买	直接从基金发行商购买
国外投资者可得性	与国内投资者一样	需要通过一系列审查
收益	跟踪误差小	跟踪误差较大

国外投资者可得性极大方便投资者购买跟踪国外基础资产指数的 ETF，方便建立更广泛的风险敞口。

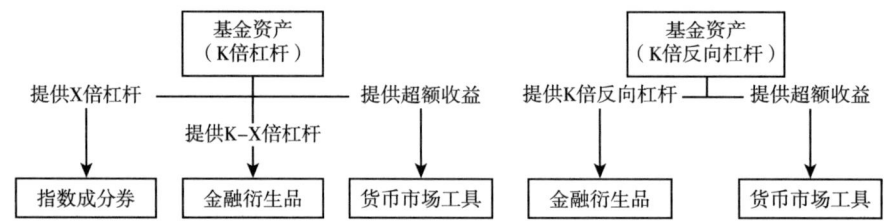

附图2　杠杆及反向 ETF 的结构示意图

资料来源：中证指数有限公司。

杠杆及反向 ETF 的投资标的一般包括现金、货币市场工具、基础证券、基于股票或股票指数的期货、期权及互换等，提供杠杆的主要方式是通过金融衍生品，而非借贷。

客观看待民营上市公司向国有资本转让股权现象*

孙 即 常 嵘

摘 要 截至2018年9月30日,年内A股已有28家民营上市公司筹划或已完成向国有资本平台转让股权事项,引发市场广泛关注,甚至一些媒体用"国进民退""国资扫货民企"来形容此类现象。本文基于28个案例分析,归纳了2018年以来向国资转让股权的民营上市公司特点,根据交易各方的利益与资本运作逻辑,认为此次民营上市公司向国资转让股权或控制权符合当前民企面临资金困境以及国有资本投资和运营公司加快改革的现状。另外,参与民企股权转让的主体并非仅限于"国资系",因此不宜做过度片面解读。

2018年以来,在中美贸易摩擦、金融降杠杆、股票估值下行等诸多因素叠加下,部分民营上市公司陷入经营甚至债务困境,控股股东通过转让部分股权的方式,引入战略投资者,缓解企业或自身的资金压力。引发市场广泛关注和热议的是,2018年以来,国资特别是地方国资成为受让民营上市公司股权的主力。本文选取的28家国有资本受让民营上市公司股权的样本中,地方国资占72.4%,仅9月份,就有13家民营上市公司发布了拟向国资平台转让股权事宜的公告。通过梳理以上案例发现,尽管股权转让细节不尽相同,但背后逻辑大体一致:一方面,部分民营上市公司市值大幅缩水,公司及控股股东资金链紧张;另一方面,国企混改提速,国资平台有意愿寻求上市平台进行多元化资本运作。这为具有资源和资金优势的国资进入民营上市公司提供了条件。

一、2018年以来向国有资本转让股权的民营上市公司特点

(一) 企业普遍规模偏小,新经济行业占比较高

在28家已经或计划向国有资本转让股权的民营上市公司中,有17家为中小企业①。

---

* 本文内部发表于2018年10月。
① 根据国家统计局大中小微型企业划分标准确定。

从行业分布来看，新经济行业民营上市公司占比较高。以 TMT（传媒、电子、通信）、医药等领域为代表的新经济行业上市公司共计 17 家；以金属制品、化工、房地产等领域为代表的传统经济行业上市公司共计 9 家；另外还有 2 家属于国防军工行业。

（二）多数企业盈利较好，核心业务具备一定竞争力

28 家民营上市公司样本中，13 家公司 2018 年上半年实现了净利润增长，如"三聚环保""紫鑫药业"净利润同比分别上升 57%、128%。8 家公司上半年虽然业绩下滑，但盈利规模较大，如"梦网集团""联建光电"净利润规模都在亿元以上。其余出现亏损的上市公司均有核心业务，并非空壳公司，只是由于政策、行业、资金等因素导致近期业绩下降。例如，以互联网营销为主业的"腾信股份"，受降杠杆、去产能政策影响，公司资金紧张，财务费用增加，客户资金回流速度变慢；加之行业内一定程度的恶性竞争，2018 年上半年净利润较 2017 年同期下滑 922.9%。但是，公司具备 17 年互联网行业营销经验，其在互联网营销技术、媒介资源、数字移动广告、大数据分析和互联网人群画像等方面的优势形成了未来的发展基础。

（三）现金流状况不佳，控股股东股权质押比例接近 100%

向国有资本转让股权的 28 家民营上市公司中，多数公司资金面较为紧张。从现金状况看，有 12 家公司经营活动产生的现金净流入为负值，22 家公司经营活动产生的现金净流入较 2017 年同期出现较大幅度的下降，如"三聚环保"近一年来的经营性净现金流持续恶化，上半年为 −32.3 亿元，"东方网络"经营性净现金流同比下降 436.4%。从偿债能力看，分别有 22 家、23 家、20 家公司的流动比率、速动比率、现金比率较 2017 年同期下降。从股权质押状况看，21 家公司控股股东的股权质押比例在 90% 以上，部分公司，如"当代东方""国旅联合"，达到 100%。

二、2018 年以来民营上市公司向国有资本转让股权的原因分析

（一）民营企业面临较大流动性压力，引入国有资本可以提供资金支持，提高资信等级

在金融降杠杆和股市震荡下跌的背景下，民企融资渠道收紧。股权融资方面，2018 年 1—9 月，新上市民营企业 63 家，较 2017 年同期下降 79.5%；民营上市公司增发募资 2 770 亿元，同比下降 4.1%。债权融资方面，2018 年民企的银行信用贷款利率普遍在基准利率基础上上浮 20%—30%；1—9 月民营企业发债成本同比上升 54 个 BP，取消或推迟发行债券的民营企业达 88 家，涉及金额 428 亿元。与此同时，民营企业的内源融资有下降迹象，一定程度上与前期投资扩张尚未贡献利润有关。平均来看，2018 年上半年民营上市公司经营性现金净流入同比下降 11.1%。

较大的资金压力,以及国有资本相对具有更大的融资优势,是 2018 年以来民营上市公司向国有资本转让股权的重要原因。例如,"*ST 天业"半年报披露,公司资金流紧张,部分借款出现逾期,计提借款利息及罚息等增加导致财务费用增加,公司出现亏损。2018 年 5 月,"*ST 天业"的控股股东天业集团与济南高新城市建设发展有限公司签署协议,拟转让天业集团 10.2% 的股权给高新城建,其中一个主要目的是充分利用高新城建的金融资源优势,为上市公司提供资金支持,增强公司业务发展和市场运营能力"。紫鑫药业"虽然上半年净利润同比上升 150.9%,但经营性净现金流入同比减少 122.6%,说明公司资金被占用现象较为严重"。2018 年 9 月,"紫鑫药业"控股股东拟与国有资本平台筹划股权转让,且可能涉及公司实际控制人变更。引入国有资本战略投资者以提高公司资信等级,是其考虑转让控制权的重要原因。

(二) 民营企业大股东高比例股权质押或面临爆仓,转让股权可以实现资金回流

上市公司股票具有较好的流动性,大股东进行股权质押融资,将所得资金用于上市公司相关业务投资,是民营上市公司缓解融资难的重要方式。截至 2018 年 9 月 30 日,75.9% 的民营上市公司大股东存在股权质押,其中有 25.2% 的大股东股权质押比例超过 90%。然而,2018 年以来的二级市场估值下行加剧了大股东股权质押风险。按 9 月底收盘价计算,民营上市公司市值较年初缩水 4.2 万亿元,占 A 股总市值比例从 34.8% 下降至 32.3%,市值缩水幅度 (19.6%) 明显超过国有上市公司 (11.2%)。随着市场波动加大,已有超过 40 家民营上市公司发布控股股东股权质押触及或跌破平仓线的公告。高比例股权质押的控股股东面临所持股权被冻结处置的风险,解决个人债务问题的需求较为迫切。

在 2018 年以来转让股权的民营上市公司中,多数公司的控股股东股权质押比例在 90% 以上。部分公司在公告中指出转让股权的目的是解决控股股东资金问题。例如,"联建光电"由于近期股价跌幅较大,控股股东的质押股份已触及平仓线,可能存在平仓风险,目前"联建光电"控股股东的股权质押比例已达到 99.5%。6 月份,"联建光电"发布公告称,其与某国有大型文化传媒企业的战略投资者已就股权转让事项达成初步意向,股份转让完成后,公司控制权将发生变更,同时公司控股股东的平仓风险将得到有效化解。

(三) 民营企业引入国有战略投资者,可以支持自身转型升级,也为国有资本运作提供了发展平台

在经济增长面临较大下行压力的时期,民营企业抵御风险的能力较弱,而国有企业规模相对较大,拥有的资源更为广泛,抗风险能力高。如前所述,2018 年以来向国有资本转让股权的民营上市公司,部分盈利能力并不弱;对于业绩下降的公司,其核心业务也具备一定的竞争力,只是现阶段出现了经营困难或者债务问题。引入具有资源和融资优势的国有战略投资者,可以为公司产业扩张和转型升级提供强有力的支持。例如,"大富科技"引入郑州航

空港兴港投资集团有限公司解决相关债务事项，并进一步丰富上市公司的产品市场领域，盘活其存量资产，延伸其价值链，恢复和增强上市公司的持续盈利能力。"豫金刚石"引入河南农投金控股份有限公司，帮助公司在超硬材料行业做大做强，进一步提升盈利能力和竞争力。

从国有资本的角度来说，随着供给侧结构性改革和国企混合所有制改革的深入，国有资本投资/运营公司试点不断扩大，联合各类资本组建产业基金、投资基金成为其市场化运作的重要手段。此次受让民营上市公司的国有资本多为中央或地方国有资本投资/运营公司，国资系投资公司收购民营上市公司股权有两方面的考虑：一是向有优质资产、有技术但暂时陷入经营困难的民企提供支持，通过资本市场实现国资保值增值，这也可以视为对优质民营资产的保护。二是将旗下优质业务板块打包注入上市公司，为新兴经济领域创新型公司获取上市平台。例如，青岛浩基资产管理有限公司收购"腾信股份"15%的股权，目的是以本次受让股份为契机，进入 TMT 领域。航天科工资产管理有限公司受让"﹡ST 尤夫"累计 29.8% 的股权后，将适时注入优质航天资产，以上市公司为平台，拓展航天市场。

三、2018 年以来民营上市公司转让股权行为市场化特征明显，后续应关注股权收购的潜在风险与整合效率

2018 年以来，民营上市公司向国有资本转让股权，是其基于自身流动性以及战略发展需要，在比较不同受让方优劣之后而做出的市场化决策，并非行政性命令指派，也有民营上市公司选择将股权或者控制权转让给民营资本。例如，"天海防务"控股股东拟将控制权转让给具备较好融资能力、业务开拓能力及资源整合能力的第三方。在这一过程中，天海防务先是与国有资本扬中市金融控股集团有限公司协商，但之后终止了协议，后又接触多家民营资本，最终与万胜实业控股（深圳）有限公司签订股权转让协议及表决权委托协议。

部分民营上市公司受制于流动性或债务问题，将控制权低价转让给国有资本，对于这种情况，虽然国资是低位接盘，但收购的隐形成本值得关注：一是高比例股权质押爆仓或会导致股份权属存在纠纷，若收购方没有清偿转让方原有债务，一旦股票平仓，收购方难以获得控股权。例如，北京海淀科技金融资本控股集团股份有限公司收购"金一文化"，受上市公司债务违约影响，大股东股份全数被司法冻结，因此采用了"1 元转让 +30 亿元资金支持"的方案。二是监管趋严，"壳"公司退市风险增大。统计案例中，拟转让控制权的民营上市公司自身经营有问题的需特别关注，如"﹡ST 天业"信息披露或涉嫌违规，被立案调查；"﹡ST 尤夫"涉嫌诉讼、仲裁事项 32 起，被立案调查，控制权转让事项尚无进展。

此外，理论上讲，国有资本与民营资本存在优势互补，国有企业具有资源和资金优势，决策机制更为谨慎，注重长期战略规划；民营企业的经营则更加市场化，创新意识更强。如果能够相互促进，将有利于民营企业突破发展瓶颈，增强经济活力。然而，在实践过程中，由于国有资本运行尚存在一定弊端，资源配置效率有待提高，国有资本参股或者控股民营上市公司后，应持续深化改革，尊重市场化资源配置规律，以实现国资与民资的有效融合。

附录

附表　2018年以来民营上市公司向国有资本转让股权情况统计

股票简称	转让比例	转让原因	受让方	受让方实控人	控制权变更	交易金额	控股股东累计质押比例（%）	上半年净利润同比增速（%）
金龙机电	未披露	化解控股股东面临的债务风险	未披露	地方国资委	是	未披露	99.69	-295.81
盛运环保	13.69%	上市公司进行债务重整	四川省能源投资集团有限责任公司，四川发展资产管理有限公司	四川省国资委	否	未披露	98.53	-267.38
*ST尤夫	29.8%（间接持有）	解决上市公司及控股股东的或有债务，进一步完善上市公司治理结构，拓展航天资产，受让方同意适时注入优质航天资产、整合公司内外部资源，以实现上市公司做大做强	航天科工资产管理有限公司	国资委	是	未披露	100	-81.16
豫金刚石	8.42%	为引进新的战略投资者，优化股权结构，帮助公司在超硬材料行业做大做强，进一步提升盈利能力和竞争力	河南农投金控股份有限公司	河南省财政厅	否	4.67亿元	93.61	77.38
腾信股份	15%	引进符合公司发展战略的合作伙伴。受让方称，看好上市公司未来业务发展前景，希望以本次受让股份为契机，进入TMT领域	青岛浩基资产管理有限公司	青岛市崂山区财政局	否	4.69亿元	99.94	-922.93
金一文化	17.9%（间接持有）	为上市公司引进投资者，以更好地支持上市公司发展	北京海淀科技金融资本控股集团股份有限公司	北京市海淀区国资委	是	1	92.56	190.05
东方网络	12.23%	未披露	昆山阳澄湖文商旅集团有限责任公司	昆山国资委	是	未披露	70.87	-335.01

续表

股票简称	转让比例	转让原因	受让方	受让方实控人	控制权变更	交易金额	控股股东累计质押比例（%）	上半年净利润同比增速（%）
当代东方	不超过29.99%	在深入了解当代东方的整体情况后，山东高速投资控股有限公司对当代东方进行股权投资	山东高速投资控股有限公司	山东省国资委	是	未披露	100	360.04
三聚环保	其控股股东海淀科技11%的股权	优化海淀国有资产结构	北京市海淀区国有资产投资经营有限公司	北京市海淀区国资委	是	未披露	76.69	0.10
天海防务	17.81%	原股东自身资金需求	扬中市金融控股集团有限公司	扬中市人民政府	是	不低于23.09亿元	98.92	-51.67
大富科技	29.99%	公司控股股东拟引入战略投资者，以解决自身债务问题，并进一步丰富大富科技的产品市场领域，盘活其存量资产，延伸其价值链，恢复和增强上市公司的持续盈利能力	郑州航空港兴港投资集团有限公司	郑州航空港经济综合实验区管委会	是	未披露	93.38	78.63
国旅联合	14.57%	基于控股股东"厦门当代资产管理有限公司"战略发展的需要，通过股份协议转让，为上市公司引入有实力的投资者，以期提升上市公司的盈利能力	江西省旅游集团有限责任公司	江西省国资委	是	6.1亿元	100	58.36
科陆电子	10.78%	基于远致投资看好上市公司未来发展前景及结合自身战略发展需要	深圳市远致投资有限公司	深圳市国资委	否	10.34亿元	99.45	-52.05
红宇新材	20%	帮助红宇新材顺利和更快地实现产业转型升级，基于上市公司控股股东后，将凭借华融国信自身的资源优势，基于红宇新材拥有的三大核心技术及发行业的完整资质、拓展产品的销售渠道，提升上市公司的盈利能力和竞争力	华融国信控股（深圳）有限公司	舆情战略研究中心	是	4.24亿元	75	-95.67

续表

股票简称	转让比例	转让原因	受让方	受让方实控人	控制权变更	交易金额	控股股东累计质押比例（%）	上半年净利润同比增速（%）
宜安科技	17.11%	基于自身需要及全面推进上市公司的战略布局，提升上市公司持续经营能力和盈利能力，促进上市公司健康发展和实现全体股东利益的最大化	株洲市国有资产投资控股集团有限公司	株洲市国资委	是	4.36亿元	69.9	13.56
环能科技	20%—29%	引进国有企业战略投资方	某国有企业战略投资方	未披露	未披露	未披露	69.9	82.98
天沃科技	20.68%	为引入有实力的实际控制人，有利于公司发展，从受让方角度讲，本次交易是上海电气实力的重要举措，完善产业布局，提高公司能源产业板块综合实力，符合上海电气战略发展方向，有利于加快上海电气向"制造+服务"业务的转型升级	上海电气集团股份有限公司	上海市国资委	是	3.5亿元	99.96	13.70
梦网集团	未披露	响应国家混合所有制改革，优化公司资本结构，引进国有企业战略入股	深圳国资委下属公司	深圳市国资委	可能变更	未披露	97.89	-31.15
英唐智控	不超过15%（通过定向增发实施）	引入国资战略投资者有利于公司产业与地方政府产业或者战略投资者自身的资源进行融合，有利于提升公司的资信能力，将全面提升公司盈利能力和抗风险能力，促进公司持续稳定发展	浙江省国有资本运营有限公司	未披露	否	未披露	97.89	18.48
新筑股份	15.95%	引入与上市公司业务具有协同效应的投资者，以上市公司作为产业发展的平台，利用各方优势资源，在轨道交通产业领域抢占制高点	四川发展（控股）有限责任公司	四川省国资委	是	8.27亿元	99.79	135.19

续表

股票简称	转让比例	转让原因	受让方	受让方实控人	控制权变更	交易金额	控股股东累计质押比例（%）	上半年净利润同比增速（%）
怡亚通	18.3%	更好推动上市公司的长远发展，并结合权益变动双方的战略发展需要	深圳市投资控股有限公司	深圳市国资委	是	18.21亿元	51.88	3.63
雷科防务	16.74%	未披露	北京青旅中兵资产管理有限公司等	未披露	是	未披露	98.91	34.64
佳讯飞鸿	6.22%	引入国资背景的战略投资者，优化股权结构，借助国有股东的资源优势，促进公司获得更多的外延发展与合作机会，更好地为政府领域客户服务，促进业务规模不断扩大	北京中海丰润投资管理中心（有限伙）	北京市海淀区国资委	否	2.08亿元	51.2	51.28
利德曼	不超过29.9%	未披露	广州凯得科技发展有限公司	未披露	是	9.9亿元	100	-5.21
紫鑫药业	未披露	引入国资本战略投资者，优化和完善公司股东结构，提升公司治理能力，提供有利国有资源信支撑，提高公司资信等级。依托于国有资本平台，更有效融合国有资本和民营资本，推动国有资本引导和带动公司实业产业的作用，为公司主营业务板块引进更多的战略业务资源	国有资本平台	未披露	可能变更	未披露	98.92	150.88
和晶科技	12%	引入战略投资者，在战略、资本、管理等多方面为公司的发展提供大力支持	荆州慧和股权投资合伙企业	驻港央企招商局集团	否	未披露	100	-26.96
联建光电	不超过20.55%	进一步优化公司股权治理结构，确保公司经营模式创新和整体战略落地，同时解决控股股东、实际控制人的个人资金问题	某国有大型文化传媒企业	未披露	是	未披露	99.486	-14.67

续表

股票简称	转让比例	转让原因	受让方	受让方实控人	控制权变更	交易金额	控股股东累计质押比例（%）	上半年净利润同比增速（%）
*ST天业	其控股股东天业集团10.2%的股权	引进具备实力的国有控股公司，发挥国有股东深度战略合作优势，提高上市公司股东的管理效率。利用高新城建政策资源、金融资源等优势，为公司提供资源及资金支持，增强公司业务发展和市场运营能力	济南高新城市建设发展有限公司	济南高新技术产业开发区管理委员会国资委办公室	暂不会变更	0	92.25	-1 060.97

注：1. 控股股东累计质押比例是指其质押股份占其持有公司股份的比例。

2. 除新筑股份、金一文化、三聚环保和晶科科技之外，其余均处于进行阶段，有的只签署了意向协议，对于这种情况，控制权变更者的如果协议实施，上市公司控制权将发生变更。

3. 金龙机电4月27日公告称，经双方多次协议沟通，最终本次交易部分关键条款仍未能达成一致意见，故交易双方决定终止本次公司股权转让事项。

4. 盛运环保13.69%的股权转让后续将进一步转让完成。

5. 腾信股份8月30日公告称，因市场环境变化等原因，受让方没有取得相应所有的控制权变更。

6. 东方网络8月30日公告称，因涉及部分股份，可能涉及公司控制权变更。

7. 三聚环保的股权转让是其控股股东海淀科技部分海淀科技股权转让给海淀国投，海淀科技由其实际控制人转为实际控制人，双方决定终止该协议，从而海淀国投成为上市公司实际控制人。

8. 天海防务、红宁新材、宣安科技中金控的股权转让仅涉及表决权、提案权（天海防务12.81%、宣安科技7.33%、天沃科技14.87%）。

9. 舆情战略中心是经中央编办国家事业单位登记管理局审批成立的中央和国家机关所属事业单位。

10. 天海防务7月25日披露了与扬了金控中金控的终止及合作始终不能达成统一意见，双方决为继续履行原协议以无法实现双方目的，且天海防务内部股东与控股股东有意形成合力，共同为上市公司健康经营提供支持；同日还披露了与弘茂股权投资（民营资本）有限公司的股权转让协议及表决权委托协议，但8月2日披露该协议及表决权委托终止，原因是存在触发要约收购的风险，并导致协议无法按照原计划收购上市公司控制权。9月8日披露与弘胜实业控股（深圳）有限公司（民营资本）的股权转让协议及表决权委托协议，9月11日双方分别公布了简式与详式权益变动报告书。

打破刚性兑付的路上　城投债走了有多远[*]

马雪娇　刘立金

摘　要　随着地方隐性债务清理和金融严监管推进，城投债评级调低或负面数量明显增多。2018年年中预测，当年将有974只城投债到期，城投债违约风险堪忧。2018年4月底，天津市市政建设开发公司非标融资延期兑付，引发市场高度关注。本文根据市场数据构建了反映城投债刚性兑付预期的指数，发现自2016年底以来，指数下降、"刚性兑付"信仰正在弱化，城投债发行人与地方政府信用有所分离并向企业信用靠拢趋势，地区间差异拉大。城投债主要为银行及资管持有，出现集中违约仍会冲击市场。可参照市场刚兑预期指数，在摸清风险底数基础上，从刚兑预期较弱的城投债开始逐步打破刚性兑付，同时注意防范信用风险、流动性风险交叉感染。

近年来地方财政收支不平衡加剧，隐性债务成为地方财政及金融市场重要风险点。伴随地方债务清理和金融监管加强，融资平台债务违约显现，作为其资金重要来源之一的城投债[①]，"刚性兑付"预期也在逐步下降。

一、城投债违约风险上升，刚性兑付预期指数下降

城投债规模大、到期量大。截至2017年末，全国共有2 092家融资平台发行城投债。已公布2017年年报的873家城投债发行人数据显示，有息债务规模达到20.9万亿元，存量9.3万亿元[②]。分区域看，江苏最多，城投债存量1.3万亿元，占18%，其次

---

[*] 本文发表于2018年6月《中证政研简报》总第502期。

[①] 城投债是指为地方经济和社会发展筹集资金，由地方政府投融资平台公司（由地方政府及其部门和机构等通过财政拨款或注入土地、股权等资产设立，从事政府指定或委托的公益性或准公益性项目的融资、投资、建设和运营，拥有独立法人资格的经济实体）发行的债券，包括企业债、公司债、中期票据、短期融资券、非公开定向融资工具（PPN）等。具体标准见附录。

[②] 占企业债券融资存量（19.18万亿元）的48.5%。

是湖南、浙江、天津各占6%左右（见附图3）。从评级看，AA级城投债占42%，AA+级城投债占29%，AAA级占23%，AA-级占4%（见附图4）。从剩余期限看，2—3年占22%，1年以内占16%（见附图5）。其中，2018年到期量约1.5万亿（见附图6），加上付息可能达1.8万亿元，为历史较高点。

评级下调增多，违约风险上升。2017年，共有28家城投债发行人主体评级调低或负面，创历史新高。其中，第二季度是评级调整集中时段，2018年将有更多评级调整（见附图7）。评级下调增多叠加到期量大，预示城投债违约风险上升。4月27日，因政府欠款未按期归还，金融机构批复资金未按期到位，天津市市政建设开发有限公司非标融资延期兑付，已构成违约。

基于发行利率构建城投债刚兑指数，测度市场对城投债刚兑的预期。虽然2014年之后理论上城投债已与地方财政脱钩，但市场仍认为有一定政府信用存在，"刚性兑付"并未完全打破。而企业发债（产业债）① 不存在刚兑，发行利率一般较城投债高。因此，多数城投债发行成本介于同级别产业债和地方债之间。当其发行利率向上靠近产业债时，刚兑预期减弱；当发行利率向下靠近地方政府债时，刚兑预期增强。分级别看，AAA及AA+级城投债多数为省市级平台发行，自身资质较好，发行利率接近地方债发行利率，难以反映刚性兑付预期变化。AA级城投债发行量大，市县区为主、资质较差。以AA级城投债构建刚兑预期指数较有代表性②，能反映出市场对刚兑预期的趋势性变化。鉴于此，我们构建了城投债刚兑指数：

$$城投债刚性兑付预期指数 = \frac{（AA级产业债发行利率 - AA级城投债发行利率）}{（AA级产业债发行利率 - AA级地方政府债发行利率）}$$

当城投债发行利率等于产业债发行利率时，指数为0，无刚兑预期；当城投债发行利率等于地方债发行利率时，指数为1，有完全政府信用背书，指数值越大，刚兑预期越强。

刚兑指数显示全国城投债刚兑预期自2016年开始弱化。2016年之前在稳增长压力下，前期出台的地方政府融资规范政策执行不到位，叠加影子银行规模膨胀，城投债供需两旺，3年期和5年期刚兑预期指数分别从2015年第二季度的17.4%和-1.7%上升至2016年第一季度的30.3%和42.8%（见图1）。2016年以来，随新一轮地方债务清理整顿和金融监管加强，融资平台违约概率上升，投资者对城投债看法发生较大变化，担忧城投债产生实质性违约，刚性兑付预期指数呈下降趋势，2018年第一季度3年期和5年期指数分别跌至6.9%和17.3%。

各省刚性兑付预期指数大致趋势一致，但区域差别较大。3年期指数显示，除广东由于财政状况较好，指数处于上升趋势外，其余省市均有所下降。河北降幅最大，由

---

① 产业债是指去掉了城投债部分的信用债。
② 指数增大表示刚性兑付预期上升；下降表示刚性兑付预期下降，具体构建方法见附录。

2016年第一季度的79.3%下降到2017年第一季度的22.7%。5年期指数全部处于下降区间，其中浙江省降幅达到58.2%；贵州最小，为0.9%。整体来看，东部地区刚兑预期下降较为普遍，而中西部的重庆、贵州等省份则不明显（见附表1、附表2）。

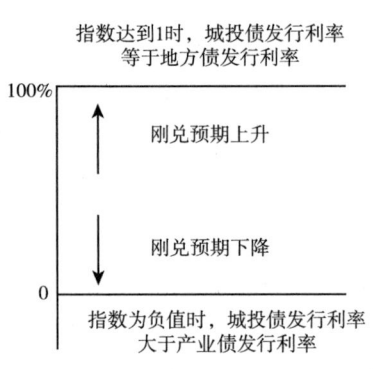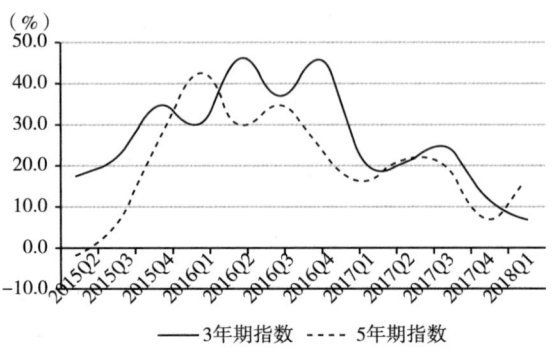

图1　城投债刚性兑付预期指数构建及走势①

注：当指数增大表示刚性兑付预期上升；下降表示刚性兑付预期下降。
资料来源：Wind，中证金融研究院整理。

二、刚兑预期弱化主因是地方债务清理和金融监管加强

伴随地方政府债务清理整顿，融资平台与地方政府信用出现分离趋势。2014年以来，财政部相继出台文件（见附图8），剥离融资平台政府融资职能，规定地方政府举债的唯一合法途径是发行地方政府债券，坚决杜绝明股实债、政府兜底回购等现象，明确地方政府以及企业（包括国有金融企业）责任。中央推动融资平台与地方政府信用脱钩，并甄别、置换部分融资平台存量债务，将其转变为规模总量可控、融资成本较低的地方政府债券。2016年以来，3年期、5年期AA等级城投债与地方债发行利差扩大（见附图9、附图10），反映投资者不再单纯将城投债视为地方政府债务。分地区看，辽宁、云南、贵州等财政实力较弱、债务率超过100%监管线要求的地区，利差走扩趋势加大②。

地方政府债券职能和地位逐渐抬升，融资平台重要性下降。高质量发展理念下经济增速不再是唯一目标，地方政府刚兑平台债务的意愿下降，融资平台向市场化方向发展，资质向企业信用靠拢。据兴业证券不完全统计，2015年有2家地方融资平台宣告"退出地方政府融资职能"，2016年4家、2017年9家、2018年达到62家。附图10和附图11显示，3年期、5年期AA级城投债与产业债发行利差缩小，投资者对低等级城

---

①　3年期与5年期指数分别采用3年和5年AA级产业债、城投债及地方政府债构建。
②　通过分省计算3年期和5年期AA级城投债和地方债利差发现，2016年后辽宁、云南、贵州、内蒙古等信用资质较弱分省利差走阔明显；上海、北京、广东等地区则变化不大。

投债刚兑预期削弱。但总体看，融资平台自身盈利能力较弱，利差调整仍未到位，对城投债市场化的风险补偿远远不够。

金融严监管致使融资平台再融资和偿债压力增大。目前，广义基金所持信用债占比为62%，是城投债需求的一大力量。资管新规等监管办法相继出台①，融资平台通过非标（信托贷款等）融资受阻。金融机构风险偏好均下降，对城投债需求特别是低资质城投债带来较大影响。2017年，城投债（中债口径）一级发行规模环比减少23%至1.93万亿元，总偿还量环比增33%至1.41万亿元，城投债净融资规模由2016年的1.44万亿元降至0.52万亿元。偿还到期负债是募集资金的主要用途，在1646期公开披露募资用途的城投债中，有1 039期主要用于偿还到期债务，占总发行金额的63.1%。

投资者更关注平台资质，城投债信用利差分化。在违约风险增大、刚性兑付预期下降情况下，投资者更关注平台自身资质。区域经济越弱，信用等级越低，土地资本化的商业模式越不稳定，城投债估值波动越大。区域经济越发达，信用等级越高，土地资本化的商业模式越可靠，融资平台信用利差越稳定。附图11显示，城投债不同等级信用利差分化，东北三省、云南等弱资质地区利差逐步走阔，而北京、上海等资质较强地区的城投债利差走阔不明显，不同区域的平台差异性增大。

三、影响及建议

（一）可参考市场刚兑预期指数，从刚兑预期较弱的城投债开始打破刚性兑付

一是要有序打破刚性兑付。刚性兑付预期弱的城投债，市场对违约风险已有所消化。从这些品种开始打破刚性兑付，对市场冲击较小。可按照债务规模小到大、信用评级低到高、隐性担保程度低到高、市场影响程度小到大的顺序，逐步打破刚性兑付，降低投资者"政府兜底"预期。具体操作中，可选择部分三、四线城市城投债先行打破刚兑。二是建立健全风险防范和市场化违约处置机制。完善信息披露和信用评级制度，设立风险预警指标，督促承销商加强风险提示。

（二）在打破刚性兑付的同时，要注意防范信用风险、流动性风险交叉感染

一是摸清风险底数，注意加强监管协调。把握好政策的力度、节奏，合理引导市场预期，警惕流动性收缩与债券市场调整相互加强而引发流动性螺旋和资产价格波动。二是加强对融资规模大、涉及领域多的城投公司监管，做好区域性流动性应急预案，防止个

---

① 这些办法包括资管新规、中国银监会关于规范银信类业务和委托贷款业务管理办法等。

别城投债信用风险在金融体系内传导、放大。三是引导形成市场化的风险定价机制,促进多层次信用债市场发展。通过二级市场的价格重估倒逼一级市场发行利率的重定价,资质差的城投企业则面临高额发行成本,从而挤出无效、低效投资,降低信用风险的发生。

(三) 持续推动地方政府隐性债务显性化和市场化

一是增加专项地方政府债券发行规模,适度扩大使用范围,优先支持涉民生领域的在建项目;创新债项品种,探索建立专项债券与项目资产、收益相对应的制度,逐步规范地方政府融资渠道和投资行为,坚决遏制地方政府隐性债务增量。二是持续推动融资平台市场化转型。清理仅有融资功能的空壳融资平台,在妥善处置存量债务、资产和人员等基础上依法清理注销,防止发生处置风险的风险。兼有政府融资和公益性项目建设运营职能的平台公司,剥离融资功能后,通过兼并重组等方式整合同类业务,转型为公益性事业领域市场化运作的国有企业。推动有经营收益和现金流的融资平台公司市场化转型为一般企业,有条件的城投公司还可进行混改,引入战略投资者,充实公司资本。

附录

关于城投债刚性兑付预期指数构建的说明

关于刚性兑付预期指数的构建:城投债发行利率上下限基本位于产业债和地方政府债发行利率之间(见附图9、附图10)。当发行利率向上靠近产业债时,说明融资平台向企业信用靠拢,投资刚性兑付预期下降,要求的风险补偿上升;当发行利率向下靠近地方政府债时,说明融资平台与地方政府信用捆绑,要求的风险补偿下降,刚性兑付预期上升。因此,可以构建城投债刚性兑付预期指数,即:

$$城投债刚性兑付预期指数 = \frac{(AA级产业债发行利率 - AA级城投债发行利率)}{(AA级产业债发行利率 - AA级地方政府债发行利率)}$$

注:指数增大表示刚性兑付预期上升;下降表示刚性兑付预期下降

关于数据选取:一是由于产业债与城投债发行人主体信用等级集中在AA级,且AA级城投债信用资质稍弱,刚性兑付相对较为突出,而AA+、AAA级城投债信用资质较好,违约风险低,刚性兑付体现少。因此,指数构建主要选取AA级城投债。

二是就期限而言,城投债和产业债主要集中在3—5年,地方政府债主要集中在5年。因此,指数构建分别选取3年和5年期限。故本文选取AA级3年期和5年期产业债、城投债数据。

三是由于需要分省计算指数,而地方政府债发行增多始于2015年,且交易数据少。因此,指数构建选取2015—2018年一季度地方政府债、产业债和城投债发行利率。

四是样本数量:3年期产业债和城投债样本数量分别为788个和238个;5年期产业债和城投债样本数量分别为865个和686个;地方债样本数量为2 866个。

五是相关数据均来自 Wind 数据库。

关于计算方法：本文采用算数平均计算季度或地区平均发行利率（未采用加权平均法的原因是：江苏、广东等财政情况较好地区，城投债和地方债发行规模大、利率低。若采用加权平均，其权重较大，会削弱发行规模小、利率高省区数据对结果的影响）。

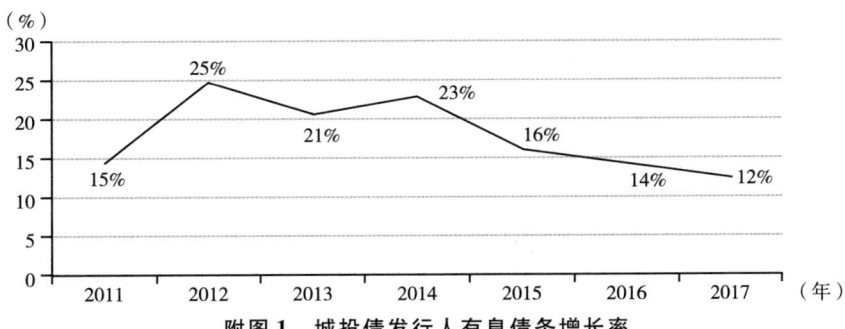

附图 1　城投债发行人有息债务增长率

资料来源：Wind，中证金融研究院整理。

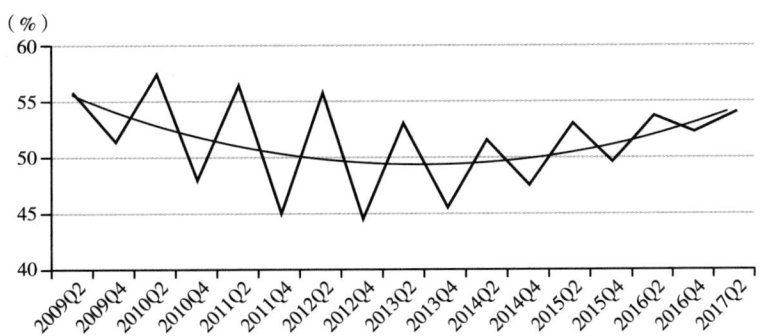

附图 2　城投债发行人平均资产负债率

资料来源：Wind，中证金融研究院整理。

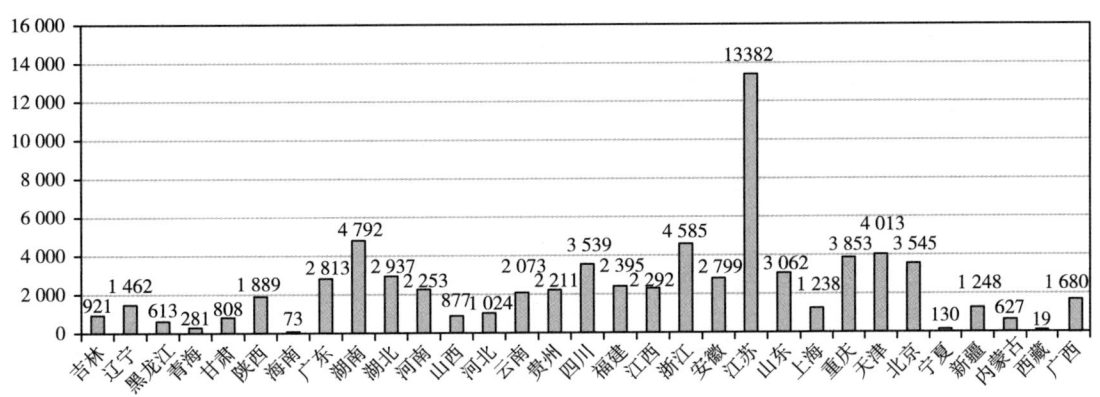

附图 3　城投债存量区域分布（2018 年第一季度）

资料来源：Wind，中证金融研究院整理。

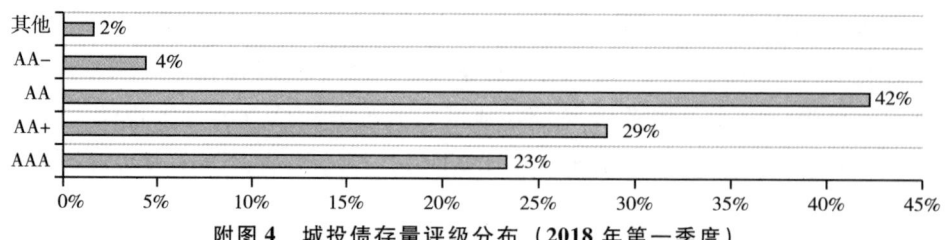

附图4 城投债存量评级分布（2018年第一季度）

资料来源：Wind，中证金融研究院整理。

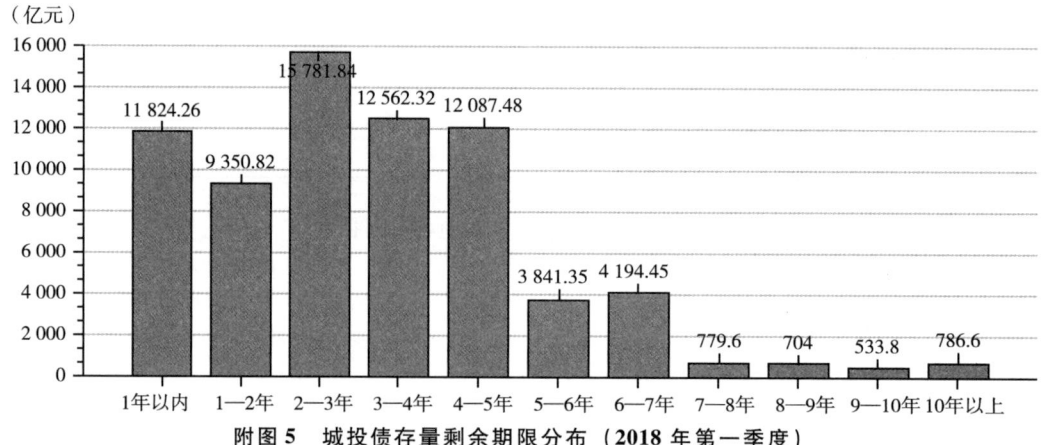

附图5 城投债存量剩余期限分布（2018年第一季度）

资料来源：Wind，中证金融研究院整理。

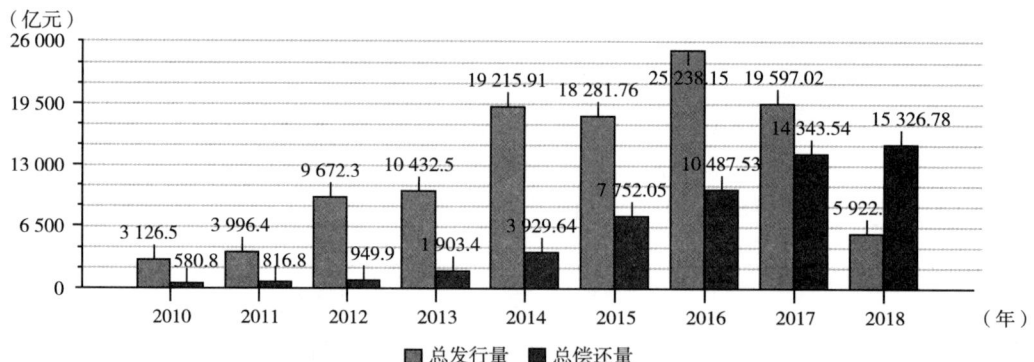

附图6 城投债存量总发行量与总偿还（2018年第一季度）

资料来源：Wind，中证金融研究院整理。

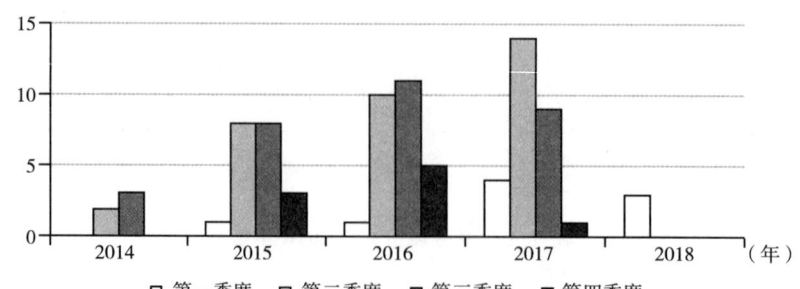

附图7 城投债主体评级调低或负面数量

资料来源：Wind，中证金融研究院整理。

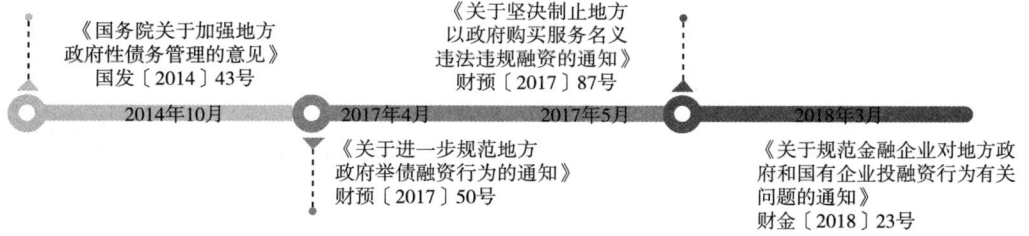

附图 8　近期地方政府债务规范政策梳理

资料来源：财政部中证金融研究院整理。

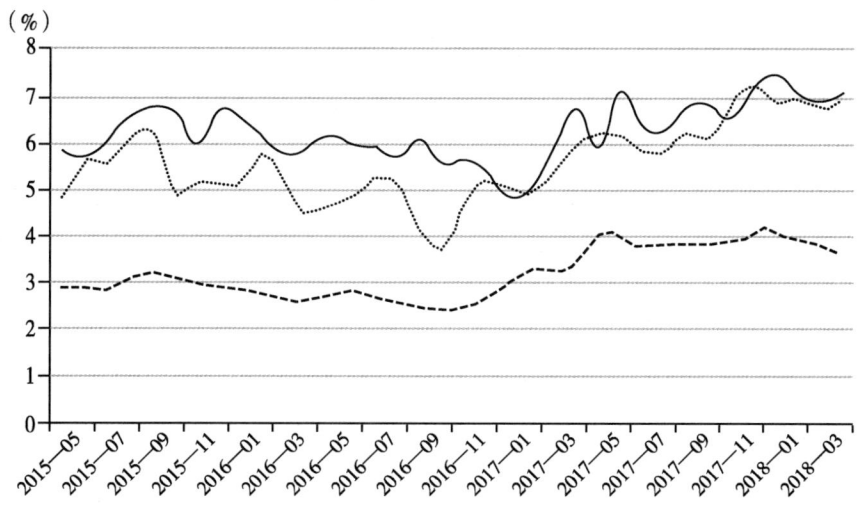

附图 9　3 年期城投债、产业债及地方政府债发行利率

资料来源：Wind，中证金融研究院整理。

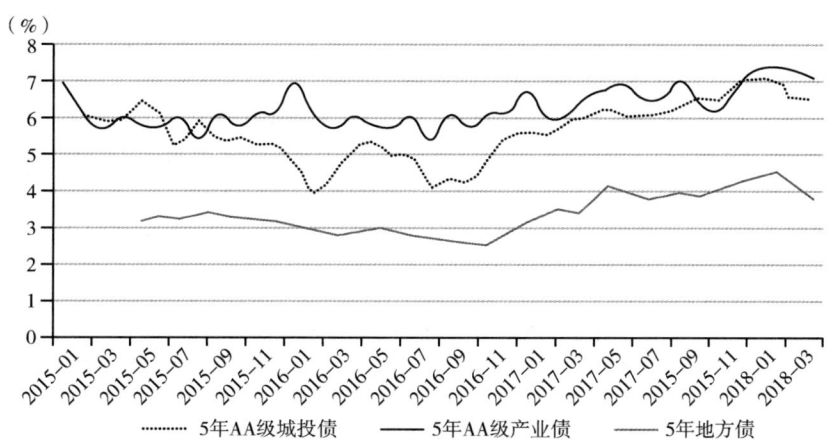

附图 10　5 年期城投债、产业债及地方政府债发行利率

资料来源：Wind，中证金融研究院整理。

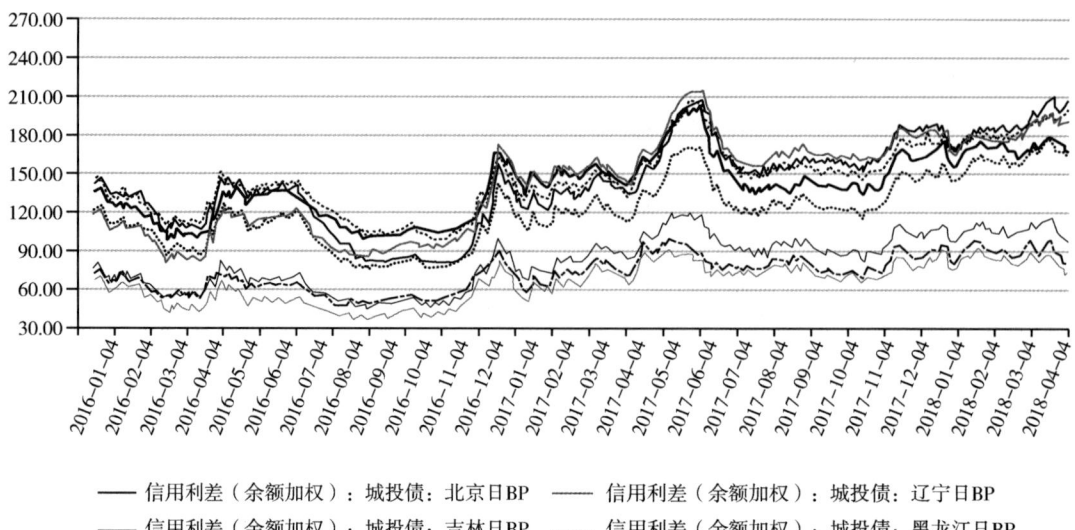

附图11　城投债不同区域信用利差分化

资料来源：Wind，中证金融研究院整理。

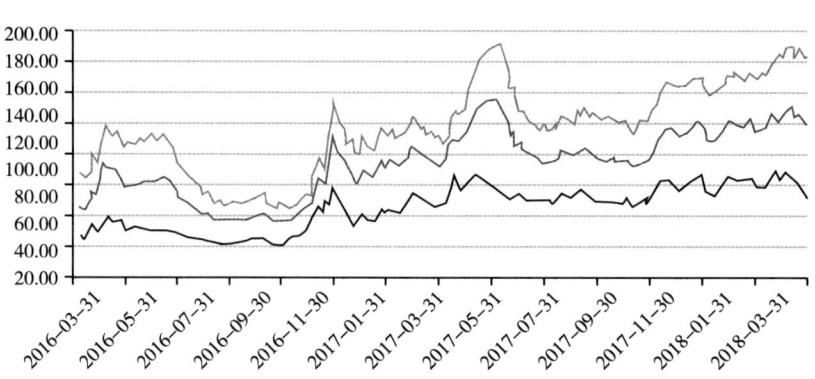

附图12　城投债不同等级信用利差分化

资料来源：Wind，中证金融研究院整理。

附表1　　　　　　　分地区3年期城投债刚性兑付预期指数变化　　　　　　单位：%

	以往指数		最新指数		指数变化	变化方向
	季度	指数	季度	指数		
河北省	2016Q1	79.3	2017Q1	22.7	-56.6	下降
山东省	2015Q3	56.7	2017Q4	10.1	-46.6	下降
江苏省	2016Q4	57.7	2017Q4	12.6	-45.1	下降

续表

	以往指数		最新指数		指数变化	变化方向
	季度	指数	季度	指数		
重庆市	2016Q4	41.2	2017Q3	8.5	-32.7	下降
湖南省	2015Q4	63.4	2016Q4	37.1	-26.3	下降
四川省	2016Q1	6.6	2017Q3	-4.5	-11.1	下降
北京市	2016Q3	57.1	2017Q3	47.7	-9.4	下降
广东省	2016Q2	70.2	2016Q3	81.5	11.3	上升

资料来源：Wind，中证金融研究院整理。

附表2　　分地区5年期城投债刚性兑付预期指数变化　　单位：%

	以往指数		最新指数		指数变化	变化方向
	季度	指数	季度	指数		
浙江省	2016Q3	43.5	2017Q1	-14.7	-58.2	下降
湖北省	2017Q2	30	2017Q4	-15.4	-45.4	下降
四川省	2016Q3	15.2	2017Q2	-22.3	-37.5	下降
湖南省	2016Q3	30.1	2016Q4	-6.1	-36.2	下降
广东省	2015Q4	59.8	2017Q3	27.7	-32.1	下降
山东省	2016Q2	51.9	2017Q4	25	-26.9	下降
江苏省	2016Q4	37.5	2017Q3	17.4	-20.1	下降
江西省	2016Q3	23.9	2018Q1	9.3	-14.6	下降
重庆市	2016Q3	45.1	2017Q3	38	-7.1	下降
贵州省	2015Q3	-37.6	2017Q4	-38.5	-0.9	下降

资料来源：Wind，中证金融研究院整理。

注：以上省份均在某一季度既发行产业债，也发行城投债和地方债；部分省区刚兑预期指数出现负值是由于城投债发行利率大于产业债发行利率。

信用评级开放对交易所债券市场的影响*

姜 瑜 杨 楷

摘 要 2017年7月初"债券通"正式开通,银行间市场向境外信用评级机构开放,此举对交易所债券市场产生了一定的影响。本文以宏观经济环境为切入点,从短期和长期两方面分析引入境外信用评级机构对交易所债券市场的潜在影响,并提出相关应对措施,为交易所债券市场的对外开放路径提供一点参考。一是引导交易所债券市场有序开放;二是完善交易所债券市场的基础设施和相关配套制度;三是从监管层面看应当减少对外部信用评级的依赖。

全国金融工作会议明确指出,要积极稳妥推动金融业对外开放。继"沪港通"和"深港通"之后,连通内地和香港债券市场的"债券通"于2017年7月3日正式开通,成为中国资本市场对外开放的又一重要举措。同日,中国人民银行向境外评级机构开放了银行间债券市场业务。尽管交易所债券市场评级业务尚未开放,但如何应对评级市场开放给交易所债券市场带来的潜在影响,值得我们思考。

一、现阶段交易所债券市场面临的宏观环境

(一)债券市场流动性整体承压

2017年第一、二季度出口稳中向好,但CPI和PPI表现仍较为疲弱,整体宏观经济运行基本平稳。货币政策稳中偏紧,加之监管层严管通道业务和去杠杆的作用,市场流动性面临一定压力。自2017年初以来,银行间7d回购利率和10年期国债收益率曲线均呈上升趋势。7月末的10年期国债收益率为3.626%,较2017年初3.105%已经上涨了52个基点。在经济基本面和资金的共同作用下,债券市场活跃程度相应走低,引入境外

---

* 本文发表于2017年8月《中证政研简报》总第421期。

投资者有利于改善国内债券市场流动性。

（二）债券市场收益较国外具有优势

美联储已分别在 2016 年 12 月、2017 年 3 月和 6 月各加息 25 个基点，并希望在 2017 年下半年逐步收缩资产负债表。美国 10 年期国债收益率因此承受上行压力，但是以 10 年期国债收益率为基准的中美利差却表现出走扩迹象。此外，7 月末的美元兑人民币汇率中间价较年初有明显下降，人民币兑美元走强。从投资者角度看，国内利率债市场在收益率上具有一定的吸引力，有利于离岸人民币回流国内资本市场。

（三）债券市场规模壮大，但风险有所上升

截至 2017 年 7 月 31 日，国内债券市场各类债券存量为 34 322 只，债券余额 70.44 万亿元，成为继美国和日本之后的世界第三大债券市场。虽然与银行间债券市场相比，交易所债券市场在现券交易中的占比较少，但近年来在回购交易等的带动下，交易所债券市场发展较快。而经济增速进入换挡期后，债券市场信用风险有所上升。自 2014 年出现第一例公募债违约至 2017 年 7 月末，债券市场共有 134 只债券发生违约，其中沪深两市交易所共 36 只，多数为私募债。从数量上看，交易所债券市场信用风险整体不高，但对境外投资者投资信用债可能会产生负面影响。

二、信用评级开放对交易所债券市场的影响

国内外信用评级市场连通程度较低，国内评级机构采用的是区域性评级标准，评级结果主要集中在较高级别，且向高等级迁移率较高，导致内外评级结果差异较大。据统计，国外评级机构对中国企业的评级要比国内的评级低 6—7 个等级。由于信用评级关乎债券市场定价、回购交易制度和监管等多个方面，信用评级开放后，国内外评级差异的变化也将由此影响交易所债券市场。

（一）短期影响不明显

标普、穆迪和惠誉三大国际评级机构早在 2010 年之前就分别与新世纪、中诚信和联合资信 3 家国内信用评级机构展开合作，对国内债券信用评级市场并不陌生，而境外投资者也更习惯于接受国际评级机构的全球评级标准。因此，在一定时期内，境外评级机构进入银行间债券市场后，将主要满足境外投资者的评级需求。一方面，目前境外投资者在银行间债券市场更倾向于投资国债、政策性金融债、短融等流动性强而风险相对较小的券种，不会直接对比交易所债券市场占比较高的信用债或资产证券化产品的评级。另一方面，目前境外投资者投资交易所债券市场只能通过 QFII 和 RQFII，规模较小，影响相对有限。

(二) 长期有利交易所债券市场发展

1. 提高交易所债券市场效率。信用评级机构作为第三方信息的提供者，有助于解决资本市场中的信息不对称问题。和国内评级机构相比，境外评级机构机制成熟，不易受到来自发行人的制约，对银行间债券市场的信用债和资产证券化产品能够提供较为独立的评级结果，从而促进信用评级机构的良性竞争，提高其对债券产品和发行人信用风险的全面准确的判断能力，继而提高债券市场的定价效率，减少刚性兑付的状况，并及时揭示债项风险变化。

2. 便利交易所债券市场开放。根据中债登的数据显示，截至2017年7月底，同时在银行间和交易所债券市场上市的债券托管量为15.37万亿元，主要由地方政府债和企业债构成。如果境外评级机构在银行间市场逐步涉足这些跨市场交易的债券品种，则相当于间接参与了交易所债券市场，进而有助于境外投资者了解银行间债券市场和交易所债券市场的定价差异，便利交易所债券市场开放。

3. 优化交易所债券市场信用评级服务。资本市场开放是双向的，通过引入国际评级机构，可以帮助国内评级机构接轨国际评级标准，完善自身评级方法，提供更为多样化的评级产品，提高国内信用评级的可比性和国际竞争力，同时也可以为债券发行人和投资者走出去提供服务，优化交易所债券市场上信用评级机构的服务水平。

三、交易所债券市场的应对措施

(一) 引导交易所债券市场有序开放

以在沪深交易所发行的地方债为开放试点，逐步引入境外评级机构，合理引导交易所信用评级市场发展。在境内外评级逐步减少差异的过程中，不同评级结果所造成的信息紊乱可能给债券定价和投资者决策带来不必要的偏差，不利于市场稳定发展。短期内，交易所债券市场仍应以丰富债券品种、推动创新为主，围绕服务实体经济发展提供更多元化的债权融资产品，可以将在沪深交易所发行的地方债作为试点，逐步开放境外评级机构进入交易所债券市场。长期内，一是要提早对跨市场的债券品种可能面临的境内外评级差异做好规划预案，在不影响债券发行条件的情况下，由市场力量推动评级差异的解决。二是按照资本项目开放的统一进程，通过设定具体的评级业务管理准则合理引导境内外评级机构发展，降低内外评级差异对交易所债券发行和交易所造成的影响，吸引境外投资者参与可转债、可交换债、高收益债等。三是支持国内信用评级机构改善信用评级方法，积极参与国际业务，推动国内信用评级机构稳步走向国际市场。

（二）完善交易所债券市场的基础设施和相关配套制度

一是增强信用评级机构的独立性，利用投资者付费等模式，避免评级机构对发行人的过度依赖。二是结合交易所债券市场正在研究的市场化评价机制和双评级制度，对信用评级机构建立自上而下的监督体系，改善评级机构由于声誉成本过低造成的评级虚高等现象。三是在中长期内改进各项依赖信用评级进行监管的标准和规定，统一市场评级体系和标准，避免国内外信用评级差异导致政策适用性的减弱。

（三）监管层面减少对外部信用评级的依赖

鼓励投资者和监管机构加强自身分析判断。国内外评级差异的减少需要时间，加强内部分析判断能力，不但是防范信用风险的需要，也是应对信用评级开放潜在影响的需要。中国人民银行在开放银行间债券市场信用评级开放的管理细则中指出，减少监管机构对外部信用评级机构的引用。交易所债券市场可以借鉴运用，尽快建立我国的第三方独立评级机制，进一步提高债券市场定价的客观性。

自如租房贷款分期信托受益权 ABS：一项案例研究*

李思明 姜 瑜 蔡喜洋

摘 要 北京等一线城市房租快速上涨，使得金融资本助推之下急速扩张、高价争抢房源、侵占租户权益的长租公寓模式成为舆论焦点。长租公寓是住房租赁市场向机构化、规模化发展的主流方向，但在市场发育早期、制度建设滞后背景下，金融支持租赁市场发展出现一些争议和风险。本案例研究显示，自如公寓在运用"房租贷+ABS"金融创新产品急速扩张过程中，蕴含资金断裂风险、租赁违约风险，其 ABS 产品对应的底层合约存在法律瑕疵。建议适当限制单一企业长租公寓租金现金流的资产证券化比例；探索建立租金第三方存管机制；警惕金融资本过于集中头部企业，引导市场主体有序竞争。

近几年，关于加快发展住房租赁市场的鼓励性政策[①]密集出台，使得服务流动人口超亿人、年房租规模超万亿元，但机构化程度不足 10% 的住房租赁市场迅速成为社会资本竞相涌入的"风口"。从国际成熟市场经验看，住房租赁服务一般具有重资产、低收益和长周期的内在属性，主流发展方向是专业化、机构化、规模化，离不开金融资本的有力支持。资产证券化为租赁企业提供创新融资渠道和投资退出路径，对于建立多主体供给、多渠道保障、租购并举的住房制度具有重要意义。

一、自如长租模式分析

（一）运营模式

2017 年末，自如公寓（以下简称自如）管理房屋超 50 万间、营业收入超 100 亿元，

---

* 本文发表于 2018 年 10 月《中证政研简报》总第 524 期。
① 国办发〔2016〕36 号《关于加快培育和发展住房租赁市场的若干意见》；建房〔2017〕153 号《关于在人口净流入的大中城市加快发展住房租赁市场的通知》。

全国机构长租市场占有率超过30%。其盈利模式为，与房东签订长租合同，对房屋重新装修后转租，并持续向租户提供"酒店式"增值服务，赚取房租差价、增值服务费、房租融资息差等，收入与成本结构见附表1。

（二）融资进程

自如公寓背靠链家集团，迅速成长为分布式长租公寓市场的龙头企业，其阶段性核心目标是快速扩充甚至垄断房源和客源，加速形成排他性的规模竞争优势。由于我国核心城市租房需求旺盛、房屋供给偏紧，市面房源一旦进入长租合约，资源稀缺性将进一步加剧。这是目前以自如为代表的长租公寓运营商急需大量融资、迅速扩张，甚至不惜高价收房的逻辑初衷。

长租公寓运营商在进入新城市、拓展新市场、签约新房源过程中需要大量期初投入，而按月或按季产生的房租收入使得资金回笼较慢，资金缺口严重制约其扩张速度。经过交易结构设计，自如将租房合约转换为房租贷款合约，提前回收租金，并利用持有的小额分散房租贷为底层资产，获得上交所核准20亿元ABS储架式发行规模①，加快资金回笼。2018年初，自如又获得了40亿元人民币A轮创投（VC）融资，已构建起较强的资金优势。

（三）ABS交易结构

从自如ABS的交易结构看（见附图1），租户采用"押一付一"的方式缴纳房租，并与信托通道（即SPV1—外贸信托·荟如5号，出资方为自如全资子公司众诚友融）②签订房租贷款分期合同（年化利率12%），信托将房租一次性划转至自如（通常是1年房租），租户按月分期向信托还款。众诚友融再将SPV1对租户的房租贷债权作为底层资产真实出售给SPV2，基于信托受益权发行ABS实现垫款回笼。但自如对房东普遍按月（季）支付房租，其中产生近乎1年的房租资金沉淀见（见附表2）。

自如ABS优先级份额获得AAA评级，现金流风险较小：一是底层资产为多笔小额债权，现金流较分散、稳定，且消费贷款合同强化了租户的偿还义务；二是自如承诺差额补足，并得到中证信用对差额补足的信用担保；三是自如自持底层资产10%的劣后份额。以上增信措施基本扫除了ABS优先级的违约风险。

---

① 2017年8月以来，自如平台累计发行四期ABS，累计融资13.6亿元。
② SPV1主要发挥以下功能：一是众诚友融本身无贷款资质，借信托通道实现发放消费贷款功能；二是ABS底层资产标准化；三是实现破产隔离。

二、争议点与风险点

（一）争议点

自如利用 ABS 融资符合政策鼓励方向，但仍存在以下争议点：一是 ABS 的底层资产是"房租贷"，实践中部分租户对租赁合同变为贷款合同并不知情，租户信用被"盗用"，底层资产存在一定的法律瑕疵。二是自如长租并未完全获得初始房源的绝对排他性使用权利，其与房东形成的长期合约有效性，高度依赖于合约存续期内的按时付租能力。因此，自如对房源的资本投入相对较少，属轻资产企业，实践中却通过"房租贷"预收全年房租、占用租户押金、租户和房东房租期限错配、ABS 融资回款等方式占有大量现金流资源，存在"空手套白狼"之嫌。

（二）风险点

一是资金链一旦断裂，必然引发社会纠纷。自如获得的"沉淀资金"是对未来房租和利润的提前回收，所得资金几乎全部用于扩张房源，一旦未来外源资金流入（新租户的进入增速放缓、新市场开拓失败、股权融资和债务融资困难等）无法覆盖应付房东房租，大概率出现资金链断裂风险。此外，由于目前对"沉淀资金"无监管，存在一定的资金被挪用之后跑路的风险①。自如资金链一旦断裂，由于租户和房东之间信息不对称且房租支付期限错配，可能会出现原始房东驱赶租户等纠纷而引发社会问题。

二是租赁违约引发信用违约，风险可能向金融机构传导。自如模式加大了租赁违约的可能，主要原因在于：一是"押一付一"租户的租赁违约成本不高，尤其是部分租户对签订的是贷款合约并不知情；二是平台为加速扩张很可能降低租户信贷审核标准；三是自如租户中有较多刚毕业的大学生，房租不断上涨，很可能引起支付困难。若出现大规模租赁违约，很可能引发信用风险，并向贷款机构（包括商业银行、小贷公司、融资租赁公司、P2P 等）传导，并可能通过担保、ABS 等途径，向担保机构、证券公司以及 ABS 投资者传导。且房租贷市场发展不规范、不透明，缺乏统一监管，风险较为复杂隐蔽。

三是 ABS 破产隔离有效性不确定，投资风险加大。自如 ABS 产品合规并无问题，由于破产隔离及多层增信措施设计，投资风险不大。但穿透来看，放贷主体是自如的全资子公司，一旦出风险，租户可能拒还贷款，导致破产隔离失效，自如 ABS 产品沦为低

---

① 据统计，2017 年 2 月以来，全国已有 9 家长租公寓平台出问题（包括 2018 年以来有 6 家），分别为 GO 窝公寓、Color 公寓、好熙家公寓、好租好住、爱公寓、优租客、凯信亚洲、鼎家公寓及寓见，上述出问题的长租公寓运营商主要分布在深圳、广州、上海及长沙等地，多因急剧扩张过程中现金管理不善最终导致资金链断裂。

信用主体原始权益人发行的信用债券。此外，自如 ABS 产品设置了循环放贷，若租户提前还款而后续缺乏符合放贷标准的贷款资产，将导致无法或不能足额进行循环放贷而影响投资者收益，增大投资风险。

三、结论与建议

我国住房租赁市场机构化程度较低，以自如为代表的长租公寓模式有其社会进步性，但也仍然需要增强规范化引导。由于存在监管盲区，金融支持长租公寓运营商发展蕴含一些风险。应快速厘清金融在支持住房租赁市场的定位，区别对待不同长租公寓运营模式，既要满足优质运营商的发展融资需要（如重资产的集中式长租公寓模式运营商①），也要警惕金融资本过度集中导致住房租赁市场的垄断化变异。为此，提出政策建议：

一是引导住房租赁市场机构化发展，适当限定单一长租公寓运营商房租现金流的资产证券化比例。建议"一行两会"等监管部门强化对长租公寓运营商融资行为的规范化要求，以信息透明为抓手，引导住房租赁市场向机构化方向发展。建议交易所在鼓励长租公寓运营商发行 ABS 产品融资时，追溯底层资产的合法合理性、公平性以及风险收益对等性，严格审核标准，确保 ABS 产品破产隔离的有效性，避免轻资产运营商过度利用金融杠杆。

二是加快闲置土地和住房资源进入租赁市场，警惕金融资本过于集中头部企业而出现垄断局面。尽管机构化的住房租赁市场是政策鼓励方向，但我国一线城市房屋供需偏紧格局短期难以改变，金融资本过度介入将加剧市场供需矛盾，进而抬高房租（从炒房价到炒房租），侵害租户权益（甲醛超标，资金挪用，混居安全）。建议加快闲置土地和住房资源进入租赁市场，引导资本进入增量市场，鼓励集中式自持租赁模式；警惕金融资本过于集中头部企业，避免长租公寓运营商在行业内、区域内形成垄断。

三是建立长租公寓运营商的第三方资金存管制度、规范相关合同和定价行为，切实保障租户的合法权益。建议对房租建立第三方资金存管机制，杜绝长租公寓运营商的无偿挪用和侵占；强化相关合同规范，一方面在租户签约时明确告知所签合同类型以及相应的责任和义务，另一方面合同约束运营商无序乱涨房租行为；规范长租公寓运营商的定价行为，限制租金差价占收入比重。

---

① 主要通过获取城市新增的自持租赁用地或整体收购或整租存量物业来供应租赁住房。

附录

附表1　自如长租公寓盈利模式

一、收入项	收入来源	相关说明	占年租比重
租金价差	房东	房客租－房东租	20%
空置费	房东	少交房东租金（1个月）	5%
服务费	房客	房客租×10%（提前一次性收取）	10%
分期息差	房客	房客贷款利息－信托资金成本	1%
小计			36%
二、成本项	支出去向	相关说明	占年租比重
房屋配置成本	装修、家具、家电等	第1租期：待摊费用（3年）	54%/3=18%
		第2租期：待摊费用（3—6年）	5%
人员管理成本	房屋管家	规模效应，房源/客越多，成本越低	10%
其他成本	系统开发、营销、财务等费用	各项费用支出	8%
小计			36%
三、净收入		相关说明	占年租比重
第1租期		首个租期（0—3年）	盈亏平衡
第2租期		第2个租期（4—6年）	20%以上

资料来源：中证信用，中证金融研究院整理。

附表2　自如房租贷款信托受益权ABS产品列表

证券名称	项目简称	剩余期限	发行期限	债项评级	票面利率（当期）	发行日期	总规模（亿元）	分级规模（亿元）	结构占比（%）	首次到期日
PR自如优	自如2017-1	0.91	1.926	AAA	5.39	2017-08-10	5	4.5	90.00	2019-07-19
17自如次	自如2017-1	0.91	1.926	—	—	2017-08-10	5	0.5	10.00	
18自如1A	自如2号2018-1	1.63	2.0548	AAA	6.47	2018-03-15	2.6	2.028	78.00	2020-04-08
18自如1B	自如2号2018-1	1.63	2.0548	AA+	6.75	2018-03-15	2.6	0.156	6.00	
18自如中	自如2号2018-1	1.63	2.0548	BBB-	7.60	2018-03-15	2.6	0.182	7.00	
18自如1次	自如2号2018-1	1.63	2.0548			2018-03-15	2.6	0.234	9.00	
18ZR2优A	自如2018-2	1.76	2.0548	AAA	6.29	2018-05-03	3	2.34	78.00	2020-07-27
18ZR2优B	自如2018-2	1.76	2.0548	AA+	6.75	2018-05-03	3	0.21	7.00	
18ZR2中A	自如2018-2	1.76	2.0548	BBB-	7.60	2018-05-03	3	0.18	6.00	

续表

证券名称	项目简称	剩余期限	发行期限	债项评级	票面利率（当期）	发行日期	总规模（亿元）	分级规模（亿元）	结构占比（%）	首次到期日
18ZR2 次	自如 2018-2	1.76	2.0548	—	—	2018-05-03	3	0.27	9.00	2020-07-27
18ZR3 优 A	自如 2018-3	1.98	2.0493	AAA	5.81	2018-07-24	3	2.34	78.00	2020-08-13
18ZR3 优 B	自如 2018-3	1.98	2.0493	AA+	6.65	2018-07-24	3	0.21	7.00	
18ZR3 中 A	自如 2018-3	1.98	2.0493	BBB-	7.50	2018-07-24	3	0.18	6.00	
18ZR3 次	自如 2018-3	1.98	2.0493	—	—	2018-07-24	3	0.27	9.00	

资料来源：中证信用，中证金融研究院整理。

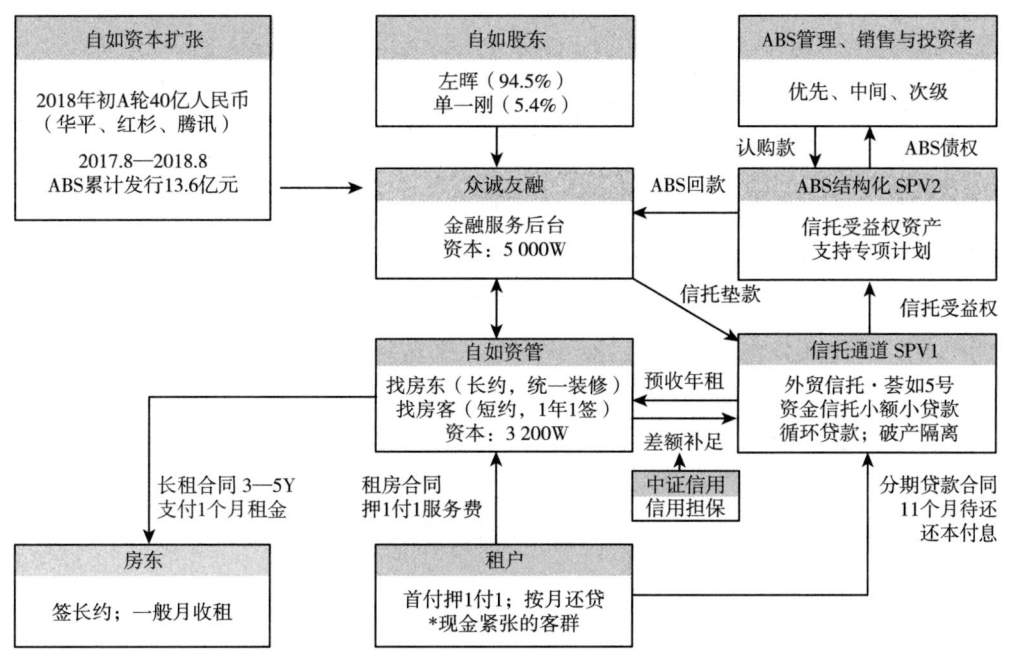

附图 1　自如房租贷款信托受益权 ABS 产品架构

近期房租快速上涨的原因及影响*

冯晓爽　郑桂环

摘　要　2018年以来，北京、上海等多个城市住宅租金出现15%—30%的快速上涨情况，引发广泛关注。我们认为，租赁市场结构性供需矛盾是此次房租上涨的潜在决定性因素，部分租赁中介借助"金融+长租公寓"模式在超常规快速扩张过程中，蓄意扰动哄抬租金对房租加快上涨推波助澜。实证分析显示，近期房租快速上涨对消费支出产生一定挤出效应，以北京为例，上半年租金的上涨侵蚀了6.8%的非居住性消费支出。建议建立健全长租公寓资产证券化合规体系，盘活存量资产，同时加强准入及存续期监管，防范轻资产企业利用证券化产品激进扩张，过度融资。

一、近期北京、上海、深圳等多地租金出现较快上涨

2018年1—8月，50个城市中有33个城市的平均住宅租金累计同比涨幅超过15%，其中三亚涨幅接近42.5%，北京、深圳等25个城市涨幅超过20%（见图1）。此次涨幅远高于历史平均涨幅（见图2）。以北京市为例，2018年1—8月，平均住宅租金累计同比上涨22.1%，不仅高于历史平均涨幅（2010—2017年平均涨幅为8.7%），也远高于2011年、2012年17.3%和15.5%的相对较高涨幅。8月份同比涨幅未见明显回落，成都、深圳、扬州、广州、西安、温州6城市涨幅超过25%，较7月有所增加，其中成都上涨32.9%；北京、天津等15城市涨幅超过20%。2018年8月份的租金水平与2017年底相比，涨幅在30%以上和20%—30%之间的城市分别为6个和13个。9月以来，北京市相关部门采取了加强行业管理、增加房源管理等多项措施稳定市场，租赁价格出现回落，但从全国来看房租上涨趋势尚未得到明显遏制。

---

* 本文发表于2018年12月《中证政研简报》总第529期。

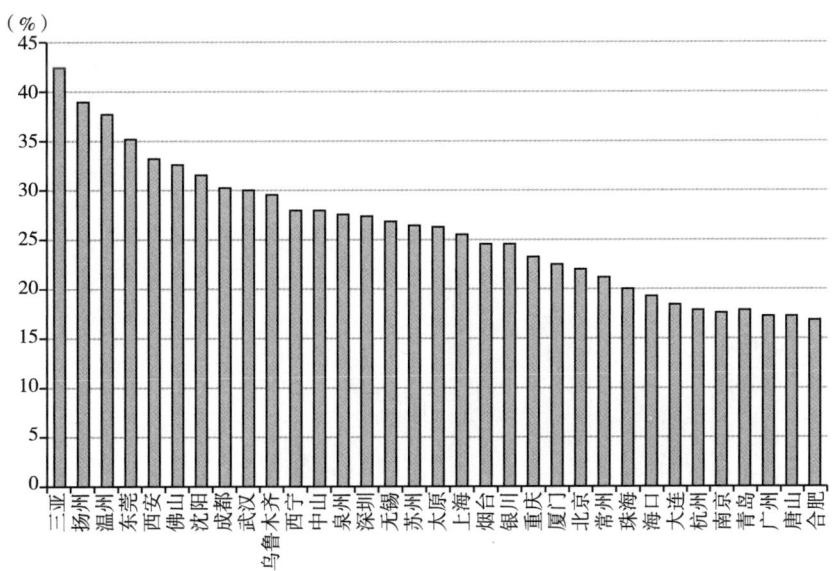

图 1　2018 年 1—8 月房租累计同比涨幅 15% 以上城市

资料来源：Wind，中证金融研究院整理。

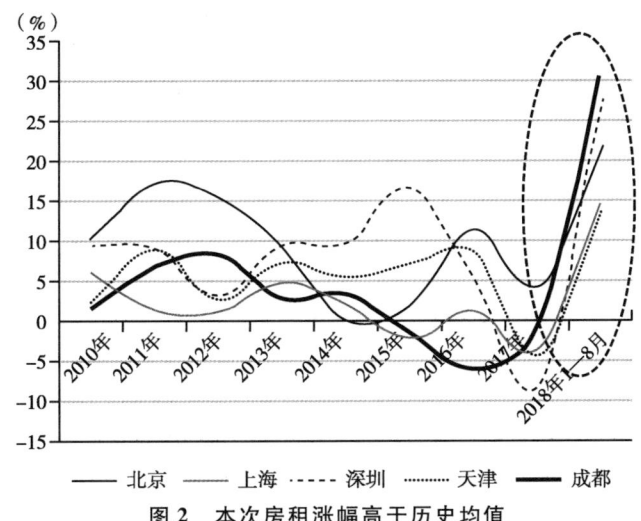

图 2　本次房租涨幅高于历史均值

资料来源：Wind。

二、房租快速上涨的主要原因分析

（一）租赁市场供需不均衡构成房租出现结构性上涨的潜在基础

从供给端看，2018 年以来北京、上海等大城市疏散外来人口（见图 3），大量清理违章建筑、城中村及未经批准或备案的改建租赁房屋，2017 年北京拆除违法建筑 4 000 万平方米以上，造成短期内租赁房源紧张。从需求端看，近几年北京流动人口保持在

800万人以上,有数据显示,目前租赁房源约350万间,即使考虑合租也面临一定租赁缺口。此外,随着今年调控进一步趋紧,部分购房者转为租赁,加上近年一、二线城市房价上涨幅度远超租金涨幅,租金与房价出现较大背离(见图4),在此购房成本远超住房成本情况下,更多人选择租房而不是购房,也增加了租赁房的供需缺口。

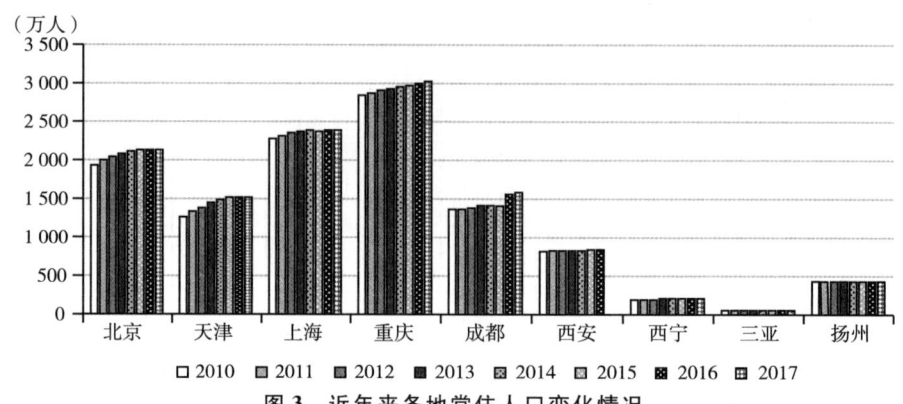

图3 近年来各地常住人口变化情况

资料来源:Wind。

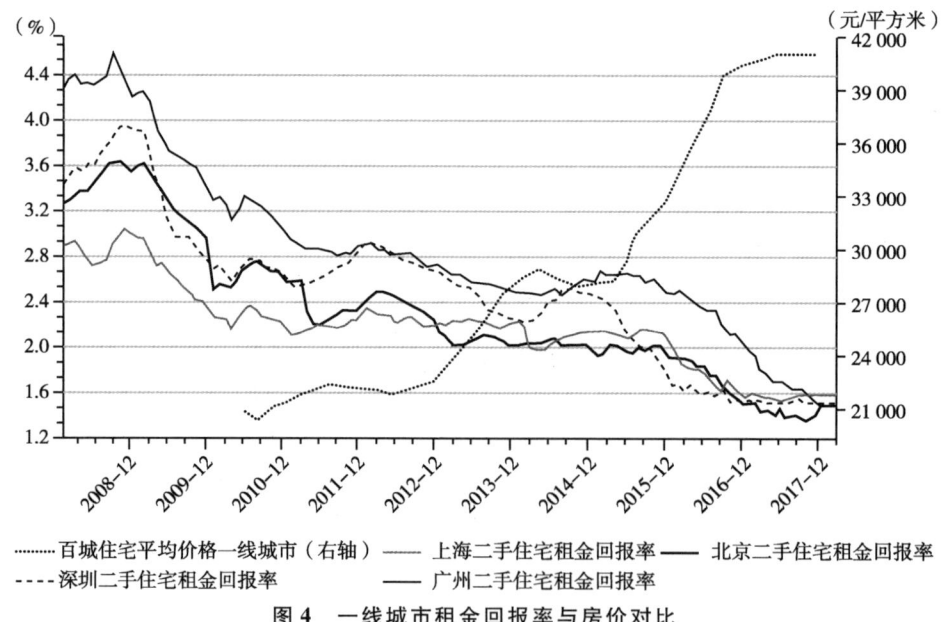

图4 一线城市租金回报率与房价对比

资料来源:Wind。

(二)部分长租公寓运用"租金贷"等手段竞价抢夺房源,为本轮房租上涨推波助澜

长租公寓的发展过程中,融入了以租房贷为主的金融创新产品:租赁中介公司成立持有金融牌照的子公司,以P2P或互联网金融模式融资,在租户不知情的情况下与其签订一年以上租金的借贷协议,通过租房贷的形式贷款给租户,用于支付年租金,但一般

以季付方式支付给房主,这样形成相当于9个月房租租金的沉淀资金,租赁中介利用这笔资金竞价争抢新的房源,进而产生更多的预付租金;更多房源也意味着更高的定价权,所以部分中介在抢房源时甚至暂时不考虑盈利,这自然会引起房租的大幅上涨。以自如为例,截至2018年上半年,其管理的公寓已超70万间。假定每间租金为2 000元/月,如果有10%的租户使用租房贷方式,则能形成1.26亿的沉淀资金,又可以收购6.3万间房源。

(三) 租赁中介违规操作,利用垄断房源哄抬租金,带动平均房租上涨

一是租赁中介通过房源垄断,增加租金话语权。截至2018年上半年,自如管理的公寓已超过70万间。在北京市住建委约谈后,自如、相寓、蛋壳公寓等几家中介立即承诺拿出超过12万套(间)房源投向市场,这印证了此前租赁中介囤房惜租行为,在对房源垄断情况下,抬高租赁价格在所难免。二是通过对网上租赁平台发布内容的干扰和掌控,将其"租断"房屋优先于其代理的一般业主住房出租,趁季节性房源紧张、CPI上升等各种机会提高房租,也对其他房源产生溢出效应。三是成本上涨推动房租上涨。中介长期租赁业主的住房后,进行重新装修,以较高租金对外出租。存量房源中剩下的原简装房则越来越少,市场平均租金也随之上涨。此外短期大量争抢房源所致租赁房屋的空置率提高,成本随之提升,推动房租上涨。

三、近期房租上涨的主要影响

(一) 以北京为例,租金上涨对消费形成一定挤出效应

2018年第一季度和上半年北京人均居住支出分别同比增长24.8%和22.1%,显著高于2015—2017年的平均涨幅(9.1%),居住类支出在人均消费支出中的占比由2017年底的32.9%升至2018年上半年的36.3%。2018年第一季度和上半年剔除居住类支出后人均消费支出同比增速出现负值,说明租金对居民消费具有挤出效应(见图5、表1)。以北京①为例,我们根据历史数据建模测算,结果表明,上半年在房租未出现大幅上涨的情况下,社会消费品零售总额同比增长6.4%,较公布增速提高3.7个百分点;租金快速上涨侵蚀了6.8%左右的非居住性消费支出,挤出效应明显(具体测算见附件)。

---

① 受数据限制,这里仅计算北京的情况。

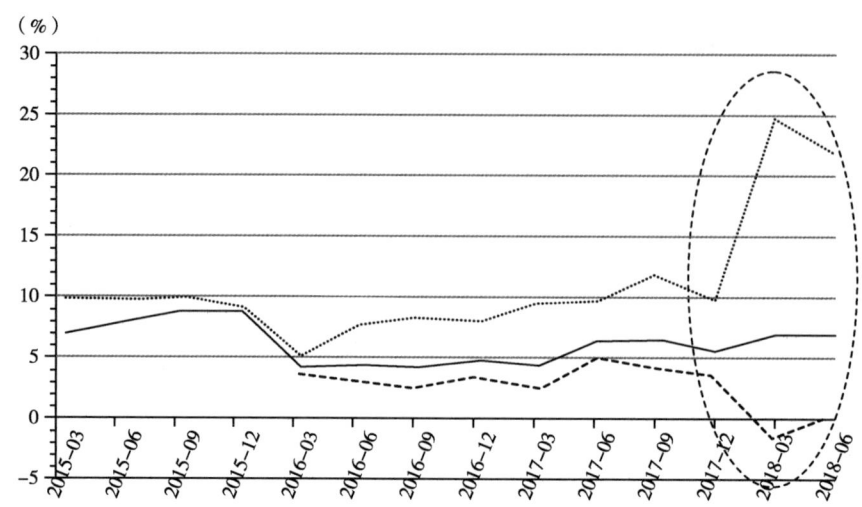

——居民人均消费支出同比增速　　……人均居住支出同比增速　　----剔除居住后人均消费支出同比增速

图 5　北京市人均居住支出与非居住支出增速产生背离

资料来源：Wind，中证金融研究院整理。

表 1　　　　　北京市近年来房租、消费支出和社会消费品零售总额情况

指标名称		租金同比涨幅	人均居住支出同比涨幅	人均消费支出同比涨幅	剔除居住后人均消费支出累计同比	社会消费品零售总额同比增速
2015 年		2.0%	9.0%	8.7%	—	13.6%
2016 年		11.4%	8.1%	4.8%	3.3%	6.5%
2017 年		4.3%	9.9%	5.7%	3.7%	5.2%
2018 年上半年	公布数据	22.3%	22.1%	7.0%	−0.04%	2.7%
	模拟情景下测算值	6.7%	6.6%	—	7.2%	6.4%

资料来源：Wind，中证金融研究院。

（二）租赁中介利用金融杠杆超常规扩张规模，若风险控制不当易引发资金链断裂风险

金融创新产品提高了租赁中介规模效应及服务能力，对推动长租公寓市场发展，以至促进房地产长效机制的建立具有重要意义，但同时也对租赁中介的风险防控能力提出了较高要求。如前所述，中介通过"租房贷"模式一次性收取一年租金，同时按季度付给业主，可得到 9 个月租金的资金池，相当于形成 4 倍杠杆；若以其持有的房租贷款债权为基础资产发行资产证券化产品，将租客未来支付的贷款本息作为偿付来源，将撬动更多资金①。但由于大部分长租公寓采用轻资产运营模式，缺乏相应的风控经验和能力，

---

① 以"自如 1 号房租分期信托收益权资产支持专项计划"（以下简称自如 1 号）为例，"中信证券·自如 1 号分期信托收益权资产支持专项计划"分为优先级证券与劣后级证券两种，金额分别为 4.5 亿元和 0.5 亿元，ABS 发行时自如承购全部劣后级证券，相当于 0.5 亿撬动 4.5 亿，杠杆倍数达 9 倍。

资金链断裂风险上升；发行 ABS 也同样面临发起方持续经营风险以及房租分期支付的信用风险。

高杠杆和资产负债快速扩张的背景下，负债方每季需要大规模的现金流支付给房主，如果资产方不能将已收购的房源出租转换成相应的现金流，将产生较大的运营风险，严重时资金链将发生断裂。当前房租快速上涨将会降低房屋出租率，出租率的下降将直接影响资金回笼，加大长租公寓公司的现金流的稳定性，应对市场变化的脆弱性抬升。近期相继爆仓的杭州鼎家、上海寓见、北京昊园恒业都因资金链断裂跑路，使成千上万租户陷入"没了房子还要还款"的窘境。

四、几点应对措施

（一）建立健全长租公寓资产证券化合规体系，盘活存量资产，同时加强准入及存续期监管

一方面，支持长租公寓企业发行以其持有不动产物业作为底层资产的权益类资产证券化产品，支持利用集体建设用地建设租赁住房项目、依法依规将商业办公用房等改建为租赁住房项目，支持国家政策鼓励项目开展住房资产证券化、盘活存量资产，增加住房供给。另一方面，加强监管，防范轻资产企业利用证券化产品激进扩张，过度融资。针对租赁主体以消费贷或租金收入为底层资产发行 ABS 的融资行为，重点监测原始权益人和增信主体经营情况、规模扩张及现金管理能力和现金流稳定性；加强信息披露及时性和充分性（例如出租率或空置率），使 ABS 业务在公司财务报表上有相应体现。

（二）应尽快调研摸底了解当前金融产品在租赁领域中的深度和广度，开展相关的压力测试研究，提前做好预案

对于房租快速上涨的城市，应尽快组织相关部门对租赁中介公司的市场规模、租房贷规模与涉及租户数等进行系统调研。并使用调研数据开展压力测试研究，评估这些中介公司所能应对的房屋空置率的阈值，测算房租变化对房屋空置率的影响程度，以及局部风险爆发的可能性、规模和影响面。

（三）尽快出台对中介机构经营行为的监管方案

及早推出中介机构利用杠杆产生的资金池的相关监管政策和方案。例如，可尝试设立风险缓释金或准备金，出台对预付租金和租房押金的专户监管规定，使其规模扩张能力与风险应对能力相匹配。针对租房贷侵害租客权益出台相应措施，规定中介不得故意通过隐瞒的方式欺骗租客与借贷平台签借贷协议，对自愿选择借贷的租客也需做特别风险提示，以降低社会风险。

（四）建议相关统计部门尽快建立住房租赁市场统计制度

在建立租售并举住房制度的大框架下，住房租赁市场的重要性和作用在逐步提升，但由于缺乏权威统计数据，监管层和研究者难以全面了解租赁市场。建议相关部门逐步完善房源信息普查、租赁信息平台等行业基础设施建设，尽快开展住房租赁市场的供给、需求、价格等全方位的统计监测，以弥补数据缺失带来的监管滞后。

附录

以北京市为例测算房租对人均消费支出的挤出效应

1. 测算房租与人均居住支出之间的关系。历史数据显示，房租与人均居住支出关系较为稳定，占比保持在95%左右。假定上半年房租没有出现快速上涨（实际涨幅高达22.3%），涨幅保持在2015—2017年6.7%的平均水平（记为模拟情景），测算出人均居住支出增长6.6%，比实际涨幅低15.5个百分点。

2. 测算剔除居住后人均消费支出涨幅。根据1中测算的模拟情景下人均居住支出，测算出上半年模拟情景下的剔除居住类后的人均消费支出为13 440.6元（记为Y），同比增速为7.2%，比实际涨幅高7.2个百分点。

3. 根据人均消费支出测算社会消费品零售总额。使用历史数据测算剔除居住类后人均消费性支出与社会消费品零售总额之间的关系，再基于前面的Y值，及剔除居住类后的人均消费支出的模拟值，可测算出模拟情景下社会消费品零售总额为5 598.1亿元，同比增长6.4%，比当前公布的数值高出3.8个百分点。

4. 测算挤出效应。上半年现实情况下剔除居住后的人均消费支出12 530元（记为X），模拟情景下的剔除居住类后的人均消费支出为13 440.6亿元（记为Y），可计算租金的上涨对人均居民其他方面支出挤出$(Y-X)/Y=6.8\%$。

用 Sukuk 债券服务"一带一路"建设*

胡玉玮

摘　要　自"一带一路"倡议提出以来，各方反响热烈，参与需求迫切，需要的金融支持大，但面临的金融风险也不小。如何在全球资本市场找到可利用的金融资源，拓宽"一带一路"融资渠道，对"一带一路"建设的长期可持续发展意义重大。作为一种创新型金融产品，Sukuk 债券①受到国际投资者越来越多的关注，Sukuk 债券市场已具有相当的规模和国际化水平。应当充分用好包括 Sukuk 在内的国际市场，服务"一带一路"建设，既提供项目资金支持，又分散潜在风险。

自 2013 年，习近平主席首提"一带一路"倡议以来，国际社会反响热烈，沿线国家积极参与。"一带一路"建设正逐渐从理念转化为行动，从愿景转变为现实。随着 2017 年"一带一路国家高峰论坛"的成功举办，以及一系列重大合作项目的签署，预计今后两年将是项目的集中启动期和落地期，各方对资金的需求也会相应提升。但是，"一带一路"现有的融资模式是否可持续，是我们必须应对的挑战。

一、"一带一路"建设面临的两个突出问题

"一带一路"建设离不开金融的支持。但现有的融资方式存在明显短板，突出表现在以下两个方面：

（一）"一带一路"项目资金缺口大

"一带一路"项目以公路、桥梁、港口、机场等重大基础设施建设项目为主，普遍

---

* 本文发表于 2017 年 8 月《中证政研简报》总第 414 期。
① 根据伊斯兰金融机构会计和审计组织（AAOIFI）的定义，Sukuk 债券即代表投资者在现有或未来合格资产组合中的所有权权益的有价证券。

资金需求量巨大。据国际货币基金组织（IMF）预测，未来5年"一带一路"沿线国家基建投资总规模高达3万亿美元以上。如此庞大的市场和总投资规模，仅靠我国政府及相关金融机构的支持是远远不够的。如何发挥我国资金的杠杆作用，撬动沿线国家金融资源，打造丰富多元化的投资融资平台，是"一带一路"建设面临的机遇和挑战。

（二）"一带一路"项目风险分散化不足

"一带一路"项目资金需求大、使用周期长、不确定因素多。沿线国家政治、经济、社会等投资风险整体偏高，一场政治波动就会导致项目停止、搁浅，甚至失败。与此同时，沿线项目资金来源又主要依赖国内，导致"负债在境内、资产在境外"，金融风险过度集中在国内金融机构。这种投资方式是不合理和不可持续的。如果没有很好的投资与金融风险分散安排，海外投资可能会演变成为一支悬在我国金融机构头上的"达摩克利斯之剑"，并有诱发我国系统性金融风险的可能。

二、Sukuk债券：可服务于"一带一路"的境外市场工具

"一带一路"穿越大量伊斯兰国家，这些国家近年来也在不断进行金融创新，20世纪90年代出现的Sukuk债券市场是一个重要的标志性成果。2017年第一季度，全球Sukuk发行规模222亿美元，占全球债券总发行规模的5%左右。我们认为，Sukuk债券在规避伊斯兰教法的同时，也与绿色投资、责任投资等国际趋势具有较高契合度，可以为"一带一路"建设提供融资支持，部分填补了"一带一路"融资缺口。

根据伊斯兰金融机构会计和审计组织（AAOIFI）的定义，Sukuk债券是"代表投资者在现有或未来合格资产组合中的所有权权益的有价证券"。其有三大特征：

（一）规避伊斯兰教法禁止条款的金融创新

根据"沙里亚"规定，利息是一种高利贷（Usury）形式，是不公平的，必须严厉禁止；金钱只能是一种交易媒介，本身不能产生任何收益。因此，为了实现Sukuk债券的发行，通常会成立特殊目的载体（Special Purpose Vehicle，缩写SPV）或其他符合规定的中间机构，以调整金融主体之间的关系，例如从"借款"向"租赁"的转换，进而符合伊斯兰教法规定。

（二）Sukuk债券实为一类项目收益债

Sukuk债券一般以真实的基础资产作为支撑，并且债券持有人的收益主要依靠基础资产所产生的利润。这些特征与项目收益债高度契合，不过两者之间也有差别。例如，在我国，项目收益债需重点支持基础设施和公共事业特区经营项目，以及项目内部收益率原则上不低

于6%等。相比，Sukuk债券更加灵活，除了"沙里亚"禁止的领域以外，没有其他限制。

（三）与绿色投资、责任投资具有较高契合度

作为当下较为流行的投资模式，绿色投资、责任投资一方面有利于完善价值投资、提升长期投资功能，另一方面也能更好保护投资者权益、服务实体经济。由于Sukuk债券禁止投资于军火、赌博、酒类等行业，使之与责任投资具有较高的契合度。研究表明，在一些非伊斯兰国家，投资者开始越来越多的关注并购买Sukuk债券，一个重要原因就是其投资理念与责任投资较为一致。

三、Sukuk债券服务"一带一路"建设的积极意义

（一）有利于填补"一带一路"项目融资缺口

目前，以国家开发银行、中国进出口银行为代表的政策性银行，以及以四大行为代表的国有银行是支持"一带一路"的主要金融机构。但是，相比于数万亿美元规模的沿线国家投资总需求，我国境内的资金是远远不够的。Sukuk债券作为一种新型融资工具，近些年发展迅速，在沿线伊斯兰国家接受程度高，可作为"一带一路"项目融资的重要资金来源，以填补融资缺口。

（二）有利于分散"一带一路"项目投资风险

目前大量"一带一路"项目投资风险积聚于国内银行体系，可通过引入Sukuk等直接融资方式，特别是撬动本地资金，使境内外项目各方成为命运和利益共同体，从而大大降低境外投资所带来的国内金融风险。也只有真正实现风险共担、利益共享，才能把"一带一路"建设变我国"独奏"为沿线国家"合唱"。

（三）有利于提升我国对国际金融产品设计的参与能力

相对于传统债券，Sukuk债券是一类新型金融产品。金融机构发行Sukuk债券前，产品设计必须经过"沙里亚委员会"审核。而由于不同国家（地区），甚至专家委员个人对不同宗教信仰的理解不同，就可能导致Sukuk债券的具体安排有差别。如果我国金融机构及我认可的"沙里亚"专家及早参与到Sukuk业务中，可通过具体的产品设计来正确引导（全球）Sukuk的投资方向和领域。

（四）有利于提升沿线国家对"一带一路"建设的认同感，营造良好文化氛围

目前"一带一路"建设面临的一个突出挑战是本地民众的认同感较低。沿线国家中

不少为欠发达国家，但由于曾经是英法等国殖民地，对环保的要求颇高。此外，一半以上沿线国家为伊斯兰国家。因此，如果我们能够利用好 Sukuk 债券，突出文化包容理念和绿色环保等特征，将能起到很好的示范作用，进而为我国"一带一路"建设创造良好的外部投资环境。

四、对 Sukuk 债券服务"一带一路"的几点建议

（一）加强对本地金融市场和产品的学习和研究

在 65 个沿线国家中，超过一半以上国家为伊斯兰国家或该国的主要信仰为伊斯兰教。如何在这样的环境下，为"一带一路"建设提供金融服务，应主动学习、深入了解本地文化习俗及经济金融体系，也包括 Sukuk 债券在内的金融市场，实现对"一带一路"的融资支持。

（二）鼓励我国投行与本地机构深入合作

目前，我国投行机构对海外市场的了解，多集中在欧美日等发达国家，对以欠发达经济体为主的"一带一路"国家的资本市场了解甚少。应鼓励我国投行及其他市场主体加大与本地机构合作力度，深入了解本地金融市场与项目需求，充分发挥 Sukuk 债券的作用，更好对接"一带一路"建设。

（三）加强监管机构之间的交流与合作

可优先选择"一带一路"沿线中 Sukuk 市场较为发达，且与我国长期保持友好的国家（如伊朗、巴基斯坦、哈萨克斯坦、马来西亚等）作为重点，积极加强双方监管机构之间的交流与合作，考虑建立业务探讨、人员互访、信息分享等长效机制，为 Sukuk 债券服务"一带一路"建设创造良好环境。

（四）设计发行"一带一路"Sukuk 项目债

Sukuk 债券的特征与"一带一路"项目有较高的契合度，建议将部分"一带一路"项目的融资引入 Sukuk 债券。在项目选择上，可考虑我国在境外合作项目，如高铁、通信等，通过国际或本地资本市场发行 Sukuk 债券。在坚持市场化、国际化的前提下，可邀请全球及本地知名金融机构共同参与产品设计、承销等。

（五）推动中国香港作为 Sukuk 债券发行地

相及内地而言，中国香港特区市场对包括 Sukuk 债券在内的创新金融工具接纳程度

更高，亦有一些"一带一路"沿线经济体及企业有意向在中国香港市场发行 Sukuk 债券。2013 年特区政府通过修改税法，以便利 Sukuk 债券发行。2014 年 9 月香港特区政府发行首单 10 亿美元的 Sukuk 债券，目前已发行 3 期共 30 亿美元的 Sukuk 债券。可考虑利用香港特区作为国际金融中心地位及 Sukuk 债券发行经验，引导"一带一路"沿线中的伊斯兰经济体到香港特区市场发行 Sukuk 债券。

夯实个人投资者理性投资的基础*

潘 黎　邵 宇　葛致壮

摘　要　我国股市个人投资者众多，如何让个人投资者走向成熟和理性投资决策，事关股市长期、稳定、健康发展。投资者反映，业绩藏"地雷"、研报不可靠、投顾跟不上、投教欠深入，影响个人投资者的理性判断和投资决策。要适应市场形势变化，注重提升信息披露质量，提高行研报告质量、发展专业化投顾队伍并深入开展投教工作。

2018年5月，我们赴四川、广东、河北等地，围绕个人投资者投资决策影响因素等问题开展实地调研。调研发现，市场价值投资理念与理性投资风格明显增强，但在上市公司信息披露质量、行业研究支持、投资顾问支持、投资者教育针对性等方面还存在诸多问题，不利于个人投资者的估值判断和理性决策，也不利于个人投资者走向"成熟"。

一、部分公司财报披露随意，加大投资者"踩雷"概率

有受访投资者表示，宏观经济指标分析难度大、不好把握，上市公司层面财务数据指标相对来说更确定。财报数据是进行基本面分析重要的参考和基础，但一些上市公司财务信息披露比较随意。有经验的投资者为减少信息滞后的劣势，十分重视业绩预报和快报信息，但一些上市公司如迪威迅（300167），频繁发布业绩预告，且与正式披露信息明显不符，虽年年被问责，但其信息披露质量仍无明显改善。

现行的财报及业绩预报、快报制度提高了上市公司年度业绩信息披露的及时性和可得性，但如公司频繁出现"业绩变脸"，将严重干扰投资者的决策判断。此时，仅仅依

---

* 本文发表于2018年7月《中证金融研究》2018年第5期总第99期。

靠财务指标，很难判断公司真实价值和业绩成长性，且容易受数据表象所蒙蔽，投资者感觉不靠谱，容易"踩雷"。

二、行业研究报告及解读质量不高，不能满足个人投资者日益增长的专业化投资需求

投资者普遍表示，券商行业研究报告已成为普通投资者辨别"好上市公司"的重要参考信息之一。然而，受访投资者指出行研报告仍存在一些质量缺陷，主要体现在：

一是行业研究报告易夸大预期业绩。招商证券杭州文三路营业部负责人指出，券商研究员的分析常常会在业绩展望方面出现夸大和不切实际的分析，有些行业研究报告的引导性用语，会误导缺少识别能力的个人投资者。据和讯网统计，2013—2017年75家券商[①]的8.6万篇报告中，负面评级的研究报告只有199篇，占研究报告总数的千分之二。绝大多数研究报告常年长期看多、"报喜不报忧"，投资者无法从研究报告中获取到充分的风险信息，行业研究报告并未发挥应有的专业辅助作用。

二是行业研究报告深度分析偏少。中信证券定安路营业部受访投资者表示，行业研究员"短平快"报告多，深入研究的报告少，实操中的参考价值不大，因此基本上不看投资研究报告。据第一财经统计，自2008—2017年，年产研究报告量从4.4万份攀升至25.8万份，增幅达5倍。2018年初以来，平均每天产出研究报告超700份。研究报告单产量最高的是海通证券，每个分析师年均单产77份。但在研究报告数量剧增的同时，其质量并未同步提升，高质量的深度研究报告偏少。据统计，近3年超过30页的深度研究报告仅占当年发布总研究报告数量的3%。

三是个别行业研究报告的独立性不够。有受访投资者认为，有些行业研究报告似与上市公司一唱一和，可能存在利益纠葛，欺瞒、引诱投资者上当，或成股价涨跌的推手。还有些个股研究报告甚至与上市公司事实出现明显背离，缺乏客观事实与判断依据的支撑。研究没有独立性，也就失去了价值。有券商分析师戏称，个股研究报告预测的正确性还不如抛硬币来得准确。

三、投资顾问服务发展严重不足，对个人投资者的决策支持还相当有限

投资顾问为股民提供专业证券投资咨询服务，是股民获得专业决策支持的主要来源。国金证券投资管理部负责人表示，基于他的从业经历，跟随投资顾问建议进行实操的投资者占比很低。问卷调查数据显示。主要听从投资顾问建议进行股票投资的个人投

[①] 75家券商中不包括仅对付费客户公开研报的海通证券、国泰君安、兴业证券和招商证券。

资者占比不到20%。投资顾问发展不足主要体现在：

一是投资顾问整体队伍年轻化，实操经验普遍不足。投资顾问业务尚未形成好的盈利模式，投顾人员没有前景明确的职业规划，激励不足，留不住专业人才。财达证券一营业部负责人表示，多数投资顾问从业没有超过10年，很多没有经历过一个完整的牛熊周期。有受访股民表示，投资顾问不被信任的重要原因，是他们一般都比较年轻，从业经历不长，投资分析的专业能力易受质疑。

二是券商投顾客户服务的主要内容已发生偏离。有投资顾问感叹，投顾职业类似于"科学算命"，难有常胜将军，缺少金牌顾问，"有明星无寿星"。调研显示，券商的投资顾问团队中，专门从事投资分析的人数占比很低，一个规模中等的券商仅有七八名投顾人员专门从事股票及投资组合研究。尽管证券行业投顾数量在增加，但多数投顾人员只是在拉客户、营销产品、传递中签消息等初级服务，为亏损股民提供"心理按摩"服务。

三是传统投顾服务覆盖面不够，智能投顾才刚刚起步。传统投资顾问服务半径小，投顾服务多集中在券商营业部内部，且主要针对高净值客户。目前，持牌投顾人员约3万余人，绝大多数股民无法享受到专业服务。人工智能的运用刚刚起步，与传统投顾之间的互补功能还没有充分发挥。未来如何基于人工智能为投资者提供多层次的服务，还需要凝聚更多智慧。

四、投资者教育的针对性不足

当前投资者教育以基础金融知识为主，投教基地的宣传教育内容重复率高。全国证券期货投资者教育基地已有29家，针对基础的证券投资知识已制作了大量宣传文字、图片、动画等，有些内容重复度较高。财达证券一营业部负责人表示，目前投资者教育仍以金融基础知识的扫盲为主，基本面分析的技巧和方法涉及不多。

受访的投资者表示，上市公司基本面分析不仅需要财务、经济、金融知识，还需要具备对企业发展潜力的判断能力。如果自己没有经营实体企业的经历，没有近距离观察、了解过企业的经营成长特征，很难把握投资方向。如何有效开展投资教育，需要进一步拓展投资者教育服务的内容，增加投资者对实体企业运营、管理、发展、成长的认识，也需要进一步发挥券商专业投资顾问队伍的作用。

五、初步建议

一是保持监管压力，提升上市公司治理水平和透明度。上市公司披露的财务、重大事项等信息，是价值投资判断的重要依据。加大虚假、不实、误导信息披露的惩戒力度，从严监管业绩造假和频繁换脸的公司，从源头解决投资对象"不靠谱"问题。增强独立董事的独立性和专业性，真正发挥独立董事应有作用，改变一些公司独董"独立不董事，董事不独立"状况。

二是利用金融科技，打造专业的行研和投顾队伍。利用金融科技，多维度评价客户投资需求和风险承受能力（不能两眼仅盯大客户），提升传统投资顾问服务质量。利用大数据，弥补行研报告的浅分析、粗判断，提升质量，树立行研队伍的口碑。

三是着眼投资者实际情况和现实需求，双向互动开展投资者教育。投资者教育不局限于将知识输送给投资者，也要充分接收投资者的信息反馈，了解其真实想法和需求。既要辅助，也要纠偏。充分发挥交易所作用，调动上市公司参与、配合投资者教育工作，为"走进上市公司"活动提供更多支持与帮助。考虑由投保中心牵头组建由学界、业界、监管等领域的权威专家组成的"名人名家讲师团队"，开展投资者教育巡讲。

四是促进市场优胜劣汰，体现市场价值投资功能。在推动更多优质企业到 A 股市场上市的同时，加大退市执行力度，清理一批连年亏损、财务造假的公司。这样可以更好实现优胜劣汰，体现市场的价值投资功能，激励投资者"买好股，得好报"。

资本市场法治建设

加快构建我国反收购法律制度体系*

何晓楠

摘　要　上市公司收购对调整产业结构和改善公司治理既有积极作用，也有消极影响。加快构建反收购法律制度体系，合理规制上市公司反收购行为，通过法治方法和市场化机制有效制衡野蛮收购，有助于抑制收购活动的负面影响，促进良性收购市场形成。

以"宝万之争"为代表的敌意收购与反收购①大战，反映出对上市公司反收购法律制度的迫切需求，亟须厘清反收购规制逻辑，从明确反收购规制目标、决策方式、权责内容及审查标准等方面，加快构建中国特色的上市公司反收购法律制度体系。

一、上市公司收购反收购活动日益活跃、对抗日趋激烈

（一）股权分置改革前敌意收购较少

我国股权分置改革前，国家股、法人股等属于非流通股，且第一大股东持股比例通常较高。上市公司收购主要以非流通股的友好协议收购为主，通过要约收购或者二级市场取得控制权的可能性极小。因此，敌意收购发生可能性较小，反收购必要性不突出，仅少数几家全流通公司发生敌意收购与反收购。1993 年延中实业对宝安集团的反收购，是我国第一起敌意收购案例。1995 年，日本五十铃收购北旅是首例外资收购案例。在2002 年以前，原《公司法》、原《证券法》、《股票发行与交易管理暂行条例》等都未涉及上市公司反收购问题。2002 年《上市公司公司收购管理办法》（以下简称《收购办法》）首次对反收购作出规定。《收购办法》主要借鉴了英国模式，特别是较多地借鉴了

---

* 本文发表于 2017 年 7 月《中证政研简报》总第 409 期。
① 敌意收购是指收购人不顾目标公司董事会和控股股东反对，通过向其他股东购买股份取得目标公司控制权行为。反收购是指目标公司面临敌意收购情形下依法采取的防御措施。

香港地区经验,且更为严格。第 33 条对要约收购期间董事会无权对反收购进行提案,这等同于完全禁止了董事会反收购。

(二) 股权分置改革后敌意收购行为逐渐增多

2005 年股权分置改革后形成了全流通市场,上市公司股权结构分散化,流通股比例明显上升,持股集中度下降,为敌意收购提供了条件。从收购主体看,大部分是民营企业举牌收购国有上市公司,如 2005 年金鹰集团、雨润集团收购南京中百,2006 年和 2007 年银泰系收购杭州百大集团、鄂武商等。同时,国有企业以及外资对内资企业的敌意收购也已经初露端倪。敌意收购行为一般都会受到反收购抵制,但反收购措施中行政干预与法律干预并用、市场化手段与非市场化手段并存、合法与非法的界限不明。2006 年中国证监会修订《收购办法》,不再禁止董事会享有反收购防御的议案,但必须经股东大会批准。

(三) 金融资本参与下收购与反收购大战引发各界关注

近年来,我国经济下行压力加大,理财市场规模快速扩张,"资产荒"加之上市公司估值低位,金融资本主导的敌意收购发展很快,以宝能系前海人寿、安邦保险为代表的保险和银行理财金融资本频繁举牌成为社会关注焦点。中植资本与投中信息研究院数据显示,境内财务投资者主导的并购交易金额占比达 40% 以上,平均交易金额达到 0.70 亿美元/案例,接近全球平均水平。2016 年财务投资者并购交易总额达至 1 060.28 亿美元,较 2012 年增幅达 168.63%。

从"宝万之争"等案例可以看出,我国并购市场出现两个新的变化:一是横向并购为主的产业并购爆发式增长;二是杠杆收购大量使用[①]。不同于美国 20 世纪初第一次横向产业并购浪潮先于 80 年代第四次杠杆收购浪潮,我国并购市场金融逻辑与产业逻辑并行。二者间的利益冲突和平衡,亟待通过反收购法律规制和法治方式解决,但现行立法和监管政策并没有改变既往鼓励并购和限制反收购的导向。

二、现行我国上市公司反收购法律制度体系存在明显缺陷

以"宝万之争"为代表的敌意收购与反收购大战,反映出对上市公司反收购法律制度的迫切需求。目前,我国上市公司反收购立法、监管以及司法导向不明,导致反收购行为的正当性与合法性难以准确界定。

---

① 吴晓灵、王忠民:《规范杠杆收购,促进经济结构调整——基于"宝万之争"视角的杠杆收购研究》,2016 年 11 月。

（一）上市公司收购政策导向鼓励收购，没有为反收购预留制度空间，以制衡野蛮收购

长期以来，我国上市公司收购立法目标以积极鼓励和促进企业并购为导向，反收购措施受到限制。在理念层面，强调并购具有优化资源配置、调整产业结构、实现经济效益和改善治理的功能，其推进国有企业改革、减少亏损国有企业、配合股权分置改革、完善公司治理结构方面的意义得到强化和实施。如1989年国家体改委、国家计委、财政部和国有资产管理局制定的《关于企业兼并的暂行办法》、2014年国务院发布的《关于进一步优化企业兼并重组市场环境的意见》及中国证监会《收购办法》等文件，都体现了这一政策导向。但对于野蛮收购可能带来资源掠夺、损害股东利益等负面影响没有过于重视，也没有从公司自治和市场力量自身平衡角度为反收购预留法律制度空间，以制衡野蛮收购。

（二）股东大会中心主义的反收购决策模式，有利于包括机构投资者在内的收购人

我国上市公司反收购规则体系确立了股东大会中心主义决策模式，采取董事会不阻挠原则，同时强化了董事会信义义务，使得董事会反收购权力受限。具体体现在《公司法》第三十七条、第四十三条、第九十九条、第一百零三条规定，《收购办法》第三十三条等。股东大会决策的反收购模式挤压了董事会反收购的行动空间，客观上有利于包括机构投资者在内的收购人。受制于股东集体决策程序成本，董事会想要通过股东大会批准反收购措施难度非常大，也可能错过最佳时机。实践中，许多上市公司通过修改章程自行定义违规行为进而限制收购人股东表决权，成为监管和司法争议的焦点。

（三）反收购缺乏有效的法律手段，不利于对抗违规收购

如存在资本挟持公司治理、侵害实体公司利益的情形，公司董事会在股东大会决策前提下，能否拥有足够的法律手段，是平衡收购与反收购力量的关键。目标公司董事会采取有效的反收购措施需要两个制度条件：一是授权资本制度。目标公司董事会只有在授权资本制度下采取所谓发行新股稀释收购者持股比例。二是类别股制度，不同股份享有不同表决权。自1993年起，我国公司法一直实行法定资本制，尽管2013年《公司法》废除法院最低资本制，并将实缴资本登记制度改为认缴资本制，实质仍为法定资本制，且涉及新股发行等资本变动情形，须经股东大会决定，不同于授权资本制。由于尚未建立授权资本制，董事会增发新股等手段无法实施。同时，我国《公司法》规定股份公司股东同股同权，不存在多元表决权制度，反收购法律手段受限。

（四）反收购合法性审查标准尚未确立，容易引发分歧争议

《收购办法》第八条确立了我国董事会反收购审查标准，上市公司董事会采取反收购必须符合以下3个原则才能获得法律认可和支持：一是维护公司与股东的利益，不得损害公司及其股东的合法权益；二是不得滥用职权对收购设置不适当障碍；三是对被收购公司资产、负债、权益或者经营成果造成重大影响的，以及涉及股东大会职权范围内的事项必须获得股东大会批准。这一判断借鉴了域外经验，从实质结果和程序公正角度维护目标公司和股东权益。但没有相应地建立董事会免责事由和合法性标准，使得上述原则在监管和司法实践中缺乏可操作性标准，容易引发分歧和争议。目前，无论是监管还是司法，都没有明确反收购措施判断的审查标准。

（五）反收购侵害救济无法律依据，不利于制衡反收购

我国《证券法》《公司法》对于董事会不当行使反收购权的行政处罚和民事救济规定缺失，也不利于制衡反收购。《证券法》仅以第二百一十四条规定了收购方及股东造成目标公司及其股东损失的赔偿责任，但并未规定目标公司股东大会和董事会反收购权行使不当的赔偿责任，因此在反收购权行使不当之情况下，受损方难以依据《证券法》寻求救济。同时，《公司法》第一百五十条、第一百五十二条及一百五十三条仅规定了公司董事违反法律、行政法规或公司章程规定，对公司和股东造成损失的损害赔偿责任。但是，上述规定难以适用，因为除《公司法》外，其他法律、行政法规有关目标公司董事反收购受信义务规定极其有限。尽管《收购办法》对于收购中各方义务有所规定，但其属部门规章，不属于法律、行政法规或公司章程之列，且仅于第七条规定了控股股东和实际控制人滥用反收购权的赔偿责任，对于对公司同样负有受信义务的董监高只在第八条和第八十规定了监管措施，既没有规定行政处罚责任，也没有规定民事赔偿责任。

三、加快构建中国特色的上市公司反收购法律制度体系

加快构建中国特色的上市公司反收购法律制度体系，主要取决于对反收购价值和上市公司收购市场特殊性的基本判断。我国立法对反收购价值判断主要从敌意收购类型即产业资本、金融资本和境外资本方面进行考虑，其背后折射出4种逻辑的交汇：围绕主业发展整合的产业逻辑、谋求资本获利最大化的金融逻辑、伴随资本市场改革的制度逻辑和体现国家发展战略政策的政治逻辑。此外，我国上市公司收购市场具有特殊性。一是其于壳资源的稀缺性，对上市公司收购的动因往往并非出于对改善公司业绩的考量；二是国有企业特殊性，收购往往基于政治目的；三是资产荒，金融资本的敌意收购对上

市公司产生短视行为;四是资本市场对外开放的国有产业和民族产业防御战略。反收购措施法律规制宜平衡中立。即便基于产业资本和国企改革确立的政策主导方向是鼓励收购,也要对金融资本和境外资本等野蛮收购予以关注,在肯定其在经济结构调整、改善公司治理过程中起到积极作用的同时,选择运用法律方式,从整体法律规制角度构建上市公司反收购制度加以制衡,以防控野蛮收购带来的负面影响和经济风险。

(一) 明晰反收购规制目标、理顺法律逻辑

我国反收购法律规制体系核心是明晰立法目标,厘清立法逻辑。统筹审视收购与反收购规制体系,考量现行股东大会决策模式影响与立法目标是否一致。一国对公司反收购法律规制目标取决于其对公司收购和反收购所持态度,反收购立法态度和立法目标决定了反收购规制内容。我国上市公司反收购规制立法目标是一个市场主体力量博弈和动态制衡过程,应从战略上统筹考虑产业逻辑、金融逻辑、制度逻辑和政治逻辑,从积极鼓励并购重组、限制反收购向中立平衡市场各方力量转变,平衡好敌意收购提升公司绩效与公司治理稳定、股东利益与公司利益、公司管理层反收购权利与责任之间的关系。

(二) 敌意收购和反收购法律规制的基本框架

上市公司敌意收购和反收购法律规制的基本框架包含两个维度和三条法律主线。两个维度是指,从收购人角度,主要涉及收购人信息披露、杠杆和融资结构、保障公平收购等义务。从目标公司角度,涉及目标公司反收购行为合法性判断。三条法律主线:一是收购行为之争;二是资金组织方式之争;三是公司治理之争。其中,第一条法律主线是指收购人在二级市场对目标公司的举牌和收购行为,以《证券法》和《收购办法》为法律基础,核心问题是收购过程的合法性与合规性。第二条法律主线是收购人对杠杆资金的组织与调度,其法律基础是《合同法》《担保法》《信托法》等民商法以及金融监管规则体系。杠杆资金本质是债务关系,它依托于担保融资合同,凸显了中国特色的资管计划[①]。

上市公司反收购规制是在第三条法律主线上构建的法律制度体系。以"宝万之争"为例,上市反收购法律规制主要涉及目标公司的控制权配置与治理结构,它以《公司法》为法律基础,核心问题是目标公司股东大会和董事会对收购的态度和反收购决策行为,涉及公司治理、资本结构、股权类型等内容。

(三) 反收购法律规制要点

在明确上市公司收购和反收购规制的基本框架前提下,反收购法律规制重点主要包

---

① 刘燕、楼建波:《中国式上市公司杠杆收购模式的法理解释——以宝万之争中结构化资管计划为标本》,2016年11月,21世纪商法论坛第十六届国际学术研讨会论文集。

括 3 个方面：

1. 反收购的决策模式。通过《公司法》和《收购办法》相关制度改革，给予现行股东中心主义决策模式以适当弹性，在股东大会中心主义决策模式基础上，赋予董事会一定自治权，通过市场化和法治化方式有效制衡野蛮收购。

2. 董事会反收购权内容。从制衡野蛮收购角度，董事会反收购措施需要《公司法》制度供给。实业上市公司采取反收购措施，是制约金融资本等追求短期效益的野蛮收购的私法自治路径和市场博弈力量，赋予目标公司必要合法手段是解决野蛮收购问题的市场化、法治化思维方法。《证券法》关于反收购的证券交易规则易被规避，只有与公司法赋予的治理方法相结合，才能形成有效的规制机制。因此，通过《公司法》资本制度改革，可探索建立灵活的资本结构和类型股制度，为目标公司董事会反收购措施提供适当的制度条件。

3. 反收购的审查标准。从规制反收购角度，明确反收购合法性审查标准和赔偿责任。反收购规制焦点是董事会反收购合法性审查标准，重点是董事会及相关董事的信义义务。建立董事会反收购行为的必要性和适当性审查标准，当董事会有理由和证据确信收购人对公司经营构成威胁，且董事会采取反收购措施与收购侵害相适应，则应确认反收购措施的法律效力。同时，还应建立目标公司董事不当行使反收购权的赔偿责任，以制衡反收购，平衡各市场主体之间的力量。

美国《超级基金法》对发展绿色金融的启示*

卢边静子

摘　要　20 世纪 80 年代，美国为应对大型工厂撤离、矿产过度开发等造成的土地污染，出台了《综合环境反应赔偿与责任法》（又称《超级基金法》）。该法设立信托基金进行治理和追责，解决了环境污染治理及生态修复资金来源问题，揭开公司面纱追究股东责任，带动绿色信贷、投资、保险不断发展，通过资本市场助力环境保护及修复工作。

一、环境恶性事件催生美国《超级基金法》出台

美国经济在 20 世纪七八十年代经历了严重滞胀，大量工业企业破产或从城市外迁，工业废弃地造成的土地污染事件不断发生。其中，"拉夫运河"恶性事件，是美国《超级基金法》的立法诱因。

拉夫运河由于建设资金中断被废弃，胡克化学公司将大量二噁英和苯等化学废物倾倒入运河并填埋。1953 年，该填埋场以 1 美元"赠"给了当地政府，后又被建成小学，附近还有 1 000 多套廉价住宅和公寓。1977 年开始，该区域婴儿畸形、孕妇流产、成年人患癌等事件高发。追究其原因，发现是当年 2 000 多吨危险废物污染造成。时任美国总统卡特颁布紧急令，搬迁居民，治理拉夫运河。在该事件影响下，美国国会于 1980 年 12 月 11 日通过《超级基金法》，治理"历史遗留"危险物质污染土地，并设立"超级基金"解决费用负担问题。

《超级基金法》自 1980 年颁布以来，在不断总结提高治理效果基础上又进行了数次修订。1986 年，《超级基金修正案与再授权法》出台，增加了大企业环境税，设置和解程序降低诉讼费用和时间成本（具体见图 1）；1997 年，《纳税人减税法》出台，对私人

---

* 本文发表于 2017 年 12 月《中证政研简报》总第 446 期。

投资污染治理进行税收激励;2002年,《小规模企业责任减轻和棕色地块振兴法》出台,减轻或免除小企业等责任,设立环境保险;2009年,《恢复和再投资法》出台,美国环保署向超级基金拨款6亿美元用于治理污染。

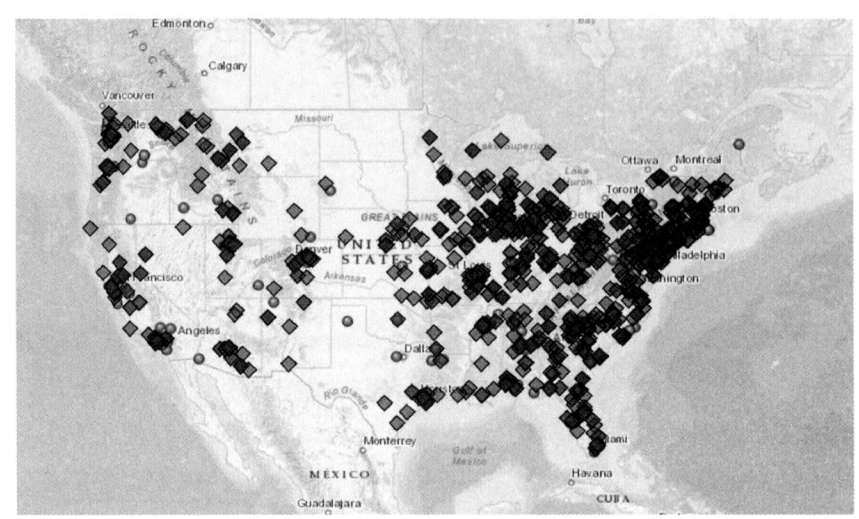

图1　美国超级基金治理项目分布图

资料来源:美国环保署网站,更新截至2016年9月30日。

二、美国《超级基金法》的制度突破

《超级基金法》扩大了污染治理责任人范围,创设超级信托基金提供兜底资金支持,充分发挥社会公众、政府等的作用,对落实污染治理责任有重要意义。

(一) 多途径筹集资金、多角度治理污染

一是以税收和政府拨款作为基金资金来源,自上而下治理污染。"超级基金"通过对生产石油和某些无机化学制品行业征收专门税,以及联邦财政拨款等方式筹集了初始资金16亿美元。随后又增加大企业①环境税,再加上基金利息及从费用承担者处追回的赔偿费用、罚款及投资收入等,1996年"超级基金"资金规模扩大到85亿美元。

二是以免征所得税等税收激励措施,吸引私人投资,自下而上治理轻污染(棕色)地块②,实现污染治理投资主体多元化,扩大治理资金规模和拓宽治理资金来源,提高治理效率。

---

① 年收入200万美元以上的企业需缴纳大企业环境税。
② 由于污染程度较轻,没有纳入国家优先名录,实践中很难通过超级基金获得救急。

（二）多主体协作，摸清污染情况

一是引导公众参与污染治理全过程。环境污染危害公众健康，美国《超级基金法》制定了《公众参与手册》，保障公众充分参与污染治理和举报，包括向环保部门报告发现污染场地，参与治理项目的每个决策、报告环节。

二是规定相关污染责任人的信息报告义务。法案规定"危险物质储存、处理或者场地的所有人或经营人"均有报告义务。

三是明确管理者的信息管理责任。建立污染场地名录及国家优先治理名录，便于及时了解污染场地情况，制定治理顺序，且基金项目的每个阶段都需美国政府充分参与。

（三）多义务人承担环境污染责任

一是先治理后追责，扩大责任主体。《超级基金法》对责任主体作扩大解释，规定污染治理责任"由发生危险物质泄露的设施所有者、营运人或由该设施所在土地的所有者、营运人承担"，以及潜在责任人包括污染物处置人、运输人等[①]。当出现责任主体不能确定、无力承担或者拒绝承担责任的情况时，由超级基金先行承担相关治理费用。

二是通过对部分情形进行免责，减轻小企业及个人责任，引导投资棕色地块。《超级基金法》规定了过重的环境责任，导致投资人回避向污染地区投资，大量轻微污染土地荒废，2002年的《小规模企业责任减轻和棕色地块振兴法》对如潜在善意购买人、轻微责任方等进行免责，引导对棕色地块投资。

三是行政机关之间协调分配权责，联邦与州协调，环保部门与司法部门协调配合。为了保障治理有效进行，《超级基金法》赋予行政机关收集信息、实施治理以及行政处罚权，法院保证在启用超级基金治理污染到项目结束期间免受异议之诉等。

四是推行环境责任保险，为企业分担风险，承担环境赔偿及污染责任。自1960年起，美国就对有毒物质和废弃物处理推行强制责任保险。1976年的《资源保护与恢复法》又授权环保署要求企业投保第三人损害赔偿责任保险等。

五是设置和解程序，由污染者开展污染治理，降低诉讼成本。

三、美国《超级基金法》的法律突破

《超级基金法》确立"污染者付费"原则，对化学品行业征收专门税，解决生态修复资金量大、责任主体不明或无力承担等问题，取得了很好的效果。其通过揭开公司面

---

① 《超级基金法》第107条规定了4种类型的潜在责任主体：船舶或设施的所有人和经营人；危险物质处置时设施的所有人和经营人；危险物质处置安排人或危险物质产生人、处理人或为此类危险物质处置、处理安排运输的人；危险物质的运输人。

纱追究股东责任以及实施无过错连带责任，对原有法律原则做出突破，促使整个社会更谨慎地对待环境问题。

（一）揭开公司面纱突破有限公司等的有限责任，将环境责任规定为法定严格责任。

责任主体对环境污染治理承担严格责任，意味着无论责任方主观上是否有过错，都应对产生污染承担责任，并且该严格责任是一种无限责任，无论责任方的组织形式是否有限，如有限责任公司或有限合伙企业，都不以其有限责任为限承担责任。无力承担时可以追究其控股或参股股东责任，董事、行政管理人员或合伙人也可能成为有关责任方。

（二）扩大潜在责任范围并实行连带责任。

对任何能够找到的责任人，超级基金及联邦政府通过"费用追偿诉讼"追索全部治理费用。事后，责任主体之间再通过"费用分摊诉讼"进行责任分配。此举解决了污染者之间相互推诿的问题，但同时也增加了诉讼成本。

（三）赋予基金及联邦政府治理权，及治理后的不当得利起诉权。

责任主体不明确或者不愿意承担治理污染时，美国环保署利用超级基金管理的资金支付费用后，可以对能找得到的相关责任主体提起诉讼，追索支付的治理费用，并进行高额罚款。这种做法在找不到责任主体的情况下，能够及时治理污染，避免了基金资金亏空，责任人不承担责任等问题。

（四）突破"法不溯及既往"原则，终身追责

联邦法院的判例中实施了该原则，意味着潜在责任人不仅包括现有责任人，还追溯过去法律不认为是责任人的人。

（五）赋予公民公益诉讼权，促进和监督法律执行

《超级基金法》规定，"任何人都能以自己的名义"诉任何人，包括总统和国家及政府职能部门。

四、启示与建议

环境污染关系到公众健康和可持续发展。我国的环境立法对污染者责任规定过轻且过于"原则"，难以有效落实。可借鉴美国《超级基金法》的立法思路和立法技术，通过专项立法方式，解决好以下几个问题：

一是从源头出发，揭开公司面纱，规定环境污染为无限责任，提高企业环境意识。现行法律归责原则为"谁污染谁治理"，由污染者承担无过错责任。但当面临污染者灭失、不明或无力承担时，法律空白出现，可操作性差。规定无限责任可以倒逼企业及其高管等增强环境责任意识和审慎决策。

二是设立环境污染专项基金兜底或作为应急处理资金，同时赋予此类公益性基金先行赔付起诉追偿权，用活各类保护基金（如投资者保护基金等）①。我国现行立法尚未规定环境修复资金问题，《环境保护税法》也未就税收的使用方式和用途进行明确。可以利用环保税划转为环境污染专项基金，作为治理污染的基金资金来源。另外，还可考虑将排污处罚等罚款资金纳入基金来源。

三是在构建绿色金融体系时，除了考虑财税政策等正向激励，还应当考虑设定严格责任反向约束。美国污染能够得到有效治理，环境问题能够解决，正是通过设定环境严格责任，约束引导金融机构进行绿色投资或者发放绿色信贷，以避免环境责任风险造成的投资风险。在借款人不能偿还贷款时，银行等金融机构作为信贷借款人取得抵押物（不动产）所有权而成为潜在环境污染责任人，为避免此类风险，金融机构会更加审慎对待环境保护及污染防治问题，进行绿色信贷或绿色投资。

四是建立公众、政府、企业充分参与的信息披露共享机制，设立快速反应应急机制。环保问题关系公众生命健康，应当加强公众参与度及政府、社会监督。环保部公布重点监控企业，中国证监会要求上市公司进行环境信息披露，公众及社会团体发挥举报排污企业和受污染区域的作用，互相协力摸清污染情况，建立污染档案，按照污染情况和缓急进行治理。环保部门设立应急机制，快速处理关停污染源。在相关责任人怠于履行责任时，利用环境污染基金、启动应急机制先行治理污染。

五是通过减免税收等正向激励政策发展绿色投资、信贷。如美国国会通过《纳税人减税法》采用税收优惠政策，减免所得税、投资税收抵免等鼓励私人资本投入棕色地块治理。

六是在严格责任推动下，发展环境责任保险（绿色保险），提高企业承担环境赔偿或治理责任能力。现行法律环境责任规定较宽松，企业投保环境责任保险的动力不足。

---

① 《超级基金法》是治理土地污染的专项立法，涉及主体较多，主要为美国环保署，但并不涉及美国证监会职能。作为该法案主要内容之一，设立的超级基金最大的特点即可以先治理后追责，我们的投保基金尚未有该职权和功能。

美国金融立法对我国金融业综合经营的启示*

卢边静子

摘　要　随着我国金融综合经营发展趋势的不断深化，如何对金融控股公司进行有效监管是我国目前面临的新挑战之一。美国近百年内的3次主要金融立法，通过有针对性地调整法律规则以适应混业—分业—综合经营的发展过程，使美国各阶段金融法律制度能够与金融体系的新变化相匹配，防范这些新变化可能带来的风险。尽管美国在金融发展阶段和体制机制等方面与我国存在较大差异，但其近百年基于市场发展和危机处置的金融立法理念和经验，对我国仍具有重要的启示与借鉴意义。

我国金融综合经营发展趋势不断深化，中共中央《中华人民共和国国民经济和社会发展第十三个五年规划纲要》也对金融控股公司提出新的监管要求，如何对金融控股公司进行有效监管是我国目前面临的新挑战之一。近百年美国金融立法围绕商业银行业务与投资银行业务的分业经营与综合经营不断进行调整改进。虽然美国金融发展阶段和体制机制与我国情况差异较大，但其金融立法与金融发展的经验教训仍对我国具有重要启示与借鉴意义。

一、近百年美国金融立法演变

（一）20世纪30年代以前：商业银行与投资银行业务混同

1863年美国国会通过的《国家货币法》和1864年通过的《国家银行法》分别确立了统一的货币发行以及联邦范围内银行执照体系，并授权美国货币监理署（OCC）监管。威尔逊总统于1913年12月23日签署了《联邦储备法案》，成立了美联储（Fed），

---

* 本文发表于2016年12月《中证金融研究》2016年第11期总第65期。

并授权美联储监管成员银行在美国和海外的活动,以及外国银行在美国的活动等。由此,拥有联邦牌照的成员银行受 Fed 和 OCC 的监管。当时,商业银行可以直接或通过附属机构间接从事证券业务,投资银行在从事股票承销和债券包销业务的同时,也可以从事部分商业银行业务。

(二)1933—1956 年:商业银行与投资银行业务的分离

随后,1933 年《格拉斯—斯蒂格尔法》(即《银行法》)、1933 年美国《证券法》、1934 年《证券交易法》标志着美国现代金融体系和监管框架的基本确立。

从事商业银行业务与投资银行业务会存在固有的利益冲突,《格拉斯—斯蒂格尔法》将投资银行业务和商业银行业务划分开,以增强储户对银行的信心。商业银行被定义为"接受存款,或者在存款者要求下经银行存折、存单或者其他债务凭证提示时,请求银行偿还存款……的业务"。除了吸纳存款的货币功能外,银行还从事信贷功能——发放贷款。投资银行被定义为"以批发或零售的方式,或者通过参与辛迪加方式,发行、承销、出售或者分配股票、债券、信用债券、票据或者其他证券……的业务"。商业银行不得从事证券承销或自营业务(《格拉斯—斯蒂格尔法》第 16 条),且不得成为任何公司、组织、商业信托或其他主要从事股票、债券、无抵押债券、票据或其他证券的发行、流通、承销、公募、批发、通过零售或联合承销方式销售等业务的组织的关联方(《格拉斯—斯蒂格尔法》第 20 条)。

(三)1956—2010 年:控股公司通过间接持股控制商业银行和投资银行

《格拉斯—斯蒂格尔法》第 20 条禁止商业银行与"主要从事"(engaged principally)证券类业务的机构相关联,这个术语为之后的行政和司法解释留有空间,为银行控股公司设立子公司或收购涉及承销或自营交易的证券公司提供了可能性。美联储重新解释了《格拉斯—斯蒂格尔法》,将"主要从事"解释为,商业银行可以从事一小部分投资银行业务,只要该部分的收入不成为主要收入即可。据此,商业银行被允许从事此前被禁止的活动。1956 年《银行控股公司法案》确认了银行控股公司的法律地位,但规定银行控股公司只能通过持股等方式间接控制商业银行子公司(第 2 条),且不能从事证券业务、保险业务,而只能从事银行业务及与其紧密相关的辅助业务,并禁止银行控股公司直接或间接持有或控制非商业银行公司有表决权的股份(第 4 条)。随后,1986 年银行控股公司被允许可以有最高 5% 的收入来源于投资银行业务,并且美联储于 1987 年批准了第一家利用第 20 条设立的子公司,到 2000 年全国范围已有 51 家此类子公司[①]。此后,作为商业银行的银行信托公司(Bankers Trust)也被美联储允许从事商业票据业务。在 1989 年,美联储将商业

---

① 参见美联储历史网站,http://www.federalreservehistory.org/Events/DetailView/53.

银行来源于投资银行业务的收入比例提高至 10%，1996 年又提高至 25%①。

为了提高美国金融业的国际竞争力，1999 年 11 月 12 日，美国总统克林顿签署了国会通过的《金融服务现代化法案》（即《格雷姆—里奇—比利雷法》）。该法案在名称上未提"银行"，意欲涵盖银行业和非银行业的全部金融活动，从而确立了金融控股公司进入各种金融市场的合法地位。该法案第 101 条废除了《格拉斯—斯蒂格尔法》第 20 条和第 32 条有关关联关系及人员兼任方面限制的规定，但继续保留了原《格拉斯—斯蒂格尔法》第 16 条的规定，禁止商业银行从事证券承销业务②，且在法案第 102 条规定金融控股公司只能通过持股等方式间接控制子公司（商业银行、投资银行）。因此，不同类型金融业务之间仍存在界限。

（四）2010 年以来："沃尔克规则"再次对商业银行从事投资银行业务进行限制

2008 年美国爆发次贷危机，并引发了之后美国乃至全球经济的衰退。2009 年奥巴马政府上台，于 2009 年 6 月 17 日推出了全面的"金融监管改革方案"，于 2010 年 7 月 21 日签署《多德—弗兰克法》。2013 年 12 月 10 日，美联储、联邦储蓄保险公司、证券交易委员会和商品期货交易委员会、货币监理署五大金融监管机构投票通过《沃尔克规则》最终版本，并于 2014 年 4 月 1 日生效。

在本质上，"沃尔克规则"与《格拉斯—斯蒂格尔法》类似，都通过限制商业银行从事高风险业务来维护金融体系的稳定，被认为部分恢复了《格拉斯—斯蒂格尔法》第 20 条的禁止性规定③。

《多德—弗兰克法》第 619 条即"沃尔克规则"，其限制"银行实体"（banking entity）从事自营交易（proprietary trading）或发起、收购并持有"对冲基金或私募股权基金"及其任何股份、合伙权益或其他所有者权益，并对非银行金融公司的自营交易提出更高资本要求。商业银行可以保留自营交易业务，但是只能用于对冲风险、利率掉期或外汇掉期。同时，允许银行投资对冲基金和私募股权，但资金规模不得高于自身一级资本的 3%。

二、近百年美国金融立法的评述

（一）每次金融立法变革都是为了应对不同时期金融体系的风险

美国 3 次重要的金融立法变革均是为了应对当时出现的经济金融危机，具有显著的

---

① Tina Harrison, Hooman Estelami, The Routledge Companion to Financial Services Marketing, p22.
② 虽然第 101 条没有明确说明保留《格拉斯—斯蒂格尔法》第 16 条，但该条款并未被废除，意味着该条款依然有效。
③ https://www.nerdwallet.com/blog/banking/glass-steagall-act-explained/.

"危机导向"特征。《格拉斯—斯蒂格尔法》是为了应对始于 1929 年的"经济大萧条";《格雷姆—里奇—布利雷法》是为了应对始于 20 世纪 70 年代的"滞胀危机";《多德—弗兰克法》则是为了应对始于 2008 年的"次贷危机"。金融体系在危机中暴露出的风险,成为金融立法需要解决的主要问题。

1. 《格拉斯—斯蒂格尔法》:分业经营以保障银行安全。20 世纪 30 年代前,美国金融业以"自由混业经营"为主要模式,商业银行可以涉足证券、保险、信托和租赁等业务。1929 年 10 月 29 日美国股市发生大崩盘,引发银行挤兑风潮,导致 1/3 的银行陷入破产困境。由银行资本失衡导致的金融危机传导至实体经济,并进一步导致债务问题形成传导效应,最终引发了长达 10 年的"经济大萧条"。美国参议院银行货币委员会在 1932 年成立的专门委员会(佩科拉委员会,Pecora Commission)调查认为,银行、证券和保险三者混业经营的模式,特别是银行业和证券业之间的混合,是诱发 1929 年股市大崩盘的重要原因。

《格拉斯—斯蒂格尔法》旨在"更安全、更有效地利用银行资产,规范银行间控制,防止资金不适当地流入投机活动,以及其他目的"。此次危机改变了美国当时的监管理念——以"安全"为基础,相关的法律也围绕维护金融市场安全来设计。《格拉斯—斯蒂格尔法》将商业银行业务和投资银行业务加以区分,并严格限制商业银行从事证券业务,从此确立了美国金融业分业经营、分业监管的历史架构。在该法实施的前 40 年中,美国经济保持增长,逐步确立了全球第一强国地位,甚至未曾出现重大金融危机。该法在稳定金融市场、防范金融风险方面起到了积极作用,并成功地恢复了公众对银行的信心。

2. 《格雷姆—里奇—比利雷法》:金融控股公司综合经营以增强市场效率、提高国际竞争力。20 世纪 70、80 年代,美国经济陷入"滞胀危机",政府开始反思过度管制、经济活力不足等问题。同期,欧洲、日本全能银行的发展和国际竞争力的提高,也对美国金融业发展造成较大压力。随后政府逐渐放松对银行控股公司和其他金融公司证券承销业务的限制,如花旗银行合并旅行者集团,组成了拥有商业银行、证券业务和保险服务的花旗集团。

为了提高国际竞争力,《格雷姆—里奇—比利雷法》将金融业改革和发展中的"效率与竞争"作为当时的立法理念,因此允许金融控股公司可以开展综合经营。该法的颁布标志着现代金融法律理念的转变,即已经由原来强调"安全"并规范金融交易行为以及风险的管理和防范,到强调"竞争"以促进金融业的跨业经营和发展。

3. 《多德—弗兰克法》:防范系统性风险与保护消费者。2008 年美国爆发次贷危机,金融立法暴露出一些突出问题,主要是金融体系不稳定、金融监管存在明显漏洞、金融消费者和投资者保护不足等。因此,《多德—弗兰克法》的立法核心主要集中在以下方面:一是防范系统性风险,解决目前超级金融机构"大而不能倒"的局面;二是保护金融市场中的弱势群体——金融消费者。法案从金融稳定出发,对有序清算权、对冲基金顾问和其他基金顾问、保险、银行、储蓄协会控股公司和存款机构、场外互换市场、证券类互换市场、支付、清算和结算、证券、抵押贷款和反掠夺性借贷等方面的监管和运行规则进行了全面的改革和修订。

同时,《多德—弗兰克法》新设了一系列金融监管机构来维护市场稳定:金融市场稳定监督委员会(Financial Stability Oversight Council)负责识别"系统重要性金融机构"是否因财务问题、经营高风险业务而给美国金融系统带来系统性风险,并决定是否采取监管措施(第111条至123条);此外,还设立了金融研究办公室(Office of Financial Research)和消费者金融保护局(Bureau of Consumer Financial Protection)。

(二)金融综合经营是金融市场的发展趋势,但容易导致风险积聚而引发系统性风险

根据巴塞尔委员会《对金融控股集团的监管》一文,金融控股集团是指某一类主要从事金融业务的企业集团,至少主要从事银行、证券、保险中的两种或两种以上的经营活动,这种集团经营体制也被称为综合经营。伴随经济持续增长、居民财富不断积累以及利率市场化改革,我国金融业快速发展,金融产品和服务不断交叉,证券、银行、保险之间的界线日益模糊,原有的分业经营限制被逐渐打破,金融机构风险不断积聚。

1. 金融产品创新加速了综合经营的趋势。随着金融产品创新的不断发展,单一金融产品不再局限于某个市场或行业,跨市场、跨行业、交叉性的金融产品和业务越来越多,如互联网金融和资产管理等业务的快速发展,都加强了不同金融业间的互联互通,加速了综合经营趋势。

2. 综合经营易于引发系统性风险。资产管理业迅速发展导致银行类金融机构的风险逐渐积聚。央行在2013年第一季度货币政策执行报告中指出,资金池理财产品具有自营业务属性。理财产品表面上是银行代表客户进行投资管理、赚取手续费的中间业务,但因银行对理财产品进行隐形担保,最终风险仍由银行承担,故其风险近似银行自营。《中国银行业理财市场年度报告(2015)》显示,2015年底理财资金余额23.5万亿元,比2007年增长了43倍,且大多投向房地产业和地方融资平台,存在系统性风险隐患。

三、近百年美国金融立法对完善我国金融法律法规体系的启示

(一)健全法律法规体系,保障金融稳定与发展

要围绕解决当前金融市场发展面临的主要问题,建立健全有效监测和防范化解系统

性风险、适应金融机构综合经营发展需要、加强金融消费者与投资者保护的法律法规体系。

（二）加快立法进程，填补立法空白

要加快金融控股公司、金融消费者保护、资产管理、互联网金融等领域的法律法规建设，尽快填补立法空白，实现金融风险监管的全覆盖。对现有金融法律法规进行一揽子修订，着重解决部门法律法规之间的重复、矛盾甚至抵触问题，保证法律体系的协调统一，以适应金融市场的快速发展需要。

（三）发挥后发优势，增强立法前瞻性

按照机构监管与功能监管并举、规则监管与原则监管并重的原则，对相同金融产品和金融业务制定统一法律法规，统一监管规则，避免监管分割，防止监管套利，防范潜在风险；加强立法调查研究，全面分析和准确把握金融运行规律，充分借鉴国际经验，合理平衡政府监管与市场自由、放松管制与加强监管、金融创新与防范风险的关系，增强金融法律法规的针对性和适用性。

中证金融研究系列丛书

金融改革与监管
观点卷（2019）

Financial Reform and Regulation
Specialists Views(2019)

刘青松　赵立新　主编

中国财经出版传媒集团
中国财政经济出版社

图书在版编目（CIP）数据

金融改革与监管．观点卷．2019／刘青松，赵立新主编．--北京：中国财政经济出版社，2019.12
（中证金融研究系列丛书）
ISBN 978－7－5095－9064－5

Ⅰ.①金… Ⅱ.①刘…②赵… Ⅲ.①金融改革－研究 Ⅳ.①F832.1

中国版本图书馆 CIP 数据核字（2019）第 145922 号

责任编辑：吕小军　胡　懿　　　　　责任校对：胡永立
封面设计：王　颖

中国财政经济出版社 出版

URL：http://www.cfeph.cn
E－mail：cfeph@cfemg.cn
（版权所有　翻印必究）

社址：北京市海淀区阜成路甲 28 号　邮政编码：100142
营销中心电话：010－88191537
北京时捷印刷有限公司印装　各地新华书店经销
787×1092 毫米　16 开　34.25 印张　701 000 字
2019 年 12 月第 1 版　2019 年 12 月北京第 1 次印刷
定价：168.00 元（全二册）
ISBN 978－7－5095－9064－5
（图书出现印装问题，本社负责调换）
本社质量投诉电话：010－88190744
打击盗版举报热线：010－88191661　QQ：2242791300

编委会

主　任：刘青松　赵立新
副主任：马险峰　李东平　田宝良　周拴茂　谈从炎
委　员（按姓氏笔画排序）：
　　　　刘兴华　刘世盛　许国新　冷云生　谷　雨
　　　　张政燕　何晓楠　杨　阳　金　蕾　郑桂环
　　　　胡春皓　胡玉玮　唐　婧　曹淮扬　潘宏胜
　　　　潘永东　蔡喜洋
编　辑：姚　远　高　玥　唐　糖　胡泠越　戴莞欣

序

近年来，在党中央、国务院的正确领导下，中国证券监督管理委员会（以下简称中国证监会）深入学习贯彻习近平新时代中国特色社会主义思想，坚持稳中求进工作总基调，大力发展直接融资、促进多层次资本市场健康发展，从坚持服务实体经济高质量发展、坚决守住不发生系统性金融风险的底线、加快推进资本市场改革开放、持续强化监管以保护投资者合法权益等方面扎实、有效地开展工作。中证金融研究院（以下简称研究院）根据中国证监会党委的工作部署，深入探讨中国特色社会主义市场经济条件下资本市场的本质、发展规律和功能定位，不断深化认识、提升水平，着力发挥理论研究和决策支持作用，通过对长期性、前瞻性、全局性以及政策性和操作性问题进行全面思考和深入探索，回应资本市场创新发展和监管需要，提出一系列切实可行的政策建议，服务资本市场平稳规范健康发展。

《金融改革与监管》是研究院 2016 年至 2018 年优秀研究报告的汇编，分为"形势卷"和"观点卷"两册，共计 70 余万字。其中"形势卷"分为国内外经济金融形势、证券市场运行情况、期货市场运行情况、热点问题及对策、资本市场法治建设 5 个专题；"观点卷"分为深化资本市场改革、加强资本市场监管、支持科技创新、构建绿色金融体系、防范化解金融风险、理论分析与实证研究 6 个专题。这些研究报告紧紧围绕国家大政方针，围绕中国证监会中心工作，积极回应社会关切，有的侧重金融市场形势分析，具有决策参考价值，有的注重实证研究和国际比较，具有理论探索意义，契合研究院作为中国证监会决策支持中心、战略智库和理论学术基地的定位。

党的十九大报告提出提高直接融资比重，促进多层次资本市场健康发展。在 2018 年 12 月中央经济工作会议上，习近平总书记明确指出，"资本市场在金融运行中具有牵一发而动全身的作用，要通过深化改革，打造一个规范、透明、开放、有活力、有韧性的资本市场"。这是党中央着眼于国际国内经济大局、深化供给侧结构性改革和实现我国经济高质量发展，对资本市场战略地位的高度肯定和对资本市场关键作用的高度重视，更是对资本市场监管机构提出的政治要求。党的十九届四中全会《决定》提出要"坚持和完善中国特色社会主义制度、推进国家治理体系和治理能力现代化"。资本市场在国家治理体系中地位和作用上升到了一个新高度，各方对资本市场改革发展充满期待。

新时代新使命呼唤新担当。研究院作为中国证监会的政策研究机构,"围绕中心、服务大局",明确功能定位、找准发展目标,以政策研究和决策支持功能为统领,加强战略智库和理论学术基地建设,努力打造国内顶级、具有一定国际影响力的中国资本市场一流智库。

2019 年 12 月

目 录

◆ 深化资本市场改革

构建中国特色的国家特殊管理股制度 ……………………………… 安邦坤　281
科技监管的产生、发展与启示 ……………………………………… 杨　光　288
推动 A 股成为海外并购常态化支付手段 …………………… 万丽梅　安邦坤　293
从国际比较和财务视角看我国上市公司现金分红
　　存在的问题 ……………………………………… 戴苏琳　孙　即　常　嵘　299
悬在高估值科创企业头上的"利剑"
　　——兼论 SEC 监管独角兽估值的启示 ………………………… 星　焱　303

◆ 加强资本市场监管

国有上市公司高管"限薪令"的实施效果和改进建议 ……………… 孙　即　311
关于对上市公司"减持 + 业绩预告变脸"行为加强监管的
　　分析与建议 ……………………………………………… 高苗苗　孙　即　320
毒丸计划：本质、类型、标准及相关建议 …………………………… 杨　光　326
国际上市公司控制权市场的新趋势与监管启示 ……………………… 王骏娴　331
协议控制架构的特有风险及监管应对
　　——以美国与中国香港的监管做法为例 ……… 湛晶心　安邦坤　万丽梅　338
上市公司股份回购新规的逻辑与完善 ……………………… 何晓楠　孙棋琳　344
美国如何认定衍生品市场操纵行为
　　——2016 年市场操纵案例剖析 ……………… 杨　阳　武佳薇　高苗苗　349
看穿式监管在欧美及我国的改革与实践 ……………………………… 邵　宇　355
智能投顾该如何监管
　　——人工智能也要守规矩 …………………………………………… 邵　宇　358
完善上市公司网络安全信息披露规范的相关建议
　　——美国 SEC 监管经验借鉴 ……………………………………… 何晓楠　363

◆ 支持科技创新

深化创新驱动　助推供给侧结构性改革
　　——以京东方为例 ··· 李思明　万丽梅　369
全球已上市独角兽公司的股价和业绩表现 ·························· 高苗苗　374
资本市场助力科技企业发展的几点思考 ······················ 李思明　邵　宇　378

◆ 构建绿色金融体系

完善资本市场政策　推动绿色经济发展 ···························· 秦二娃　385
健全绿色股票指数体系　服务绿色经济发展 ················ 秦二娃　王骏娴　389
构建符合投资者需求的上市公司环境信息披露制度 ·········· 秦二娃　张　琦　398
境外上市公司环境信息披露指标对我国的启示 ······················ 秦二娃　401
A股加入MSCI新兴市场ESG领先指数对资本市场的影响 ·············· 秦二娃　405
鼓励中外合资绿色基金发展的思考与建议
　　——中美绿色基金案例分析 ······················· 秦二娃　王骏娴　409

◆ 防范化解金融风险

美国公司债券违约历史及启示 ···································· 高苗苗　417
债券市场调整期的风险积聚与应对之策 ···························· 刘立金　421
如何应对公司债券集中到期的潜在风险 ····························· 姜　瑜　427
上市公司参与债转股：优势、风险与对策
　　——基于21家上市公司债转股案例分析 ··························· 孙　即　431
上市公司参与债转股现状、问题与建议 ······················ 孙　即　李　欢　437
上市公司债券集中违约显现
　　——特点、原因及风险分析 ······································ 马雪娇　442
中资美元债信用风险显现 ·· 余兆纬　451
规范地方大宗商品交易市场需化解源头矛盾 ················ 乔兆容　李自然　458
缺乏真实资产基础的互联网理财产品
　　——探析"e租宝"案中的包装手法与集资诈骗 ····················· 李永焱　467
运用法律手段防范化解"一带一路"投资风险 ········ 李正辉　何晓楠　卢边静子　471
近期港币走弱原因分析及风险研判 ························ 邱　薇　张　韵　478

◆ 理论分析与实证研究

股价变动的影响因子及涨跌贡献度测算 ······················ 王　琳　葛致壮　487

加快资本市场建设　加大股权融资力度
　　——基于直接融资比重的国际比较的分析视角 ………… 孙玉奎　杨　阳　493

大宗商品价格影响因素分析
　　——一个理论框架 ……………………………… 高苗苗　孙玉奎　501

职业股民的"非职业"行为特征
　　——基于个人投资者投资决策行为的问卷调查与分析 ………… 潘　黎　511

构建丰富多元的期货衍生品品种体系
　　——美国期货衍生品上市品种统计分析 ………… 武佳薇　王海东　516

深化资本市场改革

构建中国特色的国家特殊管理股制度*

安邦坤

摘　要　明确国家特殊管理股制度的具体形式是制定国家特殊管理股办法及配套公司治理准则的前提。欧盟"金股"是终极版的超级表决权股,实质是一种变相行政审批权;新加坡"管理股"则是一般意义的超级表决权股,两者均不能直接为我所用。基于本轮国企改革对改革目标、国资地位、改革方向、国资监管职能转变等方面的要求,建议借鉴新加坡管理股的基本经验,在此基础上允许试点企业以公司章程调节对收益权的差异化需求,规定国家特殊管理股的最低持股比例和统一的表决权倍数,构建中国特色国家特殊管理股的制度框架及相应的公司治理机制。

党的十八大提出在少数特定领域国企混合所有制改革中探索建立国家特殊管理股制度①。实践中面临的主要难点,是如何确定国家特殊管理股的具体形式。

一、境外国家特殊管理股制度的实践

境外可与国家特殊管理股对标的制度主要有两类:一是源于英国、盛行于欧盟的"金股"制度;二是新加坡的"管理股"制度。

(一) 欧盟"金股"制度的实践

"金股"制度指国家象征性的持有一股或不持有股份,对企业无经营收益权,但对重大事项拥有一票否决权。"金股"制度源于英国,一般在对国民经济有战略影响力,和对国家公共政策、国家安全有实质影响的公司中设立。20世纪80年代初,撒切尔政

---

* 本文发表于2017年6月《中证政研简报》总第408期。
① 《关于深化国有企业改革的指导意见》(中发〔2015〕22号)、《关于国有企业发展混合所有制经济的意见》(国发〔2015〕54号)、《关于进一步支持文化企业发展的规定》(国办发〔2014〕15号)。

府大力推行国企私有化以降低国家公共债务、缓解政府财政困境,在英国电信公司私有化一案中率先创设了"金股"制度①。其设立目的旨在推行国企私有化的同时,避免私人控股股东发生损害国家利益和背离国家公共政策的经营行为②。

"金股"在欧盟的发展经历了一个由盛到衰的过程。1991年《马斯特里赫特条约》将减少政府公共债务作为加入欧盟的前提条件,欧盟各成员国纷纷引入"金股"制度,出售国有企业削减政府债务。截至2004年,15个欧盟成员国有超过140家公司设置了"金股"③。但欧盟一体化进程加速后,自2002年开始,欧洲法院陆续在系列判决中裁判"金股"制度违反《欧共体条约》第43条的企业设立自由原则和第56条的资本自由流动原则④,"金股"在欧盟的适用逐渐减少⑤。

(二) 新加坡"管理股"制度的实践

1974年《新加坡报业与出版社法》在传媒领域确立了"管理股"的制度框架:一是确立双重股权结构,兼顾企业市场化经营和确保政府意识形态领域控制权的需求。所有报业公司必须发行"管理股"与普通股两类股份。"管理股"由艺术与通讯部长批准的新加坡公民或机构持有,其发行和转让须经部长批准,持股比例不低于1%;普通股由私人资本持有。"管理股"除与普通股享有同等收益外,还对报业公司董事或公司职员任免享有每股200个表决权。报业公司总编辑由董事会任命,并报部长批准。"管理股"股东由新加坡政府选定,不干预企业经营决策,仅通过控制董事和总编辑任免实现国家对意识形态的终极控制,维护国家安全。二是规定单个股东最高持股比例限制,防止传媒企业被外资收购或家族控制。未经艺术与通讯部长批准,任何人及其关联人不得直接或间接成为报业公司持股5%以上的大股东(以表决权标准合并计算),不得直接或间接成为报业公司持股12%的控制人⑥。

---

① Cosmo Graham &Tony Prosser, *Privatizing Public Enterprises: Constitutions, the State, and Regulation in Comparative Perspective*, Oxford University Press, 1991, p. 20.

② Alberto Artés, *Advancing Harmonization: Should the ECJ Apply Golden Shares' Standards to National Company Law*? 20 Eur. Bus. L. Rev. 457 (2009).

③ Commission (EC), *Special Rights in Privatized Companies in the Enlarged Union-a Decade Full of Development*, (Staff Working Document) COM (05) Annex 3, 22 July 2005.

④ 典型案例如2007年欧盟委员会诉德国《大众汽车法案(Volkswagen Gesetz)》一案、2006年欧盟委员诉荷兰两大电信公司 Koninklijke KPN NV (KPN) 和 TNT Post Groep NV (TPG) 案等, see Case C-112/05 Commission v. Germany [2007] ECR I-8995, Case C-282/04 and 283/04 Commission v. Kingdom of the Netherlands [2006] ECR I-9141.

⑤ 据不完全统计,仅在2002—2005年,欧盟委员会就对葡萄牙、法国、比利时、英国、西班牙、意大利等国私有化公司的"金股"制度提起诉讼,除意大利外,其余国家涉案公司的"金股"制度均被欧洲法院裁定违法。See Mads Andenas & Frank Wooldridge, *European Comparative Company Law*, Cambridge University Press, 2009, pp. 15 – 20.

⑥ Singapore Newspaper and Printing Presses Act (Chapter 206), Sec. 10 – 13.

从 1975 年起，新加坡所有报业公司引入"管理股"，逐步从家族企业或私人企业改制为混合所有制企业，并建立起现代企业制度。最具代表性的新加坡报业控股公司（SPH）已于 1984 年在新加坡交易所主板上市，并成长为东南亚最大的传媒企业[①]。目前，大量国际知名的传媒巨头企业如《纽约时报》、《华盛顿邮报》等也设立了与"管理股"相类似的双重股权结构。

（三）对"金股""管理股"性质的认识

从控制权实现的机理看，"金股"与"管理股"都是实质意义上的超级表决权股。两者均在公司内部构建了普通股和特别股的双重股权结构，通过特别股对公司重大事项进行表决，实现国家的最终控制。"金股"制度下国家仅持有一股甚至不持有股份，却对重大事项决策拥有无限大的表决权（一票否决权），是终极版的超级表决权股[②]。而"管理股"的表决权则被限定在普通股表决权数的特定倍数范围内，仅是一般意义的超级表决权股。从背离公司所有与公司控制应成正比原则的程度看，"金股"对公司治理的挑战远大于"管理股"。

二、我国试点国家特殊管理股制度的特殊国情

国家特殊管理股制度设计必须考虑我国的具体国情。

（一）国家特殊管理股制度试点的根本目的旨在确保国家最终控制权的同时，确立企业市场主体地位和提高企业经营效率

国家特殊管理股试点领域多为关系国家公共政策、国家安全或自然垄断的行业领域（如文化传媒等行业），应当保持国家的最终控制。但由于历史原因，这些企业政企不分、政资不分，国有资本配置和运行效率低下。试点国家特殊管理股的目的，就是要通过混合所有制改革，形成有效的公司治理结构、灵活高效的市场化经营机制，真正确立企业市场主体地位，激发企业内在活力，增强企业竞争力。同时，通过特定事项否决权，保证国家对特定领域的控制力。

[①] 根据 SPH 2016 年年报，SPH 目前已成为东南亚最大的综合型传媒企业，业务范围覆盖报刊、电视电台、网络、不动产等领域，2016 财年营收 112 434.9 万新加坡元，股东分红 29 066.4 万新加坡元。2016 年年报披露其管理股为 1 636.1769 万股，普通股 159 844.0203 万股，总股本为 161 480.1972 万股，管理股占比 1%，在对董事人选表决时，其表决权数为 1 636.1769 × 200 = 327 235.38 万个，普通股仅 159 844.0203 万个表决权，管理股表决权比例占全部表决权数的 2/3 以上，可以确保绝对控制地位。

[②] Alberto Artés, *Advancing Harmonization*: *Should the ECJ Apply Golden Shares' Standards to National Company Law?* 20 Eur. Bus. L. Rev. 457, 460（2009）.

（二）国家特殊管理股制度试点并不意味着国有资本的大规模退出

区别于西方国家通过"金股"制度推行国企私有化以缓解政府财政困难的诉求，我国国企改革的根本目标，是要坚定不移地做强做优做大国有企业。经过 60 多年发展，国有企业资本存量规模巨大，已成为我们党执政和国家事业发展的重要物质基础。推行混合所有制改革，引入国家特殊管理股，并不是国有资本的完全退出、一卖了之，在不同类型企业、根据不同情况，国有资本仍会保持不同的持股比例。

（三）不同企业的国家特殊管理股股东有不同的收益权需求

不同试点企业对特殊管理股有不同的收益需求，不宜硬性统一规定特殊管理股的收益权。部分企业希望特殊管理股与普通股同股同收益，依法享有收益权；部分企业由于历史包袱沉重、经营情况困难，混改的中短期目标主要是引入私人资本，建立市场化经营机制，对特殊管理股的收益权无要求或短期内无要求。这些情况，需要在制度设计时区别对待。

（四）国家特殊管理股试点需要充分发挥资本附带的表决权功能

习总书记强调，深化国企改革要有利于放大国有资本功能，要坚持以管资本为主加强对国有资产监管[①]。国家特殊管理股持股比例相对较低，只有充分发挥国有资本附带的表决权功能，通过特定事项否决权保持国家对特定领域的控制力，才能放大国有资本功能。同时，"管资本"要求在国家特殊管理股试点过程中，政府必须转变职能，依法履行国有资产出资人（股东）的职责，以资本附带的表决权参与公司治理，通过有效制衡的公司法人治理结构[②]，监管国有资本的布局、运作、回报和安全。

（五）国家特殊管理股的控制权机制应具有普适性

深化国企改革要提高国有资本效率。为提高国有资本的决策效率，国家特殊管理股的控制权机制设计应当简单可行，具有普适性和操作简便性，不同类型、不同规模的试点企业均可以直接适用。

三、构建符合中国国情的国家特殊管理股制度

结合国情需求、《中华人民共和国公司法》（以下简称《公司法》）规定及境外对标

[①] 国务院国资委党委："坚定不移做强做优做大国有企业——党的十八大以来国有企业改革发展的理论与实践"，载《求是》2017 年第 12 期。

[②] 《国务院办公厅关于进一步完善国有企业法人治理结构的指导意见》（国办发〔2017〕36 号）、《国务院办公厅关于转发国务院国资委以管资本为主推进职能转变方案的通知》（国办发〔2017〕38 号）。

制度的实践经验，建议我国国家特殊管理股制度设计遵循以下基本框架：

（一）借鉴新加坡"管理股"而非欧盟"金股"的基本经验

"金股"设立目的是出售国企缓解政府财政困境，其无收益权，适用日渐减少，仅象征性持股或甚至无需持股却对重大事项有一票否决权，实质是在公司治理框架外变相增设政府行政审批程序。这些特征既与我国试点特殊管理股的国情不符，也有悖于本轮国企改革简化行政审批的精神，更与通过表决权参与治理的现代企业制度基本要求不符。而新加坡管理股是实质性持股，与普通股享有同等收益权，是在公司治理架构内行使出资人权利，通过限定倍数的超级表决权形成有效制衡的公司法人治理结构，兼顾企业市场化经营与国家最终控制的双重改革目标，其基本经验相对贴近我国国情和现代企业制度的内在要求，值得借鉴。

（二）统一规定国家特殊管理股的持股比例和表决权倍数

建议直接借鉴新加坡管理股实质持股的做法，规定试点企业应发行两类股份——普通股和国家特殊管理股，统一规定国家特殊管理股最低持股比例须为公司实收资本的1%①，对重大事项每股拥有200个表决权，完全能满足《公司法》第一百零三条②对公司重大事项特别多数决的规定③，实现国家对试点企业的最终控制权。为防止混改后公司增发新股稀释国家特殊管理股的持股比例，还应明确规定公司每次增发新股时，均应增发不低于该次增发新股总数1%的国家特殊管理股。这一做法的主要优点，是控制权机制简便、统一，适用于不同类型、不同规模的试点企业。

（三）允许以公司章程灵活调节试点企业的差异化收益需求

《公司法》第一百六十六条允许股份公司章程自行约定不按照股东的持股比例分配收益。因此，对于国家特殊管理股有无收益权这一问题，从现实国情考虑，无需照搬新加坡的做法进行统一规定，而应允许试点企业与私人资本章程自治。建议在试点办法中规定：国家特殊管理股的收益权，由试点企业在公司章程中自行约定。试点办法可以附

---

① 2016年5月19日，在国家新闻出版广电总局召开的传媒类企业特殊管理股试点会议上，也建议国家特殊管理股持股比例至少为1%，且须拥有董事席位并对内容有一定审查权。

② 《公司法》第一百零三条规定了公司重大事项特别多数决：股份有限公司股东大会就重大事项作出决议时，必须经出席会议的股东所持表决权的2/3以上通过（"以上"包括本数2/3在内）。

③ 举例说明如下：假定某试点企业中，国家按最低持股比例持有特殊管理股1股，私人资本持有普通股99股，全部股东均出席股东大会，则特殊管理股所持表决权数占出席会议股东所持表决权数的比例为：（1股×每股200个表决权）÷（1股×每股200个表决权+99股×每股1个表决权）=66.89%，大于2/3，符合《公司法》第一百零三条的规定；如进一步考虑到目前我国股东大会股东出席率普遍偏低及试点企业的持股比例可能会大于1%的情况，则国家特殊管理股对重大事项的表决权比例还会大大超过2/3，从而可以牢牢掌握国家对试点企业重大事项决策的绝对控制权。试点企业无需担心设定表决权比例会导致控制权机制复杂化的问题，直接适用、依法表决即可。

件形式，根据《公司法》《中华人民共和国企业国有资产法》（以下简称《企业国有资产法》）等规定，针对试点企业始终不要求收益权、短期不要求收益权、自始即要求收益权三种类型的需求，制定不同的公司章程指引供其遵循。有收益权需求的，应在章程中约定，国家特殊管理股与普通股一样，依其持股比例享有相应的收益权。

（四）明确规定国家特殊管理股行使超级表决权的特定事项

为完善现代企业制度，科学界定国有资产出资人监管的边界，建议在《企业国有资产法》第三十条基础上[①]，在试点办法和试点企业的公司章程中进一步明确，国家特殊管理股可行使超级表决权的特定事项仅限于可能涉及控制权变更、涉及国家战略或重大决策的特定重大事项[②]，明确监管权力清单和责任清单。

（五）建立防范国家特殊管理股股东变更的机制

为确保国家特殊管理股控制权的稳定，建议规定：未经国务院国资委或省级国资委的批准，国家特殊管理股不得转让或抵押；经批准转让或抵押时，其受让方或抵押权人须为国有股东；禁止国家特殊管理股在本国或境外证券交易所上市或挂牌转让。

（六）明确国家特殊管理股的定价方式防止国有资产流失

现有的存量试点企业，须将大部分国有股出售，同时将剩余国有股转化为国家特殊管理股。建议针对此类试点企业的国有股出售部分，规定其价格应为经国务院国资委或省级国资委批准的公允价格，剩余国有股转化为国家特殊管理股时，其转换价格应不低于出售部分国有股的价格。如未来允许发行国家特殊管理股的企业上市，则对于上市公司发行国家特殊管理股的，建议规定国家特殊管理股的发行价不应低于发行前30个交易日公司普通股的平均收盘价。

（七）明确国家特殊管理股参与表决的程序

除对特定重大事项享有超级表决权外，国家特殊管理股不介入公司日常经营管理，但应享有知情权。对于需要国家特殊管理股参与表决的特定重大事项，试点办法除明确其属于《公司法》第九十九条规定的召开股东大会法定事项外，还应明确赋予国家特殊管理股股东享有《公司法》第一百条规定的临时股东大会召集请求权，并要求董事会在

[①] 《企业国有资产法》第三十条规定，国家出资企业合并、分立、改制、上市，增加或者减少注册资本，发行债券，进行重大投资，为他人提供大额担保，转让重大财产，进行大额捐赠，分配利润，以及解散、申请破产等重大事项，属于关系国有资产出资人权益的重大事项。

[②] 为便于操作，与新加坡经验相比，拓宽了超级表决权行使的事项，包括控制权变更，因此无需再对单个股东的持股比例进行限制。

会议召开前 15 日通知相应级别的国有资产监督管理机构。

(八) 强化国家特殊管理股的信义义务约束

为避免国家特殊管理股滥用终极控制权损害中小股东利益、干预企业市场化经营，应约束其依法、审慎行使超级表决权。建议发改委在制定试点办法时，与全国人大法工委、最高人民法院协调衔接，明确国家特殊管理股股东对公司及中小股东负有信义义务，可以类推适用《公司法》第一百四十七条、第一百四十九条至第一百五十二条有关董事信义义务及相应法律责任的规定。

科技监管的产生、发展与启示*

杨 光

摘 要 金融危机后的监管变革和科技发展催生出科技监管,推动金融监管的"范式转移"。在我国科技金融迅速发展的背景下,需高度关注研究科技监管,打造以数据为基础的新型金融监管体制,这是深化金融监管体制改革的必由之路。

2008 年金融危机后,监管变革与科技发展对金融市场、金融行业和金融机构产生深远影响,并在此基础上催生出监管科技(Reg Tech.)。科技监管是指科技(特别是信息技术)在监督、报告和合规等监管活动中的应用,是数据、数字识别与监管的有机结合。科技监管注重推动人工报告、合规程序的数字化,从而降低金融行业和监管机构成本,实现风险实时甄别、处理,促进更有效的监管合规。

一、科技监管的产生原因

科技监管源于金融危机后的监管变革和科技发展,主要目的在于降低合规成本、应对科技与金融市场的高度融合。

(一)监管变革导致合规成本增加

2008 年金融危机后,主要国家以加强监管和落实投资者保护为导向对本国金融监管体系进行改革,突出表现为关注金融市场系统性风险和金融机构经营行为活动,大量颁布法律法规,细化合规要求,导致合规成本增加。市场参与主体应按要求报送大量数据,监管机构对数据的汇总、整理和分析负担也日益沉重。

---

* 本文发表于 2017 年 12 月《中证金融研究》2017 年第 22 期总第 90 期。中证资本市场运行统计监测中心王轩博士、王俊、吴桂盛对本文给予帮助,但文责由作者自负。

（二）科技发展促使科技金融进步

虽然科技与金融的互动早已有之，但提出金融科技（Fin Tech）却是近几年的事，主要进步表现在：

一是发达国家金融数字技术转型。在支付系统方面，从 20 世纪中后期手持式金融计算器、ATM、电报机转型为电子化支付系统、实时逐笔全额清算、CLS 跨境结算和另类支付系统①；在资本市场方面，从纸质凭证、人工喊价转型为电子账户、虚拟电子市场、高频交易和算法交易等。

二是发展中国家数字金融服务（Digital Financial Service，DFS）发展。数字金融服务通过移动电话或其他数字平台进行金融业务，目的在于弥补传统金融机构服务短板，实现普惠金融。但发展中国家数字金融服务的主导者是互联网公司和移动通讯服务商而非金融机构，使其处于金融监管之外。

三是金融科技新兴公司（Fin Tech Start-ups）成长。科技金融新兴公司萌芽于 20 世纪后期②，数量、规模在 2008 年后大幅增长。这些公司注重通过众筹、P2P、智能投资顾问等另类金融技术搭建 IT、电商与新兴公司之间的合作桥梁。我国百度、阿里巴巴、腾讯和京东（BATJs）在此方面具有优势。

二、科技监管的发展阶段

金融监管变革史是一部金融危机应对史。科技监管在 2008 年之前孕育，2008 年之后快速发展，可分为以下阶段：

（一）科技监管的孕育：金融机构计量风险管理系统

过去 50 多年间（特别是 20 世纪 90 年代至 21 世纪初），伴随经济全球化趋势，金融机构通过内生发展与并购重组不断壮大，形成跨地域、跨部门的"金融巨头"，也导致风险管理、合规程序日趋复杂。鉴于此，金融机构通过将计量和 IT 有机结合设计出一套计量风险管理系统，突出表现为金融工程和在险价值（Value at Risk，VaR）。监管机构出于对大型金融机构的计量风险管理系统的信任，甚至将部分监管职能外包。该阶段科技监管的主要推动力是金融机构。

（二）科技监管 1.0 版：数字化、自动化系统

2008 年金融危机后，金融监管日趋复杂，监管变革加速。国际金融监管标准趋同化

---

① 比如 PayPal 和 Alipay。
② 比如 20 世纪 80 年代的 Bloomberg 和 20 世纪 90 年代的 PayPal。

趋势减缓，主要国家监管规则出现分化。鉴于此，科技监管朝着分析、报告程序的数字化、自动化发展，关注点在于整合数据分析、提高数据质量。同时，监管机构开始主动设计科技监管系统，而不再依靠大型金融机构：一是通过大数据、云计算处理市场参与主体报送的大量数据；二是通过改进交易监察系统甄别市场中违法违规行为；三是强调日常工作系统和数据储备系统的网络安全。

（三）科技监管2.0版："监管沙盒"

"监管沙盒"是科技领域的名词，指测试新程序、新软件的独立虚拟环境；在金融监管语境下指金融产品的"临床试验"，以防止产品推出后损害投资者权益。"监管沙盒"是监管机构主导下的升级版科技监管，有以下特点：一是进入"监管沙盒"的金融机构、投资者应符合特定标准，对金融机构要进行背景调查；二是监管机构在一定程度上豁免牌照要求，但进行个案判断；三是注重投资者赔偿机制和纠纷解决机制。

三、科技监管与科技金融的关系

科技监管与科技金融相互促进、共同发展，但两者之间存在不少差异。

（一）产生原因方面的差异

科技金融源于新兴企业的推动（虽然当前新兴企业与银行和其他传统金融机构合作密切），是自下而上产生的。科技监管则源于降低合规成本、应对科技与金融市场高度融合的需求，是自上而下产生的。

（二）发展动因方面的差异

科技金融的发展动因包括金融危机导致金融市场无效、投资者信心缺失、中小企业和另类金融带来的政治压力、非主流金融专家对现状的批评、科技商品化和网络、智能手机的市场占有率提高。科技监管的发展动因则包括监管变革导致数据披露要求提高、人工智能和深度学习的发展、市场参与主体降低合规成本的经济激励、监管机构提高监管工具有效性的目的和市场稳定有序的要求。

（三）应用范围方面的差异

科技金融主要应用于金融行业，包括传统金融业和非正规金融，但本质是服务于资金融通和资金配置。科技监管除应用于金融行业外，还有更广泛的应用，比如通过区块链标记技术实现个人信息保护、通过实时定位实现远程监测等。

四、几点启示

科技金融的发展、新兴市场的快速变革和监管机构的积极立场是科技监管在我国生根发芽的动力,必将推动金融监管的"范式转移(paradigm shift)"。打造以数据为基础的新型金融监管体制,是深化金融监管体制改革的必由之路。

(一)监管机构是科技监管发展的主要推动力

科技监管的发展依次经历了"金融机构主导—金融机构、监管机构并行发展—监管机构主导"三个阶段,只有第三个阶段才真正符合监管目标,得以助力市场发展。目前,科技金融在我国发展迅速,已具有国际领先水平,监管机构应具备市场敏感性,相应地将发展科技监管纳入工作规划。

(二)继续推进数据平台建设,推动更广泛的数据接入

科技监管以数据为基础,需要建设标准统一、功能齐备、反应迅速、系统高效的数据平台。目前,中证资本市场运行统计监测中心的监测、分析和数据存储功能稳步推进,未来应重点关注对市场的实时分析,并在加强相关单位监管协作的基础上实现委托数据(比如证券交易所数据)和资金数据(比如商业银行、保险公司数据)的接入。

(三)落实功能监管,避免科技监管存在"法外之地"

"互联网再大,大不过法网。"在依法、全面、从严监管理念指导下,科技监管不应存在"法外之地"。目前,我国某些移动通讯公司和互联网平台的金融产品仅符合技术标准,不符合金融监管标准,存在风险隐患,应从功能监管角度出发厘清各金融产品的金融属性,分门别类纳入监管体系。

(四)注重压力测试,实现风险控制前移

"监管沙盒"是科技监管的新模式,发端于英国,澳大利亚、新加坡、瑞士、中国香港等国家和地区相继引入,基本理念是实现风险控制前移。我国是否引入"监管沙盒"尚需研究,但风险控制前移的理念值得借鉴,主要方式是注重压力测试,对净资本、杠杆、流动性进行事前检测,确保金融稳定。

(五)抓住端口管理,完善新型监管措施

端口(port)是信息传输、网络连接的桥梁和纽带,掌握了端口,就掌握了互联网

的"七寸",端口管理(port management)是科技监管的重要措施。HOMS系统、伊士顿高频交易都是在端口管理方面出现了问题,导致系统被外部接入,因此需要从端口识别、评估、监测、控制、处理等方面强化端口管理,并将其与现有监管措施充分融合。

推动 A 股成为海外并购常态化支付手段

万丽梅　安邦坤

摘　要　我国企业海外并购规模快速增长，在推动国内经济转型升级和"一带一路"倡议实施方面发挥了积极作用。在现金支付外汇管制趋严、企业融资压力增大背景下，国内企业对 A 股作为海外并购支付手段的需求日益增长。但由于监管规则不适应、税收优惠不配套、审批流程不精简、中介服务质量滞后等原因，目前海外并购的股份支付手段尚难真正实施。

近年来，我国企业海外并购步伐明显加快，2016 年并购金额高达 2 270 亿美元并跃居世界第一。在现金支付外汇管制趋严、企业融资压力增大背景下，加上 A 股相对较高的估值水平等因素，境内上市公司对使用 A 股作为海外并购支付手段（即跨境换股并购）的需求日益增长。为此，需要针对性地加强部际协调、修法放权、补齐短板。

一、A 股已具备作为海外并购支付手段的基本条件

（一）符合国内宏观政策和监管框架

一是跨境换股并购可以减少资本外流的压力。与现金支付不同，跨境并购中以 A 股支付不占用外汇额度，受外汇政策影响也更小。2016 年年底以来，我国资本外流压力明显增大。2017 年年初有关部门加强窗口指导，以现金支付为主的海外并购规模应声锐减。一季度中资企业跨境并购规模仅为 310 亿美元，而 2016 年同期规模为 860 亿美元。二是资本市场稳步对外开放为 A 股支付提供了良好的外部环境。沪港通、深港通的相继开通及 A 股纳入 MSCI 新兴市场指数，显示我国资本市场对外开放水平和上市公司质量正日益得到国际投资者认可，A 股作为跨境并购支付手段的时机不断成熟。三是相关规

---

* 本文发表于 2017 年 12 月《中证政研简报》总第 450 期。

定为 A 股支付留下了合法空间。A 股作为海外并购支付手段早有合法依据，2005 年《外国投资者对上市公司战略投资管理办法》（以下简称《战投办法》）、2006 年《关于外国投资者并购境内企业的规定》①（以下简称《外资并购规定》）等已允许境外投资者以境外公司资产购买 A 股上市公司的股权或上市公司增发的股份。

（二）有利于提高海外并购成功概率

一方面，控股比例是海外并购成功与否的重要因素。股份支付作为"转移支付"，能变相提高相对控股比例。根据麦肯锡的研究报告，过去 10 年可得样本的中资企业跨境并购中，60%的交易（约 3 000 亿美元）并没有为并购方创造实际价值②。控股比例是海外并购成功与否的重要因素，控股类并购成功率高达 45%，显著高于非控股类并购 30%的成功率。另一方面，以 A 股作为并购支付方式，有利于实现人资合一和利益绑定。股份支付能更好地实现收购后的公司整合，同时有助于设计更灵活的多元化激励机制，提高海外并购成功概率，并在一定程度上避免通过现金支付、实质为转移境内资产的"忽悠式"海外并购风险。

（三）合理熨平境内外市场估值差异

与全球主要国家和地区资本市场相比，我国股市估值水平相对较高。尤其是近年来，国内市场科技型企业创业氛围和投资热情高涨，相关板块指数和估值水平持续上升，A 股市场流动性充裕。境内上市公司跨境并购活跃，交易增幅达到 33%。目前以现金为主的支付方式，不仅炒高了境外并购标的，还鼓励了 A 股公司的再融资需求。而股份支付能释放市场占用资金，并熨平境内外市场估值差异，通过培育境外产业投资人，进一步提高我国资本市场的估值合理性。

二、A 股成为海外并购常态化支付手段的障碍

目前已有数起以 A 股作为海外并购支付手段的成功案例③，但这些个案均具有收购方为国有股东、并购完成后境外公司资产转至境内，或境内同一实际控制人下属若干子

---

① 2006 年商务部等六部委联合发布《关于外国投资者并购境内企业的规定》后，2009 年商务部又单独对其修订，形成了新的《商务部关于外购外国投资者并购境内企业的规定》。

② 其中，84%的交易（占总交易额的 89%）平均亏损为期初投资的 10%。收益较差的是收购海外上市公司类型的交易，尤其是收购少数股权的交易，平均亏损为期初投资的 30%左右。

③ 如 2016 年北京首旅酒店（SH. 600258）收购如家酒店（NASDAQ. HMIN），2011 年 TCL 集团（SH. 000100）收购 TCL 多媒体（HK. 01070），2009 年天津港发展（HK. 03382）收购天津港股份（SH. 600717），2016 年航天科技（SZ. 000901）以 A 股换股收购益圣国际、Easunlux 公司持有的境外公司股份，东诚药业（SZ. 002675）换股收购中泰生物等。

公司之间的资产转至境内等特点,尚不具备普遍推广意义。A 股作为海外并购制度化、常态化支付手段仍存在以下障碍:

(一)监管规则不适应

《战投办法》《外资并购规定》制定较早,难以适应近年来企业跨境并购实践遇到的新情况、新问题。

一是在主体资格方面,跨境换股并购的目标公司不包括境外非上市公司。《外资并购规定》第二十八条规定,跨境换股并购的目标公司须是境外上市公司或特殊目的公司。这主要是考虑到境外非上市公司股权流动性不足、交易中公允定价较难,从防范境外公司股权风险角度提出的监管要求。近年来,国内企业基于产业整合等原因,并购境外优质非上市公司获取先进技术的需求日趋强烈,但因本条规定无法实施换股并购,只能采用现金支付,融资压力和并购成本高企,外汇管制更增加了交易不确定性。

二是在资产规模、首次持股比例方面,跨境换股并购的目标公司排除了境外中小型企业。跨境换股并购如属于外国投资者收购境内公司的,还需适用《战投办法》第五至六条的规定:外国投资者战略投资境内上市公司的,其实有资产总额不低于 1 亿美元或管理的实有资产总额不低于 5 亿美元,或其母公司境外实有资产总额不低于 1 亿美元或管理的境外实有资产总额不低于 5 亿美元;首次投资完成后取得境内公司股份的比例原则上不低于该公司已发行股份的 10%①。这一规定的本意是鼓励有实力的外国投资者对上市公司进行中长期投资,避免换股并购后境内上市公司控制权频繁变动影响经营稳定,但未考虑换股后因境外公司股本小、境内上市公司控制权没有发生变动的情形,从而将一些股本较小但掌握先进技术、换股后首次持股比例达不到 10% 的境外优质中小企业排除在外。

三是 A 股股权取得方式方面,仅限于协议转让、上市公司定向发行新股两种。《战投办法》第五条规定,外国投资者战略投资境内上市公司的,须通过协议转让或上市公司定向发行新股两种方式取得 A 股股份。这主要考虑到外资战略投资多属于友好型并购,却将外国投资者以非友好型的要约收购取得 A 股股份情形排除在外,限制了跨境换股并购的适用范围。

四是锁定期方面,强制全面锁定 3 年已不合时宜。《战投办法》第五条规定,外国投资者战略投资境内上市公司的,所取得的 A 股股份 3 年内不得转让。此规定虽旨在鼓励外国投资者进行长期投资,但在境内市场已有《上市公司股东、董监高减持股份的若干规定》(以下简称《减持规定》)等制度,根据持股目的和股东身份分别设定不同锁

---

① 实践中,虽然星星科技(SZ.300256)向 NEW POPULAR TECHNOLOGY CO. LTD. 等发行股份购买资产、分众传媒借壳七喜控股(SZ.002027)、中天能源借壳长百集团(SH.600856)等案例已突破了外国投资者 10% 的持股比例限制,但多为窗口指导,在上位法未修改的情况下,10% 的持股比例限制仍具有强制约束力。

定期的情况下，仍要求外国投资者一律适用3年锁定期的规定，难以满足境外股东享受统一国民待遇和多样化的投资需求。

五是股权激励方面，境外目标公司核心员工还无法获得A股收购公司的股权激励。《上市公司股权激励管理办法》规定，外籍员工在境内工作，且任职上市公司董事、高管、核心技术人员或者核心业务人员的，才可以成为激励对象。据此规定，A股换股并购后，在境外工作的外籍员工无法获得境内收购公司的股权激励，不利于并购后的企业整合及长期发展。

（二）税收优惠不配套

税收负担也限制A股成为海外并购常态化支付手段。目前跨境换股并购如要享受与境内换股并购同等的税收递延优惠，必须适用更为严苛的条件。对于境内换股并购，根据财政部、国税总局财税〔2009〕59号文、财税〔2014〕109号文①的规定，只要满足合理商业目的、权益连续性、经营连续性这3个条件②，就可以适用特殊性税务处理规定，允许收购企业和被收购企业在交易发生时暂不确认资产转让所得或所失，均以被收购股权的原有计税基础确定转让所得，给予税收递延优惠。但对于跨境换股并购，除前述3个条件外，还须同时满足境外公司向其全资境外子公司或全资境内子公司转让A股，或境内公司向其全资境外子公司转让A股这一苛刻条件③。境外市场如美国，其《国内收入法典》（IRC）规定了与换股并购相当的B型重组（"B" Reorganization），对于跨境换股并购和美国境内的换股并购，均一视同仁给予税收递延优惠④。

（三）审批流程不简化

目前，上市公司跨境换股并购行政审批流程多、耗时长，加大了交易的不确定性，以至于部分交易对手方为防范风险，在并购合同中专门约定了"中国政府审批分手费"（PRC Government Approval Termination Fee）⑤。根据相关规定，跨境换股并购必须经过国资部门审批（如涉及国有A股）、上市公司并联审批（中国证监会外国投资者战略投资核准、商务部经营者集中审查和企业境外投资核准、发改委境外投资项目核准或备案）、商务部

---

① 即财政部、国税总局《关于企业重组业务企业所得税处理若干问题的通知》（财税〔2009〕59号）第五至六条、《关于促进企业重组有关企业所得税处理问题的通知》（财税〔2014〕109号）第一条。

② 分别为"具有合理的商业目的，且不以减少、免除或者推迟缴纳税款为主要目的"（合理商业目的）、"收购企业在该股权收购发生时的股权支付金额不低于其交易支付总额的85%；取得股权支付的原主要股东，在重组后连续12个月内，不得转让所取得的股权"（权益连续性）、"股权收购中，收购企业购买的股权不低于被收购企业全部股权的50%；企业重组后的连续12个月内不改变重组资产原来的实质性经营活动"（经营连续性）。

③ 财政部、国税总局《关于企业重组业务企业所得税处理若干问题的通知》（财税〔2009〕59号）第七条。

④ 26. U. S. C § 368 (a) (1) (B)；§ 354 (a) (1)。

⑤ 本条款主要功能是，在收购方（买方、境内企业）未取得中国政府跨境换股并购相关审批时，须向被收购方（卖方、境外企业）支付一定数额的损害赔偿金，性质属于违约金。

核准、商务部外资并购安全审查（如有）、外汇局外汇登记、工商行政部门工商登记等系列流程，整个审批程序通常长达半年至1年以上，给交易谈判和执行带来极大的不确定性。

近年来，主管部门在深化跨境换股并购管理"放管服"方面做了大量扎实有效的工作，比如推出上市公司并购重组并联审批，将不涉及特别管理措施和关联并购的外资并购境内非外资企业、外资战略投资由审批制改为备案制①，原近2个月的审批时间因此压缩到3个工作日；拟取消3亿美元以上境外收购项目信息报告制度（即"小路条"）②等。未来还有必要进一步减少事前行政审批、精简流程，加强事中事后监管。

（四）本土中介服务跟不上

跨境换股并购需要投行、律师事务所、会计师事务所等中介机构提供专业化的服务。目前为A股上市公司跨境换股并购服务的主要是欧美中介机构，相比之下本土中介机构在服务能力、水平等方面还存在较大差距。根据国际私法中的冲突法规则，在使用A股作为海外并购支付手段时，必须适用行为地法。这要求本土中介机构在开设境外网点时，必须培养熟悉境外目标公司所在国并购监管规则、有丰富并购经验的专业人才队伍。目前，本土中介机构在境外网点布局和境外并购专业人才方面还存在短板，急需补齐。

三、推进A股海外并购常态化支付手段的政策建议

一是稳步放宽境外被并购公司主体资格至符合条件的境外非上市公司。为兼顾估值风险防范与企业并购需求，建议协调相关部委修订《外资并购规定》第二十八条、第二十九条，适当放宽标准，允许境内公司换股并购已向境外证券监管部门提交发行注册文件、列明并购计划和目的的境外非上市公司。待境内外估值方法统一等条件成熟时，放宽至所有的境外非上市公司。

二是确立外国投资者资产规模、最低持股比例的豁免标准。建议协调相关部委，在修订《外资并购规定》的同时，联动修改《战投办法》第五条、第六条，对原有规定设立豁免条件：跨境换股后境内上市公司控制权未发生实质性变更的，因换股取得A股的外国投资者，其资产规模和首次持股比例不受前述条件的限制。据此，可将境外优质中小企业纳入换股并购的范畴。

---

① 商务部2017年7月修改了《外商投资企业设立及变更备案管理暂行办法》，将审批制改为备案制。

② 发改委2017年11月发布了《企业境外投资管理办法》（征求意见稿），拟修改《境外投资项目核准和备案管理办法》。后者第十条规定了"小路条"制度，即中方投资额3亿美元及以上的境外收购或竞标项目，投资主体在对外开展实质性工作之前，应向发改委报送项目信息报告，对符合国家境外投资政策的项目，发改委自收到报告之日起在7个工作日内出具确认函。

三是允许外国投资者在跨境换股时以要约收购方式取得 A 股股份。建议修订《战投办法》第五条，明确外国投资者可以通过要约收购、协议转让、上市公司定向发行新股等方式取得 A 股股份，拓宽跨境换股并购的类型，与《证券法》等法律、规章中的收购制度衔接。

四是统一内外资股东持股的锁定期。在中国证监会已就上市公司股东减持股份制定统一《减持规定》的情况下，建议协调相关部委修订《战投办法》第五条第三款：外国投资者取得的 A 股股份，依其身份（控股或非控股股东、董监高等）统一适用《减持规定》的锁定期。

五是研究放宽境外被并购公司核心员工股权激励条件和配套措施。目前，如允许换股后在境外工作的外籍员工获得境内上市公司的股权激励，将不可避免地涉及 A 股跨境发行，存在一定障碍，需要证券账户管理、存托凭证等配套措施才能实现，成本较高。建议多措并举，一方面研究推动降低"在境内工作的外籍员工"认定标准，将外籍员工定期到境内出席会议等视为在境内工作；另一方面研究外国投资者在境外通过存托凭证等方式持有 A 股的证券账户管理制度。

六是研究推动税收优惠、精简审批等相关配套措施。建议协调相关部委，研究推动在中方与相关国家税收协定确定的无差别待遇原则基础上，给予跨境换股并购税收递延优惠。拓展跨境并购并联审批范围，对资信良好的企业开辟绿色通道、压缩审批时限。推动本土中介机构"走出去"布局境外网点，加快培养一批精通境外市场并购规则的人才队伍。

从国际比较和财务视角看我国上市公司现金分红存在的问题*

戴苏琳 孙即 常嵘

摘 要 资本市场"铁公鸡"问题长期受到投资者和舆论诟病。财务数据显示,A股现金分红总体处于国际中等水平,分红家数占比甚至优于成熟市场,但现金分红比例相对不高。进一步分析发现,市场还存在"铁公鸡"和"穷大方"企业并存的现象,说明监管政策导向和上市公司成长需求、股东回报诉求之间存在一定矛盾,应充分重视、合理化解。

现金分红是衡量上市公司投资者回报水平的重要标准,也是培育长期投资理念、增强资本市场活力和吸引力的重要途径。2018年"两会"期间,"铁公鸡"再度成为热门议题。为准确刻画A股上市公司现金分红的真实水平,我们对2014—2016年全球主要市场和2005年以来A股上市公司现金分红数据①进行了统计分析。

一、A股市场分红处于国际中等水平,现金分红比例不高是造成公众"铁公鸡"印象的重要原因

近年来,中国证监会针对上市公司现金分红出台了一系列措施,初步确立了半强制性现金分红制度,取得了较好的实践效果②。2008年至2016年间,上市公司现金分红家数占比从53.21%提高至75.87%,现金分红比例③从33.73%提高至35.38%。

---

* 本文发表于2018年4月《中证政研简报》总第488期。
① 境内数据来源为Wind,境外数据来源包括Wind、Reuters和世界证券交易所联合会(WFE)。
② 包括《关于修改上市公司现金分红若干规定的决定》(2008年10月)、《上市公司监管指引第3号——上市公司现金分红》(2013年11月)等。
③ 现金分红比例=年度累计现金分红总金额/ A股上市公司(包括未现金分红的上市公司)上年度净利润总和

（一）A 股现金分红情况总体处于国际中等水平

现金分红家数占比处于国际领先水平。2014—2016 年，A 股上市公司现金分红家数占比均超 70%，显著高于境外主要市场平均水平。以 2016 年为例，A 股上市公司分红家数占比（75.9%）仅略低于中国台湾（76.3%），领先于巴西（71.4%）、美国 NYSE（66.4%）和日本（65.6%），远高于英国（52.5%）、德国（48.6%）、法国（37.6%）和美国 NASDAQ（36.2%）等境外成熟市场。

现金分红比例低于境外成熟市场，高于部分新兴市场。2014—2016 年，A 股年均现金分红金额占净利润 33.34%，与美国 NYSE（62.5%）、德国（59.1%）、法国（57%）等境外成熟市场存在较大差距，略低于英国（38.9%）、中国香港（36.81%）和美国 NASDAQ（35.6%），但高于印度（24.1%）和韩国（20.9%）等新兴市场国家。

股息率①处于国际中等水平。2016 年，A 股上市公司股息率为 2.55%，低于中国香港（3.7%）、法国（3.69%）、德国（3.18%）、英国（5.55%）等成熟市场，与韩国（2.5%）持平，高于印度（2.1%）、中国台湾（1.8%）。A 股上市公司总体估值偏高，一定程度上拉低了股息率。值得注意的是，同其他成熟市场相比，美国 NYSE、NASDAQ 和日本的股息率也不高，分别为 2.66%、1.2% 和 1.9%。

中国香港中资股②分红水平略好于 A 股。2014—2016 年，香港中资股平均股息率和现金分红比例分别为 3.64% 和 35.97%，略高于 A 股市场的 2.33% 和 33.34%，接近香港市场平均水平。但上市公司现金分红家数占比 57.71%，低于 A 股市场的 72.93%。这与香港地区上市公司行业构成、投资风格和市场发展程度有关。香港地区市场的机构投资者占比较高，对分红更为关注，对上市公司提升分红水平起到了促进作用。另一方面，香港地区市场整体估值低于 A 股，导致其股息率高于内地市场。

（二）A 股现金分红比例不高是造成公众关于"铁公鸡"成见的重要原因

国际比较显示，A 股现金分红情况处于国际中等水平，总体好于新兴市场，个别指标甚至好于成熟市场。这与公众对 A 股市场"铁公鸡"的成见存在较大差异。我们利用百度搜索引擎抓取了含有"上市公司"和"铁公鸡"字样、相关度排名前 50 位的新闻报道，发现 50 篇报告均用较大篇幅描述了分红比例和分红金额，但仅有 2 篇提及股息率、9 篇提及分红家数占比，显示国内媒体和投资者明显更看重"现金分红比例"，而 A 股的这一指标恰恰在国际比较中相对较弱。由此可见，上市公司现金分红比例不高是造成社会对 A 股市场"铁公鸡"印象的重要原因。

---

① 股息率 = 现金分红总金额/总市值
② 中国香港中资股包含 H 股、红筹股和中资民营股。

二、A股市场存在"铁公鸡"和"穷大方"企业并存现象，再融资政策影响或是主因

（一）部分上市公司现金分红金额超过净利润，市场上"铁公鸡"和"穷大方"现象并存

我们按板块、所有制和行业对上市公司财务和分红数据进行统计分析，结果显示：现金分红比例和企业经营情况（尤其是净利润）存在较强的正相关性。但是2013—2017年，分别有305、307、345、439和328家上市公司的现金分红金额超过上年净利润。特别是2015年传统行业的上市公司[①]在大面积亏损、净利润同比下降71.33%的情况下，2016年现金分红总额上升了126.36%，分红比例从2015年的23.71%跃升至179.79%，有79家企业（包括35家亏损企业）分红超过上年净利润，证明市场既有很多"铁公鸡"，又存在不少"穷大方"企业。

（二）再融资政策导向是造成A股市场"穷大方"企业存在的主要原因

部分上市公司现金分红水平和经营情况出现显著背离，其原因在于目前主板、中小板再融资条件与现金分红比例挂钩。在2016年分红的310家传统行业企业中，有42.26%在2016年下半年或2017年发布实施了再融资方案，显示盈利不佳、资金链紧张的企业可能会为满足再融资条件而勉强实施分红。值得注意的是，近年来A股整体现金分红比例一直保持在略高于30%的水平，而30%正是主板、中小板再融资的分红标准。创业板尽管业绩一直不错，但自从2014年明确其再融资不受分红比例限制后，现金分红比例再未达到30%，显示了再融资政策对上市公司分红行为的巨大影响。

三、结论与启示

从整体看，我国上市公司现金分红水平尚可，但现金分红比例仍有待提高。从结构上看，"铁公鸡"和"穷大方"企业并存，反映了现行分红政策和企业成长需求、股东回报诉求之间存在一定矛盾，应进一步完善和细化上市公司分红的监管安排。

（一）A股现金分红比例存在进一步提升的空间

成熟市场现金分红比例普遍高于新兴市场，说明现金分红与经济发展的阶段特征有

[①] 传统行业选取采掘、化工、钢铁、有色金属为代表。

较强关联性，同时也与市场制度成熟完善程度有关。目前，A 股公司现金分红比例相比成熟市场仍存在明显差距，随着我国经济由高速增长阶段转向高质量发展阶段，上市公司盈利能力不断增强，有能力、更有义务逐步提高现金分红比例。

（二）"铁公鸡"界定标准应审慎、精准、多元化

影响上市公司现金分红的因素十分复杂，单纯将分红次数和分红比例作为"铁公鸡"界定标准恐有失偏颇。特别是对正处于高速发展期的企业来说，若现金分配股东获得的收益低于公司留存投资而获得的效益，则大规模现金分红既不利于公司发展，也降低了中小股东的长期回报。建议综合所处行业、发展阶段、所有制、财务指标（盈利情况、现金流、资本支出）等特征，制定更精细、多元化的"铁公鸡"判定标准，为有效精准监管提供依据。

（三）警惕"穷大方"企业带来的风险

企业"穷大方"行为同样具有很大风险和危害。以英国建筑巨头 Carillion 为例，其在经营不善的情况下仍维持"寅吃卯粮"式的持续大额分红，加速了破产进程，最终对英国建筑业和房地产市场造成巨大冲击。以过度分红方式来满足监管标准，再从市场上再融资圈钱，实际是一种庞氏融资行为，应在发行审核中给予重点关注和有针对性的规制。

悬在高估值科创企业头上的"利剑"*

——兼论 SEC 监管独角兽估值的启示

星 焱

摘 要 近年来,以美国独角兽为代表的科创企业估值迅速膨胀,出现了泡沫化现象。从交易结构看,框架协议中投资人优先权的条款设定,在企业估值推升中发挥了重要作用。但是,该条款也成为悬在高估值企业头上的"利剑",可能会引致企业普通股权益价值大幅折损、市场估值体系紊乱和市场脆弱性叠加等风险。对此,2015 年后,美国证券交易委员会(SEC)以估值信息来源准确性、投资人估值正当性和折价首次公开发行股票(IPO)的负向冲击为抓手,对风投市场进行了调查。SEC 的监管思路和方式,对规范我国资本市场中独角兽企业的估值和融资行为,同样具有现实的借鉴意义。

2016 年,SEC 主席怀特指出,摸清独角兽估值偏高问题脉络的有效方法,是从微观交易结构入手展开研究。在风投市场上,微观交易的核心内容是企业和投资人在商讨后共同设计、签署和履行框架协议①。作为协议内容,投资人优先权具有吸引更多风投资金、明显推升企业投后估值的功效,但是其不当使用会威胁企业自身权益,并给市场带来负向冲击。

一、投资人优先权的主要类型

投资人优先权,是指创业公司为投资人提供的一系列相对于普通股股东的优先权利安排,主要包括转换权、优先购买权和反稀释条款等。可推高企业投后估值的款项有:

一是清算优先权。在美国科创企业风投交易中,投资人大多会选择可转换优先股的

---

* 本文发表于 2018 年 8 月《中证政研简报》总第 517 期。
① 框架协议(Term Sheet),又称投资协议条款清单,即 VC/PE 市场上的投资意向书。

投资方式，并享有清算优先权。清算优先权是最典型的投资人保护条款，它确保在清算事件①触发时，优先股股东可以在其他股东执行分配之前，优先参与股利和企业剩余资产的分配，按事先约定的价值收回投资资金。

二是参与分配权。参与分配权可被视为清算优先权的附加条款，是指投资人在行使清算优先权之后，再按照合同事先约定的优先股转换为普通股之后的股权比例参与剩余资产分配，即额外增加一部分优先股相对于普通股的清算价值②。

三是IPO棘轮（Rotchet）条款。当企业以较低的价格进行后续融资时，前一轮次投资人的股权会被稀释③。棘轮条款本意是反稀释，但操作下来，会导致多轮次的融资价格不断攀升，企业估值不断增长，出现典型的"棘轮效应"。截至2015年3月，就有30%的独角兽与投资人签署针对IPO环节的棘轮条款④。

四是自动转换豁免。框架协议中含有自动转换条款，要求在IPO时将优先股转换为普通股⑤。但是，如果IPO发行价格或发行规模没有达到预设目标，优先股投资人的权益会因此受损。为此，有人要求在框架协议中加入IPO自动转换豁免条款，即当预设的IPO目标未达到时，豁免其优先股转换为普通股⑥。

二、投资人优先权推升科创企业估值的交易机理

企业对外宣称的投后估值，通常是"最后一轮募资股价×全部股份"。事实上，只有最后一轮优先股"值"这个价，因为有相应的优先权提供支撑。而普通股和先前各轮优先股则没有这个支撑，其价格应当是相对较低的公允价值。

（一）清算优先倍数越高，估值推升幅度越大

在投融资谈判中，如果投资人渴望更高的投资回报，可以调高清算优先权的保障能力。企业则可以借此诱导投资人以更高的每股价格投资，抬升自身估值。实操中，较多

---

① 在美国，协议框架中的清算事件包括企业发生终止经营、公司合并、被收购、主要资产出售、控制权变更等情形；而在中国《公司法》中，清算仅指代公司解散时的清算活动。
② 通常分为三类：一是无分配权；二是无上限分配权；三是有上限分配权。
③ 投资人优先股转换为普通股的转换价格和股份价值会随之降低，即出现股权稀释。
④ 数据引自据律师事务所Fenwick & West LLP的统计；棘轮条款可分为全棘轮条款和加权平均棘轮条款，前者对投资人最为有利，后者相对公平合理。
⑤ 在中国，这种转换是出于《公司法》的同股同权要求。美国法规对此没有硬性要求，但是IPO承销商会做出强制要求，因为公开市场投资者不会认购股权复杂企业的股票。
⑥ Evernote在G融资中设定IPO价格低于每股18.04时触发豁免；Kabam在E轮融资中设定IPO融资规模不足1.5亿美元时触发豁免；SpaceX在G轮融资中设定IPO市值低于60亿美元时触发豁免；也有企业对不同轮次优先股给予了不同的豁免标准。Honest给A轮投资人设定了IPO每股股价低于18.16美元并融资规模低于0.5亿美元时触发豁免，给B、C、D轮投资人分别设定了融资规模低于0.5亿美元、0.75亿美元、1亿美元时触发豁免。

的是 1.0 倍清算优先权，可为投资者提供恢复原始投资权利。此外，也有 1.25 倍、1.5 倍、2 倍等，如 Uber 的 C 轮投资人具有 1.25 倍清算优先权，App Nexus 的 D 轮投资人具有 2 倍清算优先权。根据美国国家经济研究局（NBER）研究报告①的估算，1.5—2 倍清算优先权的估值推升效果可在 57%—94%。

（二）参与分配权放大清算优先权的估值推升效果

从投资人视角看，参与分配权相当于以清算优先权作为兜底条款，以参与分配权来博取更多额外回报，进而达到风险规避和资本逐利的双重目的。从企业视角看，参与分配权加大了潜在负担，但有利于在谈判中赢取更多资金，实现更高估值。比如，Proteus Biomedical 给予所有优先股无上限参与分配权，Sprinklr 给予 B 轮优先股 3 倍于投资本金的分配权上限、C 轮优先股 2 倍上限。通常，优先股转换为普通股之后所占剩余资产比例越高，推升估值幅度越大。

（三）IPO 棘轮条款中额外回报越高，估值推升越高

企业一般通过 IPO 棘轮条款中的额外回报来吸引更多风投资金，实现估值推升。额外回报有两个指标：一是 IPO 预估价格，通常设定为最后一轮募资中优先股价格的 x 倍。x 取值越大，棘轮条款越容易被触发，企业估值压力越大。二是额外回报比例，该比例越高，对企业估值要求越高。比如，Square 在 E 轮（最后一轮）募资的棘轮条款中注明：当 IPO 每股价格低于 1.2 倍 E 轮价格时，将保证包括高盛等 6 位优先股股东获得额外的 25% 投资回报。讽刺的是，同时作为 Square IPO 承销商的高盛，仅将发行价格定在 9 美元，而棘轮条款触发价格是 18.56 美元②，即 IPO 价格比 E 轮投后预估值缩水了 51.5%③。

（四）自动转换豁免强化清算优先权的估值推升效果

自动转换豁免条款给予了投资人在企业 IPO 前一个重要的选择权——如果 IPO 预估值较高，投资人在实现预期收益后选择退出；如果企业要折价 IPO④，投资人则有权选择以可转换优先股的形式继续持有股份，并享受包括清算优先权在内的相应权益。后者意味着投资人有权否决企业的折价 IPO 意愿，企业可能因此走上被收购的道路，投资人就有机会借助清算优先权拿回本金或实现预期收益。可见，自动转换豁免有助于打消投资人的高估值投资顾虑。根据 NBER 研究报告的估算，自动转换豁免的估值提升效果约

---

① Acemoglu and Restrepo, *Squaring Venture Capital Valuations with Reality*, NBER Working Paper 23895, 2017。
② Square IPO 前一年 Square 营收增长近 50%，但是交易成本居高不下，企业经营模式始终难见盈利（IPO 前净亏损超过 7 000 亿美元），这给 IPO 定价带来很大困扰。
③ 若发行价定在 12 美元（预期发行价为 11—13 美元），承销费用会增加近 7 700 万美元。
④ 发行价格或发行规模明显低于预估值，业内俗称"缩水发行""流血上市"等。

达 50%。

三、企业投后估值被推高的潜在风险

投资人优先权是科创企业撬动资金、提升估值，迅速占据行业优势地位的有效工具，但若使用不当，会给企业自身埋下隐患，扰乱风投估值体系，不利于市场健康发展。

（一）投资人优先权时刻"威胁"着普通股股东的权益

显然，如果优先权的约定事件触发，各轮次优先股投资人将拿出框架协议"论资排辈"式地追索经济权益，创始人团队和持股员工的股权利益将会受损。在一些事件中，企业中层及以下员工和早期投资人的普通股瞬间会变为垃圾股。例如，Practice Fusion 在 2016 年的估值为 15 亿美元，2018 年 1 月以 1 亿美元估值被行业巨头 All Scripts 收购。先前框架协议中的清算优先权生效后，普通员工股东的股份价值降至近乎为 0。又如，由于 Square 在折价发行时触发了 E 轮融资中的 IPO 棘轮条款，公司须向 6 位 E 轮投资人额外增发 1 030 万股股票，折价 9 270 万美元。这明显摊薄了员工股东和早期投资人的股权，其股票期权价值缩水。

（二）估值变化过快，易造成市场价格体系紊乱

科创企业估值方法多元，投后估值围绕公允价值上下波动本属正常现象。但是，如果执新兴行业牛耳的独角兽企业估值经常性地快速变化，会扰乱整个风险资本（VC）和私募股权投资（PE）市场的价格体系。根据全美最大共同基金富达投资的信披报告，其 2015 年第一季度以 30.92 美元的每股价格投资独角兽 Snapchat，第二季度维持估值不变，第三季度就估值减记了 25%[①]。这引发了同样持有其股份的 Benchmark 等独立风险投资（IVC）和阿里、腾讯等企业风险投资（CVC）的不安，也引发了市场人士对现有科创企业风投估值体系的质疑。此外，Square、Evernote 等独角兽的大幅缩水融资和 Theranos 的估值骗局，更是给市场估值造成很大的负向冲击。

（三）叠加市场脆弱性，易引发"击鼓传花"式泡沫

2014—2017 年间，美国独角兽群体每年募资金额分别为 2013 年的 5.4 倍、7 倍、7.4 倍和 7.6 倍[②]。随着锁定于独角兽群体内部的资本规模出现超常规增长，整个风投市

---

① 虽然富达并未披露原因，但有市场人士指出，Snapchat 的价值定位不清晰（难以盈利）是估值减计的主要原因。
② 根据 Pitchbook 数据库的数据，笔者自行计算得出。

场脆弱性开始上升。一方面，所有的风投资金都以盈利为目标，最终目标都是将高价筹码以更高估值转嫁于"接盘者"，容易引发"击鼓传花"式的市场泡沫。另一方面，截至2018年第一季度，美国独角兽企业拥有高达7 180.5亿美元的非流动性价值（存量估值），如果美联储持续加息、贸易摩擦加剧或商业周期开始转向，可能引致独角兽群体估值泡沫的快速坍缩。

四、SEC监管"独角兽"估值的经验与启示

针对独角兽估值过快增长，2015年后SEC展开广泛调查。其监管由有三：一是企业提供的不规范信息可能误导投资人；二是基金公司的激进投资可能违背基金份额持有人利益；三是较多企业折价IPO带来负向影响。这对我们有重要启示。

（一）引导企业提供准确信息，避免误导投资者估值

SEC对独角兽估值过高现象展开调查的重要原因，是签署框架协议时部分企业提供的信息不规范、甚至不准确。美国《证券交易法》中10（b）和10b—5条款规定，任何私募和公开证券交易不得存在欺诈。未上市公司不能误导投资者认购其股票或债券，成为SEC监管私募市场的一项重要规则。SEC倡议，科创企业在财务信息整合上应该借鉴上市公司的标准化方式，所提供信息应当准确反映公司业绩和前景，以免误导投资者估值。与美国风投市场相比，国内企业由于信息提供不规范、不准确进而误导投资人估值的问题也较为明显。因此，进一步引导科创企业提供规范信息，有利于我国VC/PE市场健康发展。

（二）引导投资者形成合理的估值理念和估值体系

在独角兽风投市场上，SEC的主要监管内容，是共同基金的估值结果是否接近公允价值、信息披露质量是否符合要求，主要调查对象是共同基金参与的"短期高回报"投资项目。基金公司以过高估值投资独角兽并承担相应风险，可被视为自愿上当行为，这在美国证券市场是投资者的一项基本权利。但是，基金公司的性质是代客理财，背后的基金份额持有人未必甘心"上当"。因此，SEC要调查基金公司对独角兽企业进行估值和投资的合理性和正当性。在中国，公募基金不能参与风投，但是私募基金存在与美国共同基金相似的委托代理问题，还存在投资者适当性方面的隐患[①]。因此，国内监管部门或自律组织有必要加强监管，引导投资者形成合理的估值理念和估值体系。

---

① 如：对客户的风险承受能力评估工作"偷工减料"或干脆不做；将不满足投门槛（如100万元）的投资者"打包"。

(三) 防控科创企业折价 IPO 对私募市场的负向冲击

较多独角兽大幅折价 IPO，相当于对风投估值体系的否定和市场估值泡沫的破灭。对此，2016 年 SEC 主席怀特公开指出，除了员工股东和普通股股东的权益明显受损之外，风投资金也会"一朝被蛇咬，十年怕井绳"，并对新生代科创企业群体融资带来负向冲击。可见，独角兽高估值背后的企业和投资人权益都是 SEC 关注的对象。相对而言，目前中国本土科创企业私募融资的框架协议相对简单，复杂交易条款和多层次股权结构主要存在于 VIE 框架企业中。但是，随着中国资本市场双向开放程度不断加深，国际风投公司会将发达市场上所谓的"先进"交易模式和估值体系引入中国。对此，我们有必要未雨绸缪，理顺监管思路，增加对科创企业私募融资和估值活动的关注。

加强资本市场监管

国有上市公司高管"限薪令"的实施效果和改进建议*

孙 即

摘 要 企业负责人薪酬制度改革是国企改革的重要内容。本文以2005—2016年22 464个上市公司高管薪酬为样本,对比分析了2009年和2015年分别出台的国企高管"限薪令"的实施效果及其对公司业绩的影响。分析发现,当前的高管薪酬制度存在"限薪一刀切""层层加码"及薪酬结构过于单一等问题,制约了企业发展。

近年来,国有企业高管薪酬呈逐年上涨趋势,即便在受到国际金融危机冲击、经济增速持续放缓的背景下,部分国企仍存在高管人员"天价薪酬""逆市加薪"及同普通员工薪酬差距过大等问题,引起社会各界热议。对此,相关部门对国企高管薪酬出台了一系列限制措施:一是2009年9月国务院六部委联合下发的《关于进一步规范中央企业负责人薪酬管理的指导意见》①,也被称为第一道"央企高管限薪令";二是2014年8月中共中央政治局会议审议通过,并于2015年1月正式实施的《中央管理企业负责人薪酬制度改革方案》(以下称为第二道"限薪令")②。经过几年来的实践,有必要对"限薪令"实施效果进行一次评估和总结。

---

* 本文发表于2017年12月《中证金融研究》2017年第19期总第87期。
① 2009年9月由人力资源和社会保障部、中组部、监察部、财政部等六部门联合下发了《关于进一步规范中央企业负责人薪酬管理的指导意见》,规范国有企业高管收入,建立健全央企负责人收入分配的激励和约束机制。
② 2014年8月,中共中央总书记习近平主持召开中央政治局会议,审议通过了《中央管理企业负责人薪酬制度改革方案》《关于合理确定并严格规范中央企业负责人履职待遇、业务支出的意见》,也被称之为第二道"央企高管限薪令"。2015年1月1日起,"限薪令"正式实施,首批改革涉及72家央企的负责人,包括中石油、中石化、中国移动等组织部门任命负责人的53家央企,以及其他金融、铁路等19家企业。

一、上市公司高管薪酬情况及"限薪令"实施效果分析

(一)上市公司高管薪酬存在"只升不降"的刚性现象

上市公司高管薪酬在 2005—2016 年期间呈现快速增长趋势,其增速显著超过业绩增速。统计数据显示,2016 年平均每家 A 股上市公司支付给前三大管理人的薪酬金额为 218.2 万元,较 2005 年的 64.0 万元折年复合增长率 10.8%(不考虑通胀因素)。2016 年平均每家上市公司实现净利润 5.7 亿元,较 2015 年的 2.1 亿元折年复合增长率 8.6%。比较发现,上市公司高管年复合加薪速度超过净利润增速 2.2 个百分点,并存在业绩下滑、高管"逆势加薪"的情形。其中,2008 年、2012 年及 2015 年上市公司整体盈利下滑,平均每家公司净利润分别下降了 13.5%、15.3% 和 7%,而高管薪酬分别上涨 16.3%、7.6% 和 6.3%(见图 1)。

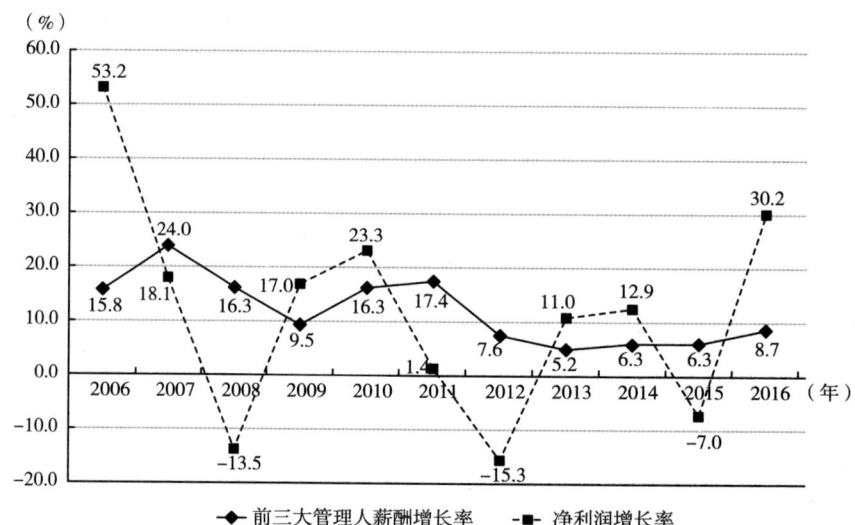

图 1　2005—2016 年 A 股上市公司高管薪酬与盈利情况

(二)非国有、地方国有与中央企业高管薪酬水平依次提升,但企业业绩表现依次下降

本文按照企业所有制性质及国有产权分级管理模式,将上市公司分为两组:(1)国有和非国有企业①;(2)地方国有企业和中央企业。对两组中不同样本的研究发现:一是央企高管薪酬均值显著高于地方国企,地方国企显著高于非国有企业,而资产收益率

---

① 非国有企业包含民营企业、公众企业、外资企业以及集体企业。

（ROA）却依次下降。2007—2014年间（涵盖了2008年金融危机以及此后连续几年经济增速放缓期间），非国有、地方国有和中央企业前三大管理人薪酬均值分别为132.3万、143.9万和161.6万元，但平均资产收益率依次为7.5%、6.4%和5.8%，说明对国企高管实行限薪管理有其必要性。二是非国有企业高管薪酬激励力度超过国有企业。2005—2016年非国有企业前三大高管薪酬年均增长21.6%，略高于央企年均21.3%的增速，显著高于地方国企年均17.7%的水平（见图2、图3）。

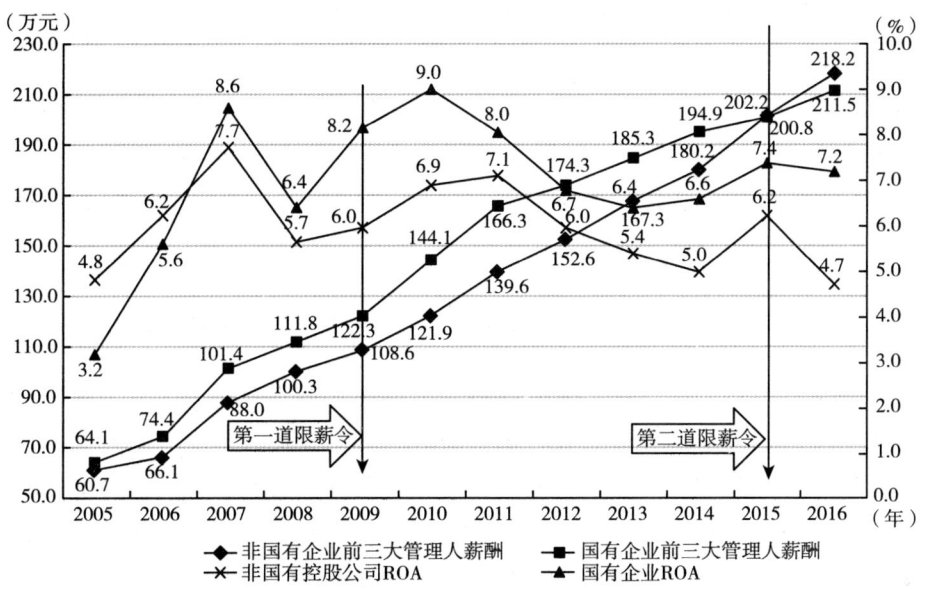

图2 对比国有和非国有上市公司高管薪酬与业绩情况

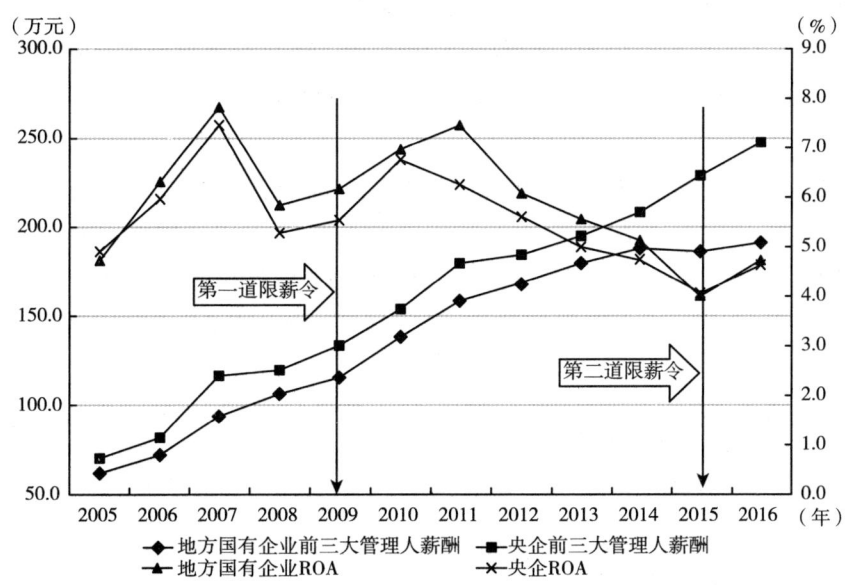

图3 对比中央企业和地方国有上市公司高管薪酬与业绩情况

(三)第二道"限薪令"效应强于第一道"限薪令",地方国企实施力度强于央企

第一道"限薪令"对高管薪酬增长的限制效果不明显。2009年第一道"限薪令"出台,当年国有企业高管薪酬均值上涨17.8%,高于同期非国有企业的12.2%。受第二道"限薪令"影响,2015年非国有企业高管薪酬均值开始反超国有企业,国企高管薪酬增速下降至8.52%,明显低于非国有企业21.1%的水平。主要原因是第二道"限薪令"的权威性更高,组织实施力度更强[①]。

地方国企的实施效果更为明显。2015年地方国企高管薪酬增速回落至1.9%,远低于同期央企的19.6%的水平(见图2及附表3)。说明虽然"限薪令"的主要规范对象为72家央企,但"限薪"举措产生了强烈示范效应,地方国企高管薪酬被压缩得更低。

(四)不同行业、所有制性质的上市公司高管薪酬差距较大

银行、非银金融和房地产行业上市公司高管薪酬位居前列,而化工、农林牧渔、采掘、公共事业以及国防军工等行业薪酬排名靠后。进一步研究发现,在有色金融、交通运输等垄断性较高行业以及计算机、电子和轻工制造等优势高科技行业中,国有企业高管薪酬显著高于非国有企业[②]。初步分析:一是国有企业在部分行业中的垄断地位能够获得高额利润,有更强的盈利能力,因此能够带来较高的高管薪酬(包宁等,2012)[③];二是部分新兴行业具有高投入、高成长的特点,与国企单一的"基本工资+绩效奖金"薪酬方式相比,非国有企业更倾向于建立"年度薪酬+股权激励"的方式,当期现金流支出较少,但高成长兑现后的中长期激励效果更好。在非银金融、钢铁和房地产等行业中,非国有企业高管薪酬则显著超过国有企业[④](见图4)。

二、"限薪令"对国有上市公司的业绩影响及存在问题

本文选择2005—2016年期间的非金融行业A股上市公司作为研究样本,将2009年和2015年的"限薪令"颁布作为时间节点划分出三个时间段,并按企业所有制类型进

[①] 2015年出台的"限薪令",为确保政策得到有效落实,国务院专门成立了深化国企负责人薪酬制度改革工作领导小组负责指导和协调。

[②] 本报告利用T-test分别检验国有与非国有企业在不同行业高管薪酬水平,以上分析结果在0.01%的水平显著。

[③] 包宁、杜雯翠、王晓倩:"所有制、行业垄断与高管薪酬差距——来自中国上市公司2010年的证据",《经济问题探索》2012年第9期,第128–134页。

[④] T-test分析结果在0.01%的水平显著。

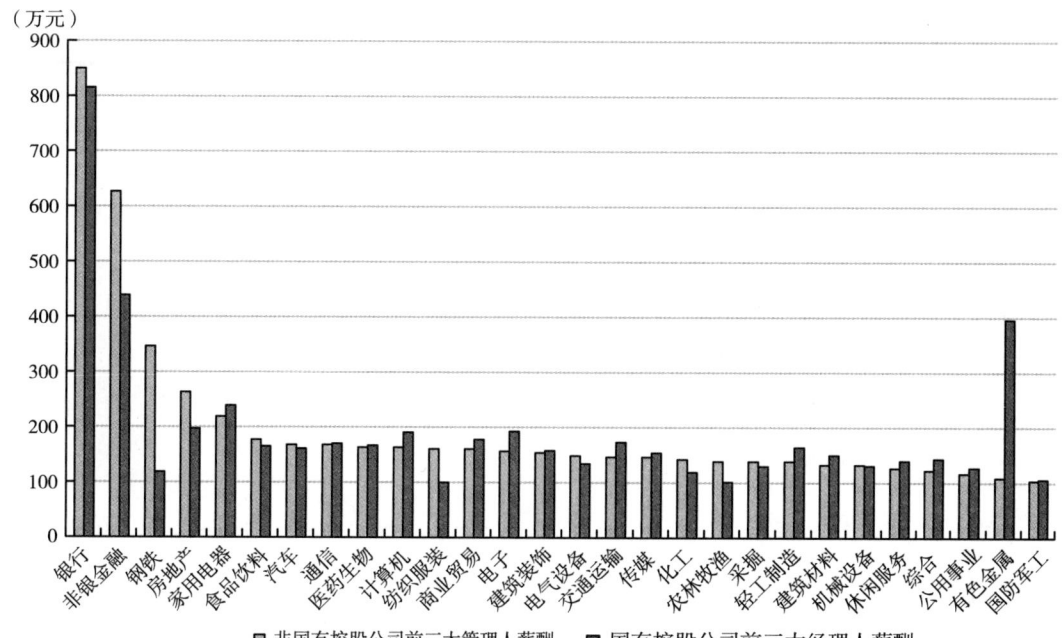

图4 2005—2016年期间不同行业高管薪酬对比情况

行分类，分别采用多因素回归检验高管薪酬对上市公司业绩的影响以及两次"限薪令"带来的经济后果进行实证分析①，结果显示：

（一）高管加薪的激励方式对公司业绩具有显著提升作用，国企高管加薪的激励效果好于非国有企业

高管薪酬对公司业绩有显著正向激励效应。从附表1中可以看出，上市公司前三大管理人薪酬与公司业绩的回归系数为0.257，且在1%的置信水平上显著。无论在国有企业还是非国有企业，高管薪酬与业绩之间同样存在着显著的正相关关系，说明通过对高管加薪可以有效地激励高管，进而显著提升企业盈利，相反高管降薪会对企业业绩造成负面影响。从薪酬的回归系数大小来看，国有企业回归系数（0.535）大于非国有企业（0.056），说明国企的高管薪酬对业绩的影响显著超过非国有企业。在附表2中，我们进一步将国有企业分为央企与地方企业，央企高管薪酬对业绩有显著正向影响，而地方国企高管薪酬对业绩的正向影响不显著。综合来看，高管加薪对业绩的提升作用在央企

---

① 由于薪酬激励对企业业绩有一定的滞后性，因此我们将当年的高管薪酬水平与下一年公司业绩情况进行回归分析。其中，研究选用总资产收益率（ROA）反映上市公司业绩水平，作为被解释变量；选取前三大管理人薪酬、高管持股比例、所有制性质（属于国有企业取1；其他为0）、"第一道"限薪令（颁布后的2009年和2010年为1，其他为0）以及"第二道"限薪令（颁布后的2015年和2016年为1，其他为0）为解释变量；选取公司规模、资产负债率、前十大股东股权集中度、行业变量、年份变量为控制变量。

中最为明显,其次是地方国企,最后是非国有企业。原因可能在于对比国企高管薪酬结构过于单一的情况,非国有企业更愿意利用中长期股权激励手段将高管与企业长期价值捆绑在一起。

(二) 高管持股对货币薪酬激励具有替代作用,对公司业绩有显著正向激励作用,集中体现在地方国企和非国有企业

在地方国企和非国有企业,高管持股对公司业绩有显著影响。高管持股比例越高,公司业绩越好。央企高管的持股水平对公司业绩有不显著正激励效应,其原因可能是有关国企高管股权激励的政策出台时间较短,实施的企业数目较少,高管持股比例偏低,股权激励效果还未充分发挥。

(三) 政策性限薪对国企业绩有负面影响,第二道"限薪令"的负面效果大于第一道"限薪令"

附表1和附表2的回归结果显示:在国企样本中,第一道"限薪令"对公司业绩有不显著影响,而第二道"限薪令"对业绩的负向效应在1%的置信水平显著。比较不同国企样本发现,首道"限薪令"对业绩的负面影响在央企不明显,在地方国企表现显著。在地方国企样本中,第二道限薪令的回归系数绝对值(-3.495)远小于第一道限薪令(-0.367),说明第二道"限薪令"对业绩造成的负面影响更大,同时在地方国企中较央企更为显著。

三、结论与建议

"限薪令"实行后,国有企业高管薪酬不合理偏高、增长过快的问题得到了有效缓解。但在具体推行过程中,"一刀切""层层加码"以及薪酬结构过于单一等问题逐步显现,一定程度上偏离了中央关于国企薪酬制度改革"水平适当、结构合理、管理规范、监督有效"的十六字原则,弱化了国企高管的企业家精神和改革动力,对国企改革发展带来消极影响。对此,建议如下:

一是推进国企高管薪酬体制与市场接轨,建立薪酬与业绩动态调整机制。行政管制式限薪的做法可能会在一定程度上弱化高管薪酬与业绩之间的联系,引发有效激励不足的问题,甚至出现企业核心人员"弃公奔私"的离职潮,不利于人员稳定和国有企业的长远发展。需要强化高管薪酬与企业绩效的衔接,既要防止国企高管人员行为短期化、过度追求高薪、个人收益和企业风险错配,又要充分体现奖优罚劣、能上能下、有效激励的要求。

二是对不同类型的国企高管薪酬实行分类管理。对市场化程度高、处于充分竞争性行业的国企，建议对核心管理层及专业人才采用市场化选聘、市场化考核、市场化薪酬，薪酬不设"天花板"。对规模大、主营业务具有特殊性的国企，建议对行政任命的高管采取综合考评方式，包括考核其政治责任、经济责任、社会履行情况，建立"行政工资与业绩挂钩的结构化薪酬体系"，采取上线调控；对市场化选聘的中层管理人员遵循市场化薪酬分配机制。

三是建立合理规范的国有企业股权激励制度。积极探索和规范国有企业股权激励方式，包括高管股权激励和员工持股计划等，使国企高管以及核心人员以股东身份参与企业决策、分享利润、承担风险，勤勉尽责为公司长期发展服务。尤其应加快在新兴科技行业国有企业开展中长期股权激励模式的试点。

附录

附表1 上市公司实施"限薪令"的经济后果

	总样本（1）		非国有企业（2）		国有企业（3）	
	参数估计	P-Value	参数估计	P-Value	参数估计	P-Value
Intercept	3.009	0.000	−0.890	0.119	6.459	0.000
前三大管理人薪酬	0.257	0.000	0.056	0.054	0.535	0.000
管理层持股	0.055	0.527	0.119	0.000	0.019	0.189
公司规模	1.279	0.000	1.656	0.000	1.299	0.000
资产负债率	−0.061	0.000	−0.049	0.000	−0.076	0.000
前十大股东股权集中度	0.053	0.000	0.072	0.000	0.026	0.000
所有制性质[①]	−0.497	0.000				
第一道"限薪令"	0.217	0.052	0.428	0.008	−0.176	0.237
第二道"限薪令"	−2.536	0.000	−2.774	0.000	−3.040	0.000
行业固定效应	—	—	—	—	—	—
年份固定效应	—	—	—	—	—	—
调整R方	0.145		0.143		0.190	
观测值	22 464		12 972		9 492	

注：***、**、*分别代表在1%、5%和10%的显著性水平下显著。

---

① 用国有企业的虚拟变量代表上市公司的所有制特征，若上市公司为国有企业，取值为1，否则取值为0。

附表 2　　　　　　　国有上市公司实施"限薪令"的经济后果

	央企（1）		地方国企（2）	
	参数估计	P-Value	参数估计	P-Value
Intercept	11.244	0.000	2.734	0.000
前三大管理人薪酬	1.225	0.000	0.151	0.035
管理层持股	0.121	0.457	0.115	0.000
资产规模	0.736	0.000	1.856	0.000
资产负债率	-0.067	0.000	-0.077	0.000
前十大股东股权集中度	0.016	0.000	0.032	0.000
第一道"限薪令"	-0.014	0.953	-0.367	0.048
第二道"限薪令"	-2.598	0.000	-3.495	0.000
行业固定效应	—	—	—	—
年份固定效应	—	—	—	—
调整 R 方	0.155		0.230	
观测值	3 278		6 214	

注：***、**、*分别代表在1%、5%和10%的显著性水平下显著。

附表 3　　　　　　　两道"限薪令"分别对国有上市公司的影响①

Panel A：第一次"限购令"（2009年）前后重要财务指标的增长差异（政策出台之后的 N+1 年对比 N-1 年的增幅）

财务指标增长率	地方国有企业	中央企业	地方国企-央企
	均值	均值	Diff（t-statistics）
前三大管理人薪酬增长率（%）	29.24	28.25	0.99*
资产规模增长率（%）	141.46	46.04	95.42***
资产负债率增幅（%）	0.97	-0.07	1.04
前十大股东股权集中度增幅（%）	0.09	0.47	-0.38**
资产收益率 ROA 增幅（%）	1.12	1.5	-0.39
息税前利润 EBIT 增长率	59.76	76.69	-16.94**

Panel B：第二次"限购令"（2015年）前后重要财务指标的增长差异（政策出台之后的 N+1 年对比 N-1 年的增幅）

财务指标增长率	地方国有企业	中央企业	地方国企-央企
	均值	均值	Diff（t-statistics）
前三大管理人薪酬增长率（%）	1.91	19.56	-17.64***

---

① 我们将限薪政策正式实施的当年定义为 Y 年，将 Y-1 和 Y+1（即"限薪令"实施的前一年以及后一年）作为计算基准，将国有企业前后重要财务指标的变化与同期非国有企业进行差异化检验。

续表

财务指标增长率	地方国有企业	中央企业	地方国企-央企
	均值	均值	Diff（t-statistics）
资产规模增长率（%）	16.22	0.07	16.15***
资产负债率增幅（%）	-2.15	-1.03	-1.13
前十大股东股权集中度增幅（%）	1.12	1.71	-0.58**
资产收益率 ROA 增幅（%）	-0.38	-0.15	-0.23
息税前利润 EBIT 增长率	11.02	-14.34	25.36***

注：***、**、*分别代表在1%、5%和10%的显著性水平下显著。

关于对上市公司"减持+业绩预告变脸"行为加强监管的分析与建议*

高苗苗 孙 即

摘 要 山东墨龙利用发布虚高业绩预告抬升股价,在重要股东趁机大规模减持股份后,又突然"变脸"下调业绩预告,引发市场热议。本文整理了2012—2016年上市公司数据,发现至少有63家上市公司存在类似现象,且数量呈显著上升态势。2014—2016年变脸区间股价增幅显著高于行业平均水平,且减持均价高出业绩下调后10个交易日均价近9%,需引起高度关注。"减持+业绩预告变脸"打政策"擦边球",或涉嫌虚假陈述、内幕交易和市场操纵,建议进一步完善监管规则,加大打击力度,遏制其蔓延势头。

A股上市公司山东墨龙"减持+业绩预告变脸"的事件引起了广泛关注,然而这并非个例。本文统计了近5年上市公司数据,发现至少有63家上市公司的重要股东在业绩预告向下修正前进行减持,甚至有6家公司重复利用此套路减持套现。进一步研究发现,此类公司在业绩预告变脸期间的股价波动显著高于行业平均水平,减持价格显著高于变脸前后相应区间的均衡价格,需引起高度关注。上述过程或涉嫌虚假陈述、内幕交易和市场操纵,不仅严重损害了其他投资者的合法权益,甚至扰乱了资本市场秩序,建议进一步完善监管规则,加大打击力度,遏制其蔓延势头。

一、上市公司"减持+业绩预告变脸"引起市场高度关注

(一)"减持+业绩预告变脸"已成为上市公司股东减持的常见"套路"

2016年10月27日,山东墨龙发布业绩预告,预测2016年度扭亏为盈,净利润为600

---

* 本文发表于2017年3月《中证政研简报》总第383期。

万—1 200 万元。同年 11 月 23 日和次年 1 月 16 日,总经理张云三、董事长(实际控制人)张恩荣先后以大宗交易方式减持 750 万股和 3 000 万股。2017 年 2 月 3 日,公司又发布"大幅变脸"的业绩预告修正及存在被实施退市风险警示的公告,预测 2016 年度续亏,亏损 48 000 万—63 000 万元。同时,张恩荣、张云三作为一致行动人在卖出公司股份达到 5% 时,没有及时提交书面报告并披露权益变动报告书,违反了《中华人民共和国证券法》和《上市公司收购管理办法》的有关规定,属于情节严重的异常交易情形。深圳证券交易所对两人的相关证券账户采取限制交易措施,并对其修正业绩预告及大幅亏损发出问询函。

(二)"减持 + 业绩预告变脸"是一种可能侵害中小投资者合法权益、扰乱资本市场秩序的行为

利用发布虚高业绩预告抬升股价后趁机减持,再下调业绩预告导致业绩"变脸",或涉嫌虚假陈述、内幕交易、市场操纵。但在现行监管规则下,"减持 + 业绩预告变脸"属于"擦边球"地带,因取证较为困难,所以难以认定其为虚假陈述及是否存在内幕信息,且因难以认定其存在"获取不正当利益或者转嫁风险"的主观目的,所以较难判定为市场操纵。但市场普遍认为,与没有及时披露减持行为相比,"减持 + 业绩预告变脸"的性质更为恶劣。因此,当前对山东墨龙的处罚似有"避重就轻"之嫌。

二、上市公司"减持 + 业绩预告变脸"案例数量呈明显上升势头

(一)近年来"减持 + 业绩预告变脸"公司数量呈螺旋式上升趋势

根据 2012—2016 年上市公司年报业绩预告,共计 63 家公司"减持 + 业绩预告变脸"69 次,有 6 家公司"减持 + 业绩预告变脸"2 次。历年"减持 + 业绩预告变脸"公司数分别为 16 家、12 家、16 家、5 家(或因股市异常波动大幅减少)以及 20 家。

63 家"减持 + 业绩预告变脸"公司中,按所有制类型分:民营企业 57 家(含 1 家外资企业)占比 90%,国有企业 6 家(2 家中央国有企业,2 家地方国有企业,2 家校办企业)。按板块分:中小板公司 47 家占比 75%,主板公司 8 家,创业板公司 8 家。按行业分:计算机相关行业 18 家,电气机械及器材制造业 7 家,专用设备制造业 6 家,化学原料及化学制品制造业 4 家。1 家为借壳上市企业(详见表 1)。

表 1　　　　　　　　2012—2016 年业绩预告变脸公司情况

	2012 年	2013 年	2014 年	2015 年	2016 年
发布年报业绩预告公司(家)	1 710	1 753	1 841	2 076	2 343
业绩预告变脸(下调业绩预告)公司(家)	86	66	72	82	56
"减持 + 业绩预告变脸"公司(家)	16	12	16	5	20
"减持 + 业绩预告变脸"公司/业绩预告变脸公司	18.60%	18.18%	22.22%	6.10%	35.71%

资料来源:Wind、中证金融研究院整理。

(二) 2016 年"减持 + 业绩预告变脸"公司数量和占比均创 5 年新高

2016 年共有 20 家公司发生"减持 + 业绩预告变脸"现象，占业绩预告变脸（下调业绩）公司数的 35.71%。其中，属于融资融券标的及指数成分股的公司明显增多，共有 7 家融资融券标的，3 家中证 500 指数成分股，其负面示范效应不容忽视。2015 年只有 1 家融资融券标的，没有沪深 300/中证 500 指数成分股；2014 年有 3 家融资融券标的，2 家沪深 300/中证 500 指数成分股；2013 年有 1 家融资融券标的，1 家中证 500 指数成分股；2012 年有 1 家融资融券标的，2 家沪深 300/中证 500 指数成分股。

(三) "减持 + 业绩预告变脸"公司当年净资产收益率（ROE）呈逐年下降趋势，业绩下滑明显

2012—2015 年，ROE 的平均值分别为 2.76%、-0.90%、-4.79%、-19.78%，ROE 的中位数分别为 3.61%、2.27%、0.73%、-2.31%。2016 年年报尚未完整披露，所以暂未统计。

三、"减持 + 业绩预告变脸"滋生市场风险

(一) "减持 + 业绩预告变脸"中可能出现的虚假陈述、内幕交易通常是作为市场操纵的手段

一是业绩预告向下修正变脸，存在虚假陈述认定中的误导性陈述[①]、重大遗漏[②]的可能性；二是大股东选择在减持后才披露业绩预告向下修正的信息，或涉嫌内幕交易；三是业绩预告变脸的行为在短期内可能引发股价大幅波动，或涉嫌利用"信息优势"操纵股价。

(二) 依据"重罪吸收轻罪"的原则，市场操纵风险是该类行为最大的风险

即利用市值管理方式进行信息操纵，配合重要股东减持。本质上而言，市场操纵行为人的最终目的都是为了博取买卖价差盈利。因此，若发现其获取了超额收益，则存在市场操纵的可能。研究结果显示：

一是具有减持动机的业绩变脸增加了股价的波动性，增大了市场风险。2014—2016 年，"减持 + 业绩预告变脸"公司在变脸区间的股价增幅显著高于同行业股价增幅水平，如 2016 年"减持 + 业绩预告变脸"公司在变脸区间股价增幅（2.92%）显著高于同行

---

① 误导性陈述，是指虚假陈述行为人在信息披露文件中或者通过媒体，做出使投资人对其投资行为发生错误判断并产生重大影响的陈述。

② 重大遗漏，是指信息披露义务人在信息披露文件中，未将应当记载的事项完全或者部分予以记载。

业（-4.15%）。然而，"减持+业绩预告变脸"公司在首次业绩预告公告前和业绩修正公告后的股价增幅分别为 1.77% 和 2.29%，均显著低于同行业水平的 4.50% 和 2.39%。

二是业绩变脸或成为大股东高位减持套现通道。"减持+业绩预告变脸"公司的平均减持价格比下调业绩预告变脸之后 10 个交易日的平均价格分别高出 6.38%、10.90%、9.18%，平均值为 9%。其中，部分公司减持价格明显高出变脸前后的交易价格，个别高出幅度超过 30%，并存在财务造假的经历（如万福生科）。

综上，若重要股东在变脸区间股价增幅明显高于行业平均水平，且平均减持价格明显高于变脸前后区间的市场价格，则存在侵占中小股东合法权益的可能。

四、关于加强监管的思考与建议

为切实保护中小投资者合法权益，规范股份减持行为，建议从源头上把好关，加强对"减持+业绩预告变脸"行为的监管。

一是进一步细化上市公司强制性披露业绩预告的标准，防止上市公司将利润下降幅度人为控制在监管红线以下。

二是加强对业绩预告"变脸"公司的监管问询力度，及时组织现场监管跟进。

三是进一步规范上市公司业绩预告前后大股东减持行为，细化上市公司业绩预告前后禁止减持的窗口期设置。

四是加大违规信息披露公司的处罚力度，从严遏制违规减持行为。

附录

附录 1

附表 1 本文统计的"减持+业绩预告变脸"公司名单

2016 年	恒宝股份（002104.SZ）	东华科技（002140.SZ）
	北斗星通（002151.SZ）	智光电气（002169.SZ）
	芭田股份（002170.SZ）	延华智能（002178.SZ）
	濮耐股份（002225.SZ）	联化科技（002250.SZ）
	步步高（002251.SZ）	超华科技（002288.SZ）
	洪涛股份（002325.SZ）	积成电子（002339.SZ）
	泰尔股份（002347.SZ）	山东墨龙（002490.SZ）
	佳隆股份（002495.SZ）	英飞拓（002528.SZ）
	融钰集团（002622.SZ）	亚玛顿（002623.SZ）
	星星科技（300256.SZ）	万福生科（300268.SZ）

续表

年份		
2015 年	广宇集团（002133.SZ） *ST 宇顺（002289.SZ） 国栋建设（600321.SH）	濮耐股份（002225.SZ） 天沃科技（002564.SZ）
2014 年	巨轮智能（002031.SZ） 川大智胜（002253.SZ） 禾盛新材（002290.SZ） 卓翼科技（002369.SZ） 光正集团（002524.SZ） 海洋王（002724.SZ） 星河生物（300143.SZ） 新疆众和（600888.SH）	*ST 创疗（002173.SZ） 超华科技（002288.SZ） 巨力索具（002342.SZ） 天马精化（002453.SZ） 金贵银业（002716.SZ） 经纬电材（300120.SZ） 上海石化（600688.SH） 华鼎股份（601113.SH）
2013 年	*ST 创疗（002173.SZ） 键桥通讯（002316.SZ） 天齐锂业（002466.SZ） 山东墨龙（002490.SZ） 西泵股份（002536.SZ） 北京君正（300223.SZ）	融捷股份（002192.SZ） 理工环科（002322.SZ） 榕基软件（002474.SZ） 金字火腿（002515.SZ） 益盛药业（002566.SZ） 阳煤化工（600691.SH）
2012 年	利欧股份（002131.SZ） 奥维通信（002231.SZ） 博云新材（002297.SZ） 三元达（002417.SZ） 科林环保（002499.SZ） 宝德股份（300023.SZ） 长荣股份（300195.SZ） 精伦电子（600355.SH）	常铝股份（002160.SZ） 禾盛新材（002290.SZ） 泰尔股份（002347.SZ） 康盛股份（002418.SZ） 山东矿机（002526.SZ） 金通灵（300091.SZ） 广晟有色（600259.SH） 浙大网新（600797.SH）

资料来源：Wind，中证金融研究院整理。

附表 2　近 3 年"减持 + 业绩预告变脸"公司减持前后价格对比

年份	平均减持价与变脸前相比	平均减持价与变脸后相比
2012	1.19%	-5.15%
2013	3.63%	-9.06%
2014	10.34%	6.38%
2015	-6.96%	10.90%
2016	-0.59%	9.18%

资料来源：Wind，中证金融研究院整理。

附表 3　减持价格明显异于变脸前后的公司

年份	2012	2013		2014		2016	
名称	长荣股份	北京君正	阳煤化工	巨轮智能	超华科技	洪涛股份	万福生科
代码	300195	300223	600691	002031	002288	002325	300268
变脸前（元）	18.73	24.67	6.54	9.33	11.31	9.53	18.98
变脸区间（元）	24.57	40.13	5.21	14.83	9.71	8.80	29.69
变脸后（元）	24.96	38.17	4.80	14.15	7.66	7.22	31.14

续表

年份	2012	2013	2014		2016	
名称	长荣股份	北京君正	阳煤化工	巨轮智能	超华科技	洪涛股份	万福生科
代码	300195	300223	600691	002031	002288	002325	300268
减持（元）	28.34	35.46	6.33	17.07	11.17	9.76	27.01
减持与变脸前相比	51.34%	43.74%	-3.13%	82.96%	-1.25%	2.49%	42.29%
减持与变脸后相比	13.55%	-7.10%	31.86%	20.61%	45.81%	35.23%	-13.27%

资料来源：Wind，中证金融研究院整理。

附录2

计算步骤

为对比分析相关股价数据，本文进行了如下数据处理：

第一步，整理"减持＋业绩预告变脸"公司在业绩下调变脸区间的重要股东减持情况，包括在大宗交易平台的减持和在二级市场的减持。

第二步，计算加权平均减持价格。因部分重要股东的二级市场交易未披露交易价，故采用当日收盘价替代。

第三步，计算变脸前相应区间的平均股价，为保证数据的对称性，变脸前区间的交易日与变脸区间的交易日数量相同。

第四步，计算变脸后相应区间的平均股价，因2016年年报业绩预告变脸后交易日较少，为保证各年的可比性，均选取变脸后10个交易日为变脸后区间。

第五步，按照每家公司分别计算行业相应区间平均变动水平。

毒丸计划：本质、类型、标准及相关建议*

杨 光

摘 要 毒丸计划是一种重要的敌意收购防御措施，有助于进一步构建市场化上市公司收购制度。本文从毒丸计划的本质、类型、应对措施以及合法性判断标准等方面进行研究，并提出政策建议。

诞生于20世纪80年代的毒丸计划（Poison Pill Plan）是一种重要的敌意收购防御措施。在我国，毒丸计划首先应用于纳斯达克上市的中国公司①；2016年"宝万事件"助推了毒丸计划在我国资本市场中的应用。本文认为，为进一步构建市场化上市公司收购制度，需要重视并发挥毒丸计划作用。

一、毒丸计划的本质和类型

（一）毒丸计划的本质

毒丸计划本质是一种股东权利计划（Shareholder Rights Plan），即公司通过派发股息的方式赋予其普通股股东选择权（Option），使这些股东在满足特定条件后可以低于市场价的价格获得股份或者现金。"特定条件"一般是公司特定比例的普通股被他人收购。毒丸计划的"毒性"在于"稀释效应"：普通股股东行使选择权后，公司应向其增发股份，但敌意收购人除外。此时，公司发行股份总数增加，其他普通股股东持股数量也增加，但敌意收购人持股数量不变，因此其持股比例必然降低，需要付出更大成本才能完成敌意收购。

（二）毒丸计划的类型

一是外翻式毒丸（Flip-over Poison Pill），是指满足特定条件后，目标公司普通股股

---

* 本文发表于2017年11月《中证政研简报》总第434期。
① 比如，2005年盛大传奇收购新浪网、2015年江苏三友收购爱康国宾。

东有权以低于市场价的价格获得敌意收购人的股份。其"毒性"在于使敌意收购人控股股东的地位受到威胁；缺点在于目标公司事先无法准确计算应当赋予其普通股股东多少选择权才能实现目的。

二是内翻式毒丸（Flip-in Poison Pill），是指满足特定条件后，目标公司普通股股东有权以低于市场价的价格获得目标公司的股份。其"毒性"在于稀释了敌意收购人在目标公司中的持股比例；缺点在于仅能在敌意收购人将目标公司变为控股子公司或全资子公司时发挥作用。英国传媒大亨默多克设计的毒丸计划即为其例，规定当有人收购本公司股份超过15%，或者超过15%后没增加1%时，公司的现有股东有权以半价购买本公司的股票，最高购买数量是现有股东已持股数量的1/2。

三是回致式毒丸（Back-end Poison Pill），是指满足特定条件后，目标公司普通股股东有权以低于市场价的价格获得目标公司的债券或者现金①。其"毒性"在于通过影响目标公司资产负债表或现金流量表降低其经济价值；缺点在于难以选择一个合适时点确认公允价值。1984年克朗·兹拉巴公司为抵御收购设计的毒丸包括降低股息、限制新股东选举权、向离职的管理层支付较高薪酬即为其例。

四是交换选择权（Exchange Option），是指满足特定条件后，目标公司有权用证券或者现金高价交换其普通股股东持有的选择权。其"毒性"在于稀释了敌意收购人在目标公司中的持股比例，并且目标公司普通股股东不用另外支付对价；缺点在于目标公司可能故意压低价格或者未公平对待所有普通股股东。2005年新浪在防御盛大的敌意收购时，规定新浪可以以每份购股权0.001美元或经调整的价格赎回购股权，也可以在某个人或者团体获得新浪10%以上普通股以前终止该购股权计划。

二、毒丸计划的应对措施

一是友好交易（Friendly Deal），即将敌意收购变为友好收购，再由目标公司董事会回购选择权。这需要双方具有高超的谈判技巧并彼此做出一些让步，难度较大。

二是法院判决（Judicial Decree），即向法院起诉目标公司董事会的毒丸计划违反信义义务，由法院判决目标公司董事会回购选择权。这需要付出较大司法成本，并且法院一般不对目标公司董事会的决定进行"事后判断（Second-guess）"。

三是代理权争夺（Proxy Contest），即通过代理权争夺，控制多数表决权选任新董事会，再由新董事会回购选择权。这一措施成本较高、时间较长，如果目标公司还有分层

---

① 回致式毒丸又分为两类，一类是"卖出式毒丸（Put Poison Pill）"，是指目标公司普通股股东有权获得的债券或者现金的价值等于其持有的目标公司普通股的公允价值；另一类是"价值确认式毒丸（Value Assurance Poison Pill）"，是指目标公司普通股股东有权获得的债券或者现金的价值等于其持有的目标公司普通股的公允价值与其应获得的敌意收购人报价之间的差额。

董事会（Staggered Board）①、死手条款（Dead-hand Provision）② 或无手条款（No-hand Provision）③ 时，作用将大为削弱。

四是连续要约收购（Successive Tender Offers），即先发出第一个要约收购触发毒丸，但承诺支付很少对价或者不支付对价；再发出第二个要约收购承诺向目标公司所有普通股股东支付其行使权利后被稀释的价值④。但这一应对措施可能与"前重后轻双层要约收购（Two-tier Front-end Loaded Tender Offer）"⑤ 一样产生未公平对待所有普通股股东或者强迫普通股股东出卖股份的问题，还可能涉嫌虚假收购。

三、毒丸计划的合法性判断标准

毒丸计划是一种重要的敌意收购防御措施，首先要符合一般敌意收购防御措施的合法性判断标准；其次各类毒丸计划也有其合法性判断标准。这些标准的基础是董事对股东的信义义务和"商业判断规则"（Business Judgement Rule）⑥。

（一）一般敌意收购防御措施的合法性判断标准

该标准包括两部分⑦：一是董事会有合理理由相信敌意收购将威胁目标公司政策及其有效性，这要求董事会在善意和合理调查基础上行事，如果董事会大部分董事是独立董事，则这一标准的证明难度将大大降低；二是董事会的措施能够合理应对威胁，不存在强迫或妨碍的目的。

（二）各类毒丸计划的合法性判断标准

外翻式毒丸的标准认为⑧，目标公司在防御敌意收购时有权通过外翻式毒丸赋予特定股东特定权利，这并未损害敌意收购人合法权益，但毒丸计划不能妨碍敌意收购人进行代理权争夺。

---

① 所谓"分层董事会"，是指现任董事会中董事每年被取代的数量不能超过一定比例（比如1/3）。

② 所谓"死手条款"，是指回购毒丸需要得到"留任董事"（Continuing Directors）的批准。所谓"留任董事"是指在公司章程中加入"毒丸"时在任的董事或者由在任董事支持而被选任为董事的董事。

③ 所谓"无手条款"，是指当董事会半数以上董事被取代时，董事会回购毒丸的权力被暂停、限制或取消。

④ Julian Velasco, Just Do it: An Antidote to the Poison Pill, 52 Emory Law Journal 849, 2003, pp. 849 – 908.

⑤ 所谓"前重后轻双层要约收购"，是指敌意收购人以现金作为对价（从而规避证券发行的要求），发出第一个要约收购承诺以稍稍高于当前目标公司股份市场价的价格收购一部分目标公司普通股股东持有的股票。待此次要约收购完成并且敌意收购人取得目标公司控制权后，再发出第二个要约收购，但这个要约收购中的对价就不再是现金，而是各种价值低廉的证券，从而迫使在第一个要约收购中没有出卖股份的目标公司普通股股东被挤出公司。

⑥ 所谓"商业判断规则"，是英美公司法判断董事是否履行信义义务的一项重要原则，指董事被授予管理公司事务的自由裁量权，其在理性行使该自由裁量权基础上做出的判断不应被视为违反了信义义务。

⑦ Unocal Corp. vs. Mesa Petroleum, 493 A. 2d 946 (Del. 1985).

⑧ Moran. vs. Household International, Inc., 500 A. 2d 1346 (Del. 1985).

回致式毒丸的标准认为①，对于敌意收购人严重低估目标公司价值的报价，目标公司有权通过回致式毒丸使敌意收购人将报价提高到合理水平。

内翻式毒丸的标准认为②，目标公司防御敌意收购的权利是与生俱来的，敌意收购人进行敌意收购将被视为拒绝了目标公司的股东权利计划，应当承担由此带来的后果。

对于"死手条款""无手条款"等限制目标公司董事会回购毒丸计划的措施，法院则认为这种限制"不合理、不适当、无效率"，不利于保护市场竞争和实现资源有效配置③。

四、相关建议

毒丸计划基于市场需求产生、发展并广泛应用，要想其在我国资本市场发挥应有作用，不仅需要完善毒丸计划本身，更需要相关制度配合。目前我国上市公司毒丸计划更多关注董事提名权，与境外成熟做法不符，今后可从以下方面完善：

（一）鼓励市场合理应用敌意收购及其防御措施

敌意收购是一个中性词，有助于提高公司治理能力、促进市场竞争。允许目标公司采用诸如毒丸计划等防御措施能够保证充分博弈，实现"鹬蚌相争、投资者得利"的效果。监管机构的任务在于设计公平、合理的规则，平衡各方利益。

（二）在股东会与董事会的权力分配中更倾向于董事会

境外采取"董事会中心主义"，由董事会具体负责反敌意收购事宜；我国在"一股独大"背景下采取"股东会中心主义"，由股东会负责应对敌意收购。董事会负责公司日常经营，了解公司现实情况，召集、表决程序也较为便捷，能够及时应对敌意收购，应当适度扩大我国上市公司董事会权力。

（三）在《公司法》《证券法》修改进程中推出"授权资本制"，研究"储架发行"

英美公司法以"授权资本制（Authorized Capital System）"为基础，允许董事会在公司注册资本总额范围内根据情况决定发行股份；在证券发行时允许"储架发行"，无需再经过冗长的核准程序。这是毒丸"稀释效应"的制度基础。建议我国引入"授权资本制"，并研究"储架发行"在我国的可行性，将市场中股份供需数量及节奏交由市场主

---

① Revlon, Inc. vs. MacAndrews & Forbes Holdings, Inc., 506 A. 2d 173 (Del. 1986).
② Leonard Loventhal Account vs. Hilton Hotels Corp., 780 A. 2d 245 (Del. 2001).
③ QuickturnDeesign Systems, Inc. vs. Shapiro, 721 A. 2d 1281 (Del. 1998).

体决定。

（四）丰富证券品种，满足毒丸计划需求

毒丸计划需要公司通过派发股息的方式赋予其普通股股东选择权，这里的选择权可以是权证（Warrants）或者期权（Option）。这些证券品种在我国发展并不充分，建议对相关证券品种进行研究，尽快出台相关发行、交易、回购规则。

（五）细化董事信义义务标准，引入"商业判断规则"

境外在判断毒丸合法性时通过个案细化董事信义义务标准并辅之以"商业判断规则"，保证董事基于商业实践做出的合理判断不承担责任。我国《公司法》对信义义务的规定较为概括，需要进一步细化标准；英国关于信义义务的规定主要关注股东利益，没有关注其他利益相关主体；美国则在关注股东利益的基础上，同时关注其他利益相关主体（比如债权人），并且层层细化。我国可以借鉴美国的模式，在反收购时关注股东以及债权人的利益，同时层层细化董事信义义务标准。即首先要规定一般敌意收购防御措施的合法性判断标准；其次针对各类毒丸计划也要规定其合法性判断标准。同时需要借鉴"商业判断规则"，结合商业实践对董事是否履行信义义务进行判断。

（六）通过增加公司章程的灵活性发挥毒丸作用

一方面，由于我国采取"股东会中心主义"，因此董事会的职责相应受到限制，但由于我国上市公司股东（特别是国有上市公司）对董事会能够施加较强的控制力，对董事会的监督作用比较明显，因此可以考虑将通过毒丸计划进行反收购的职责更多授予董事会行使，由董事会根据市场情况进行商业判断。另一方面，境外规定合同可以约定涉他性义务，即目标公司与其普通股股东之间的合同可以约定敌意收购人应当承担义务（比如向目标公司普通股股东增发股份）。《中华人民共和国合同法》对此原则禁止，除非得到他人同意。可以考虑在设计毒丸计划规则时对合同约定涉他性义务做出例外规定，或者规定此时视为已得到他人同意。

国际上市公司控制权市场的新趋势与监管启示*

王骏娴

摘　要　取得企业的控制权对资源的有效利用和重新分配具有重要意义。企业控制权市场是对公司治理手段的补充，有效的公司控制权市场应确保控制权能够转移给那些愿意且有能力提升企业资产使用效率、改善企业经营业绩的股东。控制权转移的规则和程序的有效性对最终结果至关重要，相应的经济环境也是制定监管框架时需要考虑的重要因素。本文梳理了国际上市公司控制权市场的新格局及国际市场较为关注的问题，结合我国的国情提出政策建议。

一、国际企业所有权市场的新格局

（一）机构投资者逐渐成为资本市场的主导投资者

过去十几年来，机构投资者已成为资本市场的主导投资者。2000—2015 年，世界范围内养老基金、保险公司和投资基金等传统机构投资者管理的资产总额从 25 万亿美元增加到 75 万亿美元以上[①]。在发达经济体，随着机构投资者重要性的日益增加，所有权格局也发生了很大变化。一个显著特点是，上市公司股权从个人投资者向不同类型的中介机构投资者转移。

在美国，尽管个人投资者仍然持有 38% 的公开市场企业股权，但这一比例已较 1950 年的 90% 出现了大幅度下降，而机构投资者的比例在不断增加（见图 1）。在英国，个人投资者持有的公开市场企业股权从 1963 年[②]的 54% 下降至 2015 年的 10%。在德国、

---

* 本文发表于 2017 年 12 月《中证政研简报》总第 440 期。
① 经合组织机构投资者数据库。
② 1963 年的数据。英国国家统计局。

意大利和日本，截至 2015 年年底个人投资者持有的未偿还股权部分约为 15%。另一个重要特点是，过去几十年来这 5 个国家的外国投资者份额都大幅增加（见图 2）。

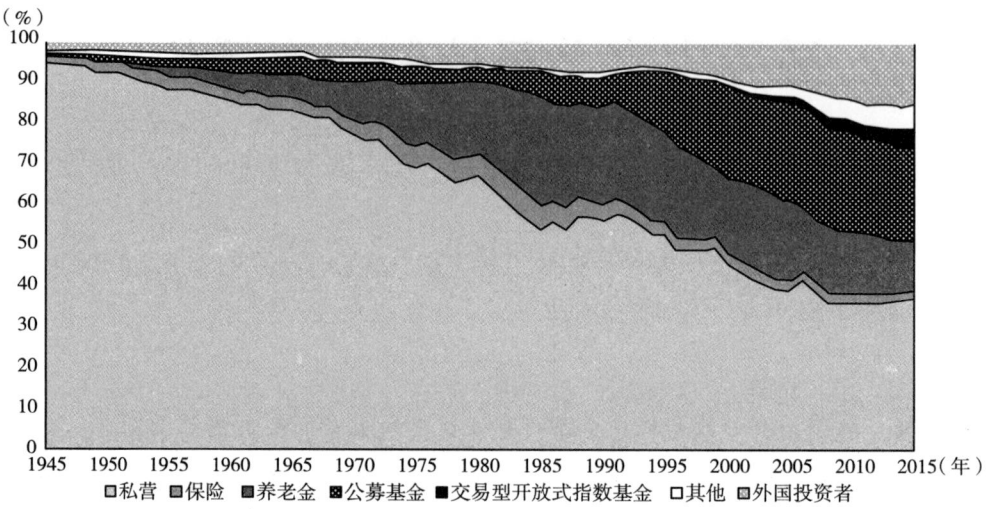

图 1　美国企业所有权的趋势

资料来源：美国财政部，美国的财务账目。

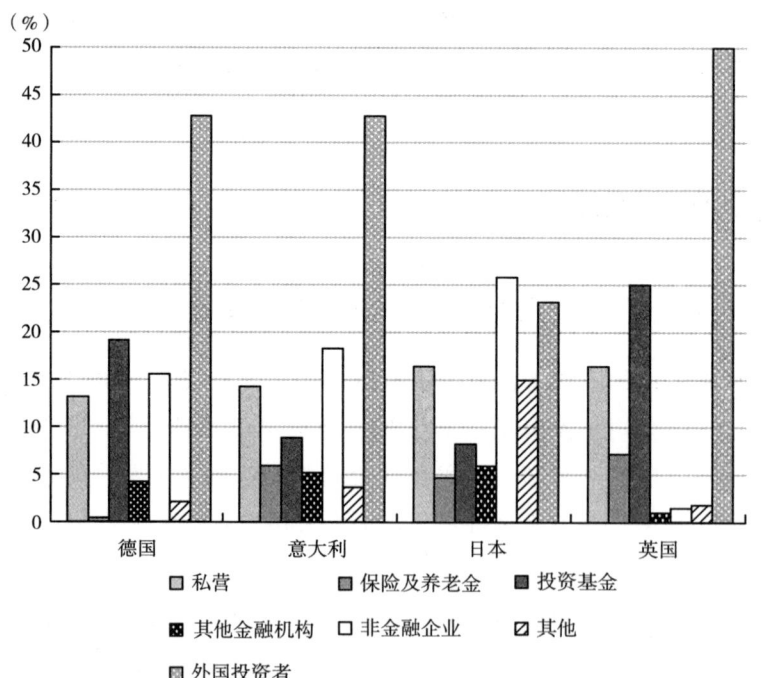

图 2　德国、意大利、日本和英国的企业投资者比例（2015 年）

资料来源：OECD 财务平衡表。

(二) 全球企业所有权集中化

过去十多年,全球范围内的企业所有权有集中化的趋势。这在一定程度上归因于新兴市场的上市公司大量增加。根据 OECD 的统计,自 2000 年以来美国和部分欧洲股市已经失去了 30%—40% 的上市公司,这是由于 IPO 数量的结构性下降,特别是规模较小的公司。与此同时,新兴市场进入公众股权市场的公司数量大幅增加。这些新增企业股权较为集中,且大部分有实际控制人。2000 年,中国本地上市公司占全球上市公司的 3%,2015 年上升到 7%。同期,包括中国在内的东亚国家的上市公司所占比例从 24% 上升至 39%[①]。

二、收购与兼并的全球趋势

(一) 美国仍是主要的并购市场、中国增长较快

公司控制权市场也包括收购者获得公司控制权的并购市场 (M&A)。表 1 显示了 10 个国家和地区的并购资产市值和数量 (仅涵盖上市公司作为目标公司的交易),可以看出在交易数量和总市值方面,美国仍是世界领先的并购市场。中国市场发展迅速,2008—2015 年期间,中国公司并购交易市值实际上涨了 5 倍以上。大多数市场在金融危机爆发后并购下降。

表 1　　　　　　　　以上市公司为目标的并购情况 (2015 年)

	1992—1999 年		2000—2007 年		2008—2015 年	
	数量 (笔)	市值 (百万美元)	数量 (笔)	市值 (百万美元)	数量 (笔)	市值 (百万美元)
美国	3 680	1 059 567	3 639	3 428 751	2 757	3 191 722
英国	538	183 170	895	781 759	827	559 558
加拿大	585	40 590	1 303	463 585	1 978	362 021
日本	256	70 074	2 858	476 353	2 834	309 454
法国	356	124 038	622	459 691	634	234 935
澳大利亚	419	52 872	1 342	127 667	2 266	217 059
中国	51	621	804	32 839	908	200 855
中国香港	509	37 850	936	43 874	820	195 395
德国	321	116 369	649	517 998	630	164 604
意大利	251	149 061	293	407 586	213	67 956

资料来源:OECD。

---

① 资料来源:世界银行发展指标。基于 2000 年和 2015 年的本地上市公司数量。

（二）跨境并购及新兴市场并购数量增加

另一个重要变化是金融危机后跨境并购交易量的增加，新兴市场尤为突出。2000年至2007年间，平均每年有2 984笔以上市公司为并购目标的跨境交易。这个数字在2008年和2015年期间增长了15%，达到了3 433笔。图3中A组显示，20世纪90年代后半期，收购方和目标公司均来自新兴市场国家的交易量只占到10%的比例。然而，在2015—2017年，近35%的交易都是来自新兴市场的交易双方。

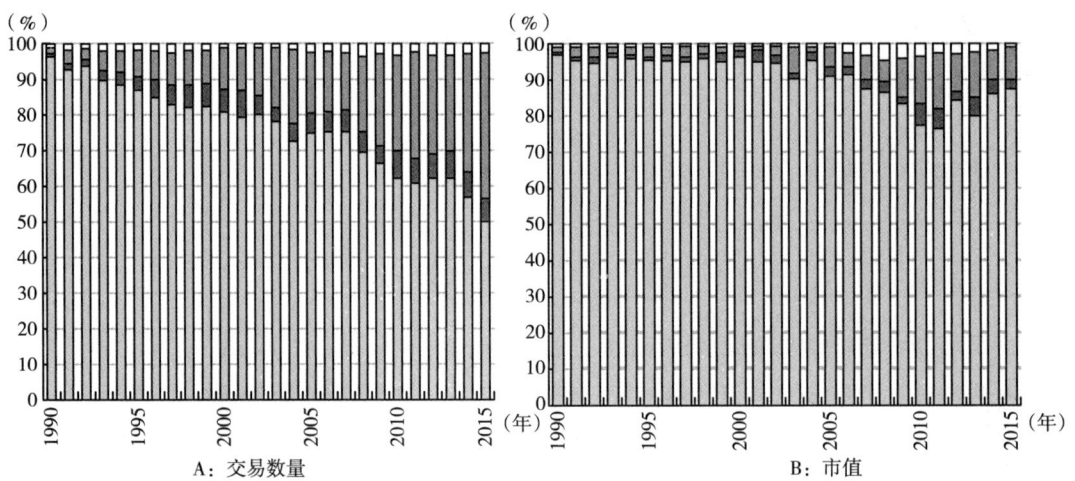

图3 跨国并购占总数的份额

资料来源：OECD。

注：A = 收购方，T = 目标公司

（三）敌意收购趋势减弱

根据经济与合作组织（OECD）的统计数据，自2001年以来全球敌意收购的总数逐步下降。其中，大部分敌意收购被撤回，没有实际完成。未经邀请的非敌意收购的数量仍占比较大（见图4）。

三、国际控制权市场较为关注的问题

当前国际控制权市场较为关注四个方面的问题，包括跨境收购、机构投资者的长期投资、对冲基金的激进投资行为以及强制要约制度。

（一）跨境收购

收购方来自目标公司所在国以外的情况会导致企业面临来自政府的压力加剧，使其

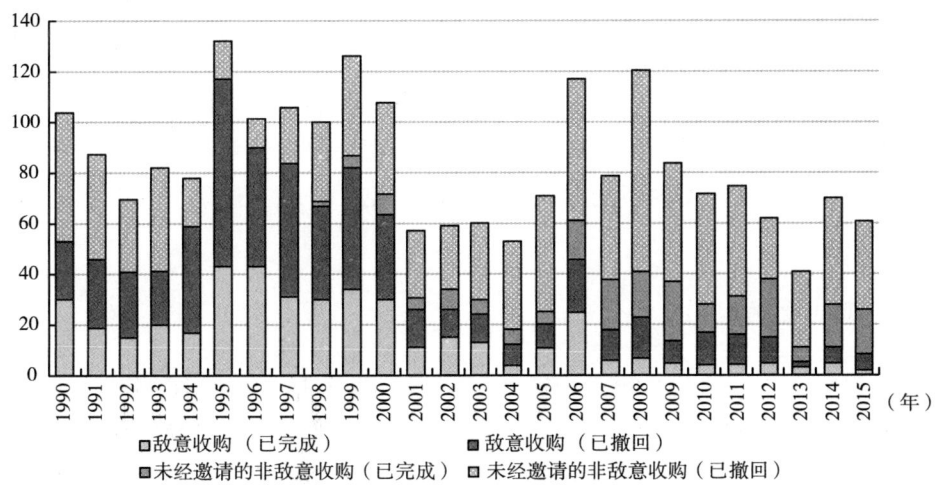

图 4　敌意出价和收购的交易次数

资料来源：OECD。

注：不包括未完成或未撤回的交易。

选择躲避或不采纳董事会中立规则。当由敌意收购带来损失时，政府可能会试图降低本地企业被收购的可能性，但支持国内企业对国外企业进行收购，例如欧盟。2000 年《欧盟要约收购指令》中因为包含了强制性董事会中立规则，其在欧盟立法程序的最后阶段遭到德国反对因而未获得通过，德国反对的原因主要是基于英国沃达丰公司对德国曼内斯曼公司进行的敌意收购事件。最终通过的立法取消了强制性董事会中立规则，并给予已经实行董事会中立原则的会员国选择权，当收购本地企业的境外机构所在辖区没有实施董事会中立原则，其可以选择在交易时不采取董事会中立原则。2014 年，法国当局取消了董事会中立规则，新引入的规则给予了董事会采取防御措施的选择，其公司法要求防御措施须基于股东批准，此次修正的目的是为了阻碍外国企业对本国企业的收购。总的来说，各国都在强化阻碍外国企业收购本国企业的措施，以加强对本国经济和利益的保护。

（二）机构投资者的长期投资

2010 年英国发布的《机构投资人尽责管理守则》（Stewardship Code）和欧盟出台的《股东权利指令》（Shareholder Rights Directive），旨在促进机构股东长期参与被投资公司的事务和公司治理。机构投资者参与公司治理，要求其和管理层应就企业的长期发展达成共识。当管理层执行战略时，机构股东应给予支持，而不因外界高报价的诱惑变卖企业。

（三）对冲基金的激进投资行为

一些对冲基金的运作模式是在获取了目标公司股权的基础上，鼓动目标公司采取措施以提高股价,并在股价上涨之后出售股权获取利益。对冲基金的激进投资行为会对被投资企业产生重大影响,因而存在广泛争议。不同国家和地区对这类行为有不同的监管规则,有的要求投资者在持有很低水平股权(例如英国为3%)时就披露相关信息,以限制和削弱对冲基金的激进行为。有的在公司法制度层面保护董事会,以提高对冲基金的收购成本,如董事任职期内不能对其进行无故罢免,有助于董事会在一定时间内抵御对冲基金的压力。

(四)强制要约制度

强制要约制度要求获得目标公司实际控制权的投资者(通常比例为公司投票权的1/3),以相同价格增持目标公司剩余发行在外的全部股份。强制要约制度增加了收购成本,因为收购方必须保障能拿出足够的资金购入目标公司所有股份,但也因此促使收购方在对目标公司进行收购前对其开展全面深入的尽职调查。在股权分散度高的国家,强制要约制度可以作为一种保护措施,防止目标公司股东受到收购方的要约压迫。

在股权集中度高的国家,强制要约制度的实施效果会有所不同。收购目标公司实际控制权的情况通常出现在与一个或少数大股东进行的私人交易中。强制要约制度可以阻止低效收购,例如当出现试图在交易中通过公司控制权攫取私利的收购方时,给予识破该收购方动机的股东一个合理的逃离机会(股东可以纷纷出售股份,只留下极少数股东)。因此,强制要约制度可以作为一种保护少数股东的手段。此外,强制要约制度可能会阻碍高效收购方(试图改善目标公司运营效率的收购方)对一家发生控制人谋取私利情况的目标公司进行收购,因为高效的收购方很可能不能够满足现有控制人提出的价格(因为这个价格会包括其私人利益),并以这个价格收购其他股东的股份。

因此,股权集中度高的地区会基于自身情况对强制要约制度进行修订。在韩国,投资人可以完全拒绝强制要约制度;印度降低了必须增持的发行在外股票比例;中国实施了允许收购人申请豁免的强制要约制度;瑞士降低了基于少数持有股份价值的支付价格(不是支付给控制人的价格)。欧盟、中国香港和新加坡则依旧实行强制性的基于"最高价格"① 的强制要约制度。

---

① 欧盟指令规定,"要约必须尽早向所有目标公司股东所持有的全部股票发出,并以公平合理的价格予以收购"。对于公平合理价格的确定,欧盟指令采用了比较灵活的方法。指令第5条第(4)款做了解释,即在强制要约发出前的6—12个月之间,要约收购人或其一致行动人收购同类证券的"最高价格"。在强制要约公开之后到要约接受期限届满之前,如果收购人及其一致行动人买卖该类证券的价格高于要约所确定的价格,那么收购人应当相应提高要约收购的价格,并且至少不能低于该类证券的"最高价格"。如果该类证券没有确定的价格存在,那么各成员国有权确定一个合理的价格。

四、政策建议

（一）我国控制权市场的监管规则制定应立足我国国情

从全球控制权市场的格局来看，以我国为首的新兴市场崛起速度加快，但美国等发达国家仍处于市场主导地位。我国上市公司股权较为集中，大部分有实际控制人。这一国情使得我国资本市场的监管以保护中小投资者利益为主，绝大多数重大事项均由股东大会决策。而美国则将监督决策公司经营事项的权力责任主要放在公司董事会上，上市公司的股东大会只审议董事选任、章程修订、股份发行及少数极为重大的交易事项，所以董事代表股东的利益诉求。监管目的的出发点不同，意味着监管规则处理上有所区别。我国控制权市场在制定政策时应基于我国国情，同时适当参照境外的经验做法。

（二）在保护中小投资者的基础上，适当抑制敌意收购

从国际控制权市场的发展来看，敌意收购的数目在逐步减少。当前我国的敌意收购事件较多，机构投资者的激进投资行为并不利于企业的长期可持续发展，可在不损害中小投资者利益的基础上，适当抑制敌意收购行为。如将举牌门槛由5%降低至3%；延长收购人股份锁定期[①]，将12个月修改为36个月。

（三）鼓励机构投资者参与上市公司治理

在《上市公司治理准则》中增加机构投资者参与上市公司治理的规则，明确机构投资者的信托责任，以中小投资者利益为主，防范利益冲突，促进上市公司的长期发展。此外，应完善委托代理、征集投票权等相应的法规体系。

---

① 当前《中华人民共和国证券法》《收购管理办法》规定收购人12个月不能转让股份。

协议控制架构的特有风险及监管应对*

——以美国与中国香港的监管做法为例

湛晶心　安邦坤　万丽梅

摘　要　红筹企业的协议控制架构，存在固有的合法性风险，也潜存内部人控制下的道德风险。对此，美国与中国香港均明确实施披露为主的监管原则，在实践中则探索加强跨境监管协作。建议借鉴境外经验、立足我国市场实际，以提高信息披露质量、针对性和适度加强对实际控制人的监管约束为两个抓手，有效应对协议控制架构带来的特有风险。

协议控制架构是中国企业为境外间接上市而搭建的一种法律架构。在这种架构下[①]，境外注册的上市及融资主体（SPV）通过其全资控股的境内外商独资企业（WFOE），与境内运营实体（VIE 公司）订立系列协议（VIE 协议），取得对境内运营实体的控制权和经营收益，从而合并其财务报表，达到境内运营实体间接境外上市目的。这种架构存在特有风险，需立足我国市场实际，借鉴吸收境外市场经验，审慎制定创新企业境内上市相关规则。

一、协议控制架构具有不同于股权控制架构的特有风险

一是政策不确定性引致的合法性风险。协议控制架构产生的原因，主要是市场机构

---

* 本文发表于 2018 年 5 月《中证政研简报》总第 496 期。
① 协议控制架构有时也被称为 VIE 架构。VIE（Variable Interest Entity）是美国通用会计准则（US GAAP）下的概念，主要在 ASC810 Consilidation 中规定。国际通用会计准则（IFRS）下也有类似的合并报表规则（IFRS 10, 12）。境外上市主体通常为在开曼群岛等免税地注册的控股公司，本身没有实际业务，属于特殊目的公司（Special Purpose Vechicle，SPV）。通常为税务和海外经营的目的，境外上市主体下边还会设立一层或多层的开曼或香港公司，然后由该等公司在境内设立外商独资企业（Wholly Foreign Owned Enterprise，WFOE）。为方便的目的，本文也将协议控制架构中的协议安排称为 VIE 协议；在中国香港监管规则下，协议控制架构被称为合约架构安排。

借助契约安排规避外资产业准入限制政策，达到境外上市及融资目的。这种协议安排的目的并不违反立法初衷，但客观上形成了对产业政策的规避效果。因此可以合理推断，这种安排的法律风险，表现为协议效力及可执行性风险，实质上是政策不确定性风险。这种不确定性，在现实中体现为相关部门、司法机关和仲裁机构对协议控制架构的意见和看法不尽相同。法律层面的质疑，主要是 VIE 协议是否属于《合同法》第五十二条"以合法形式掩盖非法目的"的情形，如是，则协议无效。对此，司法实践中存在不同的判例和裁决，市场疑虑并未消除。例如，2015 年最高人民法院在亚兴公司诉安博教育一案中，判决 VIE 协议并不因违反教育类外资限制而无效；但此前 2010—2011 年，中国国际贸易仲裁委员会上海分会则以违反外资限制为由，裁决某网络游戏公司 VIE 协议无效。

二是股权分离安排导致的道德风险。境内外商独资企业基于合同约定行使对境内运营实体的控制权，不具备股权控制架构下相对完备的产权保护机制，特别是缺乏《公司法》赋予的制约机制及救济途径。正因为协议控制架构下，上市及融资主体及其子公司境内外商独资企业与境内运营实体之间的股权分离安排，使得代理问题更为突出，也带来了更大的内部人控制的道德风险。例如，2012 年前纳斯达克上市公司双威教育创始人和 CEO 陈子昂及其管理团队，瞒着董事会将境内运营实体的股权私下转让给其境内关联方，掏空上市公司资产。SEC 起诉陈子昂等人非法转移在美公开募集资金及虚假陈述等违法行为，撤销了双威教育的股份注册。SEC 的起诉书中并未提及陈子昂及管理团队擅自转让境内运营实体股权的行为，原因可能是对合同行为监管缺乏充足的法理基础，体现出对 VIE 协议架构监管的无奈。

二、协议控制架构特有风险监管的境外做法

中国企业采用协议控制架构赴境外间接上市，主要集中于中国香港和美国两地市场。两地市场均实行以披露为主的监管模式，对协议控制架构下特有的合法性风险和道德风险，分别确立了若干有针对性的监管安排。

（一）应对合法性风险的监管安排

中国香港的主要做法：一是严格限制协议控制架构的适用范围。港交所对协议控制架构的适用范围进行了多轮调整①，最终明确境内企业仅可为解决外资限制问题采

---

① 港交所于 2005 年一季度公布《上市决策 HKEx-LD43-3》，首次明确允许企业以协议控制架构上市。2011 年 4 月，港交所上市委员会检讨了合约架构制度，认为允许所有业务和情况适用合约架构不适当。当年 9 月，港交所更新了《上市决策》，将采取个案处理原则，非受限业务采用合约安排将严格审核。2018 年 4 月再次更新《上市决策》，指出仅可在外资限制的业务以及限制的比例内采用协议控制架构。

取协议控制架构，且在无须采用该架构时应当取消协议架构安排。二是强制要求以仲裁方式解决争议。在协议的争议解决条款中需赋予仲裁员权力，包括做出以境内运营实体股权或土地资产为补偿的裁决、禁制令（Injunction）及清盘令。同时，需赋予中国香港特区法院、发行人注册地、境内运营实体注册地或其主要资产所在地法院采取临时保全措施以支持仲裁的权力，以防止不当转移资产等行为。目前尚未有采取临时保全措施的司法实践。三是对中国法律意见要求正面确认合法性，并就某些限制外资以协议控制运营的业务，须取得适当监管机构的保证作为支持。通常的操作是，发行人以披露与相关部门的沟通意见为主。四是要求发行人专门就《中华人民共和国外国投资法（草案）》的内容、对发行人的影响和应对措施进行充分的信息披露。

美国的主要做法：SEC监管充分体现市场自治，强调信息披露，依据案例推进监管和规矩形成，相关案例裁判对信息披露影响直接而重大。信息披露具体操作中，会更多强调公认会计准则（US-GAAP）的相关要求及适用。此外，也要求企业对中国司法实践情况做有针对性的信息披露。例如，SEC在2013年对最高人民法院做出的民生银行股权代持案判决及中国国际贸易仲裁委员会上海分会做出的某网络游戏公司VIE协议无效的裁决，发函要求百度解释该等案例裁判对百度的具体影响，并在2012年年报中对VIE架构及法律风险进行更充分的信息披露。

（二）应对道德性风险的监管安排

中国香港特区的主要做法：一是要求协议安排中必须有境内运营实体股东授权与其无关联关系的发行人董事及清盘人行使其所有股东权力的授权文件；二是设置境内运营实体有效的内部监控机制，保障通过合约架构持有的资产，防止滥用和随意处置资产；三是境内运营实体股东须承诺在取消协议控制架构时，其收到发行人收购其股权或支付的任何对价，均应无条件返还给发行人。

美国的主要做法：披露保障VIE协议行使的措施，如股东表决安排、股权质押情况等，对市场关注的个案进行介入调查。例如，2012年7月在美上市的新东方被浑水公司指控其VIE结构存在严重缺陷，如缺少股东表决权委托协议安排等，使得新东方管理层利用境内运营实体中饱私囊风险加大，也使其更容易摆脱上市公司而保留境内运营实体。对此，SEC要求新东方完善其表决权委托文件以及其他相关法律文件。最终，新东方增补了授予境内外商独资企业对境内运营实体全面的决策权、处置权和收益权的授权书，了结了此次调查。

总体上看，美国和中国香港特区两地监管机构，对协议控制架构特有风险的应对与控制高度重视，手段主要以加强信息披露为主，通过信息披露（具体要求见附录），传导对公司治理透明度的强大压力，尽可能实现买者风险自负和防范道德风险等监管目标。中国香港特区将协议控制架构在准入时作为专门事项进行监管，美国则更多依靠 US-GAAP 的权威性强化信息披露，案例驱动监管的特征也同样明显。无论是哪种监管模式，出发点均是更好保护投资者权益，但也有差异。美国诉讼文化发达，犯错误的市场成本极高；中国香港特区更强调监管和司法的作用，与东亚文化特点和背靠内地优势等因素有关。

三、初步建议

一是要以发展的眼光，看待协议控制架构的合法性风险。诚如前文所述，协议控制架构的合法性风险，并非来自于法律规定本身，而是来自于相关领域特殊政策要求及不确定性，即可能存在被控"以合法形式掩盖非法目的"等导致协议无效的风险。但是，从协议控制架构的目的和结果看，实际控制人通常仍然在境内，境内运营实体依法经营，市场认为触发协议无效的条件并不充分。问题是如何确保相关政策的稳定性和政策变更条件下的平稳过渡安排，这就需要相关部门积极磋商、达成共识，以确保形成稳定的市场预期。此外，还应就相关判例和裁决进行充分研究，必要时做出相应的司法解释或者将认可的判例进行推广。

二是借鉴境外成熟做法，做出有针对性的信息披露安排。信息披露并非解决资本市场所有问题的钥匙，但却是资本市场稳定、高效运行的基础。需要就协议控制架构相关的政策不确定性引致的合法性风险和股权分离安排导致的道德风险，做出有针对性的信息披露安排。信息披露要强调"揭开面纱"，真正增强市场透明度。具体而言，可考虑在相关信息披露格式准则文件中明确，除披露 VIE 协议内容、境内运营实体相关信息外，还应有针对性地披露 VIE 协议的可执行性、履行情况，相关内控、保障机制，以及在政策变化时的应对措施等。

三是因应股权分离，提高公司治理和内控措施的针对性。协议控制架构下，上市及融资主体、境内外商独资企业与境内运营实体之间的股权分离，是这种安排的基本特征。相对在美国和香港市场上市而言，境内上市有"主场优势"，主要是实际控制人和境内运营实体均在中国境内，这意味着法律执行性具有更好的保障，但也需要做出相应的司法救济安排。同时，同等信息披露要求下，境内投资者的信息可得性和可验证性更强，具有更好的信息透明度条件，但也要对"掏空""中饱私囊"等道德风险，在公司治理和内控方面做出有针对性的安排。

附录

中国香港特区及美国对协议控制架构信息披露的具体要求

事项	中国香港地区	美国
协议控制架构信息	合约架构的具体协议需刊载于发行人网站； 在招股书"概要"一节中用公司架构图表展示合约安排及运作模式，以便投资者理解； 采取合约架构的原因，为何可有效执行，相关风险以及为减轻风险而采取的行动； 发行人行使对运营公司收购权时的限制； 是否就合约架构相关风险购买保险。年报中需披露合约安排的重大变动及对上市公司的影响。 对《外国投资法（草案）》的描述及实施情况，以及公司对此采取的应对措施	VIE 架构和协议条款的主要内容； 在公司组织架构中列明重大 VIE 的情况，包括 VIE 公司的名义股东及持股比例、股权质押情况等； VIE 协议全文作为注册文件附件一并提交； 合并 VIE 报表的方法论，包括重大假设、判断和依据
运营公司相关信息	包括名义股东的详情、确认已采取相关措施在其身故、破产、离婚时保障发行人的利益、如何处理与发行人利益冲突的安排； 在结构性合约安排下通过运营公司经营业务的过程中是否遇到任何监管机关的干涉或阻碍； 年报中还应披露运营公司业务概况及对上市公司的重要性	VIE 公司的名义股东及持股比例、股权质押情况； VIE 公司资产受限的本质，包括资产及负债的分类及账面金额，以及资产和负债关系的量化信息； 如果 VIE 的债权人或实益所有人对并表方没有追索权，则需要披露该情况。SEC 据此要求上市公司具体披露 VIE 公司名下现金余额，以及分别披露境内、境外现金余额
财务信息	发行人就合约架构承担的经济风险，分摊运营公司亏损的方式； 向运营公司提供财务支持的条件及情况，及其他可使其面临亏损的事件或情况； 如果发行人从运营公司之外取得收入，则需独立披露从运营公司取得的收入； 年报中还应披露合约安排下的相关数据，如盈利及资产等	从数量和质量披露上市公司对 VIE 的参与关系（Involvement）的本质、变化及风险，包括 VIE 公司性质、目的、活动和规模，VIE 公司如何进行融资；VIE 持有的确认或未确认的产生收入的资产，包括许可、商标等知识产权、设施、人力资源。 上市公司与 VIE 公司关系如何影响上市公司的财务状况、财务表现及现金流。 上市公司对 VIE 公司提供财务支持的明示或默示条款，包括上市公司可能因此遭受损失的事件或情况； 上市公司从 VIE 公司处获得收入或遭受损失的数额，具体披露 VIE 公司向上市公司子公司的应付金额
中国法律意见	法律意见必须列明适用的中国法律法规，并明确合约安排合法，不会被视为"以合法形式掩盖非法目的"而无效； 如果相关法律法规不允许外资以协议安排形式运营某些业务，须正面确认合约安排不违反相关规定，并以适当的监管机构做出的保证或监管确认作为依据	中国律师确认 VIE 架构和协议合法有效，并具有可执行性。 法律意见必须作为注册文件的附件一并提交

续表

事项	中国香港地区	美国
风险因素	政府可能裁定合约安排不符合相关法规； 合约安排未必能提供与直接所有权相同的控制权； 名义股东可能与发行人有潜在利益冲突； 合约安排或会被中国税务机关裁定须缴付额外税项； 行使对运营公司收购权时可能受限并涉及巨额费用； 解释外国投资法草案仅有初稿，引述内容，指明如果外国投资法生效而发行人不能符合最终稿要求，可能要出售 VIE 资产，以及如果出售该资产后发行人不再有可持续业务，港交所可能将其除牌	中国政府可能认为 VIE 协议安排违反外资政策； VIE 架构不能像直接所有权一样提供有效控制； VIE 的名义股东如果不履行，VIE 协议将会使上市公司业务、财务状况和运营遭受重大不利影响； 可能会失去对业务有重大影响的相关执照、批准、许可和资产包括重要的域名、商标等无形资产的风险； VIE 的名义股东、董事、高管和员工与上市公司可能会存在潜在利益冲突； 中国税务机关可能会审查 VIE 协议，并对相关交易定价进行调整而增加税负； VIE 结构产生的现金转移和外汇限制风险

注：香港地区对协议控制架构的披露要求在港交所《上市决策 HKEx-LD43 – 3》《有关上市发行人业务使用合约安排的指引 HKEx-GL77 – 14》中予以明确规定。美国则包括：一是以美国财务会计准则委员会（FASB）会计准则 ASC 810 – 10 – 50[①] 的要求为主；二是 SEC 与上市公司多年沟通后形成披露惯例及其他个性化披露要求。

[①] VIE 披露的相关规定体现在 FASB 制定的 Accounting Standard Codification Topic 810 Consolidation 中，具体披露要求为 ASC 810 – 10 – 50 相关条款，最近一次修订为 Accounting Standards Update 2009 – 17。

上市公司股份回购新规的逻辑与完善*

何晓楠　孙棋琳

摘　要　股份回购是上市公司资本运作和稳定市值的重要工具，2018年10月《公司法》回购制度修订，增加了股份回购情形，简化了回购决策程序，回应了市场需求，在一定程度上打破了制度性障碍。为更好推动新规适用，防范负面效果，我国应完善《证券法》及配套规则体系，明确回购股份性质，合理限定回购财源以防范对债权人利益的侵害，同时划清回购合法边界，打击利用回购实施的内幕交易和市场操纵。

一、股份回购的历史概况与制度实效

（一）我国股份回购规则沿革

股份回购是上市公司重要的资本运作方式之一，公司可以通过回购实现提升股价、改善资本结构、抵御敌意收购等目的。我国股份回购最初在股权分置改革的背景下出现，以实现国有股减持、满足上市标准和缓解内部人控制等目的。1993年版《公司法》禁止公司持有自己的股份，2004年版《公司法》第一百四十九条将回购例外情形限定为减资而注销股份、与持有自己股份的公司合并两种情形。2005年版《公司法》增加了另两种情形，即奖励职工和对公司的合并、分立持异议股东的股份回购。2005年股市低迷，证监会颁布了《上市公司回购社会公众股管理办法（试行）》（以下简称《回购办法》），允许上市公司从公开市场购买公众股，以缩减股本、稳定股价。2008年，中国证监会制定了《上市公司以集中竞价交易方式回购股份的补充规定》（以下简称《补充规定》），进一步细化了回购规则。2018年10月26日，全国人大常委会通过了《公司法》关于回购规则的专项修改，规定了6种适用回购的情形，增加上市公司为实现可转债、

---

* 本文发表于2018年12月《中证政研简报》总第530期。

维护公司价值两种场景下的回购，赋予董事会在特定情形下的回购决策权，要求以集中竞价方式实施回购并强调上市公司回购的信息披露义务。

(二) 中美回购实践效果比较

美国上市公司对回购的应用广泛而持续，产生了较大的积极效应。2008年金融危机后的9年多时间里，美国的资本市场回购规模巨大，作为分红的替代手段，2010年至2017年年均回购规模约为3 700亿美元。截至2018年8月，本年回购规模已经超过5 000亿美元，公司自身是市场最大的买家。巨大的回购规模增加了对股票的需求，提升了股票收益率，支撑了美股牛市的持续。

相比之下，中国的市场化回购在2005年才逐渐开始，但囿于法律限制，其适用十分有限。据统计，1999年至2013年上市公司回购案例共约121件，2015年股市异动期间发生过集中回购。2018年回购规模和数量远超以前，截至2018年8月，回购规模累积为1 033亿元。回购规模较大、较集中的时期，上证综指相应提升（见图1）。但从个股看，回购对个体公司股价的影响没有稳定的规律，短期提振效应明显，但长期来看个股差异较大，且股价下跌概率较高。

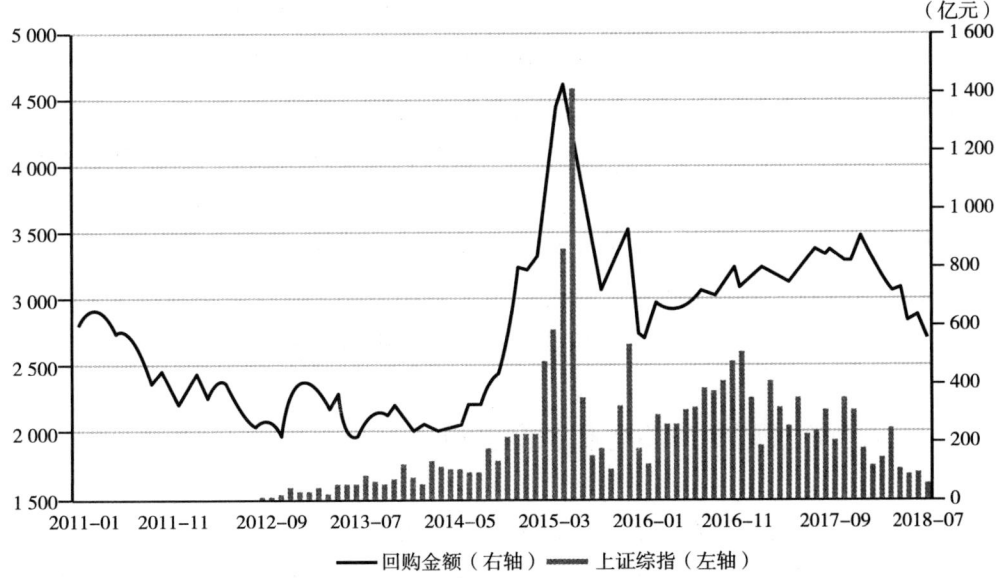

图1 我国股票回购规模与上证指数

资料来源：Wind，中证金融研究院整理。

二、股份回购的制度逻辑与新规尚待解决的问题

从各国立法看，规制回购的逻辑表现在两个方面：一方面，公司买回股份，所对应的

法定资本实质上相应减少,这将降低公司偿付债务的责任财产。在以保护债权人利益为宗旨的法律资本制度的框架下,公司持有自己的股份就意味着资本不实,立法推定不利于保护债权人利益。另一方面,对上市公司而言,购回流通股的行为可能引起股价的波动,在约束机制缺位时,目的不正当的回购行为可能构成利益输送、操纵市场和内幕交易等违法行为。以此规制逻辑检验我国回购新规,立法所关注的问题仍未得到完全解决。

一是回购可能引发违法行为。据中证中小投资者服务中心有限责任公司(以下简称中证投服中心)统计,65.7%的投资者认为放宽回购政策的同时,应加大对利用回购进行违法违规行为的查处。利益输送、内幕交易、操纵市场等行为并非全由回购所引发,但回购增加了其发生的渠道,不受约束的回购可能成为证券违法行为的工具,因而要设置配套规则,划清合法回购的边界。尽管证监会2005年的《回购办法》、2008年的《补充规定》明确了回购的信息披露事项,但其限于为减资而实施的回购,况且事前公示并不代表事后合法,信息披露并不能豁免操纵市场。尽管其对回购价格和时间有规定,但没有回购数量和方式的限制,并未形成完整的安全港规则,无法防范以合格价格实施的操纵行为,对蛊惑型回购也无追责机制。

二是"库存股"的定性与处置。此次修改的草案中增加了库存股的表述,尽管正式立法中并未延用,但公司的回购行为将在事实上导致库存股的产生。由于已将股份对应的价值支付给股东,因而库存股并不代表任何财产,尤其本次修改将公司持有自己股份的年限延长为3年,库存股权利范围、购后管理和处置亟待明确。

三是回购资金来源不明。从实质上看,回购多数情况下涉及公司财产从公司向股东的转移,这正是美国公司法将回购视为分配行为的原因。在不限制回购资金来源的情况下,公司财产的减少将影响其债务偿付能力。如果动用资本进行回购,等同于将出资返还股东,有限责任将放任股东的投机行为,扩大道德风险。尽管域外各国或地区对回购资金的规定不同,但大都限定在可分配盈余和资本公积的范围内。

三、全球回购规则变革趋势和制度要点

域外回购规则主要体现在《公司法》和《证券法》中,前者主要规定回购的适用情形、财源限制、决策程序等,后者通过信息披露、安全港等措施防范回购可能引发的内幕交易、操纵市场等问题。近年来传统大陆法系国家为回应市场需求,大多效法美国经验,使得回购规则逐渐趋同。

(一)回购事由的放宽

美国公司法未规定回购适用场景,而将回购作为一种分配行为,从财源限制方面规定回购应当符合分配标准。德国、日本等大陆法系国家公司法对回购行为原则性禁止,

但面对现实需求，近年来通过扩大例外事由、赋予董事会权利等方式放开股份回购的限制，给予公司回购事项较大的空间和便利。如德国1998年增设"依股东大会决议"回购的规定，将回购事由决定权交给股东会。日本规定了多项回购事由，其中依章程授权实施回购，实际等同于放开了回购事由限制。

（二）限定回购资金来源

尽管各国和地区对回购的事由呈放开的态度，但为了回应资本维持下的保护债权人要求，立法一般仍对回购的资金来源设定限制。美国各州分配标准不同，但无论是溢余标准，还是偿付能力测试标准，或者保留盈余标准，其实质均从资金来源角度防止了分配对债权人的威胁。德国《商法典》规定公司需在资产负债表中列示回购相对应的准备金，在《股份公司法》中规定公司在某些情形下的回购只能以可分配利润为来源。日本《商法典》规定，在实施回购的多数情形中，资金限于可分配盈余。我国台湾地区《公司法》规定，回购股票不得超过保留盈余与资本公积之和，《证券交易法》还规定回购动用资金不得超过保留盈余加发行股份溢价以及资本公积之和。

（三）防范回购弊端

第一，各国和地区大多效法美国，建立安全港规则，划清合法回购的边界，防止利用回购操纵市场的行为。第二，规范信息披露，防止内幕交易。德国《股份公司法》禁止公司通过以向第三人提供财务支持的方式回购股份。并且，公司的回购决议通过后，应当向德国证监局报告，在正式实施前向公众公开披露。日本要求公司在买回股份期间持续向交易所提交回购报告；在出售库存股时，应当披露可出售库存股的数量和种类。

四、回购新规完善和配套制度构建的建议

上市公司股权回购制度效果的充分发挥，需要《公司法》《证券法》及《回购办法》等相关规范性文件相互配合、统筹规制。为防范负面效果，需从以下方面进一步完善。

一是对回购资金来源给予必要限定。从域外立法看，对公司实施回购几乎都有资金来源的规定，以防止公司责任财产减少。而此次修改对这一问题未予回应，且删除了原条文中对于股权激励回购以税后利润为资金来源的规定，而是使用回购总量限制的方式。在两个交易所修订的《股份回购实施细则》中，更将回购资金来源规定为自有资金、负债资金以及增发新股所得资金，但在没有偿债能力声明或类似制度的约束下，无疑会对债权人利益产生消极影响。为保证公司债权人利益，且不影响公司持续经营能力，在现行法定资本制的框架内，至少应以资本为底线，对回购的资金范围予以必要

限定。

二是回购主体的扩张与回购程序的细化。考虑非上市公众公司及一般公司的同等需求，宜将第一款第（五）、（六）项"上市公司"改为"公司"，一方面与第一百四十二条规定的"公司"回购相对应，使立法体例一致；另一方面可满足非上市公司的回购需求，避免以后频繁修法。此外，新法为提高公司回购的及时性，规定经过章程规定、股东会授权，董事会可决定回购股份，在程序上简化了回购的复杂程序。在此基础上，应当细化董事会的决策程序，如由董事会提出回购计划，列明回购的数量区间、回购价格区间、回购资金总额和授权期限等，将概括性授权具体化，减少回购的随意性和董事会的责任风险。

三是明确库存股相关规则。公司回购股份后，除在减资和与持有本公司股份的公司合并的情况外，都会持有自身的股份，回购新规更将公司持有自己股份的最长期限扩展为3年，从而产生库存股问题。但新规则并未明确库存股或库藏股的内容，可以看出立法在库存股制度上的态度并不明确。公司在回购股份后至注销或转让之前，必然在事实上持有股份，客观存在的库存股应当有相应的规则予以指引，明确其性质、管理、转让。此外，由于回购与减资有相同的效果，会计上不允许库藏股作为资产，一定会在权益端做减项，对应的减项处理、如何在资产负债表中列示等都未明确，因此还需明确库存股在会计处理中的具体操作。

美国如何认定衍生品市场操纵行为*

——2016年市场操纵案例剖析

杨　阳　武佳薇　高苗苗

摘　要　近年来期货市场操纵手段越来越复杂，对监管者带来较大挑战。根据现行法律法规，衍生品市场操纵案件在司法实践中的判定较为困难。美国衍生品市场也曾面临相似的困境，这种情况在《多德—弗兰克法案》生效后得到了明显好转。本文梳理了美国对衍生品市场操纵的相关法律规定要件，结合2016年美国衍生品市场操纵案例的具体判定，对我国期货市场加强监管提供相关政策启示。

实践中，衍生品市场操纵案件的判定较为困难，为监管者带来较大的挑战。美国期货监管委员会（Commodity Futures Trading Commision，简称CFTC）原委员Bart Chilton提到，自1974年CFTC成立至2010年，CFTC只胜诉过1起操纵案件。但这种情况自《多德—弗兰克法案》生效后得到明显好转。2012年至2016年，CFTC已经指控了30起左右衍生品市场操纵案件（包括已经协议和解和法院判处的，下同）。

一、美国对衍生品市场操纵的法律规定

《多德—弗兰克法案》修订了《美国商品交易法》（Commodity Exchange Act，简称CEA）6（c）条款"禁止操纵和虚假信息"，除了增加"禁止向CFTC提供虚假报告"这一具体条款之外，将市场操纵分为"使用或间接使用任何具有操纵性或欺诈性手段（Manipulative or Deceptive Device）"和"其他操纵行为"。其中，禁止"使用操纵性或欺诈性手段"是一般性的反操纵条款，并不局限于操纵市场价格。"其他操纵行为"是兜底性条款，核心在于反价格操纵，主要包括"操纵价格"和"试图操纵价格"两种判定（见表1）。

---

* 本文发表于2017年3月《中证政研简报》总第388期。

表 1　美国衍生品市场操纵的判定要件

	使用操纵性或欺诈性手段	操纵价格	试图操纵价格
主观故意	一般故意	特定故意	特定故意
有影响价格的能力		√	
人为价格		√	
行为与人为价格有因果关系		√	
当事人有明显行为			√
操纵性或欺诈性手段的行为	√		
涉案合约符合 CEA 规定	√		

（一）禁止"使用操纵性或欺诈性手段"的构成要件

CEA6（c）（1）"使用操纵性或欺诈性手段"的判定是行为犯，有三个构成要件：一是当事人有使用或者试图使用操纵性或欺诈性手段的行为；二是该行为有主观故意性，包括故意的（Intentionally）和不计后果的（Recklessly）；三是该行为涉及互换合约、洲际商品贸易合约以及按照注册机构（Registered Entity，主要指交易所）规则而进行远期交割的商品合约。

（二）禁止"其他操纵行为"的构成要件

CEA6（c）（3）"其他操纵行为"包括"操纵价格"和"试图操纵（Attempt to Manipulation）价格"两类。

"操纵价格"的判定属于结果犯，有四个构成要件：一是操纵者有产生或影响市场价格的能力；二是操纵者有产生或影响价格、价格趋势的主观特定故意，导致价格不能反映市场的合理供求关系；三是存在人为价格；四是操纵者的行为导致了人为价格的产生。在司法实践中，人为价格很难证明，所以很多市场操纵的案件都是以"试图操纵价格"的罪名来结案。

"试图操纵价格"的判定属于行为犯，其认定有两个要件，一是有影响价格的主观特定意图；二是有明显的行为（Overt Act）来促使该意图实现。

（三）区分"使用操纵性或欺诈性手段"和"其他操纵行为"的主观故意

在构成要件中，"使用操纵性或欺诈性手段"和"其他操纵行为"的主观故意存在明显不同："使用操纵性或欺诈性手段"的主观故意是一般故意（General Intent），包括故意的和不计后果的。这类故意的内容是指当事人仅仅故意使用了操纵性手段，而不是为了制造人为价格。而"其他操纵行为"的认定一般需要特定故意（Specific Intent），这类故意的内容是指当事人行事的目的是制造人为价格。

二、2016 年关于市场操纵的案例情况

CFTC 年报披露，2016 财年因操纵价格、试图操纵价格、错误报告和扰乱市场交易（Disruptive Trading）的行为而被 CFTC 指控的案件共有 4 起。每起案件都涉及"使用操纵性或欺诈性手段"这一罪名，而其他罪名则有所不同，因此我们主要关注其他各罪名判定依据间的差异比较。

（一）"试图操纵价格"的案例介绍

2015 年 12 月，TGPNA 公司及其天然气交易员 Therese Tran 因试图操纵天然气现货市场价格指数（该指数作为某衍生品的结算价）而被 CFTC 指控，被处以 360 万美元罚款和两年市场禁入。本案中 CFTC 认定 TGPNA 公司及其交易员存在"试图操纵价格"和"使用操纵性或欺诈性手段"的行为。通过操纵现货市场价格在衍生品市场获利是这类案件的常见手段。不同市场的结算价格定价机制有所差异，较为常见的一种是选取每日（或每月或每季度等）收盘前固定时间段内所有成交价格的加权、算术平均价。

TGPNA 公司持有的天然气金融衍生品合约主要是基差互换和指数互换合约，这些合约的损益与月度指数结算价显著相关。月度指数结算价是结算期（此处指每个月最后 5 个交易日）内上报的所有现货交易的加权平均价。在结算期前，TGPNA 公司先建立一些衍生品头寸。随后，在结算期内进行大量的固定价格交易以影响相应的月度指数结算价，进而使前期建立的衍生品头寸盈利。

1. 关于"试图操纵价格"的认定。根据 CEA6（c）（3），此案符合"试图操纵"的认定依据。一是 TGPNA 公司有影响价格的特定故意性，其主要动机是通过影响天然气现货结算价格使其持有的衍生品头寸获利。二是 TGPNA 公司实施明显行为实现上述意图，先是在定价窗口期之前创建衍生品头寸，然后在窗口期内，在原本没有实物客户、资产和运输业务的地区大量交易实物天然气来影响结算价格。例如，在 2011 年 8 月结算期内，根据上报的市场交易数据计算，TGPNA 公司占 SoCal 地区交易量的 42%，占 Permian 地区交易量的 45%。而调查结果显示 TGPNA 公司在上述两个地区并没有开展现货贸易经营活动。

2. 关于"使用操纵性或欺诈性手段"的认定。根据 CEA6（c）（1），此案中 TGPNA 被认定使用了操纵性手段。一是 TGPNA 在定价窗口期的短时间内交易异常多的实物天然气。二是 TGPNA 存在特定意图，明知其交易行为对结算价格产生的影响。三是该案涉及的天然气衍生品合约在 CFTC 注册的指定合约市场中（ICE 交易所）交易。

(二) 通过"错误报告"而"试图操纵价格"的案例介绍

这类案例大多以汇率、利率市场的基准价格为操纵对象。基准价格对金融市场的影响重大,但是许多基准价格的定价采用由指定银行报价然后取平均数的方法,容易受到操纵。截至 2016 年,CFTC 已经指控了 18 起试图操纵基准价格的案件,占全部操纵案件的一半以上,涉及巴克莱、摩根大通等众多金融机构,罚款超过 52 亿美元(见表 2)。

表 2　　　　　　　　CFTC 对操纵基准价格的案件处罚情况

操纵对象	案件数(个)	罚款金额(美元)	涉案公司
LIBOR	9	20.84 亿	花旗银行、德意志银行、荷兰合作银行(Robobank)、瑞银(UBS)、巴克莱、ICAP、RP Martin、劳埃德银行、苏格兰皇家银行
ISDAFIX	3	4.85 亿	花旗、巴克莱、高盛
汇率基准价格	6	28.57 亿	巴克莱、花旗、摩根大通、苏格兰皇家银行、瑞银、汇丰

2016 年通过传播"错误的、误导性的或明知不准确的报告"而"试图操纵价格"的案例有两起。一起是日本花旗证券公司的一名衍生品交易员,利用其在瑞银集团(UBS)从业期间的私人关系,多次教唆 UBS、德意志银行及其他同业银行虚报日元 LIBOR 报价以操纵 LIBOR。另一起是花旗银行多名衍生品交易员多次指使该行国际掉期和衍生品协会定盘价(ISDAFIX)报价员抬高或降低报价,或者在定价形成的关键时点频繁发送买卖报单以影响美元 ISDA 定盘价(USD ISDAFIX)的价格。这两起案例的当事人通过唆使报价银行给出"错误的、误导性的或明知不准确的"报价,影响了基准价格的真实性、可靠性和公平性。

1. 关于"错误的、误导性的或明知不准确的报告"的认定。CEA 将"操纵或试图操纵价格、逼仓、在知情的情况下自行或促使他人传播错误的或具有误导性的或明知不准确的且对市场价格有重要影响力的市场信息或农作物报告等"列为重罪,除了罚款外还可以判处监禁。

该案例中,作为基准价格的报价银行,本应该基于真实可靠原则,提交准确的报价,但上述两被告却基于使自己持有的衍生品头寸获利等非法意图,使自身或其他报价银行故意抬高或降低报价。这些报价是基准价格形成的基础,虚报的价格向市场传递了虚假的、误导的或明知不准确的信息,并对基准价格产生影响。因此被判定为"错误的、误导性的或明知不准确的报告"。

2. 关于"试图操纵价格"和"使用操纵性或欺诈性手段"的认定。上述两被告均违反 CEA 中禁止"试图操纵价格"和禁止"使用操纵性或欺诈性手段"的条款。被告人多次口头或书面要求报价部门改变基准价格报价,并多次在定价关键时间发送大量买卖报单试图改变基准价格，属于操纵性工具。同时，CFTC 提供的通话记录显示，被告人多次试图自行或唆使其他报价银行改变基准价格报价，以使衍生品头寸获利，符合"试图操纵价格"的主客观认定要件。

（三）通过"幌骗"来"操纵价格"的案例介绍

2016 年 CFTC 查处的 2 起与幌骗（Spoofing）有关的案件被明确判定为"操纵价格"。CEA 关于幌骗的定义是"当事人在交易执行之前就有意图撤销买卖申报"。一起案例的当事人 Sarao 是在 E—迷你标普 500 指数期货市场利用量化程序发出幌骗指令，该当事人还被认定是 2010 年 5 月 6 日美股"闪电崩盘"的罪魁祸首。另一起案例的当事人 Igor Oystacher 及其公司（3Red Trading LLC）在铜、原油、天然气、VIX 和 E—迷你标普 500 指数期货市场上手动发出幌骗指令。这两起案件的当事人分别被美国联邦法院以幌骗和操纵价格（试图操纵价格）的罪名进行了民事处罚。下面主要以 Sarao 一案为例进行分析。

1. 关于"幌骗"的认定。幌骗是《多德—弗兰克法案》的新增内容。幌骗属于"禁止扰乱市场行为"的一种。2013 年 5 月，CFTC 对幌骗条款出台了解释性规定，列举了四种典型的幌骗行为：（1）为了使报价系统的运转超负荷而报撤买卖订单；（2）为了使他人的订单推迟成交而报撤买卖订单；（3）为了创造虚假的市场深度而报撤多个订单；（4）为了故意产生人为的价格波动而报撤买卖订单。

本案中，Sarao 主要通过量化交易程序实现幌骗（另一起案件中，当事人通过人工下单的方式进行幌骗）。"幌骗"罪名的具体认定依据有二。一是 Sarao 提交了幌骗指令，这些指令不以成交为目的，即 Sarao 存在交易执行前取消订单的故意性。在横跨 2010 年至 2015 年的相关涉案时间内，Sarao 使用了 3653 次"动态分层程序（Dynamic Layering Program）"下单，提交了 19 888 个不同数量的申报指令，最后仅有 90 个指令部分成交。"动态分层程序"由 Sarao 和外部软件公司共同开发。二是幌骗指令使市场上产生虚假的或者误导性的供给（当幌骗指令是卖出）或需求（当幌骗指令是买入），诱导其他交易者通过虚假的信息进行交易，使价格产生了人为的波动。

2. 关于"操纵"的认定。本案中 Sarao 的部分行为被判定为"操纵"，具体依据包括：一是他有影响 E—迷你标普 500 指数期货价格的能力。以闪电崩盘当天为例，Sarao 是当日 E—迷你标普 500 指数期货交易量排名第五的交易者。二是 Sarao 主观上有影响价格的特定故意，幌骗是为了使市场价格出现人为波动。三是在具体涉案时间中产生了人为价格，最明显的就是美股闪电崩盘当天道琼斯工业指数在短短几分钟内下跌了 600 余点。四是因果关系的判定，即 Sarao 的行为是人为价格产生的原因。幌骗指令扭曲了市场的供需关系。美股闪崩当天 11：17—13：40 时间段，Sarao 的幌骗指令给市场带来了价值 1.7 亿—2 亿余美元的抛压，占卖方全部订单数量的 20%—29%，市场买卖双方力量失衡，使价格出现大幅下跌。

Sarao 的部分行为还被判定为"试图操纵价格"和"使用操纵性或欺诈性手段"。

三、政策建议

近年来，我国期货市场呈现产品结构多样、交易频率提高、跨市场联动性加强等新特点，对监管提出了新挑战。通过总结美国衍生品市场操纵的监管经验，结合我国市场发展的具体情况，对我国期货和衍生品市场的加强监管提出如下政策建议：

（一）加快推动"期货法"的立法工作

由于期货和衍生品市场涉及面广，基础资产的监管部门众多，协调工作难度大。现行的《期货交易管理条例》法律地位较低，已越来越不能满足市场的发展。建议加快推动"期货法"立法工作，一方面建立完善对实物商品、股票、黄金、利率、汇率等期货和衍生品类产品的统一监管框架，加强跨市场监管的力度，防范系统性风险；另一方面加强对市场操纵行为的刑事责任认定，加大打击力度，提高法律法规的威慑力，切实保护投资者利益。

（二）扩大对期货和衍生品市场操纵的监管边界

目前我国期货市场反操纵条款主要对操纵价格进行规制，操纵价格的认定要件包括主观特定故意和人为价格，这两项在实践中较难证明。为了加强打击力度，建议放宽对期货和衍生品市场操纵的打击范围。一方面明确反市场操纵的内涵，既包括禁止"市场操纵性的行为"，也要包括禁止"操纵市场价格的行为"。另一方面放宽对"操纵"的认定条件，一是将为了产生人为价格的特定故意放宽至为了实施操纵行为的故意（也就是间接故意）；二是放松对人为价格的认定；三是将"试图操纵价格"纳入监管范畴。

（三）加快完善对新型操纵行为的司法解释

随着电子信息、互联网技术的进步，期货和衍生品市场的操纵行为越来越隐蔽和复杂。考虑到立法的长期性，建议不断完善对新型操纵行为的司法解释，比如"幌骗""信息型操纵"等。

看穿式监管在欧美及我国的改革与实践*

邵 宇

摘 要 我国证券市场较早实行了账户实名制，积累了不少看穿式监管的中国经验，但实践中仍大量存在看不穿的情形。应借鉴国际经验和结合我国国情并重，完善管理制度和利用科技手段并行，深入推进看穿式监管措施，进一步提升监管工作的有效性。

随着跨市场金融产品和高频交易等复杂交易行为的快速发展，对证券市场安全稳定运行造成一定冲击。金融危机后欧美发达市场的监管理念发生转变，积极探索看穿式监管等更为严格的监管措施。看穿式监管有利于监管部门及时发现、惩戒市场乱象和违规行为，也是证券监管的国际大趋势之一。

一、欧盟拟于2018年中正式推行看穿式监管

市场分割和金融危机暴露了欧盟的监管缺陷。欧盟金融市场长期以来市场分割严重，各交易平台之间的激烈竞争导致市场结构碎片化，场外交易和暗池交易占比高，监管部门很难全面掌握交易数据，加大了监管难度。2008年国际金融危机进一步暴露了欧盟金融市场存在的缺陷。危机后，欧盟启动了金融监管制度改革。2014年6月12日，欧盟推出《金融工具市场指令》第2版（Markets in Financial Instruments Directive Ⅱ，简称 MiFID Ⅱ），涵盖了欧盟内的所有证券交易过程，包括交易所、场外市场、投资机构、投资者等。金融机构需向监管部门提供交易报告，包含有关客户交易的电子信息和产品的成交明细。建立投资者看穿账户体系，其中机构投资者需要识别合法实体身份，自然人投资者有唯一编码进行识别（通常是护照号码）。

欧盟看穿监管将于2018年中全面实施。欧盟原计划于2018年1月3日全面实施

---

* 本文发表于2018年3月《中证政研简报》总第472期。

MiFID Ⅱ，为给经纪商们一个"宽限期"，让经纪商们有充足时间收集客户身份信息，欧洲证券及市场管理局（ESMA）允许延期6个月完成客户身份验证，从2018年7月3日开始实施账户实名制。MiFID Ⅱ的看穿监管举措拓宽了监管范围，填补了监管空白，有助于加强投资者保护和防范金融风险，但同时大幅增加了金融机构的成本。彭博研究报告指出，2017年欧盟金融机构为准备MiFID Ⅱ花费了20多亿美元，2018年全面实施后将花费更多资金用于合规。

二、美国看穿式监管系统仍在准备阶段

股市闪崩促使美国建立统一的看穿监管系统。2010年5月6日美国股市发生"闪崩"，道琼斯工业指数盘中5分钟内从10460点暴跌至9870点，最大跌幅9%，近1万亿美元瞬间蒸发，其影响波及债券市场和外汇市场。由于缺乏看穿投资者的数据，经过几年的调查，美国仍没找到闪崩的元凶。这次闪崩事件暴露出美国金融监管的缺陷，事后美国证监会（SEC）着手建立全美统一的看穿监管系统（Consolidated Audit Trail，CAT）①，以便监管部门及时掌握股票的申报、交易情况及投资者信息，提高调查违法违规行为的效率。2012年7月11日，SEC投票通过拟对1934年《证券法》的第11A（a）（3）（B）规则进行修改，并新增第613条规则，要求在SEC注册的所有全国性证券交易所和证券行业协会等自律监管组织都必须向CAT系统中央数据库提交交易报告，包括客户身份代码和各类详细交易数据。

美国看穿式系统仍需几年才能发挥实效。2012年10月正式发布了CAT系统法律文件，原计划2013年4月正式实施。但因牵扯到多方的利益协调、系统建设招投标等原因，经历了多次改期，目前仍在分步实施。按计划自律监管部门、大型会员、小型会员分别于2017年、2018年和2019年开始向中央数据库传输详细交易数据。CAT系统全面实施后，将有21家自律组织、近2 000家券商向其报送数据，每天约600亿条股票订单委托等交易信息，超过1亿投资者的账户信息，将成为世界上最大的证券交易数据信息库。CAT系统扩大了SEC的监管数据来源，帮助其掌握投资者身份，一定程度上实现了账户看穿，便于监管部门及时对市场情况进行监控和分析，调查违法违规行为。据SEC估计，该计划的实施将使市场机构每年多支出17亿美元的监管成本。

三、我国证券市场看穿式监管的现状

我国证券市场自20世纪90年代建立不久便实行了看穿式账户体系，能掌握每一个

---

① https：//www.sec.gov/divisions/marketreg/rule613-info.htm.

投资者证券账户的情况，这种体系一直沿用。但这只是实现了名义上的穿透，仍然存在看不穿的问题。

一是跨市场资产管理产品信息不透明。以信托为例，信托公司通过成立资产管理计划发行信托产品，部分产品层层嵌套，不少自然人借此隐身在各类产品之后，成为内幕交易、关联方认购、隐形举牌的工具。由于缺乏对委托人、受托人、管理人、受益人等多个主体数据的完整掌握，难以认定产品背后的实际决策人和受益人。

二是私募等产品备案信息不全。可能存在注册多只名称不同的产品，投资者和投资顾问即为产品的决策人，从事操纵市场或内幕交易行为，仅从产品名称上很难判断产品之间的关联性。还有一些互联网金融平台采取拆分产品销售，绕开私募发行等监管规制。

三是沪深港通等特殊交易制度还需要完善看穿交易主体账号。我国香港证券市场采取二级账户管理方式，仅可以获取经纪商的账户交易信息，穿透经纪商看穿投资者的账户和交易持仓情况较为困难。

四是不掌握其他金融市场的数据。不同金融监管部门根据各自监管职责范围采集不同市场主体信息，而很多主体和产品的投资标的在证券市场，但数据共享不足很难穿透到实际控制人，给证券市场看穿监管带来了困难。

五是缺乏账户的环境数据信息，难以挖掘账户的关联关系。证券期货经营机构应当按照技术规范确定的交易终端设备的类型，采集相应的客户交易终端信息，但在实践过程中存在交易终端信息失真的问题。

四、进一步完善我国证券市场看穿式监管的建议

一是利用科技手段完善账户实名制。目前借用账户和特殊硬件设备交易，给看穿监管带来很大困扰。建议研究基于大数据、人工智能等技术的穿透式监管方法，如运用指纹识别、虹膜识别等生物识别技术，在账户开户、交易等环节实行识别控制，杜绝借用他人账户现象，提升监察的准确性。

二是完善私募、信托产品的备案信息。统筹协调各相关数据单位，完善私募和资产管理等产品的信息备案和共享机制，将产品主要投资人、投资顾问、劣后级投资者等信息纳入备案信息范围。对信托产品的实际受益人、实际控制人、投资顾问等建立动态登记制度，掌握产品的资金来源、中间环节和最终投向。

三是强化交易终端信息管理。加强证券、期货经营机构交易信息管理，确保记录的最终下达交易指令的交易终端信息真实、准确、完整。

四是推进看穿沪深股通账户后续工作。推行北向投资者交易实名制，推进北向投资者的相关环境数据与内地的实时共享机制，掌握投资者实时申报交易等相关信息，提升监管效率、防止监管套利。

智能投顾该如何监管*

——人工智能也要守规矩

邵 宇

摘 要 智能投资顾问（以下简称"智能投顾"）具有自我学习、自主决策、自动运行等特点。传统的投顾监管模式的适应性快速下降，事前难以预判预警，事中难以合规检查，事后难以控制风险。这就需要立足事前、事中、事后，不断改进和加强监管，促进智能投顾业务健康发展，有效提高风险预警和防控的能力和水平。

截至2017年底，我国持证上岗的投资顾问人数达4.2万人，A股个人投资者人数超过1.3亿，投资者和投资顾问的比例高达3 000∶1，大部分个人投资者甚至从未享有过投资顾问的服务。近年来随着计算机技术的快速进步，基于人工智能技术的智能投资服务应运而生，在短时间内迅速增长，国内主要券商、银行、基金公司和一些互联网企业积极发展此项业务。但是，智能投顾还很不成熟，有不少风险隐患，如何规范和引导良性开展智能投顾业务，给证券监管带来了新的挑战。

一、智能投顾监管面临三大难题

与传统人工投顾相比，智能投顾具有高效率、低成本、低门槛、多元化等特点。但它毕竟是个新鲜事物，传统对投资顾问的监管方式，如许可制度、侵权责任、风险控制等方法，在管控智能投顾风险时显得力不从心，既有的事前、事中、事后相关监管措施的效果有限。

（一）事前预判风险难

智能投顾产品是人设计的，但其行为具有不可预见性，难以预判风险，让事前监管

---

* 本文发表于2018年3月《中证政研简报》总第471期。

变得无能为力。

1. 智能投顾的模型包含不可控的机制。例如，系统中的增强学习和自适应学习方法，会不断调整投资决策模型的参数，并通过不断学习新数据来更新模型。正是在迭代学习不断变换的环境下，智能投顾系统可能会轻易做出人类从未考虑①过的决策或解决方案，造成难以预见的风险。

2. 智能投顾所依赖的模型多受行为金融学的影响，可能会发出不恰当的决策信号并引发风险。一方面，模型训练时的历史数据不一定适应未来投资决策。例如，欧美很长一段时间的利率接近零，一旦上调利率市场会如何走，模型会因缺少历史可比数据而无法做出准确判断。另一方面，市场和经济运行机制并不是确定的规则，行为金融理论往往会假定市场情况与人的规律行为密切相关，可能与特定市场的效率状况和资产组合基础并不一致，从而导致智能投顾发出不恰当的决策信号。

3. 智能投顾决策依赖部分外部数据，无法预判外部数据变化可能导致的决策结果。例如，一些算法是基于舆情数据发出决策信号，而舆情可能在短时间内走向极端，如政治形势、某国领导人的偏好等情况，导致智能投顾系统做出连锁反应。因此，仅看系统模型很难事先预测其相关事件的决策走向。

4. 难以发现智能投顾系统的设计缺陷。目前市场上绝大多数的智能投顾采取的是黑盒策略②，算法缺乏可解释性，从输入到输出的过程不透明。若智能投资软件在设计上存在缺陷，不仅投资者无法知晓，就是研究者和开发者也同样难以发现，监管部门就更难发现其中的潜在风险了。

（二）事中合规判断难

智能投顾产品在运行过程中难以判断是否满足合规要求：

1. 投资者用户画像不全面，监管部门难以衡量系统是否满足投资者适当性要求。智能投顾系统难以获取客户行为数据、社交数据等个性化特征信息，只从客户回答的问卷和有限的交易数据难以对客户精准画像。与传统的人工投顾相比，缺乏面对面沟通，难做到识别客户的信息和及时更新客户信息，导致智能投顾系统可能给出不适当的投资建议。

2. 缺乏合适的风险等级评价。智能投顾系统自动化推荐的投资标的中可能会涉及一些高风险的产品，销售给不适合的投资者群体。而市场上和智能投顾相关的第三方机构起的作用，更多是提供系统的解决方案或建设方案，由智能投顾的实际运营者扮演风险等级评价的角色。缺乏风险评价指导性意见和公允的第三方评级角色，难以有效衡量智

---

① 人类大脑认知能力和数据获取能力不足，其决策结果受限。
② 黑盒与白盒的区别是指是否披露交易策略。以招商银行的摩羯智投为代表的黑盒策略，客户并不清楚系统背后的调仓逻辑；以雪球推出的蛋卷基金为代表的白盒策略，客户可以清晰地知晓背后交易策略。

能投顾投资决策的合理性。

（三）事后控制风险和界定责任归属难

智能投顾系统自动化运行、不透明和参与主体多的特点，有时候会让事后监管束手无策。

1. 容易衍生出赎回风险。智能投顾策略模型以无需人工干预的方式运转，若在事前没有加入控制因素，事后完全无法强制调整或者终止智能投顾业务。且一些智能投顾采取黑盒策略运行，投资者事先不知道其运行规则，一旦爆发风险可能在短时间给投资者造成巨大损失，动摇投资者信心，易引发大规模的赎回风险。

2. "一致行动"容易引发"羊群效应"。一方面，智能投顾系统的算法主要依赖机器学习算法，模型的丰富程度有限。另一方面智能投顾系统受成本约束①，导致模型训练不充分，差异化程度不高。这两方面原因会使得系统给出相同或者相似的投资决策信息，导致"一致行动"现象，进而干扰市场的正常运行。在市场极端的情况下，大量的相似交易策略引发"羊群效应"，可能引起或加剧市场共振或系统性风险。特别是未来随着智能投顾的市场份额增加，发生这种系统性风险的概率也在加大。

3. 在智能投顾产品出现问题后，划分责任非常复杂。智能投顾开发时往往借鉴了软件开源组件，金融机构通过购买互联网企业提供的底层技术开发智能投顾产品，还涉及证券、咨询、基金、资管等多家金融机构潜在责任人。目前还缺乏健全的风险纠纷解决及风险分担机制，权责对等和清晰划分变得更加困难。

二、加强智能投顾监管的相关建议

五部委联合发布的资管新规征求意见稿初步确定了智能投顾的相关监管原则，提出强化信息披露、制定极端情况下人工强制干预以及因过错承担赔偿投资者损失等监管要求。我们认为，这些规定很有必要，但并不充分，还存在不少监管漏洞和真空，无法确保对智能投顾实施"事前、事中、事后"的全程监管。在有限的监管资源下，既要支持创新、促进发展，又要守住底线、防范风险，实现事前、事中、事后监管的有效性，这需要结合金融市场防风险实际，补充完善监管手段和措施。

（一）总原则是开放包容与坚守底线并举

智能投顾的促进资产管理和理财服务发展的作用和潜在风险都很突出。对于智能投

---

① 谷歌 AlphaGO 系统训练用到上万台服务器，谷歌公司还专门开发了处理芯片TPU，而金融机构在智能投顾投资项目一般几千万元，成本约束难以让模型完善。

顾的创新，总体将应持包容态度，采取渐进方式进行监管创新，以确保监管规则的有序迭代和连续实施。当前，我国智能投顾尚处于起步阶段，基础不牢固、市场不成熟，不能冒进，在试点中应逐步探索规范标准。例如，智能基金配置的目的是实现客户资产的最优配置，减少信息获取成本，实现金融普惠发展趋势，可允许尝试开展；对智能投顾的股票推荐，应持更为谨慎的态度，在规则规范的基础上稳步放开。

（二）增强事前预判风险的能力

一是加强智能投顾的特殊披露信息。现有大部分智能投顾产品披露的信息主要包括：投资策略简介、投资标的、配置比例、历史表现等。根据智能投顾的特殊性，要确保安全可控，对其信息披露还需额外遵循以下要求：要求运营者对投资超过一定的阈值时举牌提示；披露参与开发管理算法的技术公司的参与情况；披露算法所需要的第三方数据情况；向监管部门披露程序源代码和关键核心算法，监管可验证并保护商业秘密。

二是对智能投顾系统做出必要的限制性安排。（1）适当限制系统的自主化、自动化程度。为了提高投资者对智能投顾产品的信任度，以及防控可能产生的系统性风险，限制其自主、自动程度是有必要的。可以将其局限在数据服务的形态，利用其数据分析的技术优势，将传统投顾流程局部优化，但投资决策最终仍掌握在投资者手中①，也就是说，智能投顾不能替代投资者做出投资决策。（2）限制智能投顾的投资标的范围。理论上，智能投顾可投资的产品是市场上已有的金融产品，但现阶段需要对其标的进行一定限制，主要基于两方面的考虑：一是以个股为标的的智能组合本质是量化交易策略，客户难以把控产品的风险，并不适合直接面向一般投资者推出。从海外经验看，现阶段通过基金进行资产组合配置是更可行的解决方案。二是智能投顾作为一种利用技术优势的顾问服务，仍然要遵守传统投顾的信息披露义务，也就是不能利用技术优势为特定利益方牟利，不能指定与运营者有关联的标的（如运营者旗下的其他基金）。

（三）构建事中监管评价的指标体系

一是建立智能投顾的风险评级机制。建议证券业协会给出智能投顾风险评级的指导意见，或者由有投资组合风险评级资格的第三方机构，或者由运营者建立的专业风险评价团队，对资产组合进行风险评级，以满足投资者适当性管理的要求。二是建立智能投顾的相关监测指标体系。一方面，要对智能投顾产品做好标识，在现有的账户体系内建立智能投顾类型的账户，为适当性管理、交易监测、数据统计等提供便利，有利于监管部门掌握智能投顾业务的运行情况。另一方面，建立智能投顾的核心指标体系，包括宏

---

① 《证券法》第一百七十一条规定，投顾不能代理委托人从事证券投资，智能投顾不能代替客户下达交易指令，只能为客户提供辅助投资建议。

观审慎指标、微观行为指标、服务品质指标等,避免趋同交易、防范系统性风险。

(四) 增强事后管控风险的能力

一是用穿透式监管打击违法违规行为。监管部门需实时监控智能投顾产品运行状态,在当前监管信息平台基础上,建立智能投顾账号监控体系,掌握产品的资金来源、中间环节与最终投向,加大对一致行动人等行为的监测,实行穿透式监管,打击趋同交易和操纵市场等违法违规行为。堵塞监管漏洞,消除监管空白,实现风险管控全覆盖。二是构建包含开发、运营、销售、使用等多方责任体系。智能投顾产品一旦出现安全问题,开发者、运营者、销售者等承担相应有限责任,用户在使用智能投顾产品时如因不当使用造成损失,用户应承担相应责任。除此之外,运营者需完善内部程序,由理解人工智能及金融知识的人员作为合规官,监督算法开发和产品风控,并承担相应责任。

完善上市公司网络安全信息披露规范的相关建议*

——美国 SEC 监管经验借鉴

何晓楠

摘　要　网络安全对一国政治经济意义重大。2018 年 4 月，习近平同志在全国网络安全和信息化工作会议上强调，没有网络安全就没有国家安全。企业作为关键信息基础设施运营者承担主体防护责任，主管部门履行好监管责任。近年来，全球上市公司遭受网络攻击数量增长较快，对资本市场和经济金融安全构成严重威胁。2018 年 2 月，美国证券交易委员会（SEC）完善了 2011 年监管指引。一方面明确上市公司对网络安全信息的披露义务，防止内幕交易；另一方面鼓励上市公司加强内控治理，提高网络安全保护水平。当前全球科技和经贸竞争加剧，加强网络安全监管以防控风险对资本市场尤为重要。我国上市公司网络安全信息披露规制体系缺乏整体性设计，SEC 监管经验具有一定的借鉴意义。

一、网络攻击威胁上市公司网络安全和股价市值

网络安全对上市公司影响重大①。上市公司通常使用网络保存知识产权、商业秘密、消费者及投资者情况等商业敏感数据信息，网络攻击窃取数据信息给上市公司带来巨大

---

* 本文发表于 2018 年 9 月《中证政研简报》总第 520 期。

① 目前，网络安全尚无规范层面的界定，但可以从网络攻击的具体事件和情形把握。网络攻击通过移植程序、窃取访问凭证、恶意软件、网络钓鱼、结构化查询语言注入攻击等复杂手段，故意地改变、破坏、降低、欺骗网络安全系统，窃取、破坏、滥用上市公司及关联者的商业数据信息、知识产权和金融资产，扰乱上市公司及其关联商业主体运营，特别是负责关键基础设施的上市公司。https://www.sec.gov/rules/interp/2018/33 - 10459.pdf.

损失①。2011 年,日本 SONY 公司受到网络攻击,7 700 万消费者数据泄露,其滞后一周通知投资者和消费者,导致招致集体诉讼和数百亿美元损失。2013 年,美国 Target 公司遭受网络攻击,公司利润下降了 50%,相关信息披露后股价下跌了 9%②。2017 年,雅虎公司公告称其 2013 年造成约 30 亿账户泄露。"2017 支付宝年度账单"引发泄露用户隐私争议和广泛关注,"蚂蚁金服"于 2018 年 8 月发布隐私保护白皮书。2018 年 8 月 3 日,"台积电"公司网络病毒感染,预估损失 17 亿元③。根据 2018 年欧盟《通用数据保护条例》(GDPR),数据漏洞最多可能导致 2 000 万美元或公司前一财年收入 4% 的罚款。

二、SEC 对上市公司网络安全信息披露的监管要点

由于网络安全事件通常会对上市公司股价造成重大不利影响,企业往往不愿意及时披露而侵害投资者知情权。SEC 认为,通过建立规范性指引,敦促上市公司及时履行信息披露义务,有助于网络安全风险防控,增加企业网络安全投资意愿,提升公司股价和市值。2011 年,SEC 发布网络安全信息披露指引④,要求上市公司对网络安全负有信息披露义务。

(一) 上市公司网络安全信息披露的基本内容

一是风险因素。网络安全事件的严重程度和攻击频率,未来可能攻击概率,预防措施。二是财务运营。网络安全攻击对公司(可能)造成的财务运营管理成本和影响。三是业务影响。网络安全事件对公司产品服务、客户关系和竞争环境的影响。四是法律诉讼。对于网络安全事件引发的救济程序、诉讼法院、当事人、基本诉求和事实以及救济手段。五是财务报表披露信息。由于网络安全引发成本费用损失,导致财务数据变化进而引发披露。六是控制程序。网络攻击影响上市公司的记录、总结,提供信息报告的情况。

(二) 2018 年新版"指引"监管重点的变化

2018 年 2 月,SEC 发布新的网络安全信息披露指引,较之于 2011 年指引内容更为

---

① 损失包括 (1) 补救成本;(2) 技术费用;(3) 未经授权使用知识产权导致的损失;(4) 诉讼和法律监管;(5) 保险费用;(6) 公司声誉、客户和投资者信心;(7) 对公司竞争力、股价和长期股东价值造成损害等。
② Norah C. Avellan. The securities and exchange commission and the growing need for cybersecurity in moderns. *Washburn Law Journal*.
③ 台湾积体电路制造股份公司,系中国台湾地区最大市值的上市公司,主营业务为半导体和芯片制造。根据台积电 2018 年 8 月 5 日公告,病毒事件对公司第三季营收影响约为 3%。
④ Norah C. Avellan (2014). The Securities and Exchange Commission and the growing need for cybersecurity in modern corporate America. *Washburn Law Journal*.

完备。主要变化有三①：一是上市公司首先应建立和保持适当和有效的信息披露内部控制程序，准确及时地披露与网络安全相关的重大事件。二是防止网络安全信息内幕交易的内部控制程序。网络安全信息属于内幕信息，上市公司应建立内部控制程序，防止董事等内部知情人在网络安全内幕信息向公众公开之前，利用网络安全信息从事内幕交易，并确保及时披露相关信息。三是增加董事会对网络安全的风险监督责任，使投资者能够评估董事会在网络安全领域履行其风险监督职责的情况。

三、SEC 网络安全信息披露指引存在的问题

一是监管指引效力位阶低。网络安全信息披露指引不是法律，没有经过立法程序，效力位阶较低。尽管 SEC 将其视为法律并强化执法，上市公司担忧质询成本高往往愿意配合，所以具有一定的执行效果，但也产生了监管权滥用等方面的质疑和争议。实践中，上市公司常以不是法律为由抗辩，免除其应负的行政和民事法律责任。

二是对于不同规模公司施以相同信息披露标准的公正性有待考量。相同数额损失对于小公司和大公司的影响不一样，从公正角度，不同规模的公司披露标准应有不同。SEC 在执法实践中统筹考量，主要是"抓大"，如亚马逊等大公司遭受网络安全攻击风险大，对其施加更多披露义务。

三是适用标准有待进一步明确。例如，论证信息披露标准以避免上市公司遭受进一步攻击的风险②。又如，重要性标准界定存在争议，成为监管执法难点。上市公司对判断何为重要性信息存在争议，往往导致其不愿披露。此外，内控程序和决策机制效果尚需实践检验③。

四、加强我国上市公司网络安全监管的相关建议

当前，全球以科技和新经济为代表的经贸竞争加剧，加强网络安全和防控金融风险对资本市场尤为重要，应成为今后一段时期监管工作重点之一。我国上市公司网络安全信息披露标准和法律责任尚缺乏整体设计。2017 年《网络安全法》尚无规定可以直接适用，我国《证券法》第六十七条上市公司及时性信息披露和第七十五条内幕信息界定中

---

① https://www.sec.gov/rules/interp/2018/33-10459.pdf.
② 上市公司由于担心网络安全信息披露会进一步暴露脆弱的安全防控，没有意愿主动披露相关信息。如果没有恰当信息披露，上市公司反而容易遭受网络攻击。SEC 监管指南并不是为了暗示公司应该详细披露可能损害其网络安全努力的信息。例如，为那些试图渗透公司安全保护的人提供"路线图"。https://www.sec.gov/rules/interp/2018/33-10459.pdf.
③ 关于董事会对网络安全是否履行了合理的注意义务，内控程序和决策的充分性是判断董事会是否存在恶意的标准。否则，商业判断原则难以成为其免责的抗辩理由。

均未将网络安全作为明确列举事项，且及时性信息"较大影响"与内幕信息"重要影响"标准及涵盖事项范围均不一致。亟须加强对上市公司网络安全信息披露的监管指引和规制研究。

一是研究制定网络安全信息披露指引标准。鼓励上市公司准确及时披露重大网络安全事件信息，明确披露的内容范围、标准和豁免情形，防止披露范围过宽造成新的泄露。同时，加强防控和打击利用网络安全信息的内幕交易行为。

二是从公司治理角度激励上市公司董事会和高管切实负起网络安全防控责任。在上市公司治理指引中突出网络安全的重要性，加强上市公司内部控制程序和治理机制，提高董事会和高管的风险意识和管理能力，有助于增强上市公司网络安全保护水平，提升公司价值和投资者信心。

三是在法律层面明确上市公司网络安全信息披露的基本义务和法律责任。提升网络安全披露原则性规范的立法位阶，吸收专家和各界意见，科学构建披露标准，有利于公正执法，降低上市公司合规成本。

支持科技创新

深化创新驱动　助推供给侧结构性改革*

——以京东方为例

李思明　万丽梅

摘　要　资本市场是现代市场体系的核心组成部分，在优化资源配置，引导要素有序流动，尤其是支持创新驱动发展上发挥着不可或缺的推动作用。以京东方科技集团股份有限公司（以下简称京东方）为例，公司利用资本市场丰富的、低成本的融资渠道，迅速完成了资源整合、规模壮大和创新发展，同时资本市场信息披露制度、"用脚投票"等市场规律倒逼企业逐步完善自身的资本结构和治理水平，促进公司进入持续健康创新发展的良性循环。未来，资本市场应该进一步完善多层次市场体系，为科技企业提供全生命周期的直接融资服务，更好地服务供给侧结构性改革。

创新是京东方科技集团股份有限公司发展制胜的关键。京东方的创新之路离不开资本市场的支持。自 2001 年上市以来，公司通过资本市场平台募集资金超过 800 亿元，用于铺设产线、投入研发，公司年均研发投入约 7%，远远高于行业 3%—5% 的平均水平。京东方利用资本市场平台进行并购重组，对境内外先进技术迅速引进、吸收和再创新，实现了多项自主创新。创新，让这家有着 20 多年历史的老电子企业焕发出青春活力，从"一无所有"到"供给全球"，跻身世界面板企业前列，并带动了整个产业链的发展。无处不在的屏幕，已经成为当下人们生活不可或缺的一部分，京东方坚持技术创新不仅推动了产品创新，而且促进了消费升级。

---

*　本文发表于 2017 年 10 月中证金融研究院报告合辑《供给侧结构性改革案例研究》。

一、京东方借助资本市场快速腾飞

京东方于 1993 年由北京电子管厂员工自筹资金进行股份制改造而成,1994 年进军液晶显示器生产领域,1999 年与冠捷合作建立起中国北方第一个显示器生产基地,2003 年并购韩国现代电子薄膜晶体管液晶显示器件(TFT-LCD)业务、相关专利及团队,开始建设"5 代线",2001 年在深交所主板上市,2005 年"5 代线"正式量产,结束了大陆无自主液晶屏的时代。直到 2008 年前,液晶面板产业均是由韩国、日本和中国台湾主导,京东方虽铺开产能,但仍处于行业弱势地位,并处于亏损状态。2008 年金融危机来临,液晶面板行业陷入衰退,大部分日本、韩国和中国台湾厂商停止新建生产线。此时,京东方逆势投资,开始高世代线建设,迅速铺开了产能并抢占市场。从 2010 年第三季度开始,中国大陆地区成为全球第三大液晶面板生产地,京东方也从 2011 年开始实现盈利。

目前,京东方核心业务包括显示器件、智慧系统和健康服务,其中显示器件占整体经营业务的 88% 以上,其产品主要用于手机、平板电脑、笔记本电脑、显示器、电视机等显示屏以及薄膜传感器产品。2017 年上半年,京东方实现营业收入 446 亿元,同比增长 68.65%,其中电视机显示屏营业收入增长最快,其次是手机、电脑类显示器;归属上市公司股东的净利润 43.03 亿元,同比增加 933.08%,均创历史新高。根据 HIS Markit①数据显示,截至 2017 年 6 月,京东方智能手机液晶显示屏、平板电脑显示屏、笔记本电脑显示屏市场占有率稳居全球第一。如今,全球每 4 台平板电脑就有 1 块京东方生产的屏,每 5 部智能手机就有 1 部使用京东方的屏。

二、资本市场助力京东方成为全球创新典范

京东方的成功得益于其将技术创新放在企业发展的第一位,这就要求公司不仅要专注研发,而且要紧跟境内外技术前沿,能对新技术做出迅速的反应,并实现产品创新。其创新发展的每个阶段都离不开资本市场的支持。2017 年上半年,京东方新增专利数超过 8 000 件,连续 3 年行业排名第一。截至 2017 年 6 月,京东方累计可使用的专利数达到 55 000 件。汤森路透《2016 年度创新报告》显示,京东方已成为半导体领域全球第二大创新公司。

(一)依托资本市场强大融资功能,逆势投资抢占市场

规模化发展是面板行业做大做强的必备要素,只有形成适度规模才能增强抵御风险

---

① 全球性信息咨询公司,英文全称为 Information Handling Services。

的能力，拥有一定的议价能力和综合竞争力。京东方在资本市场的支持下募集了大量低成本资金，在全国铺开建设产线，稳扎稳打实现了规模化（见图1）。京东方于1993年在B股上市筹集资金3.5亿元港币，于2001年在A股上市，随即增发A股筹集资金10亿元，2004年公司增发B股筹集资金10亿元港币。2006年以来，京东方实现A股再融资发行6次①，筹集资金798.23亿元，用于在全国各地铺设TFT-LCD生产线并不断升级换代，公司规模稳步增长。2016年，京东方发行公司债券募集资金100亿元用于补充营运资金，融资完成后，公司融资结构得到优化，资金状况得到改善，公司业务的开展与扩张得到加强。

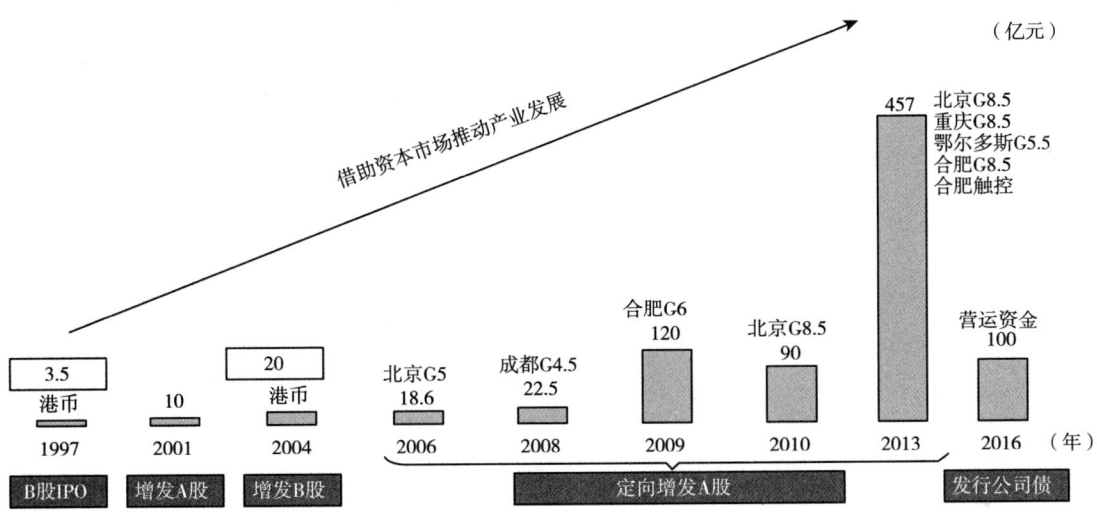

图1　资本市场助力京东方成长

（二）多次开展境内外并购，推动技术升级、转型发展

对于电子消费领域，技术更新换代速度较快，并购可以帮助企业快速捕捉行业技术新动态。尤其是京东方通过海外并购，可以迅速消化吸收境外新技术成果，在此基础上进行本土创新，最终实现把技术扎根中国。资本市场并购是京东方实现技术升级的重要手段。2003年以来，京东方共完成近30次并购。京东方进入液晶面板行业的时机较晚，但公司通过海外并购实现迅速切入。2003年1月，京东方以3.8亿美元的价格正式收购

---

① 京东方2006年定向增发A股筹集资金18.6亿元用于北京TFT-LCD第五代生产线建设，2008年定向增发A股筹集资金22.5亿元用于成都第4.5代TFT-LCD生产线项目建设，2009年定向增发A股筹集资金120亿元用于建设合肥第6代TFT-LCD生产线项目，2010年定向增发A股筹集资金90亿元用于建设北京第8.5代TFT-LCD生产线项目，2013年定向增发A股筹集资金457元用于建设北京第8.5代TFT-LCD生产线、重庆第8.5代TFT-LCD生产线、鄂尔多斯第5.5代AMOLED生产线项目。

韩国现代集团旗下的 HYDIS①，交割完成后，HYDIS 更名为 BOE-HYDIS。随后，公司开始建设北京"5代线"，技术骨干是来自 BOE-HYDIS 的 120 多名韩国工程师，参与建设的中国工程师则以学徒的形式参加，学习液晶面板的工艺技术。2005 年 1 月，北京"5代线"首批生产的 17 英寸液晶显示屏出货，及时把握住了全球以及我国液晶电视的高速渗透期。2010 年，京东方收购中国台湾美齐科技股份有限公司 100% 股权和苏州高创 100% 股权进行横向整合。

除稳定发展显示器件业务外，京东方提出要进行服务化转型，近几年主打 DSH② 事业新战略，做强做大显示器件事业，将智慧系统事业和健康服务事业作为战略转型方向。2015 年，京东方以 2.5 亿元收购明德投资全部股权（主要资产为北京明德医院和北京华盛康城医院管理），与美国排名第五位的医疗服务集团 Dignity Health 签订合作备忘录。2016 年 8 月，京东方成功收购中国香港上市公司精电国际 54.07% 股份，成为其控股股东，为布局智能车联业务发展打下基础。

（三）持续高研发投入，推动产品创新、带动消费升级

京东方属于资本和技术密集型产业，投入大、回报周期长，京东方在过去的发展道路上，不断进行巨额投资，加上每年为了实现技术上的独立性并不断追赶先进技术而产生的高额研发费用，公司在早期经营中连年亏损③。然而，即便是在京东方最艰难的时期，得益于资本市场和地方政府财政的支持，京东方也没有放弃对研发的投入。京东方年均研发投入占销售收入的比例超过 7%，远高于业内 3%—5% 的水平。在强劲的技术创新力驱动下，京东方新品迭出，持续推出全球领先的透明、镜面及超大尺寸 4K、8K、10K 超高清显示面板等创新产品，其中 8K、10K 等产品屡次获得国际创新大奖④。2017 年 10 月，公司柔性显示屏产线（位于成都）量产出货，公司成为继"三星"后全球第二家柔性显示器生产厂家。目前，公司正与工信部、华为一起推进"8425 项目"，即推广 8K、普及 4K、消灭 2K、更多使用 5G。未来，京东方还将陆续有更先进的生产线投产。

京东方的产品与大家生活密不可分，被称为"信息时代的粮食产业"。原来中国大陆每年进口面板在各类产品进口额中排名第四（前三名分别是集中电路、石油、铁矿

---

① 1997 年亚洲金融危机爆发后，韩国现代集团陷入财务困境，海力士半导体（现代半导体）从现代集团剥离，而海力士半导体旗下的 HYDIS（现代显示）拥有 2 代、3 代、3.5 代 TFT-LCD 产线各 1 条。由于现代集团的液晶面板业务落后于三星和 LG，且无力对面板业务追加投资，现代集团于 2001 年决定出售 HYDIS。

② DSH 战略包括：显示器件（Display Device Business）、智慧系统（Smart System Business）和健康服务（Healthcare Service Business）。

③ 京东方于 2005 年首次出现净利润为负（-15.0 亿元）。此后 2006 年、2008 年、2009 年和 2010 年都出现亏损，净利润分别为 -17.9 亿元、-9.97 亿元、-0.65 亿元和 -22.7 亿元。

④ 京东方产品多次问鼎业内极具影响力的美国 SID "Best in Show" 奖、德国 "IFA 产品技术创新大奖" 和日本 CEATEC "生活方式创新产品大奖"。

石),一年进口额高达500多亿美元。近几年,包括京东方在内的几家公司快速发展,面板的进口大大减少,缩小为300亿美元左右,也使得下游产品的价格大幅下降,老百姓花同样的钱可以买到更好的产品。此外,京东方不断通过技术创新推动产品创新,也同时实现了消费升级,为百姓带来实惠。

(四)市场化股权结构与完善的公司治理制度推动企业进一步发展

京东方实际控制人为北京电子控股有限责任公司,可支配表决权比例为11.33%,公司股权结构较为分散。京东方目前是两市中股东人数最多的上市公司,截至2017年8月底,股东户数超过100万户。市场化决策机制使得京东方在科技电子市场这样一个全球化竞争的市场中取得较快发展。京东方严格按照《公司法》《证券法》《上市公司治理准则》等法律法规及《深圳证券交易所主板上市公司规范运作指引》的要求,优化运作流程,建立健全内部控制制度,促进公司法人治理结构不断完善,提升公司治理水平。

三、京东方利用资本市场发展的启示及政策建议

京东方的每一步发展都得到了资本市场的大力支持,公司希望未来充分利用资本市场的各项功能,进一步做大做强。京东方的成功经验值得借鉴,建议充分发挥多层次资本市场的各种功能,帮助更多的科技企业从小树苗长成参天大树。

(一)进一步完善多层次资本市场体系,为科技企业提供全生命周期的金融服务

建议进一步完善我国多层次资本市场体系,充分发挥资本市场的平台功能,帮助科技企业整合各类信息与资源,不同层次的资本市场对应服务处于不同生命周期阶段的科技企业,为其提供基于全生命周期的接力棒式的金融服务,帮助科技企业做大做强。

(二)鼓励科技上市公司利用资本市场兼并重组

建议鼓励科技上市公司利用资本市场平台进行兼并重组,调整优化产业布局,提高发展质量和效益,扩大有效供给。建议丰富并购重组支付工具,允许符合条件的科技上市公司通过发行优先股、可转债券等募集兼并重组资金;发展并购重组公司债,拓宽科技上市公司债募集资金用途,引导和支持其开展并购重组。此外,针对优质科技上市公司通过海外并购引进新技术且符合国家重大战略的情形,建议外汇管理局、商务部等相关部门适度放宽审核标准、简化审批流程。

全球已上市独角兽公司的股价和业绩表现*

高苗苗

摘　要　全球独角兽企业上市之后个股股价分化明显。上市后 2 年内平均股价总体呈下降态势，2—3 年后平均股价才缓慢回升，截至 2018 年 4 月仍有 46% 的公司股价低于上市首日，38% 的公司市值低于上市首日，中国公司市值"缩水"尤其严重。全球已上市独角兽公司中有 20% 因经营不善或被并购已退市，其中 17 家来自中国的 IPO 公司，这些公司有 7 家已退市。为此建议，既要增强 A 股市场的包容性，吸引独角兽企业登陆境内市场，又要引导舆论理性看待独角兽企业，严格审核标准加强日常监管，防范可能出现的新风险。

独角兽（Unicorn）企业的概念最初由美国种子基金 Cowboy Ventures 创始人 Aileen Lee 于 2013 年在科技类博客 TechCrunch 上提出，指成立不满 10 年但在公开或私募市场估值超过 10 亿美元的科技型创业公司①。此后，这一概念被广泛使用。比较权威的发布独角兽企业榜单的机构包括 TechCrunch、CB Insights、Fortune②，它们界定独角兽企业的标准略有差异③。据 CB Insights 的最新统计，截至 2018 年 3 月 19 日，全球独角兽公司合计 254 家，平均估值 34 亿美元。从地域分布看，美国有 116 家，中国 64 家，英国 13 家，印度 10 家。从行业看，有 35 家电子商务公司，31 家互联网软件和服务公司，26 家金融科技公司，17 家健康医疗公司。

---

* 本文发表于 2018 年 4 月《中证政研简报》总第 485 期。
① Welcome To The Unicorn Club: Learning From Billion-Dollar Startups, Posted Nov 2, 2013, by Aileen Lee.
② 2017 年，我国科技部火炬中心和长城战略咨询研究所也首次联合发布了《2016 中国独角兽企业发展报告》，其中将独角兽企业定义为成立时间不超过 10 年、获得过私募投资且尚未上市、企业估值超过 10 亿美元的中国境内注册企业，若企业估值超过 100 亿美元，则称为超级独角兽。
③ 对于独角兽企业，CB Insights 的定义是在私有市场估值超过 10 亿美元的初创型企业，Fortune 的定义是估值超过 10 亿美元的创业公司。

一、独角兽企业退出及上市情况

(一) 退出方式

纵观全球独角兽企业,60%的退出方式是通过 IPO。截至 2018 年 3 月,已退出独角兽行列的公司共 171 家,其中 102 家公司通过 IPO,54 家被收购(Acquired),7 家控股股权被收购(Corporate Majority),4 家主营业务被收购(Acq-Fin),2 家被兼并(Merger),2 家反向兼并(Reverse Merger)。

(二) 上市情况

独角兽企业是各国资本市场竞相争夺的对象。大约每隔 3 年会出现一次独角兽企业 IPO 高峰,2017 年、2014 年、2011 年是"大年",分别有 20 家、21 家和 15 家公司上市。其中,45 家在纳斯达克上市,44 家在纽约交易所上市,4 家在法兰克福证券交易所上市,2 家在伦敦交易所上市,1 家在新三板挂牌。美国市场合计占 87%。

已通过 IPO 的 102 家公司中,美国公司 64 家,占 63%,中国 17 家,占 17%,英国 5 家,占 5%,德国 4 家,占 4%。分行业看,互联网公司 54 家,占 53%,健康医疗公司 11 家,占 11%,汽车和电力通信公司 10 家,占 10%,其余为软/硬件服务、能源、金融、电力、食品等行业企业。这些公司从设立到上市平均用时 7 年,上市前平均已融资 4.4 亿美元,平均估值 58 亿美元。

二、独角兽企业上市后市场表现

独角兽企业上市之后个股分化较大,截至 2018 年 4 月仍有 46% 的公司股价低于上市首日,38% 的公司最新市值[①]低于上市首日。中国公司的市值"缩水"尤其严重。

(一) 股价表现

从股价看,独角兽企业上市后 2 年内平均股价总体呈下降态势,2—3 年后才缓慢回升。上市首日平均上涨 34.94%(中位数为 30.55%),上市 1 周后平均下跌 0.26%(中位数为 0.98%),上市半年后平均下跌 7.90%(中位数为 12.43%),上市 1 年后平均下跌 15.98%(中位数为 14.45%),上市 2 年后平均下跌 8.83%(中位数为 26.26%),上市 3 年后平均上涨 9.30%(中位数为 -6.90%)。

---

① 退市独角兽公司按照退市当日的市值计算。

从市值看，截至 2018 年 4 月，市值高于上市首日①的有 63 家，低于上市首日的有 38 家，部分公司市值缩水至上市首日的 1/5，如中华水电（China Hydroelectric Corporation）、麦考林（Mecox）、斯凯（Sky-Mobi）等。市值"缩水"公司中，美国公司 22 家，占 58%，中国公司 10 家，占 26%。

（二）业绩表现

从盈利能力看，多数独角兽企业上市后净资产收益率（ROE）、每股收益（EPS）仍为负值。2011—2017 年②，上市独角兽公司 ROE 中位数分别为 2.91%、-3.89%、-2.00%、-15.37%、-22.14%、-23.00%、-17.35%；EPS 中位数分别为 -0.10、-0.06、-0.12、-0.41、-0.68、-0.58、-0.78。ROE 为正值的上市独角兽公司占比不高，近 3 年分别为 32%、27% 和 33%。

从偿债能力看。独角兽企业上市后杠杆比率有所提升，资产周转率略有下降。2011—2017 年，上市独角兽公司权益乘数中位数分别为 1.48、1.62、1.49、1.58、1.59、1.74、1.88，资产周转率中位数分别为 0.81、0.73、0.59、0.54、0.56、0.58、0.65。

（三）退市情况

上市独角兽公司中有 20%（20 家）因经营不善或被并购已退市，主要集中在纳斯达克市场。其中，美国公司 11 家，中国公司 7 家，英国公司 1 家，爱尔兰公司 1 家。中国公司退市占比高达 41%，显著高于其他国家，且大多数（5 家）公司退市时的市值相比上市时大幅缩水。

三、政策建议

如何支持代表新经济发展方向的独角兽企业发展壮大，同时让境内投资者更好分享发展成果，是我国资本市场一项重要使命。从全球已上市独角兽公司看，既有上市后股价上涨 11 倍的，也有约 40% 的公司股价表现不佳，约 60% 的公司尚未实现盈利，约 11% 的公司因经营不善退市。因此，既要增强 A 股市场的包容性，吸引独角兽企业登陆境内市场，又要严格审核标准，加强日常监管，防范可能出现的新风险。我们建议：

一是完善独角兽企业的认定标准。全球发布独角兽榜单的机构在认定独角兽企业的标准方面各有差异，2017 年我国科技部火炬中心也出台了相应标准。建议加强对独角兽企业特征的研究，加快完善独角兽企业认定标准。

---

① 剔除了 1 个样本，因上市方式为被上市公司并购，作为子公司，市值无法体现。
② 2017 年年报数据未完全披露，本文按照已披露公司统计。

二是加强对上市独角兽公司的监管。得益于我国市场的规模优势，不少企业创立仅1—2年就入围独角兽企业，且估值往往高于成熟市场国家。但是，部分"速成"独角兽企业存在上市后业绩下滑股价下跌的风险，需要坚持依法从严全面监管，防范业绩造假和不实披露。

三是引导舆论理性看待独角兽公司。资本市场中小投资者缺乏风险识别和防范能力，容易被独角兽企业爆发式增长特点吸引，而忽略了新技术新业态新模式的不确定性。因此，监管机构应和有关部门一道合理引导，不能过度"捧杀"放任"炒高"。

资本市场助力科技企业发展的几点思考*

李思明　邵宇

摘　要　资本市场支持科技创新，存在信息不对称、长期资本供给不足、中介服务意愿不强、部门合力不够等"瓶颈"。建议遵循技术进步规律和科技企业成长周期特点，继续推广金融服务信息平台、提高金融服务供给能力、鼓励中介机构服务成长型科技企业、加强相关职能部门合作，全方位提升资本市场服务科技创新的能力和水平。

一、亟待"雪中送炭"的成长期科技企业

当前，科技创新企业的存活率不高，金融服务和金融支持严重不足，也对资本市场提出了新挑战。

一是科技创新周期缩短，机会稍瞬即逝。科技企业生命周期发展特点出现变化：一是周期缩短，科技企业成长加速。如小米科技仅经过了 5 年时间①，即从无到有至 2014 年底估值达 450 亿美元，而传统大型科技公司往往需要 20 年以上。二是周期不完整，很多中小科技企业只经历前几个阶段后，经并购汇入大型企业中。如以色列初创公司 Real Face 成立仅两年就掌握了面部识别核心技术，2017 年 2 月苹果以数百万价格迅速收购该公司，以用于新一代手机的解锁功能。

二是小公司在科技创新中发挥大作用。在科技最发达的美国，出现了一个新趋势，即大量小型创新公司的崛起。通过将高校科技产业化、外包协作、单项优势模块化开放

---

* 本文发表于 2018 年 6 月《中证政研简报》总第 500 期。
① 自 2010 年 4 月成立以来，小米科技经历了 5 轮融资。其中，2010 年底 A 轮融资估值 2.5 亿美元，2014 年底第五轮融资估值达 450 亿美元，成立不到 5 年，小米科技估值翻 180 倍。市场人士估算，截至 2018 年 3 月，小米科技估值约为 680 亿美元，若下半年在 A 股上市，估值预计介于 854 亿—1 351 亿美元区间。

式创新等方式,小公司几乎掌握了最重要的科技创新。相比之下,世界500强的科技企业,越来越热衷于通过并购来积累核心技术。美国1981年前后,小于1 000人公司的研发费用占全美不到5%;而2000年以来,小于500人公司的研发费用占比提高到20%以上,大公司研发费占比则缩小至35%。

三是绝大多数科技企业在创业期和成长期"死亡"。根据国家工商总局对2008—2012年内退出企业的寿命分布统计,超过75%以上的企业在创业期和成长期"死亡"。对于科技企业来说,创业成功的难度更大。据统计,我国59.1%的科技企业寿命不超过5年,仅有3.2%的少数企业能够完成整个生命周期,存活20年以上。由于科技投资风险高、周期长、规模大和频次高等原因,不少科技企业在未能创造现金流或实现盈利之前资金耗尽,后继无力、快速衰亡。

四是融资瓶颈勒出一批长不大的"小老头树"。度过初创期的科技企业,市场前景逐渐明朗,资金需求膨胀且急迫,但企业融资需求与金融供给不匹配。一方面,因害怕失去控制权,股东和实际控制人往往不愿再稀释股权而更倾向于债权融资;另一方面,由于缺乏抵押担保,无法获得贷款,使得对成长期科技企业的融资支持成为金融服务科技企业的盲点和短板。实践中,很多有成长潜力的科技企业因此失去快速成长机会,变成长不大的"小老头树"。如中关村华旗、瑞星等一批企业,20多年来一直没有长大。有机会成长为大型平台企业的大众点评网,在成长关键节点却没有资金支持,遭遇发展瓶颈,最终不得不"投奔"腾讯公司。

二、支持科技企业成长的四大难题

(一) 信息不对称难题

一方面,科技企业具有知识密集、技术密集和人才密集的特点,行业发展迭代快、高度依赖技术创新,发展具有很大的不确定性。金融机构对科技发展规律和科技企业融资特点掌握不充分,投资科技企业成了金融机构的高风险业务。

另一方面,科技部、财政部等科技企业管理与服务部门,各自掌握部分信息,难以转化、整合和优化,信息不对称问题较难化解。在实践中,政府机构、交易所、金融机构各类主体尝试搭建金融信息服务平台,如科技部、深交所联合各地高新区搭建了十几个路演中心,免费为科技中小企业提供路演场所,融资配对成功率超过25%。但相对于全国146个国家高新区,仍然是小范围实验,"杯水车薪"。

(二) 金融服务供给不足

一是四板、新三板、主板之间服务科技企业的衔接不顺畅。资本市场服务科技企业有其独特优势,如对创业企业的价值发现、经营支持以及成熟科技企业上市后的融资支持。但用不同层次资本市场对应服务不同发展阶段的科技企业,存在铁路警察各管一段、服务不连续的现象。

二是服务科技企业的金融产品供给不足。近年,资本市场不断推出创新创业产品,但总体来说,融资工具单一且供给不足。如中国证监会 2016 年推出创新创业债试点,截至 2018 年 3 月底,共计发行 38 单,金额 50.58 亿元,发行主体主要为注册地在北上深的创新创业企业,对其他区域及对大量创业投资公司的支持效果仍不明显。

三是证券公司在投贷联动模式中参与度不够。伴随生命周期,科技企业的融资需求不断变化,股债结合的产品比较符合其当前发展的需要。证券公司具有资源信息共享、协同运作等优势和特点,理应为科技企业股债结合提供良好的金融服务,但现实中却是由银行主导的投贷联动模式。银行在投贷联贷工作中,其审查方法、风控和贷后管理均类似传统信贷业务,与行业内经验丰富的私募股权投资机构合作不紧密,支持力度有限且面临风险进一步向银行集中问题。自 2016 年公布首批开展试点的 10 家银行名单以来,大部分银行并未有效开展此项业务。例如,国开行率先开展投贷联动业务,截至 2017 年底,通过国开科创投资公司在 5 个国家自主创新示范区完成了 25 个项目,投资合同金额 5.38 亿元,完成资金到位仅 2.35 亿元。

(三) 中介机构服务意愿不高

一是中介机构服务科技企业经验不足、意愿不强、能力有限。多习惯于向传统行业企业提供服务,如何进一步完善制度机制,引导更多中介机构和投资机构关注并将资源有效投入到科技企业发展,面临的挑战不小。

二是退出渠道不畅,影响股权投资机构开展科技投资的积极性。科技企业的资产,相当部分为知识产权等轻资产,难以有效定价和顺利变现,达到 A 股发行上市的门槛也不易,加之股权转让、破产清算等方面的障碍,科技股权投资的退出渠道并不畅通,直接影响了股权投资机构的投资积极性。根据清科私募通统计,2017 年中国早期投资市场全年共发生 184 笔退出案例,其中通过"新三板"退出 35 笔,通过 IPO 退出 5 笔。

三是中介机构投资短期化,对真正有技术创新的科技企业支持不足。科技投资是一个长期过程,科技企业成长壮大一般需要 10 年以上,但股权投资机构多为财务投资者,在资金性质和考核上存在短期化,主要投资 3—5 年就可以退出或盈利的项目。大量投资仍停留在短平快的"新模式"领域[①],对技术壁垒高和有重大战略意义的生物医药、新能源、新材料、环境技术等领域的中长期投入十分有限。

(四) 政府部门合力不够

一是相关部门之间沟通协调不足。目前主要由科技部联合"一行两会"等部门共同

---

① 如团购、打车、外卖、共享单车等互联网消费端的应用项目。

推动金融支持科技企业发展相关工作，但实践中往往政出多门，政策协同性较差，资源利用效率较低。如网传"权威发布"的164家"独角兽"企业，引发市场对"独角兽"企业评判标准的热议，对部分企业科技含量出现了不少质疑。

二是金融支持科技创新发展具有准公共服务属性。实践中，中央和地方政府往往给予科技企业多种优惠政策，但政府相关部门和机构并非产业中人，脱离市场现象明显，极易出现一哄而起的同质化倾向，甚至使得巨额投资"打了水漂"。多地"AI + 农业"项目，存在多部门、多级申请补贴，产生了突出的资源浪费。

三、政策建议

（一）健全和推广科技金融信息服务平台

鼓励交易所、中介机构与地方高新区等，合作成立科技金融服务中心，汇集"银、证、保"以及会计、法律等多种资源，特别是私募股权投资、风险投资等资源，运用云计算、大数据等先进技术手段，探索建立多方主体联动的公共平台，帮助科技项目和金融资源实现更为有效对接，同时接受市场的检验。

（二）提高科技企业的金融服务供给能力

一是加大对并购重组的支持力度，推进多种市场化并购支付手段，创新并购融资工具，如并购贷款、并购债券、并购基金、定向可转换债券、换股收购、卖方融资等。二是适度扩大创新创业债试点范围，鼓励创业投资机构发行双创债。三是参考境外股权众筹发展和监管经验，出台规范性文件。

（三）鼓励中介机构加大科技企业服务力度

一是鼓励证券经营机构在高新区、科技园区等设立分支机构，将证券公司服务科技企业情况纳入社会责任履行情况评价。二是鼓励科技创新企业发行上市，提高股权投资机构参与科技早期投资的积极性。三是探索完善创业投资机构投资解禁期反向挂钩制度安排，推动完善相关税收制度安排，鼓励投早投小。

（四）加强与部门间合作，提升金融服务的效率和精准度

主要是加强金融与科技、财政等部门间的沟通与协作，制定科技创新企业认定标准，探索完善政府长期基金及政策补助机制，加大税收支持力度，用好政府补贴、贴息、税收优惠等政策工具，同时继续下沉金融服务重心，适度创新金融工具，充分发挥私募股权投资和资本市场作用，优化整合各类资源。

构建绿色金融体系

完善资本市场政策　推动绿色经济发展*

秦二娃

摘　要　绿色经济发展现已成为我国经济发展的主旋律。2015年10月，党的十八届五中全会提出"创新、协调、绿色、开放、共享"五大发展理念。实现绿色发展，需要经济发展与资源环境可持续的协调发展，一方面加快发展绿色产业，另一方面推动资源环境负荷高的产业绿色转型。2016年8月，经国务院同意，中国人民银行、财政部、国家发展改革委、生态环境部、中国银保监会、中国证监会联合发布《关于构建绿色金融体系的指导意见》，对金融市场推动绿色经济发展的政策举措做出了全面部署。两年多来，资本市场不断建立和完善相关政策，持续推动绿色经济发展。

一、资本市场多措并举，积极推动绿色经济发展

一是支持符合条件的绿色企业上市融资，推动绿色产业发展。截至2018年6月，支持绿色出行、清洁能源、生态保护、环境治理等行业的上市公司在境内外上市融资、再融资、新三板挂牌融资合计369.37亿元。

二是大力支持绿色公司债券发展，扩宽绿色项目直接融资渠道。2016年3月，中国证监会指导沪深交易所启动绿色公司债券试点，并通过设立"绿色通道"、采用"即报即审"政策、以G（Green）开头的上市简称对绿色公司债券进行统一标识等方式，提高绿色公司债券的审批速度和识别度。2017年，为鼓励证券公司承销绿色债券，规范绿色债券评估认证机构行为，中国证监会先后发布多个政策文件，明确绿色公司债券承销激励措施和评估资质要求。截至2018年6月，绿色公司债券（含绿色资产支持证券）

---

* 本文发表于2018年11月《中证政研简报》总第528期。

发行60单，融资金额617亿元；36家证券公司作为主承销商或产品管理人承销共44只绿色公司债券（含资产证券化），合计金额583.38亿元。2017年发行的绿色公司债券（含绿色资产证券化）数量、规模较2016年分别增长了100%和43%。

三是建立健全上市公司环境信息披露制度，提高上市公司环境信息披露透明度。2016年12月、2017年12月，中国证监会先后两次修订上市公司定期报告内容与格式准则，逐步完善了分层次的环境信息披露制度。首先是强制类，属于生态环境部公布的重点排污单位上市公司或其重要子公司强制要求披露有关环境信息。其次是半强制类，重点排污单位之外的上市公司的环境信息披露实行"遵守或解释"政策。最后是自愿类，鼓励上市公司自愿披露有利于保护生态、防治污染、履行社会责任的信息，以及第三方机构对公司环境信息的核查、鉴定、评价情况。此外，中国证监会积极联合生态环境部，强化上市公司环境信息披露监管，对定期报告环境信息披露通报机制、临时报告环境信息披露定期通报机制、信息共享和失信惩戒等方面进行规范。2018年超过60%的上市公司在年报中披露了相关环境信息。

四是积极开展绿色金融产品相关制度研究，鼓励绿色金融产品创新。2017年以来，中国证监会联合相关部委，积极开展设立碳排放权期货交易所、设立绿色发展基金等推动绿色金融产品创新的体制机制研究，已初步形成建立广东创新型期货交易所的思路，将积极跟踪研究碳排放权现货市场发展情况，适时发展碳排放权期货和期权产品。

五是支持创设绿色金融试验区，推动地方绿色低碳经济创新发展。2017年6月，中国证监会会同中国人民银行等部委联合印发五省区建设绿色金融改革创新试验区总体方案，包括江西省赣江新区，贵州省贵安新区，新疆维吾尔自治区哈密市、昌吉州和克拉玛依市，广东省广州市，浙江省湖州市、衢州市。在中国证监会政策允许范围内，五省区证监局积极配合地方政府，推动绿色金融改革创新试验区发展。

六是加强国际合作和交流，提高我国在国际绿色经济发展中的影响力。借助中外多边、双边合作机制，中国证监会积极参与国际绿色金融研讨以及政策制定相关活动，在学习、引进国际金融机构在推动绿色经济发展中的成功经验的同时，积极宣传我国金融监管部门在推动绿色经济发展中的重要举措，提高我国在国际绿色经济发展中的影响力。

二、面临的主要问题

一是绿色债券、绿色基金、环境信息披露等相关标准亟待制定、完善。在绿色债券标准上，现行绿色公司债券支持项目采用的是中国金融学会绿色金融专业委员会编制的《绿色债券支持项目目录》。对绿色债券相关方的调研结果显示，市场参与机构认为现行目录对绿色项目的规定原则性较强，覆盖不够全面，应将所处行业非绿色环保产业但部分核心技术能促进循环利用、减少环境污染的项目纳入绿色产业目录。在上市公司环境信息披露上，现行环境信息披露内容要求主要从监管本位出发，围绕"污染防治"内容展开。环境风险评估标准、环境信息核算标准、环境信息评估标准等系列相关标准也尚未建立。据前期对我国机构投资者的调查结果显示，大多数机构投资者认为现有上市公司披露信息不足以支撑起有效的投资决策，应在披露内容的规范性、完整性、及时性、可对比性、第三方评级、可获取性等方面进一步完善。此外，国内绿色债券、环境信息披露要求与国际相关标准存在显著差异，在一定程度上不利于符合条件的绿色企业和绿色项目在海外融资或引进海外责任投资者投资我国绿色项目和绿色企业。在绿色基金上，我国目前缺乏绿色基金相关标准，市场机构在绿色基金投向绿色产业或绿色项目的比例界定差异较大，以致投资者对当前市场上的"绿色基金"认可度不高。

二是绿色资产证券化等绿色金融工具限制条件较多。当前绿色公司债券、绿色指数、绿色基金等绿色金融产品市场规模较小且创新有待加强。部分绿色金融工具限制条件较多，未能广泛推广。例如，在现行制度下，资产证券化产品存在规模小、成本高、期限短、流动性差等问题，结合底层资产存量规模不足、审批流程复杂、涉及主体多、审批周期长等现象，使得资产证券化产品对资金供需双方吸引力不强，制约绿色资产证券化产品发展。

三是绿色投资环境亟待优化。目前，国内绿色金融产品的发行人、投资者以及中介机构（包括认证机构）仍处于发展起步阶段，对绿色金融产品认识存在差异。例如，在绿色公司债券方面，对绿色债券相关方的调研显示，相比普通公司债券，绿色公司债券在发行利率、发行便利性等方面，对发行人和投资者吸引力都有所不足。原因主要在于，发行人和投资者对绿色金融产品认识差异较大。发行人普遍认为，投资绿色项目既有经济效益，又有正面的社会效益和环境效益，希望绿色债券能获得比普通债券更长的资金期限、更低的融资成本；但投资者普遍认为，绿色债券是债券的一种，绿色债券投资需要遵循债券投资的一般规律，安全性、效益性和流动性仍是其主要考量因素。

三、政策建议

一是加快完善绿色金融相关标准。中国证监会积极会同中国人民银行等六部委及市场机构，研究与制定绿色金融标准体系，包括绿色金融通用基础标准、绿色金融产品服务标准、绿色信用评级及鉴证标准、绿色金融信息披露标准、绿色金融统计与共享标准、绿色金融风险管理与保障等系列内容。中国证监会具体参与如下标准制定：（1）会同国家发展改革委、人民银行对《绿色债券支持项目目录》进行修订更新，在统一绿色债券的准入标准、资质认证、审核程序、信息披露以及持续监管要求等方面完善有关监管规则和标准。（2）与生态环境部建立工作沟通机制，综合投资者需求和企业成本，进一步研究完善包含上市公司环境信息披露要求在内的 ESG 相关指导性文件，配合制定重大环境事件信息披露标准。(3) 借鉴国内外先进经验和发展实践，探索研究面向证券行业的绿色金融机构评价标准。

二是继续支持绿色公司债券市场发展。鼓励绿色公司债券与具体绿色项目挂钩，积极探索发展绿色项目收益债；探索将绿色公司债券产品优先纳入境内外证券交易所互联互通机制，推动境外优质企业和国际性组织特别是"一带一路"沿线国家或地区机构在我国交易所市场发行绿色公司债券，吸引国际资本投资中国绿色债券；通过完善交易制度、提高绿色公司债券的流动性，充分调动市场积极性。

三是培育中国绿色投资者。一方面，可效仿国外设立绿色投资者联盟，推动中国证券投资基金业协会探索研究制定绿色产品投资行为指引，积极引入中长期投资者、境外投资者和专业的绿色投资者，鼓励公募基金、保险公司等长期机构投资者将绿色金融产品纳入投资范围。另一方面，完善投资者适当性管理和绿色金融产品持有人权益保护。

四是推动市场参与的相关体制机制建设，具体包括：(1) 鼓励金融机构丰富绿色金融产品，增强品种影响力；鼓励金融机构针对绿色产业发展的阶段性特征和融资需求特点进行有效的产品创新和供给等；鼓励金融机构单独或联合交易所丰富绿色指数，借助双边、多边国际合作平台提升绿色指数影响力，以绿色指数为基础开发绿色基金等相关金融产品。(2) 督促中介机构行业自律；支持专业的绿色担保机构和第三方绿色认证机构发展，引导评级机构建立规范的绿色评级体系。(3) 培育市场绿色金融意识；加强组织绿色政策宣讲和市场推广，从经济、环境和社会效益等方面深化公众和市场认识。

健全绿色股票指数体系　服务绿色经济发展*

秦二娃　王骏娴

摘　要　《中共中央关于制定国民经济和社会发展第十三个五年规划的建议》提出的"绿色"发展理念，显示我国经济发展模式正从高耗能、高污染向清洁绿色转变。在资本市场，发展绿色股票指数有利于督促上市公司加强环保、社会责任等信息披露，有利于引导社会资本向环境保护行业的公司配置，有利于促进绿色经济的发展。鉴于此，本文在研究借鉴国际绿色股票指数发展经验的基础上，结合我国绿色股票指数发展实际，提出了健全绿色股票指数体系、服务绿色经济发展的政策建议。

2015年9月，中共中央、国务院印发了《生态文明体制建设改革总体方案》，提出要"加强资本市场相关制度建设，研究设立绿色股票指数和发展相关投资产品"。2015年10月29日，十八届五中全会通过的《中共中央关于制定国民经济和社会发展第十三个五年规划的建议》提出"发展绿色金融，设立绿色发展基金"。绿色股票指数是绿色金融体系的重要组成部分。发展绿色股票指数，有利于督促上市公司加强环保、社会责任等信息披露，有利于引导社会资本向环境保护行业的公司配置，有利于促进绿色经济的发展。

一、发展绿色股票指数的意义

（一）绿色股票指数的定义与特点

绿色股票指数指根据特定标准对绿色股票进行评选，选取综合评分较高的上市公司

---

* 本文发表于2016年3月《中证金融研究》2016年第4期总第58期。

为样本，根据其股票价格所设计并计算出来的股票价格指数衡量绿色股票市场的价格波动情形。绿色股票指数的表现反映了过去能源结构在当前市场环境中所面临的困境，是绿色金融体系的重要部分。

绿色股票指数具有如下特点：一是广泛性。绿色股票指数涵盖水、碳、核能、清洁能源、可替代能源、再生能源、可持续发展、社会责任等众多主题板块。二是风险分散。指数通常是一组上市公司的组合，有利于避免投资者对单个环保类项目投资的风险。三是大众参与。绿色股票指数是具有互联网精神的绿色金融方式，可以帮助投资者选择绿色企业，并通过指数投资产品，引导更多市场资本投资绿色产业。

（二）发展绿色股票指数的意义

1. 通过提供具体可对比的标准，以市场化方式督促上市公司进行环境信息披露。绿色股票指数通常由专业研究机构研发，借助特定的绿色评选标准和数据分析模型，对上市公司空气等自然资本的损耗从低到高进行排位，以排位较前的上市公司为样本编制而成。即使在上市公司自然资本损耗数据缺失的情况下，也可借助模型，根据上市公司特定的业务结构、盈利等信息对其自然资本损耗进行模拟。因此，绿色股票指数在一定程度上提供了一个对上市公司自然资本损耗进行评估和对比的定量指标标准，而上市公司对指数中较高排位的追求，使得有足够市场影响力的指数逐渐成为信息披露的通用标准，如英国富时指数 FTSE、道琼斯可持续发展指数 DJSI，以此可实现以市场化方式督促上市公司增强环保、社会责任等方面的信息披露。

2. 有利于引导社会资本进入绿色产业，服务绿色经济发展。与传统股票指数相比，绿色股票指数将自然资本因素整合到上市公司的财务信息披露中，不仅可测量自然资本风险的物理数值，还可评估具体企业和行业受环境监管影响所产生的监管成本，为其金融风险提供一个全面度量，有助于投资者将气候变化带来的不确定性整合到其投资决策中。因此，绿色股票指数可被看作投资者在不牺牲市场回报的情况下，用于筛选绿色投资组合的金融工具，有利于引导社会资本更多向环境保护公司配置，降低绿色行业的融资成本，进而吸引更多倾向绿色主题的社会资本，实现良性循环，促进绿色经济发展。

3. 有利于增强市场抗风险能力，稳定资本市场运行。美国明晟公司 MSCI 有关绿色行业指数投资的研究表明，与传统股票指数相比，绿色股票指数选取的企业在社会责任方面表现良好，更加关注长期成功，有着较低的管理成本和投资风险，可产生更稳定、更高的投资回报。即便是在经历了金融风险后，绿色股票指数投资也有较强的抗风险能力和稳定收益能力，在为高排放行业预测未来环境污染排放量的同时，可有效避免一些系统性的生态风险，有利于资本市场的长期稳定发展。

二、国际绿色指数发展情况

(一) 主要类别

国际绿色股票指数可被分为三类：一是ESG（Environment, Social and Governance）指数，包括环境、社会及公司治理类指数。二是环境生态指数，包括低碳、水资源、非矿物燃料类指数。三是环保产业指数，包括资源管理、污染管理、清洁技术类指数。国际代表性绿色股票指数及指数系列见表1。

表1　　　　　　　　国际代表性绿色股票指数及指数系列

类别		代表性指数及指数系列
ESG	可持续发展	S&P DOW Jones 欧洲/中东/北非/日本指数系列
		MSCI 全球/美国 ESG 指数系列
		FTSE 4Good ESG 指数系列
		STOXX ESG Leaders 指数系列
		恒生可持续发展企业指数系列
	社会责任	FTSE 4Good 指数系列
		MSCI 全球社会责任指数系列、MSCI KLD 400 社会责任指数
环境生态		S&P Dow Jones Green Investing（water \ ECO \ Carbon efficient）、S&P 生态指数、S&P 清洁能源指数
		MSCI Environmental 指数系列
		FTSE ex Fossil Fuels 指数系列
环保产业		S&P 核能指数、S&P 替代能源指数、S&P 水资源指数、S&P 清洁技术指数
		MSCI 替代能源指数、MSCI 清洁科技指数、MSCI 可持续水资源指数、MSCI 绿色建筑指数、MSCI 污染防治指数

ESG指数可被进一步细分为可持续发展指数和社会责任指数。可持续发展指数是从环境、社会及公司治理方面对公司的长期全面评估，以公司治理、生态效益、企业社会责任等为标准。社会责任指数是一种更全面考察企业的主题指数，除了关注企业的财务表现，还关注企业社会责任的履行，在传统的选股模式上增加了企业环境保护、社会道德以及公共利益等方面的考量。

(二) 发展特点

1. 以环保产业指数为主，ESG指数和低碳类指数受到普遍关注，原因在于：一是环保产业指数发展较早，且主题明确。二是国际主流指数公司，如道琼斯公司、富时集团等，拟借助其不断研发的ESG相关指数系列，推动其ESG信息披露标准发展为国际统一标准。三是随着全球气候变暖情况日益严重，越来越多关心温室气体影响的投资者开始关注碳效率、碳风险等低碳类指数。

2. 绿色股票指数及其投资产品丰富，受到金融机构的普遍关注，具体表现为：一是欧美资本市场中具有代表性的绿色股票指数，包括英国富时社会责任指数系列、标准普尔全球情节能源指数及 MSCI ESG 系列指数，其背后都有相当大规模的跟踪该指数的投资基金。二是特色指数及其投资基金的开发，包括德意志银行 x-trackers、标准美国碳减排基金及巴克莱银行的"全球碳指数基金"。三是纽约泛欧交易所、美国梅林银行、瑞士联合银行集团、英国维珍金融公司等国际金融机构现已开始参与降低环境风险的投资产品的开发工作。四是绿色可持续发展行业已经成为一项重要的金融投资产业。根据欧洲可持续投资论坛（Europe-based National Sustainable Investment Forums，SIF）的统计，截止到 2014 年，欧洲投资可持续、社会责任道德等各类绿色主题的资产达 6.7 万亿欧元。国际约有 35% 的专业管理投资资产价值明确了"社会责任投资"（Social Responsible Investment，SRI）的战略。多家养老基金、资产管理公司等机构投资者均确立了可持续、担当社会责任的投资使命，并制定系列战略以应对能源、环境、气候变化对长期投资经济价值的风险。2012—2014 年间，国际社会责任投资资产从 13.3 万亿美元增至 21.4 万亿美元。

3. 以具体真实的环境信息为基础，原因在于：有着强制信息披露制度及对虚假信息严格的惩罚机制。国际上有 28 家交易所，包括英国、法国、加拿大、南非、巴西、澳大利亚、新加坡、印度等地的交易所，都制定了强制环境信息披露制度，要求其上市公司必须按一定标准披露环境、社会及公司治理方面的相关信息。美国《证券法》规定，上市公司要披露财务和非财务的重要信息，包括环境负债、遵循环境和其他法规导致的成本等内容。美国证券交易委员会颁布的《92 财务告示》要求上市公司及时准确的披露现存或潜在环境责任，对于不按照要求披露或者披露信息严重虚假的公司将处以 50 万美元以上的罚款并通过新闻媒体对其违法行为进行曝光。

4. 有成熟的第三方自然资本数据提供和分析机构做支撑。绿色股票指数研发的一个重要基础是筛选股票的模型。国际上已经有多家成熟的第三方相关机构为指数公司提供具体、可靠的上市公司自然资本数据及分析服务，如英国 Trucost 公司从事环境研究、数据规范和审核逾 15 年之久，拥有世界上最综合的企业环境数据库和先进的全球环境扩展输入产出模型，每年研究超过 5 000 家上市公司及其他们的供应链，已对资产总额为 20 万亿美元的基金进行环境足迹分析。

5. 绿色投资者已初具规模，机构投资者不断涌入。所谓绿色投资者指的是在不牺牲市场回报的前提下，愿意支持绿色上市公司的投资者。国际绿色投资者现已初具规模，其中欧洲绿色投资者现已占其投资者总数的 20%，原因在于：一是国际投资者以机构投资者为居多。随着不断增长的自然资源压力和更严格的环境监管环境，国际机构投资者更偏向投资收益稳定、绿色环保的金融产品，如英国电信集团养老基金、英国环境署养老基金、美国第二大养老金加州教师退休金和挪威石油基金等机构投资者都已将自然资本指标融入其投资决策。其中,英国电信集团养老基金已对富时全股指数投资 1 亿英镑。英国环境署的养老基金承诺未来 5 年将其 90%、近 29 亿英镑的投资投向非石化能源产品。二是国际投资者具有较强的环保意识。欧洲各国广泛的环保意识和美国舆论界对环保事件的零容忍度使得投资者在关注上市公司投资回报的同时,更加愿意支持有利于环境保护的上市公司。

三、我国绿色股票指数体系发展情况

(一)主要类别

我国绿色股票指数可分为 3 类:一是可持续发展指数,主要是对企业在环境、社会责任、公司治理等方面的综合评价,可被细分为 ESG、公司治理、社会责任等类别。二是环保产业指数,主要涵盖资源管理、清洁技术和产品、污染管理等范围,可被细分为新能源、新能源汽车、环境治理等类别。三是绿色环境指数,目前只包含了碳指数。该类指数通过计算上市公司的碳足迹(二氧化碳排放量/主营收入),来选取碳排放量比较低的上市公司。国内绿色股票指数见表 2。

表 2 国内绿色股票指数

类别		指数全称	指数简称
可持续发展	ESG	中证财通中国可持续发展 100(ECPI ESG)指数	ESG 100
		中证 ECPI ESG 可持续发展 40 指数	ESG 40
		上证 180 公司治理指数	180 治理
	公司治理	上证公司治理指数	公司治理
	社会责任	上证社会责任指数	责任指数
环保产业	环保产业	中证内地低碳经济主题指数	内地低碳
		中国低碳指数	中国低碳
		中证环保产业 50 指数	环保 50
		上证环保产业指数	上证环保
		中证环保产业指数	中证环保
	环境治理	中证环境治理指数	环境治理
		中证阿拉善生态主题 100 指数	生态 100
	新能源	中证新能源汽车指数	新能源车
		中证新能源指数	中证新能
		中证核能核电指数	中证核电
绿色环境	碳效率	上证 180 碳效率指数	180 碳效

从类别上看,第一类和第二类指数主要反映重视环境治理的公司,第三类指数聚焦在传统类公司的节能减排,视角有所差异。

(二) 发展特点

1. 以环保产业指数为主,可持续发展指数规模较小,绿色环境指数刚刚起步。国内绿色股票指数目前以环保产业指数为主,且其发展与国外指数并无显著不同,其原因在于环保产业指数主要是主题类指数,其产业具有明确的界定范围。可持续发展指数规模较小,具体表现为国内可持续发展指数的平均规模为1亿—2亿元,最大指数规模在10亿元左右,其主要原因在于国内没有可靠的环境信息作为基础以及国内投资者的关注不足。绿色环境指数刚刚起步。2015年10月,国内首支碳效率指数,即国内首支绿色环境类指数,上证180碳效率指数刚刚发布。

2. 绿色股票指数及其投资产品的发展开始获得政府及金融机构的关注,具体表现为:一是党中央、国务院近期发布的《生态文明体制改革总体方案》首次提出了构建绿色金融体系,要研究设计绿色股票指数和发展相关投资产品。二是中证指数有限公司与上海证券交易所、北京环境交易所、财通基金管理有限公司等金融机构积极合作,现已成功推出了16只绿色股票指数。三是截止到2015年10月底,国内基金管理机构已推出以环保、低碳、新能源、清洁能源、可持续为主题的基金约32只,规模约439.9亿元①。

3. 指数编制多以模型模拟数据为基础,缺乏真实、可靠的环境信息。以上证180碳效率指数为例,其指数成分股中只有1家上市公司公布了碳足迹,4家公布了其能耗使用,其余上市公司的碳足迹都是通过Trucost公司的全球环境扩展输入产出模型计算得出。国内上市公司环境信息缺失的主要原因有:一是国内交易所尚未强制要求上市公司披露其环境信息;二是即使环保部等其他部委具有公开、易于获取的公司环境信息,但因环保监管不到位,其数据可靠性无法保证;三是缺少可靠的第三方上市公司自然资本披露、标准及分析机构;四是对自愿进行环境信息披露的上市公司激励措施不足,对造成环境事件的公司惩罚力度不够。

4. 绿色投资者发展不足,原因在于:一是绿色股票指数主要是主题类、长期的投资产品,具有收益持续稳定的特点,目标群体应是关注环保、特别是拥有长期资金的机构投资者。而我国投资者以个人投资者居多,且大多追求短期效益,相比于投资回报缓慢、投资周期较长的绿色股票指数产品,更愿意投资收益高、投资见效快的投资产品。二是基于国内多年粗放式经营生产方式的背景,国内投资者的环境保护意识不

---

① 根据中国证监会相关系统数据,截至2018年底,名称中含有"低碳""环保""绿色""新能源""美丽中国""可持续"的基金共有48只,规模244.93亿元。

强。随着国内生态环境的不断恶化,国内投资者对绿色金融产品的投资意识才刚刚开始。

综上所述,国内外绿色股票指数发展的主要区别如表 3 所示。

四、政策建议

(一) 健全绿色股票指数体系,发展系列指数、特色指数

从国内外绿色股票指数发展看,国内绿色股票指数起步较晚、类别较集中、规模较小,且尚未形成相关的系列指数、特色指数(见表 3)。因此借鉴国际指数发展特点,要发展绿色股票指数,首先需要健全绿色股票指数体系,可借助国内政府及社会大众对大气污染、碳排放等主题的普遍关注,发展绿色环境、环保产业等主题类的系列指数、特色指数,如碳效率系列指数及特色指数。从国际市场来看,低碳指数已经在全球有了较好的应用,比如富时指数推出的全股碳优化指数(FTSE ALL-SHARE Index)。该指数的低碳版在追踪英国主要指数"富时全股指数"金融表现的同时,将潜在的碳风险降低了 20%。欧洲最大的养老基金之一 BT 养老基金已对该指数投资了 1 亿英镑。另外,标准普尔也创立了美国和新兴市场的碳效率系列指数。在过去 6 年,系列指数都实现了基准收益,并为投资者将碳排放的潜在风险降低了 50% 左右。

表 3　　　　　　　　　　国内外绿色股票指数境况对比

		国际绿色股票指数	国内绿色股票指数
指数	类别	ESG、环境生态、环保产业	可持续发展、环保产业、绿色环境
	规模	达上万只,欧洲的绿色股票指数数量占其市场指数总量的 20%	共 16 只,绿色股票指数数量占市场指数总量的 2%
	发展趋势	以环保产业指数为主,ESG 指数和低碳类指数受到普遍关注	以环保产业指数为主,可持续发展指数规模较小,绿色环境指数刚刚起步
投资者	环保意识	欧洲:强烈的环保氛围 美国:舆论界对环保事件零容忍	环保意识刚刚开始
	投资规模	欧洲绿色投资者占其投资者总量的 20%;机构投资者不断涌入	缺乏绿色投资者
信息基础	强制信息披露制度	有 28 家交易所制定了强制信息披露制度	暂无强制信息披露要求
	奖惩机制	对虚假信息具有严格的惩罚机制	缺乏具体的奖惩机制
	第三方相关机构	有可靠的第三方自然资本标准及分析机构	缺少可靠的第三方自然资本披露、标准及分析机构

（二）鼓励开发多种形式的绿色股票指数投资产品

鼓励境内资产管理机构开发多种形式的绿色股票指数投资产品，如鼓励构建多样化的绿色股票指数基金。根据2015年10月29日十八届五中全会通过的《中共中央关于制定国民经济和社会发展第十三个五年规划的建议》中提出"发展绿色金融，设立绿色发展基金"的要求，资本市场需大力发展绿色基金。绿色基金可以整合直接融资和间接融资，组合各类融资工具，降低融资成本。建议鼓励主动型、被动型、股债结合等多种形式的绿色股票指数基金产品的研发，以适应不同类型绿色主题、绿色项目的融资需求，加快建立支持绿色PPP项目的绿色基金体系。目前人民银行已经发行绿色债券，基金公司在设计绿色投资产品时，可多采用以股为主，股债结合的配置策略，增加投资的稳定性。

（三）培育绿色投资者，鼓励长期机构投资者投资绿色证券产品

我国绿色投资者发展不足，要培育绿色投资者，一是可加强对投资者进行针对性的绿色投资教育与服务，充分发挥媒体的舆论引导和宣传教育功能，引起社会对绿色投资的关注，完善健康的绿色投资环境。二是可帮助被动式的机构投资者高效地识别资源利用效率高的低碳行业和股票，降低投资中的间接环境风险，并提高机构投资者的绿色投资比重。三是可鼓励有影响力的证券机构投资者在投资决策中引入环境评估，引导社保、保险机构、养老金年金等长期机构投资者在选择投资产品时兼顾社会责任，发挥大型投资机构的示范作用，关注绿色投资，与绿色指数编制机构对接，让长期资金通过多样化的指数产品投资于绿色行业。四是可通过帮助绿色企业降低融资成本，激励企业在生产经营中不断改善其环境表现和信息披露的方式，吸引更多的偏向绿色主题的资金，实现良性循环。以国内大型的综合指数为例，可量化潜在的环境风险，分析环境风险如何影响投资收益。五是可降低长期资本投资绿色股票体系的成本，如降低基金管理费和相关税费，建立起绿色通道。

（四）建立健全上市公司环境信息披露制度

真实、具体的上市公司环境信息披露制度是发展绿色股票指数的重要基础。一是建立统一的披露标准或参考国际已成熟的标准，如参考由世界资源研究所制定的温室气体核算体系进行企业碳核算和信息披露。二是强化和激励上市公司在环境信息方面的披露力度和可靠性，包括石化燃料使用、碳排放、污水、废气、固体废弃物等，在对主动自愿披露的上市公司给予一定的激励措施同时，加大对伪造环境信息上市公司的惩罚力度。三是通过监管或社会第三方机构，营造环境信息披露氛围，鼓励第三方机构积极参与绿色环境信息的采集和发布。

(五) 鼓励国际国内第三方自然资本披露、标准化和分析机构的发展

发展第三方自然资本披露、标准化和分析机构，一方面可弥补交易所无强制信息披露的空缺，为指数公司提供标准化、可对比的上市公司自然资本数据，使得绿色股票指数的编制及投资者具有真实、可靠的上市公司环境信息；另一方面提供可筛选股票的自然资本分析模型，并可在数据缺失的情况下，通过数据分析模型模拟出可用数据，为发展绿色股票指数提供助力。

(六) 建立绿色股票评价体系，构建绿色股票库

目前绿色股票的内涵较为广泛，概念模糊。明确绿色股票的标准，同时借鉴国际经验并结合国内实际，建立起绿色股票评价体系，明确评价标准，构建绿色股票库，对健全绿色指数体系具有非常重要的指导意义。

构建符合投资者需求的上市公司环境信息披露制度*

秦二娃　张　琦

摘　要　建立健全上市公司环境信息披露制度是资本市场推动生态文明体制改革、建设美丽中国的重要基础性制度。我国现行上市公司环境信息披露要求多从监管政策出发，较少考虑投资者尤其是机构投资者需求。本文在抽样调查的基础上，系统分析了机构投资者对环境风险的认识及对上市公司环境信息披露的需求，并提出相关政策建议。

为获取机构投资者对上市公司环境信息披露的需求，我们委托中国证券投资基金业协会向部分大型公募基金、券商资管、私募证券投资基金管理人等机构投资者进行了定向问卷调查，根据83份回复结果，对机构投资者的环境风险意识及其对上市公司环境信息披露的诉求进行了系统分析。

一、机构投资者的环境风险意识分析

机构投资者现已普遍关注环境风险问题，但不同类型机构投资者对环境风险的关注程度不同，且缺乏相应的风险评估和决策机制。

一是普遍认识到环境风险对投资决策的重要性。99%的机构投资者认为识别和管理环境风险会影响其投资决策。其中，24%的机构投资者认为具有关键性影响，75%的机构投资者认为具有较大影响。从未来3—5年环境迁移风险①对投资的影响变化看，77%的机构投资者认为影响会越来越大。

二是普遍考虑在投资决策中纳入环境风险因素。87%的机构投资者表示会视情况对

---

* 本文发表于2017年12月《中证政研简报》总第457期，后刊发于《改革内参》（2018年5月22日）。
① 环境迁移风险包括如技术变迁、环境政策变化等，与物理性风险（如环境灾害、极端气候增加等）共同构成广义上的环境风险。

部分行业或特定公司提出环境指标要求，7%的机构投资者表示会对所有投资标的都考虑其环境表现及风险。

三是相比较环境收益，机构投资者更加关注环境风险。从对环境风险的关注看，22%的机构投资者拒绝投资或全部卖出发生重大环境风险事件的投资标的的持有规模，72%的机构投资者表示会谨慎投资或降低持有规模。从对环境收益的关注看，7%的机构投资者表示会考虑增加对环境气候友好型投资标的的投资，89%的机构投资者表示会综合其他因素调整相关投资决策。

四是不同类型的机构投资者对环境风险的关注程度不同。从问卷反馈看，公募基金问卷反馈率最高，约为87%；私募证券投资基金管理人问卷反馈率最低，约为11%。

五是缺乏相应的风险评估和决策机制。79%的机构投资者尚未在公司组织层面建立应对环境风险的组织和人员安排机制。考虑在投资决策中纳入环境风险因素的78家机构中，仅有4家机构建立了公司层面的环境表现及风险评估与决策机制。74%的机构投资者是由基金经理自主考虑标的的环境表现及风险。

二、机构投资者对上市公司环境信息披露的需求分析

机构投资者对上市公司披露的环境信息需求较大，尤其是高质量、通过正式渠道发布的环境信息。

一是对高质量的环境信息需求较大。93%的机构投资者表示上市公司环境信息披露质量对其投资决策的效率和效果有影响。其中，1%的机构认为有显著影响；23%的机构投资者认为有较大影响；69%的机构投资者认为有一些影响。此外，77%的机构投资者表示会谨慎投资或降低对没有披露环境信息的上市公司金融产品的持有规模。

二是对正式渠道发布的环境信息需求较大。超过77%的机构投资者选择通过上市公司环境信息报告、年报、公告，环保部等监管部门公布的环境监测信息获取对其投资决策最有价值的上市公司环境信息。

三、机构投资者对上市公司环境信息披露制度的评价

现行上市公司环境信息披露制度的施行对机构投资者的投资决策有一定帮助，但在披露质量、覆盖面、披露渠道、强制性披露要求、第三方评估等方面有待提高。

一是环境信息披露制度的施行有助于机构投资者的投资决策。2016年12月，我国首次强制性要求属于环境保护部门公布的重点排污单位的上市公司披露相关环境信息。13%的机构投资者认为该制度施行对其投资决策有很大帮助，80%的机构投资者认为有一定帮助。此外，8%的机构投资者认为上海证券交易所发布的《上市公司环境信息披

露指引》对其投资决策有很大帮助，78%的机构投资者认为有一定帮助。

二是上市公司目前披露的环境信息质量不足以有效支持机构投资者的投资决策。87%的机构投资者认为披露质量一般，能满足部分投资决策需求；6%的机构认为披露质量很差，无法有效支持其投资决策。

三是强制性披露覆盖面有待扩大。94%的机构投资者赞成扩大上市公司环境信息强制性披露覆盖面，认为环保部的重点监控企业与A股上市公司重合度不高，现行上市公司强制性环境信息披露覆盖面较小。

四是披露要求有待细化、明确、统一。94%的机构投资者表示有必要建立更多上市公司环境信息披露指标。此外，机构投资者普遍认为现行强制性环境信息披露要求不明确，缺乏统一的行业标准和参考标杆，以致上市公司环境信息披露实际操作中，对重大事件和重大影响的判定存在较大的主观判断空间，存在隐瞒或回避对上市公司股价产生实质性影响的重大环境信息的现象。

五是披露内容的及时性和有效性有待改善。机构投资者认为仅披露年度报告和半年度报告不利于其及时跟进上市公司环境治理情况，不利于其投资决策。此外，缺乏第三方评估，上市公司环境信息披露的真实性、有效性有待公允评价及评估。

四、政策建议

总体看，机构投资者普遍关注环境风险问题，对上市公司环境信息披露需求较大，期待现行上市公司环境信息披露制度有所改善。我们建议：

一是健全上市公司强制性环境信息披露制度。扩大上市公司强制性环境信息披露覆盖面，设计统一标准的环境披露指标，增强环境信息的实质性、时效性、可比性、与投资决策的相关性，建立权威、规范、多渠道的环境信息披露渠道，提高政府和监管部门监测信息的透明度。

二是探索建立第三方独立评价机制。可考虑由第三方机构建立统一、标准、综合的环境信息评价机制。

三是加强环保部门和证券部门的合作，定期对机构投资者进行环境风险压力测试。

境外上市公司环境信息披露指标对我国的启示[*]

秦二娃

摘　要　环境信息披露指标体系涵盖披露要素、各要素披露要求和标准、披露周期和适用范围等内容。构建一套标准统一、符合国际趋势和本国实际的上市公司环境信息披露指标体系，是建立健全上市公司环境信息披露制度的重要环节。本文对国际主要上市公司环境信息披露指标进行了梳理分析，提出对我国的借鉴与启示。

在国际资本市场，上市公司环境信息披露指标的参考依据主要有3个：国家法律法规、资本市场监管机构的环境、社会与公司治理（ESG）信息披露制度、非政府组织的披露指南。

一、国际主要经济体相关法律法规分析

以欧盟、美国、法国和英国为代表的国际主要经济体各自出台了相关法律法规以推动上市公司环境信息披露。主要特点有：

一是大多设定了温室气体排放和有毒有害物质等特定环境项目的强制披露，且有明确的指标和计算方法。指标和计算方法部分采用国际通用标准[①]，部分由国家、地区自行定义。例如，欧盟执行的污染物排放和转移登记制度，对各种产生污染物的行为细分、分别设定指标和编码，要求相关企业对照披露；美国发布《有毒物质控制法》，提供85 346种化学物质名录，强制要求生产或进口超过一定数量的企业披露物质暴露及使

---

[*] 本文发表于2017年12月《中证金融研究》2017年第26期总第94期。

[①] 温室气体排放方面主要参考的国际通用标准：世界可持续发展工商理事会（WBCSD）和世界资源研究所（WRI）制定的《温室气体协议：企业核算和报告准则》、国际标准化组织（ISO）制定的ISO 14064以及英国标准协会（BSI）制定的PAS 2050《商品和服务在生命周期内的温室气体排放评价规范》等。

用等信息。

二是综合考虑环境影响显著性和披露成本,强制性披露的范围设计较为谨慎,多面向大型高排放高排污企业,对其他企业多采用"不遵守就解释"的半强制性制度。"不遵守就解释"制度赋予强制披露一定的灵活性,即在有章可循的前提下,公司可根据自身情况、规模、业务以及所面临的环境风险和挑战,选择披露所有层面或对未披露的指标做出解释。例如,英国2013年修订的《公司法》增加了上市公司在董事局报告披露温室气体排放信息的强制要求,同时也规定除特殊规定的小企业外的所有企业可按照"不遵守就解释"原则在战略报告中披露环境信息。

三是温室气体和污染物排放等披露指标多由各国自主制定,其他强制性环境信息披露多参考国际公认指标体系。综合考虑本国环境现状、发展实际和可操作性,国际主要经济体多自主制定温室气体和污染物排放指标,如美国环保署根据美国国内现状发布和修订了《温室气体报告规则》[①]。对于其他强制披露的环境信息,国际主要经济体主要参考国际公认披露指标体系,细化披露政策,以提高指标的一致性和可比性,并降低了企业重复报告的负担。例如,欧盟委员会2014年底发布的《欧盟非财务信息披露指令》明确说明企业信息披露可参考国家或公认的国际框架。

二、国际主要证券交易所的相关制度分析

国际主要证券交易所对上市公司环境信息披露的强制性程度和要求有所不同,主要特点有:

一是普遍涉及环境会计(包括环境违规、环境事件、环境成本和环境有关财务风险等)、污染物排放信息、资源消耗信息、环境管理信息四大类一级指标。

二是指标设计与非政府组织提供的指标高度重合。具体表现:一是在发布了具体指标的证券交易所规则时,多同时提供了披露项目所对应的非政府组织披露标准中的指标编号,如马来西亚证券交易所指引对每项指标标注了相应的GRI指南指标。二是仅提供披露架构、未提出具体的指标体系,将现有符合证券交易所披露要求的国际通用指标体系提供给上市公司参考,并提出指标选取建议,如加拿大TMX证券交易所和德国德意志交易所等。三是证券交易所披露指标与非政府组织的指标体系互为补充,如巴西B3交易所将SDG指标引入环境等信息披露指标。

三是多鼓励上市公司按照重要性原则,根据交易所要求披露对自身最关键、最具影

---

① 2009年,美国环保署通过《温室气体报告规则》,要求对化石燃料燃烧和工业温室气体排放、汽车和发动机制造、温室气体年均排放超过2.5万吨的设备等披露排放信息。2010年3月,美国环保署对《温室气体报告规则》进行修正,进一步分行业细化了原规则,增加电力工业、氟利昂、进出口含氟利昂预充电设备、输电配电设施使用和输电配电设施的制造等类别。

响的指标。在具体披露指标上，为减轻企业报告负担、增加同行业企业披露信息的可比性，交易所多会为上市公司提供披露参考，如马来西亚证券交易所等对指标的选取给出了行业重要性参考，澳大利亚证券交易所给出了带有点评和链接的报告范本，供上市公司参考。

四是定量和定性信息相辅相成。尽量实现指标的量化是各交易所披露要求的趋势，但对一些无法通过单个数字说明的情况，仍需定性描述性指标。此外，对不易量化的指标，可多通过设置次级指标将定性描述的议题分解为若干可以量化回应的方面来实现。例如，巴西圣保罗证券期货交易所对"环境管理"这一不易量化反映的指标，通过"环境违法通知和诉讼数""罚款和赔偿总额""资产负债表环境拨备"等不同方面的次级指标量化分解，兼顾了绝对数字和比率等呈现形式，强调了对数据来源、统计范围、使用方法、基准等信息的披露。

三、国际非政府组织的上市公司环境信息披露标准分析

一些国际非政府组织在推动企业信息披露工作方面积累了丰富经验，已形成国际公认的环境信息披露框架和指标。主要特点有：

一是在环境目标、披露原则上具有高度一致性，以综合报告的形式披露环境信息成为趋势，包括 GRI、全球契约（UNGC）、国际综合报告委员会（IIRC）在内的一些原则性和框架性的披露标准虽未规定具体披露指标或计量方法，但其倡导的披露目标和要素多被广泛接受，成为推动企业环境信息披露的共同基点，并与其他组织一起就不同议题和行业开发情况披露要求和指标。

二是覆盖了企业环境管理环节中普遍适用的项目，主要包括企业环境目标和战略、自然资源消耗、气水固废等污染物排放、废物回收与资源循环利用、所受环境和气候因素的影响、预防环境污染和环境保护支出等。这些指标类别具有广泛适用性，无论企业规模、性质、所处行业领域，都可以以此建立和报告自身环境管理体系。

三是对量化指标的披露要求越来越高。例如，各非政府组织的温室气体指标尽管存在差异，但都包括气候变化带来的风险与机遇、温室气体排放及减排和应对气候变化战略三方面内容。其中，风险机遇、战略信息难以定量披露，更多使用定性指标。最新成立的 TCFD 工作组就针对气候变化主题提出了 3 个方面的量化建议，包括尽可能使用内部碳价、服务于低碳经济的产品和服务带来的收入等量化指标披露企业用来衡量气候有关风险和机遇的指标体系；使用 WBCSD-WRI 温室气体核算方法披露企业温室气体排放数据；披露温室气体排放量、用水、用能等气候目标，以及气候有关财务目标等。

四是逐步提高不同环境信息披露标准的一致性和可比性。例如，全球契约要求参加者应在年度报告或类似的公司报告中说明支持环境原则的方法，尽量使用 GRI 准则等指

标标准衡量表现和预期成果。

五是重视分行业环境信息披露指标体系的设计。例如，可持续会计准则委员会（SASB）专门针对上市公司，按照美国证券交易委员会（SEC）披露法规制定了分行业的披露指标；GRI 在 G4 指南之外，还通过"GRI 行业披露"指南提供额外的行业具体指引和披露指标。

六是披露指标不仅揭示企业环境风险和环境表现的财务重要性，还考虑企业行为的影响显著性。鉴于企业的环境影响外部性给整个社会和经济带来的影响及成本远大于对公司自身产生的直接、短期的财务影响，包括 GRI 在内的一些非政府性组织将除对企业自身的财务状况影响之外，对利益相关方及社会公众是否有显著影响作为企业环境信息指标的设定标准。

四、对我国的借鉴与启示

结合已有标准准则和国际披露指标主要特点，在构建我国上市企业环境信息披露指标体系时，建议考虑：

一是在污染物排放、环境违规等指标上，充分与环保部现有监控平台相结合，发挥公共环境数据的作用，加强信息在不同部门的共享；通过指标体系的设立整合已有平台和披露规范，将督促和支持企业披露排放和环境会计等指标。

二是充分借鉴现有国家标准。充分借鉴国内现有的环境管理、污染物、节能减排、温室气体排放等各方面的标准，以及我国正开展的碳市场和环境权益市场中相关资源消耗、污染物排放、碳排放的核算标准，提高指标设置的科学性、完整性、可操作性、在国内市场的通用性，降低企业披露成本。

三是兼顾环境信息披露的成本和数据的可获得性，采用重要性原则，以全面、详细、重视量化的次级指标，构建上市公司环境信息披露指标体系。在具体指标设计中，应研究分行业制定上市公司环境信息披露指标体系的必要性和可行性，加强定性和定量指标的结合，明确具体指标可借鉴的国内外标准。

A股加入MSCI新兴市场ESG领先指数对资本市场的影响*

秦二娃

摘 要 2018年6月，222只A股将正式加入明晟（MSCI）新兴市场指数，意味着我国A股公司可通过MSCI ESG评级，加入MSCI新兴市场ESG指数，吸引国际大型资产所有者青睐。鉴于此，本文就A股加入MSCI新兴市场ESG指数给资本市场带来的正面和负面影响进行分析，提出相关政策建议。

一、MSCI新兴市场ESG领先指数概况

MSCI是全球影响力最大的指数提供商之一。截至2017年6月30日，全球追踪MSCI指数的资产规模超过12.4万亿美元；全球列前100名的资产管理者中有97家在跟踪MSCI指数。

按照惯例，MSCI会对所有纳入MSCI指数的上市公司进行环境、社会责任及公司治理（简称ESG）评级，以筛选MSCI ESG指数成分股，满足国际机构投资者的ESG投资决策需求[1]。截至2018年5月，MSCI已发布超过700只ESG相关指数，包括500多只标准化ESG指数以及为客户专门定制的ESG系列指数；全球资产所有者选取MSCI ESG指数进行主动或被动投资的资产规模超过1 700亿美元[2]。

---

* 本文发表于2018年5月《中证金融简报》总第493期。
[1] 国际大型机构投资者开始关注ESG主要源于2008年全球金融危机、2010年英国石油公司BP石油泄漏先后引发的股价剧烈波动。
[2] 国际投资者典型的ESG投资目标包括：财务目标和非财务目标。财务目标主要是指通过ESG投资获取长期超额回报；非财务目标包括反映自身的投资价值，以及希望通过投资推动社会更多关注企业社会责任和环境改善。

根据 MSCI 新兴市场指数成分股的公开数据①，MSCI 综合考虑上市公司的公司治理②、各重要 ESG 因素③、行业特性和当地标准进行 ESG 评分④。在公司 ESG 评分基础上，MSCI 通常采用正态分布划分 ESG 评级。经与评估对象沟通、与相关专家⑤审核，最终确定公司 MSCI ESG 评级。在 MSCI ESG 基准指数赋权时，ESG 评级较好的公司将被增加权重，ESG 评级较差的公司将被降低权重。此外，ESG 评级好的公司还会纳入 MSCI ESG 领先指数，被国际大型资产所有者重点关注。

二、A 股加入 MSCI 新兴市场 ESG 指数给资本市场带来的正面影响

2018 年 6 月，222 只 A 股将以 2.5% 的纳入因子正式加入 MSCI 新兴市场指数。2018 年 9 月，纳入因子将提高至 5%。这也意味着我国 A 股公司将加入 MSCI 新兴市场 ESG 指数，这将给资本市场发展带来一些长期正面影响。

一是推动资本市场长期稳定发展。近 10 年来，相比 MSCI 新兴市场指数，MSCI 新兴市场 ESG 领先指数的年均复合增长率超出 3.99%。据联合国责任投资原则（UN PRI）统计⑥，全球资产规模超过 90 万亿美元的约 1 800 个大型资产所有者主动将 ESG 纳入投资决策，并影响其他投资者，施压上市公司考虑 ESG 长期风险。根据每年公司 ESG 评级的波动，上述资产所有者会要求其管理者相应调整投资策略，以此推动公司长期持续关注公司治理和 ESG 重要因素，有利于资本市场长期稳定发展。

二是投资者结构和投资风格将发生变化。从韩国、中国台湾加入 MSCI 的经验看，外资持股比例的上升将令投资者结构和投资风格发生根本变化，如在加入 MSCI 后，韩国和中国台湾市场境内个人投资者的年化换手率均显著降低。尽管基于 5% 的纳入因子，222 只 A 股预计约占 MSCI 新兴市场指数的权重仅有 0.81%，引入外资比较有限。但是，外资持股比例的上升，尤其是境外大型资产所有者的进入及其对公司治理和 ESG 因素的关注，将会引发我国机构投资者和个人投资者对公司长期发展的关注，并引导其关注 ESG 投资。

---

① MSCI 数据来源包括公司公开数据（年报、社会责任报告、公告等）、外部数据（新闻报道、政府报告、非营利性组织报告、学术数据库、政府数据库、非营利组织数据库）以及 MSCI ESG 研究数据。

② 公司治理作为全球通用的评估指标，共包含董事会、薪酬、所有权和控股、会计等 4 大类 96 个具体指标。

③ MSCI ESG 因素共包含 37 个。根据行业特性和公司特性，MSCI 通常会为每个上市公司筛选 4—7 个不同的重要 ESG 因素。

④ 上市公司 MSCI ESG 评分计算方式：（1）以 10 分为满分，根据公司在董事会、薪酬、所有权和控股、会计等公司治理情况以及所在地区标准做减法，得出公司治理分数；（2）加权公司每个重要 ESG 因素的风险敞口和管理，以当地标准为参考，得出公司每个重要 ESG 因素的分数；（3）平均加权公司治理分数和每个重要 ESG 因素分数，初步得出公司 ESG 分数；（4）根据公司所在行业平均 ESG 分数，调整公司 ESG 评分。

⑤ MSCI 在确认公司 ESG 评级时，会请行业负责人、区域专家、相关委员会等专家对公司评级进行审核。

⑥ 资料来源：https：//www.unpri.org/about-the-pri/about-the-pri/322.article。

三是倒逼市场制度和规则逐步成熟完善。开启互联互通机制、完善停牌机制、改善 QFII/RQFII 配额限制问题等是促成 A 股成功纳入 MSCI 的主要因素。未来，要扩大 A 股在 MSCI 指数中的权重仍需不断完善上述机制，包括提高互联互通机制的交易限额、减少停牌数量、逐步放松境外机构使用国内相关数据的事宜等。此外，鉴于我国公司现有的 ESG 合规要求主要由政策驱动，A 股加入 MSCI 新兴市场 ESG 指数将会从市场需求出发，倒逼我国资本市场逐步完善 ESG 相关制度和规范。

三、A 股加入 MSCI 新兴市场 ESG 指数给资本市场带来的负面影响

A 股公司的部分特性将加大 MSCI 对其 ESG 评分的难度，这将给资本市场带来一些负面影响。

一是加入公司行业分类变动比率较大，加大 MSCI 对其 ESG 评级的难度，可能影响 A 股后续加入 MSCI 的进程。据 MSCI 统计，MSCI ACWI 全球指数中只有不到1%的公司存在行业分类变动现象，但即将纳入 MSCI 新兴市场指数的 A 股公司行业分类变动比率约6%。在 MSCI ESG 评级中，公司重大 ESG 因素主要根据行业特性进行划分，且其4—7 个重大 ESG 因素在其最终 ESG 评分中所占权重较大。因此，公司行业分类变动，一方面会影响 MSCI 对公司重要 ESG 因素筛选的准确性，另一方面会影响公司 ESG 风险敞口和管理分析的准确性，由此加大 MSCI 对公司 ESG 评级的难度，可能影响后续 A 股加入 MSCI 的进程。

二是 A 股 ESG 披露数据的缺失，将造成 A 股整体 ESG 评级较低的假象，影响境外投资者的主动投资。MSCI ESG 评级的数据主要来自公开数据。其中主要的公司治理数据和 ESG 风险管理数据来自公司自身发布的财务报告、社会责任报告、公告等。据 MSCI 统计，MSCI ACWI 全球指数成分股中有34%的公司有公开相关数据，而 A 股公司只有3%披露了全面的 ESG 数据。在数据缺失的情况下，MSCI ESG 评级将采用中性原则，即行业中位数作为公司模拟数据。鉴于 MSCI 已纳入的中资企业 ESG 评级普遍较低，ESG 数据缺失会使得加入的 A 股公司获得较低的 ESG 评分，使得公司一方面在 MSCI ESG 的基准指数中赋权较小，另一方面难以进入 MSCI ESG 领先指数，造成 A 股市场整体 ESG 评级较低的假象，影响境外投资者主动投资。

三是国企比例较高，可能造成 MSCI 更加关注公司 ESG 管理情况，打击 A 股其他公司加入 MSCI 的积极性。A 股纳入 MSCI 的国有企业占比约55%。公司所有权并不会影响其 ESG 评级，但我国国有企业目前转型风险较大、ESG 支出较高造成其 ESG 风险敞口普遍较大。从 MSCI ESG 评分过程看，这些会促使 MSCI 更加关注公司 ESG 风险管理情况，可能造成公司管理成本提升，打击 A 股其他公司加入 MSCI 的积极性。

四、政策建议

整体看，A 股加入 MSCI 新兴市场 ESG 指数对资本市场的影响是长期积极正面的。对于 A 股公司特性引发的一些负面影响，建议：

一是逐步完善上市公司相关 ESG 制度。我国上市公司在社会责任、公司治理方面已有多年成功经验，短板在环境信息披露及环境保护管理上。在现有围绕"污染防治"为主的上市公司环境披露内容上，可考虑加入"环境保护管理"信息以及国际大型资产所有者普遍关注的"温室气体减排"信息，并研究制定上市公司环境信息披露模板。此外，应加强对上市公司 ESG 风险和管理培训；探讨制定上市公司 ESG 报告指引以及建立我国上市公司 ESG 数据库的可行性和必要性。

二是根据我国国情和 A 股特性，可诚邀熟知我国市场和政策的第三方机构，协助 MSCI 细化我国上市公司的重要 ESG 因素。对部分行业类别变动的公司，开展特殊公司 ESG 因素筛选。

三是邀请我国机构投资者参与 MSCI ESG 相关培训。一方面，可从投资者需求角度，共同探讨符合我国国情的上市公司重要 ESG 因素；另一方面，可借此加强对我国机构投资者的 ESG 投资教育。

鼓励中外合资绿色基金发展的思考与建议

——中美绿色基金案例分析*

秦二娃　王骏娴

摘　要　鼓励发展中外合资绿色基金,是资本市场贯彻落实加快生态文明体制改革、建立美丽中国的重要举措。为加强对中外合资绿色基金相关问题的研究,我们对国内目前唯一的中外合资绿色基金——中美绿色基金的投资特点和发展困境进行了分析,并结合我国国情,提出鼓励中外合资绿色基金发展的政策建议。

加快生态文明体制改革、建立美丽中国需要广泛开展国际合作,不断引进国际先进绿色技术和绿色投资理念。2016年8月,中国人民银行、中国证监会等七部委联合发布了《关于构建绿色金融体系的指导意见》,提出"支持社会资本和国际资本设立各类民间绿色投资基金""鼓励设立合资绿色发展基金"。此后,中外合资绿色基金发展开始加速。

一、中美绿色基金的设立和发展

中美绿色基金是我国目前唯一一只中外合资绿色基金。该基金以市场化方式运作,旨在改变传统绿色投资依靠政府补贴的理念,将境外先进的绿色技术应用到中国实体经济中,以帮助传统经济实现绿色产业升级。

（一）发展历程

中美绿色基金由中美建筑节能基金、中美建筑与绿色发展基金更名而来。基金源于2015年9月习近平总书记访美时中美政界和商界领袖的倡导,旨在通过中美两国在金

---

* 本文发表于2017年12月《中证金融研究》2017年第26期总第94期。

融、绿色发展技术和商业模式上的跨境创新合作，使美国先进技术、产品和中国巨大的市场空间有机结合，促进中国经济的绿色可持续发展。2016年6月，汪洋副总理在"第八轮中美战略与经济对话联合成果情况说明"中表示"两国同意开展绿色金融合作，加快筹建中美绿色建筑能效基金"。随后，中美绿色基金作为第八轮中美战略与经济对话的重要成果之一，筹备工作开始加速推进。

2016年10月，经国务院批示、国家工商总局批准，中美绿色基金的基金管理人中美绿色投资管理有限公司正式成立，并于2017年1月4日完成私募基金管理人资格备案。截至2017年10月，中美绿色基金已完成约30亿元投资，并形成近50亿元的已签署或即将签署的储备项目池。

（二）组织架构

设立机构和基金运营。中美绿色投资管理有限公司作为中美绿色基金的基金管理人，在北京、上海、美国三地设立了办公机构。基金投资和运营参照国际私募基金惯例，实行董事会及下属投资委员会等委员会管控、专业市场化管理团队运营的模式。基金主要在中国市场进行人民币基金的募集，2017年第四季度起筹备美元基金的募集工作。未来，人民币基金、美元基金将实行平行运作。

构建技术集成和产业孵化平台。中美绿色基金通过设立中美绿色技术研究院，以吸收中美先进绿色技术，设计有效的工业化产业整体技术解决方案，对接中美绿色基金所投资的纵向产业平台公司以及平台与城市相结合的具体项目公司，使其在发展过程中逐步打造具有企业自身发展特色的核心技术体系。

（三）投资原则

除侧重投向中国和美国具有代表性的绿色发展企业外，中美绿色基金还将面向全球符合基金投资标准的项目进行投资。

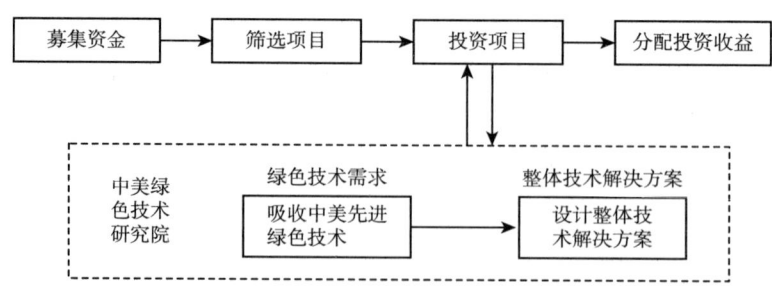

图1 中美绿色基金投资运作流程

在细分行业和具体投资项目的甄选上，中美绿色基金遵循以下全部或大部分原则：（1）投资行业具有长期成长驱动力和经过验证的成熟商业模式；（2）投资标的在其细分行业拥有丰富运营经验的管理团队；（3）投资标的所运用的绿色发展技术较成熟，有成功先例，且具有先进性；（4）投资标的的法人治理结构清晰、稳定，公司具有完整、规范的财务和税务记录；（5）投资该标的可提高产业能效或降低环境污染，促进中国绿色可持续性发展；（6）在资金、技术、市场方面具有中美合作空间或协同效应。

（四）投资特点

一是注重绿色技术整合及应用。将境外先进的绿色发展技术及产品进入中国，同时注重对技术的整合，为实业提供整体解决方案。中美绿色技术研究院，作为技术集成和产业孵化平台，通过吸收先进技术，设计有效的工业化产业整体技术解决方案，以此对接中美绿色基金所投资的项目，使其在发展过程中逐步打造具有企业自身发展特色的核心技术体系，成为行业标杆，引领行业发展。

二是实施产业链战略。与行业领军企业合作，采取"产业+资本"的方式深入产业链，引导资本进行产业布局。

三是多元化、广地域投资布局。中美绿色基金目前已在绿色消费服务升级、绿色建筑、绿色能源、节能环保、循环经济等领域进行多元化布局，并在投资大中型城市的绿色项目之外，不断加大对农村生态电商平台、新能源电动汽车、分布式光伏包等绿色新农村产品项目的投资力度。

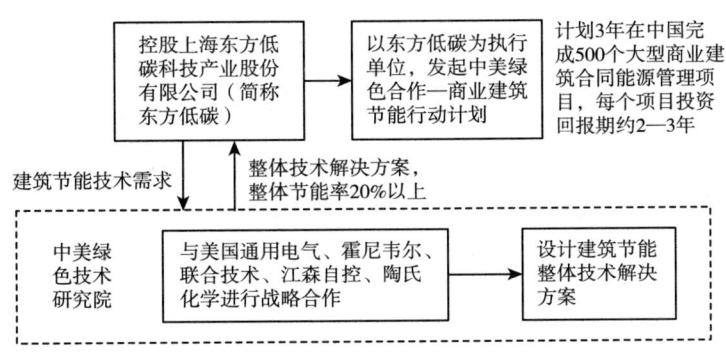

图 2　中美绿色基金典型投资案例

四是支持地方绿色发展。中美绿色基金与地方政府积极合作，针对城市节能和绿色发展的需求，结合城市的资源禀赋和历史积累，为其提供"技术+资金+平台公司"的一站式解决方案，通过共同设立地方绿色产业基金或者引入中美绿色基金所投资的平台公司的方式，将美国的先进技术和产品因地制宜地运用于符合各地需求的项目中，有效帮助城市长期绿色低碳发展。

二、中外合资绿色基金发展面临的主要困境

从中美绿色基金发展看,中外合资绿色基金发展在促进绿色股权投资的市场化方面起到了积极的作用,但同时境外资本在投资过程中也遇到一些困境,亟待解决。

(一) 绿色基金细则缺失不利于获取机构投资者支持

现行政策虽然鼓励银行参与绿色投资,但在实际操作中银行仍是以信贷审核标准进行判断,更多是以明股实债的方式进行操作。细则的缺乏一方面导致保险、银行等传统机构投资者仍以传统投资的收益标准要求绿色发展基金管理人实现期间收益,阻碍了部分基金对投资期限长且投资收益缓慢的新型绿色产业的投资,另一方面使得绿色发展基金在资金募集中难以说服及境外资产雄厚的机构投资者参与绿色投资。

(二) 外汇管制政策不利于引进境外绿色技术

从绿色技术研发和应用角度看,欧美市场中绿色技术市场较为成熟,一些标的技术和产品适合引入并应用到我国传统企业的绿色转型发展中,但现行的外汇管制政策使得境内资金无论是购买境外先进绿色技术和产品,还是参股境外拥有先进绿色技术和产品的公司都面临较大挑战。

(三) 中外合资企业政策限制中外资本的合作

我国现行的中外合资企业因有境外有限合伙人的参与,在境内投资时只能投资《外商投资产业指导目录》中指定的行业。这一政策使得中外合资股权基金在准备专注境内市场投资时,若不希望在投资领域受限,需在募集资金时放弃对境外资金的募集。一些发达国家则因绿色投资开展较早,积累了丰富的经验,其绿色投资理念较我国更加成熟,专注于绿色投资的资金规模更加雄厚。

三、鼓励中外合资绿色基金发展的思考与建议

(一) 研究出台绿色基金相关细则

研究出台绿色基金相关细则,一方面可考虑从部分减免基金管理公司及其高管增值分成部分的税收等方面,鼓励包括银行、保险公司、母基金等更多传统、经验丰富的境内外机构投资者认购绿色基金份额,从募资角度帮助中外合资绿色基金更好地发展。另一方面,可借鉴境外成熟市场给予特殊投资基金税收优惠政策的经验,研究制定针对中

外合资绿色基金的多层次税收激励政策，包括减免所得税、增加税收抵扣等。

（二）研究制定针对中外合资绿色基金外汇管制的优惠政策

一方面，可借鉴 QFII 和 RQFII 的发展经验，考虑在外汇管制方面给予中外合资绿色基金一定的便利和优惠，在防范系统性金融风险的前提下，安排一定的外部配额给满足条件的绿色产业机构投资者（Qualified Green Institutional Investor，简称 QGII）。另一方面，可借鉴上海外资参与私募股权投资基金的试点方案，对出资比例、换汇额度不超过一定配额的中外合资绿色基金给予便利和优惠，以进一步拓宽绿色投资的国际合作渠道，使其引进可解决中国环境问题的先进绿色技术。

（三）可考虑放宽中外合资绿色基金投资范围

可酌情放宽含有境外资本的中外合资绿色基金的投资范围，以支持国际资本投资在境内成立合资绿色发展基金，投资我国绿色项目。

（四）鼓励构建中外绿色金融、技术沟通平台

鉴于境外绿色投资主要以技术创新为主导，先进的绿色技术对推动我国绿色产业发展具有重要的意义，建议推广中美绿色基金运作模式，鼓励中外合资绿色股权基金或其他相关机构构建中外绿色金融、技术沟通平台，促进多方共赢。

防范化解金融风险

美国公司债券违约历史及启示*

高苗苗

摘 要 从近百年美国公司债券违约历史看，债券违约率呈显著下降趋势，这与破产法的完善、金融市场的发展密切相关。同时，债券违约期与经济低迷期并非完全一致，往往滞后于经济低迷期，信用利差也并非主要体现对违约率的判断，很大程度上体现的是对流动性的判断。未来几年，我国将迎来偿债高峰。以此为鉴，为进一步妥善化解我国公司债券违约风险，建议增加基础法律制度供给，进一步完善信息披露制度，分层次推进业务发展，理性解读二级市场信用利差走势。

从美国公司债近百年发展历史看，债券违约率呈显著下降趋势。债券违约期往往滞后于经济低迷期，信用利差也并非主要体现对违约率的判断，很大程度上体现的是对流动性的判断。

一、历史

（一）19 世纪下半叶：伴随着铁路行业兴衰，债券违约频发，违约率达 150 年之最

19 世纪美国的工业化进程很大程度受铁路革命驱动，铁路行业是债务驱动型发展模式，建设高峰期过后都伴随着较高的债务违约率。为促进经济发展，政府给铁路建设提供了多种优惠政策并且几乎无管制（直至 1887 年），铁路行业迅速发展起来。1830 年建成的第一条铁路仅 13 英里，1860 年约建成铁路 3 万英里，1910 年约建成铁路 35 万英里①。据商务与金融纪事报记载，债券发行量在 1866 年仅为 158 笔，1872 年增至 421

---

* 本文发表于 2018 年 3 月《中证政研简报》总第 481 期。
① Hughes, Jonathan, and Louis P. Cain, 2007, American Economic History, 7th. Ed., Pearson, New York, NY.

笔,1899 年增至 855 笔(其中 404 条铁路,196 条城轨,55 项天然气和电力,200 项其他工业和公用事业)。第一个铁路建设高峰期(1868—1873 年)过后,出现了近 150 年以来最高的违约率,1873 年的违约率为 14.3%,1874 年违约率高达 16.3%,1875 年为 5.3%[①]。第二个建设高峰期(1879—1883 年)过后 3 年,平均违约率为 5.4%,最高违约率(1884 年)为 6.4%。第三个建设高峰期(1886—1892 年)过后 3 年,叠加 1893 年银行恐慌事件,平均违约率为 6.3%,最高违约率(1893 年)为 9.3%。

(二)20 世纪上半叶:违约率最高时期是 30 年代大萧条时期,但比 19 世纪下半叶明显下降

20 世纪上半叶有三个债券违约较严重的时期,但相比铁路债券崩溃时期,违约率明显下降。按照违约率高低排序,一是大萧条时期。1933—1935 年,平均违约率为 4.3%,最高违约率(1933 年)为 6.7%,分别比 1873—1875 年铁路债券违约高峰期下降了 64.2% 和 58.9%。二是第一次世界大战时期。1914—1916 年,平均违约率为 3.2%,最高违约率(1914 年)为 4.5%。三是第二次世界大战爆发初期。1938—1940 年,受第二次世界大战爆发和欧洲危机的影响,美国公司债券平均违约率为 2.2%,最高违约率(1939 年)为 2.8%。

(三)20 世纪下半叶以来:违约率最高时期是 2000 年前后的互联网泡沫破灭,但比前两个阶段又有明显下降

第二次世界大战后,公司债券违约率比前两个阶段又有了明显的下降。期间最严重的债券违约事件出现在互联网泡沫破灭后。2000—2002 年,公司债券平均违约率为 2.1%,最高违约率为 3.1%。虽然 2008 年金融危机导致经济明显下滑,但债券违约率并不高。

二、规律

(一)近百年公司债券违约率呈显著下降趋势,与破产法的完善密切相关

"破产法"(尤其是破产重组条款)避免了债务人长期背负繁重债务,有助于经济体较短时间内恢复财富创造能力,也相应地降低了公司债券违约率。美国联邦颁布 1898 年"破产法"之前,"破产法"一直是作为应对经济危机的措施而临时存在。1800 年、1841 年、1867 年、1898 年和 1978 年,美国国会分别通过了五部《破产法》,其中 1800—1803 年、1841—1843 年、1867—1878 年,《破产法》只是短期存在,直到 1898

[①] 按照违约面值计算,而非违约笔数。Kay Giesecke, Francis A. Longstaff, Stephen Schaefer, Ilya Strebulaev, 2010, Corporate bond default risk: a 150-year perspective, 2010, http://www.nber.org/papers/w15848.

年永久性的《联邦破产法案》才正式生效①。20 世纪 30 年代大萧条期间,美国国会通过了一系列偏向于债务人的修正案,限制债权人收债权利,支持对破产企业恢复生产而非对其进行破产清算②。1938 年钱德勒法案正式确定了国会在 30 年代早期通过的许多公司重组机制,促使大型企业管理层不到迫不得已不会申请破产。1978 年的《破产法》进一步完善了公司重组程序以及破产免责和财产豁免等保护债务人的制度。

(二) 近百年公司债券违约率呈显著下降趋势,与金融市场的发展密切相关

随着金融市场对发行人信息披露质量要求的持续提升、金融工具的丰富和技术创新,一方面增加了发行人恶意违约的成本,另一方面也提前化解了一些潜在的违约风险。信息披露是最根本的投资者保护机制,能有效降低发行人恶意违约的情况。19 世纪末,债券投资者就能通过多种信息渠道获取公司信息,如亨利·普尔的年度铁路指南能提供相关企业的资产负债表、损益表、债券抵押品的信息,《商业与金融纪事报》会披露主要公司债券的季度/半年度报告。此后,对于公司债券信息披露的范围、质量标准持续提高。金融工具的不断丰富使得各类风险都能够被独立定价,技术创新促使市场流动性提升以及定价的有效性提高,这都有助于投资者"用脚投票",提前防范化解违约风险。

(三) 债券违约期与经济低迷期并非完全一致,往往滞后于经济低迷期

无论是从长周期还是从短周期看,美国债券违约高峰期与经济低迷期都不完全吻合。1929—1933 年的大萧条是近百年经济最低迷的时期,但并不是债券违约率最高的时期,1933 年的公司债券违约率约为 6.7%,比 1874 年铁路债券崩溃时期的 16.3% 降低了 58.9%。大萧条期间经济最低谷出现在 1932 年,GDP 增速为 -12.9%,1933 年起开始逐步恢复,而债券违约高峰期出现在大萧条之后的 1933—1935 年。相类似的,2000 年互联网泡沫破灭后,经济最低迷年份是 2001 年,而债券违约高峰期出现在 2002 年。

从我国情况看,经济周期与债市的运行期也并不完全同步。我国长期存在刚性兑付,债市历史违约数据匮乏,因此采用个别商业银行客户违约数据或债券二级市场走势进行替代研究。研究发现,违约率相对于 GDP 的变化具有一定的滞后趋势③。虽然经济增长是影响债市最重要的变量,但经济周期并不等于债市周期,经济周期通常与投资周期同步,融资周期才是决定债市周期的核心变量。如 2005 年经济增长明显复苏,但债券市场仍出现了"大牛市"。2013 年下半年,虽然经济无明显回升,但债券市场仍出现了"大熊

---

① Tabb, Charles J., 1995, A Brief History of Bankruptcy Law, American Bankruptcy Institute Law Review 3, 5 – 51.
② Charles Jordan Tabb, The History of The Bankruptcy Laws in the United States, American Bankruptcy Institute Law Review, spring, 1995, p27.
③ 朱宇:"经济波动与违约概率的估计",《金融监管研究》2015 年第 41 期,第 51 – 62 页。

市"①。

（四）信用利差并非主要体现对违约率的判断，很大程度上体现的是对流动性的判断

实证研究表明，样本期信用利差平均为 153 个基点，实际信贷损失仅为 75 个基点（Giesecke etc，2010）。在"AAA/AA 级"债券中，违约风险溢价占信用利差的 49%；在 A 级债券中，违约风险溢价占信用利差的 44%；在 BBB 级债券中，违约风险溢价占信用利差的 29%；在 BB 级债券中，违约风险溢价占信用利差的 17%。当采用其他替代性曲线计算时，上述值更低（Longstaff etc，2005）。公司债券信用利差主要受流动性不足等因素的驱动（Collin-Dufresne etc，2001）。

三、政策建议

2018 年及未来的几年，我国将迎来偿债高峰。为健全市场化法治化债券违约风险处置机制，我们提出如下建议：

一是增加基础法律制度供给。研究出台债券持有人在破产执行过程中有关问题的司法解释（如债券受托管理人能否代为参与破产重整，重大事件表决能否穿透到最终持有人等）。以《证券法》修订为契机，将公司债券受托管理制度纳入《证券法》中。畅通司法救济渠道，引导债券持有人、受托管理人等主体在监管难以发挥作用的情形下，向相关法院申请司法破产程序，完善中小投资者服务中心介入的实施细则。

二是进一步完善信息披露制度。建立统一的涵盖公募和私募公司债券的信息披露查询平台。明确定期报告延期披露、临时报告披露、私募债披露的相关规则。强化债券发行人的信息披露责任，加强对信息披露违法违规行为的惩戒力度。进一步加强与最高法、人民银行、国家发改委及地方政府的密切合作，畅通信用信息共享机制，保证风险处置信息传递透明化常态化。

三是理性解读二级市场信用利差走势。实践中，通常将信用利差作为预判债券市场违约风险的重要指标，认为信用利差走扩即意味着债券市场违约风险增加。但实证研究表明，信用利差并非主要体现对违约风险的判断，很大程度上体现的是对流动性的判断，因此不易过度解读。

---

① 兴业证券研究报告："利率分析框架研究"（1），2014 年 6 月 16 日。

债券市场调整期的风险积聚与应对之策*

刘立金

摘 要 2016年第四季度以来，货币政策稳健中性，金融监管加强，债券市场进入调整期，存在的问题陆续暴露。具体表现为，债市资金链条受影响，资产"缩水"负债"刚性"，市场出清困难，流动性压力仍较大，资产负债利差更窄，投资者围绕政策博弈，市场不稳定性增强。此外，当前金融政策组合可能冲击实体经济。因此，应协调好货币政策、宏观审慎政策和微观审慎政策；深化债券市场改革，理顺债市资金链条；注重稳定市场预期，加强防范外部风险传染能力；着力提高供给质量，改善实体经济回报率，促进经济体系和金融体系稳定。

2016年四季度以来，货币政策稳健中性，金融监管加强，债券市场进入调整期，利率债市场大跌再度引起关注。持续调整中，债券市场运行存在的问题陆续暴露。

一、金融政策转向，债券市场由"牛"转"熊"

（一）金融体系内部加杠杆，理财资金涌入，债券市场延续牛市

2014年11月，经济增速下滑，货币政策宽松，向市场注入低成本资金，金融体系内部加杠杆，理财资金涌入债市，逐渐形成了"同业存单——同业理财"或"表外理财"，直接投资、委托投资于债券等资产的业务模式（如图1），其中，委托投资主要对接券商资管、基金专户等，债市牛市延续。但同业存单、同业理财及债券回购等规模迅速增大，加剧了金融体系内部杠杆堆积和期限错配。资管产品存在"资金池"操作、多层嵌套、刚性兑付等问题，不仅蕴含流动性风险隐患，更容易传递风险，也使风险停留在金融体系内。金融体系运行的系统性风险上升。

---

* 本文发表于2017年12月《中证政研简报》总第447期。

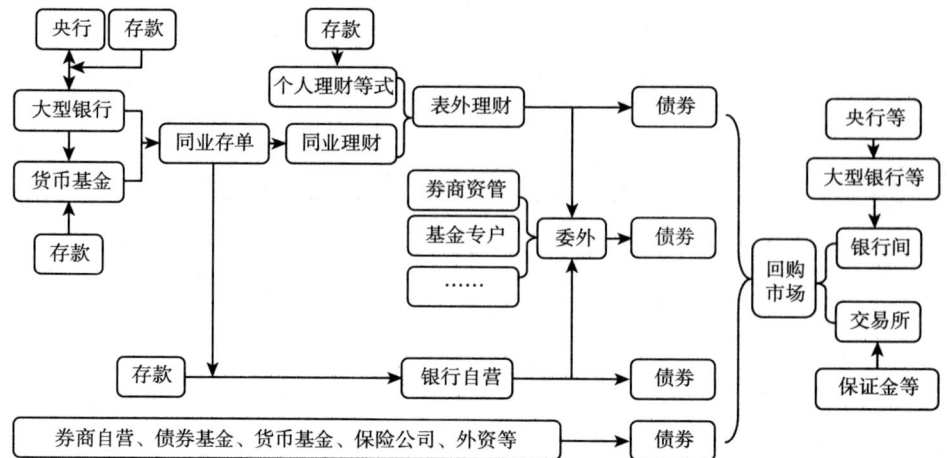

图 1　简化的债券市场资金链条

资料来源：中证金融研究院整理。

（二）货币政策转向稳健中性，金融监管加强，债券市场进入调整期

2016 年 7 月、10 月，中央政治局会议分别指出"要有效防范和化解金融风险隐患""注重抑制资产泡沫和防范经济金融风险"。央行"缩短放长"提高资金成本，表外理财将纳入宏观审慎评估体系（MPA）的消息传出，债市开始下跌。继而，银行赎回货币基金，部分违规代持暴露，债市下跌加剧。2017 年上半年，货币政策中性偏紧、表外理财被纳入 MPA、银监会密集出台监管政策，债市出现第二轮下跌（见图 2）。债市融资功能受损，信用债发行取消频现。6 月以后，政策阶段性缓和，广义基金等做多利率债。10 月以来，监管放松预期落空，"MPA 考核中同业负债占比下调至 25%"等传言及美国 10 年期国债突破 2.4% 等因素影响，利率债转而下跌。银行配置需求弱，10 年期国债高位时突破 4%。

图 2　中债总净价指数、10 年期国债收益率走势

资料来源：Wind，中证金融研究院整理。

二、债券市场连续下跌,诸多问题"浮出水面"

债市利率上行、融资功能受损可能影响实体经济,波动性增大也蕴含着金融风险。因此,需对相关问题加以重视和研究。

(一) 资金链条受冲击

MPA 和银监会相关措施陆续出台,银行调整表外理财、同业存单、同业理财等负债端业务。金融体系内部降杠杆,表外理财规模增长畏缩不前,同业链条、理财链条都面临调整,债券市场资金来源受到限制。此外,部分银行赎回委外投资、同业理财,券商资管等委外机构、中小银行压力更大。上半年,表外理财存续余额为 21.6 万亿元,较年初下降 1.5 万亿元,其中,同业理财存续余额为 4.6 万亿元,较年初减少 2 万亿元。此外,银行的有限资金需向信贷倾斜,地方政府债供给也较多,配债特别是利率债的额度受限。

(二) 负债出清困难

当前,债券价格泡沫程度虽已下降,资产端债券估值"缩水",但负债端存在刚性兑付等因素,难以出清。特别是,去年规模扩张快的部分中小银行、券商资管、银行理财等面临大量浮亏,不得不利用资金池、成本估值、不同账户间腾挪等手段,继续从同业、理财、回购等渠道获取资金,维持规模,或扩大规模摊薄浮亏。作为部分中小银行弥补资金缺口的替代工具,同业存单发行量居高不下,9 月底余额 8.3 万亿元,较年初增加 2.1 万亿元。如成本收益不倒挂,利率再次下行或持有债券到期就可能解决浮亏问题。但如监管政策不审慎、市场继续大幅下跌,可能引起中小银行止损,或者委外大范围赎回,出现债券集中抛售现象,导致流动性风险,甚至出现个别机构运营困难。

(三) 资产负债利差更窄

近年来,债券等资产收益率持续下行。而理财资金链条上,利率市场化背景下,理财资金成本具有刚性,下降相对较慢;同业和回购资金链条上,金融体系内部杠杆上升,同业负债利率居高不下,利差不断收窄。金融机构不得不通过加杠杆等方式提高收益,又反过来加剧了金融体系内部的期限错配、负债堆积及利差收窄。2011 年、2013 年"钱荒"及本轮市场调整,债券收益率上行幅度不断缩小,利差不断收窄。目前,3 个月理财产品预期年收益率为 4.7%,3 个月"AAA 级"同业存单收益率 4.6%,而 3 年期"AAA 级"中短期票据到期收益率仅 4.9%(见图 3)。特别是,中小银行和券商资管等委外机构的资产负债利差更窄,浮亏压力、赎回压力更大,仍需通过信用下沉、杠杆套息、资本利得等方式增厚收益,加剧市场了不稳定性。

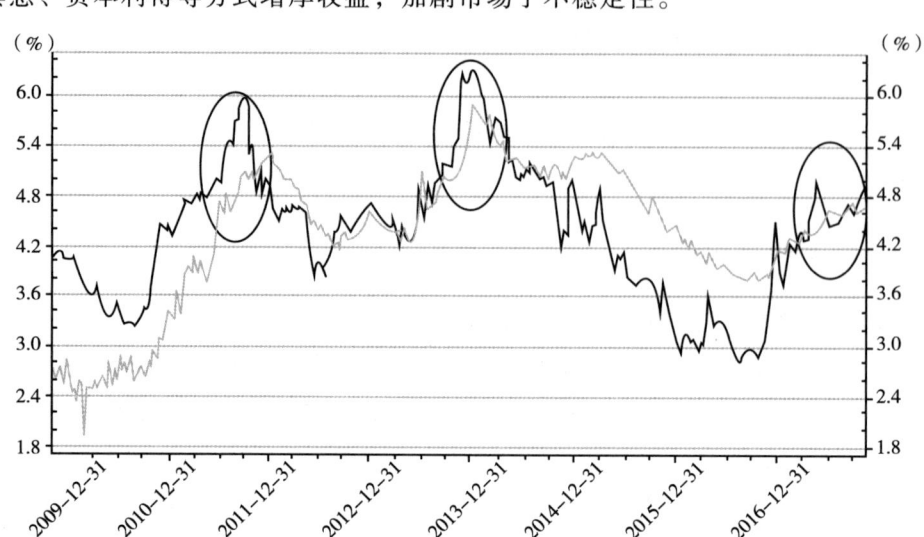

——中债中短期票据到期收益率(AAA):3年 ——理财产品预期年收益率:人民币,全市场,3个月

图3　3个月理财产品预期收益率、3年期中短期票据收益率

资料来源:Wind,中证金融研究院整理。

(四)投资者围绕政策博弈

当前,新增外汇占款时正时负,法定存款准备金率处于高位,市场依赖央行提供流动性。对于债市而言,不论同业资金链条,还是回购资金链条,央行影响力都在增强。而两条链条膨胀又增大了市场流动性压力。两相叠加,债市对货币政策的敏感程度更高。投资者围绕货币政策博弈,形成一致性预期,制定交易、加杠杆等策略,市场易出现单边行情。此外,相比大型银行以配置为主,决定债市长期趋势,处于资金链中下游的银行理财、公募基金、券商资管等广义基金及中小银行成交活跃度高且持债比例上升,一定程度上决定波动性。货币政策和流动性变化经上游放大传递至中下游,出现"长鞭效应",更增大了市场波动性。尤其是,央行主要维护大型银行的流动性,非银回购利率及波动率都高于银行(见图4)。

(五)可能冲击实体经济

目前,债券发行利率上升,信贷融资利率上升较慢,债券、非标等表外融资向表内信贷回归,直接融资比重下降,社会融资规模保持平稳增长。这样,既控制了金融体系内部杠杆,又未对实体经济造成过度冲击。然而,表内信贷需消耗准备金,较高的法定存款准备金率却限制了"信贷——存款"业务循环。此外,信贷、信用债利差已较小,信贷利率正持续上升。货币政策稳健中性、宏观审慎政策偏紧、微观审慎政策趋严的政策组合下,实体经济可能受冲击。

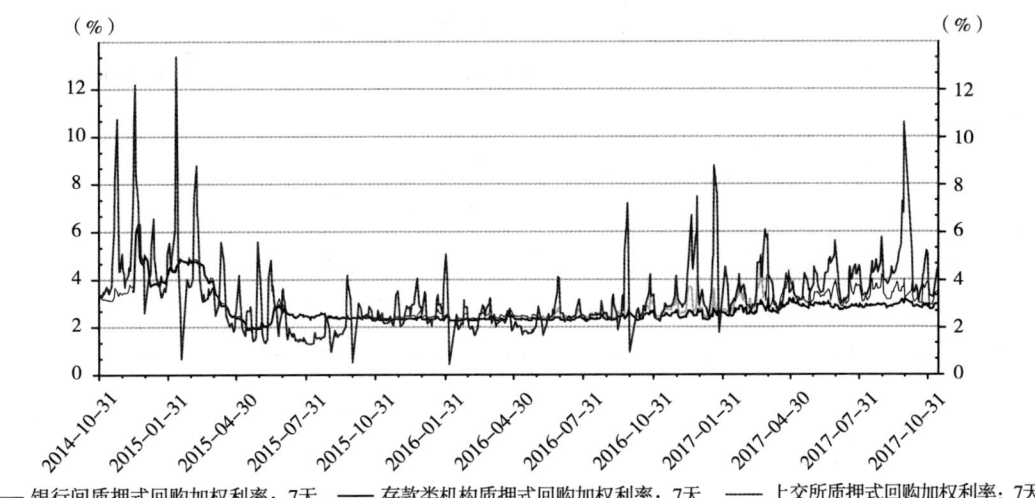

—— 银行间质押式回购加权利率：7天 —— 存款类机构质押式回购加权利率：7天 —— 上交所质押式回购加权利率：7天

图 4 存款类机构、银行间、上交所质押式回购加权利率

资料来源：Wind，中证金融研究院整理。

三、政策建议

遵循债券市场发展规律，紧紧围绕服务实体经济、防控金融风险、深化金融改革三项任务，促进债券市场规范健康发展。且在全球货币政策宽松退潮情况下，应容忍债券市场一定程度的波动，主动有效处置风险点，坚决守住不发生系统性风险的底线。

（一）加强金融政策协调

一是合理搭配货币政策和宏观审慎政策，促进经济体系和金融体系稳定运行。货币政策中性偏紧，有利于抑制金融体系加杠杆行为。但是，货币政策过紧，也可能伤及实体经济。随宏观审慎政策的体系完善和效力显现，货币政策可逐步回归以实体经济为核心，防止"双紧"组合导致金融风险，冲击实体经济。二是协调好宏观审慎政策和微观审慎政策。完善 MPA 体系，总体上管控广义信贷增长，着力减缓跨市场风险传染所导致的系统性金融风险。加强微观审慎监管，合理规范资产管理业务，促进监管标准统一和抑制监管套利；完善资本与规模相匹配的监管规则，制订金融机构破产办法，增强对个体金融机构硬约束。加强宏观审慎、微观审慎政策协调，防止相互冲突导致政策无效，或相互叠加导致政策过严。

（二）深化债券市场改革

一是理顺债市资金链条。理财、委外资金链条上，有序打破刚性兑付，降低无风险利率。推进去通道化，缩短资金链条。同业资金链条上，促进同业存单等回归流动性管理本源，降低期限错配程度。同时，适时适当降低法定存款准备金率，完善流动性投放方式，促进流动性适度均衡化，降低中小银行对同业负债的依赖。回购资金链条上，通过逆周期调整质押率等手段，合理控制债券回购市场杠杆。二是完善债券市场体系。加强债券市场监管统一。促进不同债券品种监管政策统一，强化市场风险监测预警。促进投资者多元化。加大对外开放力度，引入境外长期投资者，改变投资策略单一、单边市问题。加强避险市场建设。推动商业银行参与国债期货市场，增强国债期货市场全面风险管理功能。三是加强防范外部风险传染能力。全球资产价格泡沫与货币政策宽松退潮相背离，全球金融风险不可低估。在扩大债券市场对外开放的同时，需做好相关制度安排，对资金流动做出一定限制，防止境内外金融风险交叉感染。

（三）注重稳定市场预期

一是提高预期管理的有效性。构建畅通高效的沟通机制，做好政策解读，准确传达政策意图。特别是货币政策、金融监管政策等敏感问题，要防止市场曲解。在谣言传播时，要及时干预，有效引导市场舆论。二是促进政策与市场协调。保持政策的连续性和稳定性，打掉市场幻想，防止市场与政策对赌博弈。也应采用透明、渐进的方式推进金融监管政策，给市场以适当时间空间调整业务、处理浮亏。

（四）深化供给侧结构性改革

着力提高供给体系质量，改善实体经济的回报率，有利于提高资产负债利差，降低金融机构的加杠杆冲动，促进债券市场体系的稳定和发展。继续推进去产能政策，改善产能过剩领域企业资产负债表，化解债券市场信用违约风险。积极稳妥推进经济去杠杆，出清无效供给，释放占用的大量金融资源，降低金融杠杆程度和缓解流动性压力。

如何应对公司债券集中到期的潜在风险*

姜 瑜

摘 要 2018年信用债到期将近4万亿元①，其中，交易所到期的公司债券为3 814亿元，相当于2016年与2017年同期水平之和。同时，拟回售的公司债券规模约为9 500多亿元。本文以我国公司债券市场融资现状为出发点，从低等级债券、回售压力、民企公司债、私募债四个方面分析了集中到期的潜在风险特征，提出了完善私募债发行分类监管、加快推出信用风险对冲工具、启动《中华人民共和国企业破产法》（以下简称《企业破产法》）修订程序的政策建议。

一、我国公司债券市场融资现状

随着2016年全球市场融资环境的逆转，债券收益率大幅上扬，导致信用债的融资成本不断攀升。融资条件的恶化，触发高低等级发行人融资意愿的分化，即高等级发行人债转贷，低等级发行人个券难以获得二级市场认可。信用市场滚动债务难度的加剧，无疑抬升到期压力的潜在冲击。2018年到期的信用债共计约4万亿元。其中，到期的公司债为3 814亿元，相当于此前两年同期之和（见图1）。2018年拟回售的公司债券规模约为9 500多亿元，极易触发违约连锁反应，叠加形成新的实质违约。另一方面，单月到期亦呈现出陡增的现象，平均增幅超100%。集中到期的骤然飙升除了与"3 + 2"的期限结构有关之外，也与2015年交易所公司债券发行政策松绑、叠加融资成本低廉、公司债募集诉求大规模释放等因素密切相关。

---

* 本文发表于2018年5月《中证政研简报》总第494期。
① 文中数据以2018年3月底作为计算截点。

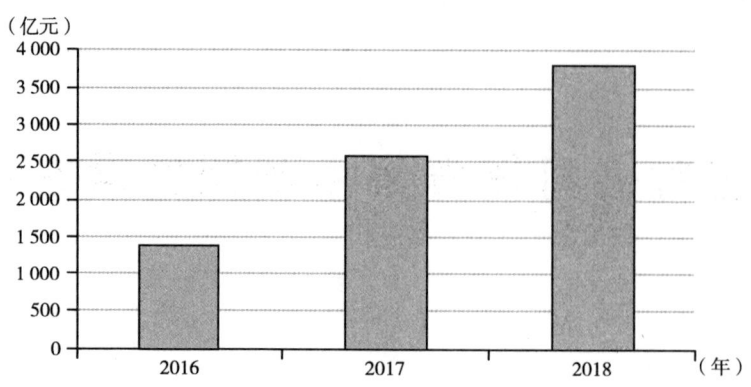

图 1　公司债券到期规模比较

资料来源：Wind，中证金融研究院整理。

二、集中到期公司债券的潜在风险特征

一是低等级债券面临集中偿付高于往年。2018 年公司债到期之所以陡增，净增量的主力为低等级品种。截至 2018 年 3 月底，AA 级及以下公司债券（涵盖私募债）到期规模为 1 684 亿元，较 2017 年同期增长近 113%。银行贷款偏谨慎和二级市场承接能力不强的环境中，该类发行人债务滚动能力渐弱（见图 2）。倘若对应发行人还存在明显的财务瑕疵，或有放大到期风险的可能。

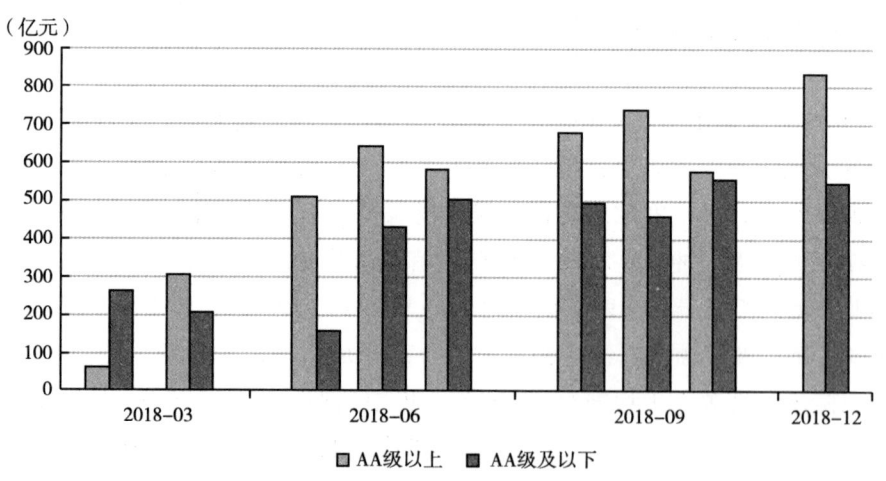

图 2　2018 年到期公司债券债项评级分布

资料来源：Wind，中证金融研究院整理。

二是公司债券回售压力颇大，触发实质违约。回售权指投资者有权选择在约定的付息日将其持有的全部或部分债券按票面金额回售给发行人，或选择继续持有。持有人如

果放弃回售行权,通常会获得更高的票面利率,但是在融资紧张的环境下,这促使持有人决心行使回售权,而此时发行人现金流吃紧,回售压力大,从而更加剧了发行人的流动性和再融资压力。例如,上市公司神雾环保2016年发行了含回售权的4.5亿元3年期非公开发行公司债券"16环保债",即使2018年发行人上调了票面利率100个基点至9%,债券投资者仍然选择全部回售,令公司无力全额兑付,触发实质违约。目前,包括富贵鸟、金特钢铁、亿阳集团等发生债券违约或公告兑付不确定性的发行人,都是在持有人回售环节触发违约风险。2018年可能回售的公司债券规模约为9 500多亿元(见图3)。

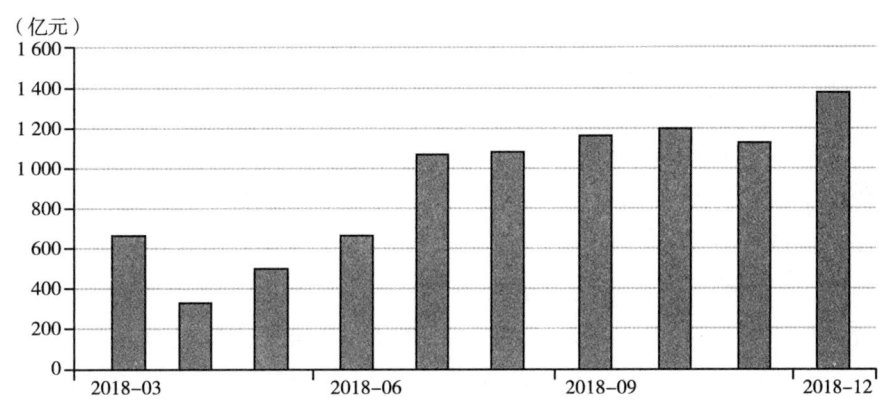

图3 2018年公司债券回售规模分布

资料来源:Wind,中证金融研究院整理。

三是民营企业债到期风险不容小觑。2018年交易所到期民营企业债仅次于地方国有企业债,总规模达到816亿元,同期增长41%。在金融去杠杆的趋势下,实体经济融资成本不断升高,目前中债AAA级与AA级的1年期企业债收益率分别在4.45%和4.97%,较同期水平分别高出12个基点和27个基点,信用评级较低的民营企业融资更为艰难。现阶段民营企业债成为投资者回避的主要发行主体,原因有二:一是源于其财务瑕疵向信用风险演化导致超预期信用事件多发,二是其融资渠道处于收窄通道,再融资压力巨大。集中到期无疑将促使现金流本就偏弱的民企继续承压。持有人风险偏好的回落,对民企债承接力度渐弱,到期风险不容忽视。

四是私募债集中到期亦触及峰值。数据显示,2018年累计到期私募债约2 000亿元,创下历史同期新高。其中,无担保的债券规模约1 500亿元,占比超过75%。对于缺乏外部增信的私募债而言,无疑加剧了到期压力与再融资难之间的矛盾。

三、政策建议

一是完善私募债发行分类监管,强化信息披露要求。建议设立私募债风险提示分类指导名单，对正常类私募债实行"即报即发"，对关注类债券严格审核，对负面类私募债严格准入。在信披方面，重点关注募集资金专户使用和回售资金筹措情况，及时共享风险信息，对流动性风险、违约风险、提前偿付、债券发行机构行为变化实时关注，对受宏观经济影响较大的周期性行业的公司要建立风险应急预案。

二是交易所加快推出信用违约互换（CDS）等风险对冲工具。市场化的信用风险对冲工具，既有助于构建公司债券市场风险管理体系，包括事前分散风险、事中预警风险、事后处置风险，又有助于健全信用债券市场风险定价机制，有序打破刚性兑付，消除信用市场定价扭曲。同时，CDS等信用风险对冲工具，可以优化交易所债券市场投资者结构，满足不同风险偏好投资者的需求，推动更多的银行资金入市。债券发行人实现市场化信用增级，债券投资者用来规避信用风险。监管机构可以通过对冲工具，建立风险预警和处置机制。

三是尽快启动《企业破产法》修订程序，推动法治化处置债券违约风险。当债券违约风险实质发生时，债券持有人一般会采用的方案是：行使抵押权、财产保全、追加担保、启动保护性条款、受托人履行职责、召开债权人会议等。如果在这些措施还是明显不能满足债券兑付的情况下，就要考虑启动最后的救济机制。由于当前我国自行和解清算缺乏有效的法律制度机制的安排和指引，导致债权人和债务人之间的协商往往难以达成一致。《企业破产法》自2006年公布以来，尚无针对性的制度保障和安排，重整程序的启动门槛较高，实施实效不足；过错追责手段方面，责任界定不清、诉讼机制缺乏，是当前阻碍债券持有人寻求救济的主要障碍。

建议尽快启动《企业破产法》修订程序，推动与司法制度衔接，协调司法机关畅通违约司法救济渠道；建议证券业协会、投资者保护局等相关部门出台相关法规政策，监督中介机构归位尽责，厘清承销商、受托管理人、债券担保人、评级机构的职责，从根本上保护债券投资者的合法权益。

上市公司参与债转股：优势、风险与对策[*]

—— 基于 21 家上市公司债转股案例分析

孙 即

摘 要 资本市场在新一轮债转股机制设计中扮演了重要角色。本文通过分析借助资本市场进行债转股的 21 个代表性案例，探讨 2016 年 10 月以来债转股运作模式的新特点，以及实施中存在的问题与潜在风险，提出严格债转股审核标准、合理控制转股后的企业杠杆率、限制上市公司通过资本市场实现转股退出的时间间隔和规模、严禁债转股概念炒作等措施，以便更好发挥资本市场参与 2016 年 10 月以来债转股的实际作用。

2016 年 10 月，国务院发布《关于积极稳妥降低企业杠杆率的意见》及附件《关于市场化银行债转股的指导意见》（以下称 2016 年《意见》），开启了新一轮市场化债转股序幕。不同于 20 世纪 90 年代的债转股，2016 年 10 月以来的债转股（以下简称本轮债转股）在机制设计上更多体现了市场化特征，出现了多种股债结合、以股为主的综合设计方案。截至 2017 年底，已有 102 家企业签订债转股协议，债务总金额达 1.6 万亿元。其中有 21 家上市公司，涉及金额 2 372.5 亿元。

一、本轮债转股机制设计上的特点与突破

（一）"高、大、上、强"成为本轮债转股企业的筛选标准

整体上看，本轮债转股目标企业的选择，主要符合以下标准和特征：降杠杆需求强、大型国有龙头企业、拥有上市公司平台、强周期行业。21 家债转股上市公司，除南钢股份外其他均为国有企业，其中有 5 家为央企、15 家为影响力较大的地方国企。85% 集中在钢铁、煤

---

[*] 本文发表于 2018 年 5 月《中证政研简报》总第 497 期。本文是《资本市场服务国企改革研究》的子课题报告，在马险峰副院长的指导下完成。

炭、有色、船舶和建材等重资产以及产能过剩行业，主要分布在山东、山西、河北和陕西等省份，其中 15 家企业员工超万人（见表 1）。显示出本轮债转股主要集中在正处于底部区间的强周期行业。

从财务状况看，18 家债转股公司连年亏损，转股前平均资产负债率超过所在行业平均水平 9.1 个百分点。但值得关注的是，超过一半的企业在转股前扣除非经常性损益后净资产收益率为正，且现金流情况良好（每股平均现金流量为 0.15 元/股）。说明本轮债转股对象优先选择了有现金流保障和再融资能力的企业，而非"僵尸"企业和失信企业。例如，连续发生九次债券违约的东北特钢，债转股计划宣告失败①。

（二）设立基金"入股还债"成为本轮债转股的主流模式

按处置债权和转股的先后顺序，债转股可以分为"先买债，后转股"（"收债转股"）和"先入股、后还债"（"入股还债"）两种操作模式。上轮债转股以前者为主，四大资产管理公司通过承接银行不良贷款成为企业阶段性股东。2016 年 10 月以来，有 57% 的债转股案例采用"入股还债"的方式，即通过第三方机构②和转股企业或其子公司成立基金筹集社会资金，再以股权投资方式为转股企业增资扩股，最终企业通过该笔注资偿还银行贷款。

以地方国企第一单债转股云南锡业集团为例，该集团下属上市公司锡业股份引入建设银行作为其控股子公司华联锌铟的战略投资者，建设银行或其关联方设立的基金拟向华联锌铟注资以认购新增注册资本，该笔资金必须用于偿还华联锌铟的银行贷款。在中国重工案例中，公司引入 8 名投资者对其全资子公司大船重工和武船重工进行增资 218.7 亿元，除中国信达和中国东方采用收购债权直接转为股权的方式外，其他 6 家投资机构③均通过现金方式对两家子公司增资，用于其偿还债务。

"入股还债"模式的实质是通过股权融资方式为转股企业补充了资本金。其优点在于：新增资本金用来偿还银行贷款，相关各方均无需计提损失，同时减少了交易环节，避免与企业众多债权人集体谈判，提高了债转股实施操作的便利性。

（三）转股债权以正常债权为主，突出交叉转股的特征

从已实施的案例看，本轮转股债权均为正常类、关注类贷款，转让时无需折价，第

---

① 2016 年，连续发生 9 次债务违约的东北特钢集团，在辽宁省国资委的支持下，曾一度提出要实施债转股，但由于受到 17 家债权银行的一致反对，同时中国银行间市场交易商协会出面干预，并给予东北特钢严重警告处分，使得东北特钢债转股计划以失败告终。

② 如银行系管子公司、保险资管、国有资本投资运营公司等，其中五大行成立旗下的全资资产管理子公司，农行资管、工银资管、建信资管、中银资管和交银资管。

③ 中国重工的案例中，出现了 3 家肩负国企改革使命的"国家队"大基金，如国风投基金（国有资本风险投资基金）、国调基金（国有企业结构调整基金）以及致力于军工领域改革的国华基金（国华军民融合产业发展基金），除此之外，还有中国人寿、华宝投资、深圳招商平安资管公司。

表1　21只涉及上市公司的债转股案例梳理

企业名称	证券代码	操作模式	债转股规模（亿元）	实施机构	时间	行业	企业性质	省份	总资产（亿元）	员工总数
中钢集团（中钢国际）	000928.SZ	收债转股	270	中国银行	2016-12-09	建筑装饰	中企	吉林	136.76	1 416
山东高速	600350.SH	入股还债	300	农业银行	2017-02-09	交通运输	地方国企	山东	454.31	6 030
陕西煤业化工（陕西煤业）	601225.SH	入股还债	100	中国人寿	2017-03-02	采掘	地方国企	陕西	936.89	28 331
金隅股份	601992.SH	入股还债	50	工商银行	2016-12-20	综合	地方国企	北京	2 083.97	49 721
山东黄金	600547.SH	收债转股	100	工商银行	2016-12-09	有色金属	民企	山东	283.57	14 739
南钢股份	600282.SH	入股还债	37.5	建设银行	2017-02-24	钢铁	地方国企	江苏	343.02	10 758
兖矿集团（兖矿煤业）	600188.SH	入股还债	100	工商银行	2017-02-12	采掘	地方国企	山东	1 456.22	68 550
中国一拖（一拖股份）	601038.SH	减资还债	4.51		2016-10-11	机械设备	央企	河南	132.11	11 622
河北冀中能源（冀中能源）	000937.SZ	入股还债+永续债	400	建设银行	2017-05-19	采掘	地方国企	河北	435.17	43 786
河钢股份	000709.SZ	入股还债	100	长城资产	2017-07-28	钢铁	地方国企	河北	1 859.90	40 507
中国重工	601989.SH	入股还债	218.7	信达、东方、国风投、国调基金、人寿、华宝、招商平安和国华	2017-08-17	国防军工	央企	北京	1 842.83	41 799
山东钢铁	600022.SH	收债转股	260	中国银行、交通银行、国家开发银行	2016-12-19	钢铁	地方国企	山东	544.15	31 307
云南锡业（锡业股份）	000960.SZ	入股还债	100	建设银行	2016-10-19	有色金属	地方国企	云南	284.25	14 725
太钢股份（太钢不锈）	000825.SZ	入股还债	40	工商银行	2017-06-05	钢铁	地方国企	山西	725.86	19 080
武钢集团（曾为武钢股份）	600019.SH	入股还债	240	建设银行	2016-10-11	钢铁	地方国企	上海	2 679.83	37 183
山西焦煤（山西焦化）	600740.SH	定增还债			2016-10-27	采掘	地方国企	山西	107.09	5 556
中国一重（*ST一重）	601106.SH	定增还债	15.5		2016-10-12	机械设备	地方国企	黑龙江	304.17	11 033
舜天船舶（改名江苏国信）	002608.SZ	收债转股	71		2016-09-28	国防军工	地方国企	江苏	432.43	3 957
云维股份（ST云维）	600725.SH	资本公积增	49.8		2016-11-16	采掘	地方国企	云南	2.18	3 731
沪天化集团（*ST天化）	000912.SZ	收债转股	35	中国银行、农业银行	2016-12-30	化工	地方国企	四川	76.65	3 235
*ST重钢	601005.SH	资本公积转增	165		2016-12-23	钢铁	地方国企	重庆	364.38	8 086

三方机构（基金）以1∶1的企业账面价值承接银行债权。这明显区别于上轮债转股以银行不良贷款为主的情况，究其原因在于：一是本轮债转股旨在降企业杠杆，正常债权转股也可达到此目的，而上一轮债转股的主要目的在于缓解银行体系内部的不良贷款压力。二是本轮转股企业多为优质龙头企业，虽面临阶段性经营困难，但贷款多为正常类。鉴于正常债权的定价和转让更为便利，在降企业杠杆的同时，不会导致资产收缩，因此成为当前转股债权的首选。

在具体实施过程中，不同银行之间的交叉转股成为主流运作模式，即银行以基金形式对企业增资入股，然后偿还非本行贷款。如在武钢集团和云锡集团的案例中，建行作为实施机构，转股债权均为其他银行的贷款。究其原因：一是银行不愿企业用注资偿还自家贷款，因为会导致本银行对转股企业的贷款份额降低，意味着可能会失去一个优质大客户。二是此模式可有效防止银行掩饰自身信贷风险以及虚假出表的行为，也是监管层着力引导的方向。

二、资本市场在本轮债转股中担当重任

（一）提供了便捷可靠的退出机制

与上一轮企业回购为主的退出方式不同，本轮债转股大多通过二级市场转让或将资产注入上市公司的形式实现退出，大大提高了机构参与的积极性。如中船案例中，中国重工发行股份买回其子公司新增股份，此举不仅让企业恢复了对子公司的控制权，还让参与债转股的实施机构直接持有上市公司的股票，获得便捷的退出路径。中钢集团的债转股方案中，270亿元的银行债务将通过集团成立新控股平台向实施机构发行可转债进行置换。此平台将由国资委注资100亿元，以实现未来整体上市的目的。实施机构可利用6年时间（前三年锁定，第四年开始按照3∶3∶4的比例）依次转成上市公司股权退出。

（二）减少转股过程中的道德风险，提升国企公司治理水平

依托资本市场的信息披露和价格发现机制，平衡债转股相关方的利益关系，减小道德风险。一方面，资本市场的公开透明的定价机制，大幅降低债权银行、企业与投资机构在债转股的各个环节进行利益输送，如债权转让、转股价格等方面。另一方面，资本市场高质量的信息披露，能让投资者及时把握企业真实的经营情况，提升转股股东参与国企治理的动力，帮助企业增效脱困、产业升级、完善公司治理结构，通过改善公司业绩来实现在二级市场获得更高溢价退出。例如，云锡集团和阳煤集团的案例中，建行和工行与转股企业合作成立产业基金，转股后获得了企业董事席位在重大决策上的投票权。

三、本轮债转股存在的问题

本轮债转股较好实现了降杠杆和改善企业现金流的目的，但同时面临着一些问题和潜在风险。

（一）"签约多、落地难"的困局难破

本轮市场化债转股自2016年10月启动至2017年年底，已有102家企业签订了债转股框架协议，涉及金额达1.6万亿元。但项目进展不及预期，到位资金仅3 000亿元，不足签约规模的20%。主要原因：一是本轮债转股对象多为国企，实施过程需要取得如证监会、商务部、工信部、国防科工局等多个部委的核准，审批周期长、有较大不确定性；二是资本充足要求限制银行参与积极性。根据《商业银行资本管理办法（试行）》要求，银行实施债转股机构（即资管子公司）续被纳入并表范围，资本充足率要求较高[1]；三是债转股的标的风险和收益缺乏合理预期，机构观望情绪浓厚，筹集社会资金困难；四是去产能加速导致煤炭、钢铁行业利润自2016年下半年开始转好，参与债转股的动力下降。

（二）"名股实债"现象仍然存在

在部分债转股案例中仍然存在银行与原股东约定触发机制，通过回购实现退出的情况，即规定5年或7年后，企业或企业股东、地方国资将回购债转股的部分。例如，山东能源与建行的210亿元债转股方案规定，山东能源集团债转股基金到期前，若集团根据规划完成上市，集团转型发展基金在二级市场退出；如果未能上市，则通过设定条件由集团负责回购或通过基金份额转让实现退出。此类"名股实债"隐含了对赌的逻辑，与本次债转股通过恢复企业盈利能力、资产再造获得超额收益的投资理念相悖，同时也存在股权与债权法律地位不明晰，在认定交易性质时容易产生争议，在运作上存在风险。

（三）需防范来自转股企业的道德风险

债转股最终是将企业经营的风险从债权人转换到股东身上，其实施过程中可能引发来自企业的道德风险。一是债转股在卸掉企业债务负担的同时，也放松了债权对企业管

---

[1] 根据《商业银行资本管理办法（试行）》规定，商业银行被动持有的对工商企业股权投资在法律规定处分期限内的风险权重为400%，目前规定的债转股处分期限为两年，两年后，还未处置的资产权重将上升至1250%。目前，银行通过新设金融资产管理公司代持债转股股份，但根据规定，实施机构（即资管子公司）需纳入并表范围，并表计算资本充足率时仍需遵循上述标准。

理层的约束,易引发管理层投机行为,如过度投资、超额在职消费等,对公司经营产生负面影响,最终损害股东利益。二是可能存在上市公司为获得债转股的"无偿"资本金与转股投资机构合谋串通,在其解禁期间配合炒作的情况。

(四)需警惕债转股可能引发的市场风险

一是债转股市场化退出方式可能会引发二级市场大幅波动。涉及债转股公司大多债务巨大,参与转股的投资机构在解禁后如存在短期变现诉求,巨额债转股上市流通将会对二级市场形成"抽血"效应,可能损害公众投资者权益,不利于市场稳定。二是在去产能、降杠杆的背景下,债转股成了一些上市公司炒作股价的手段。而债转股实质上会增加上市公司总股本,稀释原始股东利益,考虑到转股后公司的未来业绩存在较大不确定性,应提醒投资者关注其中的市场风险。

四、相关政策建议

一是为破解债转股项目审批流程长、环节多、落地慢的现象,建议相关监管部门针对债转股企业适当放宽标准或提高审核效率,建立有效的沟通协调机制,助力企业通过资本市场高效完成产业整合、优化行业结构。

二是为防范"想赖账"企业成为债转股对象以及转股过程中与其他参与方"合谋炒作"的可能,建议严格债转股审核标准和条件,强化债转股企业责任与义务,同时将转股后的负债率严格控制在合理水平。

三是考虑到债转股退出对二级市场的潜在影响,鼓励债转股实施机构充分利用各种市场化方式和渠道退出。建议建立债转股的现场检查制度,并严禁上市公司炒作债转股概念,帮助投资者尤其是中小投资者增强风险防范。

上市公司参与债转股现状、问题与建议*

孙 即 李 欢

摘 要 为贯彻落实国务院关于推进供给侧结构性改革、做好"三去一降一补"工作的决策部署,中国证监会加大了对市场化债转股相关工作的支持力度,密切配合发改委等单位,推动涉及上市公司债转股的个案落地。本文通过梳理上市公司参与债转股的实施方案及流程,重点分析存在的困难和问题,并从资本市场和上市公司角度出发,为债转股未来发展提出一些建议。

一、上市公司参与债转股机制设计上的特点与突破

自 2016 年 10 月《关于积极稳妥降低企业杠杆率的意见》(国发〔2016〕54 号)出台以来,已签约债转股的企业中,超过 80% 的企业为上市公司或上市公司的母公司,其余企业也多有上市预期。据不完全统计,截至 2018 年 5 月,已有 24 家上市公司积极参与市场化债转股项目,涉及金额近 2 600 亿元。其中完全通过资本市场实施债转股的上市公司有四家,分别为中国重工、中国铝业、中国船舶和中船防务。

(一)成为债转股对象的上市公司多为周期性或产能过剩行业中的国有龙头企业,面临暂时困难但仍具发展潜力

24 家参与债转股的上市公司中,除南钢股份外,其他均为国企。其中 8 家为央企,15 家为影响力较大的地方国企,87% 集中在钢铁、煤炭、船舶、有色和建材等重资产以及产能过剩行业,主要分布在山东、山西、河北和陕西等省份,其中 17 家企业员工超万人。从财务状况看,21 家债转股公司连年亏损,转股前平均资产负债率超过所在行业平均水平 9.4 个百分点。但值得关注的是,超过 60% 的企业在转股前扣除非经常性损益

---

* 本文内部发表于 2018 年 6 月。

后净资产收益率为正,且现金流情况良好(每股平均现金流量为 0.17 元/股)。说明本轮债转股对象优先选择了经营状况稳定,有现金流保障和再融资能力的企业,而非"僵尸"企业和失信企业。

(二)上市公司债转股市场化运作程度更高,"子公司债转股+上市公司发行股份购买资产"成为范本

上市公司债转股案例从参与实施机构、方案设计、交易价格、转股规模、退出渠道等关键要素均突出了市场化特征。根据上市公司在债转股中扮演的角色不同,大体分为以下三种模式:一是"收债转股"。此模式多数运用在上市公司子公司层面的债转股,具体流程为:先由银行向实施机构转让子公司债权,再由实施机构按评估后的公允价值将债权转为子公司股权。二是"以股抵债",多数运用于上市公司母公司层面的债转股,具体流程为:通过大宗交易或协议转让等方式受让控股股东持有的上市公司部分股票,然后以股票转让定向款偿还大股东所欠债务。三是"发股还债",即上市公司定增融资用于收购债务,可运用在上市公司层面的债转股。

值得关注的是,在实际操作中,参与债转股相关主体将以上三种模式与当前政策相结合衍生出了一些创新模式,其中中国重工完全市场化运作的债转股"两步走"方案最为典型。具体操作步骤为:第一步,在中国重工下属全资子公司大船重工、武船重工层面引入八家机构投资者进行债转股,分为"收购债权转为股权"与"现金增资偿还债务"两种方式,合计增资金额 218.68 亿元,全部用于偿还标的公司对银行的债务。第二步,中国重工以发行股份购买资产的方式收购债转股形成的新增股权。完成后,投资机构将持有中国重工股权,成为中国重工股东,可在锁定期满后在二级市场退出。

按此方式实施债转股后,中国重工在不丧失子公司控制权的情况下,化解了阶段性经营困难,拓宽了国防建设资金的融资渠道,同时还为投资者提供了市场化的退出渠道,成为国企市场化债转股的范本。近期,中国铝业、中国船舶和中船防务相继公告了类似的"两步走"债转股预案,其他多个公司正在筹划。

(三)参与机构类型较多,有利于进一步推动国有企业混改、提升企业管理水平、优化融资结构

以往实施的债转股多为银行通过其关联方或四大资管公司主导实施,而此轮上市公司市场化债转股中引入了较多市场化投资机构。从中国重工、中国船舶和中船防务三个军工企业案例看,除了资产管理公司、保险资产管理机构,引入的投资方还包括以国风投基金、结构调整基金、华宝投资为代表的"国家队"基金,以及以国华基金为代表的私募股权投资基金。此举不仅能加快债转股实施进程,还可以促进国家战略与国企结构调整有机结合,优化企业资本结构,深化国企混合所有制改革,完善国企公司治理制度。

二、上市公司参与市场化债转股面临的障碍和困难

考虑到信息披露、市场化定价和市场化退出机制等优势,投资机构参与上市公司债转股的积极性相对较高。但在实际操作中仍面临一些困难与障碍,导致市场化债转股"签约多但落地慢"的困局一直存在。

(一)投资机构对投资期限长、收益不确定性大的债转股项目参与积极性不高

一是债转股相关方的需求不匹配。真正经营状况较好的企业没有意愿和需求实施债转股,而大量陷入困难期的国企在地方政府的推动下需求强烈。在没有财政"兜底"的情况下,实施主体需自负盈亏,因此对项目的盈利和流动性要求较高。导致企业、政府和市场机构的需求不匹配,难以在谈判中达成共识。

二是在资本约束和资金成本抬升的双重压力降低了实施机构参与债转股积极性。首先,金融机构实施债转股的风险权重和资金占用较大。根据中国银保监会的规定,商业银行被动持有非金融企业股权,两年内风险权重为400%,两年后上升至1 250%,远高于正常贷款100%的水平;资产管理公司实施债转股业务的风险权重为150%,资本占用考核以项目金额的200%为标准,是不良债权收购及实质性重组项目50%标准的4倍,资本充足率的考核压力明显增大。其次,一方面近期资金成本快速上升,另一方面债转股投资期限长、收益不确定大,抑制了实施机构参与债转股的意愿。无论是自有资金需满足收益率考核要求的隐形成本,还是筹集资金面临的付息压力,均提升了实施机构对参与项目营利性的要求。已实施债转股的公司业绩未必能短时间内见效,无法满足债转股实施机构的收益需求。

(二)部分现有政策对市场参与债转股形成一定制约

一是按现有政策,国企资产转股价格无法真正"市场化"定价,降低了部分投资者参与的意愿。在转股价格方面,《关于市场化银行债转股权实施过程中有关具体政策问题的通知》(发改财金〔2018〕152号)规定,国有上市公司转股价格允许参考股票二级市场交易价格,而国资委要求国有企业非公开发行价格不低于公司最近一期末经审计的每股净资产。按此规定,近期正在筹划市场化债转股的中国中铁和首钢股份,定价基准日前20日、60日、120日股票交易均价的90%均低于预计发行前净资产,因此不能以市场价格发行。

二是部分证券市场的监管政策不配套。主要表现在:其一,按照2016年9月出台的《上市公司重大资产重组管理办法》规定,上市公司向大股东或新的重组方收购资产容

易形成借壳，加大了转股注资的难度。目前创业板不允许借壳上市，转股标的受到一定限制。其二，根据 2017 年修订的"定增新规"①，上市公司非公开发行股票需按市价发行，且发行规模不超过总股本的 20%。按市价发行取消了三年期锁价机制，导致实施机构只能通过子公司转股，再以上市公司发行股份收购的方式达到锁价目的，加重了实施负担。其三，受"减持新规"影响，债转股整体退出时间基本上超过 5 年，也在一定程度上影响市场参与的积极性。

三是国资委对部分涉及国家安全、重要资源的特殊国有企业有最低持股比例要求，限制了债转股在部分行业中的推广。以中国重工为例，企业必须满足重点保军企业"50% +1"的国有绝对控股权。受此制约，中国重工与八名投资机构签署了一致行动协议，约定在 3 年锁定期内，投资人需在重大事项上将除股票收益权以外的所有权利委托给中国重工，不能选派董事、监事或高级管理人员，不参与具体经营管理。类似的限制条款对部分债转股项目的实施形成障碍。

（三）上市公司的股价波动增大了实施机构债转股项目收益的不确定性

对于通过资本市场退出的债转股项目，实施机构取得上市公司股票并在锁定期满后减持退出。由于股价受到公司业绩、投资者预期、宏观经济整体环境、货币政策等多因素影响，投资机构在减持变现时的股价未必能达到预期水平。如 2018 年 2 月和 3 月，中国铝业和中国船舶债转股重组方案公布后，股票复牌均遭遇了 3 个跌停，截至 2018 年 6 月，市价已较方案公布的债转股资产认购股份价格分别下跌约 30% 和 40%，导致参与机构浮亏严重，市场对新项目观望情绪浓厚，筹集债转股资金困难，后续债转股的落地速度进一步放缓。

（四）债转股实施机构缺少低成本、长期限的配套资金支持

上一轮债转股中，四大资产管理公司的资金主要来源于财政部注资、央行再贷款以及金融债券融资，而在本轮承接债务的资金以社会资金为主。鉴于本轮每家债转股企业的资金需求从几十亿到上百亿元不等，全国市场规模将达上万亿元，仅凭借实施机构的自有资金远远不够。目前由于缺乏央行再贷款及金融专项债券等配套资金，单纯依靠市场化手段筹集资金，难以满足债转股业务长期限、低成本的资金需求，直接制约债转股的实施进度和效果。

---

① 2017 年修订的《上市公司非公开发行股票实施细则》和《发行监管问答——关于引导规范上市公司融资行为的监管要求》（简称定增新规）。

三、相关政策建议

（一）调整市场化债转股相关政策法规，为后续推广扫除障碍

一是建议细化财金〔2018〕152号文和国资委的《企业国有资产交易监督管理办法》，提高国企（特别是上市公司）定价的市场性和灵活性；二是由于债转股涉及的融资规模较大，建议发行规模不超过总股本20%的限制相应放开。

（二）给予参与债转股机构的相关政策优惠，提高实施机构的参与积极性

一是建议对参与债转股的投资机构可通过适当的税收减免、财政支持、放松考核等措施，降低其参与债转股项目的综合成本；二是建议降低其所持市场化债转股权的风险资本占用权重，从而降低其收益率要求及考核压力，提高其参与债转股项目的积极性。

（三）拓宽债转股资金筹集渠道，引导社会资本投资债转股项目

一是建议通过人民银行再贷款或发行债转股专项债券筹集成立政府引导基金，引导社会资金进入债转股项目。二是建议放宽投资者范围，不局限于《国务院关于积极稳妥降低企业杠杆率的意见》（国发〔2016〕54号）中列示的四类机构，在一定程度上加快相关主体或者上市公司实施市场化债转股的进度。

上市公司债券集中违约显现*

——特点、原因及风险分析

马雪娇

摘 要 2017年以来,信用债违约及负面事件增多。特别是在2018年严监管环境下,首次出现上市公司集中违约,引发市场关注。2018年将有近4万亿元信用债到期,违约风险堪忧。文章分析了本轮信用违约主要特征及原因,发现由于金融严监管导致货币条件收缩,部分低资质发行人及民营企业再融资难度加大,与盈利下滑、负面事件冲击等因素叠加,导致违约主体以中下游民营企业为主。目前我国宏观经济稳定,即便有新增违约事件,整体风险仍然可控。但需警惕高杠杆行业及企业股权质押风险。未来,应扩大直接融资比重,着力改善企业融资结构;并建立多元化的风险分担渠道和市场化的违约处置机制。同时,要发挥金融稳定委员会作用,加强协调监管,稳定市场预期,防止风险放大。

一、当前国内信用债违约的主要特点

违约主体以民营企业为主,涉及上市公司信用风险事件明显增加。2018年以来,已有总计约202亿元的23只债券出现违约(见图1)。与2016年违约潮国企占比高不同,本轮违约主体以民企为主,2017年以来已有61家民企下调信用评级①。此外,2018年出现了6家上市公司违约(见表1),而2014—2017年上市公司违约仅4家占比7%。目前还有多家上市公司存在信用风险,市场对民企债规避情绪浓厚。

---

* 本文发表于2018年6月《中证政研简报》总第506期。
① 2016年信用债违约主要是地方性国企;而本轮违约主体几乎均是民营企业(仅有两家地方国企)。

表1　2018年以来违约企业一览表

	名称	发行人	发生日期	事件摘要	公司属性	是否上市	所属wind行业
1	12春和债	春和集团有限公司	2018-04-24	2012年春和集团有限公司债券应于2018年4月24日兑付本息。受外部环境影响及行业市场影响，春和集团有限公司资金链紧张，无法在到期兑付日按期足额兑付本息，构成实质性违约	民营企业	否	建筑机械与重型卡车
2	16亿阳01	亿阳集团股份有限公司	2018-01-27	亿阳集团正在进行重组工作，无法按期支付本期债券回售款、利息及相关手续费	民营企业	否	综合类行业
3	16丹港01	丹东港集团有限公司	2018-01-29	由于公司资金紧张，未能按时支付该期债券利息1.1亿元	中外合资企业	否	海港与服务
4	15中安消	中安科股份有限公司	2018-05-07	公司生产经营正常，但受整体市场环境影响，公司多项应收账款未能按预期时点实现回笼，导致流动资金较为紧张，无法按期支付本次债券本金及利息	民营企业	是	信息科技咨询与其他服务
5	16亿阳04	亿阳集团股份有限公司	2018-04-17	待公司重组完成后一并处理本期债券兑息事宜，因此公司无法按期支付本期债券利息及相关手续费	民营企业	否	综合类行业
6	16亿阳03	亿阳集团股份有限公司	2018-02-28	亿阳集团正在进行重组，无法按期支付本期债券利息及相关手续费	民营企业	否	综合类行业
7	14富贵鸟	富贵鸟股份有限公司	2018-04-23	发行人无法按期偿付本期债券到期应付的回售本金及利息	民营企业	是	鞋类
8	16富贵01	富贵鸟股份有限公司	2018-05-29	由于本公司前期存在大额对外担保及资金拆借，相关款项无法按期收回，本公司在2018年5月8日偿付本次债券加速清偿应付的本金及利息	民营企业	是	鞋类

续表

	名称	发行人	发生日期	事件摘要	公司属性	是否上市	所属wind行业
9	16凯迪债	阳光凯迪新能源集团有限公司	2018-06-01	实质违约	中外合资企业	否	多领域控股
10	16环保债	神雾环保技术股份有限公司	2018-03-14	因公司流动资金较为紧张，未能如期兑付"16环保债"回售本金和利息	民营企业	是	工业机械
11	16神雾E1	神雾科技集团股份有限公司	2018-04-28	截至2018年4月27日，公司尚未履行上述追加担保义务，未使担保比例不低于140%，公司已违反本次债券募集说明书关于追加担保的约定，构成违约	中外合资企业	否	环境与设施服务
12	13丹东港MTN1	丹东港集团有限公司	2018-03-13	由于公司有息债务负担重，短期支付压力较大，截至2018年3月13日终，公司未能按照约定将本金和利息足额划至托管机构，构成实质性违约	中外合资企业	否	海港与服务
13	15机床PPN001	大连机床集团有限责任公司	2018-02-07	大连机床大连市中级人民法院依法裁定已于2017年11月10日被大连市中级人民法院依法裁定进入重整程序，重整工作仍在进行中，不能按期足额兑付本金及利息	民营企业	否	工业机械
14	16大机床MTN001	大连机床集团有限责任公司	2018-01-15	被大连中级中级人民法院依法裁定进入重整程序，目前重整工作仍在进行中，不能按期足额兑付利息，已构成实质性违约	民营企业	否	工业机械
15	15丹东港PPN001	丹东港集团有限公司	2018-01-15	截至公告日未能筹偿付资金，已构成实质性违约	中外合资企业	否	海港与服务
16	12春和债	春和集团有限公司	2018-04-24	受外部环境及发行业市场影响，春和集团有限公司资金链紧张，发行人无法在到期日按期足额兑付本息，构成实质性违约	民营企业	否	建筑机械与重型卡车

续表

	名称	发行人	发生日期	事件摘要	公司属性	是否上市	所属wind行业
17	16中城建MTN001	中国城市建设控股集团有限公司	2018-03-01	中国城市建设控股集团有限公司因控股股权纠纷,公司融资渠道受到限制,公司正面临多起起债务诉讼,部分银行账户及资产已被查封或采取保全,已构成实质性违约。	民营企业	否	建筑与工程
18	11凯迪MTN1	凯迪生态环境科技股份有限公司	2018-05-07	截至兑付日日终,公司未能按照约定筹措足额偿债资金,不能按期足额偿付	公众企业	是	新能源发电业者
19	15川煤炭PPN001	省煤炭产业集团有限责任公司	2018-01-09	公司资金链紧张,不能按期足额偿付,已构成实质性违约	方国有企	否	煤炭与消费用燃料
20	12川煤炭MTN1	省煤炭产业集团有限责任公司	2018-05-21	发行人未能按约定足额筹资金进行偿付,已构成实质性违约	方国有企	否	煤炭与消费用燃料
21	15丹东港MTN001	丹东港集团有限公司	2018-03-12	截至2018年3月10日日终,公司未能按约定将本金和利息足额划至托管机构,该事件严重损害了债券持有人利益,已构成实质性违约	中外合资企业	否	海港与服务
22	17沪华信SCP002	上海华信国际集团有限公司	2018-05-21	受中国华信能源有限公司董事局主席新闻事件不利因素冲击,公司正常经营已受到重大影响。截至2018年5月21日日终,公司未能筹集到足额偿付资金,不能兑付	民营企业	否	石油与天然气的炼制和销售
23	15盛运环保PPN002 PPN001	盛运环保(集团)股份有限公司	2018-05-09	违规担保关联方资金占用,直接导致盛运环保大股东诉讼困局	民营企业	是	商务与专业服务

注:本轮债券违约包含上市公司如下:凯迪生态、中安消、富贵鸟、华信国际、神雾科技、盛运环保。其中,上海华信国际集团有限公司是华信国际子公司,华信国际发行上市公司,而亿阳集团旗下亿阳通信属于上市公司。本文界定上市公司是从母公司角度出发。

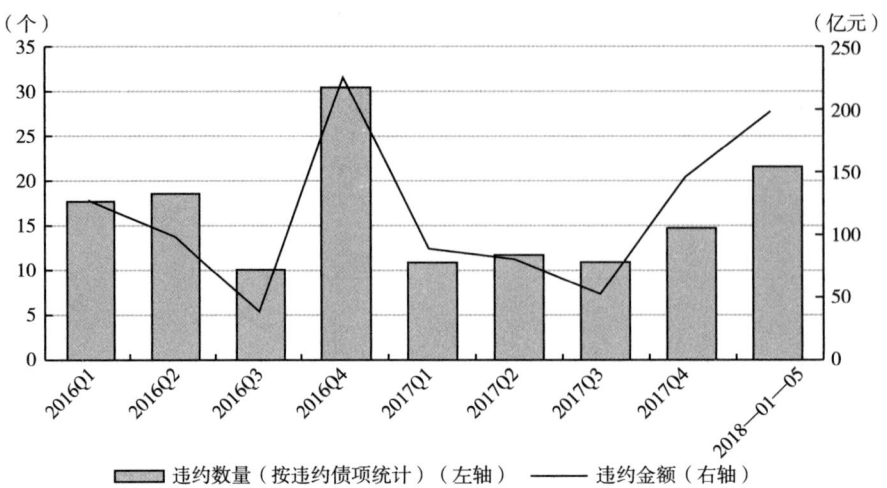

图 1　2016 年以来信用债违约情况①

资料来源：Wind，中证金融研究院整理。

违约企业以中下游行业为主，且利润下滑明显。2017 年以来，已违约债券中包括 5 只港口与服务类债券、5 只纺织轻工类债券、9 只机械制造类债券，其他违约主体则分布在能源、综合、建筑等行业。总体来看，违约企业利润均出现明显下滑。盛运环保 2015 年净利润 7.4 亿，2017 年则大幅亏损 13.2 亿元；中安消净利润由 2015 年的 14.2 亿元降至 2017 年的 -24.8 亿元；盾安集团、上海华信尽管业务规模大、涉及领域多，但是净利润/营业总收入长期处在较低水平；凯迪生态则长期依靠政策性红利，若政府支持减弱，对公司盈利和现金流影响较大。

违约企业债务期限偏短。2018 年以来，违约事件集中在中、短期债券。其中，5 项债券违约为一般中期票据，6 项为一般公司债券（5 年）、4 项为 2—3 年私募债，以及 3 项定向工具（6 年）和 2 项一般企业债（3 年）。值得关注的是，已公布数据显示，目前 3 年期以下信用债发行规模占比从 2017 年 6 月的 37.0% 升至 2018 年 5 月的 48.0%。虽然企业盈利推动财务杠杆小幅下降，但 2017 年债市表现不佳、投资短期化较突出，叠加长期融资难度加大，企业只能选择中、短期债券或贷款进行替代融资。

二、主要原因

直接原因是金融严监管导致货币收缩，低资质发行人及民企再融资难度加大。与之前不同的是本轮信用违约背景是经济增速平稳，民企债违约普遍带有外部融资收紧，再融资渠道不畅，导致资金链断裂的特征。一是企业融资成本高企：根据中证估值数据，

---

① 2016 年第四季度违约债项数量较多是由于侨兴电信共有 14 项债券违约。

截至 2018 年 6 月 5 日，有 378 只信用债到期收益率高于 10%，而 2017 年同期仅 120 只；AA 级民企信用债发行利率升至目前的 6.5% 左右。二是低资质发行人融资困难：2017 年低资质发行人净融资占比 20% 左右，而 2018 年 1—3 月持续为负，4 月虽有所好转，但仅占 1.6%。2018 年 1 季度，推迟或发行失败债券数量同比增加 18%，低等级信用利差走扩，与高等级出现分化（见图 4），债券发行以高等级为主。三是民企融资难度加大：低风险偏好决定了银行表内流动性主要投向国企，民企较难从中受益。2018 年第一季度，上市民企筹资性净现金流为 2 357.3 亿，同比下滑 1 311.4 亿，外部现金流恶化与融资成本上升推高民企信用风险（见图 2、图 3）。

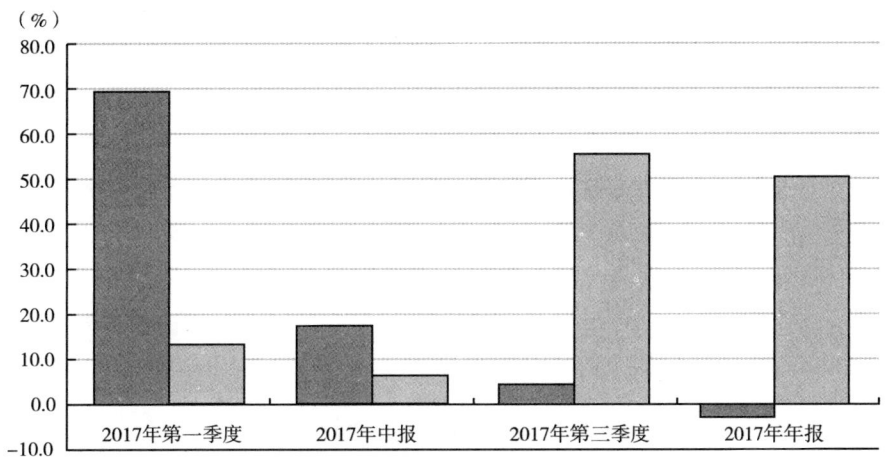

图 2　2017 年民营上市公司筹资活动现金流净额同比变化

资料来源：Wind，中证金融研究院整理。

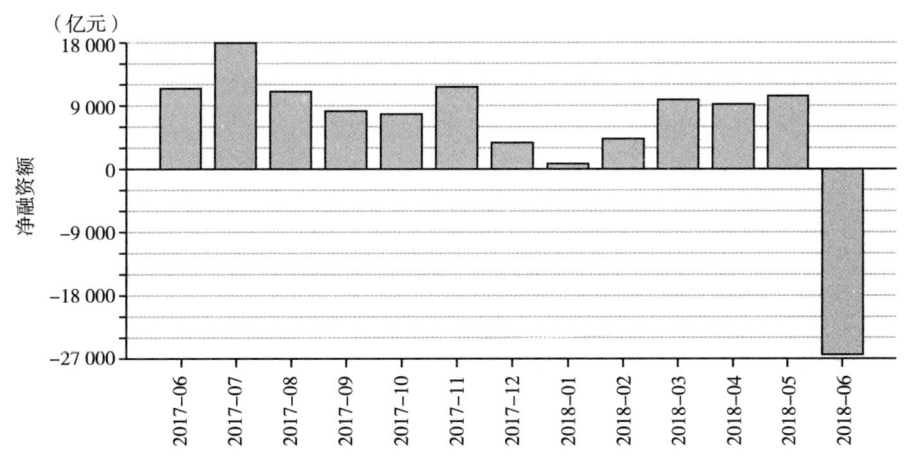

图 3　2017 年以来债券市场净融资额走势图

资料来源：Wind，中证金融研究院整理。

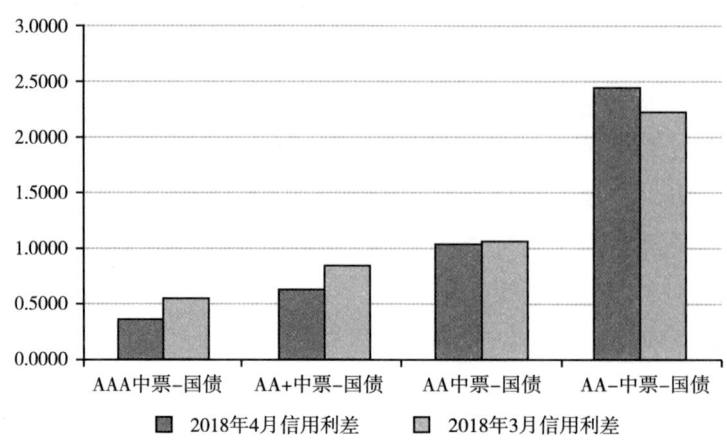

图 4 2018 年以来信用利差变化情况

资料来源：Wind，中证金融研究院整理。

根本原因是企业盈利下滑带来内部现金流恶化，导致偿债能力下降。民企风险主体普遍存在投资支出大、现金流缺口大等问题，企业经营情况恶化后，外部资金加速萎缩，风险很快暴露。分析本轮发行人违约前后的财务指标变化发现，违约前大部分主体都因盈利下滑导致内部现金流恶化。2018 年第一季度数据显示，民营发行人经营现金流占营业收入比重较 2017 年年末下降 8.8 个百分点①。同时，企业资产负债率呈上升态势，2018 年第一季度民营企业发行人平均资产负债率为 55.5%，同比上升 1.6 个百分点；利息备付率（Interest Coverage Ratio）② 不断下降，小于 1 的企业由 2017 年末的 25 家增加至 2018 年第一季度的 31 家，甚至部分企业出现负值，表明企业没有足够资金支付利息。而发行人筹资现金流对自由现金流缺口的覆盖比例下降到历史最低的 0.7 倍，偿债风险进一步加大。

负面事件冲击、实际控制人变更等另类违约因素增加。一是 PPP 行业遇冷，融资频频受限。如东方园林计划发行 10 亿公司债，用于偿还债务和补充营运资金，但实际发行规模仅 5 000 万元。由于企业涉足 PPP 项目较多，投资期长而利润率有限，截至 2017 年，公司经营活动与投资活动合计产生的现金净流出已超出 15 亿元，资产负债率由 2014 年底的 56.2% 升至 2018 年 3 月的 70.1%。短期资金投入到需要长期运营回利的项目，投资者更加谨慎，标志着债券市场的融资压力从偿债端蔓延到发行端。二是实际控制人风险加大了企业经营不确定性。国企高管只是国资的代理人，高管变更对实际的经营影响有限；而民营企业的建立与发展则与公司实际控制人及高管息息相关。实际控制

---

① 在计算经营现金流占营业收入比重均值时，剔除了国盛金控企业，由于其 2017 年该指标为 -603.5%，2018 年第一季度上升到 403 890.3%，对整体数据扰动较大。

② 利息备付率（Interest Coverage Ratio），也称已获利息倍数。ICR = EBIT/PI，即利息备付率 = 息税前利润/当期应付利息 100% =（利润总额 + 当期应付利息）/当期应付利息 × 100%。ICR > 1，表示企业有偿还利息的能力；ICR < 1 时，表示企业没有足够的资金支付利息，偿债风险很大。

人风险事发后,企业外部融资将迅速恶化,导致信用违约瞬息发生。近期债务违约事件中,华信能源、亚邦投资等均是如此。

三、未来风险研判

对A股风险偏好构成影响,但仍处于合理水平。信用违约首先影响投资者情绪,继而推升无风险利率导致股市风险溢价上升。目前,信用利差处于2.2%的水平,A股市场风险溢价约为1.9%,均处于金融危机以来中位(见图5)。若趋势延续,将降低投资者风险偏好,加快资金流出周期性行业及民企,但1—4月交易所公司债违约率约为0.3%,远低于美国金融危机后5.7%的违约水平①,若未来经济增速保持合理水平,即便有新增违约事件,整体风险仍可控。

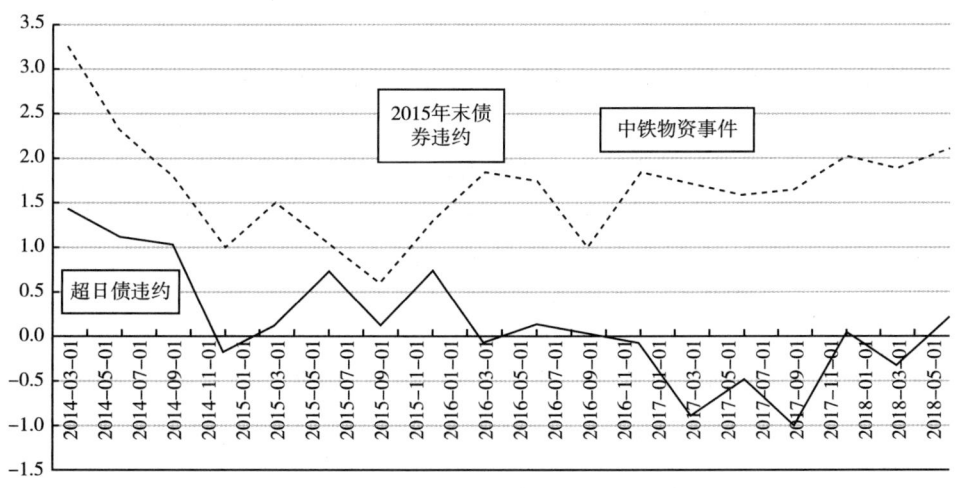

图5 信用利差与A股风险溢价走势图

资料来源:Wind,中证金融研究院整理。

严监管环境下,需警惕房地产、基建等重资产行业及周期性行业的资产负债情况。2018年第一季度数据显示,高度依赖外部融资的地产和基建类企业应收账同比分别上升3.0%和4.9%,内部现金流处于下降态势,资金积累难以应对外部筹资收紧,或将推高信用风险发生的概率。而处于下游的电力行业2017年带息负债占全部信用债发行人带息债务的18%左右,行业资产负债率71.4%,若电价维持较低水平,则将加大对发电企业的利润侵蚀。此外,虽然2017年钢铁、煤炭等周期性行业盈利明显好转,但是部分低资质发行人仍存在违约风险。如部分民营煤矿"货币资金/短期债务"指标不足20%,明

---

① 按发行金额计算,交易所公司债违约率约为0.3%;美国信用债券市场在2007—2011年违约率从0.49%上升到5.71%。

显低于国企，资金压力较大。值得警惕的是，钢铁和建筑建材行业短期负债占比分别为 69% 和 68%，资产负债期限匹配程度较差，可能引发流动性风险。

股权质押或将加大信用风险。目前，未解质押股票市值排行前五的行业为医药生物、地产、化工、计算机及电子行业，涉及资金 2.3 万亿元。其中，除计算机行业外，其他行业资产负债率均已超过 55%。此外，股票质押也是较多新三板企业的融资选择。据统计，2017 年至 2018 年 5 月，新三板超过 250 家企业股票质押股数占总股本比例超过 50%，且未到期解押。当企业资金链发生问题时，无法通过变卖股票等流动性好的资产来对债务进行偿还，加大违约风险；而违约导致股权价格下跌，质权方也将承受损失。

四、政策建议

（一）扩大直接融资比重，改善企业融资结构，降低杠杆率

企业降低资产负债率有两条基本途径：一是增加借款者的权益资本，二是缩减借款者的债务总量。通过直接融资来提高债务人的权益资本是有效化解措施。目前，应继续保持新股发行常态化，特别是支持符合条件的民营企业发行上市以及支持符合条件的上市公司通过再融资增强资本实力。此外，要把握好交易所债券市场质量和数量的统一，针对存在暂时性流动性困难，但符合创新、绿色发展的企业给予支持；鼓励有条件的企业通过资产证券化、可转债等方式融资。

（二）发挥金融稳定委员会作用，加强监管协调，稳定市场预期

一是按照"实质重于形式"原则强化功能监管，发挥"金融稳定委员会"的监管协调作用。推动银行间和交易所市场的信息互通，并针对不同等级发行人和债券进行差异化监管，规范银行—非银套利结构，弥补监管失灵。二是保持适度流动性，稳定市场预期。目前，"非标"等融资渠道受限，部分高杠杆企业信用风险显现。应保持市场松紧适度的流动性，缓解市场在严监管时期的紧张情绪，避免信用风险与流动性风险相互叠加、扩大。

（三）构建多元化的风险分担渠道及市场化的违约处置机制

一是建立健全债券投资人保护机制，并根据发行人的资产质量、负债情况等指标建立债务违约风险预警机制，将违约风险控制在市场可承受范围内。二是分类施策，有序打破刚性兑付。对具有发展潜力的企业，监管部门应督促其主动应对，多措并举化解债务风险；对不符合国家发展战略的企业，应按照市场化和法制化原则，有序打破刚性兑付。三是加快债务违约风险处置和资产证券化发展，推动信用违约互换（CDS）等信用衍生品出台。通过 CDS 等信用衍生产品，金融机构可将信用风险从市场风险中剥离，并以合理的价格转移出去。

中资美元债信用风险显现*

余兆纬

摘 要 近年来,中资美元债规模迅速扩大,同时境外发债不利因素增多,叠加境内外市场联动加强,信用风险开始出现双向传导。未来一段时间,各行业美元债违约风险在上升:房企美元债发行成本高、发债期限缩短、境内外偿债高峰期同步临近;城投美元债中低评级发行主体占比上升,境内偿债压力大,可能通过国际评级下调将压力传导到境外城投美元债;产业美元债再现违约案例,中国国储能源化工集团股份公司(简称"国储能源")美元债违约,引发溢出效应,影响其国内关联方股债表现。后面3年是美元债的偿债高峰期,到期量分别为509亿、879亿和676亿美元,宜做好境内外债券联动风险监测工作,重点关注三四线房企和市区级城投公司;统筹协调外债管理工作。

一、近年中资美元债规模迅速走高的背景下,境外发债不利因素在增多、境内外市场联动在加强

(一) 近年中资美元债规模迅速走高

2017 年,中资美元债发行 2 925 亿美元,较 2010 年翻了 20 番(见图 1),这与境内外发债成本差异(汇率与利差)及监管环境密切相关。2010—2013 年,美国量化宽松使得境外利率走低、美元走弱,中资企业存在"资产本币化、负债外币化"的配置动机,尤其是银行、大型国企存在境外开展业务的美元需求。2014 年,美国开始退出量化宽松、美元走强,但境外利率[①]仍在走低,且我国房企境内融资受限。2015 年,在资本外流压力下,《国家发展改革委关于推进企业发行外债备案登记管理改革的通知》(发改外

---

* 本文发表于 2018 年 8 月《中证政研简报》总第 516 期。
① 2014 年,美国境内流动性仍相对宽松、地缘政治事件频出带来避险需求,10 年期国债收益率走低。

资〔2015〕2044号）简化外债发行备案流程（见附表1）。2016年，城投公司为拓宽融资渠道，境外发债明显增加。2017年，银行为满足巴塞尔协议Ⅲ资本要求，发行AT1①美元债150.65亿美元；房企境外发债再创新高，是2016年的3倍。截至2017年底，银行美元债融资占总额的29%，多为补充资本金，发行债券多为10年期，发行利率在4%以下；产业（互联网、能源、煤矿等）美元债融资占总额的41%，多为改善融资结构，发行期限为3—5年或7—10年为主，发行利率在2%—6%；房企、城设公司美元债分别占13%和3%，多为满足再融资需求，债券期限在3—5年之间，发行利率多在4%—10%。

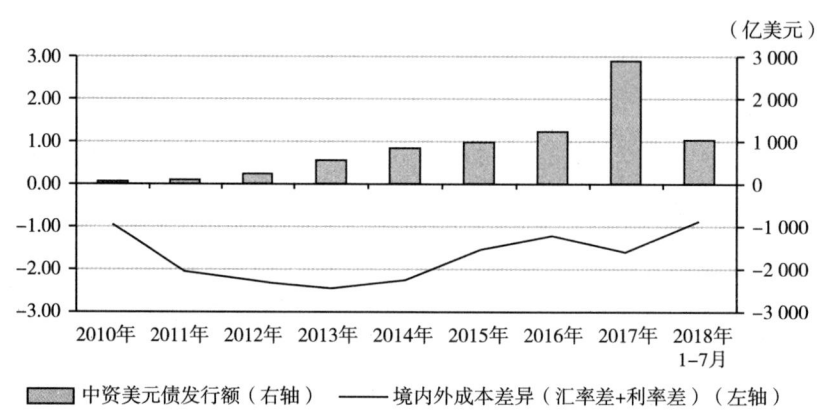

图1 中资美元债规模与境内外成本差异

资料来源：彭博，Wind，中证金融研究院整理。

（二）境外发债不利因素在增多

2018年1—7月，中资美元债发行规模整体在收缩，已发行约1 107.7亿美元，约为2017年全年总额的1/3。从2017年下半年开始，发改委对企业海外发债政策收紧，促使部分企业选择改发无须报审的1年期内债券。今年年初以来，美联储加息和美国国债收益率走高抬升境外总体发债成本，并带来美元走强、人民币贬值。美元每升值1%，美元债隐含人民币计价的发行成本估计上浮1%—2%。汇率和利率等不利因素在积累，境内外成本差异在收缩。政策方面也在进一步收紧：《国家发展改革委财政部关于完善市场约束机制严格防范外债风险和地方债务风险的通知》（发改外资〔2018〕706号）发布，要求严格防范外债风险和地方债务风险，规定房企境外发债不得投资境内外房地产项目、补充运营资金，仅限归还存量债务。

（三）境内外市场联动进一步加强

境内外债券联系紧密，一方面，中资美元债发行主体一般在国内发行债券，或者存

---

① AT1指其他一级资本（Additional Tier 1）。AT1债券发行主体以股份制银行和城商行为主。

在关联方;另一方面,中资海外机构海外配置需求增加、对国内企业更了解,成为中资美元债越来越重要的购买方。从历年中资美元债违约事件来看,涉及的部分行业在境内处于景气度下行周期(见表1)。2015年为例,中资美元债违约主体主要为民营煤炭行业公司,与境内煤炭行业去产能、煤炭行业公司(如中煤集团山西华昱能源有限公司)违约时间重合度较高。2018年5月,国储能源违约对国内关联方带来的影响,则反映出境外债券违约对境内主体的反向影响也在增强。

表1 中资美元债历年违约主体所在行业

年份	发行人名称	违约数量	违约时间	所在行业
2009	曼德拉林业财务有限公司	2笔	2009-6-15	林业与纸制产品制造
2009	中科智控股集团有限公司	2笔	2009-6-29	商业金融
2011	中海油加拿大公司	2笔	2011-7-15	勘探及生产
2012	中国天然气公司	1笔	2012-8-29	公用设施
2014	中国森林	2笔	2014-6-16	林业与纸制产品制造
2015	恒鼎实业	1笔	2015-12-4	煤炭业务
2015	易大宗	2笔	2015-5-8	煤炭业务
2015	佳兆业	1笔	2015-4-22	房地产
2018	中国国储能源化工集团	5笔	2018-5-11	勘探及生产

资料来源:彭博、天风证券、中证金融研究院整理。

二、各行业违约风险上升,房企境内外偿债高峰期临近、城投公司境内偿债压力增大、产业美元债再现违约事件

2018年1—7月,中资美元债整体规模在收缩,但房企美元债发行557.1亿美元,已是2017年融资总额的1.5倍;城投公司美元债发行43.8亿美元,是2017年融资总额的一半(见附表3和附表4)。

(一)房企美元债发行成本高、发债期限缩短、境内外偿债高峰期同步临近

房企境外评级总体偏低(见附表2),绿地、华润、保利、万科等大企业美元债发行利率都高于境内,当代置业、龙光地产、花样年控股等美元债发行利率曾在10%以上。2018年1—7月,美元债融资占房地产行业境内外发债总金额一半以上(见附表3),且境内外偿债高峰期均在接近(见附表5)。近几年房企美元债发行量较多,市场存在供给过剩、需求不足的饱和现象,外债管理收紧后债券期限缩短现象明显,2017年房企发行多只1年期美元债,发行利率呈上升趋势。

（二）城投美元债中低评级发行主体占比上升，境内偿债压力大

2016 年开始，出现 28 家市、区级城投平台①发行美元债，评级为 BB 档的城投平台成为越来越重要的发行主体，美元债发行成本高于境内②。境外债券定价采取"低基础利率＋高信用利差"的原则，信用利差受境外评级影响；而境外评级机构更看重宏观政策和环境，对于国内城投平台信用分析缺乏深入了解。2018 年 6 月，由于对我国地方债的担忧，三大国际评级机构调整中资企业评级，其中，惠誉调降了 7 家高收益城投平台的信用评级，标普将青海投资集团的"BB－"评级列入负面观察。城投公司境内偿债压力在加大，可能通过国际评级下调将压力传导到美元债。

（三）产业美元债再现违约案例，国储能源违约引发境内溢出效应

产业美元债主体由于发债成本较低、发行期限相对长，整体行业较为平稳，但内部分化大，历年有出现违约案例。2018 年再现违约案例，且在境内外联动增强背景下引发溢出效应。2018 年 5 月 11 日，国储能源全资子公司③发行的 3.5 亿美元债到期未偿还，票面利率 5.25%，主要由于前期扩张过快④、近期融资渠道收紧，引发实质违约。本次违约首先是触发了两支由国储能源担保、子公司发行的外币债券暂停利息支付，同时影响到国内关联方股债表现：国储能源的关联方⑤——A 股上市公司金鸿控股集团股份有限公司（简称金鸿控股）出现"股债双杀"。5 月 16 日，"15 金鸿债"下跌 11.04%；5 月 17 日，金鸿控股股票下跌 7.14%，自 18 日起停牌；金鸿控股大股东高杠杆股权质押融资问题浮出水面。

三、启示和建议

（一）做好境内外债券联动风险监测工作，重点关注三四线房企和市区级城投公司

首先对于国内债券违约高发的行业，列入美元债重点关注的行业，其次要把境内外存在关联的大型企业列入重点关注对象，再有对于美元债评级调整幅度较大的行业和企

---

① 之前城投海外债发行主体主要为省级城市投融资平台，包括北京基础设施投资有限公司、北京控股集团等。市区级包括湖南、陕西、重庆、广西、青海等省份的市区级平台，比如常德城投、沛县国有资产。

② 评级结果在"BBB＋"及以上的城投企业国外发债利率普遍低于国内发债利率，评级结果在"BBB—BBB－"的城投企业境外债发行利率也要低于境内，但差别不大。

③ CERCG Overseas Capital Company Limited.

④ 2015—2016 年总资产增长了 268.1%，总负债增长 458.3%，资产负债率由 40.6% 上升至 61.5%，而同期净利润分别为 9.76 亿元和 16.48 亿元，经营活动现金净流入分别为 21.11 亿元和 8.43 亿元，同时还拟以 4.63 亿澳元（3.48 亿美元）收购澳洲天然气生产商 AWE，并计划收购香港天价楼盘。

⑤ 国储能源的法定代表人兼董事长陈义和，是金鸿控股的董事长和实际控制人。

业列入关注。考虑加强上市公司对关联方美元债发行情况的披露,同时关注美联储加息和中美贸易战可能带来的影响。从行业来看,重点关注债务多、杠杆率高、项目布局在非环核心城市群的弱三四线城市的中小型房企;根据《中华人民共和国预算法》和《国务院关于加强地方政府债务管理的意见》(国发〔2014〕43号),2014年后城投新增债务将不再纳入政府债务中①,尤其是财政弱、负担重省份的非核心城投平台,受再融资政策影响较大。

(二)统筹协调外债管理,加强境内外融资政策的统一性

此前,外管局管理一年期以内的短债,发改委管理一年期以上的中长债。2016年开始,人行发布《关于全口径跨境融资宏观审慎管理有关事宜的通知》(银发〔2017〕9号),旨在统一管理企业在公式核定的融资额度内借入外债。该文文中企业不包括金融企业、政府融资平台和房企,实际上不允许这些企业举借外债。但由于发改委中长债备案通道依然存在,仍有不少房企、城投公司通过发改外资〔2015〕2044号文备案后举借外债。2016年、2017年,城投公司、房企美元债由于境内融资受限,转向美元债融资现象明显,一定程度抵消了境内去杠杆的政策效果。为实现金融杠杆有序去化、不发生大规模资本外流、不发生国内外债券违约共振,有必要进一步加强金融监管得协调和信息共享,加强境内外政策的统一性和可预见性。

附录

附表1　　　　　境内企业境外发行债券融资涉及的主要政策法规

《国务院办公厅转发国家计委、人民银行关于进一步加强对外发债管理意见的通知》(国办发〔2000〕23号);
《外债管理暂行办法》(国家发展计划委员会、财政部、国家外汇管理局令第28号,2003年3月1日起施行);
《关于境内非金融机构赴香港特别行政区发行人民币债券有关事项的通知》(发改外资〔2012〕1162号);
《外债登记管理办法》(汇发〔2013〕19号,2013年5月13日起施行);
《跨境担保外汇管理规定》(汇发〔2014〕29号,2014年6月1日起施行);
《跨国公司外汇资金集中运营管理规定》(汇发〔2015〕36号);
《关于推进企业发行外债备案登记制管理改革的通知》(发改外资〔2015〕2044号);
《关于改革和规范资本项目结汇管理政策的通知》(汇发〔2016〕16号);
《关于全口径跨境融资宏观审慎管理有关事宜的通知》(银发〔2017〕9号);
《国家外汇管理局关于进一步推进外汇管理改革完善真实合规性审核的通知》(汇发〔2017〕3号);
《国家发展改革委 财政部关于完善市场约束机制严格防范外债风险和地方债务风险的通知》(发改外资〔2018〕706号);

资料来源:Wind,中证金融研究院整理。

---

① 从政府或有债务角度看,城投公司发行的中资美元债违约时,并不能追溯地方政府的财政责任。

附表 2 境内外评级对比

整体		房地产		采掘		建筑装饰/综合/交通运输		公用事业/银行/机械设备		非银金融/化工	
境内评级	境外评级	境内评级	境外评级	境内评级	境外评级	境内评级	境外评级	境内评级	境外评级	境内评级	境外评级
AAA	BBB-/BBB	AAA	BB/BB+	AAA	BB+/BBB-	AAA	BBB/BBB+	AAA	BBB+/A-	AAA	A-/A
AA+	BB+/BBB-	AA+	BB-/BB	AA+	BB/BB+	AA+	BBB-/BBB	AA+	BBB/BBB+	AA+	BBB+/A-
AA	BB/BB+	AA	B+/BB-	AA	BB-/BB	AA	BB+/BBB-	AA	BBB-/BBB	AA	BBB/BBB+
AA-	BB-/BB	AA-	B/B+	AA-	B+/BB-	AA-	BB/BB+	AA-	BB+/BBB-	AA-	BBB-/BBB
A+	B+/BB-	A+	B-/B	A+	B/B+	A+	BB-/BB	A+	BB/BB+	A+	BB+/BBB-
A	B/B+	A	CCC+/B-	A	B-/B	A	B+/BB-	A	BB-/BB	A	BB/BB+
A-	B-/B	A-	CCC/CCC+	A-	CCC+/B-	A-	B/B+	A-	B+/BB-	A-	BB-/BB
BBB+	CCC+/B-	BBB+	CCC-/CCC	BBB+	CCC/CCC+	BBB+	B-/B	BBB+	B/B+	BBB+	B+/BB-
BBB	CCC/CCC+	BBB	CC/CCC-	BBB	CCC-/CCC	BBB	CCC+/B-	BBB	B-/B	BBB	B/B+
BBB-	CCC-/CCC	BBB-	C/CC	BBB-	CC/CCC-	BBB-	CCC/CCC+	BBB-	CCC+/B-	BBB-	B-/B
BB+	CC/CCC-	BB+	–	BB+	C/CC	BB+	CCC-/CCC	BB+	CCC/CCC+	BB+	CCC+/B-
BB	C/CC	BB	–	BB	–	BB	CC/CCC-	BB	CCC-/CCC	BB	CCC/CCC+
BB-	–	BB-	–	BB-	–	BB-	C/CC	BB-	CC/CCC-	BB-	CCC-/CCC
B+	–	B+	–	B+	–	B+	–	B+	C/CC	B+	CC/CCC-
B	–	–	–	B	–	B	–	B	–	B	C/CC

资料来源:彭博,天风证券整理。

附表 3 房企美元债发行情况统计

时间	房企美元债				房企[①]境内债				总发行额(亿美元)	美元债占比(%)
	发行总额(亿美元)	发行数量(只)	发行利率(%)	债券期限(年)	发行总额(亿美元)	发行数量(只)	发行利率(%)	债券期限(年)		
2012年	87.8	19	9.4	7	44.8	23	6.6	7	132.6	66.2
2013年	296.0	51	7.9	6	59.1	36	6.7	7	355.1	83.4
2014年	423.2	59	8.0	6	287.8	171	7.3	7	711.0	59.5
2015年	121.3	26	9.0	4	912.8	374	5.8	5	1 033.9	11.7
2016年	134.2	28	6.2	4	1 597.9	910	5.3	5	1 732.1	7.7
2017年	377.9	75	6.4	4	541.2	392	6.1	5	909.1	41.1
2018年1—7月	557.1	81	6.8	3	434.8	301	6.4	4	991.9	56.2
总计	1 997.3	360	7.3	5	3 878.4	2 207	5.8	5	5 875.8	34.0

资料来源:Wind,中证金融研究院整理。

① 境内债券为申万分类下房地产行业发行的信用债。

附表4　　　　　　　　　城投公司美元债发行情况统计

时间	城投公司美元债				城投公司境内债				总发行额（亿美元）	美元债占比（%）
	发行总额（亿美元）	发行数量（只）	发行利率（%）	债券期限（年）	发行总额（亿美元）	发行数量（只）	发行利率（%）	债券期限（年）		
2011年	14.5	2	4.4	4	158.6	71	7.4	8	173.1	8.4
2012年	17	2	6.3	6	1 025.2	533	7.1	7	1 042.2	1.6
2013年	5	1	4.6	5	1 133.8	556	6.7	7	1 138.8	0.4
2014年	46	5	4.6	3	2 330.5	1196	7.1	7	2 376.5	1.9
2015年	46	10	3.7	5	2 240.4	1277	5.6	6	2 286.4	2.0
2016年	126.4	41	4.1	3	3 813.1	2 385	4.5	6	3 939.5	3.2
2017年	87.9	31	4.8	3	2 695.7	2 071	6.1	5	2 783.6	3.2
2018年1—7月	43.8	20	5.7	3	2 011.2	1 472	6.1	4	2 055.0	2.1
总计	386.6	112	4.6	4	15 408.5	9 594	5.9	6	15 795.1	2.4

资料来源：Wind，中证金融研究院整理。

附表5　　　　　　　　　房企和城投公司美元债到期情况统计

时间	房企美元债到期		房企境内债到期		房企到期总额（亿美元）	城投美元债到期		城投境内债到期		城投到期总额（亿美元）
	数量（只）	金额（亿美元）	数量（只）	金额（亿美元）		数量（只）	金额（亿美元）	数量（只）	金额（亿美元）	
2018年	60	61.2	170	204.5	265.7	7	24.2	736	148.1	172.2
2019年	70	404.4	464	551.5	955.9	36	103.7	1617	307.1	410.8
2020年	54	169.4	413	746.5	915.9	24	73.4	1590	339.1	412.5
2021年	51	257.2	594	1 022.6	1 279.7	19	67.8	2070	476.9	544.7
2022年	26	119.5	254	436.6	556.1	3	11.0	1350	300.1	311.1

资料来源：Wind，中证金融研究院整理。

规范地方大宗商品交易市场需化解源头矛盾*

乔兆容　李自然

摘　要　地方大宗商品交易市场一直是地方交易场所清理整顿和规范发展工作的一个难点。2011 年以来，各种清整措施逐年更新细化，但违规情况仍有发生。交易场所普遍经营商品现货及衍生品业务，后者是引发各种问题的关键。本文在深入剖析衍生品本质属性的基础上，梳理了我国商品衍生品市场发展创新和监管博弈的历史过程、矛盾特点，探讨了除地方经济利益之外导致清整工作阻力大、成本高的重要原因，分析了该市场未来可能出现的新的监管盲区，并在结合国际经验的基础上给出若干政策建议。

目前，各地众多大宗商品交易场所不仅经营传统意义上的现货，还引入了大量合同交易，如中远期合同交易、现货递延合同交易等业务。按照国际惯例，这些合同都属于衍生品。衍生品交易，特别是在部分标准化产品引入集中交易机制后，具有金融属性。它虽然对地方集聚金融资源、促进商品价格发现等方面具有一定积极作用，但也时有发生被非善意机构或个人利用，进行投机和价格操纵，侵吞客户资金、携款潜逃等情况，极易造成社会矛盾，引发区域性金融风险。"清理整顿各类交易场所部际联席会议"根据《国务院关于清理整顿各类交易场所切实防范金融风险的决定》（国发〔2011〕38 号）、《国务院办公厅关于清理整顿各类交易场所的实施意见》（国办发〔2012〕37 号）等文件，以遏制交易场所违法开展证券期货交易为重点推进清理整顿工作，落实中出现了规范阻力大、监管成本高、整饬效果不佳等情况。这里除地方经济利益、中央地方监管博弈之外，很重要的原因在于，对衍生品这种具有特殊经济合同属性的事物，各方无论是对监管的基本理论认识，还是对处理问题的现实适用法律，还存在很多分歧。尤其值得关注的是，从期货行业和地方交易场所创新发展及监管博弈的历史逻辑看，尚未有明确法律约束的地方清算所未来有可能成为各种违规业务新的遁形之处和又一颇具监管

---

* 本文发表于 2017 年 5 月《中证政研简报》总第 396 期。

争议的地带。

一、衍生品的创新与监管可溯源至合同自由与限制

（一）衍生品是一种经济合同，其功能作用来源于合同自由

衍生品是一种经济合同，其基本形态——远期合同，即约定在未来时点以给定价格交易某标的的协议，普遍存在于社会经济交换活动中。比如，一份约定季末成交的玉米贸易合同、约定未来半年内支付固定运费的航运合同等。期货、期权、互换、现货递延等其他类衍生品可以视为远期合同的延伸和变形。

衍生品的功能作用植根于合同自由①。衍生品在条款设计、合同签订等方面均自由自愿，从而帮助交易主体实现低成本或跨市场运作，给经济活动特别是交易活动带来巨大的灵活性和高效率。在这些方面，衍生品与"互联网+"颇有相似之处。衍生品具体能产生什么样的作用，主要在于使用的人和使用策略。例如，同样一笔商品期货交易，对有的企业来说是套保，对有的个人来说是投机。其他诸如价格发现、风险管理、杠杆投机等为媒体或经济评论家广为宣传的正面或负面的作用，也都是在特定使用策略下产生的。

（二）衍生品监管的法经济学理论基础在于"对合同自由的限制"

合同自由强调合同当事人的自由意志表达，固然有利于提升效率，但在维护合同当事人之间的实质公平（例如，防止欺诈）以及对合同外第三方的公平（例如，大量格式化合同的使用要避免负外部性）方面是有局限性的，需要政府介入恰当的监管和干预，既避免合同自由原则的滥用，也防止对合同自由的过度限制。衍生品在使用中，其功能作用一旦产生了负外部性、不公平等问题，也需要政府监管和干预。例如，我国地方大宗商品交易市场上某些现货衍生品的价格出现巨幅波动，影响到现货市场的供需方，甚至经济金融安全，就需要调控干预。又如，交易场所或者从业人员欺诈诱导客户，造成客户在实质不公平的情况下做出错误的交易行为②造成损失，就需要司法介入。

（三）创新与监管的矛盾容易发生在合同自由与限制的边界

在西方自由市场经济，人们从信奉合同自由到开始主张对合同自由的限制，也是经历了一个过程。衍生品市场在发展中也往往会经历一个追求自由放任思潮主导的阶段。在这个阶段里，衍生品行业内有不少从业者容易片面的自我强化形成一种观念，认为衍

---

① 合同自由（原则）是合同法的核心理念，是市场经济条件下交易关系发展的基础和必备条件。
② 衍生品"交易"是一个习惯说法，实质是一种签约解约行为，和证券交易效果相似，但两者在本质上是不同的。

生品是市场经济发展到高级阶段产生的一种极具自由化、市场化特色的事物，合同的制定、交易是高度自由的，没有必要施加过多的管制。而实际上，从衍生品的合同属性来看，对衍生品的监管，不仅需要考虑它是否（对某些当事人来说）产生正面作用，还需要考虑对其他当事人的实质公平，以及是否在合同外产生负外部性。在我国地方大宗商品交易场所起步发展阶段，有不少从业者和地方政府对于政府干预的必要性和理论认识不足，进而对必要的监管有思想抵触。

有些衍生品市场的反对者或监管者，容易把衍生品使用者和使用策略造成的问题与衍生品交易存在的合理性放在一起讨论，甚至有时会把前者归咎于后者，容易导致对衍生品市场的过度限制。美国衍生品市场的发展中就经历过社会各界因为对投机的厌恶而追根溯源论证期货交易存在合理性的这样一个过程，当然，最后衍生品交易存活下来并发展壮大，投机的罪魁祸首对赌公司消失了[①]。在我国，即使是国务院已经批设的证券期货市场上挂牌的衍生品，相关的争论也都一直存在，在市场出现大幅波动时往往还会升级。对于地方大宗商品交易市场的乱象频出，清理整顿工作致力于全面禁止标准化衍生品集中交易在任何地方交易场所存在，也容易引起地方上相关利益群体的思想抵触。

总之，衍生品市场发展创新与监管干预的矛盾经常发生在各方对合同自由与限制的合理边界的认同上。我国地方大宗商品交易市场的被监管者对政府监管干预必要性的认同感差，对严厉的监管措施有思想抵触，虽然是衍生品市场发展中常见的一种创新/监管矛盾的表现，但其产生还有更深层次的原因。

二、从历史比较看地方交易场所创新与监管矛盾的产生

地方大宗商品交易场所自 2002 开始大规模盲目发展到 2011 年进行清理整顿，与 20 世纪 90 年代地方盲目发展期货交易场所导致行业清理整顿的历史颇有几分相似。但是，从两次清理整顿的差异中可管窥地方商品交易所清理整顿及规范发展中存在阻力和困局的原因。

（一）两次盲目发展均始于地方对衍生品创新试点的盲目复制

20 世纪 90 年代初地方盲目发展期货市场始于对郑州商品期货交易所、深圳有色金属期货交易所等几个试点的复制。从 1988 年开始，国务院有关部门在几个批发市场和交易所进行了部分引进期货交易机制的试点工作。例如，经国务院批准，由商业部和河南省人民政府共同管理的中国郑州粮食批发市场于 1993 年成立了郑州商品期货交易所专门

---

① Levy J I. Contemplating delivery: futures trading and the problem of commodity exchange in the United States, 1875 – 1905 [J]. The American Historical Review, 2006, 111 (2): 307 – 335.

开展期货业务，形成了期货、现货协调发展的"郑州模式"。随之，一些地方和部门也竞相办起期货交易所，或以期货交易为目标的批发市场，盲目成立期货经纪公司。由此，国内各类交易所大量涌现，交易品种泛滥，诱导客户，经纪诈骗、交易损失、参与境外期货导致外汇损失等问题时有发生。

地方大宗商品交易市场的盲目发展始于对上海黄金交易所产品模式的复制。2002 年上海黄金交易所成立，引入了从 20 世纪 90 年代开始在国际上比较流行的场内黄金现货递延集中交易模式，创新和丰富了我国商品衍生品的类型。现货递延兼具远期和美式期权的特点，是一种混合远期（hybrid forward）①。场外合同通常叫无到期日远期（undated forward）②、现货递延远期（spot-deferred forward）③ 等，场内连续交易的产品称为无到期日期货（undated futures）④。同期，电子商务在国际上兴起并逐渐进入我国，地方各类大宗商品电子交易平台成立，并推出网上拍卖、网上即期现货交易、中远期合同交易、现货递延集中交易等产品和交易模式。这一阶段，地方大宗商品交易市场主推的衍生品，就是现货递延集中交易，从名义上避开了"期货"。

此外，应当注意的是，自 2014 年上海清算所接入部分大宗商品掉期交易以及大宗商品电子仓单交易后，地方从 2015 年起也模仿筹建清算所，目前大约有十几家的规模，尝试与交易所业务对接⑤，从历史发展逻辑看，这有可能成为未来地方交易场所发展的一个方向。

（二）两次清理整顿均面临衍生品相关的法律规定不足

1993 年 11 月国务院下发了《关于制止期货市场盲目发展的通知》。当时我国期货相关的法律法规十分匮乏，只有国家工商行政管理局制定的《期货经纪公司登记管理暂行办法》。该通知确立期货市场监管和审批权归口国务院证券委（国务院办公厅代管）和中国证监会，以针对期货经纪公司的非法经营行为认定为重点，而对交易场所经营行为的认定采取了相对温和的措辞。1995 年 327 国债期货事件被严肃处理后，利用期货小品种"多逼空""空逼多"的特点来操纵市场的模式依然盛行，"小品种大行情"等乱象不断上演。为此，1998 年国务院发布《关于进一步整顿和规范期货市场的通知》，进一步强化了中国证监会对期货交易所的监管权，有效推动了市场整顿和规范工作。这 6 年的清理整顿也带来了法律法规的完善，1999 年《期货交易管理暂行条例》颁布，标志着期货市场开始走上法治道路。

国发〔2011〕38 号和国办发〔2012〕37 号文标志着地方交易场所清理整顿的开始，

---

① Cross, J. (2000). Gold derivatives: The market view. World Gold Council.
② http://www.investment-and-finance.net/derivatives/u/undated-forward.html
③ Kearney, A. A., & Lombra, R. E. (2009). Gold and platinum: toward solving the price puzzle. *Quarterly Review of Economics & Finance*, 49 (3), 884-892.
④ Jr, A. K. G. (1988). Undated futures markets. *Journal of Futures Markets*, 8 (1), 89-97.
⑤ 例如 2017 年 3 月，山东交易市场清算所有限公司接入威海国际海洋商品交易中心有限公司。

而认定各类交易场所是否存在违法证券期货交易，特别是针对一些大宗商品衍生品的交易是否违法，缺少可以直接对照的法律法规。首先，《证券法》《期货交易管理条例》等法律法规中关于期货、期权的定义不适用于地方大宗交易场所挂牌的衍生品①。现货递延虽然具有证券期货的一些属性，但按照国际惯例并不是常规的期货、期权产品，而是一种混合衍生品。即便是上海黄金交易所运行多年的现货递延模式，在法律上也处于模糊状态②。上海黄金交易所业务和上海期货交易所业务有几次近距离的比对，例如银发〔2010〕211号文③针对两家都涉及的黄金交易，只是模糊的区分了一下前者从事"黄金业务"，后者从事"黄金期货业务"。《中国人民银行 公安部 工商总局 银监会 证监会关于加强黄金交易所或从事黄金交易平台管理的通知》（银发〔2011〕301号）指出，这两家都是"开展黄金交易的交易所"，"满足国内投资者的黄金现货或期货投资需求"。由此可见，国发〔2011〕38号和国办发〔2012〕37号文中虽然多次提到"违法证券期货"，却没有明确援引任何具体的上位法作为依据。此外，对于地方近两年新发展起来的清算所，也没有法律法规做出相应的定义和监管要求，未来或又成一争议地带。

（三）从差异中检视规范发展地方大宗商品交易场所的矛盾和阻力

一是清理整顿工作思路和重点不同，交易场所和地方政府易产生抵触情绪。1993年期货行业清理整顿在相关法律法规不足的情况下，重点放在期货经纪公司，对交易场所的态度在形式上是相对缓和的，主要强调期货市场管理要求很高，应实行统一指导和监管，不能盲目发展，不得各行其是，随后在明确期货交易场所监管主体的情况下，不断加大对期货交易场所的整饬力度。而对地方交易所的清理整顿着力点一开始就放在交易场所，并做出种种禁止性规定。由于在监管主体以及法律法规的认识上存在一定分歧，地方跟随复制上海黄金交易所的现货递延交易模式用于商品交易，受到禁止和非法期货交易认定，会产生一种主观不公平感，故在执行中容易出现表面应付，通过清整后再死灰复燃等情形。此外，期货行业清理整顿并没有否定期货交易存在的合理性，而是强调期货市场管理要求高，具体落实中也采取了优胜劣汰的导向，让期货交易场所之间有一个相互竞争生存的过程。地方交易场所清理整顿中，政策上全面禁止衍生品集中交易，有把衍生品使用者造成的问题全归结给交易场所和衍生品的意味，这也使得地方利益相关方对整理整顿的抵触情绪较大。

---

① 最高人民法院和甘肃省高级人民法院的一则判例不支持《期货交易管理条例》适用于现货递延交收交易业务，可参见最高人民法院民事裁定书（2015）民申字第2989号，以及甘肃省高级人民法院民事判决书（2014）甘民二终字第121号。

② 目前，唯一全面定义各类衍生品的法规是2004年中国银监会发布的《金融机构衍生产品交易业务管理暂行办法》，覆盖了远期、期货、掉期（互换）和期权等基本产品，以及一种或多种基本产品特征的结构化金融工具。但对于现货递延没有明确定义。

③ 《中国人民银行 发展改革委 工业和信息化部 财政部 税务总局 证监会 关于促进黄金市场发展的若干意见》

二是近年来流行的现货递延是一种无到期日合同，关停的难度比期货大。期货合同有明确的到期日，期货市场清理整顿只需要停止新增产品，交易场所相关业务经过一段时间会自动熄火，投资人到期交割结算，所以清理整顿工作推进相对容易。地方大宗商品交易场所挂牌的主力品种现货递延则是一种无到期日合同，只要有投资者大量交易持仓就很难停止，否则容易引起投资人群体事件。

三是地方交易场所数量多、包袱重，监管资源消耗大。1993年清理整顿时，期货交易场所共计50余家。2011年我国大宗商品电子类交易市场已经有300家，截至2017年1月，清理整顿各类交易场所部际联席会议第三次会议公布的数字是1 131家，其中违规交易场所已超过300家，占比接近30%。清理整顿部际联席会议成员单位有中国证监会、中国银监会、国家发展改革委、公安部、商务部等共24家，在落实中还要调动地方证监局、地方政府和金融办等，监管资源消耗大。地方交易场所不仅数量众多，不少还存在历史遗留风险等沉重包袱，所以部际联席会议一直是依据国发〔2011〕38号文件，配合督导省级地方政府落实清理整顿工作。而地方在实际工作执行中也会因为顾及各种历史包袱和风险的存在，会在力度进度上有所保留。

四是时间跨度较长，法制建设跟进较慢。1993年期货清理整顿清理历时6年，交易场所从50余家减为3家，经纪公司从1 000多家减为180余家，还推动了《期货交易管理暂行条例》颁布。地方交易场所清理整顿，从2011年到2017年的6年里，交易场所数量从300家发展为1 000多家，期间交易场所验收合格后类证券期货交易死灰复燃，嫁接互联网金融后出现重大风险等问题依然较多。能够系统有效覆盖我国各类衍生品交易的法律法规的制定思路尚未出现，一方面让现有清理整顿工作的法律武器面临不足，另一方面也使得地方交易场所未来长期生存和发展的定位存在很大不确定性。

三、美国商品衍生品市场发展的历史和监管经验借鉴

美国的商品衍生品市场在早期也经历过大量交易场所盲目发展，地方和中央不断完善监管的过程，而且至今依然是多头监管的格局。这与我国的情况有类似之处，其部分历史经验或可供借鉴。

（一）从历史沿革看，经历了优胜劣汰，从自律到地方监管再到联邦监管的过程

美国大宗商品交易市场起源于19世纪中叶。当时随着贸易和中远期交易规模的快速发展，很多大宗商品的集散地自发的形成了各种交易场所。人们通过有组织的集中交易方式，更有效地进行现货买卖，也能帮助规避中远期交易的对手方风险。到19世纪末，美国有1 600家交易场所分布在各大港口和铁路站点。比较有代表性的是，1848年

芝加哥商品交易所，1856年成立的堪萨斯交易所等。这些交易场所后来经过不断演化，有些消失，有些合并。1864年标准化远期——期货创设后，有些交易场所转型专营期货产品。1875—1905年间，美国有20多个专营期货的交易场所。随着期货交易也成为一种主要的商品交易模式，它也带来了一场遍布全美的期货投机浪潮。成百上千的对赌公司（bucket shops）通过电报这一当时发明不久的通信手段让美国最小社区的居民都能够接触现货和期货交易，期货滥用、"逼仓"盛行。1848—1959年，美国交易场所没有任何监管机构的监管，依靠自律监管。1859—1921年，美国期货交易从之前的传统自律监管发展到地方政府授权的现代自律监管，1921—1974年逐渐形成联邦政府立法、专业化部门监管的格局①。

值得注意的是，监管专业化的确立一个大的背景是交易场所行业的大规模优胜劣汰：20世纪早期开始，随着纽约、芝加哥等大城市中心地位的确立，小城市的交易场所逐渐消失，其经营的产品陆续转移到这些大的交易场所，或者它们采取合并的方式形成更有竞争力的交易场所；随后的几十年里，美国专营期货的交易所一直在不断合并，朝交易所集团化方向发展。

（二）不断完善衍生品法律体系将金融创新纳入监管

一是形成了以《商品交易法案》为母法，美国商品期货交易委员会（CFTC）、美国期货协会等部门法律法规为补充的衍生品法律体系。这些法律法规以合同市场（Contract Market）为主线，对各类衍生品进行了全面的定义和梳理，对投资者适当性做出规范，特别是个人投资者进入衍生品场外市场做出限制。也为新型衍生品创新审批留出了空间。此外，近年来法律法规紧跟衍生品市场创新步伐，针对电子交易手段创新带来的传统交易所和另类交易系统界限的模糊、场外衍生品和场内衍生品界限的模糊以及交易模式创新等新趋势，把一些过去没有纳入监管的另类交易系统等也逐渐纳入监管。

二是对衍生品交易基础设施的监管做出了全面规定。范围涵盖了交易所、交易系统、清算结算机构等，特别是把一些清算所认定为系统重要性金融市场设施（systemically important financial market utility）。2010年颁布的《多德—弗兰克法案》中，将支付、清算与结算监管纳入中央监管。明确指出组织或支持多边支付、清算及结算业务活动的金融市场设施何以降低市场参与者与更大范围内金融体系的风险，但也指出该设施同时也能聚集和创造新的风险，因此必须妥当涉及并使之处于安全可靠的运营状态。

三是划分监管权限，加强监管协调。针对衍生品市场存在CFTC、SEC、财政部、美联储等多部门监管的格局现有法律框架能够兼顾历史遗留传统和市场现实需要情况下不同部门监管权限的划分。比如，对于期货，其监管主体不一定就是CFTC，SEC在股票

---

① 威廉·法龙、法龙、王学勤：《市场缔造者：芝加哥期货交易所150年》，中国财政经济出版社2011年版。

期货方面更就拥有和 CFTC 同等的监管权。这样形成了一个不同监管主体依据不同标的现货、交易场所、产品属性等交叉错落的监管网，每个领域都有相对明确的责任部门。

四、政策建议

（一）违法期货的认定可以尝试一些新的灵活方式

关于现货递延是否属于期货的问题，可以依据海外对现货递延的另一种命名——无到期日期货（Undated Futures），将其解释为一种期货的变形，但可能同时需要和中国人民银行、中国银监会共同商议银行间市场同类衍生品的法律地位，明确各类衍生品的监管归属，在没有上位法可依之前，给出一个系统的官方宣传和解释。此外，还可以依据合同法中对合同自由限制的相关法律条款，对地方交易场所开展的具有严重负外部性的衍生品交易，定性为合同违法，从而追诉其法律责任。

（二）加强工作思路创新，通过宣传舆论提升地方对监管必要性的认识

正本清源，宣传交易场所特别是衍生品交易的专业性、潜在的外部性和管理要求高的特征，在很多地方现有监管资源、从业人才等条件下还不适合普遍开展。旨在统一监管思路，解决由于地方不配合而使清理整顿工作经常夭折在"最后一公里"的情况，也尽量避免地方有意将清理整顿留下的各种包袱丢给部际联席会议、司法和社会。

（三）重视对地方清算所的监测，避免其成为重典治理之下各种违规业务的遁形之处

地方模仿上海清算所的模式建立服务大宗商品交易的清算所，本意也是加强有效监管，但由于在行业利益链条上，清算所收费、交易所收费、中介费是相互竞争的关系，交易场所一开始接入清算所的热情并不高。但是，随着 2016 年四大国有银行在有关部门要求下禁止与违规交易场所合作，以及 2017 年 1 月 9 日清理整顿各类交易场所部际联席会议第三次会议上提出的进一步切断城市商业银行与违规交易场所合作，很多交易场所开始有了与清算所合作的动力。我国目前证券期货市场的清算所实质上都是各大交易所的清算部门，只有上海清算所是独立的机构。现有法律法规还没有涉及这个领域。在法律缺失以及部际联席会议对清算所的监管存在盲区的情况下，未来交易场所清理整顿如果强力推进，一些有实力的交易场所的利益相关方可能通过与清算所直接合作，或者改头换面与清算所合作，或者直接出资设立清算所再上线另类交易平台等手段规避监管。因而，部际联席会议、地方证监局、地方金融办等可以适时考虑针对地方清算所进行信

息共享和监测,避免这一地带成为监管监控的真空。

(四) 研究完善交易场所优胜劣汰下的退出和善后机制

从美国的经验看,大量的交易场所不可能长期并存。从我国当前互联网与传统产业深度融合带来各种平台型企业①的创业浪潮看,平台型企业的客观发展规律也是服从规模效应的。因而,无论从国际交易所发展经验,还是平台型企业发展规律看,我国地方交易场所疯狂发展的趋势不可能永远持续。未来在央行货币政策保持稳健、抑制资产价格泡沫、去杠杆的大环境下,绝大多数地方交易场所的盈利是无法保障其长期生存的。在当前清理整顿升级的情况下,优胜劣汰可能就会提前出现。因而,应研究推动地方交易场所的整合升级,建立退出交易所的善后机制,对清理整顿工作中随时可能牵连出的大量历史包袱和风险做出应对预案,维护好社会安全和稳定。

(五) 择机启动系统性的立法研究工作,特别是有关衍生品交易的上位法

无论从美国衍生品市场法律体系伴随交易场所优胜劣汰而不断成型的历史,还是我国期货行业清理整顿推动了期货法规出台的历史经验看,未来地方大宗商品衍生品市场的清理整顿和健康发展都需要更加完善的法律法规的支持。现有证券期货市场的衍生品业务开展主要依据的《期货交易管理条例》等,银行等金融机构开展衍生品业务主要依据《金融机构衍生产品交易业务管理暂行办法》,上海黄金交易所的现货递延交易依托交易所规章,后来出现的地方大宗商品交易市场的衍生品交易归地方管辖。地方交易场所继证券期货市场、银行间市场之后实际上已经形成了我国第三块衍生品市场(现在又发展起来不受中央监管的清算所),这主要是由于我国金融市场一致沿袭自上而下的发展规则的情况下,现有的法律和监管格局没有把空当"占满",从而给地方交易场所留下了很大的发挥空间,以至于现在尾大不掉。即使未来通过对地方衍生品集中交易的清理整顿,彻底划清证券期货市场和地方交易场所的界限,按照欧美的经验,场外衍生品依然是一个可能积累风险应当监管的地带。为此,可借鉴美国现有衍生品市场实践和对应的法律体系,在我国《期货交易管理条例》《金融机构衍生产品交易业务管理暂行办法》等法律法规之上建立一个上位法,构成上位法和部门法律相结合的法律体系,进而统筹我国衍生品市场的监管。

---

① 交易场所盲目发展一定程度上也是受到了 2011 年以来平台型企业发展东风的推动。

缺乏真实资产基础的互联网理财产品*

——探析"e租宝"案中的包装手法与集资诈骗

李永焱

摘 要 近年来，互联网金融产品创新乱象不断、风险高发。"e租宝"案就非常典型，涉案者大肆鼓吹虚假项目，承诺"高收益低风险"，非法吸收公众存款、集资诈骗。其结果，资金自然进不了实体经济，带来了十分恶劣的社会影响。

一、"e租宝"事件法律性质的司法认定

2017年4月26日，北京市第一中级人民法院公开开庭审理"e租宝"案。起诉书指控安徽钰诚控股集团、钰诚国际控股集团有限公司及丁宁等被告，通过"e租宝""芝麻金融"互联网平台非法集资，大部分集资款未用于生产经营，且挥霍部分集资款、将部分集资款用于违法犯罪活动。自2014年6月至2015年12月，短短一年半的时间，"钰诚系"[①] 相关犯罪嫌疑人以高额利息为诱饵，虚构融资租赁项目，采用借新还旧、自我担保等方式大量非法吸收公众资金，累计700多亿元[②]，涉及90多万名投资者。

法院认为，安徽钰诚控股集团、钰诚国际控股集团有限公司以及被告人丁宁等10人涉嫌集资诈骗罪，被告人王之焕等16人涉嫌非法吸收公众存款罪。资料显示，"e租宝"通过"钰诚系"下的互联网平台——金易融（北京）网络科技有限公司运作。金易融（北京）网络科技有限公司于2014年2月注册成立，注册资本金1亿元，公司成立

---

* 本文发表于2017年6月中证金融研究院报告合辑《资本市场相关领域"脱实向虚"典型案例》。

① 钰诚系指钰诚集团旗下主要包括钰诚云商国际控股集团有限公司、钰诚东南亚投资发展集团有限公司、安徽钰诚融资租赁有限公司、金易融（北京）网络科技有限公司、安信惠鑫金融信息服务（北京）有限公司、兰花国际控股集团有限公司、东南亚联合银行股份有限公司、安徽钰诚控股集团、芝麻金融、惠仁财富、玖钰财富、一诺财富（北京）投资管理有限公司等一系列"互联网金融平台"类公司。

② 网贷之家的数据显示，截至2017年12月8日，e租宝总成交量745.68亿元，总投资人数90.95万人，待收总额703.97亿元。

当月即被钰诚集团收购，同年7月将平台命名为"e租宝"。

二、"e租宝"操作手法之一：缺乏真实基础的融资租赁债权

融资租赁的一般做法，是出租人向供货商购买设备并直租给承租人，或者以售后回租的形式，先向承租人购买设备再回租给承租人，出租人由此获得按期向承租人收取租金的权利。这个权利就是融资租赁债权。在"e租宝"披露的宣传材料中，租赁业务的开展并无特别之处，钰诚集团所属钰诚融资租赁公司承担了出租人角色，负责审核企业（项目）的融资租赁需求。

虚构融资租赁项目，是"e租宝"租赁业务问题的根源，也是集资诈骗的起点。"e租宝"虚假项目有以下几种类型：一是"承租公司"真实存在但融资租赁项目并不存在，或者与承租公司签订了放款协议但收不回钱；二是钰诚系未经其他公司许可直接用这些公司的信息构造并不存在的融资项目；三是钰诚系收购其他公司后虚假增资或者新注册公司，然后用这些公司的信息构造虚假的融资项目。有市场机构统计，"e租宝"平台上的虚假项目占比高达95%以上。2015年10月，共有309个借款公司在"e租宝"平台上发布借款标，其中有302家公司在借款之前发生过法定代表人变更，占比达97.7%，变更前，这些企业的注册资本平均为154万元，变更后达2 714万元。

一个例子是"e租稳盈融资租赁第275期A"的借款企业，即烟台市华迪铸钢有限公司。但工商资料显示，2015年6月7日，该公司还是个名为"华迪保洁有限公司"、注册资金仅3万元的保洁公司，6月8日摇身一变，成为注册资金3 000万元、销售收入高达5.1亿元的华迪铸钢有限公司。

另一个例子是2015年6月9日"e租宝"发布的一个融资项目。融资项目的借款方为深圳市隆金佳利科技有限公司，借款金额为6 300万元。工商信息显示，这家公司成立于2014年11月7日，注册资金仅50万元。2015年5月8日该公司将注册资金变更为3 000万元，但工商部门实地查证却没有发现这家公司的踪影。

三、"e租宝"操作手法之二：互联网理财名义下的非法集资

融资租赁公司向投资人转让其向承租人定期收取租金的权利，是融资租赁相关投资产品设计的基础。在本案中，"e租宝"利用互联网金融法规及监管缺失，制造一系列所谓的互联网金融理财产品，再由这些理财产品承接钰诚融资租赁公司转让的融资租赁收款权利。

具体而言，钰诚融资租赁公司获得融资租赁债权后，向"e租宝"提出融资租赁债权转让申请。"e租宝"平台审核后在其网贷平台上发布项目信息，对接不同收益率的理财产品并向投资者进行销售。如附表1所示，"e租宝"平台共推出过6款产品，分别是

e租稳盈、e租财富、e租富享、e租富盈、e租年丰和e租年享，预期年化收益率在9.0%到14.2%之间，期限分3个月、6个月和12个月，赎回方式分T+2和T+10两种。截止到2016年12月18日，"e租宝"共发布3 240个投资标的，累计有89.54万个投资者参与投资313万次。

从中可见，"e租宝"设计发布的理财产品，吸引投资人对其发布的融资租赁债权转让项目进行投资，从而将关联公司——钰诚融资租赁公司的融资租赁债权成功转让给投资者，实现引入社会资金、转嫁风险的目的。"e租宝"的这些理财产品，期限不超过1年，均为短期理财产品。运转"e租宝"的金易融（北京）网络科技有限公司，本身并没有资产管理的资质和经验，打着"互联网金融"旗号，以理财产品之名，行非法吸收公众存款之实。

四、"e租宝"操作手法之三：关联担保与广告营销

关联担保包装的固定收益产品。债权转让给理财产品后，承租人通过"e租宝"平台向购买理财产品的投资者定期还款。根据"e租宝"的宣传资料，在还款期间若发生违约，会有融资性担保公司对债权转让项目中债权承担连带保证担保，全额保证投资人的本息安全；另有保理公司承诺对债权转让项目中债权无条件赎回。整个交易过程详见附图1。问题在于这些担保本身也是关联的。据网贷之家数据显示，为"e租宝"提供融资租赁担保的三家担保公司为：五河县中小企业融资担保有限公司、固镇县中小企业融资担保有限公司、蚌埠市龙子湖中小企业融资担保有限公司。工商注册资料显示，三家担保公司的股东和钰诚系并无直接关联，但是钰诚系高管在担保公司任职，由钰诚系控制三家担保公司的经营，三家公司与钰诚系构成关联方。

华丽广告下的"贴身"营销。骗子通常都有华丽的外衣，"e租宝"也不例外。一方面，"e租宝"花费上亿元进行广告投放，包括在地铁、机场甚至中央电视台等地大量投放广告，请专家学者站台，在一线城市核心地段高价购置办公楼宇，尽可能地将"e租宝"包装成高端大气的模样。另一方面，"e租宝"在全国各地设立分公司和代销公司，对投资人进行"贴身"营销。所推销的这些虚假项目基础上的理财产品，采用的是互联网流行的充值卡方式，"1元起投"，刻意隐瞒风险，投资者在不经意间就上当了。

五、两点启示

一是高度关注集资诈骗和非法吸收公众存款的社会经济后果。"e租宝"以互联网理财产品为载体，短短一年半的时间，就非法集资500亿元，涉及投资人约90万人，值得深刻反省。而大量的投资项目，其实并不真的存在，巨额的资金在一个相互关联的租赁融资及担保的"圈子"中循环，部分资金被占为己有甚至挥霍掉了，这些钱自然是进不了实体经

济。因此,持续、严厉地打击集资诈骗和非法吸存,势在必行!唯如此,才可能真正对老百姓的"钱袋子"负责,才可能引导资金服务实体经济,才可能实现金融体系的正常有序运行。

二是金融创新活动须纳入依法合规的专业监管范畴。融资租赁及衍生的资产证券化和银行保理,是解决实体经济融资问题的重要途径之一,本身就是金融创新的结果。与这些经受市场和时间考验的金融创新不同,"e租宝"平台本身也不具备从事金融服务业务相关资质,"e租宝"的所谓金融创新背离了基本的金融底线,充斥着大量虚假的基础资产、关联交易和过度营销,甚至生搬硬套毫无联系的"保理"概念,肆意欺诈投资者。显然,钰诚集团利用了互联网+金融的模糊认识,利用了资管理财产品的监控真空地带,不断突破法律底线,规避金融监管,最终是东窗事发,覆水难收。因此,坚持持牌经营、合规经营,加强监管协调,避免监管真空,守住合法合规底线,维护正常的金融市场秩序,在当前和今后一段时期仍然具有重要意义。

附录

附表1　　　　　　　　　　　"e租宝"理财产品项目表

产品	期限	预期年化收益率	起投金额	赎回方式	回收方式	申请赎回
e租稳盈	活期	9.0%	1元	T+2	按月支付收益,到期归还本金	投资后可以随时申请赎回
e租财富	活期	13.0%	1元	T+10	按月支付收益,到期归还本金	投资满30天后可申请赎回
e租富享	3个月	13.4%	1元	T+10	每三月支付收益,到期归还本金	可提前申请赎回,提前赎回时收取2%手续费,利息照付
e租富盈	6个月	13.8%	1元	T+10	按月支付收益,到期归还本金	可提前申请赎回,提前赎回时收取2%手续费,利息照付
e租年丰	12个月	14.2%	1元	T+10	按月支付收益,到期归还本金	可提前申请赎回,提前赎回时收取2%手续费,利息照付
e租年享	12个月	14.6%	1元	T+10	每三个月支付收益,到期归还本金	可提前申请赎回,提前赎回时收取2%手续费,利息照付

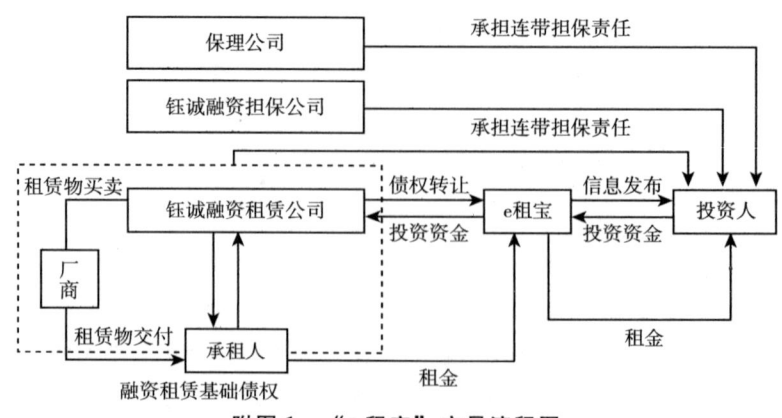

附图1　"e租宝"交易流程图

运用法律手段防范化解"一带一路"投资风险*

李正辉　何晓楠　卢边静子

摘　要　"一带一路"投资的最大风险之一是法律风险。每个主权国家都有其特定的贸易投资法律法规、税收规定，涉及不同法律体系，在基础设施、贸易投资和金融的互联互通的同时，不可避免地出现各种冲突争端。随着"一带一路"建设深入推进，中国企业将更多地参与国际规则的运用。有效应对"一带一路"建设中的法律风险，对我国金融监管部门的履职水平、资本市场法治保障提出了更高要求，也对我国运用、引领国际法发展提出了新课题。我们对"一带一路"所涉及的法律框架以及各类投资风险进行梳理，以通过完善国内立法、推动国际规则制定来防范化解风险，减少贸易壁垒和投资障碍，为其构建安全有效的法制框架提出建议。

2017年5月15日，习近平主席在"一带一路"高峰论坛上指出，在贸易和投资自由化便利化方面，要加强规则和标准体系相互兼容。"一带一路"贯穿亚非欧大陆，涉及65个国家和地区，包括东亚4国，东南亚11国，南亚8国，西亚北非16国，独联体其他6国，中东欧16国和中亚5国。每个主权国家都有其特定的贸易投资法律法规、税收，涉及不同法律体系，加上政治、文化、宗教等方面的影响，在基础设施、贸易投资和金融的互联互通的同时，不可避免地出现各种冲突争端。面对争端，法律是衡量各方责任的唯一标准。实现"一带一路"倡议必须建立在法治的基础上，通过与沿线国家订立投资和贸易协定、建立相关国际机构等法律方法保障国家和社会公众利益，提升我国在"一带一路"相关国际规则制定与实施中话语权和影响力，引领现代国际法的发展方向，确保"一带一路"倡议的长期稳定发展和实施。

---

*　本文发表于2017年8月《中证金融研究》2017年第15期总第83期。

一、"一带一路"投资和风险概况

根据商务部数据显示,2016年,境内投资者对"一带一路"沿线的53个国家进行非金融类直接投资共计145.3亿美元,与"一带一路"沿线61个国家新签对外承包工程项目合同8 158份,标的额1 260.3亿美元,同比增长36%。2017年1—4月,境内投资者共对沿线的45个国家进行了非金融类直接投资,累计投资39.8亿美元。与沿线的61个国家新签对外承包工程项目合同1 862份,新签合同额318.5亿美元,同比增长2.3%。作为"一带一路"发起国之一,中国已有80多家央企在"一带一路"沿线国家设立分支机构,47家央企参与了1 676个建设项目。如中国金融期货交易所、上海证券交易所、深圳证券交易所、中巴投资有限责任公司及巴基斯坦哈比银行组成的联合体竞得巴基斯坦证券交易所40%股权,中方三家交易所持股30%。

"一带一路"倡议带来收益的同时,也不能忽略可能出现的风险。自2016年1月至2017年3月,涉及中国企业的贸易救济调查达215起,包括反倾销、反补贴、"双反"、反规避、保障措施等。调查显示,31%的受访企业在"走出去"过程中曾遇到纠纷或处罚,其中民事诉讼和仲裁较多,主要为采购合同、销售合同纠纷。涉案标的大部分在500万元以下以及1亿元以上区间,诉讼费用大多在10万—50万元人民币,大部分以和解、调解结案。由于"一带一路"沿线多为发展中国家,近四成受访者认为投资遇到的主要困难是政治不稳定、恐怖主义、战争、内乱、军事冲突等。

二、"一带一路"法律框架和现行法律渊源

"一带一路"的法律框架,即包括国际层面多边、双边,以及沿线国家和地区等不同层级,涵盖跨界运输、市场准入、货币流通、外汇管制、区域经贸、跨国投资、各国劳工、争端解决及司法裁判等诸多方面。随着"一带一路"倡议的推进,国际投资增长趋势明显,国际投资争端也不可避免会产生。沿线各国的法律法规以及涉及的相关的国际条约,既是境内企业"走出去"正常经营的前提,也是维护合法权益的保障。

(一)分属不同法系的沿线国家国内法

"一带一路"沿线大部分是转型中和发展中国家,有被殖民历史的国家沿袭了发达国家的法律制度,加上沿线国家文化、宗教的差异,每个国家的法律制度有其各自的特点。欧洲大陆国家属于大陆法系,俄罗斯及其他东欧国家虽然也属于大陆法系,但其法律制度与其他大陆法系国家存在不少差异。沿线部分国家沿袭了英国、美国、加拿大、澳大利亚等国法律,属于普通法系,阿拉伯国家属于阿拉伯法系,伊斯兰国家属于伊斯

兰法系。

1. 保护主义下的各国外商投资法律制度。为了保护本土企业，大部分国家以国家立法形式对外国投资进行规制，通过对外国投资专门立法，针对外商投资的准入、劳务、税务等进行专门规定。在准入方面实行负面清单，设置禁止领域及限制领域，外商投资需要通过特别部门的监管及许可，以及在外资持股比例上限制不得超过49%等，但在特别经济区域有可能例外，如阿拉伯联合酋长国的自贸区，允许外资企业100%独资。

2. 属地主义的环境保护条款。随着可持续发展原则的深入实施和国际环境法的发展，环境保护越来越受到重视。环境法律义务一般实行属地原则，另外国际环境公约、多边环境条约及其他法律文件，外国投资者及东道国公民也需遵守。

3. 高标准的知识产权保护规定。沿线各国都在国内法层面对知识产权的保护范围、申请程序和审查标准等进行规定，同时还受其加入的国际公约中知识产权条款的约束。如乌克兰，涉及知识产权的国内法律主要有：《民法典》《刑法典》《著作权法》等；加入的国际公约有《商标注册条约》《保护工业产权巴黎公约》《商标国际注册马德里协定》等。我国企业在乌克兰投资，同时受上述法律及国际条约的规制。

4. 双重规制的劳工制度。沿线各国通常通过立法保护本国劳动市场，区别普遍适用的劳动制度和针对雇佣外籍员工的制度。对外籍劳务的准入，各国普遍采用许可主义，外籍员工在进入东道国之前必须获得工作许可。如伊朗就对外籍人员的工作和居留进行严格限制，程序条件繁杂，许可时间短，续签苛刻等。

5. 涉及收益取得和汇回的外汇政策。沿线各国有其不同的外汇政策，关系到投资收益的取得和汇回。经济较为发达的国家采用较为宽松的外汇政策，经济欠发达国家则倾向对外汇政策施加较多限制。

（二）国际法层面

1. 双边投资条约。部分沿线国家与中国签订了双边投资条约，但仍然有一些国家尚未与我国签订或者正处于谈判中。双边投资条约在准入、投资待遇如国民待遇、最惠国待遇、征收、投资争端解决等方面给予了投资者最基础性的保障。但由于有的条约签订时间较早，很多已不适应我国从资本流入国转型为资本流出国的现状。

2. 自由贸易区协定。目前，沿线国家中，我国仅与新加坡、巴基斯坦以及东盟签订了自由贸易区协定。已启动自贸区谈判的国家有格鲁吉亚、斯里兰卡，与马尔代夫签署了启动谈判谅解备忘录。

3. 避免双重征税双边协定。我国已与54个"一带一路"沿线国家签订税收协定。通过税收协定，为企业明确征税税率、东道国对利润征税门槛、母国抵免规定、跨境涉税争议解决方法，确保了税收确定性。

4. 投资争端解决机制。一是《解决国家与他国国民间投资争端公约》（ICSID公约）

建立的投资争端解决机制，通过国际投资争端解决中心的调解和仲裁，解决政府与外国投资者之间的争端。有不少双边、地区性投资协定选择该中心作为争端解决机构，但近期来看很多国家不愿意将此权利交与该机构行使"一裁终局"。

二是根据《多边投资担保机构公约》（即 MIGA 公约）建立的政治风险保险机制。由于国家投资保险制度往往有各种限制性要求，使得许多跨国投资无法获得有效担保。MIGA 欲推动外商直接投资流入发展中国家，其提供政治风险担保给境外投资者，包括战乱、征收与国有化、国家违约、货币转移限制等，以及向成员国政府提供投资促进服务以增强吸引外资的能力。中国于 1988 年 4 月 28 日签署了 MIGA 公约。

三是 WTO《与贸易有关的投资措施协定》建立的贸易争端解决机制。该机制基本原则是各成员实施与贸易有关的投资措施，促进投资自由化，便利国际投资，提高贸易伙伴的经济增长水平，不得违背《关贸总协定》确立的国民待遇原则。但是沿线仍有部分国家并不是 WTO 成员。

三、"一带一路"涉及的法律风险分析

（一）法律冲突问题

法律冲突是指各国对同类法律关系规定不同而导致的法律适用冲突。法律冲突是国际主体间交往不可避免的问题，需要从国际私法层面进行协调，有针对性地适用国际公约、国际条约等多边法律规定。沿线国家各有其法律法规，还受其所属国际组织基本文件影响，如上海合作组织、东南亚联盟、欧盟等，法律冲突问题非常复杂。随着"一带一路"倡议的不断推进实施，沿线国家间经贸交往频繁，法律冲突的解决和协调尤为重要。

1. 投资准入方面设置产业负面清单及投资壁垒。沿线国家通常设置负面清单明确投资准入壁垒，如铁路、道路等交通设施的建设，水、电、气及垃圾处理等市政设施建设，以及科教文卫等社会公共事业。另外，东道国可能会在特定领域对外商投资公司设置股权比例限制等。

2. 环境保护风险。在对外投资过程中，我国企业由于破坏东道国生态环境造成了多个投资项目的失败，还会受到媒体批评，影响了国家及企业声誉。因此，需要深入了解东道国的环境法律和监管体系，提高相关风险研判能力。同时，健全环境保护管理体制，与东道国共同制定环境保护条款和标准，是"一带一路"可持续发展的基础。

3. 知识产权风险。我国企业普遍对知识产权的重要性认识不足，我国企业在侵犯他人知识产权的同时也面临知识产权侵权风险。国内知名商标在国外被抢注而失去商标经营自主权，如自行车商标"飞鸽"在印度尼西亚被抢注等。

4. 劳动法律风险。外国投资者需要遵守东道国的劳动法以及工会制度，一些国家的工会在解聘员工方面有很大发言权，往往容易被忽视而引起劳动纠纷。另外，针对雇佣外籍员工，东道国可能会设置特别程序，要求在雇佣之前或之后在警察局进行申报等。

5. 税制差异风险及重复征税的风险。各个国家的税制类型、税收待遇有所不同。有些法定税率比我国要高，如巴基斯坦对外国商标和专利技术许可收入等设置了高达12.5%的预提所得税。尽管我国已与54个国家签署了税收协定，很多沿线国家也属于低税率国家，但因我国实行"分国不分项"的税收抵免法，仍存在重复征税风险。

（二）法制、政治及安全风险

1. 法制和执法落后的隐患。大多数沿线国家还处在发展阶段，法律制度尚不健全，执法存在随意性和不确定性，使境外投资者在争端解决及仲裁裁决执行上得不到保障。这就需要国际法来救济，但是有些国家没有与中国签订司法协助条约，并且既不是WTO成员，也不是关于承认及执行外国仲裁裁决的《纽约公约》的缔约国，因此，不受贸易争端解决机制约束。这也导致国际仲裁裁决可能在东道国法院不被承认和执行。

2. 东道国违约投资被征收、国有化的风险。中国企业对沿线国家和地区投资达500多亿美元，投资项目不断增多，必须考虑可能存在的国有化征收的风险，防范和化解非商业风险，通过高水平投资协定保护国民、国有资产。例如，2007年中国平安投资比利时富通银行成为第一大股东，金融危机后，比利时政府收购了富通集团银行业务并将其国有化。比利时政府违反了2009年中比双边投资协定，其既没有征得股东大会同意，也没有及时通知投资者，更没有对第一大股东平安进行补偿。尽管中国平安将比利时政府告至ICSID仲裁，但仲裁庭以缺乏管辖权为由驳回了平安的请求。

3. 战争、恐怖主义风险及国际刑事犯罪风险。当今世界整体和平但局部动荡，因革命或政变发生政府更替时，新政府很可能不接受原政府签署国际条约涉及的义务。世界民族问题、恐怖主义活动多集在中东和北非等地区，这些地区与"一带一路"沿线国家多有重合或交集。2011年，卡扎菲时代终结，75家中国企业在利比亚的50个项目遭到严重的炮火攻击，涉及合同金额高达188亿美元，成为中国海外投资损失最大的项目，我国公民的人身、财产安全也受到严重威胁。此外，恐怖主义活动、武器毒品走私等跨国犯罪对我国商贸发展造成不利影响。如索马里海盗对我国海上战略通道和商品集散港口构成威胁。因此，如何对海外投资进行有效救济与保护是"一带一路"倡议实施过程中进行海外投资首先要审慎考虑的问题。

四、政策建议

"一带一路"建设投资巨大，法律环境风险是最大风险之一，亟待法律保障。应运用法治思维和法治方法推动"一带一路"建设,夯实"一带一路"的法治基础。

(一) 通过双边或多边协议以促进经贸投资合作便利化

一是根据不同国家或地区的特点,构建不同水平的区域贸易协定以及与相关国家之间的自由贸易协定,促进贸易便利化。二是补充完善双边、多边投资协定,明确环境、劳工、知识产权等问题,解决我国国内法与沿线国家国内法的冲突,保护我国投资者,促进投资便利化。三是推动避免双重征税协定,协调各国税务机关,为企业减轻境外税收负担。四是建设可行的国际投资争端解决机制以及构建投资保险机制,而非局限于世界银行下的 ICSID 或者 WTO 的贸易争端解决机制,实现争端解决便利化。五是推动国家间的安全协作,共同打击国际恐怖主义和国际刑事犯罪,创造良好投资环境。

(二) 加强国内立法与国际立法的衔接

一是通过适用我国与沿线国家缔结的双边和多边协议,及时补充修订现行法律,完善国内立法,以解决"一带一路"建设中出现的各类法律问题。二是通过双多边协议的履约要求,"倒逼"沿线国家修改其国内法,以服务我国企业"走出去",同时也为各国在相关领域法律的融合奠定基础。三是通过对贸易、金融等重点领域的国际惯例以及沿线国家相关领域惯例的比较研究,发挥惯例对法律的填补功能,实现对海外投资的有效保护。

(三) 通过金融机构多边法律规则维护国际金融秩序

借鉴国际货币基金组织等国际金融机构经验,积极构建多边法律规则。进一步完善亚投行治理机制的设计和安排,实现全方位、多层次的贸易与资金融通,为"一带一路"倡议服务,促进全球货币金融秩序的稳定。

(四) 进一步树立我国资本市场法治大国的良好形象,增强我国监管机构在"一带一路"法律事务中的话语权和影响力

积极宣传我国资本市场法治建设成果,进一步树立我国资本市场法治大国的良好形象,完善我国涉外金融法治建设、提升涉外监管执法和司法水平,增强我国与沿线国家在金融监管执法和司法领域的理解与互信,为促进沿线国家投资合作打下坚实基础。进一步完善与沿线国家、地区的监管执法合作机制,拓展合作范围与深度,提高我国监管机构在"一带一路"法律事务中的话语权和影响力。

(五) 推进"一带一路"法治智库建设,加强投融资法律风险分析评估预警

打造服务"一带一路"建设的重要法治智库,建设"一带一路"投融资相关条约、

法律和案例数据资源库,形成法律大数据服务平台,系统研究沿线国家、地区金融法治状况、立法司法的最新动态和发展趋势,深入分析沿线投融资执法司法典型案例,加快建立和完善对沿线国家金融法律制度的知识储备,做好监管机构和相关决策部门的参谋助手,主动服务"一带一路"建设。

探索与包括台港澳在内的沿线国家、地区相关主体合作搭建金融法治研究与交流平台,联合发起"一带一路资本市场智库联盟",对"一带一路"相关金融法治理论和实践问题联合开展课题研究,与沿线研究院所、国际组织、监管机构、司法机关、市场主体开展互访、研讨、培训,加强数据资源和研究成果的共享和转化利用,发挥智库平台第三方优势,为政府部门政策制定、市场主体投资决策及时提供沿线的法律风险分析评估与预警。

近期港币走弱原因分析及风险研判*

邱 薇 张 韵

摘 要 2018年3月以来,港币汇率大幅走弱,逼近7.85汇率区间上限,引发多方关注。港币走弱,主要由港币利率和美元利率利差扩大、市场卖空港币套利引发。港币利率与美元利率走势背离则是中国香港市场近几年流动性过多造成的结果。短期内,预计港币利率抬升,流动性收紧、汇率趋稳;长期内,随着国际市场流动性收紧,不确定性高企,汇率波动性将放大。港币利率上行过快,会给香港地区资本市场造成一定波动,但是当前香港地区宏观经济基本面稳健,流动性和外汇储备充裕,整体风险可控。随着国内资本市场的逐步开放,A股与港股联动性增强,需密切关注港股波动及影响。

一、近期港币大幅走弱引发关注

(一)港币持续走弱,逼近汇率区间上限

2018年3月8日,美元兑港币汇率一度触及7.8405,创下1983年香港地区引入联系汇率制度以来新高。美元兑港币汇率走弱始于2017年初(见图1),下半年以来持续在7.80上方震荡。2005年特别行政区金融管理局(以下简称香港金管局)优化了联系汇率制度,将美元兑港币汇率维持在7.75—7.85区间内自由浮动,如果汇率走弱触及7.85,金管局会干预银行间市场,向银行系统卖美元、买港币,保证汇率不会弱于7.85;反之亦然。

(二)港币持续走弱引发多方关注和种种担忧

本轮港币走弱的主要原因是什么?是否会发生资金集中撤离,股市崩盘的系统性风

---

* 本文内部发表于2018年3月。

险？香港联系汇率制度是否能够持续？如果美元兑港币汇率触及7.85，香港金管局干预市场，回收港币流动性，推高港币利率，是否会对香港股市、楼市产生不利影响，导致资产价格大幅波动？

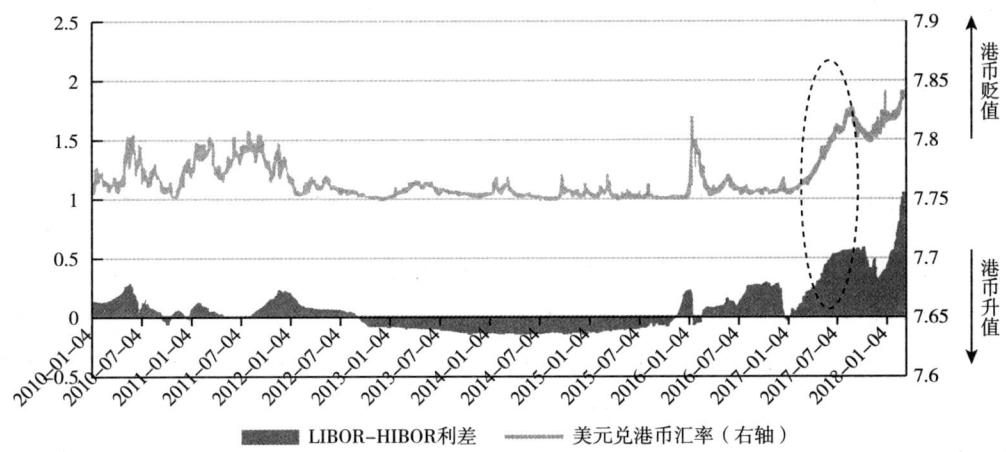

图1 近期港币大幅走弱，逼近汇率7.85

资料来源：Wind，中证金融研究院整理。

二、港币走弱原因分析

（一）美元与港币的利差扩大引发套利交易、做空港币增多引致近期港币走弱

自2015年12月以来美联储5次加息，美元伦敦银行同业拆借利率（LIBOR）持续上升，香港银行同业拆借利率（HIBOR）有所抬升但幅度不及LIBOR，3个月LIBOR-HIBOR利差从2017年初的－3个基点逐步攀升至100个基点以上，尤其2018年初以来上升了60多个基点。从历史趋势上看，利差走高，使得借低息港币、买高息美元的套利交易有利可图，带来港币的贬值（见图1）。此次也是利差扩大导致了港币汇率承压。市场预期2018年3月20至21日美联储大概率加息，加剧了套利交易。

（二）造成利差扩大这个"反常现象"主要原因是市场流动性过多

全球金融危机后，主要发达经济体实施货币宽松政策，大量资本流入中国香港，香港银行间同业流动性充裕，基础货币总结余①从2007年底的100多亿港元升至2017年底的1 797亿港元（见附图1），大量的流动性一直将HIBOR维持在较低水平。其中，

---

① 总结余是香港地区各银行及持牌机构为结算银行同业的收支及银行与香港金管局之间的收支而在金管局开设的结算户口结余的总额。总结余作为重要的货币指标，对应香港地区银行间市场短期港元资金。

港股通南下资金也提供了大量流动性，2017年初以来南下净流入资金约1 759亿元人民币。流动性的泛滥也削弱了香港金管局货币调控的有效性。实际上，2017年以来，尽管港币汇率没有触及7.85，香港金管局曾两度增发外汇基金票据（EFB），回收流动性，在短时期内提振了港币短期利率，令港币汇率回升，但未能彻底扭转利率及汇率的走势。

三、风险研判

（一）HIBOR和LIBOR走势的长时间背离，已积聚了一定风险

在美联储加息升温、全球货币政策转向，流动性收紧的大环境下，美元LIBOR势必持续走高。中国香港作为资本自由流动的经济体，长期来看，其市场利率HIBOR应向LIBOR收敛，所以未来HIBOR势必会跟随LIBOR的脚步走高。截至2018年3月，HIBOR仍然处于低位，与LIBOR之间的利差仍在走扩，如果市场预期在短时期过快调整，收敛过程过快，HIBOR骤然跳升，可能会给市场造成冲击，进而影响投资者对金融市场和香港经济的整体信心。

（二）香港市场流动性和外汇储备充裕，汇率波动和利率上行的整体风险可控

金融危机之后，资金持续流入香港地区股票市场，为香港市场注入大量的流动性，当前银行体系货币总结余虽然有所下降，但仍然处于历史高位，市场流动性风险小（见附图1）。此外，充足外汇储备保证了联系汇率制不太可能被打破。当前香港地区的外汇储备资产高达4 435亿美元，是1998年亚洲"金融风暴"前的5倍，即使国际玩家对港币的进行恶意做空，香港金管局也有充足的外汇储备来应对。

（三）从基本面看，宏观经济稳健，也削弱了发生危机的可能性

2017年香港地区经济发展势头强劲，全年GDP增速3.8%，创2012年以来的最高增速。需求方面，出口增速由负转正，同比增长8.0%，私人消费增速大幅上升，实际增速从2016年的1.8%上升至5.6%。当前全球经济增长的前景都较为乐观，为香港市场需求增长提供有力支撑，市场机构预期2018年香港地区经济将继续保持较快的扩张速度。

四、港币汇率走势预判

（一）短期内，预期港币利率抬升，汇率趋稳

当前港元已非常接近7.85，如果LIBOR-HIBOR利差进一步扩大，美元兑港币汇率走弱触及7.85，按当前汇率制度，金管局将从银行买入港币卖出美元，回收港币流动

性,有望调整市场上流动性过多的局面。利率会随之逐步抬升,LIBOR-HIBOR 利差收窄,汇率逐渐趋于稳定。

(二) 长期看,港币汇率波动性将增大

中国香港是小型开放经济体,资本进出自由,汇率对资金流入流出非常敏感。2015年下半年,人民币汇率波动,避险资金大幅流入香港市场,使得港币升值,多次触及汇率区间下限 7.75,香港金管局进行市场干预。预计 2018 年美联储加息 3—4 次,而欧日货币政策正常化及全球贸易保护主义升温带来不确定性,资金流出香港市场回流至发达经济体概率较大,会令汇率承受较大下行压力。

五、对市场影响的预判

(一) 流动性骤缩,利率超预期抬升可能会带来股市波动,但单因素造成的波动幅度不会太大

当前 LIBOR-HIBOR 利差已经超过 100 个基点,港币汇率逼近联系汇率上端边界,市场预期迅速调整、套息资金集中外流,或是香港金管局干预汇率的操作,都有可能造成流动性骤缩,HIBOR 利率在短时间内快速抬升的情形。从历史数据看,2015 年以来 HIBOR 出现过 3 次快速抬升,期间(一至两周)恒生指数下挫累计 3% 至 5%(见附图 2)。因此,如果本轮汇率干预导致 HIBOR 上升过快,可能也会造成股市的波动调整。但是,由于 2018 年初港股跟随美股调整,回调幅度接近 10%,前期大幅上涨所积累的回调需求已部分释放。从股市估值来看,当前恒生指数 13.2 倍的市盈率,低于 14.4 倍历史平均水平,泡沫化程度不高,且市场中充裕的流动性能够起到一定的缓冲作用,所以预期波动幅度不会太大。

(二) A 股与港股联动性显著上升,关注多因素共振可能造成的大幅波动

香港股票市场是全球股票市场的"晴雨表",海外市场的风吹草动往往引发香港市场同步调整。当前全球金融环境不确定性上升,港币汇率持续承压,流动性呈现收紧趋势,又存在利率跳升风险,香港股票市场面临的环境更加复杂,扰动因素更多,不排除多因素共振情况下香港市场出现大幅波动的可能。值得注意的是,2008 年金融危机之后,A 股和港股的联动性显著上升,上证综指与香港恒生指数日度回报率的相关系数已经从 0.2 附近上升到目前的 0.5 以上(见附图 3)[①],主要因为港交所上市公司中,内地企业数量、市值、交易量的占比分别接近 60%、70%、80%。如果港股出现较大幅度调整,A 股跟随港股一起调整的概率较大,所以后期还需密切关注内外部因素的共振,以及 A 股与港股的联动效应。

---

① 本文计算 A 股与港股联动性的方法:采用滚动计算的方法,计算过去 200 个交易日上证综指与香港恒生指数日度涨跌幅的相关系数。

(三) 香港楼市泡沫引市场担忧，短期内 HIBOR 上升对楼市影响有限

过去 10 年，香港房价持续高速上涨，楼市泡沫化引发市场担忧。私人部门信贷占 GDP 之比已经高于 45% 的长期趋势水平，私人偿债率在过去 10 年跃升至 28%，均为全球最高。香港地区现有房贷利率大约 8 成以上采取"Hibor+"的形式，但大部分利率上限为最优惠利率 -2.85%。香港地区的利率政策跟随美国，仍处于加息通道。历史经验来看，HIBOR 上升会带动房贷利率逐步上调，增加购房者偿债压力。但是，香港地区房价对加息的反应要滞后长达 3—4 年的时间，当前香港地区仍处在加息周期的初期，综合当前的通胀预期和加息速度，购房的"实际利率"仍然较低，所以 HIBOR 上升对房地产市场的短期冲击有限。

附录

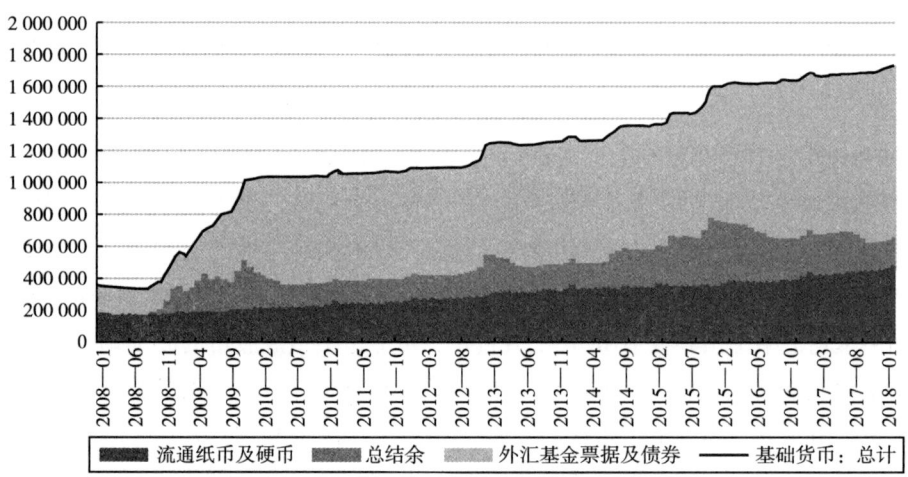

附图 1　危机之后香港市场流动性充裕

资料来源：Wind，中证金融研究院整理。

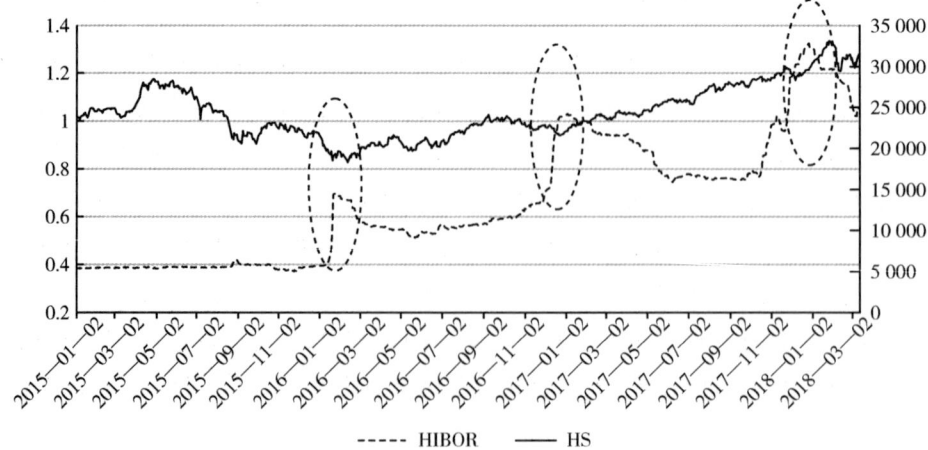

附图 2　2016 年以来 HIBOR 3 次快速抬升伴随恒生指数的下挫

资料来源：Wind，中证金融研究院整理。

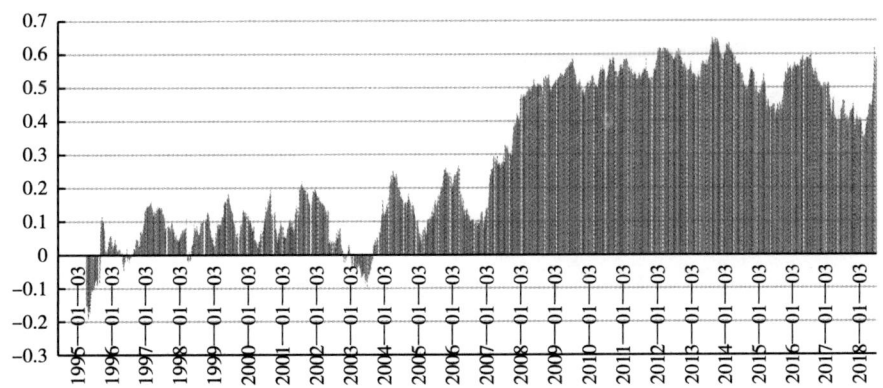

附图 3　危机之后 A 股与港股联动性大幅抬升

资料来源：Wind，中证金融研究院整理。

理论分析与实证研究

股价变动的影响因子及涨跌贡献度测算*

王 琳 葛致壮

摘 要 股价及变化之谜,或可通过股价及构成的指标分解来部分求解。借鉴 Ibbotson and Chen(2001) 的研究方法,本文将 A 股股价分解为每股净资产、ROE、PE 等三大因子,分别代表企业经济资源、运营效率和市场估值。数据表明,过去5年来,每股净资产增长对股价上涨贡献最大,但企业运营效率提升乏善可陈。数据也显示,估值水平是否与运营效率偏离,对股市稳定运行有着决定性的影响。建议当前重点:(1) 推动上市公司提质增效,从规模效益发展转向质量效益发展;(2) 重视估值水平与运营效率的匹配,消解股市异常波动能量;(3) 进一步完善市场运行机制,确保股市长期稳定和健康运行。

一、股价及构成的指标分解:一种公司金融模型的表述

从公司金融角度,可将上市公司的股价分解成盈利能力、净资产规模、市场估值 盈利能力 市场估值 三个紧密联系的因素。同时,借鉴大盘指数的构建思路,利用总股本加权平均的方法,计算出以上三个因素的指标值。据此,可进一步分析各类因素的内在含义并对股价变化趋势做出不同于一般市场分析的解释。借鉴 Ibbotson 和 Chen(2001)① 的研究方法,我们从股价出发,通过层层解析和重构,将上市公司的股价进行如下指标分解:

$$股价 = \frac{总市值}{总股本}$$

$$= \frac{归属母公司股东的净利润}{总股本} \times \frac{总市值}{归属母公司股东的净利润}$$

---

* 本文发表于2018年6月《中证政研简报》总第501期。

① Ibbotson, R. G. and P. Chen, 2001, Stock Market Returns in the Long Run: Participating in the Real Economy. Yale ICF Working Paper No. 00-44. Available at SSRN: https://ssrn.com/abstract=274150.

$$= \frac{\text{归属母公司股东的净利润}}{\text{归属母公司股东的权益}} \times \frac{\text{归属母公司股东的权益}}{\text{总股本}} \times \frac{\text{总市值}}{\text{归属母公司股东的净利润}} \tag{1}$$

即，可以用式（2）表达：

$$P = EPS \times PE = ROE \times BPS \times PE \tag{2}$$

其中，P 为股价；EPS 为每股盈余；ROE 为净资产收益率，代表公司的盈利能力及企业运行的效率；BPS 为每股净资产，代表公司的净资产规模及目前拥有的经济资源；PE 为市盈率，代表市场对公司的估值水平，体现市场情绪及诸多因素的影响。

基于上述公式推演，股价在金融意义上，被分解成 ROE、BPS、PE 三个影响因子。从而，股价变化即可被解释成盈利能力、净资产规模和市场估值三个因素共同作用的结果。进而，股价变化体现的也是企业运行效率、企业经济资源以及市场情绪等方面的综合影响。

二、每股净资产、ROE、PE 的背离、收敛及市场影响

本文选择 2013 年至 2018 年第一季度 A 股上市公司的季度数据为研究样本①，图 1 展示了 2013 年至 2018 年第一季度我国 A 股市场股票综合股价及分解指标的实证分析结果（具体计算方法详见附录）②。

（一）因子分解的统计结果：每股净资产增加贡献度大

近 5 年来我国股市季均上涨 3.25%。推动股票价格上涨的首要因子，是上市公司每股净资产（BPS）的增长③；股价上下波动则主要受估值水平变化（PE）的影响；相对而言，上市公司盈利能力（ROE）在这 5 年中对股价的影响，整体偏弱且偏负面（2016 年 6 月以来开始逐步转正）。

（二）每股净资产增加与 ROE 下降并行：股市持续走好需提高资源利用效率

近 5 年来，上市公司每股净资产平均每季增加 3.38%，贡献了 104.13% 的股价涨幅，其中 2014 年第三季度上市公司每股净资产进入快速增加通道。这显示上市公司拥有的经济资源持续增加，规模扩张态势明显。

---

① 研究基础数据来自 Wind 数据库。
② 剔除掉 ST 股票以及 ROE 出现极值的股票，并向前取 12 个月得滑动平均值（对应的是 PE（TTM））的变化。
③ 按 2018 年 3 月的股数计算。

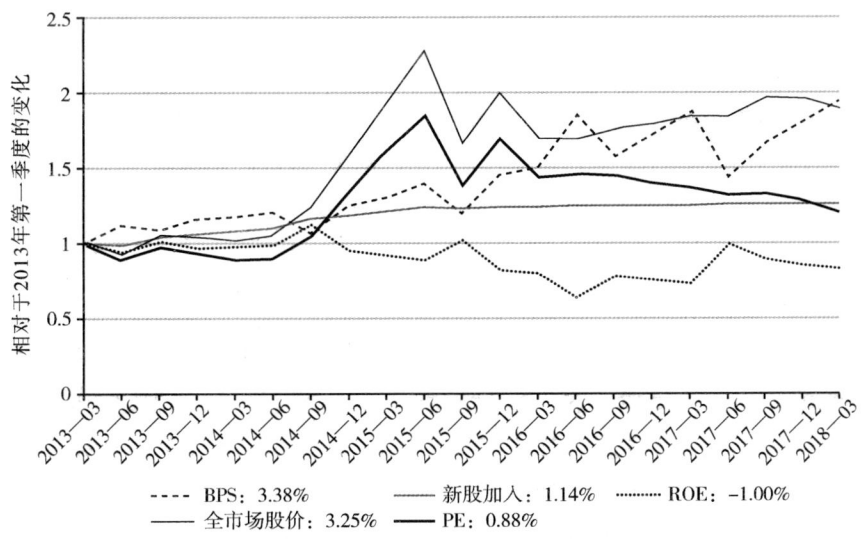

图 1　2013 年至 2018 年第一季度全市场股价变化分解

必须指出的是，代表上市公司资产经营效率的 ROE 指标，并没有随着资产的流入得到相应的提升，反而呈季均下降势头。2013 年以来，上市公司 ROE 指标季均下降 1.00%，拖累了 30.88% 的股价涨幅。上市公司 ROE 指标 2017 年第一季度以来开始小幅回升，但年度又转入小幅下行。

显然，上市公司资源规模越做越大（上市后可以以更低的成本从银行获得贷款、或通过资本市场再融资用来自建和并购更多的资产），而经营效率却呈下滑态势，并不是市场所期待的最佳结果。资本市场对上市公司拥有的经济资源的重新定价，成了近年来股价上涨的主要动力。然而，如果资产运营效率不达预期而仅仅看重净资产或资源规模本身，最终会降低整个市场的运行效率。如何避免新增资源，向低效公司集中，是摆在我们面前的一个重大课题。

（三）上市公司估值与经营效率：从背离到收敛的转变

2014 年第三季度上市公司估值水平开始快速爬升，在股市异常波动中快速破位下行，在 2016 年年初企稳后缓慢下降；同期，ROE 自 2014 年第三季度却开始显著下行，到 2016 年年中触底后开始回升。值得说明的是，在 2014 年年底和 2015 年上半年的行情中，A 股市场估值水平与上市公司 ROE 呈现出显著的背离走势。市场情绪亢奋，估值不断升高，却没有相应的盈利转好的基本面支持，即出现了股市脱离实体经济基本面和自娱自乐的尴尬局面。2016 年第二季度以来，上市公司 ROE 每季度上升 3.91%，而市场总体 PE 每季度下降 2.83%，ROE 和 PE 指标出现了收敛走势。

上市公司 ROE 和 PE 关系的转折变化，是股市最不能忘却的基础关系，却被市场观察者十分轻易地忽视了。A 股市场分析者也可能过于聚焦于股价涨跌及自我实现过程本身，市场随处可见的是过度乐观的炒作情绪。2014 年年底开始的 ROE 和 PE 关系的背离走势，可谓"山雨欲来风满楼"，预示着股市异常波动的可能性。2016 年年中开始，ROE 和 PE 关系趋于收敛，但 ROE 指标或上市公司运行效率的回归仍需假以时日，股市具备了更好的健康发展基础却不可过于渲染乐观的情绪。

（四）近两年来市场在分化中增强了理性投资的力量

2016 年之前，沪深 300 指数成分股、上证 50 指数成分股、MSCI 指数成分股、白马概念股等为代表的大盘蓝筹股票年化 ROE 平均在 14.13% 左右，PE 平均为 10.79 倍。而非上述类别股票的平均年化 ROE 为 7.02%，对应 PE 为 57.28 倍。2016 年下半年以来，之前业绩较好、估值较低的大盘蓝筹股票出现了明显的上涨，季度平均涨幅为 3.90%，而其余股票股价则出现了明显的下跌，季度平均下跌 2.49%。

从选取的指标情况看，两类股票之所以出现走势差异，主要原因还是来自上市公司估值水平的自我调整。截至 2018 年第一季度末，大盘蓝筹相关四类股票的 PE 水平，季均分别上升 0.66%、1.64%、1.38% 和 4.87%，而其他类别股票的 PE 水平则季均下降 11.67%。

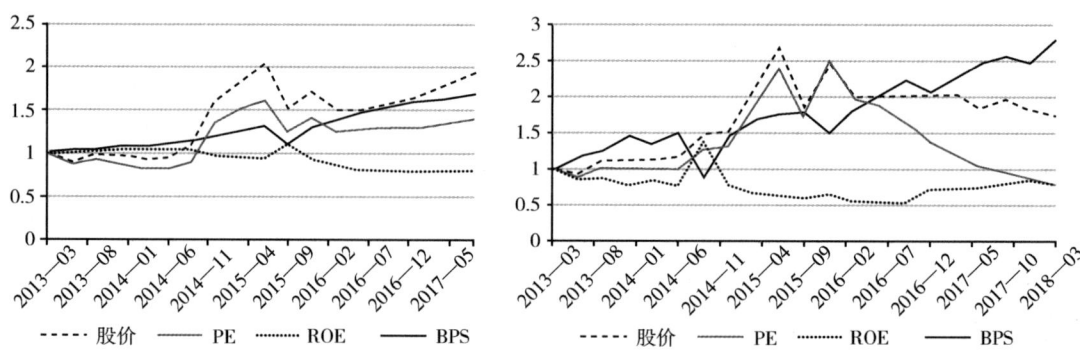

图 2　蓝筹股（左图）和非蓝筹股（右图）股价分解对比

可以观察到的是，蓝筹与非蓝筹两类股票的估值变化，体现的是政策及市场偏好风格的转变。其一，中国证监会加快新股发行并严控并购重组后，上市公司"壳价值"快速下降甚至部分消失。ROE 最低的 100 家上市公司，在近一轮行情中季均下跌 2.23%。高 ROE、低 ROE 股票的股价分化，显示股市投资更趋理性，更看重价值创造，而短线炒作受到了较为有效的抑制。其二，作为价值投资者的专业机构投资者在市场中影响力进一步增强。2016 年下半年以来，专业机构投资者的投资收益表现比较抢眼，QFII、基金、券商、社保等机构重仓或增仓的概念股（共 5 类）均居于概念股涨幅榜前 20 位（共 240 类概念股），季均上涨 9.07%（详见附表），这会吸引更多散户投资者通过专业机构进行股票投资，增强了市场理性投资的力量。

三、分析结论与监管含义

其一，推动上市公司提质增效，从数量效益转向质量效益。A 股市场的上市公司规模扩张快但效率不高的问题突出，这不利于股市长期稳定健康发展。需以提高企业运营效率为抓手，盘活存量资产而不是单纯进行资产规模扩张。否则，以资产规模为驱动的股价稳定，将不具备稳定、可靠、坚实的基础。

其二，重视估值水平与运营效率的匹配，消解股市异常波动能量。经过两年多的不懈努力，股市运行总体稳定，PE 与 ROE 指标的运行方向趋于收敛，PE 处于更加合理的水平，ROE 也较之前有所提升。这个成绩来之不易，股市也迎来了新一轮发展的重要战略机遇期。在推进股市健康发展的过程中，要始终把握好企业运营效率与估值水平之间的合理匹配关系，防止股市过热并出现异常波动的新风险。

其三，进一步完善市场运行机制，确保股市长期稳定和健康运行。具体包括：督导运行效率低下的上市公司主动"洗洗澡""瘦瘦身"，真正将股价建立在质量和效率的基础上；健全多空平衡市场机制，进一步完善并发挥融资融券和股指期货等的作用，发挥逆周期调节机制作用，有效释放行政管控的压力和弊端；继续保持新股常态化发行，为股市提供源源不断的高质量企业，继续为股市向好提供有效标的；注重分析宏观流动性、中观市场流动性和微观市场主体及品种流动性的变化，多维度促进股票市场稳定运行。

附录

计算方法

本文选择 2013 年至 2018 年第一季度 A 股上市公司的季度数据为研究样本①，具体的计算步骤为：(1) 按照公司最新总股本对每个公司的季度前复权收盘价②进行加权平均，计算出全市场的综合股价；(2) 计算出公司每个季度的 EPS③，按照公司总股本对 EPS 进行加权平均，计算出全市场股票的综合 EPS；(3) 用第一步计算出的全市场综合股价除以第二步计算出的全市场综合 EPS，得到全市场的综合 PE；(4) 计算出公司每个

---

① 研究基础数据来自 Wind 数据库。
② 选择前复权收盘价可以避免股价受到配股和分红的影响。
③ 公司当季度的归属母公司股东的净利润/最新总股本。

季度的 ROE（按年度平滑）①，按照公司总股本对 ROE 进行加权平均，计算出全市场股票的综合 ROE；（5）用第二步计算出的全市场综合 EPS 除以第四步计算出的全市场综合 ROE，得到全市场的综合 BPS；（6）将计算出的每季度全市场综合股价、综合 ROE、综合 PE、综合 BPS 按照 2013 年第一季度的数值为基准，进行标准化处理，即可以展现出 2013 年以来全市场股价变化及其影响因素的变化。

附表　　　　　　　涨幅前 20 名的概念股平均季度增长率　　　　　　　单位：%

	2013 年第一季度到 2016 年第二季度					2016 年第三季度到 2018 年第一季度				
序号	概念	股价	PE	ROE	BPS	序号	概念	股价	PE	ROE	BPS
1	网络游戏	9.64	1.92	3.13	4.31	1	QFII 重仓	11.98	2.67	3.68	5.20
2	互联网营销	9.58	-5.01	12.98	2.11	2	基金增仓	10.86	2.51	4.76	3.23
3	共享单车	9.09	-0.81	5.01	4.74	3	征信	9.65	2.38	0.77	6.29
4	网红经济	9.07	-0.64	1.66	7.98	4	超涨	9.53	-3.58	5.58	7.60
5	大数据	8.45	4.57	-3.61	7.59	5	白马股	9.13	5.90	-0.68	3.76
6	移动支付	8.34	7.58	-0.46	1.17	6	参股宁德时代	9.09	2.10	3.09	3.64
7	动漫	8.22	3.12	-2.33	7.45	7	港珠澳大桥	8.98	-1.47	4.35	5.99
8	量子通信	8.21	1.42	-1.16	7.96	8	智能交通	8.88	2.52	-2.32	8.73
9	未股改	7.94	13.19	-11.40	7.64	9	基金重仓	8.36	5.58	-1.89	4.61
10	正在进行股改板块	7.94	13.19	-11.40	7.64	10	3D 打印	8.03	-9.14	12.95	5.25
11	互联网金融	7.63	4.18	-5.34	9.14	11	国产化创新	7.83	0.10	4.10	3.48
12	电子竞技	7.62	0.35	-0.40	7.68	12	社保重仓	7.20	5.21	-0.77	2.69
13	智能汽车	7.60	3.62	-3.18	7.26	13	无线充电	7.06	-3.42	3.22	7.39
14	智能物流	7.55	0.28	3.32	3.81	14	安防监控	7.01	7.59	-3.11	2.66
15	IP 流量变现	7.40	0.69	-0.77	7.48	15	阿里巴巴概念	7.00	0.62	7.40	-0.99
16	去 IOE	7.33			-10.57	16	券商重仓	6.97	5.75	-1.31	2.50
17	保底增持	7.23	2.77	-1.08	5.48	17	一线龙头	6.88	3.00	-0.66	4.46
18	区块链	7.22	3.14	-2.91	7.07	18	沪股通 50	6.65	4.29	-0.93	3.22
19	健康中国	7.17	0.61	2.55	3.87	19	装配式建筑	6.41	1.28	0.55	4.48
20	基因检测	7.13	2.87	-1.44	5.66	20	人工智能	6.27	1.35	-1.42	6.36

---

① 公司当季度与前三季度归属母公司股东的季度净利润平均数/公司当季度与前三季度归属母公司股东的权益平均数。

加快资本市场建设　加大股权融资力度*

——基于直接融资比重的国际比较的分析视角

孙玉奎　杨　阳

摘　要　本文利用我国社会融资规模统计表和国际通用的国民经济核算体系（System of National Accounts，SNA）金融账户表来分别计算增量法和存量法直接融资比重，从定量角度比较我国与市场主导型发达国家美国、加拿大及银行主导型发达国家德国、日本的差距。未来应进一步加快我国资本市场建设，提高直接融资比重，加大股权融资力度，增强我国金融体系服务实体经济的能力。

"提高直接融资比重，促进多层次资本市场健康发展"是第五次全国金融工作会议和党的十九大报告对资本市场明确提出的工作要求。与间接融资相比，直接融资更有助于高风险的创新项目和产业结构的优化，这对进入新时代的经济发展来说至关重要。

一、直接融资比重的内涵和计算方法

（一）直接融资比重的内涵

"直接融资"最早由美国学者1955年[1]提出，指资金盈余者与短缺者之间直接协商，或在金融市场上由前者购买后者发行的有价证券的资金融通活动[2]。我国于1984年引入这一概念，并于1996年提出"扩大直接融资规模"[3]。直接融资比重反映实体经济

---

*　本文发表于2017年12月《中证政研简报》总第458期。

① 《美国经济评论》1955年刊发的《从金融角度看经济增长》中首次提出"直接融资"的概念。

② 引自祁斌等："直接融资和间接融资的国际比较"，《新金融评论》2013年第6期，第103页。

③ 1984年十二届三中全会通过了《中共中央关于经济体制改革的决定》之后，国务院成立的金融体制改革研究小组首次提出"直接融资"的表述。1996年，时任中国人民银行行长的朱镕基同志提出"扩大直接融资规模"。

部门（包括非金融企业部门和住户部门）① 通过直接融资渠道筹得的资金规模占所筹资金总规模的比例。直接融资渠道通常指资本市场渠道，一国直接融资比重越高，反映其资本市场越发达，其资本市场服务实体经济的能力越强。

（二）直接融资比重的计算方法

首先，根据时间类型不同，可将直接融资比重分为增量法和存量法，分别反映一段时期内和一定时期末实体经济通过直接融资渠道所获得的融资额占总融资额的比重情况。

其次，直接融资比重的计算依赖于实体经济部门资金来源细项的统计数据，根据数据来源不同，可将直接融资比重分为基于社会融资规模统计表和基于 SNA 金融账户表两种。我国有专门统计实体经济融资情况的社会融资规模统计表（包括增量表和存量表），因此可基于该表计算直接融资比重。国外并不统计社会融资规模，通常采用 SNA 金融账户表（包括资金流量表和资产负债表）计算直接融资比重。

1. 增量法计算方法。

(1) 基于社会融资规模增量统计表。

$$直接融资比重 = \frac{非金融企业股权融资增量 + 企业债券增量}{社会融资规模增量}$$

(2) 基于 SNA 金融账户资金流量表（Flow of Fund Accounts，FF）

$$直接融资比重 = \frac{非金融企业部门及住户部门 FF 资金来源（债券 + 股票）}{非金融企业部门及住户部门 FF 资金来源（债券 + 股票 + 贷款）}$$

2. 存量法计算方法。

(1) 基于社会融资规模存量统计表。

$$直接融资比重 = \frac{非金融企业股权融资余额 + 企业债券余额}{社会融资规模存量}$$

(2) 基于 SNA 金融账户资产负债表（Balance Sheet，BS）。

$$直接融资比重 = \frac{非金融企业部门及住户部门 BS 负债（债券 + 股票）}{非金融企业部门及住户部门 BS 负债（债券 + 股票 + 贷款）}$$

3. 基于两类统计表计算的直接融资比重具有较强的可比性。我们使用增量法，分别基于两类统计表方法计算了 2002 年以来我国的直接融资比重（见附图 1）。由于我国社会融资规模统计中包含的间接融资项目更多，且仅统计 A 股股权融资额，因此以社会融资规模统计表为依据的直接融资比重比以 SNA 金融账户表为依据的偏低，但两者相差不大，

---

① 国际上一般将住户部门与非营利机构部门一起统计，称作住户与非营利机构部门，这里为表述方便，统一简称住户部门。

且变化趋势基本相同，这表明基于两类统计表下的直接融资比重具有较强的可比性。

二、直接融资比重的国际比较

本文选择美国和加拿大为代表的市场主导型发达国家及日本和德国为代表的银行主导型发达国家与我国进行比较。在直接融资比重的计算中，我国采用社会融资规模统计表计算，其他国家采用 SNA 金融账户表计算。

（一）增量法

1. 增量法直接融资比重的波动较大，整体来看，我国直接融资比重显著落后于发达国家。增量法反映一段时期内直接融资的增长情况，受市场波动和政策影响，实体经济部门不同渠道的融资额差异可能较大，有时甚至表现为负值。如市场低迷时期或金融危机爆发后，房地产等资产的大幅下跌导致非金融企业部门资产负债表恶化，企业通过偿还贷款来修补受损的资产负债表，这导致贷款融资也可能为负值；债券集中到期可能使得非金融企业债券融资额为负值；由于上市公司的股权回购和公司之间的并购活动，非金融企业部门股权融资可能呈现出资金净流出①。

为降低异常时期数据波动较大带来的影响，本文使用 5 年累计移动平均方法计算了增量法下不同国家直接融资比重（见附图 2 及附表 1）。整体来看：我国直接融资比重近年来平稳上升，由 2002—2006 年的 6.0% 上升至 2012—2015 年的 18.4%；德国和加拿大较稳定，近年来分别保持在 40%—60% 及 30%—40%；美国受金融危机影响直接融资比重波动较大，但在经济发展较平稳时期（1991—2004 年）的直接融资比重维持在 20%—40%，也显著高于我国；日本波动更为剧烈，参照意义不大，此处不再对其进行分析。

2. 分结构来看，我国股权融资占比偏低。分结构看，2012—2016 年，美国受金融危机持续影响，非金融部门股权融资长期表现为资本净流出，但债券融资占比较高，达到 30% 以上。与近年来发展相对稳定的德国和加拿大相比，我国债券融资占比与之相差不大，均为 14% 左右，但股权融资占比差距较大，我国为 3.5%，德国和加拿大占比分别达到 21.4% 和 18.6%（见附图 3）。

（二）存量法

1. 存量法直接融资比重较稳定，我国直接融资比重显著低于发达国家，但近年来持续提升。存量法下的直接融资比重更为稳定，相对增量法来说比较意义更强（见附图 4 及附表 2）。市场主导型经济体直接融资比重高于银行主导型经济体。美国直接融资比重

---

① 如 2007—2010 年国际金融危机爆发时期，美国非金融企业部门股权融资持续表现为负值。

最高，除 2008—2010 年金融危机爆发期间显著下降到 60% 以下外，近 20 多年来基本稳定在 60%—70%，加拿大其次，基本保持在 50%—60%。德国和日本两大银行主导型发达经济体直接融资比重目前都保持 40% 以上。我国直接融资比重较低，不足 16%，但 2003 年以来呈现较好的持续提升趋势。

近年来，银行主导型经济体越来越重视市场配置资源的能力。德国和日本的直接融资比重分别由 1995 年的 31.9% 和 37.7% 提升至 2015 年的 48.1% 和 54.2%，20 年间大约提升 17 个百分点，反映出银行主导型经济体为了促进经济发展，也在逐渐加强金融市场融资力度。

2. 分结构看，存量法证实我国股权融资占比远低于发达国家。分结构看，不论是市场主导型发达国家美国和加拿大，还是银行主导型发达国家日本和德国，股权融资占比均远高于债券融资占比。2016 年我国债券融资占比 11.5%，与市场主导型发达国家美国、加拿大水平相当，但股权融资占比仅为 3.7%，远低于发达国家水平（见附图 5）。此外，银行主导型经济体德国和日本 20 年来股权融资比重都大幅提升，德国和日本分别由 1995 年的 30.0% 和 28.7% 提升至 2015 年的 45.4% 和 49.8%，反映出银行主导型发达国家越来越重视并大力发展股权融资。

三、启示与建议

（一）加快我国资本市场建设，提高直接融资比重，加大股权融资力度

我国直接融资比重尤其是股权融资比重显著低于发达国家。近年来，传统的银行主导型发达国家都越来越重视金融市场融资，尤其是股权融资。在经济发展进入新时代的背景下，我国也应着力加快我国资本市场建设，提高直接融资比重，尤其加大股权融资力度，增强我国金融体系服务实体经济的效率和水平。

（二）优化社会融资规模统计口径

目前我国社会融资规模仅统计 A 股股权融资，没有覆盖多层次资本市场，在新三板、区域股权、私募等融资市场快速发展的背景下，相关口径有待优化。应健全我国社会融资规模统计口径，考虑将新三板、区域股权、私募等股权融资纳入统计，从而更准确地衡量我国直接融资发展水平。

（三）存量法下的直接融资比重更适宜作为长期目标标的

与存量法相比，增量法直接融资比重波动较大，易受市场波动和政策变动等影响，仅适合设定短期目标。存量法直接融资比重更为稳定，更适合作为长期目标标的。从存量法数据来看，按照发达国家直接融资比重增速类推，1995 年至 2015 年，传统银行主导型国家德国和日本直接融资比重增长近 17 个百分点。类似的，2005 年我国直接融资比重为 5.2%，到 2025 年我国直接融资比重有望达到 23%。按照我国近十余年直接融资比重增速推算，2005 年至 2016 年，我国直接融资比重年均约提升 1 个百分点，到 2025 年有望达到 25%，到 2035 年有望达到 35%，到 2050 年有望达到 50%，达到发达国家水平。

附录

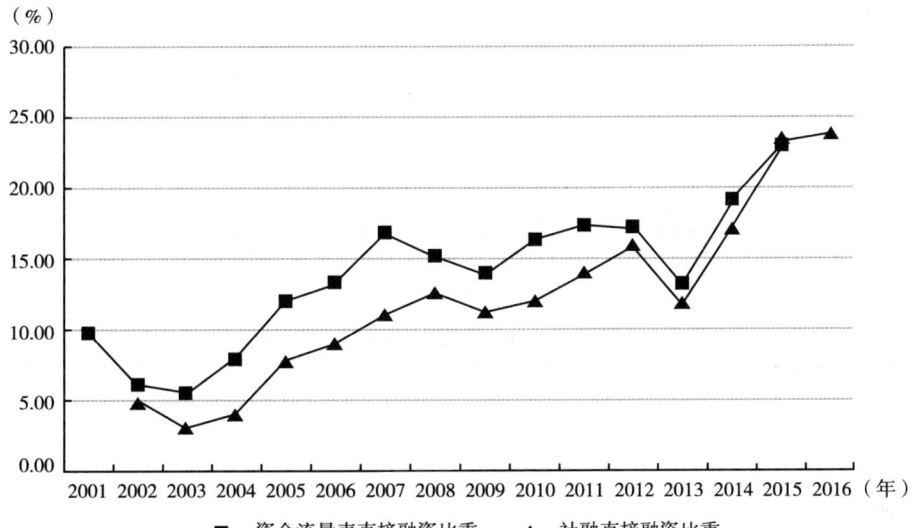

附图 1　两类统计表方法计算的 2002 年以来我国直接融资比重比较

资料来源：中国人民银行、国家统计局，中证金融研究院整理。

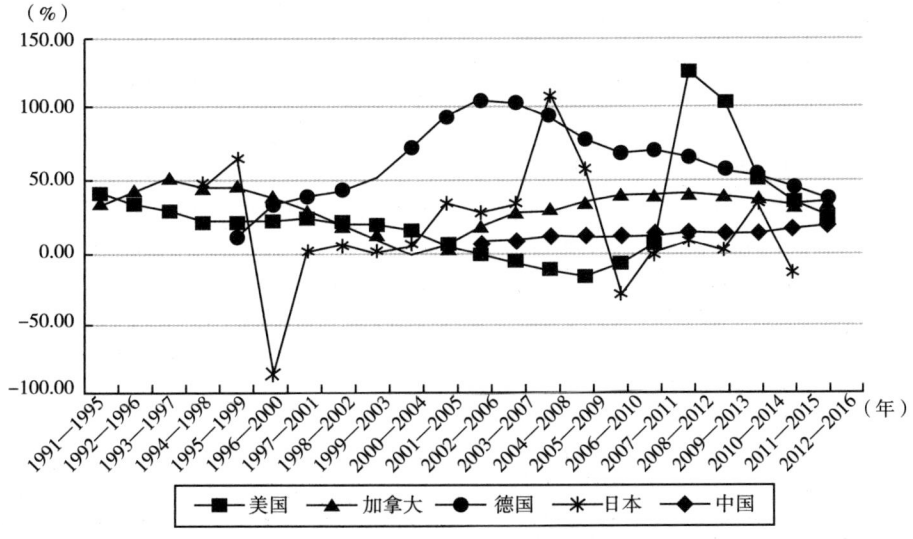

附图 2　不同阶段直接融资比重的国际比较（增量法）

资料来源：OECD 统计数据库、中国人民银行，中证金融研究院整理。

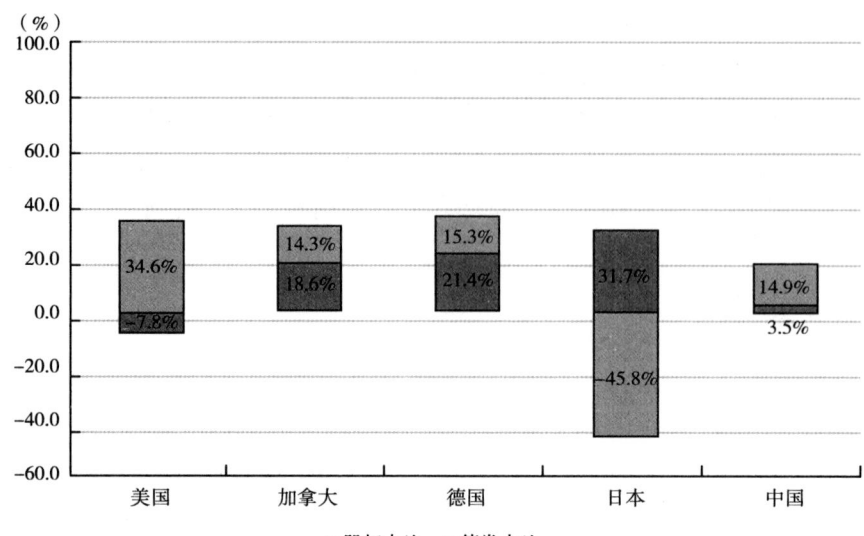

附图3　不同国家直接融资结构比较（增量法）

数据说明：由于日本缺少2016年数据，图中日本为2011—2015年数据，其他国家为2012—2016年数据。数据来自OECD统计数据库、中国人民银行，中证金融研究院整理。

附表1　　　　　　　　不同阶段直接融资结构的国际比较（增量法）

时期	结构类型	美国	加拿大	德国	日本	中国
1991—1995年	股权占比	12.60%	27.29%			
	债券占比	27.41%	6.24%			
	直接融资占比	40.01%	33.54%			
1996—2000年	股权占比	0.70%	19.14%	32.52%	-180.98%	
	债券占比	21.13%	17.04%	-0.26%	92.15%	
	直接融资占比	21.83%	36.19%	32.26%	-88.82%	
2001—2005年	股权占比	-0.50%	-7.85%	71.15%	-16.35%	
	债券占比	5.63%	11.49%	20.87%	50.07%	
	直接融资占比	5.14%	3.64%	92.02%	33.72%	
2006—2010年	股权占比	-41.63%	30.30%	57.82%	-19.05%	4.06%
	债券占比	33.71%	8.97%	10.08%	-9.56%	7.43%
	直接融资占比	-7.92%	39.27%	67.89%	-28.61%	11.49%
2011—2015年	股权占比	-6.11%	18.07%	30.23%	31.66%	2.71%
	债券占比	40.14%	14.88%	13.35%	-45.83%	13.71%
	直接融资占比	34.02%	32.95%	43.58%	-14.17%	16.42%
2012—2016年	股权占比	-7.85%	18.61%	21.37%		3.52%
	债券占比	34.61%	14.35%	15.28%		14.86%
	直接融资占比	26.76%	32.96%	36.65%		18.38%

资料来源：OECD统计数据库、中国人民银行，中证金融研究院整理。

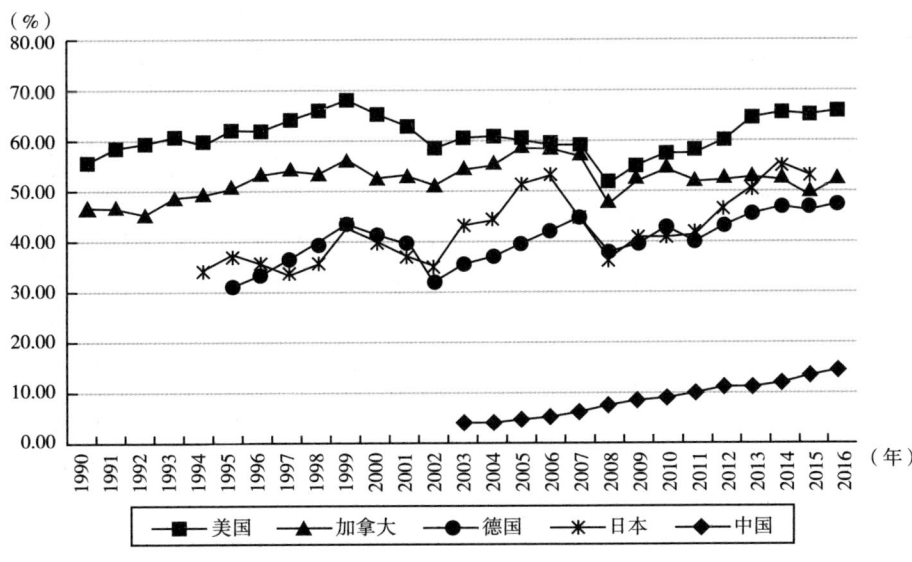

附图 4　直接融资比重的国际比较（存量法）

资料来源：OECD 统计数据库、中国人民银行，中证金融研究院整理。

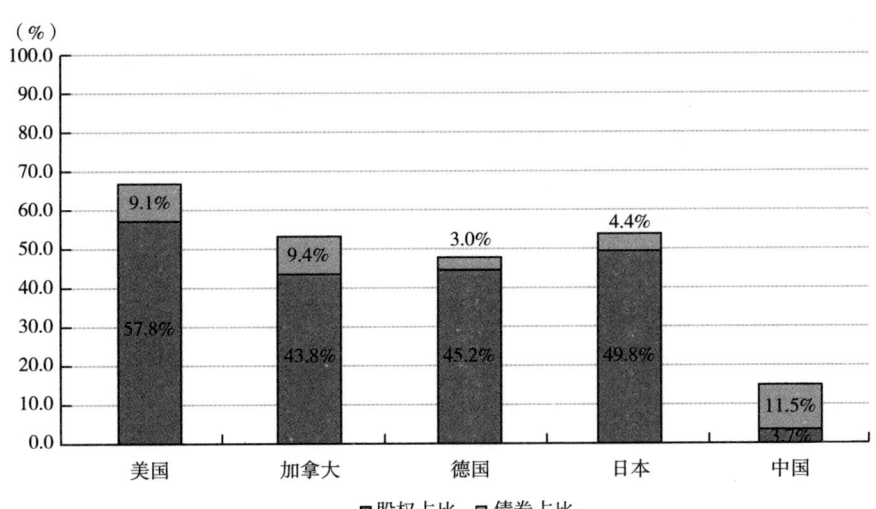

附图 5　不同国家直接融资结构比较（存量法）

数据说明：由于日本缺少 2016 年数据，图中日本为 2015 年底数据，其他国家为 2016 年底数据。数据来自 OECD 统计数据库、中国人民银行，中证金融研究院整理。

附表 2　　　　　　　　不同时点直接融资结构的国际比较（存量法）

年份	结构类型	美国	加拿大	德国	日本	中国
1995 年	股权占比	53.50%	40.21%	29.96%	28.67%	
	债券占比	9.53%	11.63%	1.90%	9.02%	
	直接融资占比	63.03%	51.84%	31.86%	37.69%	

续表

年份	结构类型	美国	加拿大	德国	日本	中国
2000年	股权占比	57.26%	41.52%	40.67%	32.20%	
	债券占比	8.84%	11.93%	1.15%	8.45%	
	直接融资占比	66.10%	53.45%	41.82%	40.64%	
2005年	股权占比	53.44%	51.48%	37.98%	47.88%	3.69%
	债券占比	7.45%	8.25%	2.33%	4.53%	1.51%
	直接融资占比	60.89%	59.73%	40.30%	52.40%	5.19%
2010年	股权占比	49.27%	47.88%	40.71%	36.39%	3.80%
	债券占比	9.10%	7.75%	2.71%	6.10%	5.86%
	直接融资占比	58.37%	55.64%	43.43%	42.48%	9.66%
2015年	股权占比	56.97%	40.26%	45.39%	49.80%	3.28%
	债券占比	9.17%	10.16%	2.66%	4.38%	10.58%
	直接融资占比	66.14%	50.42%	48.05%	54.18%	13.86%
2016年	股权占比	57.82%	43.82%	45.22%		3.70%
	债券占比	9.05%	9.42%	3.02%		11.49%
	直接融资占比	66.87%	53.23%	48.25%		15.19%

资料来源：OECD统计数据库、中国人民银行，中证金融研究院整理。

大宗商品价格影响因素分析*

——一个理论框架

高苗苗 孙玉奎

摘　要　大宗商品价格是反映宏观经济的重要信号。厘清其背后的影响因素，对于更好地解读价格信号，准确把握大宗商品和经济金融运行态势，具有重要意义。大宗商品价格影响因素主要包括基本供求因素、金融市场因素、政策因素及品种联动等。本文研究发现，不同类型大宗商品特性存在差异，其价格影响因素差异较大：农产品价格主要受基本供求因素影响，短期看供给，长期看需求；工业品价格主要受基本供求因素影响，政策因素影响也较大，金融因素影响越来越不容忽视；能源矿产价格主要取决于基本供求因素，金融因素对其影响较大；贵金属金融属性最强，其价格主要取决于金融因素。

大宗商品作为经济运行的上游，其价格波动对宏观经济金融有着不容忽视的影响。厘清大宗商品价格背后的影响因素，对全面把握大宗商品运行情况具有重要意义。

一、大宗商品价格影响因素总体分析

综观国内外学术界的相关研究，大宗商品价格影响因素大致可分为以下四类：基本供求因素、金融市场因素、政策因素及其他因素（品种联动等）（见图1）。长期看，大宗商品价格主要由实体经济供求因素决定；短期看，投机因素对大宗商品价格影响更大。特别是20世纪70年代以来，随着大宗商品金融化趋势愈发明显（尤其在发达国家），投机因素对大宗商品短期价格影响力不断增大。

---

* 本文发表于2017年11月《中证金融研究》2017年第18期总第86期。

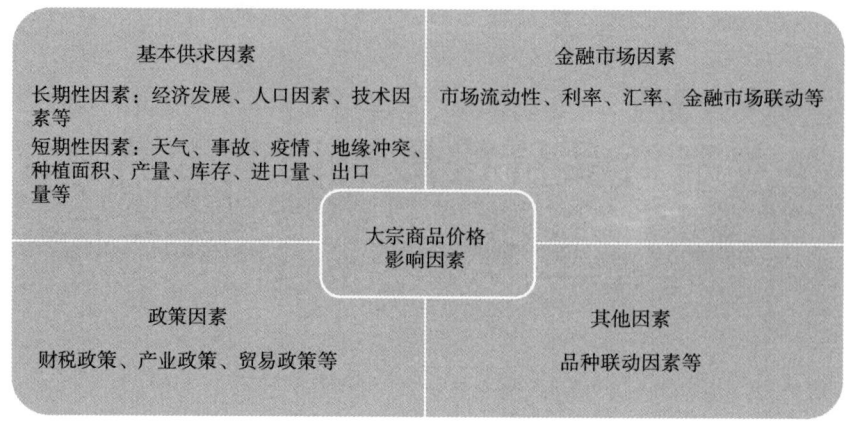

图 1　大宗商品价格影响因素分类

资料来源：中证金融研究院整理。

（一）基本供求因素

基本供求因素是指直接影响大宗商品生产和消费的因素，可分为长期因素和短期因素。长期因素包括经济发展状况、人口变化、技术因素等。短期因素包括天气、事故、疫情、种植面积、产量、进出口量、库存等。供需平衡表是最常用的分析商品价格走势的工具，主要包含库存、产量、进口量、需求量（消费量）、出口量等供需要素。

长期来看，经济发展状况是影响大宗商品供求的根本性因素。大宗商品价格变化与经济周期相关性较强，当经济向好时，大宗商品需求增加，从而带动商品价格上涨；反之，当经济衰退时，大宗商品需求减弱，价格也随之下跌。如 Trostle（2008）指出，新兴工业化国家的快速发展所形成的对大宗商品的巨大需求是引起农产品价格上涨的主要因素。Stürmer（2013）指出，铜、铅、锡、锌等金属的长期价格波动主要由持续性需求冲击所驱动，且由于铜、锡的寡头垄断市场结构，供给冲击对于解释价格波动也具有一定的重要性。Dornbusch（1986）认为工业化国家的经济周期可以解释大宗商品价格波动。人口总量的变动会影响大宗商品的需求，人口结构中的劳动力因素会影响大宗商品的供给。技术进步会显著改变商品供给水平，降低生产成本，使商品价格下降。

短期来看，天气状况、疫情、突发事故等会显著影响大宗商品价格。如厄尔尼诺、拉尼娜、暴风雨、冰雹等气候现象会大幅减少农产品供给、禽流感疫情的爆发会使鸡蛋需求骤减、矿场工人临时性罢工会导致产品供给下降等，这些都会引致相应商品价格的大幅波动。

（二）金融市场因素

金融市场因素包括流动性、汇率、跨市场联动等。随着大宗商品的投资品属性越来越强，金融市场因素的影响也不断增加。

一是流动性。理论上说，全球货币环境松紧与大宗商品价格呈正向关系，且当货币环境的松紧程度发生转换时，大宗商品价格原有走势往往也会随之改变（Frankel, 2008；Akram, 2009；Gilbert, 2010）。值得注意的是，由于货币政策调整过程需要一定时间，货币环境的转换对大宗商品价格走势的影响通常有一定的滞后性。如表1所示，对比美国利率调整周期和 CRB 指数可以发现，两者变化并不同步，CRB 指数变化往往滞后于利率政策调整，甚至会出现利率处于升息周期而 CRB 指数也在上升周期的情况。非常规的货币政策会增加商品价格波动性（Hayo B 等，2012；Scrimgeour D，2015）。弱势美元政策在一定程度上助推了以美元计价的国际大宗商品价格上涨（McCalla, 2009；Harri 等，2009）。

表1　　　　　　　　　　美国货币政策周期与 CRB 指数

时间	美国联邦基准利率	CRB 指数
1990 年 1 月—1992 年 9 月	降息周期（8.25% 降至 3.00%）	先升后降
1994 年 2 月—1995 年 2 月	升息周期（3.00% 升至 6.00%）	上升
1995 年 7 月—1998 年 11 月	降息周期（6.00% 降至 4.75%）	先升后降
1999 年 6 月—2000 年 5 月	升息周期（4.75% 升至 6.50%）	上升
2001 年 1 月—2003 年 6 月	降息周期（6.50% 降至 1.00%）	先降后升
2004 年 6 月—2006 年 6 月	升息周期（1.00% 升至 5.25%）	上升
2007 年 9 月—2008 年 12 月	降息周期（5.25% 降至 0－0.25%）	先升后降
2008 年 12 月—2015 年 12 月	维持在 0－0.25% 超低区间	先升后降
2015 年 12 月以来	升息周期（0.25% 升至 1.25%）	上升

资料来源：Wind，中证金融研究院整理。

二是汇率。当前国际货币体系下，美元是多数大宗商品的计价单位，在大宗商品真实价值变动不大的情况下，计价货币升值会对以美元为单位的大宗商品价格产生下调压力，因此理论上美元指数与大宗商品价格呈反方向变动。20 世纪 70 年代以来，当美元兑其他西方国家货币的汇率处于贬值期时，大宗商品价格处于上涨期；在美元的升值期，大宗商品价格处于回落期。其中，2001 年和 2011 年，美元汇率下跌期间的两次谷底均对应大宗商品国际市场价格上涨期的峰值（见图2）。但有时，由于大宗商品价格会提前反映预期，因此并未呈现严格负相关。

三是跨市场联动。商品期货市场往往领先于商品现货市场。不少研究表明，商品期货价格对现货价格具有非常好的预测作用，基于期货的收益率模型预测比基于判断或基于现货历史数据的模型的预测方式更加准确（Husain 和 Bowman，2004；Reichsfeld 和 Roache，2011）。这种预测作用使得期货价格往往领先于现货价格而变化，从而可通过

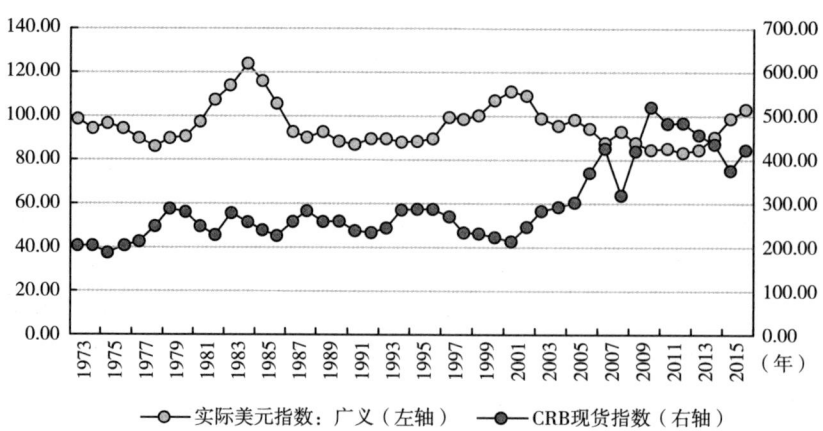

图 2 美元指数与 CRB 指数

资料来源：Wind，中证金融研究院整理。

心理预期机制进一步影响现货价格。此外，随着游资和对冲基金等机构投资者大量涉入商品期货市场，很大程度上造成了大宗商品价格波动对基本面的偏离（Masters，2008；Tang 和 Xiong，2012）。

股票市场的波动会传导至商品现货市场。资金在股票市场和商品市场之间的流动增强导致两者的收益率、波动等相关性增强。如田利辉和谭德凯（2014）研究了中美股票指数与大宗商品现货价格间的关联性问题，发现美国股指比中国股指对中国商品现货价格的影响更大，中国大宗商品定价不仅出现了金融化问题，而且出现了美国化问题。

（三）政策因素

从长周期视角看，在面对商品价格的意外冲击事件时，政策的灵活性和准确性是决定商品价格弹性的最重要因素（Gustavo 和 Sebastian，2011）。一是货币政策。非常规货币政策会增加商品价格波动性（Hayo B 等，2012；Scrimgeour D，2015）。二是汇率政策。弱势美元政策在一定程度上助推了以美元计价的国际大宗商品价格上涨（McCalla，2009；Harri 等，2009）。三是财政政策。宽松的财政政策会增强商品价格冲击对国内经济的不利影响（Gustavo 和 Sebastian，2011）。四是产业政策。如玉米临储政策的取消会导致玉米价格下降，去产能去库存政策带来钢铁、煤炭价格上涨等。五是贸易政策。如实行商品反倾销政策可能直接导致商品供给下降，从而引发价格上涨。

（四）其他因素（品种联动因素等）

不同大宗商品品种间存在联动效应。能源、资源和农产品间存在价格联动机制（Pindyck 和 Rotemberg，1990）。如原油价格的不断上涨可以带动煤炭、天然气等能源产品价格上涨（Ewing 和 Harter，2000），也可增加以农产品为原料的生物能源的需求，继而抬高农产品价格（Yu 等，2006；Baffes，2007；Gogin，2008；Zhang 等，2010）。这主要是由于品种间的上下游联系或相互间的替代（互补）关系造成的。

二、各类大宗商品价格影响因素的差异性

根据商品属性，大宗商品可分为农产品类、工业品类、能源矿产类、贵金属类。因供给弹性、需求弹性、金融化程度等特性不同，大宗商品价格受前述四类因素的影响程度有较大差异（见表2）。

表2　　四类大宗商品的价格主要影响因素特点

影响因素\商品类别	农产品	工业品	能源矿产品	贵金属
基本供求因素	☆☆☆	☆☆☆	☆☆☆	☆
政策因素	☆	☆☆	☆	☆
金融因素	☆	☆☆	☆☆	☆☆☆
其他因素	☆	☆	☆	☆

注：表中☆多少反映受对应因素影响的大小，其中☆☆☆表示主要受该因素影响，☆☆表示该因素有较大影响，☆表示该因素为一般影响因素。

（一）农产品价格主要受基本供求因素影响，短期看供给，长期看需求

农产品类大宗商品又可细分为粮食作物、经济作物和肉禽类产品三类。其中，粮食作物包括大豆、小麦、玉米等，经济作物包括白糖、棉花等，肉禽类产品包括生猪、鸡蛋等。农产品类大宗商品与人民的日常需求直接相关，主要受基本供求因素的影响。短期内，由于农产品需求存在刚性，而其产出具有季节性，需要一定生长周期，故其价格主要由供给端决定。但长期看，技术进步使得农产品供给相对充足，其价格主要取决于人口、收入等需求因素。

短期看，引发农产品价格变动的主要影响因素包括：一是天气。其对农产品产量影响重大，短期恶劣天气可能造成当季作物受损。二是疫情。大豆、玉米等粮食作物终端需求包括生猪养殖和家禽养殖，而疫情对养殖影响较大，当发生普遍性疫情时，对粮食产品需求也带来短期影响。三是政策。临时收储政策、目标价格补贴政策等对农产品价

格产生较大影响。

长期看，决定农产品价格的主要影响因素包括：一是供给因素，特别是技术进步。以稻谷、大豆为例，袁隆平杂交水稻技术的成功推广使得我国水稻亩产水平大幅提高，转基因技术在大豆中的应用推动国际大豆单产水平稳步提升，进而给全球大豆供应增长带来潜力。二是需求因素。技术进步使得农产品供应相对充足，因此农产品价格长期取决于人口、收入等需求因素。过去30年来，我国人口结构呈现青壮年占人口多数的结构，青壮年对营养的需求也最为旺盛，同时伴随人民收入水平提高，人民的食品消费也逐步升级。人口增加和购买力增强刺激肉蛋奶需求增加，进而传导至原料端大豆、玉米等粮食作物的需求，未来中国人口增速放缓，人口老龄化将使农产品需求增速放缓。

（二）工业品价格主要受基本供求因素影响，政策因素影响也较大，金融因素影响越来越不容忽视

工业品类大宗商品可细分为有色金属、黑色金属和化工品三类。其中，有色金属包括铜、铝、铅、锌、锡、镍等，黑色金属包括螺纹钢、热轧卷板、线材等钢材系列产品，化工品包括PTA、甲醇、塑料等化工类商品。工业品类大宗商品的需求价格弹性及供给价格弹性都相对较大，其价格主要受基本供求因素影响，但产业政策调整、环保政策限制等政策因素对其也有较大影响，近年来工业类大宗商品金融化趋势明显，金融因素对其影响也越来越不容忽视。

短期看，影响工业品价格的主要供需因素包括：一是经济波动。工业生产的库存周期（基钦周期）与短期经济波动周期密切相关，具体为：经济衰退—工业品供过于求—价格下跌—产能收缩—去库存结束—经济企稳—需求回升—供需平衡—价格筑底—经济向好—工业品供不应求—价格上涨—产能扩张—需求下降—经济衰退。二是意外冲击。例如，港口罢工、矿山事故、政策调整等，也会对工业品短期价格造成重大影响。以铁矿石为例，若需求强劲阶段遭遇港口罢工（尤其是巴西和澳大利亚等铁矿石主产国），则会导致短期出现严重供不应求，推动价格迅速上行。三是政策因素。2015年年底以来，我国推行供给侧结构性改革，去产能政策对螺纹钢、铜、铝等工业品价格的影响显著（见图3）。环保政策限制也导致钢铁供给产出的下降，从而带动价格上涨。

长期看，影响工业品价格的主要供需因素包括：一是与人口及收入变化相关的需求因素。人口增长及收入水平的提高会增加对工业品的需求。二是与劳动力成本和技术进步相关的供给因素。劳动力成本是工业品生产的重要成本之一，一个地区的劳动力工资水平的提高可能促使该地区产业调整，甚至发生产业迁移，对工业品价格带来长期性影响。技术进步将导致工业品生产效率提高、边际产出成本下降，使工业品价格的底部支撑下移。

除上述因素外，金融因素对工业品价格的影响也越来越不容忽视。以黑色金属工业

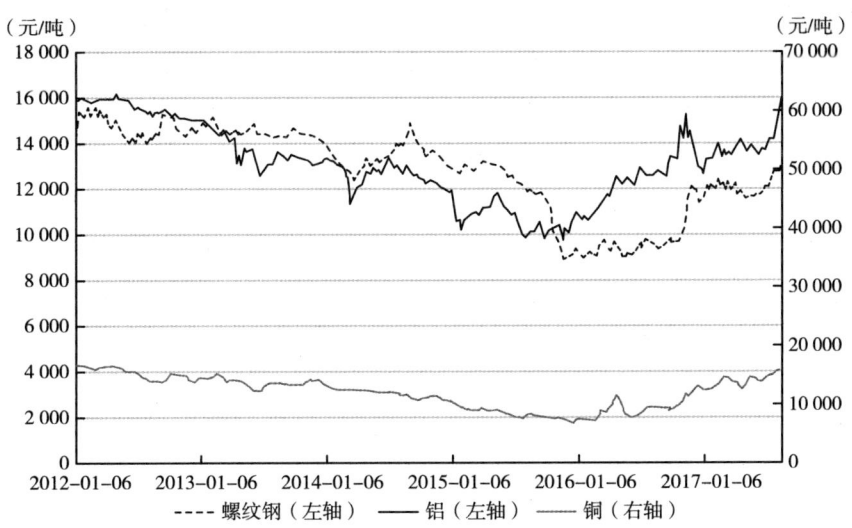

图 3 去产能政策对钢材、铜、铝等工业品价格影响

资料来源：Wind，中证金融研究院整理。

品为例，近年来黑色系大宗商品的金融化趋势明显，增加了钢材市场的不确定性，螺纹钢期货近年来成交活跃，市场深度增加，吸引了大量投机资金入市，市场上有"小股指"之称，其受利率、市场流动性等金融因素影响较显著。此外，化工类工业品上游为能源类大宗商品，因此其与原油等价格变化密切相关，当原油价格上涨，化工品价格往往也将上涨。

（三）能源矿产价格主要取决于基本供求因素，金融因素对其影响较大

能源矿产类大宗商品包括石油、天然气、焦煤、铁矿石等。能源矿产品价格的需求价格弹性较低，而供给价格弹性较高，且短期内供给具有较大不确定性，港口罢工、矿山事故等供给冲击都可能使得价格大幅波动，因此其短期价格主要取决于供给因素。长期来看，能源价格走势有较大不确定性。供给方面，虽然目前主要能源矿产品均为非再生能源，但剩余可采量仍远高于已采量，若出现能源开采技术的突破，则会大幅提升产量。需求方面，通常体现了经济走势，难以准确预测。此外，以石油（原油）为代表的能源品还具有较强的金融属性，受美元汇率变化等因素的影响较大。

短期内，意外供给冲击（如港口罢工、矿山事故、地缘政治变化等）会对能源矿产品价格造成重大影响。以铁矿石为例，若需求强劲阶段遭遇港口罢工（尤其是巴西和澳洲等铁矿石主产国），则会导致短期出现严重供不应求，推动价格迅速上行。短期原油价格受地缘政治变化带来的供给冲击影响较大。同时，原油短期价格波动与中东地区的局势联系非常紧密。作为石油的主产区，中东地区的政治局势复杂动荡，国际制裁、恐怖袭击、宗教和军事冲突等事件时有发生，易引发油价剧烈波动，如20世纪70年代两

次石油危机使得油价大幅上升，2016年底OPEC减产协议的达成促使原油价格迅速上升。其次，原油短期价格与运输通道沿线国家的政治局势密切相关。全球约有一半的原油是利用油轮经固定的海上通道运送到目的地的。由于集中度较高，一旦其中一条海上运输通道被破坏，则会引发国际油价的波动。

长期看，原油价格与经济周期密切相关，经济增长意味着原油需求增长，从而带动原油价格上升，反之，经济衰退促使原油需求减少，带动原油价格下跌。如图4所示，原油价格与全球GDP增速几乎同涨同跌。从供给角度看，技术进步会对原油长期价格带来重大影响。技术进步既会促成原油开采成本下降，又会使得替代性品种开采量提升（如美国页岩油技术的突破），均会导致原油价格大受冲击。

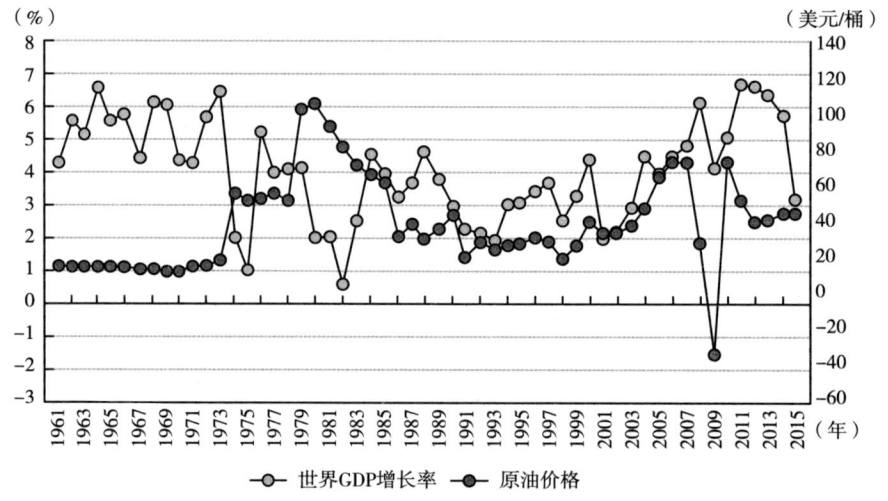

图4　原油价格与世界GDP增长率

资料来源：Wind，中证金融研究院整理。

金融因素对能源矿产品价格的影响较大。以原油为例，由于原油价格以美元为计价单位，因此原油价格与美元指数的负相关关系较为显著。如2014年7月至2015年12月，美元指数从79.82升至100.55，布伦特油价从110美元/桶跌至36美元/桶（见图5）。

（四）贵金属价格主要取决于金融因素

广义上讲，贵金属类大宗商品应归属于有色类工业品的一种，但因其特殊性（化学稳定性较高、金融属性较强等），这里将其单独分类讨论。贵金属类大宗商品主要包含黄金、白银、铂等。这里主要以黄金为例对贵金属价格影响因素进行说明。

黄金兼具工业属性、金融属性和货币属性，且因其相较于其他金融资产更能作为可靠的保值工具，又是除美元之外重要的外汇储备资产，所以其金融属性、货币属性更强。黄金供应量相对稳定，其价格主要受需求端影响，如投资需求、保值需求等。近年来受全球金融危机影响，黄金投资需求快速增长对金价影响较大。作为一种避险资产，

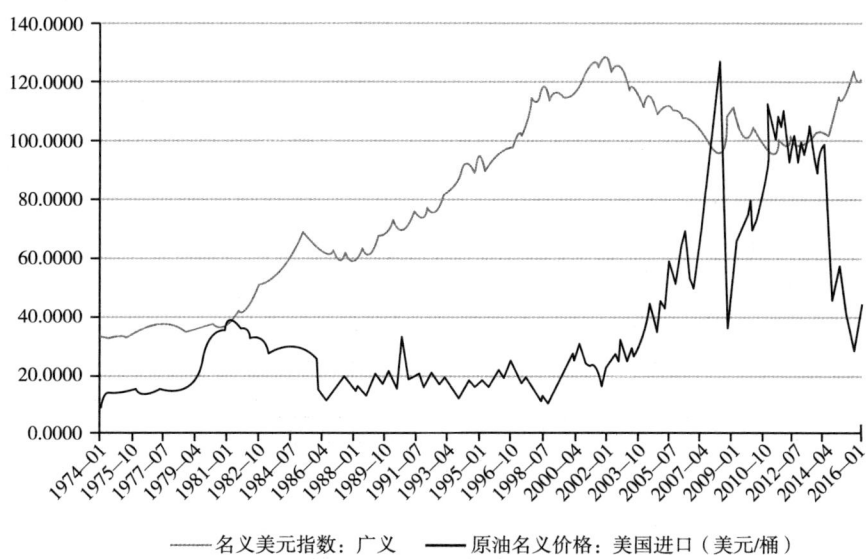

图 5　原油价格与美元指数

资料来源：Wind，中证金融研究院整理。

黄金对地缘政治的变化情况也较为敏感，尤其是对货币信用体系稳定性影响较大的地缘政治变化。

长期来看，黄金价格主要取决于国际货币体系，当前国际货币体系下，黄金价格主要取决于美元汇率。黄金曾在国际货币体系发展历史上的金本位时期作为一般等价物在世界市场广为流通，期间黄金价格主要取决于全社会商品价值量。金本位时期后的布雷顿森林体系时期，黄金主要与美元挂钩，保持相对稳定的 35 美元兑换 1 盎司黄金的汇兑价格。布雷顿森林体系解体后，黄金不再作为货币定值标准，货币职能削弱，但其作为储备资产的功能得到加强，黄金价格波动加大，各国央行在实物黄金市场中头寸的变化会显著影响到金价。由于当前美元是全球最主要的储备货币，因此美元汇率是影响黄金价格最为重要的金融因素。国际黄金市场以美元来标价，黄金价格与美元指数呈显著负相关关系，两者相关系数达到 -0.50（见图 6）。

三、研究启示

第一，供需分析是大宗商品价格分析的核心。各种影响因素对大宗商品价格的影响都最终体现在供给端或需求端，不同之处主要体现在其具体影响机制及影响程度方面。

第二，经济发展、人口增长和技术因素是影响大宗商品价格的重要长期因素，产量、库存、金融市场因素、政策因素等是影响大宗商品价格变化的短期影响因素。

第三，因不同类型大宗商品特性存在差异，其价格影响因素差异较大，需分类研

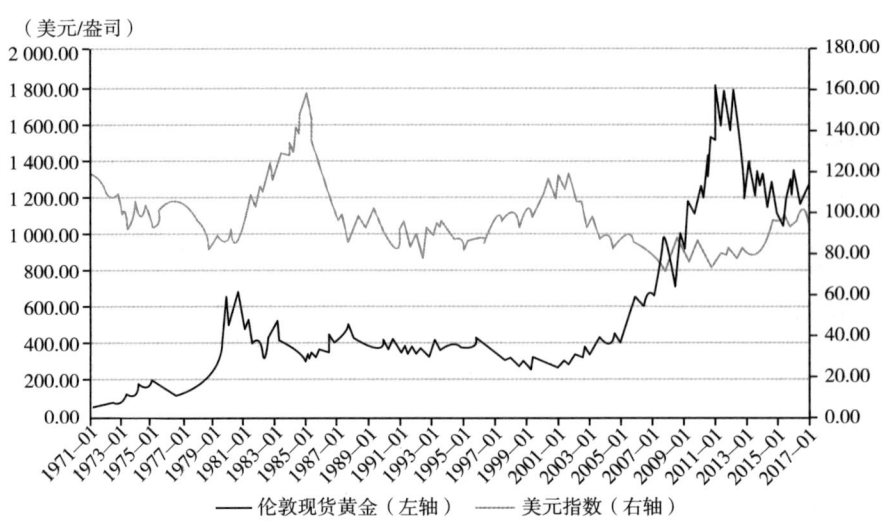

图 6　黄金价格与美元指数

资料来源：Wind，中证金融研究院整理。

究。农产品价格主要受基本供求因素影响，短期看供给，长期看需求；工业品价格主要受基本供求因素影响，政策因素影响较大，金融因素影响越来越不容忽视；能源矿产价格主要取决于基本供求因素，金融因素对其影响较大；贵金属金融属性最强，其价格主要取决于金融因素。

第四，金融市场因素对大宗商品的影响越来越重要。21世纪以来，大宗商品的金融化趋势愈发明显，期货市场对大宗商品价格的影响逐步增强，大宗商品价格的持续暴涨一般与期货市场的短期投机热炒相关，因此大力发展我国期货市场的同时做好期货市场监管极为重要。

职业股民的"非职业"行为特征*

——基于个人投资者投资决策行为的问卷调查与分析

潘 黎

摘 要 职业股民指以炒股为业的股民,是个人投资者群体的重要力量。数据显示,受访职业股民的业绩相对较好,但并未表现出更好的控制损失能力,还存在更为明显的过度自信、短炒偏好、搏杀心态,从众心理同样突出。我们认为,职业股民离"职业"的投资家还有很长的距离。需要高度重视职业股民群体的行为特征,提高投资者教育针对性。同时,要更好发挥专业投资机构和专业中介服务机构的投资及顾问服务的主力军作用。

市场和舆论普遍认为,职业股民以"炒股"为业,拥有较丰富的投资经验和炒股技术,投资更专业,心态更成熟,行为更理性,实际情况果真如此吗?根据中证金融研究院和西南财大中国家庭金融调查与研究中心 2018 年 4 月针对个人投资者行为的问卷调查[①],发现职业股民在技术、纪律和业绩方面确有较好表现,但职业股民的过度自信、短炒偏好、搏杀心态等"非职业"特征仍十分突出。

一、职业股民比非职业股民有着相对更好的投资回报

职业股民,指受访股民中从事的工作类型为"职业投资者"的股民,即以"炒股"为业的股民。与此相对应,非职业股民系指受访股民中从事的工作类型为非职业投资者的股民,包括教师、医生、公务员、事业单位或国企员工、私营业主等等。

---

* 本文发表于 2018 年 6 月《中证政研简报》总第 504 期。
① 中证金融研究院和西南财大中国家庭金融调查与研究中心 2018 年 4 月对全国 31 个省、直辖市的个人股票投资者发放了调查问卷,实际回收有效问卷 21 838 份。问卷涉及的问题包括个人投资者买卖股票的决策依据、交易行为习惯及特征、心理特征、个人基本情况等。调查结果显示,受访的个人投资者中有 3 374 位是职业投资者。本报告是系列课题研究的一部分。

一是职业股民的股票投资回报显著高于非职业股民。2017年，受访职业股民平均回报率为5.9%，受访非职业股民为1.1%。2018年第一季度，受访职业股民股票投资的平均回报率为4.1%，受访非职业股民的平均回报率为0.4%。具体对比2017年股票投资盈亏幅度较大的情况，发现：盈利超过10%的受访职业股民占35.3%，非职业股民占24.5%；盈利超过30%的受访职业股民占13.7%，非职业股民占7.5%。亏损超过10%的受访职业股民占15.4%，非职业股民占21.0%；亏损超过30%的受访职业股民占7.2%，非职业股民占7.5%。可见，职业股民盈利能力高于非职业股民，但在控制大幅损失的能力方面并没有明显优势。

二是职业股民盈利人数占比高于非职业股民。表1显示，2017年度，职业股民有58.5%的人有盈利，非职业股民有46.4%的人有盈利。2018年第一季度，51.2%的职业股民有盈利，40.7%的非职业股民有盈利。

表1　　　　　　　　　受访职业股民与非职业股民的盈亏人数比

	2017年度			2018年第一季度		
	盈利	持平	亏损	盈利	持平	亏损
职业股民	58.5%	16.3%	25.2%	51.2%	20.2%	28.5%
非职业股民	46.5%	19.7%	33.8%	40.7%	23.2%	36.1%

二、职业股民在技术、纪律等方面展示的相对优势

一是职业股民选股依据相对全面和综合。受访职业股民中，有38.2%表示会自己研究股票基本面，有25.5%表示会自己分析各类技术指标，均略高于非职业股民的比例。进一步对比通常采取技术分析选股的两类股民群体，发现：职业股民中选择"会综合运用多种技术指标及技术形态选股"的最多（占37%）；而非职业股民中选择"关注K线、均线和价格"的最多（占42%）；选择"使用自己设计的简单指标和模型进行选股"的职业股民和非职业股民比例分别为14.5%和9.1%。通过细分技术分析常用方法发现，职业股民更能驾驭相对复杂的分析手段。

二是职业股民有相对较严格的投资纪律。从调查结果来看，职业股民中有74%表示有投资纪律与习惯，非职业股民中有64%表示有投资纪律与习惯。在日常股票投资中，既止损又止盈的职业股民比例比非职业股民高7个百分点。进一步细分，有止损习惯的职业股民比例比非职业股民高6个百分点；有止盈习惯的职业股民比例比非职业股民高10个百分点。

三是职业股民相对较少犯代表性思维偏差的错误。代表性思维偏差是一种股民在日常投资中常常会犯的投资策略错误，典型行为是股民更愿意选择前期业绩表现好的"赢

家"股票进行投资。调查发现，没有代表性思维偏差的受访职业股民占比为33%，高于非职业股民的占比25%。

三、职业股民表现出的过度自信、短炒偏好和理性欠缺

一是职业股民存在过度自信、"翻本心理"和盲目加杠杆的特征表现。过度自信是股民的一种典型心理偏差，受访职业股民表现更为明显。调查发现，64.5%的职业股民认为，"自己操作股票比购买基金的收益更高"，63.9%的职业股民认为"通过学习和研究可以找到炒股致富的方法"。认为自己能超越基金经理的能力和水平，反映部分职业股民对个人能力的绝对依赖和高度自信，没有正视与基金公司在资源、信息、经验、团队等方面的差距。实际上2017年普通股票型基金经理平均回报率达16.81%①，高于受访股民的投资回报，也高于职业股民的投资回报。仅有38%的职业股民会在选股时进行基本面分析，缺乏对公司基本面的持续跟踪，很难想象职业股民真的能做到"自己操作股票比购买基金的收益更高"。在过度自信的影响下，加杠杆炒股的可能性更大，面对亏损时也更易受"翻本心理"的影响。调查显示，有65%的职业股民倾向于加杠杆炒股，而非职业股民则有48%的比例表示会选择加杠杆炒股。同时，有65%的职业股民在面对股票下跌时更不理性，易受"翻本心理"的干扰，破坏投资风险判断和理性投资决策；而有这种心态的非职业股民比例为55%。

二是职业股民有更明显的短炒特征和重仓偏好。54%的受访职业股民认为一个月内做15笔交易（同一品种买卖各一次算一笔）的操作频率属正常或偏低，而做出同样判断的非职业股民比例为46%。同时，有56%的受访职业股民表示"宁可购买认为明天可能涨10%的股票也不买1年后可能翻一倍的股票"，而持有这一观点的非职业股民的比例为50%。可见，A股市场股民普遍存在赚快钱、赚大钱、赚短钱的心理，短期偏好明显，而职业股民的短期行为倾向表现更加明显。在选股风格上，49.6%的职业股民习惯重仓，显著高于非职业股民。相应的，在投资标的选择上，18.1%的职业股民偏好重仓炒作ST股票或低价股，仅有10.9%的非职业股民会重仓这两类股票。

三是职业股民的从众心理和"非职业"特征。数据显示，有近70%的职业股民存有从众炒作心理，且有35%的职业股民表示会通过加杠杆的方式进行从众投资；而非职业股民中有这两类心理表现的比例分别为60%和25%。这表明，市场中绝大多数的职业股民，实质上并非是职业意义上的投资专家，追涨杀跌仍然是其行为的基本特征。调查还发现，有小部分（占比6.9%）职业股民主要是听从亲友建议进行选股，还有7%的受访职业股民表示没有接触过任何经济金融知识。此外，受访的职业股民

---

① 此平均回报率为简单算术平均，资料来源是Wind。

中有 280 位（占比 8.3%）表示"进行股票投资的首要目标是不愿意承担任何投资风险"，由此可见，即便是所谓的职业股民，仍然欠缺风险自担和买者自负的理性投资理念。

四、初步研究发现和启示

（一）初步的研究发现

其一，受访职业股民的投资业绩总体上表现较好。首先是受访个人投资者 2017 年以来股票投资回报情况总体良好，其次是职业股民的投资盈利好于非职业投资者。要说明的是，受访个人投资者群体不同于全部 A 股个人投资者群体，一些亏损户可能更不愿意配合问卷调查或访谈，会影响本次调查结果。

其二，职业股民习练了不少"硬功夫"。部分职业股民会自己研究股票基本面和分析各类技术指标，甚至设计简单指标和模型来选股，而不再是单纯看 K 线图。更高比例的职业股民有相对更严的投资纪律，部分职业股民存在止损止盈投资习惯，有此习惯的职业股民的比例高于非职业股民。进一步看，一些职业股民开始出现较为专业的特征，如训练自己从多角度对股票进行综合分析，避免犯"代表性偏差"的策略错误。职业股民的这些"硬功夫"，是股市 30 年多来弥足珍贵的财富，值得总结。

其三，职业股民表现并不"职业"。突出表现在：一方面，职业股民存在较为严重的过度自信倾向，很多职业股民并不能看到股票价值形成及影响因素的全貌，认为"自己操作股票比购买基金的收益更高"，这与实际情况并不一致。另一方面，职业股民有更明显的短炒特征、重仓偏好以及加杠杆倾向。同时，七成职业股民从众心理明显，另有 6.9% 的职业股民主要是听从亲友建议炒股，7% 的职业股民没有接触过任何经济金融知识，8.3% 的职业股民缺乏风险承担意识。由此可见，职业股民的"非职业"特征明显，很多职业股民并没有被时间锤炼成为职业的或专业的投资专家，追涨杀跌仍然是其行为的阶段性特征。

（二）几点启示

其一，职业股民是个人投资者群体的中坚力量，这部分股民走向成熟和理性是市场走向成熟和理性的重要基础。研究包括职业股民在内的个人投资者行为特征，帮助他们追求合理、稳定的投资回报，对资本市场长期、稳定、健康发展的意义重大。

其二，要更有针对性地开展投资者教育服务工作。如何增进包括职业股民在内的个人投资者的理性投资能力，如何培养他们进行理性投资的真本事、"硬功夫"，特别是如何改掉过度自信、盲目跟风等不良习惯，投资者教育服务仍有大量工作要做。

其三，充分发挥专业投资机构和中介机构的作用。从调研看，没有充分证据表明职业股民在把握市场走势、资金流向及基本面等方面有超越其他股民的能力。在这种情况下，如何培育并发挥证券投资顾问作用，如何引导更多个人投资者通过基金等专业投资机构进行投资，同样有着十分重要的现实意义。

构建丰富多元的期货衍生品品种体系*

——美国期货衍生品上市品种统计分析

武佳薇　王海东

摘　要　2000 年以来,美国交易所衍生品上市采取了审批制和自证上市两种方式,极大地激发了衍生品市场的创新能力。截至 2017 年底,美国自证上市的衍生品品种为 10 628 个,审批上市的品种为 835 个,形成覆盖全球大多数经济领域的风险管理工具体系,为其在国际金融体系中的核心地位和竞争力提供了强有力的支持。

一、美国衍生品品种上市相关规则

2000 年《商品期货现代化法案》(CFMA)颁布后,为了促使期货交易所不断推陈出新,与场外衍生品市场同步发展,美国商品交易委员会(CFTC)开始允许交易所自主制定规则和推出产品,交易所可以自行选择通过自我认证(即自证,self-certify)方式或 CFTC 批准方式(审批制)上市新品种。

(一)新产品的审批制度与自证上市制度并行运作

根据《商品交易法》和 CFTC 规定,交易所(包括指定合约市场 DCM、互换执行设施 SEF)可以选择两种流程上市新品种:一是自证程序,规则 40.2 允许交易所通过"自我认证"程序上市品种,交易所需向监管部门提交材料证明新产品的设计符合所有"核心原则",在材料齐全条件下,交易所最短可在提交自证程序 1 个工作日后挂牌交易新品种;二是审批制,即交易所可以根据规则 40.3 要求 CFTC 对新品种进行上市审批。

---

* 本文内部发表于 2018 年 2 月。

(二) CFTC 在上市新品种中的作用

CFTC 认为，监管者应当在符合 CEA 和 CFTC 规章制度下，保持对衍生品市场的前瞻性思维和创新意识。随着市场和参与者大量采用新技术、新产品、和新交易模式，CFTC 的作用更多体现在：一是与业界合作解决风险；二是为市场提供法律和监管确定性；三是教育广大投资者；四是质疑和挑战市场现状。例如 CFTC 认为近期上市的比特币期货是市场在合规框架下的有序创新。

(三) 美国衍生品数量、覆盖度得以大幅扩展

自证程序的出现，简化了美国新品种的上市流程，对美国期货衍生品产品创新起到了推动作用。由此，交易所争相开发新品种，扩大期货产品的覆盖范围。2000—2017年，CFTC 审核上市新品种 59 个，而同期指定合约市场（DCM）自证上市的新品种达 10 628 个（见表 1），若加上互换执行设施（SEF）的产品，自证上市品种达到 11 791 个，覆盖了实体经济的多个领域，提供了有效的风险管理手段和工具。一些另类品种如气温期货、飓风期货、碳排放期货等创新品种被先后开发，并逐步吸引了相当规模的交易量。

表 1　美国衍生品品种上市数量（期货、期权、互换及 SPDC）[①]

上市方式	2000 年以前	2000—2017 年
核准上市	776 个	59 个
自证上市	无	10 628 个

资料来源：CFTC 数据库，下同。

二、美国审批上市衍生品品种概况

(一) 20 世纪 90 年代审批上市品种数量达到顶峰

20 世纪八九十年代，随着实体经济的需求增加和期货衍生品市场的不断发展，美国审批上市期货期权新品种逐年增加，平均每年上市 35 个新品种。2000 年后，随着交易所更多选择自证上市方式，通过审批上市的新品种逐渐减少，仅有 59 个，年均 3 个。1922—2015 年美国衍生品新品种审批上市情况如图 1 所示。

(二) 期货与期权占比为 3∶2

目前美国经审批上市的品种中，期货品种 506 个，占 60%，期权品种 328 个，占比 39.3%（见表 2）。自 20 世纪 80 年代 CFTC 建立交易所期权交易的监管框架后，交易所

---

① SPDC，significant price discovery contract，即具有"显著价格发现功能"的品种合约。

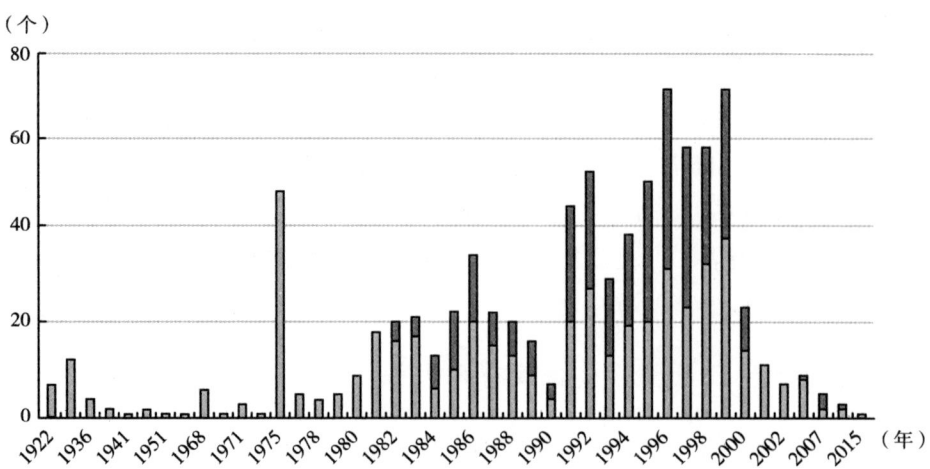

图 1　美国衍生品新品种上市情况（审批上市）

期权产品得到合规发展。特别是美股 1987 年"黑色星期一"后，期权对冲风险的功能被市场认可，期权产品进入快速创新、上市阶段。

表 2　美国衍生品品种情况（审批上市）

类别	数量（个）	占比（%）
期货	506	60.6
期权	328	39.3
SPDC	1	0.1

（三）按照产品分类来看

按照产品分类来看，排名靠前的是金融工具类（包含利率、外汇、股指、保险等）占比 59.2%，自然资源（包含金属、电力、天气、木材、原油等）占比 20.2%，农产品（包含谷物/谷物制品、乳制品、牲畜/肉制品、油料作物等）占比 17.8%，事件类（作物产量）占比 2.2%（见图 2、附表 1）。

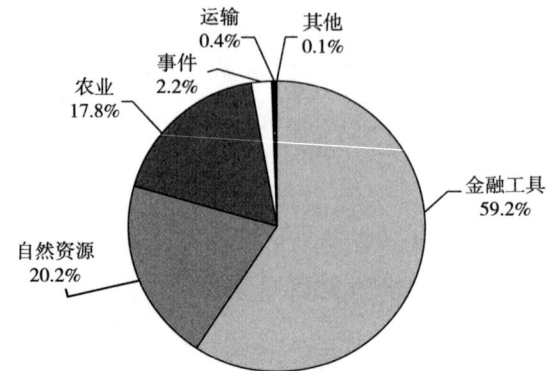

图 2　美国衍生品品种分类（审批上市）

（四）按交易所来看

从交易所来看，CME 上市品种最多，达 281 个，主要为外汇、利率和股指等金融期货期权产品；其次是 CBOT 上市 208 个品种，金融工具类产品居多；NYMEX 上市自然资源类产品最多，以电力、原油和燃料油等为主（见表 3、附件 2）。

表 3　　　　　　　　　　上市品种最多的前五大交易所（审批上市）

交易所	期货	期权	总计
CME	154	127	281
CBOT	112	96	208
NYMEX	46	18	64
ICE US	35	28	63
MCE	29	9	38

三、美国自证上市衍生品品种概况

（一）自 2000 年起数量逐年增加，2013 年后有所下降

2000—2017 年，美国指定合约市场（DCM）平均每年自证上市衍生品 590 个，其中 2013 年上市品种最多，为 1 756 个（见图 3），主要原因是当年 Nodal 交易所上市了 1 223 个电力期货产品。《多德—弗兰克法案》实施后，随着互换交易设施（SEF）的逐步设立，互换产品于 2013 年起大量上市。其中指数产品交易频繁，如 10 年期利率互换合约（IRS）和信贷违约指数互换合约（CDIS）（见图 4）。

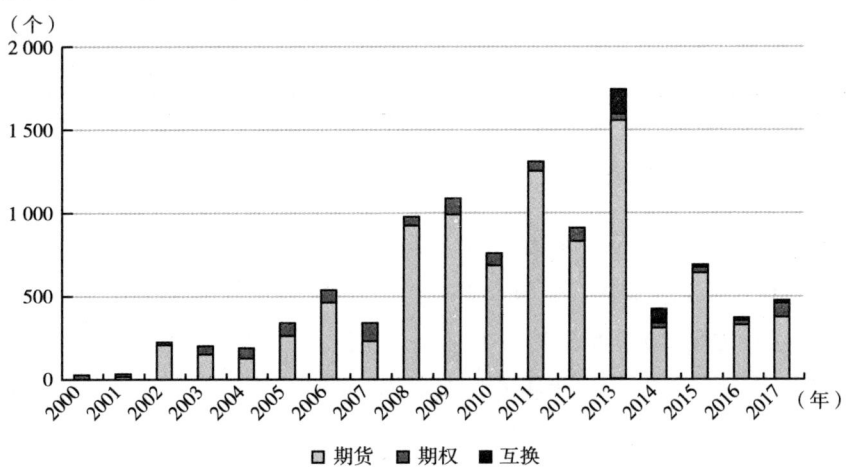

图 3　DCM 每年自证上市品种数量

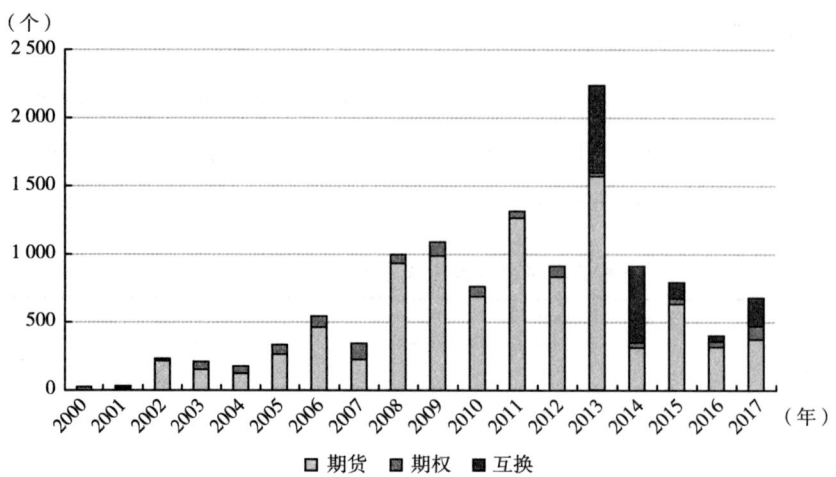

图 4　DCM 和 SEF 每年自证上市品种数量

（二）按品种来看

在 DCM 和 SEF 自证上市的 11 971 个产品中，期货占比最高，达到 78.1%，其次是互换和期权合约，分别占比 13.3% 和 8.5%（见表 4）。

表 4　　　　　美国衍生品品种情况（DCM 和 SEF 自证上市）

品种	数量（个）	占比（%）
期货	9 354	78.1
互换	1 594	13.3
期权	1 022	8.5
SPDC	1	0.0
共计	11 971	100

（三）按照产品分类看

按 CFTC 对标的资产的分类来看，金融类占比最高，证券期货产品 4 849 个证券期货产品，占比 40.5%，由 CFTC 和 SEC 共同监管（其中个股期货期权 3 630 个，覆盖了美国市面大部分公司股票）。商品类衍生品 5 006 种，自然资源类 4 783 个，占比 40%，农产品 223 个，占比 1.9%。此外还有交通运输、事件类分别占比 0.7% 和 0.4%（见图 5、附表 3）。在互换产品中，以利率、外汇、信用和股指互换为主，达 1 142 个，占比 72%。

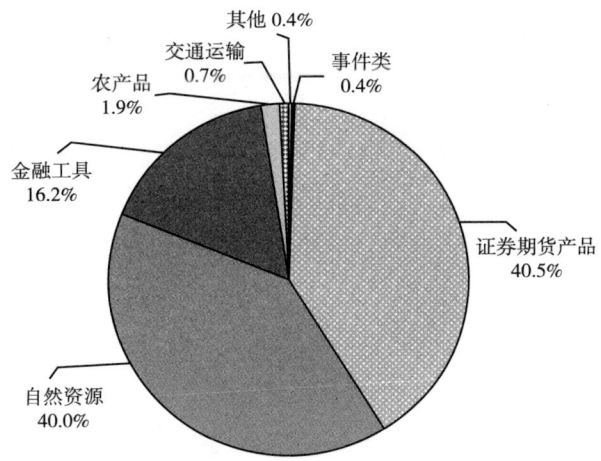

图 5　美国衍生品品种分类（自证上市）

（四）商品衍生品分类情况

在自然资源一级分类中，电力衍生品占比最多，达 2 355 个，占比 47.7%，其次是馏分燃料油、天然气，分别占比 9.4% 和 8.9%（见图 6）。

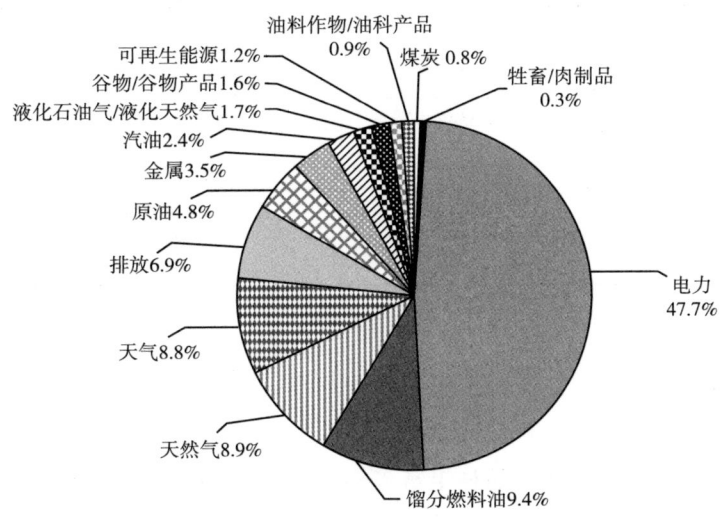

图 6　美国自然资源衍生品品种分类（审批上市）

农产品一级分类中，谷物产品衍生品数量最多，达 78 个，占比 35%；油料作物产品 46 个，占比 21%；牲畜/肉制品 17 个，占比 8%（见图 7）。

（五）按交易所看

在 52 个交易所中，OneChicago 交易所 OCX 上市品种最多，达 4 731 个，上市产品

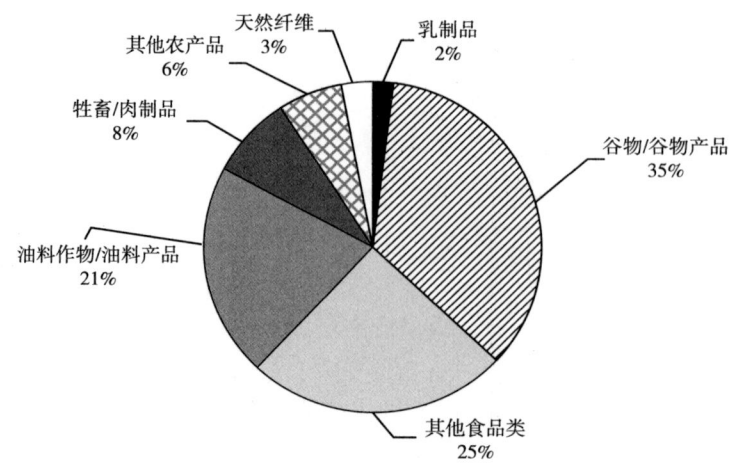

图 7　美国农产品衍生品品种分类（审批上市）

以个股期货、窄基股指期货为主；Nodal 交易所共上市 1 329 个品种，其中 99% 为电力期货。NYMEX 上市品种以自然资源期货期权为主，ICE US 和 CME 则上市大量金融类期权期货（见表 5、附表 4）。

表 5　上市品种最多的前五大交易所（自证上市）　　　　　　　　　　单位：个

交易所	期货	期权	总计
OCX（OneChicago）	4 731		4 731
NYMEX	1 354	213	1 567
NODAL	1 317	12	1 329
ICE US	767	164	931
CME	406	343	749

四、相关启示

一是美国建立了审批灵活、品种丰富多样的交易所期货衍生品市场。交易所衍生品标的资产涵盖商品、利率、外汇、股权、信用、国债等，商品类衍生品超过 5 000 种，金融衍生品超过 6 780 种，为美国乃至全球市场参与者提供了管理价格风险、信用风险、结算风险、流动性风险的有效工具，同时也将全球资本吸引到美国，使美国期货交易所具备了全球范围内的竞争力。

二是结合地区特点和需求的区域性产品的上市，吸引了符合实体经济风险管理需求的大量交易，有助于交易所服务区域经济、服务区域贸易，提供区域定价工具。例如美国天然气和电力主要为区域性交易，交易所相关期货衍生品往往成为区域实货贸易的定价基准。

三是交易所从市场需求和柜台市场（OTC）中寻找新兴基准产品的创意，做到"交易所产品＋OTC产品场内清算"的有机结合，有助于交易所竞争力和影响力的提升。例如，ICE交易所抓住机遇，从一个电力衍生品交易平台发展壮大成为全球第三大期货交易所集团。

附录

附表1　美国期货期权品种分类（审批上市）

一级分类	二级分类	数量（个）	占比（%）
农产品	谷物/谷物制品	36	17.8
	乳制品	29	
	牲畜/肉制品	29	
	其他食品类	28	
	油料作物及制品	19	
	天然纤维	7	
	其他	1	
事件	作物产量	18	2.2
金融工具	利率	179	59.2
	外汇	169	
	股指	91	
	保险	30	
	其他指数	18	
	信用事件	4	
	会计数据	3	
混合	混合	1	0.1
自然资源	金属	46	20.2
	电力	25	
	天气	20	
	木材	16	
	原油	15	
	馏分燃料油	13	
	汽油	13	
	天然气	10	
	化肥	4	

续表

一级分类	二级分类	数量（个）	占比（%）
自然资源	其他	3	20.2
	煤炭	2	
	液化石油气/液化天然气	2	
证券期货	ETF	1	0.1
交通运输	农业运输	3	0.4
总计		835	100

附表2　交易所上市新品种情况（审批上市）　　　　单位：个

交易所名称	交易所代码	期货	期权	SPDC	总计
芝加哥商品交易所	CME	154	127		281
芝加哥期货交易所	CBOT	112	96		208
纽约商业交易所	NYMEX	46	18		64
ICE 美国期货交易所	ICE US	35	28		63
莫斯科商品交易所	MCE	29	9		38
纽约商品交易所	COMEX	20	9		29
纽约棉花交易所	NYCE	18	13		31
明尼阿波利斯谷物交易所	MGE	16	10		26
咖啡、可可、糖交易所	CSCE	13	7		20
Cantor 金融期货交易所	CFFE	12			12
纽约期货交易所	NYFE	12	2		14
堪萨斯期货交易所	KCBT	9	4		13
Merchants 交易所	ME	8			8
费城期货交易所	PBOT	7	1		8
AMEX 商品公司	ACC	2	2		4
纳斯达克期货交易所	NFX	2			2
CANTOR 二元期权交易所	CANTR	1			1
FutureCom 交易所	FCOM	1	1		2
OneChicago 股票期货交易所	OCX	1			1
onExchange 交易所	ONXBT	1			1
太平洋期货交易所	PFE	1			1
双子城期货交易所	TCBT	1			1
洲际交易所	ICE			1	1

附表3　　　　　　　　美国期货期权品种分类（自证上市）

一级分类	二级分类	数量（个）	占比（%）
农产品	乳制品	5	1.9
	谷物/谷物制品	78	
	牲畜/肉制品	17	
	天然纤维	8	
	油料作物/产品	46	
	其他农产品	14	
	其他食品类	55	
事件	作物产量	2	0.2
	天气	21	
市场事件	二元期权	20	0.2
金融工具	会计数据	24	16.2
	信用事件	25	
	信用指数	183	
	外汇	542	
	经济指数	7	
	股指	331	
	混合指数	1	
	保险	6	
	利率	695	
	其他指数	96	
	其他金融工具	26	
	房地产	1	
混合	混合	51	0.4
自然资源	煤炭	38	40.0
	原油	236	
	馏分燃料油	462	
	电力	2 355	
	排放	342	
	化肥	11	
	燃料油	119	
	液化石油气/液化天然气	84	
	金属	172	
	天然气	440	

续表

一级分类	二级分类	数量（个）	占比（%）
自然资源	其他	7	40.0
	塑料	9	
	可再生燃料	61	
	天气	432	
	木材	15	
证券期货产品	存托凭证	169	40.5
	存托凭证（利息调整）	88	
	封闭式基金	8	
	封闭式基金（利息调整）	19	
	ETF	284	
	ETF（利息调整）	293	
	有限合伙	35	
	有限合伙（利息调整）	55	
	业主有限合伙	15	
	业主有限合伙（利息调整）	34	
	窄基指数	56	
	NYRS–NY Registry Share	4	
	NYRS（利息调整）	4	
	REIT	54	
	REIT（利息调整）	89	
	权利金信托	1	
	权利金信托（利息调整）	3	
	单一股票期货	2 018	
	单一股票期货（利息调整）	1 612	
	信托发行票据	1	
	单位投资信托	5	
	单位投资信托（利息调整）	4	
交通运输	干散货运	63	0.7
	汽油货运	21	
总计		11 971	100.0

附表4　　　　　　　　　交易所上市新品种情况（自证上市）　　　　　　　单位：个

交易所	期货	期权	互换	SPDC	总计
OCX	4 731				4 731
NYMEX	1 354	213			1 567
NODAL	1 317	12			1 329
ICE US	767	164			931
CME	406	343			749
NFX	306	5			311
BSEF			290		290
TPSEF		4	193		197
ICAPSEF			159		159
HS	5	110			115
NQLX	108				108
CBOT	50	39	12		101
SWAPX			97		97
ICE SEF			92		92
TRAD			86		86
TERAEXC			86		86
CCFE	44	39			83
USFE	60	14			74
GFISEF			69		69
NEXSEF			57		57
TRUSEF			55		55
TRUEEX			55		55
GREENX	40	12			52
TWSEF			51		51
BGC			51		51
CFE	47	2			49
TR SEF			47		47
NADEX	2	39	3		44
MKAXSEF			38		38
NYLIFFE	29	4			33
CBOESEF			32		32
ELX	16		16		32

续表

交易所	期货	期权	互换	SPDC	总计
COMEX	23	6			29
IGDL			26		26
ERISDCM	25				25
LATAM			24		24
CANTOR	6	6	11		23
DWSEF			17		17
MGE	7	8			15
GTX			13		13
LGX			5		5
PBOT	5				5
CFFE	4				4
CMSEF			3		3
SEED CX			2		2
CMESEF			2		2
CSCE	1	1			2
ICE				1	1
360T			1		1
INFXSEF			1		1
NYCE	1				1
KCBT		1			1